LA RECHERCHE
DU DIEU
CHEZ PAUL VALÉRY

BIBLIOTHEQUE FRANÇAISE ET ROMANE

publiée par le

Centre de Philologie et de Littératures romanes
de l'Université des Sciences Humaines de Strasbourg

Directeur : Georges STRAKA

Série C : ETUDES LITTERAIRES

———————————————— 68 ————————————————

Déjà parus :

1. — *Saint-John Perse et quelques devanciers* (*Etudes sur le poème en prose*), par Monique PARENT, 1960, 260 p., 4 pl.
2. — *L'« Ode à Charles Fourier »*, d'André BRETON, éditée avec introduction et notes par Jean GAULMIER, 1961, 100 p., 6 pl.
3. — *Lamennais, ses amis, et le mouvement des idées à l'époque romantique* (1824-1834), par Jean DERRE, 1962, 768 p. (Epuisé).
4. — *Langues et techniques poétiques à l'époque romane* (*XIe-XIIIe siècles*), par Paul ZUMTHOR, 1963, 226 p. (Epuisé).
5. — *L'humanisme de Malraux*, par Joseph HOFFMANN, 1963, 408 p.
6. — *Recherches claudéliennes*, par M.-F. GUYARD, 1963, 116 p.
7. — *Lumières et Romantisme, énergie et nostalgie de Rousseau à Mickiewicz*, par Jean FABRE, 1963 (en réimpression).
8. — *Amour courtois et « Fin'Amors » dans la littérature du XIIe siècle*, par Moshé LAZAR, 1964, 300 p. (Epuisé).
9. — *Nouvelles recherches sur la littérature arthurienne*, par Jean MARX, 1965, 324 p. (Epuisé).
10. — *La religion de Péguy*, par Pie DUPLOYE, 1965, 742 p. (Epuisé).
11. — *Victor Hugo à l'œuvre : le poète en exil et en voyage*, par Jean-Bertrand BARRERE, 1965 (nouveau tirage 1970), 328 p., 13 pl.
12. — *Agricol Perdiguier et George Sand* (*correspondance inédite*), publiée par Jean BRIQUET, 1966, 152 p., 6 pl.
13. — *Autour de Rimbaud*, par C.-A. HACKETT, 1967, 104 p., 3 pl.
14. — *Le thème de l'arbre chez P. Valéry*, par P. LAURETTE, 1967, 200 p.
15. — *L'idée de la gloire dans la tradition occidentale* (*Antiquité, Moyen Age occidental, Castille*), par M.-R. LIDA DE MALKIEL, traduit de l'espagnol (Mexico, 1952), par S. ROUBAUD, 1968, 320 p.
16. — *Paul Morand et le cosmopolitisme littéraire*, par Stéphane SARKANY, 1968, 291 p., 3 pl.
17. — *Vercors écrivain et dessinateur*, par R. KONSTANTINOVITCH, 1969, 216 p., 16 pl.
18. — *Homère en France au XVIIe siècle*, par N. HEPP, 1968, 864 p., 8 pl.
19 — *Philosophie de l'art littéraire et socialisme selon Péguy*, par J. VIARD, 1969, 415 p.
20. — *Rutebeuf poète satirique*, par Arié SERPER, 1969, 183 p.
21. — *Romain Rolland et Stefan Zweig*, par Dragan NEDELJKOVITCH, 1970 400 p. (Epuisé).
22. — *J.-K. Huysmans devant la critique en France*, par M. ISSACHAROFF, 1970, 207 p.
23. — *Victor Hugo publie « Les Misérables »* (*Correspondance avec Albert Lacroix*, 1861-1862), par B. LEUILLIOT, 1970, 426 p.
24. — *Cohérence et résonance dans le style de « Charmes » de Paul Valéry*, par Monique PARENT, 1970, 224 p.

(Voir la suite à la fin du volume)

ABRAHAM LIVNI

LA RECHERCHE
DU DIEU
CHEZ PAUL VALÉRY

Ouvrage publié avec le concours
du Centre National de la Recherche Scientifique
et de l'Université hébraïque de Jérusalem

PARIS
ÉDITIONS KLINCKSIECK
11, Rue de Lille

MONTRÉAL
PRESSES DE L'UNIVERSITÉ
C.P. 6128, Succ. « A »

ISBN pour Paris : 2-252-01969-7

ISBN pour Montréal : 0-8405-0368-7

A mes parents,
avec l'expression de
ma reconnaissance

A Nelly,
mon épouse
et mon inspiratrice

Psaume

Tu n'adoreras pas les dieux des autres ;
(Mais prends garde de te tromper sur le tien !)
Tu connaîtras le tien à sa simplicité,
Il ne te proposera pas des énigmes vides
Il ne s'entourera pas d'éternité
Il sort de toi comme tu sors de ton sommeil
Comme la fleur et le parfum sortent de la terre
confuse et du fumier qui se décompose, il sort
quelquefois de ta vie, un peu de Lui et une idée
    de son énergie.
Cache ton dieu. Que ce dieu
soit ton trésor — que ton trésor soit ton Dieu.

Cahier 12, p. 83.

AVANT-PROPOS

L'étude des Cahiers de Paul Valéry n'en est encore qu'à ses débuts. Leur éclairage systématique n'en est ainsi pas encore possible. Valéry, lui-même, qui fut toute sa vie hanté par l'idée d'en tirer une sorte de « Somme » qui eût été son « œuvre véritable, œuvre abstraite que j'appellerais « ma philosophie » si ce n'était, peut-être, exactement le contraire d'une philosophie », (Lettres à quelques-uns, p. 150), reconnaissait l'énorme difficulté de cette tâche. « Je crois que ce que j'ai trouvé d'important — je suis sûr de cette valeur — ne sera pas facile à déchiffrer de mes notes ». (Cahier 29, p. 908). Il faudrait en effet d'abord procéder à un classement auquel Valéry lui-même a travaillé de longues années, sans parvenir à rien qui le satisfasse. « Que tirer de là ? — D'abord le mal de mer devant ce chaos de mes « idées », que je sens inutilisable et devant être utilisé. Il me faudrait trois esclaves ou eunuques intelligents et infiniment souples. L'un lirait mes papiers, l'autre dirait s'il comprend, le troisième serait sténo-dactylo. Et d'ailleurs, je m'embêterais vite de faire ce travail avec eux ». (Lettres à quelques-uns, p. 134).

C'est pourtant sur un classement spontanément organisé de nos notes de lecture des Cahiers que nous avons nous-mêmes basé le présent travail.

Nous ne prétendons évidemment pas à une lecture exhaustive — la parution récente de l'anthologie classifiée des Cahiers, présentée par Judith Robinson dans la Bibliothèque de la Pléiade, nous montre d'ailleurs le danger qu'il y a à opérer un choix plus ou moins subjectif et à imposer un ordre arbitraire et pesant, là où la spontanéité des idées naissantes, saisies dans leur libre jaillissement et dans la variété d'une constellation imprévue, donnait au lecteur le sentiment rare de pénétrer dans l'intimité même d'une pensée qui se cherche, sans fausse préoccupation littéraire. Les Cahiers ne sont en effet ni le journal d'un écrivain, ni les brouillons de son œuvre, mais la trace laissée curieusement sur le papier par une pensée prodigieusement active.

Quoi qu'il en soit, l'étude des Cahiers permet un renouvellement et un approfondissement incomparable dans la compréhension de l'œuvre globale de Valéry, aussi bien comme poète que comme penseur. Mais la surprise la plus grande procurée par cette étude est la découverte du sérieux exceptionnel d'une aventure de connaissance dont l'histoire intellectuelle de l'humanité connaît peu d'exemples aussi authentiques et aussi profonds, découverte d'autant plus émouvante que les Cahiers nous font pénétrer à l'intérieur même du laboratoire où s'élaborait « cette entreprise téméraire... qui s'attaque à ce qui est en l'âme d'infus et d'insaisissable » (Pléiade II, p. 312). C'est en effet à la naissance même de ses idées, aux modes de leur jaillissement, de leur production et de leur transformation que l'auteur de Narcisse s'intéresse, beaucoup plus qu'à leur résultat construit et systématisé. « Le Grand-Œuvre est pour moi la connaissance du travail en soi — de la transmutation la plus générale, dont les œuvres sont des applications locales, des problèmes particuliers ». (Pléiade II, p. 1516).

C'est la vie même, le mouvement et le développement de cette aventure de connaissance que nous nous sommes efforcés de retracer dans le présent ouvrage. La richesse des thèmes de pensée tels qu'ils s'élaborent à l'état naissant dans les Cahiers et se transposent dans l'œuvre poétique, est cependant d'une authenticité telle que leur étude concerne beaucoup plus qu'une simple mise au point littéraire : c'est l'essence même de l'homme, sa situation ontologique fondamentale, autant que son pouvoir réel et son devenir, qu'elle pourrait éclairer. La grande découverte que permet l'étude de l'œuvre valéryenne, restituée dans son unité, sa totalité et son dynamisme, grâce aux Cahiers, est en effet d'y trouver les éléments épars d'une véritable Sagesse, si ce n'est les fragments de ce « livre de vie intérieure » dont Valéry disait que « l'humanité a besoin... mais fort différent de ceux qu'on fait sous ce nom ». (Lettres à quelques-uns, p. 188). Celui qui disait être parvenu à connaître son esprit comme d'autres connaissent « la famille des phénols », ou « les anomalies des conjugaisons doriennes », (Cahier 6, p. 153), se livra en effet à sa « spécialité » avec une rigueur et une lucidité telle que c'est peut-être une science de la réalité spirituelle de l'homme, « un Traité du « Corps de l'Esprit » (Pléiade II, p. 310), que l'étude de son œuvre nous permettrait de bâtir.

Dans l'ensemble de cette aventure de connaissance, la « recherche du dieu » occupe une place quasi centrale, son importance étant matériellement soulignée par le fait que cette rubrique occupe la cinquième place dans un classement des vingt-deux principales rubriques sous lesquelles Valéry avait lui-même ordonné ses dossiers. Comprendre ce que fut cette « recherche du dieu », et la situer dans la vie de l'ensemble de son aventure intellectuelle, telle fut notre ambition. Ce faisant, nous avons cru pouvoir éclairer l'œuvre d'un jour nouveau, et démonter certains préjugés réduisant Valéry à n'être qu'une intelligence lucide, froide et sceptique. En réalité, sa sensibilité n'est pas moins vive et active que son intelligence ; et l'élan de sa foi explorant le mystère de l'être peut apparaître plus vigoureux même que ses doutes.

Une telle étude nous permet ainsi de découvrir en Valéry le drame d'un penseur authentique qui fut aussi un grand artiste, assoiffé d'absolu et d'un « secret d'être », et qui, plus que d'autres penseurs ou philosophes du 20e siècle, nous permet d'analyser la crise spirituelle du monde moderne.

On pourrait dire de Valéry ce que lui-même disait de Stendhal :

Il « est à mes yeux un type d'esprit bien plus qu'un homme de lettres. Il est trop particulièrement soi pour être réductible à un écrivain. C'est en quoi il plaît et déplaît, et me plaît »… (Pléiade I, p. 582).

CHAPITRE I

APPROCHE

Une étude sur Valéry impose comme préalable la compréhension non pas seulement de l'originalité de notre auteur, mais surtout et avant tout de celle qui doit marquer une telle étude. Celle-ci ne peut être animée par les mêmes dispositions d'esprit avec lesquelles on pourrait étudier Gide, Claudel, Bergson ou quelque autre auteur du domaine littéraire ou philosophique. Car Valéry n'est pas un auteur comme les autres, non pas par le fait de sa propre originalité, mais plus essentiellement parce que la définition d'auteur ne lui convient pas. Valéry n'est pas un auteur, ni littéraire ni philosophique. Il a écrit, mais sans être et sans devenir par cela un écrivain. Il est un poète, mais on a pu dire de lui qu'il est « poète malgré lui », tant il est évident qu'aucune étiquette ni d'écrivain, ni de poète, ni de penseur ne peut lui convenir. Ou s'il fut tout cela, c'est sans qu'aucune de ces activités ne le définisse ou ne le classe. Valéry, l'indéfinissable, l'inclassable, parce que ces activités d'écrivain, de poète ou de penseur, il les a exercées non pas pour elles-mêmes et pour les valeurs qu'elles véhiculent habituellement, mais secondairement, latéralement, dans une intention autre que celle qui anime d'ordinaire les écrivains, les poètes ou les penseurs. Ces activités n'étaient en effet pour lui qu'« un exercice ou application de recherches plus importantes ». (Lettres à quelques-uns, p. 97). Etudier Valéry comme un écrivain, comme un poète ou comme un penseur, c'est donc de prime abord se condamner à le manquer, puisque toutes ces activités ne sont que différentes applications d'une visée centrale animant un projet existentiel plus profond.

Découvrir l'objet de ces recherches auxquelles Valéry accordait plus d'importance, et même, nous le verrons, une importance si essentielle qu'il était prêt à lui subordonner toutes ses activités, sinon même à lui sacrifier tous ses talents, est donc la première tâche de tout explorateur du monde valéryen. Il n'est pas sûr pourtant qu'il soit possible de retrouver cette visée centrale, cette intention profonde, cet idéal vers lequel Valéry tendait de toute la passion d'une intelligence sensible et volontaire. L'idéal d'un homme reste toujours plus ou moins à l'état d'« implexe », de trésor secret, de semence cachée que toute sa vie il s'efforcera de révéler, et de révéler d'abord à lui-même, de découvrir et de déployer, sans jamais réussir à mettre totalement à jour sa vraie raison d'être, sa source intime, son « véritable orgueil ». « Le véritable orgueil est le culte rendu à ce que l'on voudrait faire, le mépris de ce que l'on peut, la préférence lucide, sauvage, implacable de son « idéal ». Mon Dieu est plus fort que le tien ». (Pléiade II, p. 487). Mais n'est-il pas du propre d'un Dieu de rester toujours caché ? D'autant plus que Valéry s'est fait une règle impérative de cacher son dieu, discipline qui n'est pas chez lui simple pudeur, mais précaution indispensable à l'avenir de cette recherche du dieu, nécessairement illimitée. « Cache ton dieu. Il ne faut point attaquer les autres, mais leurs dieux. Il faut frapper les dieux de l'ennemi. Mais d'abord, il faut donc les découvrir. Leurs véritables dieux, les hommes les cachent avec soin ». (id., p. 489).

Découvrir ce dieu caché de Valéry, tel sera, autant que faire se peut, l'objet central de notre étude. Ou plutôt, puisque ce dieu que Valéry cherche à découvrir tout en le cachant, ne peut être que le point de convergence lointain et jamais atteint des « recherches importantes » de Valéry, c'est à cette recherche que nous nous attacherons. Nous nous sommes aperçus en effet que cette « recherche du dieu » constitue pour Valéry son seulement la visée centrale et l'axe principal du monde valéryen, mais encore la force agissante de toute son activité mentale, le dynamisme et l'élan secrets animant toutes ses recherches.

La plupart des innombrables commentaires ou critiques ignorent, passent sous silence, ou rejettent comme accessoire cette quête d'un absolu qu'est la « recherche du dieu » chez Valéry. D'autres ont vu son importance, mais sans essayer d'en suivre le frémissement sensible dans toute son œuvre, et sans s'apercevoir qu'elle était la clé principale de son monde. Tous sont excusables, la plupart ayant été écrits avant la publication des « Cahiers » de Valéry, commencée en 1957 et terminée en 1961. Or cette publication constitue une mine inépuisable pour le renouvellement et l'approfondissement de la compréhension de son œuvre. Beaucoup de thèmes perpétuellement creusés dans les « Cahiers », où ils reviennent comme des leitmotive essentiels de ses préoccupations journalières ne font qu'affleurer avec légèreté dans son œuvre publiée, risquant ainsi d'apparaître comme de simples coquetteries de penseur. La connaissance des « Cahiers » nous permet au contraire d'y voir les axes principaux de ses pensées, les articulations majeures qui supportent tout le développement littéraire. En particulier, la recherche angoissée d'un absolu, ou « recherche du dieu », occupe une place si importante dans les « Cahiers » qu'elle nous semble devoir constituer la ligne de force principale, le pivot central sur lequel s'articulent les divers thèmes de la recherche valéryenne.

« Et chacun cherche son dieu qui lui soit la passion de vivre ». « La recherche de dieu serait la plus belle occupation de l'homme ». Cette « recherche du dieu » fait d'ailleurs l'objet de très nombreuses notes éparses dans les « Cahiers » et représentent un total de plusieurs centaines de pages. L'importance et la qualité de ces notes montrent qu'un projet d'écrire un « Dialogue des choses divines » a non seulement préoccupé Valéry toute sa vie, mais encore que ce projet fut un des plus constants et des plus mûris dans sa pensée.

Cependant, si des préoccupations littéraires apparaissent manifestement dans la forme soignée de bien des notes de ce projet de « Dialogue des choses divines », introduites le plus souvent sous le sigle θ, première lettre du mot grec θεος, dieu, il n'en reste pas moins que ce projet est lié à la préoccupation la plus intérieure, la plus intime et la plus secrète de Valéry, à cette région de convergence du cœur et de l'esprit la plus personnelle et donc la plus indévoilable, la moins communicable, celle à laquelle la pudeur s'attache comme à un secret d'état impossible à découvrir.

> « Jaloux de ses meilleures idées, de celles qu'il croit les meilleures, parfois si particulières, si propres à soi que l'expression en langue vulgaire et non intime, n'en donne extérieurement que l'idée la plus faible et la plus fausse. — Et qui sait si les plus importantes pour la gouverne d'un esprit ne lui sont sont pas aussi singulières, aussi strictement personnelles qu'un vêtement ou qu'un objet adapté au corps ? — Qui sait si la vraie « philosophie » de quelqu'un est... communicable ?
>
> — Jaloux donc de ses clartés séparées, — T. pensait : qu'est-ce qu'une idée à laquelle on n'attache pas la valeur d'un secret d'Etat ou d'un secret de l'art ?... et dont on n'ait aussi la pudeur comme d'un péché ou d'un mal. — Cache ton dieu — Cache ton diable ». (Pléiade II, pp. 65 et 66).

Valéry revient très souvent sur cette pudeur essentielle qui doit masquer et recouvrir d'un voile la pensée la plus secrète et la plus constitutive d'un homme. Or quoi de plus secret que la pensée de Dieu ? « Dieu pouvant être ce que l'on a de plus secret (et tout ce qui est de plus en plus secret l'approche), en parler est une indécence, y penser une faute de pensée ». (Cahier 6, p. 138). Aussi, bien que Valéry ait avoué sans équivoque dans ses « Cahiers » l'importance qu'avait pour lui cette recherche mystique : « Chacun doit avoir sa mystique, qu'il garde en soi jalousement », il déclare aussi : « Pour mon sentiment, c'est une impureté que de donner à ce qu'il y a de plus simple et de plus secret en nous, une définition extérieure et un nom que nous n'avons pas inventé ». Et d'ajouter en conséquence : « Ma devise fut : Cache ton Dieu ».

Nous verrons plus tard que les notes prises par Valéry pour ce projet de « Dialogue des choses divines », dialogue servant de prétexte à ses réflexions personnelles sur le thème métaphysique de la recherche du dieu, sont suffisamment claires et précises pour nous permettre de dessiner l'orientation de cette recherche et définir dans ses grandes lignes, la mystique particulière de ce grand esprit. Tout homme a sans doute sa mystique, plus ou moins dévoilée, ou plus ou moins secrète. L'intuition la plus centrale autour de laquelle se construit la recherche d'un homme, en sa pointe la plus extrême et la plus fine, a toujours une résonnance mystique. Il n'est point de grand poète, ni de grand penseur, ni d'homme simplement conscient ou véritable, qui ne soit à la recherche de son dieu, tant cette recherche d'un dieu se confond et s'identifie avec la recherche par l'homme de son identité secrète et vraie. Chercher son dieu n'est autre que de se chercher soi-même. Se chercher soi-même n'est autre que chercher son dieu. L'homme ne se trouve que dans la mesure où il trouve son dieu. Dis-moi ton dieu, je te dirai qui tu es. C'est sur cette question que devrait commencer ou peut-être finir, une enquête nous permettant de connaître autrui. « Il ne faut point attaquer les autres, mais leurs dieux ». « Il faut frapper les dieux de l'ennemi », tel est l'avertissement même de Valéry.

Mais est-il possible « d'attaquer » les dieux des autres ? N'est-ce point une insolence sans pareille que de vouloir découvrir les dieux d'autrui ? Est-ce seulement possible ? Valéry nous en avertit encore ; « Leurs véritables dieux, les hommes les cachent avec soin ». Comment donc découvrir ce que l'homme a pris le plus de soin de cacher, et qu'il a peut-être voulu cacher non seulement aux autres, mais à lui-même ? Et puis, découvrir, c'est presque infailliblement aussi juger. Comment, au nom de quels critères, jugerons-nous les dieux d'autrui ? Pierre Henri Simon écrit par exemple : « Tous ils cherchaient des dieux, Gide avait appelé Dieu son désir. Et Valéry croyait aux idées... Mais Claudel chantait devant Dieu » Un tel jugement ne risque-t-il pas d'être doublement arbitraire ?, d'abord parce qu'il peut manquer de pénétration, ensuite parce qu'il est orienté par les propres coordonnées spirituelles de celui qui l'émet. Nous verrons d'ailleurs que Valéry ne croyait pas aux idées. Et peut-être sont-ce les critères catholiques de P.H. Simon qui l'empêchent de sortir des jugements habituellement émis sur Valéry : « profond sceptique », « maître cruel d'ironie », « destructeur », « aristocrate anarchiste », « nihiliste ». Nous verrons que Valéry n'est rien de tout cela ; il nous faudra le sauver de la fausse légende de grand sceptique positiviste que la plupart de ses propres admirateurs ont créée. Il est vrai que Valéry n'a guère fait pour corriger cette image qu'on avait de lui, bien qu'il se soit souvent insurgé contre l'accusation de « scepticisme au moins au regard des imbéciles qui se servent de ce mot » à son égard. (Cahier 28, p. 691).

Vouloir dévoiler et définir les dieux d'autrui est donc une méthode dangereuse qui peut nous faire manquer la connaissance d'autrui par excès de simplification grossière. Nous n'aurons pas l'indécence ou le mauvais goût de chercher à découvrir les dieux de Valéry, et nous ne suivrons pas son conseil d'attaquer autrui par ses dieux. Ce ne sont pas les dieux de Valéry qui nous intéressent, mais la recherche par Valéry de son dieu.

Un homme se définit sans doute plus par ce qu'il cherche que par ce qu'il trouve, plus par le frémissement, l'inquiétude, les espoirs et les déceptions, les élans et les retombées de sa recherche, que par ces trouvailles. La recherche d'un homme, c'est lui-même dans le dynamisme secret de sa personne tendue vers l'indéfinissable satisfaction de ce qui lui manque. Tandis que ce qu'un homme croit avoir trouvé n'est tout au plus qu'une étape dans sa recherche, une confirmation sur la direction de sa quête ; mais peut-il y avoir un arrêt sur cette route pointée vers l'infini du désir ? C'est donc à cette recherche fondamentale de Valéry que nous nous attacherons ; nous voudrions découvrir la direction de sa recherche, mais aussi sa courbure propre, ses essais et ses retours, ses brusques inflexions et ses repentirs, comme aussi la vibration propre et la tension originale de cette quête inlassablement poursuivie. Il n'est pas possible, en effet, d'avoir une connaissance valable de Valéry si on n'a pas découvert au préalable que le centre de gravité de l'univers valéryen n'est pas dans son œuvre publiée, mais dans cette recherche passionnée d'une vérité inconnue, recherche à laquelle Valéry s'est adonné avec une persévérance, une obstination et une volonté rare, quotidiennement poursuivie de sa jeunesse à sa mort, et dont les 28 000 pages de notes recueillies dans les « Cahiers » sont le témoignage le plus émouvant qui soit. Il est certes difficile et aventureux de vouloir retracer la courbe des recherches de Valéry. Les notes quotidiennes griffonnées par lui dans ses « Cahiers », reflets de ses recherches les plus personnelles, ne sont pas d'une lecture aisée. Ce ne sont que des carnets de travail où l'auteur notait ses réflexions sans les développer, les laissant souvent à l'état de tâtonnements, de lueurs précaires ou même de signes incompréhensibles pour tout autre que lui-même. Ces « Cahiers » sont pourtant un instrument indispensable à la connaissance de Valéry, car seuls ils nous permettent de pénétrer dans le laboratoire intime d'une pensée merveilleusement fertile et authentique dont l'œuvre publiée ne représente qu'une partie de ses possibilités de production. Essayer de retrouver la démarche intime de la pensée de Valéry, la pulsation de sa recherche la plus essentielle, devient donc une nécessité pour comprendre son œuvre.

Nous reviendrons sur l'analyse des rapports tout particuliers qu'il y a entre Valéry et son œuvre. Disons seulement pour l'instant que seuls les « Cahiers » peuvent nous fournir les points de repère nous permettant de situer l'œuvre dans son cadre véritable. Ces « Cahiers » dessinent en effet comme en pointillé l'ensemble de l'œuvre possible que Valéry portait dans son univers mental. De cet univers mental, l'œuvre publiée ne représente qu'une étroite région, celle dont notre auteur a pu plus ou moins achever le des-

sin. Mais de même que le détail d'un tableau ne prend sa signification que dans sa relation à l'ensemble du tableau, de même l'œuvre de Valéry ne peut être comprise que dans sa relation à l'ensemble de l'univers mental dont les « Cahiers » nous permettent de
retrouver le pointillé général. Valéry, qui a beaucoup réfléchi sur les
relations complexes qui se nouent entre une œuvre et son auteur, et
sur les relations singulières qui se créent entre cette œuvre et quelques lecteurs, nous définit lui-même les moyens d'une critique idéale. « On ne peut juger un esprit que selon ses propres lois, et presque sans intervenir en personne, comme par une opération indépendante de celui qui opère, car il ne s'agit que de rapprocher un
ouvrage et une intention ». (Pleiade II, p. 480).

Or, comment connaître les lois propres de l'esprit valéryen et
son intention la plus fondamentale sinon en faisant appel à cette
mine inépuisable de renseignements que constituent les « Cahiers » ?
Citons d'ailleurs l'ensemble de ce passage extrait de « Choses vues ».
Il est bien propre à définir la critique selon laquelle Valéry eût
voulu être jugé.

> « Un livre n'est après tout qu'un extrait du monologue de son
> auteur. L'homme ou l'âme se parle ; l'auteur choisit dans ce discours.
> Le choix qu'il fait dépend de son amour de soi : il s'aime en telle
> pensée, il se hait dans telle autre ; son orgueil ou ses intérêts pren-
> nent ou laissent ce qui lui vient à l'esprit, et ce qu'il voudrait être
> choisit dans ce qu'il est. C'est une loi fatale.
>
> Que si tout le monologue nous était donné, nous serions capa-
> bles de trouver une réponse assez exacte à la question la plus précise
> qu'une critique légitime puisse se proposer devant un ouvrage.
>
> La critique, en tant qu'elle ne se réduit pas à opiner selon son
> humeur et ses goûts, — c'est-à-dire à parler de soi en rêvant qu'elle
> parle d'une œuvre, — la critique, en tant qu'elle jugerait, consisterait
> dans une comparaison de ce que l'auteur a entendu faire avec ce
> qu'il a fait effectivement. Tandis que la valeur d'une œuvre est une
> relation singulière et inconstante entre cette œuvre et quelque lec-
> teur, le mérite propre et intrinsèque de l'auteur est une relation entre
> lui-même et son dessein : ce mérite est relatif à leur distance ; il
> est mesuré par les difficultés qu'on a trouvées à mener à bien l'en-
> treprise.
>
> Mais ces difficultés elles-mêmes sont comme une œuvre préalable
> de l'auteur : elles sont l'œuvre de son « idéal ». Cette œuvre inté-
> rieure précède, gêne, suspend, défie l'œuvre sensible, l'œuvre des
> actes. C'est ici que le caractère et l'intelligence traitent parfois la
> nature et ses forces comme l'écuyer traite le cheval.
>
> Une critique elle-même idéale prononcerait uniquement sur ce
> mérite, car on ne peut exiger de quelqu'un que d'avoir accompli
> ce qu'il s'était proposé d'accomplir ». (Pléiade II, p. 479).

Retrouver le monologue intérieur de notre auteur, dont l'œuvre n'est qu'un extrait, d'ailleurs déformé par son orgueil ou ses intérêts, tel devrait être le vrai but d'une critique idéale cherchant
à retrouver l'homme derrière l'auteur. C'est d'autant plus important
pour Valéry qu'on sait toute la distance qu'il n'a cessé de voir

entre lui-même en tant qu'homme, et lui-même en tant qu'auteur, non pas que le personnage de l'auteur fût tellement différent de la qualité de l'homme, mais parce que, son orgueil se moquant de sa vanité, il n'attache d'importance qu'à l'édification de son moi, à la transformation et à la modification de son être essentiel, tâches pour lesquelles l'œuvre publiée n'est tout au plus qu'un moyen, une application, ou un exercice. Il devient donc indispensable de retrouver les coordonnées intérieures de l'esprit valérien, son dessein propre, « cette œuvre intérieure » qui est « l'œuvre de son idéal », pour situer « l'œuvre sensible, l'œuvre des actes », celle qui a été publiée, dans son cadre véritable.

« Il faut observer les grands hommes à la lumière de leur orgueil, et du nôtre. Mais oui, le meilleur élément de mesure, c'est le but, le dessein toujours caché. Il faut le deviner. Alors tout s'éclaire ». (Cahier 5, p. 205). L'œuvre devrait s'éclairer à la lumière de l'orgueil de son auteur. Nous ne pouvons comprendre « le mérite propre et intrinsèque de l'auteur « que par la « comparaison de ce que l'auteur a entendu faire avec ce qu'il a fait effectivement ». Mais pour cela, il nous faut parvenir à retrouver « le but, le dessein toujours caché ». Nous pensons en effet que cette recherche inlassablement poursuivie d'un « dieu » idéal, inaccessible, caractérise Valéry, plus que telle ou telle réussite de l'œuvre qui lui a assuré la gloire.

> « θ. peut-être Daimon parle. Je ne suis que Recherche. Je ne conçois pas que quelqu'un ait trouvé. Comment peut-on avoir trouvé ? Ce serait avoir réponse à tout ». (Cahier 10, p. 701).

Valéry a tout subordonné, tout sacrifié à sa recherche. En elle, et non dans son œuvre, il a mis tout son orgueil, cet orgueil solitaire qui ne recherche son approbation que de soi et n'attend rien des autres, orgueil de l'esprit qui ne supporte que son travail, ne « s'applique à quelque objet autre que (sa) propre modification ou édification », (Cahier 16, p. 823), car « un homme qui se mesure à soi-même et se refait selon ses clartés (lui) semble une œuvre supérieure qui (le) touche plus que tout autre ». (Pléiade I, p. 654). Se refaire soi-même, telle était bien son œuvre capitale pour laquelle il était prêt à sacrifier toute ambition littéraire. « Les autres font des livres. Moi, je fais mon esprit ». (Cahier 2, p. 840). Il nous faudra certes revenir plus longuement sur cette espèce d'ascèse mystique avec laquelle toute sa vie Valéry a travaillé à refaire son esprit et sa pensée. « Le travail sacré de l'homme, se reconstruire ». (Cahier 7, p. 464). Mais nous en avons assez dit maintenant pour faire comprendre que si, comme le montrent les « Cahiers » et comme il ne cesse de l'affirmer, son œuvre véritable n'est pas tant son œuvre écrite et publiée, que la reconstruction de son esprit selon ses propres clartés, il n'est plus possible de le juger selon les critères habituels de toute critique littéraire et comme on juge de tout autre écrivain. L'œuvre doit être jugée à la lumière de la tentative de l'homme, de son dessein, du but poursuivi, de l'idéal entrevu. C'est cette « recherche du dieu », inlassable et obstinée, qui doit nous fournir les critères de notre jugement sur Valéry et sur son œuvre. L'œuvre n'en est pas dissociable, et c'est pour quoi il nous semble qu'elle ne pouvait pas ne pas rester plus ou moins scellée avant la publication des « Cahiers ». Les « Cahiers » nous donnent en effet une image de Valéry tout autre que celle qu'on pouvait reconstituer à partir de son œuvre, non seulement tout autre, mais peut-être tout opposée. « Voici un homme qui se présente à vous comme rationaliste, froid, méthodique, etc. Nous allons supposer qu'il est tout le contraire, et que ce qu'il paraît est l'effet de sa réaction contre tout ce qu'il est ». (Pléiade I, p. 381).

Lorsqu'on retrouve cette pensée, publiée dans « Mélange », dans le tome 14 des « Cahiers », il est permis de l'appliquer sans doute possible à Valéry lui-même. C'est de lui-même qu'il parle, opposant le personnage qui paraît dans son œuvre à l'homme qu'il est véritablement dans son intimité secrète. « Rationaliste, froid, méthodique », et nous ajouterions sceptique, nihiliste, abstrait, impersonnel, c'est ainsi que Valéry est apparu à la critique littéraire jugeant de son œuvre. Or, qu'il soit tout le contraire de ces épithètes, nous n'avons pas à le supposer, cela nous est révélé avec évidence à la lecture des « Cahiers ». Il le proclame explicitement d'ailleurs : « Je suis une protestation évidente contre ce que l'on pense de moi ». (Cahier 10).

C'est ainsi que, cherchant à cerner la personnalité de Valéry, on pourrait dresser deux listes entièrement parallèles, mais opposées : l'une contenant les traits du personnage dessiné par la critique littéraire n'ayant jugé que de l'œuvre publiée, et l'autre contenant les traits exactement opposés selon lesquels il nous apparaît dans les « Cahiers » :

Rationaliste	Mystique
Froid	doué d'une sensibilité exagérée
Nihiliste	cherchant un dieu
Méthodique	ayant horreur de tout système
Abstrait	savourant la richesse du sensible
Impersonnel	cherchant une subjectivité pure

Nous ne prendrons, pour illustrer la première colonne, que quelques exemples de jugements émis par les critiques les plus autorisés. Pour Emilie Noulet, « le sujet, le seul sujet de toutes les œuvres de Paul Valéry, sous la forme du poème, du dialogue, de l'essai ou des notes, c'est non point les choses de l'intelligence, mais l'intelligence elle-même ; ...c'est la description toujours révisée des phénomènes mentaux par celui qui essaie de recommencer lucidement, sur son propre esprit, les opérations spontanées de l'esprit ; c'est le travail de l'intelligence devenant consciente de sa propre clairvoyance et de ce travail lui-même ». (Paul Valéry, p. 17, p. 20).

Amoureux du fonctionnement de son intelligence, Valéry serait encore allé plus loin dans sa monolâtrie en se faisant « l'ami de son intelligence. Ami passionné, qui pour mieux aimer, isole en lui l'objet de son amour, l'individualise et le baptise, puisque M. Teste, c'est l'intelligence détachée du moi corruptible et confus en qui ont prévalu les mécanismes mentaux ». (p. 128).

Maurice Bémol fait une semblable réduction de Valéry au culte de l'intellect, tel qu'il se manifeste dans « La soirée avec M. Teste ». Cette création de l'esprit serait « la définition de son nouveau personnage intellectuel... En lui s'opère une synthèse de tous les thèmes essentiels du valérysme » (p. 59). L'originalité de Valéry serait donc seulement d'avoir étendu la portée de l'esprit positif, tel qu'il se déploie dans la science et la technique, à l'ensemble des activités de l'esprit. « Valéry va développer en acte ce qui n'est chez Poe qu'en puissance, et applique cette méthode d'analyse psychologique positive non plus seulement aux différents genres littéraires, mais à toutes les activités spirituelles de l'homme ». (p. 80).

Même schématisation chez P.H. Simon, identifiant aussi Valéry à M. Teste, et le réduisant à une intelligence sèchement analytique, pure pensée étrangère aux délicatesses de l'amour comme aux finesses de la sensibilité. « Pour Valéry, l'esprit doit se réduire à l'intelligence. Il n'est nullement puissance d'adhésion à l'être, faculté de connaissance intégrale et parfaite ; il n'enveloppe ni le cœur de Pascal, ni l'intuition bergsonienne ; il ne participe en rien à l'amour ». (Témoins de l'Homme, p. 71).

Pour Judith Robinson, Valéry, analyste de l'esprit, serait un précurseur des logiciens de l'école de Vienne et même de cette nouvelle science qu'est la cybernétique. « Tout comme Valéry, les cybernéticiens ont adopté le langage rigoureux des mathématiques, ...(croyant) que l'esprit n'est au fond rien d'autre que le produit d'un système physique, d'une constitution très particulière et d'un degré d'organisation interne tout à fait exceptionnel ». (L'analyse de l'esprit, pp. 74, 75).

Pour Claude Vigée, enfin, Valéry serait le dernier grand représentant de l'école de « l'esthétisme intellectuel » qui « manifesta son dédain de la vie et de la création naturelles en leur préférant la « fleur noire » Georgienne, les jardins suspendus de l'art pour l'art et de la poésie pure, en pratiquant systématiquement l'évasion vers l'ailleurs par le moyen du rêve, de la magie, de l'alchimie du verbe, du jeûne spirituel ou, comme Valéry lui-même, par le culte de l'intellect désincarné ». (Révolte et louanges p. 107). Aux énigmes d'une existence vécue sous la menace, « Paul Valéry donne une réponse qui est comme le testament du nihilisme sous sa forme intellectuelle et esthétisante » (p. 106).

En face de ces jugements portés par les critiques les plus pertinents, nous voudrions donner quelques exemples seulement des jugements que Valéry porte sur lui-même dans les « Cahiers ».

1. *Valéry mystique :*

« Je pense en rationaliste archi-pur. Je sens en mystique. Je suis « un intérieur », et cet intérieur est arrivé à faire de son intérieur un extérieur ». (Cahiers 7, p. 855).

A la page 344 du Cahier 8, il écrit :

« Retour de tout, affreusement revenu de soi, y-a-t-il autre chose à faire que … sombrement, délibérément entrer dans sa mystique personnelle, dans son union avec le singulier universel. Mais y-a-t-il quelque chose là ? Ce que tu voudras. D'abord à traduire la vraie mystique en langage absolu, intrinsèque. Il y a toujours eu un mystique en moi ».

« Mystique, ô vous ! et moi de ma façon, quel labeur singulier nous avons entrepris ! » (Cahier 3, p. 528).

2. *Valéry, doué d'une sensibilité exagérée :*

« En réalité, il n'y a que la sensibilité qui nous intéresse. L'intelligence ne nous importe au fond que pour des effets de divers genres sur notre sensibilité ». (Pléiade I, p. 1.214).

« J'ai irrité en moi le désir de sentir jusqu'à la moelle la magie des choses ». (Correspondance avec Gide, p. 44).

« Les vrais dieux sont les forces ou puissances de la sensibilité ». (Histoires brisées, Pléiade II, p. 446).

« Mais ma sensibilité est mon infériorité, mon plus cruel et détestable don ». (Cahier 26, p. 66).

« Tout ceci procédait d'une volonté de défense contre Moi trop sensible ». (Cahier 24, p. 595).

« Notre sensibilité est tout… Nous sommes en état de sensibilité continuel… Je retrouve partout la sensibilité, la difficulté est d'arriver à définir ce qui n'est pas sensibilité ». (Leçons du Cours de poétique, données au Collège de France, citées par Jean Hytier, p. 24).

« Le plus grand problème est celui de la sensibilité ». (Cahier 7, p. 42).

« La sensibilité qui est le premier et le plus important mystère… (Cahier 7, 598).

« La connaissance est sensibilité. Tout ce qui est connaissance est soumis d'abord à toutes les lois de la sensibilité ». (Cahier 8, p. 380).

« Qu'il y ait un Dieu ou nom, une seule chose nous importe : notre sensibilité. Il faut toujours en revenir là : souffrir, jouir. Tout le reste est littérature ». (Cahier 28, p. 461).

3. *Valéry, ayant horreur de tout système :*

« La situation de l'homme serait terrible s'il avait des certitudes ».

« Faire un système, c'est faire un ouvrage, c'est dire : tel jour, j'arrête ma recherche. Je tiens ma vérité. Je l'écris. Mais c'est falsification ». (Cahier 28, p. 104).

« Ego. Je ne fais pas de « Système ». Mon système c'est moi ». (Cahier 26, p. 438).

« Le voyage de ma vie me conduit à mes antipodes ». (Cahier 8, p. 397).

A quoi correspond dans « Mémoires d'un poète » (Pléiade I, p. 1488) :

> « J'ai observé, en d'autres choses mentales, que si nous pouvons quelque fois parvenir à nos antipodes, nous ne pouvons guère ensuite qu'en revenir. Ce n'est plus qu'une affaire de temps », car tout nouveau changement ne peut que nous rapprocher de l'origine. Je suis disposé à croire qu'un homme qui vivrait fort longtemps, aurait, vers le terme de son périple, à la condition que sa pensée lui fût demeurée assez active, fait le tour de ses sentiments, et qu'ayant à la fin adoré et brûlé tout ce qui méritait de l'être dans la sphère de sa connaissance, il pourrait mourir achevé ».

4. *Valéry, cherchant un dieu :*

Parmi les centaines de pages des Cahiers consacrées aux problèmes religieux, nous ne retiendrons que quelques réflexions :

> « Le devoir est de chercher le dieu ». (Cahier 4, p. 179).

> « Toute époque et toute situation cherche son Dieu, le Dieu qui lui convient, et souffre tant qu'elle ne l'a pas trouvé. Et chacun cherche son dieu qui lui soit la passion de vivre, la raison de vivre... » (Cahier 9, p. 159).

> « La recherche du dieu serait la plus belle occupation de l'homme si la mort et le souci de la mort et les infortunes ne la changeaient en affaire d'intérêt... » (Cahier 9, p. 516).

> « J'ai peut-être mon Dieu ». (Cahier 18, p. 188).

> « S'il y avait un Dieu je ne vivrais que pour lui. Quelle curiosité, quelle passion m'inspirerait un si grand être. Quelle science autre que la sienne (?). Mais s'il y en avait un, je le percevrais, je le sentirais en quelque manière et je ne sens rien ». (Cahier 7, p. 544).

> « Oraison. Seul. S'il y avait un Dieu, il me semble qu'il visiterait ma solitude, qu'il me parlerait familièrement au milieu de la nuit ». (Cahier 7, p. 707).

Citons également Eupalinos, où Socrate avoue :

> « Ce ne fut pas utilement, je le crains, chercher ce dieu que j'ai essayé de découvrir toute ma vie, que de le poursuivre à travers les seules pensées ». (Pléiade II, p. 142).

5. *Valéry savourant la richesse du sensible :*

> « La sensation pure et simple est le réel, et rien d'autre ne l'est. J'ai froid. J'ai chaud. J'ai mal. J'ai peur. Noter que le « je » est essentiel. C'est ce qui est plus fort que moi ». (Cahier 29, p. 897).

> « Je me repais ici de sensations... je les recueille et je les classe et je les décompose en moi... » (Correspondance, avec G. Fourment, p. 67).

« Le réel, c'est la sensation. Car c'est cela que rien ne peut annuler ». (Cahier 24, p. 347).

Mais surtout, chacun se souvient des vers du poème « Aurore » :

Leur toile spirituelle,
Je la brise, et vais cherchant
Dans ma forêt sensuelle
Les oracles de mon chant.

Pourraient y faire écho bien des réflexions suggérées aux heures matinales où il se resaisissait d'abord au niveau des sensations, avant de retrouver ses idées. Celles-ci par exemple dans le Cahier 20, p. 627 :

« Où s'en vont les idées répétées, les projets repoussés ? les croyances ruinées ? L'arbre est au calme. Il se conserve identique dans son bain de lumière. Mais hier il se tourmentait par toutes ses feuilles, tous ses rameaux et toutes ses branches, jusqu'à son puissant tronc, couleur de pierre, et presque pierre ».

Souvenons-nous aussi du retour à la sensation pure, désintellectualisée, tel qu'il le préconise pour l'artiste moderne, dans l'« Introduction à la méthode de Léonard de Vinci ». (Pléiade I, p. 1165).

« La plupart des gens y voient par l'intellect bien plus souvent que par les yeux. Au lieu d'espaces colorés, ils prennent connaissance de concept... Ils ne font ni ne défont rien dans leurs sensations ».

Toujours à propos de Léonard : « l'exigence même de sa pensée le reconduit au monde sensible ».

6. *Valéry cherchant une subjectivité pure :*

Nous ne pouvons nous empêcher de citer le magnifique aveu, si intensément valéryen, qui a été publié à la première page du Cahier B 1910, inséré dans Tel Quel, mais qui apparaît déjà dans le Cahier 4, en 1906, p. 392.

« Tard, ce soir, brille plus simplement ce reflet de ma nature : horreur instinctive, désintéressement de cette vie humaine particulière. Drames, comédies, romans, même singuliers, et surtout ceux qui se disent « intenses ». Amours, joies, angoisses, tous les sentiments m'épouvantent ou m'ennuient ; et l'épouvante ne gêne pas l'ennui. Je frémis avec dégoût et la plus grande inquiétude se peut mêler en moi à la certitude de sa vanité, de sa sottise, à la connaissance d'être la dupe et le prisonnier de mon reste, enchaîné à ce qui souffre, espère, implore, se flagelle, à côté de mon fragment pur ». (Pléiade II, p. 572).

Comment ne pas voir que le soi-disant impersonnalisme de Valéry n'est que la conséquence de sa défiance à l'égard de la superficialité mouvante et inconsistante du moi prétendu personnel et qui n'est que la somme des réactions épidermiques d'un sujet déraciné, ballotté dans la contingence des événements extérieurs ! Valéry se méfie de tous ces sentiments particuliers, dits personnels. « De tous les sentiments possibles, le plus fort en moi est celui... de défiance infinie. Je ne puis avoir confiance dans ce qui va et vient. Je ne m'y fie pas. C'est pourquoi j'ai cherché des choses plus constantes ». (Lettre à Gide du 7 nov. 1899). Mais derrière cette défiance du moi psychologique superficiel se cache toujours une volonté tendue dans la recherche du moi profond. «... ce que nous pensons et faisons à chaque instant n'est jamais exactement nôtre... Notre vie n'est pas tant l'ensemble des choses qui nous adviennent ou que nous fûmes (qui serait une vie étrangère, énumérable, descriptible, finie) que celui des choses qui nous ont échappé ou qui nous ont déçus ». Certes, Valéry a pu écrire : « Gide a autant voulu personnaliser sa vie productive que moi dépersonnaliser la mienne ». (Cahier 27, p. 274). Mais comment ne pas comprendre que cette « dépersonnalisation » n'est qu'une ascèse d'ordre phénoménologique cherchant à mettre à jour la subjectivité pure, celle du « fragment pur » ?

Ces quelques exemples pris un peu au hasard suffisent à montrer qu'au portrait généralement campé par la critique littéraire, peut s'opposer, presque trait pour trait, un portrait tout différent, tel qu'il ressort à la lecture des « Cahiers ». Est-ce à dire que le premier portrait reconstitué à partir de l'œuvre publiée soit entièrement faux ? Nous ne le croyons pourtant pas. En réalité l'erreur de presque tous les interprètes est de construire leur Valéry sur l'un de ses aspects, en oubliant les autres, et en lui imposant une unité qu'il a recherchée, mais qu'au fond il n'a pas trouvée. L'erreur est de ne pas voir les antinomies de sa personnalité, de faire un Valéry unidimensionnel, monolithique, identique à lui-même tout au cours de son existence, dont chaque étape n'aurait fait que dévoiler et expliciter l'unique portrait dans un développement harmonieux et univoque. En réalité, il faut saisir Valéry non seulement dans les pôles opposés de sa personnalité, mais plus encore dans le dynamisme tendu qui le fait passer constamment d'un pôle à l'autre, dans un effort constant pour synthétiser ou dépasser les aspects contradictoires de son être. Nous dirions volontiers que Valéry est victime de M. Teste, victime de cette première création de sa jeunesse et de la puissance étonnante qu'il a mise dans ce personnage. Sans doute, pendant les quelques 20 ans de son silence littéraire, jusqu'à la parution de la Jeune Parque, Valéry ne fut guère connu que comme l'auteur de M. Teste. Pour cette raison peut-être, toute sa production littéraire ultérieure fut jugée sous l'éclairage de ce personnage, au point que la plupart des critiques ont cru pouvoir identifier Valéry à M. Teste, et le réduire ainsi à une intelligence froidement analytique, pure pensée ne participant en rien à la vie, esprit hautain, exclusif de toute sensibilité, raison orgueilleuse méprisant les voix du cœur. Or, que Valéry ne soit point M. Teste, c'est ce que la lecture des « Cahiers » et le nouvel éclairage qu'ils projettent sur son œuvre, nous permettent d'affirmer avec évidence. Il s'est souvent plaint lui-même dans les « Cahiers » de cette incompréhension dont il était l'objet. « Ils me reprochent de n'être pas embrayé sur la vie. Ils appellent vie une comédie qu'ils se jouent à eux-mêmes ! » (Cahier 10, p. 18). « On me reproche de ne pas émouvoir, etc. Je n'ai fait que traiter les autres comme j'aime être traité. Je n'ai que faire des sensations et des émotions des autres. Les miennes propres me suffisent ». (id., p. 62). « Mon obscurité : la J.P. n'est pas beaucoup plus obscure que le Cantique des Cantiques ». (id., p. 100).

Qu'est donc M. Teste par rapport à Valéry ? Nous dirons dans un langage tout valéryen que Teste n'est qu'un de ses possibles, une des possibilités de son « implexe » qui en comportait bien d'autres. Valéry avoue lui-même être plusieurs.

« Je rêvais sur les Possibles de l'esprit. Il y a x^y personnes possibles en moi ». « Ce que l'on nomme Esprit pourrait aussi bien se nommer Variété. Variété de Un Tel... Plus d'un ne comprend pas que l'on soit plusieurs. Mais je pense que d'être plusieurs c'est l'essence de l'homme ». (Cahier 10, p. 709). « Narcisse. L'esprit ne se reconnaît pas dans l'homme, et moi dans mon miroir. Car le possible ne peut avoir un seul objet pour image. C'est trop peu d'un seul personnage pour tant d'existences... virtuelles ! ». (Cahier 18, p. 45). « Moi. L'homme est une société, et ce qu'il appelle Moi est une pluralité d'une espèce... singulière. Je ne veux pas ici parler des multiplications de la personnalité qui sont des accidents chez les normaux, des régimes chez certains anormaux. Mais d'une dualité fonctionnelle, c'est-à-dire sans laquelle il n'y a pas de Moi. Tout Moi doit être capable d'antagonisme ». (Cahier 27, p. 797).

Et voici l'écho dans son œuvre. Dans Eupalinos, c'est Socrate regrettant l'artiste qu'il aurait pu être :

« Je t'ai dit que je suis né plusieurs, et que je suis mort un seul. L'enfant qui vient est une foule innombrable, que la vie réduit assez tôt à un seul individu, celui qui se manifeste et qui meurt. Une quantité de Socrates est née avec moi, d'où, peu à peu, se détacha le Socrate qui était dû aux magistrats et à la ciguë ». (Pléiade II, p. 114).

De même dans Faust, autre porte parole de Valéry :

« C'est qu'il est de mon destin de faire le tour complet des opinions possibles sur tous les points, de connaître successivement tous les goûts et tous les dégoûts, et de faire et de défaire et de refaire tous ces nœuds que sont les événements d'une vie... Je n'ai plus d'âge... Et cette vie ne sera achevée que je n'aie finalement brûlé tout ce que j'ai adoré, et adoré tout ce que j'ai brûlé ». (Pléiade II, p. 288).

Ces variations, ces revirements, ces contradictions, nous les retrouverons dans l'œuvre multiple de Valéry étagée tout au long de sa carrière. « Le voyage de ma vie me conduit à mes antipodes. On finit par aimer ce qu'on haïssait ; par faire ce que l'on se croyait l'homme du monde le plus incapable de faire. Mais alors qui-est-moi ? Cette vie est ronde ? » (Cahier 8, p. 397). Ou encore : « Histoire d'un voyage : de l'Orgueil à l'Amour (et retour) ». (Cahier 8, p. 387).

De l'orgueil olympien et solitaire de M. Teste, grand prêtre de l'idole intellect, à l'amour d'Eupalinos pour une fille de Corinthe, artiste capable de métamorphoser un clair jour de sa vie dans l'image mathématique d'un temple délicat, tel pourrait être en effet pour Valéry le sens du voyage de sa vie, avec plus ou moins possibilité de retour, jusqu'à la tentative finale, mais inachevée, avec « Mon Faust », pour marier les deux thèmes majeurs de l'amour et de l'esprit.

Que le dialogue d'Eupalinos marque un revirement, sinon une révolution dans l'esprit et l'œuvre de Valéry nous apparaît une évidence que nous nous attacherons à démontrer. Déclarer, comme le fait Emilie Noulet, qu'« Eupalinos ou l'Architecte n'a pas d'autres desseins, d'autres paroles que la Soirée ou l'Introduction », et qu'« Eupalinos pense comme M. Teste », nous semble un total contresens. Eupalinos est bien au contraire l'anti-Teste. Toute la signification de ce dialogue est dans le regret amer de Socrate qui, parvenu aux champs élyséens, se repent d'avoir été un sage vain, ne laissant « après soi que le personnage d'un parleur ».

> « Y a-t-il quelque chose de plus vain que l'ombre d'un sage ?
> — Un sage même.
> — ... Hélas ! hélas ! J'ai usé d'une vérité et d'une sincérité bien plus menteuses que les mythes, et que les paroles inspirées... O perte pensive de mes jours ! Quel artiste j'ai fait périr ! »

Comment ne pas voir dans ces paroles le propre aveu en clair de Valéry lui-même ? Aveu dramatique et combien poignant de celui qui ressent comme un crime le silence qu'il s'est imposé pendant près de 25 années, de 1892 à 1917, années de sa maturité qui auraient pu être les plus productives.

> « Je me sens contre moi-même le Juge de mes Enfers spirituels ! Tandis que la facilité de mes propos fameux me poursuit et m'afflige, voici que je suscite pour Euménides mes actions qui n'ont pas eu lieu, mes œuvres qui ne sont pas nées, — crimes vagues et énormes que ces absences criantes ; et meurtres, dont les victimes sont des choses impérissables ! » (Pléiade II, p. 140).

Socrate, penseur, regrette l'artiste qu'il eût pu être. Teste-Valéry, regrette l'artiste et le poète qu'il a étouffé pendant un quart de siècle. Et tandis que Socrate rêve d'un Anti-Socrate, constructeur, cherchant à rejoindre par l'acte créateur de l'artiste le grand acte divin dont l'univers est l'effet, prenant ainsi « pour origine de son acte, le point même où le dieu s'est arrêté », Valéry délivré de l'hypnose intellectuelle dont M. Teste était comme le symbole, compose maintenant dans l'architecte Eupalinos la figure d'un anti-Teste. C'est par la bouche de ce dernier que Valéry, redevenu maintenant poète, puisque, après la Jeune Parque, il a déjà composé la majeure partie des poèmes de « Charmes », fait exprimer l'essentiel de son art poétique, dont nous ne retiendrons pour l'instant que la formule condensée : « enchaîner, comme il le faudrait, une analyse à une extase ».

Avec Eupalinos, Valéry a donc pris conscience du deuxième pôle de sa personnalité, ou plutôt il l'a libéré du carcan de silence qu'il lui avait imposé. Monsieur Teste s'était voulu l'analyste sévère d'une conscience réduite à sa fonction la plus intellectuelle, chez un esprit ayant « tué la marionnette » et s'étant rendu maître des rouages de son intelligence. Rien n'était plus anti-poétique que cette assurance fière de l'esprit condamnant les illuminations du génie. « Croyez-moi à la lettre : le génie est facile, la divinité est facile ». — Mais après 20 ans de recherches dans l'orgueil et la solitude de celui qui voulait démonter les mécanismes de l'intelligence pour savoir vraiment ce « que peut un homme », force est à Valéry de reconnaître plus ou moins l'échec de cette tentative d'extra-lucidité entreprise sous le signe de M. Teste. C'est pourquoi il est faux de faire de Valéry le précurseur des logiciens de l'école de Vienne. C'est ignorer son évolution et identifier arbitrairement le terme de sa pensée à son point de départ. C'est finalement ignorer Valéry lui-même, car la vraie signification de son œuvre est dans la prise de conscience, après 1920, de l'échec de la méthode positiviste essayée jusque là, depuis le « coup d'Etat » de 1892, lorsque les forces de l'intellect avaient essayé d'éliminer toute influence des forces de la sensibilité. Après la reprise du travail poétique qui devait amener à la parution de la Jeune Parque en 1917, Valéry en effet, a pris, peu à peu conscience du crime qu'il avait commis à vouloir éliminer, contre nature, la part de la sensibilité dans le cycle de la connaissance. Dès lors, son problème sera d'associer et d'harmoniser les deux moitiés de lui-même, le Teste qu'il continuera de porter en lui, et l'anti-Teste dont il sait maintenant la primordiale importance.

> « L'intellect à lui seul ne peut conduire qu'à l'erreur ». (Faust).
> « La sensibilité est la puissance motrice de l'intelligence. C'est à tort qu'on l'oppose à l'intelligence ». (Bilan de l'intelligence).

Cette dialectique Teste-anti-Teste nous apparaît comme la clé de compréhension de Valéry, la clé de son drame intérieur. Il a été presque toute sa vie déchiré par la dynamique de la contradiction de ses tendances primordiales, polarisées dans le conflit entre l'intellect et la sensibilité. Si c'est finalement le poète qui domine en lui, c'est grâce à la victoire de sa sensibilité sur son intelligence. Valéry était au fond tout le contraire de M. Teste, mais il portait en lui cette caricature de l'intelligence comme un démon toujours à vaincre. « M. Teste est mon croquemitaine. Quand je ne suis pas sage, je pense à lui ! » (Cahiers 1, p. 248). Et s'il a réussi à connaître son esprit, il a réussi aussi à l'exorciser et à le dominer. Ce sera finalement la part de lui-même contre laquelle il avait toujours lutté, son cœur, qui triomphera. « Je connais my heart, aussi. Il triomphe. Plus fort que tout, que l'esprit, que l'organisme », telle sera une des dernières notes écrites dans ses « Cahiers » avant sa mort.

Le caractère dialectique de cette dynamique, entrelaçant les forces contradictoires de l'intellect et de la sensibilité, impose la méthode d'approche pour l'étude de Valéry. Il faut le suivre dans la succession de ses variations autant que dans sa variété, dans ses contradictions plus que dans son unité, dans le secret dynamisme qui le pousse d'un pôle à l'autre de sa pensée. La variété des possibles valéryens s'articule en effet autour des deux pôles de son être, l'intellect et la sensibilité, qui jouent le rôle de cette « dualité fonctionnelle, sans laquelle il n'y a pas de Moi ». Il nous en a averti : « Tout Moi doit être capable d'antagonisme ». Intellect et sensibilité sont les deux pôles entre lesquels passe le courant de la pensée valéryenne, tantôt plus chargée d'un pôle que de l'autre, tantôt déchirée entre les deux, tantôt en lutte contre l'un ou contre l'autre, et ne réussissant leur conciliation que dans l'acte de la création poétique, pour cette raison si nécessairement vitale pour Valéry. Ce caractère de dialectique entre des exigences contradictoires difficilement surmontées impose à notre étude d'être plus ou moins historique, puisqu'il faut essayer de suivre Valéry dans l'évolution du développement organique qui lui permettra de dévoiler peu à peu toutes les virtualités de son implexe aux possibilités multiples. Dans cette évolution, deux dates apparaissent comme capitales et marquent deux tournants brusques de la pensée valéryenne. La première est connue. C'est en 1892 que se situe la grande révolution intellectuelle de Valéry, provoquée en partie par une crise sentimentale, et qui entraînera sa renonciation à faire carrière littéraire, décision à laquelle il restera fidèle pendant près de 25 ans. Toute sa vie intellectuelle restera marquée par ce « coup d'état ». « L'amour de l'époque 92 s'est évanoui. Mais la formule d'exorcisation par l'intellect s'est fixée et est devenue un instrument essentiel de ma manière de penser. Voilà 50 ans que je m'y tiens, » écrit-il dans le Cahier 26, p. 418.

Mais le deuxième tournant de la pensée valéryenne nous semble ignoré par la majorité des critiques, ignorance grave, car elle entraîne la méconnaissance d'une moitié de la personnalité de Valéry. Ce deuxième tournant marque en effet la revanche des forces de sensibilité si longtemps opprimées après la révolution de 1892. Cette deuxième révolution n'a pas le caractère brutal, brusque et décisif de la première. Nous verrons qu'elle se prépare lentement pendant de longues années, depuis le moment où Valéry s'est laissé reprendre au jeu de la création poétique avec la Jeune Parque. Alors que la première s'est installée en Valéry par un véritable « coup de force » ou « coup d'état » selon ses propres expressions, la deuxième est le résultat de l'épuisement progressif de la dictature intellectuelle imposée sous le drapeau de M. Teste, et du redressement lent des forces anti-Teste de la sensibilité. Valéry indiquera pourtant lui-même la date de 1920 comme terme de la réhabilitation des forces de la sensibilité sur la scène de sa pensée. « Si je me regarde historiquement, écrit-il en 1922 dans le Cahier 8, p. 762, je trouve deux événements formidables dans ma vie secrète. Un coup d'état en 92, et quelque chose d'immense, d'illimité, d'in-

commensurable en 1920. J'ai lancé la foudre sur ce que j'étais en
92 — 28 ans après, elle est tombée sur moi, de tes lèvres ». Ces
derniers mots nous laissent deviner pourquoi Valéry ne s'est pas
attaché à montrer l'importance de ce deuxième « événement » dans
sa vie secrète, bien qu'il le qualifie lui-même de « formidable » à
l'égal du premier. Nous ne chercherons pas à soulever le voile de
pudeur qu'il a jeté sur sa vie sentimentale. (J. Duchesne-Guillemin
indique qu'il sagit de Catherine Pozzi, âgée de 17 ans, fille du chirurgien Pozzi ; dans « Etudes pour un Paul Valéry », p. 205.) Les
détails de sa biographie nous intéressent peu. La critique n'a rien
à y gagner. Mais il est pourtant de notre devoir de remarquer que
les deux événements majeurs qui commandent et orientent toute la
vie intellectuelle de Valéry, sont coordonnés, sinon provoqués, par
des crises sentimentales. Bien qu'il déclare ne pouvoir faire de la
littérature « avec ces choses-là », il avoue cependant qu'elles furent
pour lui « un puissant excitant intellectuel ». Ouvrons encore les
« Cahiers » :

> « Ma grande maladie mentale d'amour de 91-92 et quelques
> années après... Je me suis rendu fou et horriblement malheureux
> pour des années par l'imagination de cette femme à laquelle je n'ai
> jamais même parlé. Je ne puis absolument pas faire de la littérature
> avec ces choses-là (celle-là et d'autres, beaucoup plus récentes). La
> littérature pour moi est un moyen contre ces poisons imaginaires
> de tendresse et de jalousie. La littérature, ou plutôt tout ce qui
> est spirituel, fut toujours mon anti-vie, mon antesthésique. Mais ces
> sensations cependant furent un puissant excitant intellectuel. Le mal
> exaspérait le remède. Eupalinos en 21. La danse en 22, écrits en état
> de ravage. Et qui le devinerait ? » (Cahier 23, p. 590).

Est-il si vrai que nous ne pourrions le deviner ? Est-ce un hasard si la danseuse Athikté semble à Phèdre représenter la pure
essence de l'amour, tandis qu'Eupalinos, porte-parole de l'art poétique de Valéry, est capable de métamorphoser l'amour d'une fille
de Corinthe dans l'équilibre savant et délicat d'un temple ? L'amour
n'est-il pas « l'excitant intellectuel » dont ont besoin ces artistes ?
Quoi qu'il en soit, retenons l'importance du dialogue d'Eupalinos,
en 1920-21, comme tournant décisif dans la vie intellectuelle de
Valéry. Celle-ci ne se déroulera plus sur le seul plan d'une intelligence
imposant orgueilleusement sa loi. Avec Eupalinos, Valéry reconnaît désormais que « les puissances de l'âme procèdent étrangement de la nuit ».

Mais si nous avons maintenant reconnu dans la variété des
possibles valériens, l'importance de ces deux pôles successivement
révélés de l'intelligence et de la sensibilité dans la tension desquel-
les se joue toute sa pensée, il nous reste encore à reconnaître le moteur animant la dynamique de cette dialectique. Là encore, les
« Cahiers » nous serviront de complément indispensable à la compréhension de l'œuvre. Ils nous permettent en effet de compren-

dre toute l'œuvre de Valéry, poésie et prose, comme l'expression constante d'une recherche ontologique profonde.

> « Je ne suis occupé que de ma dure et terrible guerre intérieure, parfois joyeuse. Guerre pour être, guerre bête, implacable ; guerre étrange, sainte. Contre tout, menée par l'être ». (Cahier 8, p. 372).

> « Tu te fais tout esprit, et clos à la lumière, tes yeux cherchent en toi l'être de ce qui est ». (Dialogue de l'arbre).

On a trop dit que Valéry ne s'était préoccupé que du fonctionnement et du mécanisme de la connaissance et non de la connaissance elle-même. C'est là encore vouloir le réduire aux catégories d'un positivisme logique qu'il dépasse infiniment. S'il s'est intéressé au travail et aux opérations de l'intelligence, c'est en fait pour juger du crédit et de la valeur de la connaissance à laquelle l'homme peut prétendre. Car il vit profondément le drame de la connaissance, « tout l'épique et le pathétique de l'intellect ». Il le déclare lui-même dans ses « Cahiers » : « Il n'est pas possible de s'attacher à étudier la pensée sans s'attacher à décrire quelque chose de plus, l'être tout entier ». (Cahier 4, p. 816).

Cette recherche ontologique, cette soif d'être, le pousse, en une folle tension nietzschéenne de « passage à la limite », à rechercher l'extrême possible des pouvoirs de l'esprit, dans la volonté d'aller « jusqu'au bout ». « J'aime tout ce qui approche l'esprit des limites de son pouvoir ». Mais dans cette tension vers les limites de l'esprit, Valéry, admirateur de Descartes, espère qu'il y trouvera « un fixe », « un invariant ». « J'ai aimé les extrêmes par l'espoir d'y trouver un fixe ». Ainsi, toute cette aventure de l'esprit, que constitue l'ensemble de son œuvre, s'inscrit dans la recherche angoissée d'un absolu ou d'un dieu. « Et chacun cherche son dieu qui lui soit la passion de vivre ». Nous voudrions montrer que, cette « recherche du dieu » constitue le ressort secret du drame de la connaissance vécu par Valéry, la force intime qui l'anime de sa jeunesse jusqu'à la veille de sa mort, et donc la clé de son œuvre. Pour cette raison, il n'est pas possible de nous cantonner à l'étude du « Dialogue des choses divines » qui a préoccupé Valéry toute sa vie. Vu la place centrale qu'occupe ce dialogue, c'est l'ensemble de l'œuvre que nous devons étudier sous son éclairage.

Car « la recherche du dieu » n'est pas un thème littéraire, pour Valéry moins encore que pour tout autre. Ce n'est pas l'occupation d'un homme de lettres, ce qu'il fut si peu d'ailleurs. C'est la préoccupation la plus secrète et la plus profonde d'un homme, en sa nudité simple et essentielle affrontée solitairement au mystère de l'existence. Aussi, vouloir retrouver dans l'œuvre de Valéry, le cheminement quelquefois souterrain et rarement apparent de cette recherche du dieu, c'est chercher à nous représenter non seulement l'esprit qui a fait cette œuvre, mais encore la genèse de cet esprit dans son organisation, son développement et ses actes les plus constitutifs. Ce n'est pas seulement essayer de découvrir, comme Valéry a

voulu le faire pour Léonard de Vinci, « la vision centrale où tout a
dû se passer », mais encore la genèse et l'histoire de cette vision
centrale, la plus essentielle à son devenir d'homme.

Or, rechercher l'homme dans l'auteur, en tant que l'homme
engendre et donc explique l'œuvre, exige du lecteur qu'il se place
au même niveau de vérité humaine. Vouloir retrouver la lente maturation du projet existentiel d'un homme, le devenir de cette secrète
intention de salut qu'il cherche d'abord à se dévoiler à lui-même
et qu'il transposera ensuite dans son œuvre, n'est sans doute possible que dans la mesure où l'on « tente de saisir l'appel d'un esprit
au nôtre », et où la subjectivité du lecteur accepte de se laisser
interroger par la subjectivité de l'auteur. En ce sens, « la vérité
d'une critique n'est pas indépendante de la subjectivité du critique ». (Serge Doubrovsky. Pourquoi la nouvelle critique, p. 71 et p.
267). C'est sans doute ce que Valéry souhaitait du lecteur du « Mon
Faust », quand il le voulait « de bonne foi et de mauvaise volonté ».
De bonne foi, par sa disponibilité aux intentions secrètes de l'auteur, de mauvaise volonté, par l'indépendance de son propre orgueil, capable de ne pas fléchir devant celui de l'auteur. « Orgueil
pour orgueil », tel est bien le titre que Valéry donne à une ébauche
de dialogue. (Pléiade I, p. 360). Car il nous en a averti : « Il faut
observer les grands hommes à la lumière de leur orgueil et du
nôtre ». Il entre d'ailleurs du défi dans sa définition de l'orgueil
comme affirmation de soi en son noyau le plus authentique, et ce
défi n'est pas seulement lancé à soi-même, pour y éveiller la source la
plus intime de son être, il est également tourné vers autrui. « Le
véritable orgueil est le culte rendu à ce que l'on voudrait faire,
le mépris de ce que l'on peut, la préférence lucide, sauvage, implacable de son « idéal ». Mon Dieu est plus fort que le tien ». Retrouver le défi que Valéry avait adressé à son propre orgueil, telle sera
notre ambition, sans pourtant oublier de relever le défi qu'il nous
adresse. Mais de même que Valéry avait pris pour devise de « cacher
son dieu », nous nous efforcerons également de cacher le nôtre.

CHAPITRE II

LA SÉDUCTION D'ARISTIE

Evoquant ses années de jeune étudiant à Montpellier, Valéry, dans son dernier Cahier, caractérise cette époque comme ayant été pour lui celle de « la séduction d'Aristie... des chevaliers du Graal, des collèges d'initiés, mystes, etc., avec le complexum d'émotions esthétiques, de renoncements et raffinements combinés, de mysticisme artistique... Tout ceci produit... de la vulgarité croissante... ». (Cahier 29, p. 162). En réalité, nous verrons que cette « séduction d'Aristie » n'aura pas exercé son influence sur ses seules années de jeunesse et que toute sa vie, elle continuera d'avoir sur lui un même pouvoir d'attraction, sinon de fascination. Il l'avoue d'ailleurs très souvent dans ses « Cahiers » : « L'idée de perfection m'a possédé ». Sans doute, ce démon de la pureté prendra des visages différents selon les étapes de son développement et de sa maturation progressive. C'est ainsi que cette idée de perfection « s'est modifiée, peu après, changée en volonté de pouvoir ou de possession de pouvoir, sans usage de lui ». Cependant cette tension vers la perfection restera pour lui, même à travers les crises et les révolutions qu'il subira, le dynamisme secret qui le poussera toujours vers une impossible pureté. Remarquons que cette exigence de pureté est d'abord tournée sur lui-même et son propre potentiel intellectuel et spirituel, avant de concerner aussi une œuvre possible. C'est ainsi que ses œuvres, les plus essentielles pour le moins, ne resteront pour lui qu'un « instrument de la volupté de parfaire ». (Pléiade I, p. 1479).

> « Les actes mêmes ou œuvres me furent des applications locales, circonstancielles, d'une faculté ou propriété exercée en soi et pour elle-même. Et je plaçai toute l'importance dans l'entretien et le développement de l'instrument vivant, et non dans la production et le produit ». (Cahier 23, p. 188).

Quand Valéry songe dans les Cahiers, sous la rubrique GLADIATOR, à relever les traits les plus constants et les plus essentiels de son caractère, dans ce qu'il a de plus original, c'est à un « Traité de la

Pureté » qu'il pense. « Gladiator ou le traité de la pureté », « Gladiator Moi = Moi et mon instrument » — « Le sujet de Gladiator est la substitution d'un être pur à un être historique, et de l'ordre au désordre ». (Cahier 8, p. 919). « Traité de la pureté. Il faut passer par l'impur. Le pur est un produit de travail sur impur. L'ordre est un produit de travail sur désordre ». (Cahier 21). Pour ce projet, comme pour d'autres, tel que « le Dialogue des choses divines », qui touchaient à ses préoccupations les plus profondes, Valéry accumule les notes pendant 50 ans.

> « Traité de la pureté. C'est le progrès de la conscience et la réfection de la connaissance en tous genres ». (Cahier 16, p. 832).

> « Gladiator. Thème ou théorie de la pureté. Ma théorie de la pureté était dans mon esprit l'objet de la recherche à tâtons du monde « moderne ». Et consistait dans la reconstitution de tout ce qui fait l'homme, spontanément ou traditionnellement, après analyse, décomposition en actes ou parties ou phases distinctes, devenus conscients et purs l'un de l'autre. D'où ma détestation des effets de l'histoire ou d'une philosophie ou d'une politique, développés à partir de notions vagues et mêlées ». (Cahier 24, p. 52).

Reconnaissons au passage une dominante de l'esprit valéryen dans l'importance donnée à l'analyse pour purifier les produits de la pensée. Reconstituer après analyse tout ce que l'homme fait spontanément ou traditionnellement, afin d'obtenir une pensée chimiquement pure, telle sera bien la volonté constante de Valéry, appliquée au domaine du langage et de la poésie, comme à tous les domaines de la connaissance.

Que cette méthode de purification fasse songer à une analyse chimique, le passage suivant le confirme encore : « L'idée de séparer les constituants indépendants, de faire sentir leur différence dans la composition au lieu de les employer mêlés, je voulais l'appliquer en littérature, et il y a dans Teste et Léonard (95) des traces de ce dessein. » (Cahier 25, p. 617). Cependant, si Valéry appliquera cette méthode de purification avec constance dans tout le domaine de son activité pensante, il ne réussira pas à en faire la théorie, et c'est avec une émotion non dissimulée qu'il avoue au soir de sa vie, en mars 1942, dans le 25e Cahier : « Mes œuvres... réelles sont celles qui ne se feront jamais. Par exemple le Traité de la Pureté » (p. 886).

Le thème de la pureté représente donc comme un fil directeur, véritable fil d'Ariane, nous conduisant dans les arcanes de la pensée de Valéry. Il avoue lui-même d'ailleurs l'importance de ce thème dans sa pensée.

> « La notion de pureté est essentielle dans ma pensée. Elle s'impose dès l'origine, comme résultat de self-consciousness exaspérée ». (Cahier 22, p. 444).

Et ailleurs encore : « Mémoires de Moi. Je fus possédé par le démon de la pureté » (Cahier 25, p. 617), ou encore : « Il faut se faire un désir d'être si pur en soi, qu'on ne puisse attendre du Marché aux puces du monde, qu'un diamant, seul à accepter pour cet idéal

de soi, qui en achève la perfection ». (Cahier 22, p. 653). Il y a
d'ailleurs toute une symbolique du diamant et du cristal chez Valéry :
« Vous savez que j'aime ce qui est rare, concentré, précieux, cristallin
et total ». (Lettre à Gide, p. 94). A quoi fait écho ce jugement sur le
poète qu'il a le plus aimé au monde : « Hérodiade seule en poésie
française peut se lire sans trop de dégoût et de gêne. Et ce n'est
pas assez haut encore. Ce n'est pas encore assez diamant ! Vous me
voyez difficile ». (Lettre à Gide, p. 74).

A 20 ans, Valéry rêve donc déjà d'une esthétique raffinée qui tail-
lerait savamment, dans la pure transparence du matériel sonore, les
multiples facettes d'une architecture musicale réfrangeant une
lumière idéale. La pureté du cristal lui est comme une obsession.
Il l'exprime encore, presque 50 ans plus tard, dans une magnifique
page qui ouvre le 24ᵉ Cahier :

> « J'aurais voulu te vouer à former le cristal de chaque chose, ma
> Tête, et que tu divises le désordre que présente l'espace et que
> développe le temps, pour en tirer les puretés qui te fassent ton
> monde propre, de manière que ta lumière dans cette structure
> réfringente revienne et se ferme sur elle-même dans l'instant, subs-
> tituant à l'espace l'ordre et au temps une éternité ».

Nous reviendrons plus tard sur l'analyse de cette célèbre page
par laquelle le poète, entré dans sa 70ᵉ année, redéfinit l'essentiel de
l'ambition spirituelle et artistique de sa vie, comme une véritable
alchimie de la pensée, ne se bornant pas à vouloir comprendre le
monde, mais cherchant à le refaire grâce à la magie d'un art capable de transmuer toute chose en un joyau idéal. Est-il parvenu
à réaliser les exigences d'un tel art ? Nous verrons que le poète ne
le croyait pas, car un tel art, celui de la poésie pure, n'est qu'une
limite idéale, en fait inaccessible.

> « La poésie pure (n'est) qu'une limite située à l'infini, un idéal
> de la puissance de beauté du langage... Mais c'est la direction qui
> importe, la tendance vers l'œuvre pure. Il est important de savoir
> que toute poésie s'oriente vers quelque poésie absolue ». (Pléiade
> I, p. 676).

Cette direction vers une œuvre pure, limite idéale de la transmutation des puissances de beauté du langage en une poésie absolue,
c'est déjà la tendance visible, sinon toujours consciente de Valéry,
avant sa 21ᵉ année. C'est donc dans cette période de formation du
jeune poète, période imprégnée et dynamisée par « la séduction
d'Aristie », que nous devons chercher les premiers pas de ce catharisme poétique et intellectuel qui le fera, en tous domaines, poursuivre un inaccessible absolu. Mais avant de nous livrer à l'examen
des poèmes de jeunesse, ceux écrits entre sa seizième et sa vingt et
unième année, nous nous adresserons aux divers jugements que
Valéry a lui-même portés sur cette première époque. L'abondance
de ces textes, chez celui qui n'aimait pas la mémoire et pour
lequel « le souvenir est une sorte de suicide », montre l'importance
qu'il attribuait à cette période de jeunesse dans la formation de
son esprit et de ses tendances les plus profondes.

Or une note dominante et constante caractérise tous ces textes, ainsi que les lettres, les articles et les poèmes écrits à cette époque, c'est celle d'un « mysticisme artistique » ou d'une religion consacrée au « culte du Beau ». Cette note est si constante qu'Octave Nadal appelle cette période de jeunesse, de 1888 à 1891, « les années de mysticisme » de Valéry.

Valéry s'est visiblement complu à décrire l'atmosphère intellectuelle et spirituelle qui régnait dans les milieux littéraires et artistiques dans les années situées autour de 1890.

« Une génération formée par le culte du Beau. Ceci n'est pas une ironie. Je note un fait, que je vois ; un moment dont j'ai fait partie. Le rôle joué par l'idée vague et intense de « Beauté » sur les jeunes gens nés de 70 à 80 (et d'un certain « milieu ») est à noter. Il y a eu un moment où ce qu'on est convenu d'appeler Beau, Art, etc., a failli devenir un culte, à milles sectes ». (Cahier 6, p. 25).

« Ce fut un temps de théories, de curiosités, de gloses et d'explications passionnées. Une jeunesse assez sévère repoussait le dogme scientifique qui commençait de n'être plus à la mode, et elle n'adoptait pas le dogme religieux qui n'y était pas encore ; elle croyait trouver dans le culte profond et minutieux de l'ensemble des arts une discipline, et peut-être une vérité, sans équivoque. Il s'en est fallu de très peu qu'une espèce de religion fût établie. » (Pléiade I, p. 1273).

« Il y avait quelque chose de religieux dans l'air de cette époque, où certains se formaient en soi-même une adoration et un culte de ce qu'ils trouvaient si beau qu'il fallait bien le nommer surhumain.

L'Hérodiade, l'Après-midi, les Sonnets, les fragments que l'on découvrait dans les revues, que l'on se passait, et qui unissaient entre eux se les transmettant des adeptes dispersés sur la France, comme les antiques initiés s'unissaient à distance par l'échange de tablettes et de lamelles d'or battu, nous constituaient un trésor de délices incorruptibles, bien défendu par soi-même contre le barbare et l'impie ». (Pléiade I, p. 637).

« Jamais les puissances de l'art, la beauté, la force de la forme, la vertu de la Poésie, n'ont été si près de devenir dans un certain nombre d'esprits la substance d'une vie intérieure qu'on peut bien appeler « mystique », puisqu'il arrivait qu'elle se suffît, et qu'elle satisfît et soutînt le cœur de plus d'un, à l'égal d'une croyance définie. Il est certain que cette sorte de foi a donné à quelques-uns et l'aliment constant de leurs pensées, et la règle de leur conduite, et la constance de résister à la tentation, et qu'elle les animait à poursuivre, dans les conditions les plus ingrates, des travaux dont les chances d'être jamais réalisés étaient aussi faibles que leurs chances d'être compris s'il advenait jamais qu'ils s'accomplissent. Je le dis en connaissance de cause : nous avons eu, à cette époque, la sensation qu'une manière de religion eût pu naître, dont l'émotion poétique eût été l'essence ». (Pléiade I, p. 694). « Entre 1885 et 1900, on a tenté beaucoup plus « d'expériences » que jamais auparavant. (Exception faite pour le temps de la Pléiade). ... Jamais plus de raisonnements, plus de recherches, plus de hardiesses.

Quant à l'influence de la métaphysique, elle a été très superficielle, — fort heureusement, — et surtout verbale. Ce qui a véritablement existé, c'est une sorte de mysticisme esthétique, parfois très prononcé ». (Pléiade I, p. 1738).

Tous ces textes écrits et publiés au temps de la maturité, montrent combien Valéry jugeait comme décisif, pour sa formation artistique et intellectuelle, ce « Culte du Beau » qui avait imprégné sa jeunesse. Celui-ci, par son intensité et son universalité, constituait une véritable mystique, puisque ce culte esthétique ne comportait pas seulement une discipline, mais encore une vérité ayant ses fidèles et ses initiés unis par l'adoration des mêmes maîtres. De nombreux témoignages de cette mystique se trouvent dans les lettres de Valéry écrites à ses amis à cette époque. Voici la fin d'une lettre à Pierre Louis écrite le 14 septembre 90 :

> « Il me semble que le jour viendra où comme les anachorètes grecs du Mont Athos, les artistes inconnus, moins stylistes, vivront dans quelque couvent sur un rocher. Là on dira la Messe de la Beauté, on lira l'Epître qui sera une page de Flaubert, on clamera quelque antiphone de Baudelaire ! »

Notons au passage que Valéry n'éprouve pas encore à l'égard de l'auteur de Salambo et des Trois contes la répulsion qu'il ressentira à l'égard de cette fabrication arbitraire et artificielle de la littérature romanesque. « En somme, art de Flaubert et consorts, est tendance au trompe l'œil. Faire du marbre avec du carton, faire des choses et des êtres avec des mots », écrira-t-il plus tard. (Cahier 8, p. 349).

Ajoutons encore le début d'une lettre à André Gide, du 1ᵉʳ février 91 :

> « Mon cher caloyer du mont symbolique, Deux mots à la hâte pour vous féliciter de cette conversion miraculeuse et divinement fatale ; car tous les esprits brûlants et purs viennent toujours enfin à l'adoration des très saintes Icônes de l'art, dans la chapelle ultime et délicieuse du Symbolisme ». (Le « caloyer » est un moine grec de l'ordre de Saint Basile.)

Quels sont les maîtres de cette religion esthétique ? Les lettres de Valéry, écrites à cette époque, comme les notes écrites postérieurement dans les « Cahiers », nous renseignent sur l'influence profonde qu'ils ont eue sur l'adolescent. Ils sont au nombre de trois : Edgard Poe, Huysmans et Mallarmé. Les trois noms sont effectivement associés dans une lettre envoyée en 1889 au directeur du Courrier libre, Karl Boès, qui publia la même année le sonnet intitulé « Elévation de la lune », daté du 13 juillet 89.

> « Voici quelques vers commis en province par un provincial loin du grand brasier de Paris. J'ignore quel est le vent qui souffle là-haut, si les jeunes sont symbolistes ou néo-chrétiens et je n'ai pas cherché à satisfaire un programme d'école. Je suis partisan d'un poème court et concentré, une brève évocation close par un vers sonore et plein. Je chéris, en poésie comme en prose, les théories si profondes et si perfidement savantes d'Edgard Poe, je crois à la toute puissance du rythme et surtout de l'épithète sug-

gestive. Je préfère Mallarmé à Verlaine, et Joris Karl (Huysmans) à tous les autres. Et quand je fais des vers, c'est ma fantaisie que je suis ».

Cette influence de Huysmans, préféré, en 1889, « à tous les autres », nous apparaît aujourd'hui surprenante. « Tu sais que j'idolâtre Huysmans », écrit-il le 21 sept. 90 à Albert Dugrip. Et effectivement, elle ne résistera pas aux évolutions dues à la maturité. Lorsqu'en 1898, il est sollicité pour écrire un article sur le nouveau roman de Huysmans « La Cathédrale », il ne le fera que par amitié pour l'auteur. Il avoue dans une lettre à Gide : « Je tiens à faire l'article qui certes ne m'amusera pas, mais c'est dû et promis, et je veux le faire uniquement pour tâcher de faire plaisir à l'auteur seul ». Lorsque son article « Durtal » est achevé, il écrit de nouveau à Gide : « J'ai fabriqué en toute hâte une mélasse sur « Durtal », une chose sans nom, due, pressée par le « Mercure », où j'ai fini hier par l'apporter, je l'ai même achevée sur place. Enfin, c'est fini... Je regrette d'avoir été si harcelé, d'avoir dû travailler tous les soirs au galop, ce que je déteste, surtout pour une chose que je ne voyais, en somme, pas du tout et qui ne se faisait que sur le papier, à peine. » Quand, en 1937, Valéry introduit cet ancien article dans le deuxième volume de Variété, il le fait précéder d'une introduction où il avoue en trouver « le style barbare, l'allure pleine de gêne et comme hésitante entre le pittoresque et l'abstrait, et en somme toutes les marques d'une exécution indécise, et je me suis souvenu des circonstances dans lesquelles je me suis donné ce Durtal pour devoir ». C'est qu'en 1898, Valéry s'était déjà beaucoup transformé. Après la révolution de 1892, après Teste et l'Introduction à Léonard de Vinci, il consacrait l'essentiel de sa recherche à l'étude des lois de la représentation et des transformations mentales dans la conscience. Aussi est-il loin maintenant de la mystique confuse et brouillonne de Huysmans. Toujours dans la même introduction, il poursuit :

> « Je travaillais pour Huysmans lui-même et non point pour le lecteur indistinct ; mais j'étais à l'opposite de sa nature et de ses idées. Bien des choses qu'il tenait pour réelles ne me paraissaient même pas possibles, et même pas intéressantes. Les singularités, les bizarreries me laissaient froid ; et quant à l'étrange et à l'extraordinaire, j'en trouvais de plus conforme à mes goûts de ce temps-là, dans certaines spéculations ou combinaisons abstraites, que dans les mystères, les diableries et tout ce qui émerveille extérieurement, nécessairement, et comme par essence ». (Pléiade I, p. 176).

Quand en 1925, Valéry, rééditant « Durtal » lui ajoute une préface, « Souvenir de J. K. Huysmans », celle-ci, toute admirable par la netteté du style, la maîtrise du jugement et le pittoresque lucide de l'évocation, ne cache rien en fait des bizarreries et des naïvetés de cette curieuse personnalité, « accueillant pour le pire et n'ayant soif que de l'excessif, crédule à un point incroyable, recevant aisément toutes les horreurs qui se peuvent imaginer chez les humains, friand de bizarreries et de contes comme il s'en conterait chez une portière de l'enfer... » (Pléiade I, p. 754).

Valéry, devenu lucide et maître de lui-même, ne se laisse plus berner par la mystique de pacotille des romans de Huysmans, mystique tout juste bonne pour « portières de l'enfer » ou « dévotes très avancées, à demi-hérétiques, à demi toquées ».

Mais il n'en est pas de même en ses dix-septième et dix-huitième années. A son ami Dugrip, il écrit en fin 1889 :

> « Huysmans est celui d'aujourd'hui dont mon âme s'accorde le mieux. J'en suis toujours à relire « A rebours » ; c'est ma bible et mon livre de chevet. Rien n'a été écrit de plus fort ces derniers vingt ans. C'est un des rares ouvrages qui créent un style, un type, presque un art nouveau. Des Esseintes est assez dépravé dans ses sens et assez mystique pour me séduire, et j'envie sans cesse son long repos dans les raffinements solitaires et dans le prestige de l'esprit ». (Lettres à quelques-uns, p. 11).

Comment expliquer un tel envoûtement chez un jeune homme qui était pourtant déjà assez lucide pour avoir découvert en Edgard Poe et Mallarmé les vraies valeurs poétiques et spirituelles auxquelles il restera fidèle toute sa vie ? Un tel manque de lucidité ne s'explique que par les tendances mystiques de Valéry à cette époque, retrouvant en Des Esseintes, un être « assez dépravé dans ses sens et assez mystique pour (le) séduire » — Certes « En route » contribuera à faire connaître à Valéry le poète de Hérodiade dont il était cité quelques vers. Il n'en reste pas moins que l'énormité de cette erreur littéraire qui va jusqu'à entraîner Valéry à écrire le poème en prose, Les Vieilles Ruelles, dans le style surchargé « d'adjectifs pervertis et employés hors d'eux-mêmes », propre à J. K. Huysmans auquel il le dédicace, montre combien profonde est sa tendance mystique d'adolescent.

Nous savons qu'il s'intéressait aussi à la lecture des grands initiés et des mystiques, particulièrement de Svedenborg, sur lequel il écrira un bel article en 1936. Evoquant ce qui lui « restait de lectures déjà fort lointaines », il écrit alors :

> « La simple résonnance des syllabes du nom magique, quand je l'entendais par hasard, me faisait songer de connaissances incroyables, des attraits d'une science chimérique, de la merveille d'une influence considérable mystérieusement émanée de rêveries. Enfin, j'aimais de placer la figure incertaine de l'Illuminé dans le siècle que j'eusse choisi pour y vivre... (où) il y a de la magie et du calcul différentiel ; autant d'athés que de mystiques ; les plus cyniques des cyniques et les plus bizarres des rêveurs ». (Pléiade I, p. 867).

Sans doute, son intérêt pour les mystiques s'est déjà modifié en 1895, lorsque sa recherche s'est alors orientée vers l'investigation des pouvoirs de l'esprit, dont il a donné un exemple avec l'Introduction à Léonard de Vinci. Il n'en écrit pas moins cette année-là à Huysmans :

« Vous me pardonnez de ne pas juger les mystiques du même point de vue que vous... je découvre en eux les plus grands maîtres d'une méthode d'investigation qui me hante — celle qui consiste à imaginer, à laisser faire le travail spirituel avec toute son ampleur et même son apparente absurdité fantastique, laquelle n'est relative qu'à la réalité des sens, c'est-à-dire à autre chose ! Les mystiques, selon moi — hélas ! — n'ont faibli qu'à la dernière partie de cette opération. Ils n'ont pas été aussi froids que je voudrais qu'on pût l'être dans les instants séparant les ardeurs, les bûchers, les fourneaux possibles au cœur et à la tête. Ils ont ainsi laissé à des savants, à des écrivains infiniment médiocres et gâcheurs, tout un royaume parallèle ». (Lettres à quelques-uns, p. 54).

Sans doute, l'intérêt, si profond qu'il soit, que porte Valéry pour les mystiques, ne s'accompagne pas d'une adhésion à leur foi, d'une participation à leurs croyances. Ce n'est pas ce à quoi ils croient qui l'intéresse, car cet objet de la croyance, il le juge comme un sous-produit non nécessaire de la mystique. Ce qui l'intéresse, c'est le travail intérieur, l'investigation intellectuelle portée à un degré d'intensité et d'audace introuvable ailleurs, « un certain ton qui les différencie irrémédiablement des autres et fait paraître ces autres futiles ». Ces mystiques sont « les plus grands maîtres d'une méthode d'ingestigation qui (le) hante », portant les pouvoirs de l'esprit à une tension maximale, ayant le courage de soutenir « l'apparente absurdité fantastique » de leurs découvertes, absurdité qui n'est d'ailleurs « relative qu'à la réalité des sens », ce qui ne semble pas gêner particulièrement Valéry. Il s'agit donc pour lui, qui, déjà en 1895, recherche une méthode d'investigation systématique des pouvoirs de l'esprit, de transporter sur un plan intellectuel, plus froidement lucide et maître de ses pouvoirs, l'extrême concentration d'esprit trouvée chez les mystiques, qui « n'ont pas été aussi froids qu'(il) voudrait qu'on pût l'être ».

Une certaine parenté d'esprit et d'intention demeure cependant entre les mystiques et lui. Lui-même l'affirme dans les notes de ses « Cahiers » en 1903.

« Mystiques, ô vous ! et moi de ma façon, quel labeur singulier avons-nous entrepris ! Faire et ne pas faire — ne vouloir arrêter une œuvre matérielle circonscrite — comme les autres font et nous le jugeons illusoire, mais enfreindre incessamment notre définitif, et toujours, intérieurement en travail, vous pour Dieu, et moi pour moi et pour rien ». (Cahier 3, p. 528).

Certes, après 1895, Valéry est devenu plus lucide sur ce qui le rapproche et ce qui le sépare des mystiques. S'il peut écrire en 1941, dans la Préface aux Cantiques spirituels de Saint Jean de la Croix, traduits en vers français par le R. P. Cyprien, « Je ne suis pas grand lecteur d'ouvrages mystiques », on peut penser pourtant que ce n'est pas sans raison qu'il s'est intéressé à « La Nuit obscure », thème favori de la mystique de Saint Jean de la Croix. Un véritable parallèle existe en effet entre l'absence de toute lumière naturelle dans la Nuit obscure du mystique, condition de l'apparition des lumières toutes surnaturelles, et l'expérience poétique telle que la veut Valéry, pour lequel le décrassage de la sensibilité de toute conceptualisation artificielle est seul apte à rendre à la sensibilité sa pure faculté d'accueil, de sorte qu'elle devienne réceptive à l'émotion poétique qui musicalisera l'ensemble des perceptions dans une « sensation d'univers ». Quoi qu'il en soit, dans les années 88-91, Valéry est bien lecteur d'ouvrages mystiques ; outre Svedenborg, il a lu le mystique et mathématicien Hoene-Wronski, Pythagore, « Les visions de la sœur Catherine Emmerich », Ruysbroeck l'Admirable. Sur ce dernier, il écrit à Gide en avril 92 :

> « Ton Ruysbroek est décidément unique — et si tu savais quel admirable savant il est. Comme il est sûr ! et précis. C'est le langage même de l'âme... Je suis tout plein de vérités et c'est en lui que je les trouve sous le triple symbole du sujet, verbe et attribut ».

Plus tard, il s'intéressera à Ignace de Loyola et à saint Thomas d'Aquin. Ce ne sera donc pas par simple boutade qu'il affirmera dans les « Cahiers » trouver dans le mysticisme la dernière chance de sauvegarder l'originalité de l'esprit.

> « L'avenir est au mysticisme, seule dernière chance de se mettre à part, d'échapper à la conformité des connaissances, à l'équivalence des « autrui », à cette mort de l'orgueil qui périt dans le nombre ». (Cahier 4).

Valéry voit donc dans la mystique un feu intérieur brûlant et sanctifiant la volonté, par référence à une intuition secrète qui pousse le moi à chercher sa propre vérité et à refuser hautement de périr dans le nombre. Tel est bien, avec le désir d'« enfreindre incessamment notre définitif » dans la poursuite d'un « but impossible », le feu qui brûle le jeune adolescent impatient d'affirmer son originalité. Il écrit à Gide en mai 1891 :

> « Nous proclamons qu'il faut se donner un but impossible, au-delà des conceptions spirituelles, et qui nous brûle de loin sans que nous osions l'apercevoir. « Brûler », méditez sur ce mot-là dans l'ordre mystique. C'est effrayant ».

Gide ne s'y trompe pas, qui appelle son correspondant : « pieux Amboise », « jeune prêtre », « petit Evêque », « petit enfant de chœur ». « Votre âme, je la sais précieuse et religieuse ». C'est en des termes identiques que Pierre Féline décrit Valéry en 1889, alors qu'il habite la même maison, et de sa chambre aperçoit celle où son ami, chaque jour de grand matin, se dirige vers sa table de travail « lentement, le buste et la tête inclinés vers le sol, tel le jeune prêtre allant se recueillir à l'autel ». (Introduction biographique dans Pléiade I, p. 17).

Valéry aime d'ailleurs son catholicisme et se plaît à fréquenter les églises. « Si vous allez à Nîmes, faites un tour dans la vieille cathédrale à mon intention », écrit-il à Gide (déc. 90). Et à son ami Dugrip, il confie en septembre 90 :

> « A propos d'église, j'ai été ce matin à la Cathédrale faire un peu de liturgie. J'adore ma vieille et austère cathédrale et j'aime les grand-messes, comme aujourd'hui. Un jour sombre et livide glisse à peine dans les obscurs vitraux. Peu de monde. L'orgue suffit à remplir la cavité des voûtes. Comme cela paraît lointain ! Hors du siècle ! Comme cela vous transporte aux premiers, ce symbolisme des rites, ces cierges comptés, ces trois officiants attentifs aux signes mystérieux ; et l'encens, et la coupe antique et traditionnelle des dolmatiques ! Quelle œuvre d'art pur que la Messe ! »

A André Gide encore, le Vendredi saint 1891 :

> « J'étais là-bas dans la cathédrale, mon petit rituel à la main qui indique les liturgiques symboles et les légendes autour du texte... Et je vous jure que c'est purement sublime. Trois prêtres, chacun devant un antiphonaire voilé d'or, représentent le Christ, Caïphe et Pilate. La maîtrise appuyée des grandes orgues — c'est la plèbe. Dès que l'Evangile commence, tous sont debout. L'Evêque, mitré, s'appuie sur une haute palme dans une pose hiératique... Et dans le silence, la voix douce du Christ s'élève pour des réponses mystérieuses et augustes, mouillées de pures larmes, hautes comme ces voûtes ».

Nous analyserons plus tard les rapports de Valéry avec le catholicisme. Disons simplement qu'en cette période de jeunesse, il est certain que son envoûtement devant les cérémonies catholiques est plus esthétique que proprement religieux. Ce « sont les liturgiques symboles », « ce symbolisme des rites » qui le captivent. Bien qu'il ne saisisse pas ces symboles dans leur signification dogmatique, ceux-ci n'en deviennent pas moins pour lui des catalyseurs provoquant la métamorphose de son état intérieur. C'est ce pouvoir d'enchantement opérant « le va-et-vient sans efforts entre deux mondes », entre le monde commun de l'état normal, et l'état privilégié se développant « dans les domaines internes d'une certaine personne », qu'il reconnaît dans tout le symbolisme mystique. Ce qu'il écrit sur le vocabulaire mystique dans son article sur Svedenborg en 1936, est sans doute déjà valable pour ce qu'il éprouve dans ses années de jeunesse.

> « Dans le cas qui nous occupe, Spirituel est un mot-clef, un mot dont la signification est une résonnance. Il ne dirige pas l'esprit vers un objet de pensée, mais il ébranle tout un milieu affectif et imaginatif réservé. Il répond au besoin d'exprimer que ce que l'on dit n'a pas sa fin ni sa valeur dans ce que l'on voit ; et davantage, que ce que l'on pense n'a pas sa fin ni sa valeur dans ce qui peut être pensé. C'est un signe qui, sous forme d'épithète, nous suggère de réduire à la condition de simples symboles les objets et les événements de la vie ordinaire et de la réalité sensible ; et qui nous avertit en outre de la nature symbolique de notre pensée elle-même. Le mot « spirituel » donne son vrai sens au monde visible ; mais lui-même n'est que l'expression symbolique d'un monde essentiel inaccessible, où cesse la distinction de l'être et du connaître ». (Pléiade I, p. 875).

Ce même pouvoir qu'a le vocabulaire mystique de « réduire à la condition de simples symboles les objets et les événements de la vie ordinaire et de la réalité sensible », Valéry, à 18 ans, veut l'accorder ou le restituer à la poésie. Il avoue lui-même d'ailleurs à cet âge que les poètes doivent reprendre aux peuples mystiques ce bien essentiel qu'est le Symbole. Le premier article de Valéry, envoyé le 10 novembre 1889 à Charles Bois, directeur du « Courrier libre », est bien révélateur de cette symbiose ou pour le moins de cette parenté qu'il voit alors entre la poésie et la mystique.

> « Je viens d'écrire le mot de symbole et je ne puis m'empêcher en passant de toucher à cet incomparable mode d'expression artistique. Après avoir été chez tous les peuples mystiques d'un quotidien emploi, il a disparu devant le rationalisme et le matérialisme. Les artistes ont oublié la beauté de l'allégorie, et cependant, comme l'a écrit Charles Baudelaire, c'est une forme esthétique essentielle. Aujourd'hui des poètes de la valeur de Sully Prudhomme et de Mallarmé ont montré tout le parti que la littérature contemporaine pourrait tirer du symbolisme remis en honneur ». (Pléiade I, p. 1809).

Cet article sur « la technique littéraire » étonne d'ailleurs par sa précocité. Le style seul changera avec la maturité, acquérant plus de savante maîtrise et de retenue dans la forme de l'expression, plus de pudeur dans son fond. Le jeune Valéry ne cherche pas encore à « cacher son dieu ». Cependant il possède déjà les directions essentielles de son propre idéal. L'influence d'Edgard Poe est prédominante. La poésie ambitionne de devenir une science dont le centre de gravité ne doit pas être l'émotion ressentie par le poète, mais l'état poétique que le poète doit s'efforcer de créer dans l'esprit du lecteur. Peu importe ce que ressent le poète ; la seule chose décisive, c'est ce que le lecteur ressentira. C'est le lecteur qui doit devenir poète par la vertu des efforts soigneusement calculés et combinés par la science de l'artiste. Celui-ci doit connaître les effets produits dans la sensibilité du lecteur par les diverses notes dont il possède le clavier, ayant «comme le musicien... le choix entre un certain nombre de timbres et de vitesses rythmiques » dont il sait la propriété de recréer un certain univers poétique dans l'âme du lecteur.

> « La littérature est l'art de se jouer de l'âme des autres. C'est avec cette brutalité scientifique que notre époque a vu poser le problème de la Forme... Et, ceci nous amène naturellement à une conception toute nouvelle et moderne du poète. Ce n'est plus le délicat échevelé, celui qui écrit tout un poème dans une nuit de fièvre, c'est un froid savant, presque un algébriste, au service d'un rêveur affiné... Il se gardera de jeter sur le papier tout ce que lui soufflera aux minutes heureuses, la Muse Association-des-Idées. Mais, au contraire, tout ce qu'il aura imaginé, senti, songé, échafaudé, passera au crible, sera pesé, épuré, mis à la forme et condensé le plus possible pour gagner en force ce qu'il sacrifie en longueur ». (Pléiade I, p. 1809).

Lorsque Valéry dira plus tard, en 1924, dans « Situation de Baudelaire » la chance qu'eut ce dernier de « découvrir dans les ouvrages d'Edgard Poe un nouveau monde intellectuel », c'est dans les mêmes termes qu'il aurait sans doute pu décrire l'extrême fascination qu'il subit lui-même de ce poète, à la fois « mathématicien, philosophe et grand écrivain », à l'aube de sa vie intellectuelle.

> « Le démon de la lucidité, le génie de l'analyse, et l'inventeur des combinaisons les plus neuves et les plus séduisantes de la logique avec l'imagination, de la mysticité avec le calcul, le psychologue de l'exception, l'ingénieur littéraire qui approfondit et utilise toutes les ressources de l'art, lui apparaissent en Edgard Poe et l'émerveillent. Tant de vues originales et de promesses extraordinaires l'ensorcellent ». Son talent en est transformé, sa destinée en est magnifiquement changée ». (Pléiade I, p. 599).

Ce que Valéry retient d'Edgard Poe, c'est d'abord ce « délire de la lucidité qu'il communique » — et le renversement total du problème de la littérature. « Jamais le problème de la littérature n'avait été, jusqu'à Edgard Poe, examiné dans ses prémisses, réduit à un problème de psychologie, abordé au moyen d'une analyse où la logique et la mécanique des effets étaient délibérément employées. Pour la première fois, les rapports de l'œuvre et du lecteur étaient élucidés et donnés comme les fondements positifs de l'art ». (Pléiade I, p. 606). Certes nous savons aujourd'hui que la thèse développée par Poe dans « La Genèse d'un poème », sur le refoulement de l'inspiration au profit d'une lucide science de l'action sur la sensibilité du lecteur, n'est qu'une géniale mystification, « a mere hoax », comme il l'avouait d'ailleurs dans une lettre qui ne fut révélée qu'après sa mort. Mais cela ne change rien au fait que le jeune Valéry la reçoive à la lettre, comme « le mécanisme de la gestation poétique, telle qu'il la pratique et qu'il l'entend. Aucune de ses œuvres ne renferme plus d'acuité dans l'analyse, plus de rigueur dans le logique développement des principes découverts par l'observation. C'est une technique entièrement a posteriori, établie sur la psychologie de l'auditeur, sur la connaissance des diverses notes qu'il s'agit de faire résonner dans l'âme d'autrui ». (Pléiade I, p. 1810).

L'art poétique se réduirait-il ainsi à une technique a posteriori tirée de la connaissance des lois de la sensibilité et des moyens propres à jouer sur la sensibilité d'autrui ? Nous verrons plus tard que l'auteur de la Pythie et des Pas ne procède pas à cette réduction desséchante. Si Valéry a lutté contre l'idole de l'inspiration, c'est plutôt contre l'usage naïf et primaire, impudiquement sentimental, qu'en ont fait les romantiques. Il a horreur de Musset, et le laisser-aller de Victor Hugo le fâche. « Hugo est à des plus fins et purs poètes ce qu'un milliardaire est à des princes ». (Cahier 5, p. 667). Il « ne sait pas moduler... C'est un grandissime poète dont la voix m'est désagréable ». (Cahier 7, p. 155). C'est que l'inspiration n'est pas la seule source de la poésie. Elle doit être passée au crible, pesée, épurée, mise à la forme, par la vertu d'une « intelligence critique associée à la vertu de poésie ». Si donc l'idéal poétique de Valéry sera toujours « d'enchaîner, comme il le faudrait, une analyse à une extase », il n'en reste pas moins que cette extase reste la base indispensable, sinon le matériau secret, peut-être le dieu caché, dont l'analyse critique doit bâtir le poème. D'ailleurs, autant que la tentative pour introduire la lucidité critique, la clarté logique et la précision scientifique dans le domaine de l'invention poétique, Valéry admire en Poe la ferveur de sa passion poétique et l'intensité de ses intuitions fulgurantes. C'est la fusion parfaite de la rigueur logique, à prétention scientifique, avec l'ardeur mystique dans la quête du surnaturel, qui le captive.

Remarquons en effet que la mystique est loin d'être absente de cette première réflexion du jeune Valéry, sur la technique littéraire envisagée sous l'éclairage d'Edgard Poe. Après avoir noté l'importance pour la littérature d'une théorie musicale, et plus précisément du « leitmotiv ou motif dominant qui est la base de la théorie musicale wagnérienne », il conclut cet article en déclarant aimer l'art de son temps « d'autant plus qu'il devient plus mystérieux, plus étroit, plus inaccessible à la foule. Qu'importe qu'il soit fermé à la plupart, que ses ultimes expressions demeurent le luxe d'un petit nombre, pourvu qu'il atteigne chez les quelques justes dont il est le divin royaume, le plus haut degré de splendeur et de pureté ».

Voilà donc bien toujours cette « séduction d'Aristie », cette possession « par le démon de la Pureté », si caractéristique de sa première période poétique. C'est d'ailleurs avec des termes empruntés au langage religieux qu'il parle de l'architecture du poème. « Nous ne pouvons pas mieux le comparer qu'aux degrés d'un autel magnifique, aux marches de porphyre que domine le Tabernacle. L'ornement, les cierges, les orfèvreries, les fumées d'encens — tout s'élance, tout est disposé pour fixer l'attention sur l'ostensoir — sur le dernier vers ! »

Avant de retrouver ce même vocabulaire du culte catholique et cette même atmosphère d'élévation mystique dans les poèmes mêmes du jeune Valéry, nous voulons préciser encore, grâce aux renseignements des « Cahiers », le point où s'est exercé principalement l'influence d'Edgard Poe. Il y revient dans plusieurs notes ; c'est la recherche d'une perfection et d'une pureté tendues vers des limites encore jamais atteintes qui le fascine.

> « Ego — Je ne sais plus en quel lieu... Poe dit que l'homme est loin d'avoir réalisé, en aucun genre, la perfection qu'il pourrait atteindre etc... cette parole a eu la plus grande influence sur moi. Et celle-ci de Baudelaire, parlant du même Poe : « Ce merveilleux cerveau toujours en éveil ». Ceci agit comme un appel de cor, un signal qui excitait tout mon intellect ». (Cahier 22, p. 489).

Dans le Cahier suivant, Valéry précise où se trouve cette phrase de Poe.

> « Ego — Arnheim — Poe — Dans cette fantaisie de Poe se trouve l'une des phrases qui ont eu tant d'influence thématique sur moi de 19 ans. Phrase sur la possibilité de perfection. Elle dit que l'homme est fort loin d'avoir atteint ce qu'il pourrait être. L'idée de perfection m'a possédé... » (Cahier 23, p. 188).

La phrase qui a eu tant d'influence sur le jeune Valéry se trouve donc dans la fantaisie « Le Domaine d'Arnheim » incluse dans les « Histoires grotesques et sérieuses ». La voici :

> « Je crois que le monde n'a jamais vu et que, sauf le cas où une série d'accidents aiguillonnerait le génie du rang le plus noble et le contraindrait aux efforts répugnants de l'application pratique, le monde ne verra jamais la perfection triomphante d'exécution dont la nature humaine est positivement capable dans les domaines les plus riches de l'art ». (Pléiade. Edgard Allan Poe. Œuvres en prose, p. 944).

Voilà donc le jeune Valéry hanté d'un rêve de perfection à l'image du modèle auquel Poe accordait tous les dons de la fortune, grâce, beauté, intelligence, richesse, bonheur, mais qui savait aussi que « l'étendue du bonheur auquel on peut atteindre était en proportion de la spiritualité » investie dans « l'objet d'une poursuite incessante ». Le héros de ce conte n'en exprime pas moins son besoin de « création de formules nouvelles de beauté » dans un domaine inattendu, tel qu'il plaît à la fantaisie imaginative de Poe, celui du jardin-paysage, où sa réussite « semble l'œuvre fantastique des Sylphes, des Fées, des Génies et des Gnomes réunis ». Valéry, quant à lui, ne se laissera pas prendre au jeu imaginatif, et ce sera d'une manière plus intériorisée et plus pure qu'il rêvera de perfection idéale, faisant porter son effort de purification d'abord sur lui-même. Cette intériorisation quasi mystique ressort d'une note des « Cahiers », postérieure aux précédentes, dans laquelle il revient encore sur l'influence exercée sur lui par Poe, particulièrement par la phrase citée.

> « Ego — Mémoires de Moi — Rien ne m'a plus frappé et « influencé » que la phrase de Poe sur ce qui dans l'ordre de la perfection était possible et n'a pas été fait (Arnheim ? !) — et celle de Baudelaire sur Poe : Ce merveilleux cerveau, etc. Ces phrases jetaient mon esprit dans une passion de volonté de conscience en action. Il fallait donc se modifier. Et j'ai senti (Mallarmé aussi l'enseignant, me semblait-il, par l'exemple) la valeur de « mysticité » de la poésie, laquelle, bien cultivée, apprend à opposer l'ensemble ou groupe entier du langage à toute pensée, devenue alors chose locale (= du moment) ». (Cahier 25, p. 625).

Deux tendances différentes et bien caractéristiques apparaissent dans « l'influence » qu'exerce « cet opium vertigineux et comme Mathématique : Poe, Poe ! » (Correspondance avec Gide, p. 86) sur le jeune Valéry. La première est la volonté de modification ou de manœuvre de soi par soi. La deuxième est la valeur de « mysticité » de la poésie. Toutes deux lui sont essentielles. Mais il n'est pas l'homme des compromis faciles, des arrangements superficiels. Lui qui écrivait à Gide : « Ce qui m'a le plus frappé au monde, c'est que personne n'allait jamais jusqu'au bout », (id., p. 218), il conduira ces deux tendances à leur limite et ne trouvera que difficilement leur conciliation. Il arrivera même que la première prendra bientôt le dessus sur la deuxième et l'étouffera presque totalement. Elle constituera un pivot essentiel de sa personnalité, de sa philosophie et de sa morale. C'est elle qui lui fera écrire, deux ans après la résolution de 92 : « Qui a du courage doit perdre les meilleures années à se refaire entièrement le cerveau. Tout remettre en question ». (id., p. 215). « J'ai agi toujours pour me rendre un individu potentiel. C'est-à-dire que j'ai préféré une vie stratégique à une tactique. Avoir à ma disposition sans disposer ». (id., p. 217). A cette propre modification ou édification de soi par soi, assez profonde pour parvenir à « modifier par combinaison (son) implexe », Valéry sacrifiera repos et gloire pendant les vingt meilleures années de sa vie, loin de « la hideuse mécanique littéraire ». Ce dressage volontaire de l'homme par lui-même deviendra la pierre angulaire de sa philosophie : « Philosophe, à mon avis, est celui qui tend à se modifier en profondeur par ses exercices d'ensemble de l'esprit et des actes proprement émanés de l'esprit ». (Cahier 22, p. 636).

C'est cette même discipline ascétique qui l'attachera à Mallarmé en qui il la retrouvera, écrivant à son propos : « un homme qui se mesure à soi-même et se refait selon ses clartés me semble une œuvre supérieure qui me touche plus que toute autre. Le plus bel effort des humains est de changer leur désordre en ordre et la chance en pouvoir ; c'est là la véritable merveille. J'aime que l'on soit dur pour son génie ». (Pléiade I, p. 654). Et plus explicitement encore :

> « Mallarmé avait en quelque sorte reconstruit son être social, sa personne visible, comme il avait reconstitué entièrement sa personne et sa langue. Il nous offre un exemple tout à fait singulier de recréation de quelqu'un par soi-même, de refonte méditée d'une personnalité naturelle. Rien ne me semble plus beau que ce dessein qu'un homme a pu concevoir et accomplir sur sa pensée et sur ses actes, sur son œuvre, et, en somme, sur toutes ses formes d'existence, comme Mallarmé l'a fait ». (Pléiade I, p. 778).

Dans les années 88-91, cette audace purificatrice cherchant à reconstruire le moi, bien que tendant à s'exercer au détriment de la volonté poétique, fait encore plus ou moins bon ménage avec celle-ci et laisse Valéry accorder « valeur de mysticité » à la poésie. Cette fusion de mysticité et de poésie caractérise particulièrement le portrait autobiographique qu'il envoie à Pierre Louis en septembre 1890, sous le titre sans modestie, « Moi », et qu'il annonçait comme contenant « quelques indications forcément imprécises et myopes sur ce qui me constitue ».

> « Dire son âme exacte, réfléchir ses divers courants de pensée dans le miroir trop net de l'écriture, la tâche est illusoire. Autant vaudrait raconter le Tourbillon, décrire le vent hasardeux !... Voici pourtant quelques traits peut-être réels !
>
> Il déteste ce qu'on appelle le sentiment et Rolla lui répugne. Non qu'il n'ait ses larmes et ses angoisses, mais il lui paraît laid d'en faire un système de vie ou une théorie de l'art. Il comprend toutes les tendresses, mais il les lui faut belles. Il abhorre le pleur facile, l'attendrissement sur le détestable amour sans splendeur et sans corps-perdu.

Il adore cette religion qui fait de la beauté un de ses dogmes, et de l'Art, le plus magnifique de ses apôtres. Il adore surtout son catholicisme à lui, un peu espagnol, beaucoup wagnérien et gothique.

Quant à la croyance pure ! Voici ce qu'il en pense (voulant être avant tout franc, et, avant tout l'être avec lui-même) : La plus grossière des hypothèses est de croire que Dieu existe objectivement... Oui ! Il existe et le Diable, mais en nous ! Le culte que nous lui devons — c'est le respect que nous devons à nous-mêmes et il faut l'entendre : la recherche d'un Mieux par notre force dans la direction de nos aptitudes.

En deux mots : Dieu est notre idéal particulier. Satan ce qui tend à nous en détourner ». (Lettres à quelques-uns, p. 21).

Horreur de l'étalage de ses sentiments, non par manque de sensibilité, mais par pudeur et délicatesse de goût, mysticisme artistique, et religion où le culte du Dieu intérieur se confond avec le respect et l'affirmation du Moi, voilà des traits caractéristiques que la maturation de l'âge enveloppera de plus de pudeur et de plus de masques protecteurs, mais n'arrivra pas à atténuer.

Ces mêmes traits, nous les retrouverons encore dans les deux lettres que le jeune Valéry écrivait à Mallarmé du « fond de la province », en octobre 1890 et en avril 1891, pour lui présenter quelques-uns de ses poèmes. Dans la première où il se déclare « profondément pénétré des doctrines savantes du grand Edgard Allan Poe, peut-être le plus subtil artiste de ce siècle », il se définit lui-même en ces termes : « Il croit que l'art ne peut plus qu'être une étroite Cité où règne la beauté solitaire. Il désire se joindre, avec son rêve personnel, aux quelques amants de la chasteté esthétique ». La deuxième, plus longue, est beaucoup plus explicite :

« La poésie m'apparaît comme une explication du monde délicate et belle, contenue dans une musique singulière et continuelle. Tandis que l'art métaphysique voit l'Univers construit d'idées pures et absolues, la peinture, de couleurs, l'art poétique sera de le considérer vêtu de syllabes, organisé en phrases.

Considéré en sa splendeur nue et magique, le mot s'élève à la puissance élémentaire d'une note, d'une couleur, d'un claveau de voûte... Une dévotion toute particulière à Edgard Poe me conduit alors à donner pour royaume au poète, l'analogie. Il précise l'écho mystérieux des choses, et leur secrète harmonie, aussi réelle, aussi certaine qu'un rapport mathématique à tous les esprits artistiques, c'est-à-dire, et comme il sied, idéalistes violents.

Alors s'impose la conception suprême d'une haute symphonie, unissant le monde qui nous entoure au monde qui nous hante, construite selon une rigoureuse architectonique, arrêtant des types simplifiés sur fond d'or et d'azur, et libérant le poète du pesant secours des banales philosophies, et des fausses tendresses, et des descriptions inanimées...

De nos jours, l'antique foi s'est dispersée entre des savants et des artistes

L'on croit à son art comme à un éternel crucifié, on l'exalte, on le renie, et dans les heures pâles et sanglantes, l'on cherche une bonne parole, un geste lumineux vers le futur, et c'est ce que j'ai osé venir vous demander, cher Maître... »

La doctrine poétique, en ces années de jeunesse, est donc celle du symbolisme analogique qui, associé à l'exemple musical, cherche à unir, en une « haute symphonie », « le monde qui nous entoure au monde qui nous hante ». Mais l'originalité de Valéry est ailleurs, dans la volonté de faire rivaliser la poésie avec « l'Art métaphysique » dans la recherche d'une « explication du monde ». La poésie ne peut en rien se réduire à un simple agrément esthétique. Sa portée heuristique vers la connaissance n'est pas moindre que celle de la métaphysique que Valéry réduira d'ailleurs plus tard à un art, sans privilège sur la peinture ou la poésie.

L'artiste, et particulièrement le poète, assure en effet toutes les prérogatives de la connaissance. Son ambition est ontologique, et c'est de l'univers tout entier qu'il cherche une explication. Il est nécessaire de souligner cette exigence ontologique associée à la poésie, car cette liaison sera bientôt rompue, avant d'être péniblement retrouvée quelque vingt cinq ans plus tard, après un long abandon de la poésie.

Cependant, le jeune Valéry ne connaissait pas encore le conflit qui était sans doute en puissance dans sa nature, et son ambition poétique est intacte. « J'ai commencé, comme tout le monde, par le désir de produire des ouvrages qui puissent me charmer moi-même, et qui me fissent m'estimer et m'aimer moi-même un peu plus que ne m'y engageait mon commerce habituel avec ce Moi. Ainsi s'est ébauché un certain poète, que quelques amis encourageaient : Pierre Louys, André Gide, parmi eux ». (Pléiade II, p. 1602). Il est temps maintenant de faire connaissance avec la production de ce jeune poète.

On sait que Valéry s'exerça à l'art des vers dès l'âge de 12 ou 13 ans. Octave Nadal, qui compte « plus de deux cents pièces pour la plupart inédites, prose et vers, écrites de 1887 à 1890 », mais n'en reproduit qu'une vingtaine, cite un amusement poétique, écrit à l'âge de 13 ans au collège de Sète, « Non le bachot n'est à personne ». Aucun génie ne s'y manifeste encore. L'année 1887, où Valéry aura 16 ans en octobre, semble beaucoup plus prometteuse. Certes, le jeune poète travaille surtout à apprendre les secrets de son métier, et il dégage encore peu sa personnalité future des influences qu'il subit des poètes de son temps, Victor Hugo, Baudelaire, Gautier, les Parnassiens, Verlaine. Cependant, si les quatre poèmes révélés par Octave Nadal, écrits pendant la seizième année, manifestent surtout l'influence de Baudelaire, l'éclairage nouveau qu'ils donnent aux thèmes baudelairiens atteste un idéal personnel. Ces quatre poèmes « Testament de Vénitienne » (février 87), « La Voix des choses » (novembre 87), « Solitude » (été 87), « Pessimisme d'une heure » (décembre 87), font déjà de Valéry un poète de la lumière, de la transparence et de la limpidité. Octave Nadal le fait très justement observer : « Les thèmes baudelairiens de la solitude, du cœur désert, du tombeau, du rêve infini, de la volupté, etc., ainsi que ceux de l'esthétique de la beauté « bizarre » et de l'imagination créatrice propres à l'auteur des Fleurs du Mal sont refusés ou sont autrement orientés. Le génie valéryen se définit ici par opposition aux traits les plus essentiels du génie baudelairien. L'évocation de la beauté « multiple », la « combinaison » des voluptés, le rêve situé plus haut que « les vautours, les astres et les anges », la « jouissance » du « cerveau », etc., désignent déjà la lumière intellectuelle saisie comme centre et fin ». (Correspondance avec Fourment, p. 226). Nous sommes loin du drame baudelairien déchiré entre l'attirance du gouffre et l'appel de la lumière, et pour lequel la mort n'est que promesse d'une délivrance hors de l'ennui de « l'immortel péché », espoir d'un hypothétique nouveau, dont rien ne nous assure s'il sera Enfer ou Ciel.

Le Testament de la Vénitienne considère au contraire la mort comme une apothéose. La jeune fille de Valéry n'a rien connu du vice et du péché. Son âme est innocente et son « front aussi pur que le lait ». Sa mort n'est même pas un accident, mais l'ascension, vers une plus grande transparence, de celle qui semblait déjà ignorer l'opacité. Fleurs et douces chansons doivent accompagner cette initiation à l'infini repos. Il n'est point de tombe pesante et fixe pour ce passage, mais une gondole légère et mobile. Nulle part, il n'est de trace d'obscurité. Même la nuit est éclairée par la pleine lune. Seules les limitations vont s'évanouir, et l'être va connaître l'immensité.

> Le jour où je mourrai, courez à ma gondole
> Emplissez-la d'œillets, de roses, de jasmins.
> Couchez-moi sur ces fleurs...
> Poussez-moi dans la mer un soir de pleine lune.
> .. ..
> La gondole s'avance et puis l'immensité
> M'entoure lentement, bleuissante et profonde.

On voit que ce n'est pas seulement « la lumière intellectuelle » qui est « saisie comme centre et fin », selon le jugement déjà cité d'Octave Nadal, mais bien la lumière originelle, incréée, dans laquelle baigne la création et vers laquelle le mystique aspire.

La jeune Vénitienne nous apparaît ainsi comme la petite sœur, encore naïve il est vrai, de la Jeune Parque, ou plutôt d'une moitié de la Jeune Parque, car celle-ci avec la maturité de l'âge connaîtra le dédoublement du moi et la division de l'être. L'innocente Vénitienne ne connaît, elle, que la lumière, comme la moitié lumineuse de la Jeune Parque.

> « Dites !... J'étais l'égale et l'épouse du jour,
> Seul support souriant que je formais d'amour
> A la toute-puissante altitude adorée ».

Remarquons que, lorsque Valéry connaîtra sa moitié d'ombre, l'aspiration à la lumière restera non pas seulement comme sa dominante intérieure, mais bien comme son identité secrète. Le débat entre l'ombre et la lumière ne se transformera jamais dans son œuvre en un combat de forces égales, car le poète d'Aurore, cède toujours à sa pente naturelle qui est refus de la nuit et volonté de clarté divine. C'est tout le thème du « Cimetière marin » :

> L'âme exposée aux torches du solstice,
> Je te soutiens, admirable justice
> De la lumière aux armes sans pitié !
> Je te rends pure à ta place première :
> Regarde-toi !

Ce thème de la lumière se retrouvera dans presque tous les poèmes :

> « J'approche la transparence
> De l'invisible bassin
> Où nage mon Espérance
> Que l'eau porte par le sein ». — Aurore —

> « Mais comme les soleils m'ont tiré de l'enfance,
> Je remonte à la source où cesse même un nom ». — Le rameur —

Devant cette attirance pour la lumière, le thème de la mort tend à perdre son caractère tragique. On peut songer à un aveu fait à André Gide dans une lettre du 18 mars 1892, certes de cinq ans postérieure au « Testament de la Vénitienne », mais antérieure à la crise de novembre 92 : « Je médite, et tâche de m'épurer, afin que la mort soit moins physique et moins dure ». Valéry n'a que 20 ans, et déjà la soif d'absolu est aiguillonnée par la pensée de la mort. « Tu sais bien qu'il ne vaut pas la peine d'écrire pour se taire, et de redire un mythe pour un autre... Il ne faut pas enfanter du poncif, n'est-ce pas, et nous en sommes tous tant menacés ». Sur ce même thème de la mort comme excitant de la vie, il écrit encore à Gide, deux ans après la crise et dans un climat déjà nouveau, mais qu'une même soif d'absolu relie à la période antérieure :

> « Mon cher, je vis depuis longtemps dans la morale de la mort.
> Cette limite si éclatante procure à ma pensée le mouvement et la vie.
> Je crois que peu d'hommes depuis les fanatiques ont pris cette base
> charmante, enivrante et libérale. Tout ce que j'ai bien voulu, je l'ai
> voulu en fixant le mot : Fin ». (Correspondance avec Gide, p. 217).

Que cette pensée « enivrante et libérale » de la mort soit déjà « depuis longtemps » devenue pour Valéry une morale de vie, on peut l'en croire, puisque c'est déjà le thème d'un conte de jeunesse écrit en septembre 1889, et intitulé « Conte vraisemblable », comme peut-être, pour mieux en souligner le lien intime avec l'auteur. (Pléiade II, p. 1416).

Un jeune apprenti poète rongé par « le désir de l'art entrevu », tourmenté aussi « par le souci de la Femme », se désespère d'atteindre l'absolu qu'il rêve en toutes choses. « Il n'avait œuvré qu'avec la tête — de quoi faire un sonnet. Il n'avait possédé qu'avec les sens et n'avait violé aucune âme ». Cette dissociation entre l'esprit et les sens, aggravée par une exigence d'absolu inassouvie, le jette dans un état d'ennui qui le dévore. « Tel il était un soir d'automne après avoir pensé que l'art est un leurre, que l'amitié vit de mensonges, l'amour de lâchetés et que la vie est une grande misère très longue ». C'est ainsi que prit naissance en lui « le désir bienfaisant du suicide ». Or, voici que cette décision provoque en lui un apaisement de la chair, une épuration de la vie sensitive. Tout redevient clair et frais. La femme n'était plus « un archétype de poète ni d'artiste » inacessible. Redevenue simplement elle-même, « elle n'était que charmante ». Des vers écrits rapidement au crayon, au café, « composés en dehors de toute école et de toute ambition », se révèlent être « en vérité les meilleurs qu'il eût jamais écrits ». En bref, l'idée de la Mort entraîne la transformation et la résurrection de notre personnage. Ayant préparé le « flacon d'un redoutable alcaloïde » pour se tuer le soir, « il s'accorda tout un jour de grâce ». Et voilà que « pendant ces courtes heures ce moribond goûta et jouit d'une âme modifiée et encore inédite qu'il portait jadis inconsciemment en lui. Un homme neuf vécut dans son corps qui rapportait incessamment à cet étalon : la mort, tout ce qui passait sur l'écran de son cerveau ». « Ce fut vraiment une belle, une folle journée... tout lui semblait nouveau, inéprouvé, inconnu », Et rentrant chez lui, le soir, le jeune homme repousse son suicide au lendemain. La mort, devenue « étalon » de sa nouvelle vie, loin de le décourager de vivre et de déprécier le prix de l'existence, lui donne au contaire un prix nouveau, rendant notre jeune poète à lui-même. Ayant rejeté tout masque, il pouvait être lui.

On voit qu'avec le thème de la mort, déjà abordé par Valéry dans sa seizième année dans le poème « Testament de Vénitienne », son génie précoce lui révèle un des principaux axes de son existence profonde. La mort n'est pas antagoniste de la vie, mais se conjugue avec elle pour l'abstraire de la banale répétition quotidienne et l'élever à la puissance de l'absolu. Tel sera le projet d'un conte écrit bien plus tard, en 1940 :

> « Conte. Il arriva une catastrophe à la Société. La Peur de la mort s'évanouit. Les hommes comptaient pour rien l'être ou le ne pas être. Ils préféraient mourir que de travailler ou de se priver de quoi que ce soit... La Guerre, la Loi, l'Ordre, tout cela perdit sa base et les idées de tout cela. Il ne resta que les plaisirs — désirs et les forces de se les disputer. Bientôt toute vie disparut par la faillite de la Crainte ». (Cahier 23, p. 141).

Etrange et bienveillante nécessité de la pensée de la mort ! Sans elle tout se noierait dans l'insipide indifférence. Elle est comme le repoussoir d'ombre et d'obscurité permettant de faire ressortir en couleurs vives les zones de lumière.

> « Il nous fait ressentir la joie, ce dégoût
> Comme l'obscurité fait aimer la lumière. »
> (Pessimisme d'une heure, poème écrit en décembre 1887, Correspondance avec Fourment, p. 226).

La mort est le ressort caché portant la vie sur les sommets de l'être, car, écartant de l'individu toutes les parties mortes qu'il portait avec lui, elle lui insuffle une vie nouvelle plus intense. Pour celui qui cherche en toute chose l'absolu, (« ce qui m'attire en amitié comme en tout, l'absolu », écrit-il à Gide en juillet 1891), la mort est la pierre philosophale, le filtre assurant la transmutation de la vie en absolu. Car il y a plusieurs sortes de mort, des plus banales aux plus rares. « Morts — Les uns s'interrompent comme un chant, d'autres se flétrissent et se dessèchent, arrivent peu à peu par modifications insensibles à l'état de pierre. Balbutiant peu à peu, il en est qui se tordent... dans les flammes et chacun a les siennes. Mais quelques-uns (si rares) échangent contre l'absolu leur expérience achevée » (Cahier 12, p. 18). N'est-ce pas au vertige de ce baiser suprême de la mort assurant la dernière et parfaite mutation, que la Jeune Parque a failli céder, un soir récapitulateur de ses destins ?

> « J'étais à demi morte ; et peut-être, à demi
> Immortelle, rêvant que le futur lui-même
> Ne fût qu'un diamant fermant le diadème
> Où s'échange le froid des malheurs qui naîtront
> Parmi tant d'autres feux absolus de mon front. »

Suprême tentation de l'absolu où vie et mort se confondent !

> « Lumière !... Ou toi, la Mort ! Mais le plus prompt me prenne ! »

Ce n'est donc pas par hasard que l'hymne au printemps de la Jeune Parque est inclus dans une invocation à la mort. Ce retour triomphal de la vie est chargé de vibrations si intenses que rien d'autre que l'absolu ne peut satisfaire « cette esclave de roi ».

> Demain, sur un soupir des Beautés constellées,
> Le printemps vient briser les fontaines scellées :
> L'étonnant printemps rit, viole... On ne sait d'où
> Venu ? Mais la candeur ruisselle à mots si doux
> Qu'une tendresse prend la terre à ses entrailles...
> ... Quelle résisterait, mortelle, à ces remous ?
> Quelle mortelle ?...

Le thème de la mort, comme révélateur du miracle de la vie, déjà abordé par un poète de quinze ans, est donc bien d'une importance capitale pour l'histoire de la pensée de Valéry. Nombreuses sont les notes des « Cahiers » qu'il suscite. Toujours la mort apparaît comme l'impossible inimaginable faisant ressortir par contraste l'immortalité essentielle de l'être. La mort n'est-elle pas inconcevable par la pensée ?

> « La mort n'est au fond que l'« impossible » et l'idée que nous en avons est composée de sa certitude et de son impossibilité. Certitude de l'impossible ». (Cahier 11, p. 323).

> « J'ai le sentiment de mon immortalité comme j'ai celui de la fermeté du sol ; aussi fort et aussi... faible ». (Cahier 7, p.   ).

> « On dispute si l'âme est immortelle et nul ne sait que veut dire au juste ceci... Cette présence n'a aucun attribut qu'actuel... Si on la baptise Ame, il faudra non dire qu'elle est immortelle, mais qu'elle est. Ni futur, ni négation n'ont de sens la concernant ». (Cahier 17, p. 676).

« Mourir n'est pas accidentel. Naître l'est ». (Cahier 19, p. 267).

« Rien dans la pensée ne la conduirait à cette conclusion : Je suis mortelle ». (Cahier 19, p. 21).

Nous retrouvons la même remarque dans « Note et digression ».

« L'intelligence ignore d'être née, comme elle ignore qu'elle périra... elle se croirait, très aisément, inamissible et inaltérable ». (Pléiade I, p. 1218). Et dans les notes marginales sur la même page : « Il nous est impossible de concevoir une suppression de la conscience qui ne soit accidentelle et qui soit définitive ».

Ce thème trouve enfin son couronnement dans « Mon Faust » qui constitue comme la dernière orchestration de toutes les idées essentielles de Valéry. Parvenu « sur le haut plateau d'existence » où l'ont conduit toutes ses négations successives et la tension ascétique de son intellect, Faust découvre une nouvelle existence, le sentiment d'une plénitude et d'un accomplissement dans le simple fait de vivre. « Serais-je au comble de mon art ? Je vis. Et je ne fais que vivre. Voilà une œuvre... C'est un état suprême où tout se résume en vivre... Vivre... Je ressens, je respire mon chef-d'œuvre ». Or, pour atteindre à cette extase dans la sensation de vivre, il faut avoir eu le sentiment de la mort et du vide, et s'être, dans le drame de la connaissance, confronté avec le néant. L'idée de la mort est donc nécessaire pour élargir et approfondir le miracle de la vie en une mystique incroyable de la sensation d'existence. « JE SUIS, n'est-ce pas extraordinaire ? Se soutenir au-dessus de la mort comme une pierre se soutiendrait dans l'espace? Cela est incroyable ». (Pléiade II, p. 322).

De la mort conçue comme une délicate apothéose pour la jeune Vénitienne, au sentiment de la mort éprouvé par Faust comme nécessaire à la prise de conscience du mystère de la vie, la route sera longue pour Valéry. A quinze ans, le jeune poète n'a encore ni la densité de la pensée, ni la plénitude du style, ni les secrets d'enchantement de sa future poésie. Il gagnera en volonté lucide ce qu'il perdra en innocence. Cette innocence assoiffée de lumière demeurera pourtant, comme l'enfant persistant en l'adulte, la note secrète et intime de celui qui se plaira à être appelé l'Ange, et qui, au soir de sa vie, s'écriera, en une dramatique interrogation : « O mon étonnement... Tête charmante et pure, il y a donc autre chose que la lumière ? » (l'Ange — Pléiade I, p. 206).

Plus importante encore pour l'histoire de sa pensée est le poème « Solitude », écrit par Valéry dans l'été de 1887, en sa seizième année. C'est déjà un sonnet, forme pour laquelle Valéry avouera sa prédilection deux ans plus tard dans une lettre à Karl Boès, ainsi que dans une lettre à Pierre Louys du 2 juin 1890 :

« Je rêve une poésie courte — un sonnet — écrite par un songeur raffiné qui serait en même temps un judicieux architecte, un sagace algébriste, un calculateur infaillible de l'effet à produire ». (Pléiade I, p. 1771).

Si l'influence de Baudelaire est toujours sensible dans la forme, l'innocence et la sérénité du « songeur raffiné » dont le rêve intérieur est ici décrit, n'en apparaissent que plus antibaudelairiennes. Car si le jeune poète connaît la solitude, c'est la solitude choisie, sereine et lumineuse de l'artiste capable de s'émerveiller par l'évocation toujours nouvelle de la « Multiple Beauté ». Aucune déchirure intérieure ne vient troubler ses rêves. Son esprit jouit sans partage des clartés spirituelles. Tout entier attiré par la lumière, il ignore et méprise les tentations sensuelles. Ses jouissances sont tout idéales. Il a la religion de la beauté, d'une beauté non équivoque dont l'origine est toute céleste. Le contraste avec Baudelaire est donc total. Ce n'est pas lui qui pourrait douter de la filiation de son idéal de beauté : « Viens-tu du ciel profond ou sors-tu de l'abîme, O Beauté ? » interrogeait fiévreusement Baudelaire. Mais le jeune poète valéryen s'élève avec assurance :

« Plus haut que les Vautours, les Astres et les Anges ! ».

Un vers de ce sonnet est apparu prophétique à la critique :

« Et je jouis sans fin de mon propre Cerveau ».

En voilà assez pour qu'on retrouve ici les prémisses de l'intellectualisme lucide auquel on veut trop souvent réduire Valéry. Cette réduction est fausse pour l'ensemble de l'œuvre, aussi bien que pour l'homme Valéry qui a maintes et maintes fois déclaré que « le plus grand problème, l'unique, est celui de la sensibilité » « et que la sensibilité est la puissance motrice de l'intelligence ». Elle est fausse aussi pour le jeune poète de 16 ans. Pourquoi considérer que le « Cerveau » soit le siège de la seule intelligence ? Ne serait-il pas aussi le siège de la sensibilité ? Quoi qu'il en soit, le jeune poète, habité par « l'hallucination merveilleuse », ne semble pas vouloir s'enclore ni dans les limites de son cerveau ni dans celles des enchaînements étroitement logiques, lui « dont le Rêve peut fuir dans l'Immensité ». Sans doute, le jeune Valéry ne semble pas encore connaître les effusions mystiques dans lesquelles il se complaira un an ou deux plus tard. Ce n'est qu'en 1888 qu'il subira l'influence envahissante de J. K. Huysmans. L'idéalisme innocent et exalté, dans lequel baigne le poème, fournit pourtant un terrain propice à cette évolution mystique. La fascination de la pureté reste en effet le trait commun de toute cette période qui va jusqu'à la crise de 1892. Il est nécessaire de le souligner, car l'indétermination de cet idéal de pureté, l'excès de sa tension et l'insuffisance des moyens poétiques et spirituels pour le satisfaire entreront comme composants non négligeables dans la crise et la révolution de 1892 à la suite de laquelle Valéry renoncera à la poésie.

En attendant, ce démon de la pureté dont il est possédé ne se cantonne pas à la matière poétique et absorbe toute sa vie morale et spirituelle ; c'est lui qui dicte sa conduite, le protège de la tentation des sens et l'éloigne de la femme. « Je méprise les sens, les vices et la Femme », ce vers de « Solitude » n'est pas la déclaration d'un

« ermite » imaginaire, c'est la traduction fidèle de la volonté de pureté du jeune poète. Le refus de la femme et la répulsion pour les jeux grossiers de la chair sont si forts à cette époque qu'ils apparaissent comme un thème constant de ses poèmes de jeunesse. Dans sa première lettre à Mallarmé, il présente les poètes comme les « amants de la Chasteté esthétique ». L'un des deux poèmes soumis à l'approbation du Maître s'intitule « Le Jeune Prêtre », et le deuxième parle de « sourires secrets — Comme des fleurs vaguement données — A des vierges aux regards sacrés ».

Dans le premier poème que Valéry ait publié, intitulé « Rêve » et daté du 11 février 1889, le jeune poète rêve de se libérer de ce monde, ou, pour le moins, de s'y tenir sur la rive, face à l'infini, dédaigneux de la fille et de ses attraits vulgaires.

> « Brune, à la lèvre de rose et couverte de fards
> La fille, l'œil luisant comme une girandole,
> Sur la hanche roulant ainsi qu'une gondole,
> Hideusement s'en va sous les flots blafards »

Plus explicite de ce refus de la femme est le sonnet « Pour la Nuit », daté de 1889, et présenté par P. Louys à Mallarmé. Jugeant que les délices de la nuit l'emportent infiniment sur les charmes de la femme, le poète peut tranquillement décider de s'abandonner « à l'amour immatériel ». Ce poème était un des préférés de Louys, et Mallarmé le jugea d'une « grande subtilité musicale ».

Pour la Nuit

Oh ! quelle chair d'odeur fine aromatisée
Où de l'huile blonde a mis sa molle senteur,
Est plus douce que la Nuit au souffle chanteur,
Et sa brise parmi les roses tamisée ?

Quel féminin baiser plus léger que le sien ?
Et ses yeux, ses yeux d'or immortels, quelle Femme
Peut égaler ses regards noirs avec leur flamme
Et quelle Voix vaudrait ce vent musicien ?

Adieu donc ! toi qui m'attendais ! L'heure est trop bonne !
A l'amour immatériel je m'abandonne
Que me promet ce Soir calme et ce bord de l'eau.
. . . . . .

(Pléiade I, p. 1578)

Mais le refus peut aller jusqu'à la répulsion et à l'affolement. L'amour charnel est alors conçu comme un viol accompli par la violence féminine sur la pureté innocente du jeune homme, ignorant des plaisirs de la chair. C'est le sujet de « Viol », sonnet daté de 1890.

Millénaire ! le viol de bronze se consomme !
Le petit inquiet, sous le brasier charnel
Se tord et ne veut pas, horreur ! devenir homme...

Les lettres de Valéry de la même époque reflètent aussi cette antipathie pour le commerce des femmes. Il y consacre un para-

graphe dans son autoportrait, intitulé « Moi », qu'il envoie en septembre 90 à P. Louys :

> « Les femmes sont pour lui de gracieux petits animaux qui ont
> eu la perverse habileté de détourner sur elles l'attention de trop
> d'esprits. On les place au sommet des autels de l'art et nos élégants
> psychologues (!) savent mieux — hélas ! — noter leurs bouderies
> de chienne, leurs grifferies de chatte que démonter le difficile
> cerveau d'un Ampère, d'un Delacroix, d'un Edgard Poe ».

Ce n'est pourtant qu'un an après que Valéry connaîtra sa
« grande maladie mentale d'amour de 91-92 ». La lettre qu'il écrit à
Gide le 4 juillet 1891 reflète la déchirure que cette irruption sentimentale provoque dans l'esprit du jeune idéaliste.

> « Longuement j'avais accumulé mon être. La substance de mes
> pensées était dévotement choisie entre le chaos des choses. Je
> m'étais créé incomplet mais harmonique ; faible mais mesuré. Voici
> que des jours inconnus sont arrivés.
>
> Un regard m'a rendu si bête que je ne suis plus.
>
> J'ai perdu ma belle vision cristalline du Monde, je suis un
> ancien roi ; je suis un exilé de moi.
>
> Ah ! savez-vous ce que c'est qu'une robe — même en dehors —
> surtout en dehors, de tout désir simpliste de chair ?
>
> Mais seule la robe et l'œil. L'idéaliste agonise. Le monde exis-
> terait-il ? »

Qu'il en faut peu pour faire périr le jeune idéaliste ! « Une robe,
même en dehors, surtout en dehors, de tout désir simpliste de
chair », a suffi pour faire basculer l'idéal « longuement accumulé »,
et ternir la « belle vision cristalline du Monde ! » « Le monde existerait-il ? » avec toute son opaque et pesante réalité ! Combien cette
opposition entre la transparence cristalline de l'idéal et l'opacité
trouble du monde est caractéristique de Valéry ! Certes, il perdra
sa jeune naïveté et sa lucidité lui permettra de faire face à la lourde
complexité du monde. Cependant, toute sa vie, il portera en son
cœur cette nostalgie lancinante d'une pureté angélique et cristalline.
La figure dernière qu'il donnera de lui-même est celle de « l'Ange »,
poème qu'il achèvera peu de semaines avant sa mort, mais dont
l'esquisse apparaît déjà dans les Cahiers de 1921, et n'est d'ailleurs
qu'une simple ramification du thème de Narcisse. Un ange se mirait
dans une fontaine et se voyait homme, incapable de comprendre
comment « une apparence si misérable » puisse avoir un quelconque
lien avec « sa substance spirituelle merveilleusement pure ». « Cette
puissance de transparence » qui est toute son intelligence « ne peut
point se reconnaître dans ce visage porteur de pleurs ». « Et pendant une éternité, il ne cessera de connaître et de ne pas comprendre » ce monstrueux accouplement d'un homme et d'un ange. « O
mon étonnement, disait-il. Tête charmante et triste, il y a donc autre
chose que la lumière ? »

Du jeune homme de vingt ans au vieillard de 74 ans, il est bien
émouvant de retrouver le même étonnement et la même question

qui sont en fait le leitmotiv central traversant une vie entière. A la question qu'il posait à Gide « le monde existerait-il ? » fait écho, cinquante quatre ans plus tard, la troublante interrogation de l'ultime confidence : « Il y a donc autre chose que la lumière ? » Ce n'est d'ailleurs presque plus une question, et sans le signe interrogatif, ce serait déjà l'aveu plus scandalisé qu'étonné d'une découverte inassimilable. Celui dont toute l'aspiration fut toujours de se « vouer à former le cristal de chaque chose »... « pour en tirer les puretés qui (lui) fassent son monde propre » (Cahier 24, p. 1, 1940), et dont « la substance de(s) pensées était dévotement choisie entre le chaos des choses » (1891), découvre que la puissance de transmutation de son idéal bute irrémédiablement contre un reste, contre une matière trop grossière pour être transformée. L'ange lumineux refuse l'obscurité de l'homme. Voilà le thème central des pensées de Valéry, et la clé de son œuvre. Il n'est point encore possible de le développer dans toute son amplitude, car d'autres thèmes vont se greffer tout autour ; et ce n'est que dans le dernier chapitre que nous pourrons découvrir l'unité du faisceau harmonique des thèmes valéryens jouant autour de la note dominante. Disons cependant que nous retrouverons cette clé essentielle dans toute l'œuvre. Outre les diverses reprises du symbole de Narcisse, c'est le thème de la Jeune Parque divisée par le dédoublement du moi, entre un moi sensuel « une secrète sœur », « une vierge de sang », « la chair maîtresse », et un moi pur et connaissant, « l'extrême attentive », « l'égale et l'épouse du jour », « lasse femme absolue ».

Même tragique opposition, dans « Le Cimetière marin », entre la lumière aux divines transparences, et l'ombre peuplée d'obscurs fantômes.

> L'âme exposée aux torches du solstice,
> Je te soutiens, admirable justice...
> Regarde-toi ; ... Mais rendre la lumière
> Suppose d'ombre une morne moitié.

Que cette difficulté à assumer l'opaque et misérable condition humaine, difficulté ressentie comme un impossible scandale par un être voué à la lumière et aux divines harmonies, soit bien la clé du secret intime de Valéry, c'est lui-même qui nous le dit explicitement dans ses Cahiers, sous la rubrique Gladiator qui est à la fois et bien significativement « Mémoires de Moi » et « Traité de la pureté ».

> « Gladiator parle : Mon sentiment fut de n'être pas semblable, n'être pas poète, écrivain, philosophe selon ces notions : mais si je le devais être plutôt contre elles. Et même n'être pas un homme. Ceci est la clef de moi. Je l'ai jetée dans un puits, il y a peu d'années. O puits ! en quoi j'ai jeté mon inhumain ». (Cahier 13).

« Mon inhumain », ou cette « manière d'ange », assis sur le bord d'une fontaine », en lequel Valéry reconnaît son moi pur. Mais la clé jetée n'est pas perdue et reparaît dans les thèmes les plus caractéristiques de Valéry, ainsi que dans son espèce de « Caligulisme » intellectuel et son horreur de l'humain. Nous ne citerons pour l'instant qu'une seule note des Cahiers :

> « Ego. Il y a en moi un étranger à toutes choses humaines, toujours prêt à ne rien comprendre à ce qu'il voit, et à tout regarder comme particularité, curiosité, formation locale et arbitraire ; et qu'il s'agisse de ma nation, de ma langue, de ma vie, de ma pensée, de mon physique, de mon histoire, il n'est rien que je ne trouve, cent fois par jour, accidentel fragmentaire, extrait d'une infinité de possibles, comme un échantilon ». (Cahier 23, p. 572).

Mais il nous faut revenir avant l'orage sentimental qui a bouleversé Valéry de juin 91 à novembre 92, et le retrouver dans son innocente pureté de jeune poète adonné corps et âme au culte de la Beauté. En octobre 1889, cet « amant de la chasteté esthétique » chante en un sonnet, « Le Cygne », le symbole éblouissant d'une idéale pureté (Pléiade I, p. 1588).

> Vase de chasteté symbolique et splendide
> Ayant d'un monde oublié le Destin
> O cygne immaculé tu fuis dans le matin.
> Baiser de la lueur sur ton aile candide
> Vers la Rive céleste où dans l'Eternité
> Se confondent l'Amour et la Virginité.

« Virginité » et « Eternité » sont donc encore les attributs évidents de l'idéal esthétique. Les poèmes de l'année suivante laissent pourtant transparaître une évolution plus sensuelle. « Luxurieuse au bain » et « l'Enchemisée » découvrent avec timidité les beautés trop prometteuses du corps féminin.

> Aux caresses de l'eau, tes mûrs désirs s'apaisent
> Tu chéris la clarté fraîche et ces fleurs qui baisent
> Tes seins de perle, tes bras clairs, ton corps nacré
> ... Ta nudité s'enflamme et tu nages splendide
> Dans la riche lumière impudique du bain !

Mais cette baigneuse impudique n'en est pas moins inaccessible dans sa beauté intouchable.

> Et tu te pâmes dans les lueurs ! Dédaigneuse
> Des amantes et des jeunes gens ! O baigneuse !

L'Enchemisée, bien qu'objet d'une mystique sublimation, semble plus proche de consentir à l'adoration de ses secrets trésors. Pourtant la promesse des caresses sera retardée toute une nuit, jusqu'à l'aube.

> Droite ! Tu resplendis ! tenant la lampe fauve
> Si liliale — O fleur d'ombre tiède sertie
> Par le seuil odorant et vague de l'alcôve
> Que tu sembles en son corporal, une hostie !
> Oh ! demeure ! Fais-moi songer. Toi dont s'élève
> Le frais souffle du linge et des chairs précieuses
> Comme un appel vers le mourir et vers le Rêve...

Et tardons jusqu'à l'aube, autel de mes Tendresses
Où ma lèvre ouvrira des Roses furieuses
Le rire délicat et joyeux des caresses.

Si les effusions mystiques et le vocabulaire religieux se mêlent déjà curieusement dans ce poème aux élans sensuels, d'autres poèmes traduiront une évolution vers un idéalisme mystique plus affirmé, dû à l'influence de Huysmans dont la lecture de « A rebours » fit, à cette époque, la plus grande impression sur Valéry. Cette évolution ne fut pas, en fait, la plus heureuse pour le poète, et il faut bien avouer que les pièces écrites dans cette veine sont les plus faibles qu'il ait écrites. L'encens des sacristies et tous les instruments du rite catholique, cierges, hosties, autel, encensoirs, n'inspireront à Valéry que des vers assez confus où ni l'expression poétique ni la pensée ne brillent par leur choix ou leur profondeur. Une lettre de Valéry à Albert Dugrip essaie pourtant de justifier cette évolution vers une foi néo-catholique : « Pour cette école nouvelle, la « Femme n'existe plus »; toute la tendresse, tout l'épanchement qu'elle occasionnait jadis, on le reporte vers de vagues formes catholiques. On ne craint pas de parler à je ne sais quel Dieu avec l'équivoque parole et l'ardeur d'un amour de choix... Ce regain de ferveur religieuse dont les Verlaine, les Huysmans (en quelques pages curieuses) voire les Mallarmé, sont les magnifiques Apôtres, n'a pas d'autre racine que le dédain du sexe bête ».

Il serait pourtant difficile de croire que seul le « dédain du sexe bête » pousse le jeune poète vers l'effusion mystique. Dans son autoportrait « Moi », nous l'avons déjà entendu avouer : « Il adore son catholicisme à lui un peu espagnol, beaucoup wagnérien et gothique ». Nous savons qu'il aimait fréquenter les églises, surtout sa « vieille et austère cathédrale », et qu'il s'exclamait : « Quelle œuvre d'art pur que la Messe ! » Tout cela ne forme cependant qu'une spiritualité assez vague, et quand il écrit à Pierre Louys, en lui joignant des extraits d'une œuvre intitulée « Messe angélique » : « molle et détestable portion — hélas ! figée. Combien lointaine du rêve échafaudé ? », nous sommes tout prêts à le croire.

Astres ! grands yeux d'amants gonflés de larmes d'or !
Etincelez avec une claire harmonie,
Eclairez les degrés d'encens du firmament,
Car l'Archange à l'autel de Lune lentement
Pour la suave et la blanche cérémonie
Apparaît...

L'admirateur de Mallarmé nous étonne ici par le manque de musique de ces vers et la pauvreté de leurs images. Nous sommes loin encore de voir réalisée l'exigence future du poète : « Le poète doit être le dernier des hommes à se payer de mots ».

La pièce néo-chrétienne, « Renaissance spirituelle », n'est pas plus brillante, et nous pouvons accepter le jugement de son ami Gustave Fourment auquel il l'a envoyée : Tu t'es étrangement oublié en écrivant cette pièce ; Tu n'as pas montré le moindre souci du

mot fin et rare ». Le thème en est naïf et peu convainquant : les
poètes vont prendre la relève de la foule ingrate dans le culte rendu
à Jésus dont l'édifice s'écroule sous « l'affreux scalpel de la Raison » :

> Et nous sommes prêts car nous sommes
> Ardents de t'aimer, ô mon Christ !
> Et nous remercions les Hommes !
> — Les ingrats, de t'avoir proscrit.
>
>> Nos esprits t'élèvent un temple
>> Bâti de Rêve et de Beauté
>> Et celui-là seul le contemple
>> Qui dans son âme l'a porté.

Ce poème devait faire partie d'un recueil, resté inédit, intitulé
« Chorus mysticus », pour lequel Valéry écrivit une courte préface
instructive : « La vie à travers un vitrail d'église, considérée ; les
naturelles splendeurs des astres et des êtres artificiellement assimi-
lées à des cérémonies de culte, puis le plaisir indicible et quelque
peu sacrilège de jouer avec les techniques paroles du rite et les
mots si délicieux qui désignent les objets sacrés m'ont amené à ces
essais de poésie liturgique ». (Correspondance avec G. Fourment,
p. 218).

Mais cette « poésie liturgique » est bien artificielle, et on ne le
ressent que trop. Le rêve en est pourtant profondément ancré en
Valéry. Cinquante ans plus tard, c'est en songeant à une « conception liturgique des spectacles », qu'il écrira le mélodrame d'Amphion,
pour lequel il dira qu'il peut et doit se rapprocher d'une cérémonie
de caractère religieux ». (Pléiade II, p. 1282). Cette conception d'une
« poésie liturgique » n'est donc pas une erreur d'adolescent. Seuls
les moyens de réalisation manquent encore au jeune poète.

Il n'est pas jusqu'au Graal qui n'ait servi de symbole aux effusions esthético-mystiques de cette époque, dans le sonnet intitulé
« Splendor » :

> Car, c'est Toi le vivant et le rare Cristal
> Longtemps élaboré par les antiques races,
> L'Emeraude limpide et sainte, le Graal !
> Que veillent les guerriers aux mystiques cuirasses !
>> ... N'es-tu pas le Calice admirable de Chair
>> Où l'artiste — blanc prêtre à la magique phrase —
>> Boit à longs traits le vin suprême de l'Extase.

L'artiste assume toujours la vocation d'un « blanc prêtre », mais
sa « magique phrase » est encore bien loin de posséder l'enchantement que le poète de « Charmes » saura donner à sa poésie trente
ans plus tard. Son admiration pour Mallarmé l'aide pourtant à définir son idéal poétique et à en connaître les difficultés. Après avoir
renvoyé à Pierre Louys « le manuscrit rare et si beau de l'Hérodiade,
poème par fragments précieux comme des pierres précieuses », il
écrit à G. Fourment, le 28 septembre 90 :

> « Ces poèmes me font toujours songer à ces perles que les
> poules dédaignaient !... Ce qui fait leur splendeur smaragdine, leur

perfection et leur attirance de gemmes, c'est qu'ils sont en même temps, comme elles, polis et brillants et pourtant sans fond, insondables, avec des dessous mystérieux de rêves, de correspondances. Il y a sous ces vers des étages d'associations d'idées, des évocations multiples — le tout sous une apparence dure et luisante, obscure pour qui cherche avec son raisonnement au lieu de trouver avec sa rêverie !

La difficulté vaincue est immense ; étreindre aussi étroitement des visions confusément tristes, conserver sous le vêtement précis et lumineux le vague nécessaire pour que l'apparition puisse y circuler, c'est énorme ! énorme ! » (Correspondance avec Fourment, p. 116).

Poèmes « polis et brillants et pourtant sans fond » voilà déjà le résumé de la poétique valéryenne.

Quelques mois plus tard, en avril 91, il envoie à Mallarmé un poème que Pierre Louys venait de publier dans le premier numéro de la Conque sous le titre « Narcisse parle ». Ce thème hantera Valéry toute sa vie. Il l'avait déjà abordé, quelques mois plus tôt, dans un sonnet dont quelques vers traverseront, à peine modifiés, toutes les formes successives du poème.

Que je déplore ton éclat fatal et pur !
Source magique, à mes larmes prédestinées,
Où puisèrent mes yeux dans un mortel azur
Mon image de fleurs funestes couronnée !

Le poème de 1891 sera repris, avec des corrections, en 1920, pour le recueil « Album de vers anciens », puis développé et largement amplifié dans les « Fragments du Narcisse », introduits en 1926 dans l'édition de « Charmes », enfin traité sous forme de libretto mis en musique pour la « Cantate du Narcisse » en 1938.

La persistance de ce thème, qui n'a cessé d'exciter l'esprit de Valéry durant toute sa vie et qui se retrouve en fait dans la Jeune Parque et surtout dans le dernier poème de sa vie, l'Ange, montre qu'il ne s'agit pas pour le poète d'un motif banal de sa réflexion ; ce thème de la confrontation de l'homme avec son reflet éveille en lui une préoccupation majeure de toute sa pensée. La figure de Narcisse, inquiet devant son image, représente en effet Valéry beaucoup plus que les autres héros de sa création. Les autres figures en lesquelles il s'est également exprimé, comme Léonard de Vinci, Teste, Socrate ou Faust, ne représentent en fait que des contrechants, accompagnant harmoniquement le thème principal chanté par Narcisse. Mais, ce n'est pas encore la place de développer la signification poétique et métaphysique de ce thème.

Disons seulement que dès son premier poème, l'intention du poète est toute différente de celle du mythe antique. Il n'est guère de comparaison possible avec la fable d'Ovide, qu'il ne lut « pour la première, et sans doute ultime, fois » qu'après avoir eu connaissance de l'article que le critique Chantavoine lui avait consacré. « Je n'ai trouvé d'autre similitude que le titre dans son Narcisse », écrit-il à Gide le 15 avril 1891. Ce n'est pas en effet de son reflet dans la fontaine que le jeune homme est épris, comme dans la fable antique, mais d'une image plus pure de lui-même, d'un idéal de soi qui le fait languir de beauté. « Je suis ce qui n'existe pas ! et c'est pourquoi je m'aime », avait-il écrit dans un Narcisse en prose, sans doute contemporain du sonnet. (Pléiade I, p. 1555). Et dans un projet de « symphonie pastorale » sur le même thème, il avait plus explicitement encore exprimé cette aspiration quasi mystique vers son moi idéal : « Et le Dieu que je porte en moi se dégage. L'infini remplace l'image dans l'eau — L'âme se regarde dans la beauté ». (Pléiade I, p. 1556). Ainsi, cette soif de soi-même, qui trouble le Narcisse valéryen, n'est pas un égotisme naïvement satisfait de soi ; bien au contraire, elle est l'exigence inquiète d'une identité transcendante, recherche tendue vers le Moi véritable qui est peut-être de la nature infinie d'un dieu et qui se substituerait à la simple image reflétée dans l'eau. Ce symbole dépasse donc infiniment celui du fonctionnement de la conscience seconde auquel on le réduit habituellement. En fait, nulle trace de narcissisme ne demeure dans le Narcisse de Valéry. Ce n'est pas de lui-même qu'il est amoureux, nulle curiosité ne le porte à l'analyse de soi et des complications indéfinies de son cœur. Il ne s'intéresse pas aux multiples sentiments et émotions qui se succèdent dans une conscience. Nulle complaisance romantique à lui-même ne l'anime. Ce qui tourmente Narcisse, c'est ce Moi secret, caché, inaccessible, que chacun croit porter en lui-même, et qui est autant distintct du moi psyhologique que les cieux sont distincts de la terre.

> « Mais moi, Narcisse aimé, je ne suis curieux
> Que de ma seule essence »,

dira-t-il plus explicitement dans les « Fragments » de 1926. Le « Fiancé » à peine deviné dans le miroir, « Saphir antique et fontaine magicienne », n'est pas le simple double du jeune homme qui se penche sur l'eau. Il en est la forme épurée et lointaine, la quintescence et la sublimation, pour celui qui rêve de beauté :

> O frères, tristes lys, je languis de beauté
> Pour m'être désiré dans votre nudité.

Nudité de l'être essentiel, parfaite dans sa pureté idéale. Le miroir n'est pas seulement celui de la conscience seconde, mais le « miroir du songe insensé » dans lequel se laisse entrevoir un être plus pur, mais aussi infiniment lointain.

Sur la signification métaphysique de ce thème, nous reviendrons plus tard. Citons cependant une déclaration faite par Valéry à Frédéric Lefèvre :

> « C'est la confrontation de l'homme tel qu'il se perçoit en lui-même, c'est-à-dire en tant que connaissance parfaitement générale et universelle, puisque sa conscience épouse tous les objets, avec son image d'être défini et particulier, restreint à un temps, à un visage, à une race et à une foule de conditions actuelles ou potentielles. C'est en quelque sorte l'opposition d'un tout à l'une de ses

parties et l'espèce de tragédie qui résulte de cette union inconcevable ». (Pléiade I, p. 1672).

Sans doute, en 1890, Valéry n'a pas encore découvert toute la
nouveauté du thème qu'il vient de chanter, d'abord sous forme
de sonnet, avant sa rencontre avec P. Louys, puis développé hâti-
vement en deux jours pour répondre à une commande de Pierre
Louys, auquel il écrit en novembre 1890 : « Je vous envoie le Narcisse tel qu'il est, bien inférieur, hélas ! au personnage rêvé ! Puisse-
t-il vous faire songer un peu, si vous avez le temps, à ce troublant
et difficultueux thème ». Malgré son caractère quelque peu improvisé,
le poème plut et reçut un succès inattendu. Valéry fut pourtant fâché
de cette approbation. « Un article du Journal des Débats, signé « S »,
qui n'était autre que M. Chantavoine, en fit un éloge qui me sur-
prit et duquel, je l'avoue, je fus positivement confondu. Je réagis
singulièrement à cette louange qui me parut prématurée, et j'ai
peut-être plus souffert de celle-ci que de bien des critiques plus ou
moins atroces qui me furent adressées depuis. » Cette réserve
devant l'éloge, chez un jeune homme qui n'a pas encore vingt ans,
mérite d'être notée, car cette force qui le pousse avec assurance à
se préférer dans son identité secrète et inviolable et à refuser de
se laisser assimiler au personnage que les autres louent en lui, est
directement liée au thème même de Narcisse, et confirme que celui-ci
est bien « une sorte d'autobiographie poétique », comme Valéry l'a
déclaré dans sa conférence donnée le 19 septembre 1941 à Marseille,
chez Mlle Marguerite Fournier. C'est ce « Fiancé » lointain et pur
non entrevu par la critique louangeuse, que Valéry préfère, ce Moi
parfaitement universel supposé par les profondeurs de la conscience, et dont l' « image d'être défini et particulier, restreint à un
temps, à un visage, à une race et à une foule de conditions actuelles
ou potentielles » n'est tout au plus qu'un misérable cas particulier.
Ce refus de l'éloge adressé au moi particulier et non au seul moi
qui compte et qui « à ce point de présence pure, se perçoit comme
nu et dépouillé, et réduit à la suprême pauvreté de la puissance sans
objet », « fille directe et ressemblante de l'être sans visage » (Note et
digression, Pléiade I, p. 1223), montre bien que Valéry, à vingt ans,
a déjà saisi le fil d'Ariane qui, à travers cette « guerre pour être,
guerre bête, implacable, guerre étrange, sainte, contre tout, menée
par l'être », le conduira, après bien des tâtonnements, à la découverte de son moi véritable. C'est ce moi véritable et transcendant
que Narcisse cherche au fond de la fontaine, recherche ontologique
s'il en est, loin de tout narcissisme et dans le mépris de toute
comédie littéraire. Si l'on songe qu'un an après ce succès littéraire,
Valéry abandonnera la carrière des lettres, on peut s'assurer que la
confidence qu'il livrera dans ses Cahiers en 1910, si elle n'est pas
encore clairement pensée en 1891, n'en correspond pas moins
strictement à son état d'esprit d'alors.

« Je ne danserai pas devant ton arche, autrui, autre que moi,
je ne te ferai pas croire des merveilles, je ne simulerai pas plus de
force, ni de profondeur, ni de grâce pour toi — je ne ferai pas

celui qui sait, ni celui qui devine, commande ; ni qui crée ; non, non, ô littérature ; je ne m'abaisserai pas devant toi à chercher de ne pas faire de fautes, je ne m'élèverai pas par des ratures, ni ne me renchérirai par des substitutions de mots ; que m'importe cette comédie, c'est moi-même qu'il me faut séduire, apprivoiser, capter, éprendre. C'est ce moi jamais enlacé et qui n'a rien de personnel, d'une personne, ni visage, ni langage certain, ni mœurs connues, mais pour qui je suis nu toujours et que rien ne trompe. (Cahier 4).

« C'est moi-même qu'il me faut séduire », mais c'est un moi plus moi que moi-même, un moi transcendental « qui n'a rien de personnel, ni visage, ni langage certain ».

Nous verrons plus tard comment Valéry, d'une ébauche à l'autre, découvre et approfondit ce thème autobiographique et le dépouille de tout narcissisme. Cet amour de Narcisse pour moi-même est encore équivoque dans le premier sonnet de septembre 1890 :

« Car je m'aime !... O reflet ironique de moi !
... De mes propres beautés ma bouche est amoureuse ».

Dans le poème de novembre 1890, le « spectre inviolable et cher » se distingue déjà du beau jeune homme et n'est plus qu'un lointain Fiancé.

« A travers ces bois bleus et ces lys fraternels
Une lumière ondule encore, pâle améthyste,
Assez pour deviner là-bas le Fiancé
Dans ton miroir dont m'attire la lueur triste
Pâle améthyste ! O miroir du songe insensé ».

Dans la version corrigée de 1920, introduite dans l'Album de vers anciens, « l'image est douce » devient « l'image est vaine », et le fiancé devient nettement inaccessible.

Hélas ! l'image est vaine et les pleurs éternels !
A travers les bois bleus et les bras fraternels,
Une tendre lueur d'heure ambiguë existe,
Et d'un reste du jour me forme un fiancé
Nu, sur la place pâle où m'attire l'eau triste...
Délicieux démon, désirable et glacé !

Enfin, dans les « Fragments du Narcisse » de 1926, l'éloignement de Narcisse et de son fiancé devient division, celle qui oppose l'essence pure et parfaite d'un être à sa forme grossière et matérielle :

« O semblable !... Et pourtant plus parfait que moi-même,
Ephémère immortel, si clair devant mes yeux,
Pâles membres de perle, et ces cheveux soyeux,
Faut-il qu'à peine aimés, l'ombre les obscurcisse,
Et que la nuit déjà nous divise, ô Narcisse,
Et glisse entre nous deux le fer qui coupe un fruit ! »

Cette division est proche de devenir « une espèce de tragédie » qui résulte de cette union inconcevable « d'une manière d'ange » avec un « Homme », ce qui est le thème du poème l'Ange.

Quoi qu'il en soit de cet approfondissement ultérieur, Valéry dans les années 90-91, possède déjà, non seulement la thématique essentielle de sa pensée, mais aussi, au moins en partie, les moyens poétiques de la développer. Preuve en est la vingtaine de vers de « Narcisse parle » qui passeront intacts de la version de 1890 à celle de 1920, ainsi que la dizaine de vers modifiés seulement dans un mot, comme :

> « J'entends les herbes d'or grandir dans l'ombre sainte » qui deviendra : « J'entends l'herbe d'argent grandir dans l'ombre sainte »,

ou encore :

> « Adieu ! reflet perdu sous l'onde calme et close », devenu : « Adieu, reflet perdu sur l'onde calme et close. »

Sans doute, chacune de ces corrections nous montre la finesse merveilleusement délicate du sens musical avec lequel Valéry perçoit chaque son, ainsi que son goût dans le choix de la teinte sonore. Art sûr d'un poète gourmand de mots, pour lequel « l'oreille parle et la bouche écoute ». Mais que Valéry soit en 1891 proche de sa perfection, la dizaine de poèmes, de « la Fileuse » à « Episode », qu'il retient, à peine corrigés, pour l'édition en 1920, de l'Album de vers anciens, en est une preuve suffisante. La plaquette était précédée d'une « Note de l'éditeur » : « Presque tous ces petits poèmes, — (ou d'autres qu'ils supposent, et qui leur ressemblent assez), — ont été publiés entre 1890 et 1893, dans quelques revues dont la carrière ne s'est pas poursuivie jusqu'à nos jours. La Conque, le Centaure, le Syrinx, l'Ermitage, la Plume, ont bien voulu jadis accueillir ces essais, qui conduisirent assez promptement leur auteur à un sincère et durable éloignement de la poésie ».

Ces poèmes de 1891 n'étaient pourtant pas passés inaperçus. Après une soirée où la lecture de « la Fileuse » avait recueilli les compliments de Hérédia et de Régnier, Gide s'empresse d'écrire à Valéry : « Donc te voilà sacré grand poète, ô Paul-Ambroise, mon ami ! »

Outre les éloges reçus par « Narcisse parle », le poème « Orphée » est également remarqué par Francis Vielé-Griffin qui cite les deux tercets finaux de ce sonnet « comme l'idéal du poète contemporain ». Sans doute le poème sera profondément remanié pour recevoir sa forme définitive en 1926, dans la seconde édition de vers anciens. Seuls, trois vers passent intacts de la version de 1891 à celle de 1926, dont les plus musicaux et les plus suggestifs d'entre tous :

> Il chante, assis au bord du ciel splendide, Orphée !
> ... A l'âme immense du grand hymne sur la lyre !

La nouvelle version gagne en sonorité plus précieuse, en dureté cristalline, en savante complexité. Nous avouons pourtant préférer la version de jeunesse, plus naïve peut-être, mais plus suggestive de la féérie du mythe. L'Orphée de 1926 amplifie la puissance du magicien, mais celle-ci devient un peu celle d'un apprenti sorcier jouissant d'une technique illimitée dominant brutalement la nature :

> Il change le mont fauve en auguste trophée
> ... Le roc marche et trébuche ; et chaque pierre fée
> Se sent un poids nouveau qui vers l'azur délire !

L'Orphée de 1891 nous semble plus proche du rêveur fabuleux capable par son chant de charmer la nature et de la transmuer en une totale harmonie. C'est ainsi que le deuxième quatrain de 1926 évoque une orgueilleuse puissance s'imposant avec rudeur.

> Si le dieu chante, il rompt le site tout puissant ;
> Le soleil voit l'horreur du mouvement des pierres ;
> Une plainte inouïe appelle éblouissants
> Les hauts murs d'or harmonieux d'un sanctuaire.

Mais celui de 1891 évoque la délicatesse du chant soumettant la nature à sa puissance de transfiguration :

> Le dieu chante, et selon le rythme tout puissant,
> S'élèvent au soleil les fabuleuses pierres
> Et l'on voit grandir vers l'azur incandescent
> Les hauts murs d'or harmonieux d'un sanctuaire.

Même différence dans le premier quatrain. Celui de 1926 est illuminé des éclairs d'une puissance olympienne :

> ... Le feu, des cirques purs descend ;
> Il change le mont chauve en auguste trophée...

alors que dans la version de 1891, l'image du père des poètes est évoquée dans son paysage grec plus traditionnel ; le soir descend, tandis qu'une lumière surnaturelle vient illuminer le bois sacré, témoin du miracle enchanteur :

> Il évoque en un bois thessalien, Orphée
> Sous les myrtes, et le soir antique descend.
> Le bois sacré s'emplit lentement de lumière,
> Et le dieu tient sa lyre entre ses doigts d'argent.

J'avoue également préférer, dans le premier tercet, le vers :

> « Et sa lyre divine enchante les porphyres »

plus délicatement harmonieux que le vers qui le remplace en 1926 :

> « Se sent un poids nouveau qui vers l'azur délire ! »

S'il est donc possible de préférer une version de 1891 à celle qui la remplace trente cinq ans plus tard, c'est bien un signe que le jeune poète de vingt ans n'était pas loin de posséder la maîtrise de son talent. Avec la figure d'Orphée, il possède en outre un thème majeur de son art. Si le mythe de Narcisse symbolise le thème essentiel de la recherche ontologique de Valéry, celui d'Orphée incarne la puissance de l'art poétique telle qu'il la portera à son maximum de lucidité enchanteresse avec les poèmes de « Charmes ». L'inspiration orphique traversera toute son œuvre. Orphée n'est pas un simple thème littéraire, mais une des figures de Valéry lui-même. Alors qu'il déclarera toujours que Teste n'est qu'une « caricature », « une sorte d'animal intellectuel, un mongol, économe de sottises et d'erreurs, leste et laid », un possible de l'homme, il avouera avoir voulu être Orphée : « Je me suis souvenu de l'Orphée, que j'avais moi-même chanté jadis, et voulant l'être... quand j'attribuais à mon imaginaire et à ma volonté une puissance divine » (Lettre à Jeannie, 1901). Pour le poète de « Charmes », en effet, l'art poétique est un art de transmutation du monde par la puissance enchanteresse des mots. Le charme de la poésie est de l'ordre du charme orphique. Il transforme le monde ordinaire en un monde harmonique où tous les objets « sont devenus résonnants l'un par l'autre, et comme accordés avec notre propre sensibilité ». (Pléiade I, p. 1459). S'il n'est pas encore temps de développer toute cette esthétique du charme poétique dont Valéry ne sera parfaitement maître qu'après 1920, il est pourtant utile de citer une note des Cahiers où Valéry explicite ce que fut le but de la poésie tel qu'il le poursuivait vers 1891.

« Vers 91, le but de la poésie me parut devoir être de produire l'enchantement, c'est-à-dire un état de faux équilibre et de ravissement sans référence au réel.

Rien de plus opposé à la poésie raisonnable, à la narrative, à la fable de La Fontaine, à l'oratoire de Hugo et même au sentimental et lyrique « humain » de Musset, etc., dans lequel je retrouverais le parler direct. Au contraire, chez Mallarmé, la réciprocité des résonances passait toute signification (car tous les vers sont insignifiants ou ne sont pas des vers). C'était l'éloignement de l'homme qui me ravissait.

Je ne sais pourquoi (ou ne savais), on loue un auteur d'être humain quand tout ce qui agrandit l'homme est inhumain ou surhumain et que d'ailleurs on ne peut approfondir quoi que ce soit sans perdre bientôt ce commerce impur, cette vue mêlée des choses qu'on appelle humanité. Quoi de moins humain, par exemple, que le système de sensations d'un sens ? celui des couleurs ou des sons. C'est pourquoi les arts purs qui en sont déduits, fugues ou ornements, ne sont pas humains. Mais en littérature le langage introduit l'impureté, qui caractérise l'humain.

Mais quand vint l'heure de la Jeune Parque, j'avais moi aussi, mon « humain ». Un humain obtenu par analyses à ma façon dont je puis donner quelque idée ». (Cahier 17, p. 281).

Nous avons là les quatre ou cinq traits caractéristiques essentiels de l'ambition valéryenne :
— l'enchantement comme but de la poésie ;
— « l'insignifiance » de la poésie, en ce sens que le ravissement visé par la poésie est au-delà de toute signification, sans référence au réel ;
— l'horreur de l'humain, trop humain, et goût de l'inhumain ou du surhumain, qui culminera en Faust ;
— la reconstitution d'un « humain obtenu par analyses », c'est-à-dire phénoménologiquement pur, universel, car dépouillé de tous les accidents particuliers ;

— enfin recherche tendant vers des « arts purs », musique pure —
(dont le génial modèle est donné par Bach — « merveilleuse suite
en ré majeur de Bach... Intensité de pureté, nul emprunt au cœur,
ni au hasard heureux, ni à moi, ni au passé... Triomphe de la musique intrinsèque... (Cahier 14, p. 375 et p. 751 — Cahier 17, p. 60) —
peinture pure, poésie pure qui n'est « qu'une limite située à l'infini,
un idéal de la puissance de beauté du langage ». (Pléiade I, p. 676).

Il est intéressant de constater que l'idéal poétique de Valéry
contient, dès 1891, les germes de sa future phénoménologie esthétique. On reconnaît de plus dans la volonté d'« éloignement de
l'homme » et l'horreur de l'humain, le thème même de Narcisse.
Nous voyons ainsi combien les deux thèmes de Narcisse et d'Orphée
s'entrelacent étroitement dès la jeunesse de Valéry ; le premier
orientera toute la recherche ontologique et philosophique dont on
peut suivre le cheminement à travers le personnage de M. Teste,
puis la recherche d'« une mathématique des opérations mentales »
pendant la période de silence, enfin la Jeune Parque, les diverses
versions de Narcisse, Faust et l'Ange ; c'est ce qu'on pourrait appeler
le « fond » métaphysique de l'œuvre de Valéry ; le deuxième thème
orientera la recherche poétique en mettant l'accent sur la forme
esthétique dont les problèmes concernent essentiellement la sensibilité ; il aboutira à un idéal de poésie pure agissant sur la sensibilité comme par la puissance d'un charme. En définitive, ces deux thèmes correspondent symboliquement aux deux pôles de l'intelligence
et de la sensibilité, dans la tension desquels se jouera toute la pensée
valéryenne. Certes, ces deux axes d'évolution ne sont encore qu'à leur
début dans les années 90 et 91, où Valéry croit encore « à son art
comme à un éternel crucifié », ainsi qu'il s'en confesse à Mallarmé, et
où il remercie Vielé-Griffin pour ses compliments sur « Narcisse
parle » par les mots : « Car nous sommes orphiques, constructeurs
au son de la Lyre de Temples bénis ». Le mysticisme esthétique de
cette époque unit encore sur le plan poétique les deux tendances,
intellectuelle et artistique, qui entreront peu après en violent conflit
à partir de 1892, et qui ne retrouveront un nouvel équilibre et une
nouvelle harmonie qu'après 1920. Car si engagé que Valéry nous semble être sur les chemins qui le mèneront à sa future identité de
poète, il n'en est pas moins en cette année 91, pourtant riche en production poétique, sur le bord d'une grave crise, intellectuelle et sentimentale tout à la fois.

C'est apparemment une crise sentimentale qui provoque ou
révèle la crise intellectuelle. Nous avons déjà cité la lettre que
Valéry écrivit à Gide le 4 juillet 1891 :

> « ... Un regard m'a rendu si bête que je ne suis plus.
> J'ai perdu ma belle vision cristalline du Monde, je suis un ancien
> roi ; je suis un exilé de moi.
> Ah ! savez-vous ce que c'est qu'une robe... L'idéaliste agonise.
> Le monde existerait-il ? ... »

Voilà donc le jeune homme de 19 ans brusquement dépossédé de lui-même, « exilé de soi » par le regard d'une femme rencontrée dans les rues de Montpellier. « Je me suis rendu fou et horriblement malheureux pour des années par l'imagination de cette femme à laquelle je n'ai jamais même parlé », écrira-t-il plus tard dans les Cahiers. (Cahier 23, p. 590).

Quoi qu'il en soit de cette aventure montpelliéraine avec Mme de Rov., l'important est le retentissement immédiat de cette crise sentimentale sur le plan intellectuel. Car la conséquence brutale est l'effondrement de l'idéalisme mystique dans lequel Valéry a vécu jusque là. « L'idéaliste agonise. Le monde existerait-il ? »

Sans doute, en 1891, Valéry possédait déjà, ainsi que nous nous sommes attachés à le montrer tous les germes de sa phénoménologie esthétique future. Les thèmes de Narcisse et d'Orphée, et l'admiration pour Edgard Poe et Mallarmé, contiennent les traits principaux de son identité secrète, telle que le travail d'une vie la révélera. Mais tout cela est imprégné d'une mystique esthétique que nous devons bien qualifier d'équivoque. Non pas que cette mystique ou « séduction d'Aristie » ne nous apparaisse pas comme essentielle à la composition du portrait moral de Valéry. Notre insistance à relever les traits d'idéalisme éthéré, et d'esthétique mystique caractérisant cette époque de jeunesse, montre assez que nous croyons que cette inquiétude spirituelle cache le Valéry le plus secret et le plus intime. Cette brûlure mystique — (« Brûler », méditez sur ce mot-là dans l'ordre mystique. C'est effrayant ») — n'est pas une naïveté ou une erreur de jeunesse. Le croire serait mutiler tout le caractère de Valéry et le sens de son œuvre. C'est contre une telle mutilation, trop souvent accompli, que nous voulons réagir. La révolution de 92 n'étouffera pas la veine mystique ; elle la rendra seulement beaucoup plus secrète. Les Cahiers nous permettent en effet d'en suivre le développement tout au long de l'âge adulte. Ceci serait déjà important pour la connaissance de l'homme Valéry. Mais il y a plus : ces révélations des Cahiers sur la constance de l'inquiétude spirituelle chez Valéry, nous entraînent à une réinterprétation de toute son œuvre par la découverte de son sens métaphysique secret. Et c'est là le plus essentiel pour un poète.

La révolution de 92 ne constituera pas une rupture totale dans la vie de Valéry. Malgré son caractère brutal et l'abandon de la la littérature dont elle s'accompagne, les éléments de continuité sont nombreux du jeune adolescent à l'adulte. Cette continuité est concrètement manifestée par la dizaine de poèmes de jeunesse repris, après correction, pour l'Album des vers anciens. Plus qu'une rupture, cette crise entraînera le repliement dans une longue et héroïque période de méditation, pour sauver, contre les illusions mondaines, les vraies valeurs de son moi, et reconstruire ce moi dans sa pure authenticité. L'exemple d'une pareille ascèse héroïque nous semble unique dans la littérature. Nous essaierons d'en souligner les traits principaux.

Rien ne nous semble plus instructif pour cela que le rapprochement entre la définition du Culte de l'art dans lequel Valéry a vécu jusque là, et sur laquelle il revient si souvent, et d'autre part deux lettres écrites à Gide en août et septembre 1891 et qui sont les premières à révéler le nouvel état de crise. Voici d'abord le portrait de l'Artiste qu'il rêvait de devenir en 1891, selon la description qu'il en donne dans le Tombeau de Pierre Louys, après la mort de celui-ci en 1925.

> « Artiste... signifiait pour nous un être séparé, à la fois victime et lévite, un être choisi par ses dons et de qui les mérites et les fautes n'étaient point ceux des autres hommes. Il était le serviteur et l'apôtre d'une divinité dont la notion se dégageait peu à peu. Dès l'aurore de notre vie pensante, nous nous trouvions dans les ruines de croyances définies ; et quant aux connaissances positives, l'abus métaphysique que l'on venait d'en faire, la déception causée par cet usage paradoxal et imaginaire des acquisitions vérifiables nous mettaient en garde contre elles. Mais notre dieu inconnu et incontestable était celui qui se manifeste par les œuvres de l'homme en tant qu'elles sont belles et gratuites. C'est un dieu qui ne fait que des miracles ; le reste lui importe fort peu. Tous les artifices de l'art lui sont agréables. Il inspire comme tous les dieux l'esprit de renoncement et de sacrifice, et la foi que l'on met en lui donne un sens universel et précis à l'orgueil pur et naïf dont ne peut se passer la production des chefs-d'œuvre. Le martyr et l'élu de ce dieu, l'artiste, place nécessairement toute vertu dans la contemplation et le culte des choses belles, toute sainteté dans leur création ».

On pourrait rapprocher ce portrait du pur Artiste de la deuxième lettre envoyée à Mallarmé le 18 avril 1891. Il y avait alors plus d'enflure et d'emphase émotionnelles :

> « ... De nos jours, l'antique foi s'est dispersée entre des savants et des artistes. L'on croit à son art comme à un éternel crucifié, on l'exalte, on le renie... »

Pourtant malgré la cinquantaine et un style plus lucidement maîtrisé, l'auteur de Charmes semble encore évoquer avec plaisir la période d'idéalisme exalté de sa jeunesse.

Et voici la lettre que Valéry envoyait à Gide à peine quatre mois après la profession de foi enflammée qu'il avait adressée à Mallarmé. (Correspondance avec Gide, p. 119).

> « ... Seul, le son vague d'argent que fait l'eau sur les feuilles lasses me console... Rien ne me console comme cela. L'art est un jouet. La science grossière. L'ésotérisme, le plus beau des mensonges. Rien n'est compliqué, lointain, réellement secret et subtil — sinon ce bruit pâle d'eau. L'eau. Ce monde est ridicule comme une pendule ; ces astres virent sottement, très peu nombreux (trois mille cinq cents), pas beau en somme, ni curieux. Et que me font les cervelles, si simples ! Des gens, dont les cheveux s'allongent, se posent au bord des cieux, lyrés d'or, en Orphées — parce qu'ils cassent un alexandrin en 8, 4 ou 3, 9 ou qu'ils répètent une lettre dans le vers ! Horrible !

Nos fleurs sont bêtes comme des femmes ! La réciproque est vraie. Les temples ne valent qu'en imagination. Les livres !... sont ce qu'on est. On les refait — donc pas besoin. Les amantes sont sales ou bêtes, les mamans inférieures. On ne peut rien boire qui ne soit vil et barbare. Une seule odeur artiste — le sel — un peu, la houille. L'encens pue. La mort est d'une petitesse comique. On ne devrait finir que par explosion ! ou couler à pic en plein fond sur un cinq-mâts qui sombrerait d'aplomb avec toutes ses voiles !

Tout est faux ! La dissonance me crève les oreilles de l'entendement. La langue est pauvre comme une veuve. La nature, laide comme si un médiocre l'avait faite. L'autre monde n'existe pas car nulle âme n'en reviendrait... Or, rien ne se crée... Les païens stupides. Les chrétiens laids à faire peur ; le Nirvanâ : paradis des bêtes. Hamlet serait bien s'il n'y avait pas de drame autour. Le mystère n'existe pas, hélas ! Poe est le seul... Encore a-t-il quelques fausses notes. Barrès est à lui retourner ses poches et à le ligoter. Les savants empestent le parvenu. Les causes, les effets n'existent pas ! Nous les créons, Messieurs ! alors qu'est-ce-que cela prouve ?

Le style ? Allez le voir fabriquer, pour vomir ! Artistes, vous serez fous ! Bourgeois, vous êtes bêtes !... Qui a fait l'univers ? C'est moi ! Dieu est un atome qui s'irradie. Dieu est un principe. Dieu est le Bien. Dieu est le Beau. Dieu est Trois ; non, il est Deux ! Dieu est une Idée. Dieu est !... Ainsi Dieu est quelques mots. C'est peu... Le mouvement engendre le nombre. La force engendre le mouvement. La volonté engendre la force. Quoi engendre la volonté ? Engendrer ? Qui ? Pourquoi la lune ? et pourquoi le mode mineur ? Quelle est l'essence du triste ? qui pleure-t-on ici ?... Le diable dort après ses repas. Il vieillit... Ah ! tout est la désolation de l'ennui. Il n'y a rien d'étranger, rien de !

Ceci est une nuit d'insomnie.

Adieu.

P.A. Valéry

Le choc provoqué par la crise sentimentale s'est donc propagé dans tout le champ de la conscience intellectuelle. « Tout » est faux ! et pas seulement les femmes, mais l'art, la science, l'ésotérisme, les livres, les temples, les païens, les chrétiens, Dieu, « tout est la désolation de l'ennui ».

Il est curieux de constater que ce scepticisme généralisé ne supprime pas encore tout souci littéraire, puisque Valéry travaillera cette lettre pour la faire publier dans Chimère en novembre 1891, sous le titre de Pages inédites. Le texte commence ainsi : « Je m'éveille, et baille vers la création. L'Art est un jeu d'enfant. La Science morne et grossière, la Pomme est pourrie... » et se termine par les mots : « Prier, croire — mais c'est une auto-suggestion — ah ! silence ! un peu... ».

Une autre lettre envoyée à Gide en septembre 1891 nous assure cependant que la crise intellectuelle est profonde :

« J'ai galopé sur toutes les routes, crié l'appel sur tous les horizons ! Un coin de ma vie passée — inconnu à jamais à Tous — m'a éclairé sur le battement de la petite bête. Sensualité exaspérée !

La Science m'a ennuyé, la forêt mystique ne m'a conduit à rien, j'ai visité le navire et la cathédrale, j'ai lu les plus merveilleux, Poe ! Rimbaud, Mallarmé, analysé, hélas, leurs moyens, et toujours j'ai rencontré les plus belles illusions, à leur point de genèse et d'enfantement. Où trouverais-je une magie plus neuve ? Un secret d'être et de créer qui me surprenne ? Tu souriras, ici en songeant à mes pauvres essais ? Si tu savais combien — réellement — je les déteste ! Mes grands poèmes futurs cherchent leur forme et — c'est insensé ! Non, vois-tu, dans l'art passif comme dans l'actif, je n'ai trouvé que des motifs de colère et de dégoût ! D'abord tous ceux qui étudient l'homme en lui-même me font vomir ! Il n'y a que l'Eglise qui a un art. Il n'y a qu'elle qui soulage un peu, et qui détache du Monde. Je ne veux pas me laisser aller à en parler — tu me trouves déjà long — mais ce serait à dire, à crier : nous sommes tous de petits garçons près des liturgistes et de théologiens, puisque les plus géniaux des nôtres, Wagner, Mallarmé, s'inclinent — et Imitent ». (Correspondance avec Gide, p. 126).

Et la lettre se termine par les mots : « ... Jadis, jadis, quand j'étais un homme, avant la littérature, avant la sottise — avant le nuage... »

C'est donc une profonde révolution spirituelle qu'entraîne « la sottise » passionnelle pour une femme à laquelle il n'a jamais adressé la parole et qui ne le connaît même pas, à laquelle il écrit des lettres qui restent dans son tiroir et des vers qu'il n'a pas le courage de lui adresser. Il en sera malade pendant trois ans, l'ayant connue vers la fin de l'année 1889, et ne réussissant à se libérer de cette passion qu'au cours de l'été 1892. Plus tard, évoquant une conversation qu'il a eue avec Gide en 1925, il écrira ne trouver qu'un seul trait commun parmi toutes les différences qui l'opposent à Gide : « Mais ceci de commun ; De 18 à 30 ans la femme, sauf moi, R... 3 ans, n'a joué aucun rôle dans notre vie profonde — essentielle. Chasteté ? non. Pureté ? oui. » L'orage sentimental est particulièrement violent de l'été 91 à l'été 92, ainsi qu'il ressort d'une lettre écrite à Fourment le 23 septembre 92 :

> « Je sais que tu n'as pas oublié certaine faiblesse qui fut la mienne, l'autre été, cet hiver, et cet été — (le fin mot m'en restant et mon orgueil aussi, dont il fallait être noblement pourvu pour persévérer clairement dans la Bêtise). L'objet, le signe et le sceau de ces variations disparut — nettement —, comme une bougie soufflée à telle date du mois de juillet ».

L'orgueil de Valéry lui a donc permis de se dégager de la crise de cet amour juvénile. Cette crise s'était pourtant doublée des complications d'une amitié trop sentimentale avec son ami Fourment. Pour Valéry en effet « l'amitié aura été (une) grande passion », où il recherche « comme en tout l'absolu ». Sa correspondance est particulièrement révélatrice de cette poursuite d'un « But impossible », tel qu'il se l'est proposé dans l'amitié, aussi bien que dans sa poésie ou sa pensée. Celui qu'on s'imagine trop souvent ayant la froideur d'une sereine intelligence à l'inhumaine dureté cristalline, avait au contraire la nature du feu. « Moi, qui suis dans le feu où l'on brûle réellement et jusqu'à la cendre — j'aime mieux mon feu. » Mais paradoxalement ce feu dévorant est incapable de perdre sa lucidité, et c'est un lucide foudroiement qu'il cherche en amitié.

> « J'ai fréquenté tous mes amis dans le dessein de leur offrir une suprême fiançaille, une expérience d'apothéose. Nul n'y a vu une des cimes humaines, ni deviné le rayonnement de l'amicale condensation et que cela contenait un recommencement du Monde et des Fleurs. Alas ! il n'y a plus Personne qui veuille fixement affronter l'Impossible, se dévouer au plaisir divin, faire le soleil ». (Correspondance avec Fourment, p. 134).

Toute sa vie, Valéry gardera la nostalgie et l'espoir déçu d'une telle amitié idéale. « En somme, je demeure avec l'immense regret de n'avoir pas porté cette passion de la proximité d'esprit au zénith quasi visible », écrit-il à Fourment en 1903. Une telle amitié qui est « une affinité chimique, une correspondance peut-être, d'ancienne unité merveilleuse », serait en effet capable de nous faire « saisir, peut-être, avec délice la vérité voilée de l'être et de la différence », et de nous faire « mieux redescendre en nous, plus illuminés » par cette expérience proprement métaphysique. (Correspondance avec Gide, p. 135). Ainsi, celui qu'on a quelquefois accusé de solipcisme, était en réalité passionnément à la recherche de l'Autre et du dialogue total.

> « Il s'agissait de trouver celui avec lequel on pût être comme avec soi-même. Dialogue total, système de consciences nues. Et ceci contre le reste du genre humain — c'est-à-dire contre littérature... Mon idée était que cette amitié fût une expérience vitale, presque métaphysique, telle que la volonté d'approximation de deux moi, c'est-à-dire de deux uniques — par voie d'échanges de plus en plus précis — s'y développât aux dépens de tout ». (Cahier 22, p. 199).

Ainsi, dans l'amour, comme dans l'amitié, c'est une expérience de connaissance totale, dans un passage à la limite, avec l'espoir d'y trouver un absolu, que poursuit Valéry, selon cette exigeante démarche qui le caractérise dans tous les domaines. Comment, de plus, s'assurer de ses découvertes, sans cet indispensable instrument de contrôle qu'est autrui ? « Le plus important instrument de ma connaissance, l'appareil de mesure le plus utile, c'est toi, c'est autrui, c'est l'existence indubitable d'un autre, et d'une autre connaissance ». (Cahier 3, p. 556).

Il va de soi qu'une amitié portée à une telle incandescence de lucidité et de proximité n'est possible qu'avec de rares élus. « Je hais public, foule et humanité à proportion du goût que j'éprouve pour les côteries et les quelques-uns ». (Correspondance avec Fourment, p. 169). Mais même avec ces rares élus, l'amitié reste exigeante : elle doit se refuser aux proximités trop faciles, à la vulgarité des simples effusions sentimentales, au piège de la sensiblerie. Elle doit respecter la part la plus secrète de l'individu, car le cœur le plus intime de l'être n'est peut-être pas communicable. C'est ainsi que Fourment ayant pris ombrage des secrets de Valéry, celui-ci lui répond :

« Si je ne veux pas aimer les étreintes voisines, j'adore les lointaines, puisque plus beaux sont nos fantômes que nous-mêmes... Nous eûmes beaucoup de secrets, c'est véritable, mais nous n'oserions pas nous revoir, si tout était dit »... « Dis-moi, ne vaut-il pas mieux que pour chacun ne s'élève plus de l'Autre que... la « notion pure » — la seule vraie ? » (Correspondance avec Fourment, p. 121 et p. 124).

« Plus beaux sont nos fantômes que nous-mêmes ». On reconnaît ici, dans le domaine de l'amitié, la démarche idéalisante constitutive de la pensée valéryenne, qui, toujours et spontanément, en tous domaines, cherche « le cristal de chaque chose », la quintessence pure. De même qu'en poésie, il tend à s'élever vers la limite idéale de la poésie pure, et que, dans sa démarche psychologique, il cherche à dégager l'Ange de sa gangue trop humaine, de même, en amitié, il exige de s'élever à la « notion pure » de l'Autre. Nous l'avons vu aussi, si la femme n'a pas joué de rôle dans sa vie profonde de 18 à 30 ans, sauf pendant la période troublée des années 90-92, ce n'est pas par « Chasteté ? non, Pureté. oui » avoue-t-il.

Pureté, voilà le maître mot, le mot clé de la pensée, de la psychologie, de l'art valéryens. Comme si cela n'était pas assez évident dans toute son œuvre, il nous en avertit lui-même.

« Sens nouveau que j'ai donné au mot Pur. C'est le mot aimé de moi entre tous ». (Cahier 9).

« J'emploie toujours ce mot dans un vers, Pur. Pour moi, c'est une note ou un violon. Ces choses ne peuvent que se répéter comme les mêmes instruments, les mêmes notes ». (Cahier 6, p. 138).

Effectivement le mot « pur » se retrouve 22 fois dans les 21 poèmes de l'Album de vers anciens ; il revient 3 fois dans « Narcisse parle », le plus valéryen de tous ses poèmes. Cette fréquence est évidemment significative, et Valéry lui-même, dans la Première leçon du cours de poétique, demande de la relever : « Il y a des mots dont la fréquence, chez un auteur, nous révèle qu'ils sont en lui tout autrement doués de résonance, et, par conséquent, de puissance positivement créatrice, qu'ils ne le sont en général ». (Pléiade I, p. 1356).

Il reproche même à ses critiques de ne pas avoir perçu cette note fondamentale et persistante dans toute son œuvre.

« J'ai cherché sur toute chose pureté et précision, et pas un de ces — qui ont écrit sur moi ne l'a dit, quoique je l'aie dit moi-même cent fois ». (Cahier 16, p. 31).

A ce stade de notre analyse, arrivés à l'année 1892, nous n'avons pas encore tous les éléments du catharisme valérien. Nous ne l'étudierons que plus tard. Disons seulement que cette exigence de pureté joue un rôle manifeste dans la résolution de la crise de 92, aussi bien sur le plan sentimental et passionnel, que sur le plan intellectuel. On sait que la crise sera définitivement résolue en une nuit dramatique, illuminée d'éclairs, le 4 ou 5 octobre 1892, à Gênes. « Nuit effroyable — passée sur mon lit — orage partout — ma chambre éblouissante par chaque éclair — Et tout mon sort se jouait dans ma tête. Je suis entre moi et moi ». Cette fameuse nuit de Gênes ne fut pourtant pas une nuit d'illumination ou de révélation, comme pour Descartes ou pour Pascal, mais une nuit de mise en ordre, d'éclaircissement et de décisions engageant l'avenir. Sans doute, elle clôture la période de jeunesse avec son enthousiasme pour le culte de la Beauté, et marque le commencement d'une période nouvelle, faite de recherches intellectuelles et d'approfondissement personnel. Il nous semble cependant qu'il ne faut pas en exagérer outre-mesure l'importance. En fait, elle n'est que le point final d'une longue crise sentimentale et intellectuelle où l'on peut voir Valéry se mûrir lentement aux décisions qu'il a prises cette nuit-là. Sur le plan sentimental, il semble d'ailleurs que la crise soit déjà dépassée et surmontée à cette date-là. Nous l'avons vu, la crise sentimentale était double ; passionnelle et follement imaginative avec cette Mme de Rov. à peine entrevue ; amicale et affective avec son camarade Fourment. Or, les lettres à ce dernier montrent que la crise sentimentale est pratiquement réglée plusieurs mois avant la nuit de Gênes : Valéry parle déjà de la « Bêtise » au passé. Quelques jours plus tard, quand il fait une allusion bien discrète à cette nuit de crise, il n'est pas fait mention, parmi « les deux morts valables de ces jours derniers », de l'amour montpelliérain. « Les deux morts valables de ces jours derniers, le Poète et l'indéfinissable célébrité qui disparurent ont pour nos rêveries le sort qu'ils ont accumulé ». La passion amoureuse semble donc surmontée, et la nuit de Gênes n'a concerné que l'avenir littéraire de Valéry. C'est le « dandy », poète prématuré qui est mort, et non pas l'artiste vrai et le pur poète. « Ce pur dandy pourtant atteint de quelque lenteur à effleurer le ciel suprême, pour volontairement s'être apaisé d'une élémentaire vue poétique, et du Cygne assimilé non la seule blancheur et vénusté, mais le bas vol même, autour d'une première pose calme, sur l'eau. Si d'un oubliable instinct théologal ici, tu m'excuses, je me déclare fortement penser que (dans de multiples rapports avec les individualités particulières) trois qualités fondent le Héros. A savoir : la liberté, l'intensité, la pureté ». (Lettre du 9 octobre 1892 à Fourment).

La faute du dandy littéraire fut donc de s'être contenté d'une « élémentaire vue poétique » et de ne pas s'être élevé jusqu'au « ciel suprême » où rayonne « la seule blancheur et vénusté » du Cygne. Pourtant l'espoir ne semble pas perdu, et le Héros doué des trois vertus théologales, la liberté, l'intensité et la pureté, se redressera plus net et plus fort après avoir rejeté les fausses tentations d'une « indéfinissable célébrité ». Car le problème, pour celui qui est artiste de par sa nature même, n'est pas de se libérer des entraves grossières du monde charnel pour s'élever vers les hauteurs éthérées de l'Idéal céleste. Son problème est inverse :

lui qui appartient naturellement au monde divin des pures harmonies, comment peut-il descendre vers les troublantes et impures réalités de l'homme ? « Car l'erreur est dans le croire qu'un artiste cherche à se convaincre... et lutte pour fuir de l'ensemble charnel jusqu'aux chères abstractions harmoniques. Réellement, il est contraint dans l'inverse et, chose assez horrible, s'efforce à plonger, noyant sa nacre, au fond de l'irrespirable milieu commun ». (Lettre à Fourment du 17 décembre 92). Comme on retrouve curieusement le thème de l'Ange, cette figure si intrinsèquement figurative de l'être intime de Valéry !

L'Ange semble donc avoir réussi, vers la fin de l'année 92, à se libérer des grossières emprises de l'imagination passionnelle ; l'Artiste a retrouvé son « ciel suprême », plus décidé que jamais à préserver les qualités du véritable Héros, « la liberté, l'intensité, la pureté ». Une amertume profonde demeure cependant, celle de ne pas avoir pu trouver celle ou celui « qui veuille fixement affronter l'Impossible » du « dialogue total », « avec lequel on pût être comme avec soi-même ». « On ne la rencontre jamais la femme à qui l'on pourrait parler complètement. Et même l'homme ». (Cahier I, p. 309). L'ami de jeunesse lui-même s'est dérobé à cette « expérience d'apothéose ». L'espoir demeure pourtant, ainsi qu'en témoigne cette lettre à Fourment du 17 décembre 92 :

> « Je crois bien, et ce fut la plus intéressante illusion dans mon perfectibilisme jadis, que la race humaine est loin de la « triomphante perfection » dans les rapports entre les siens. Plus j'y songe et plus c'est vrai : il y a dans l'amitié toutes les ressources, toutes, pour chez une élite, user définitivement la notion Amour, la remplacer. Considère la conception d'une communication mieux qu'illusoire entre deux êtres, comme la limite ou circonférence du problème et vois combien l'approché amical surpasse l'érotique. Hélas ! la difficulté gît, pratiquement, dans l'avantage même. Pour cette fatale unité, on creuse mieux l'ami que le ventre tout féminin. La différence dans un nombre écrasant de cas, s'installe : ce nombre, engendré par la fréquence des esprits où ne veut pas régner une lucidité quand même, et le détachement de tout but autre que celui-ci, l'important ».

« Lucidité quand même », Valéry a réussi à la conserver, à travers sa double crise passionnelle et sentimentale. Ce ne fut pas sans mal, et c'est dans cette lutte même pour conserver sa lucidité dans la tempête que Valéry forgera « la formule d'exorcisation » qui lui permettra de dominer les phénomènes mentaux et deviendra un instrument essentiel de sa manière de pensée. Eclairantes à cet égard sont les deux lettres écrites à Fourment quelques jours avant la « nuit de Gênes » et dont la première seule a été envoyée. Octave Nadal en donne un excellent commentaire :

« Dans la lettre du 23 septembre 1892, importante à plus d'un titre, il est bien question de l'aventure montpélliéraine, mais aussi de quelque chose de plus profond qui touche l'attitude valéryenne en son centre. Une sorte de retournement, ou de dédoublement singulier, fait de l'amoureux le spectateur de son propre drame. N'ayant pas vu Mme de R... depuis plus de six mois, Valéry l'aperçoit soudain au tournant d'une rue, la veille de son départ pour Gênes. Il se produit alors l'étrange phénomène de vision parapsychique qu'illustrera quatre ou cinq ans plus tard « La Soirée avec Monsieur Teste ». Dans ce moment aigu celui qui observe se ressent lui-même s'observant ; l'événement, comprenant à la fois la chose regardée et celui qui regarde, se détache de l'esprit qui la réduit à sa structure et à ses mécanismes. Dans la conjoncture présente où il aperçoit Mme de R... Valéry se surprend à « raturer le vif » comme fera systématiquement Monsieur Teste. Il s'agit de l'être aimé et de soi-même. Valéry découvre pour la première fois, dans une expérience réelle, l'acte de « se voir voyant » dont il fit la définition même de l'esprit ». (Correspondance avec Fourment, Introduction, p. 26).

Valéry, libéré du pouvoir d'envoûtement, écrivait dans cette lettre : « La structure de l'événement annulait même l'être et le mien qui le faisions ». La deuxième lettre, non envoyée, tout en restituant le fond psychologique dramatique sur lequel le regard de l'esprit a réussi à conquérir sa lucidité, nous éclaire aussi sur le nerf moteur de cette conquête, et au-delà de M. Teste nous fait déjà pressentir l'auteur de Faust et de l'Ange.

> « Un fait ! Rencontre en soi naturelle, (une emplette en ville, une fantaisie de moi à passer là, ou l'habitude) mais tout s'y relie et devient aussi naturel, alors ? aussi classé. Tout ! depuis le Choix ! depuis l'électrique allure du cœur, le vide du cerveau, les jambes abolies, la peur, la vraie peur des rêves, sans fuite, sans lutte, sans mort même. Et cela, toutes ces démolitions, malgré moi qui veux avoir des jambes, des cœurs calmes, le sol dur aux pieds, ne pas couler comme une cascade molle et vomie, moi pour qui la lumière est sous toutes ses tuniques la seule et l'unique joie concevable ».

Voilà bien cette fascination de la lumière, idéale et quasi-mystique, telle que nous l'avons déjà trouvée dans les premiers poèmes de jeunesse.

> « Je méprise les sens, les vices, et la femme,
> Moi qui puis évoquer dans le fond de mon âme
> La lumière... »
> « Indifférents à tout ce qui n'est pas Lumière ! »

C'est donc cette aspiration à la lumière, et la fascination de la pureté, si caractéristiques de sa poussée intérieure, qui ont permis à Valéry de se dégager des vagueries sentimentales et l'ont amené à prendre une conscience plus claire de son idéal. La longue crise qui aboutit à la nuit de Gênes, sentimentale et intellectuelle tout à la fois, a des conséquences importantes. Le pouvoir d'exorcisation de l'intellect, découvert dans la lutte contre les démons imaginaires de la passion, est étendu, dans la nuit du 4 au 5 octo-

bre 92, du domaine sentimental à l'ensemble du champ intellectuel. Cette révolution de 1892 aura donc eu un retentissement immense et Valéry y fera très souvent allusion dans ses Cahiers. Grâce
à la crise, il se dépouille des naïvetés et des illusions de l'adolescence, et prend plus clairement conscience de sa véritable identité.
Le nouveau stimulant intellectuel qu'il en reçoit surgit des troubles mêmes de la maladie mentale. « Ces sensations furent un puissant excitant intellectuel. Le mal exaspérait le remède ». (Cahier
23, p. 590). Il écrit à Gide un ans après : « Je remarque maintenant
que l'ancienne tension a fortement contribué au développement
de la conscience, c'est-à-dire de la liberté de voir et de juger ».
(Correspondance avec Gide. p. 195). Mais la lucidité conquise par
cette « liberté de voir et de juger », n'est pas la seule caractéristique
de la conscience valéryenne, ainsi que nous pourrions le penser si
nous en jugions seulement à partir de la figure littéraire qui va
dominer la période suivante, Monsieur Teste. Des trois qualités
qui fondent le véritable « Héros » valéryen, « la liberté, l'intensité, la pureté », Teste n'incarnera que la première, la liberté, qui
sera le fruit d'« une ère d'ivresse de (la) volonté, parmi d'étranges
excès de conscience de soi ». Les deux autres qualités, « l'intensité »
et « la pureté », telles qu'elles nous sont apparues dans la passion
esthétique et mystique de « la séduction d'Aristie » qui anima sa
jeunesse, seront mises en sourdine dans la deuxième période, sans
jamais pourtant disparaître ; mais elles resurgiront, plus épanouies
et plus limpides, dans la troisième période, celle des poèmes de
Charmes, et dans la quatrième, celle du Dialogue de l'Arbre et
de Faust.

CHAPITRE III

LA COURBURE D'UN ESPRIT
ET SES POINTS D'INFLEXION

La première conséquence de la révolution de 92 est une attitude méfiante et critique, à l'égard de la littérature. «... les deux morts valables de ces jours derniers, le Poète et l'indéfinissable célébrité... », écrit-il, le 9 octobre 1892 à G. Fourment. Valéry s'est très souvent expliqué sur cet éloignement de la littérature. Dans la préface qu'il ajoute en 1920 à l'Album de vers anciens, reprenant des vers de jeunesse, il écrit : «... ces essais (...) conduisirent assez promptement leur auteur à un sincère et durable éloignement de la poésie ». Il est plus explicite encore dans les Fragments des mémoires d'un poème : «... j'avais abandonné la partie, à peine et négligemment engagée, en homme que les espoirs de cette espèce n'éblouissent pas, et qui voit d'abord dans le jeu de viser l'esprit des autres la certitude de perdre son « âme », — je veux dire la liberté, la pureté, la singularité et l'universalité de l'intellect ». Pour celui dont le souci majeur est de préserver l'indépendance de son esprit et de se conquérir soi-même, la littérature est considérée comme une arme dangereuse ayant d'étranges effets de boomerang. L'écrivain cherche en effet à produire dans l'âme de l'auditeur le maximum d'effet, selon la définition qu'il a donnée de la technique littéraire à l'âge de dix-huit ans : « La littérature est l'art de se jouer de l'âme des autres ». Mais dans ce jeu trop lucide, le premier danger est pour l'auteur lui-même, « la certitude de perdre son âme ». Car la littérature est impure, aliénante ; l'usage immodéré du langage émousse les vertus cardinales de l'intellect, « la liberté, la pureté, la singularité et l'universalité », qui sont un fidèle écho des « trois qualités fondant le Héros ; à savoir : la liberté, l'intensité, la pureté ». Remarquons que déjà avant la nuit du 4 octobre, le poète pourtant encouragé et admiré par ses amis, et loué par de grands maîtres, n'aurait eu qu'une relation méfiante envers la littérature. « Je m'étais toujours trouvé dans l'esprit un certain malaise quand je pensais aux Lettres ».

Ce malaise, cette méfiance, sinon ce mépris pour la littérature constituent effectivement une particularité importante de l'esprit de Valéry. Sans doute, ils ne sont que le revers négatif d'une exigence intellectuelle plus profonde qui se manifestera par une recherche solitaire menée sans défaillance depuis la fin de 1892 jusqu'à sa mort, et dont il nous faudra essayer de retrouver le cheminement. Pourtant cette relation négative au monde des Lettres, de celui qui finira par devenir membre de l'Académie française, qui fera des tournées de conférences littéraires dans toute l'Europe, qui sera chargé d'un cours de Poétique au Collège de France et passera pour « le Bossuet de la IIIème République », est si intrinsèquement caractéristique de son esprit, qu'il serait impossible d'approcher de son orgueil intime et de son secret existentiel, sans en prendre une claire connaissance. Car même lorsqu'après une renonciation de plus de vingt-cinq ans il retournera au monde des Lettres et y fera carrière, vivant de sa production, il restera encore essentiellement un poète non littéraire. Il nous semble donc nécessaire de montrer combien cette défiance à l'égard de la littérature, défiance allant quelquefois jusqu'à la condamnation, reste une constante de l'esprit de Valéry, tout au long de son existence. Les jugements sévères abondent, aussi bien dans son œuvre que dans les notes des Cahiers. Commençons par une note des Cahiers, fin 1943, où le vieillard rappelle un souvenir d'enfance et rapproche ainsi le commencement et la fin de sa carrière, dans une même attitude antilittéraire.

> « De ma répulsion à l'égard de la « chose littéraire ». Je me sentais une pudeur, une véritable vergogne de ces productions. L'idée seule que n'importe qui peut lire ce que l'on a écrit dans le secret et l'aventureux sentiment de la solitude m'était insupportable. Plus fort même que la pudeur physique. Sentiment étrange, car pourquoi écrire si ce n'est pas pour autrui ? Peut-être c'était pour former, dégager cet autre moi, ce lecteur idéal qui existe nécessairement dans tout être qui écrit... Deux souvenirs de cette jalousie singulière de ma nature. Mon frère... fit imprimer à mon insu dans la Petite Revue du Midi de Marseille... J'en fus très affecté. Mon nom imprimé me causa une impression semblable à celle que l'on a dans les rêves où l'on crève de honte de se trouver tout nu dans un salon... colère... quelques années plus tard, en 1891, quand je reçus de Paris le no. des Débats où mon « Narcisse parle » publié dans le 1er fascicule de la Conque était loué dans les termes les plus flatteurs par M. Chantavoine. Je parcours la ville avec ce journal en poche, rouge de honte, étrange honte, et ne pouvant souffrir ce que je ressentais comme un viol. Et pourtant, puisque j'avais donné ce poème ? ». (Cahier 27, pp. 683 à 685).

Etrange pudeur de poète, souffrant comme d'un viol de la louange qu'un lecteur quelconque adressait à ce qu'il avait écrit « dans le secret et l'aventureux sentiment de la solitude » ! Pudeur de celui qui garde un secret précieux, hors de prix, et qu'il faut défendre contre le regard impur et profane d'autrui. Cette pudeur doit être rattachée à cette aspiration constante chez Valéry, et

que nous avons vue si passionnée pendant son adolescence, vers
une pureté presque désincarnée et immatérielle, celle de l'Ange
souffrant des laideurs de l'homme trop humain. Cette recherche
d'un pur absolu, solitaire et hautain, gardant jalousement son
son orgueil pour lui-même, se complaît dans la singularité d'un robinson intellectuel dédaignant la foule vulgaire, méprisant, fuyant,
même, les approbations de cette foule, plus encore que ses critiques. On sait combien Valéry a distingué et même opposé la vanité
et l'orgueil. Alors que la vanité concerne la relation à autrui, l'orgueil concerne essentiellement la relation à soi-même. La vanité
cherche à plaire à autrui pour en obtenir l'approbation. L'orgueil
s'attache à ne dépendre que de soi, il refuse de vendre son âme aux
autres, et ne recherche que l'approbation du moi le plus secret.
On voit que pour tout homme ce couple antagoniste de la vanité
et de l'orgueil peut fournir un révélateur de ses attitudes fondamentales. Valéry invite même les critiques à user de ces critères
pour juger les hommes de lettres, car nous dit-il : « ces questions
d'orgueil et de vanité sont essentielles quand il s'agit d'un homme
qui se produit en public ; elle se mêlent curieusement au talent,
l'excitent et même l'engendrent, le dépravent ou l'orientent continuellement ». Et de conclure : « Les quantités comparées de vanité ou
d'orgueil qui sont impliquées dans une œuvre sont des grandeurs
caractéristiques que les chimistes de la critique ne doivent cesser
de rechercher. Elles ne sont jamais nulles ».

Si nous usons de ces « grandeurs caractéristiques » pour juger
Valéry, nous pourrions dire qu'il représente un type absolument
exceptionnel et unique dans le monde des lettres, celui d'un écrivain
dont le coefficient de vanité est réduit au minimum, et dont le
coefficient d'orgueil est accru au maximum. Il ne faudrait pas en
conclure pourtant qu'il ait ignoré « cette contrariété de deux instincts
capitaux de l'intelligence », dont « l'un nous excite à solliciter, à
forcer, à séduire les esprits au hasard », et « l'autre jalousement
nous rappelle à notre solitude et étrangeté irréductibles. L'un
nous pousse à paraître et l'autre nous anime à être, et à nous confirmer dans l'être ». Mais Valéry, très jeune, a senti l'espèce de perdition s'attachant à l'écrivain qui, par vanité, vend son âme aux
autres, et « devient en quelque sorte pour soi-même un effet de
l'effet qu'il produit sur un grand nombre d'inconnus ». C'est avec
la vigueur fouettante d'un grand moraliste qu'il ironise sur les
écrivains victimes de la gloire. « L'homme connu tend à ne plus
être qu'une émanation de ce nombre indistinct d'inconnus, c'est-
à-dire une création de l'opinion, un monstre absurde et public auquel
le vrai homme peu à peu cède et se conforme ». Il faut lire les
pages admirables que Valéry consacre à Stendhal, « le moins sot
des auteurs illustres », pour comprendre la lucidité avec laquelle il
analyse les pièges que la gloire littéraire réserve aux écrivains. Car
nombreuses sont les tentations, et la moindre n'est pas celle de
l'égotisme naturel, manière Rousseau ou Stendhal.

« Rien de plus excitant, rien de plus ingénu que de prendre le parti d'être soi ou celui d'être vrai... Un moyen court d'être original (superstition voisine), est de l'être en se bornant à être ; L'assurance de trouver de belles facilités une fois accompli un certain coup d'audace initial ; la licence d'utiliser les moindres incidents d'une vie, les détails insignifiants qui donnent de la vérité. ... Le cynisme dans les œuvres signifie généralement un certain point d'ambition désespérée. Quand on ne sait plus que faire pour étonner et survivre, on se prostitue, on livre ses pudenda, on les offre aux regards.

Après tout, il doit être assez agréable de se donner à soi-même, et de donner aux gens, par le seul fait de se déboutonner, la sensation de découvrir l'Amérique. Tout le monde sait bien ce que l'on verra ; mais il suffit d'ébaucher le geste, tout le monde est ému. C'est la magie de la littérature ». (Pléiade I, p. 565).

A cette magie-là, Valéry refuse de céder, bien qu'il avoue aimer Stendhal malgré sa manie comédienne : « Stendhal presque, lui-même, pourrait se réduire en fantoches. Et cependant j'aime Stendhal, et je ne lui dirai presque jamais : « Que me fait ce qui ne me résiste pas ? » (Pléiade I, p. 1779).

L'expression devient plus féroce dans les Cahiers contre cette escroquerie littéraire.

« Histoire littéraire vraie. Nombre d'écrivains se soulagent dans les esprits du public. Leurs rancunes, leurs antipathies, leur férocité, autant d'éliminations. D'autres sont putains. L'écrivain-putain n'existe que pour se livrer. A cette classe appartiennent ceux qui prétendent dire « ce qu'ils sont, pensent et sentent ». Tous les soi-disant « psychologues ». Souvent sont séduisants. Touchent les jeunes, et visent anxieusement à les toucher. Il en est qui sont les « narquois » de l'ancienne truanderie. Comme il est des « sabouleux » (généralement poètes, ceux-ci). Il est des « esbrouffeurs ». Et quantité de filous ». (Cahier 17, p. 549)

C'est ainsi tout un procès de la littérature qu'on pourrait trouver dans les Cahiers :

« La littérature conduit à d'étranges pratiques. J'ai vu les uns prendre des excitants ou des stupéfiants, les autres simuler la violence jusqu'à l'obtenir, certains se conduire au cynisme le plus artificiel, un grand nombre se faire plus bêtes que de nature, et tous se vouloir montrer plus vifs, plus rares, plus profonds... qu'il ne leur fut donné ». (Cahier 3, p. 894).

« Il y a toujours dans la littérature, ceci de louche : la considération d'un public. Donc une réserve toujours de la pensée où gît tout le charlatanisme. Donc tout produit littéraire est un produit impur ». (Cahier 4, publié dans Tel quel. Cahier B. 1910 — Pléiade II, p. 581).

« La littérature est un exercice de simulation ». (Cahier 7, p. 44).

« Littérateur est celui en qui il arrive que l'expression précède l'impression, qui trouve dans les moyens d'expression le désir d'exprimer, et jusqu'à quelque chose à exprimer. Et ainsi des autres artistes. Le moyen engendre la fin ». (Cahier 15, p. 498).

« Un roman est le comble de la grossièreté. On verra cela un jour. Celui qui regarde du côté profond, du côté rigoureux, le voit déjà ». (Cahier I, p. 823).

« La littérature est condamnée à mort, parce que moi, je vois déjà clairement sa faiblesse, et que ses forces sont, au fond, contre elle ». (Cahier III, p. 93).

« La littérature telle qu'elle a été admise et pratiquée par lecteurs et auteurs jusqu'ici, est condamnée ». (Cahier 10, p. 883).

A cette condamnation générale, seuls deux poètes échappent, Poe et Mallarmé.

« Poe, et je dois m'en taire, car je me le suis promis, est le seul écrivain — sans aucun péché. Jamais il ne s'est trompé — non instinctivement guidé — mais avec lucidité et bonheur, il fit la synthèse des vertiges ». (Lettre à Gide, 13 juin 1892).

Quant à Mallarmé, il se reconnaît, bien que non nommé, dans cette note des Cahiers :

« J'ai connu bien des poètes. Un seul était ce qu'il faut ou ce qui me plaît. Le reste était stupide ou plat, d'une lâcheté d'esprit inébranlable... Tout ceci indépendamment de ce qu'on appelle le talent littéraire qui vit parfaitement d'accord avec la sottise la plus aiguë ». (Cahier I, p. 193).

Or, c'est paradoxalement l'influence de ces deux poètes, pourtant tout spécialement admirés et aimés, qui conduisit Valéry à l'éloignement de la littérature. Il s'en explique dans deux lettres à Albert Thibaudet, datées de 1912.

« J'ai connu Mallarmé, après avoir subi son extrême influence, et au moment même où je guillotinais intérieurement la littérature. J'ai adoré cet homme extraordinaire dans le temps même que j'y voyais la seule tête — hors de prix ! — à couper, pour décapiter toute Rome. Vous sentez la passion qui peut exister dans un jeune monsieur de vingt-deux ans, fou de désirs contradictoires, incapable de les amuser ; jaloux intellectuellement de toute idée qui lui semble comporter puissance et rigueur ; amoureux non d'âmes — mais d'esprits et des plus divers, comme d'autres le sont des corps ».

L'influence de Poe, antérieure à celle de Mallarmé, fut plus déterminante encore dans cette décision de « décapiter » la Rome littéraire. « Celui qui m'a le plus fait sentir sa puissance fut Poe. J'y ai lu ce qu'il me fallait, pris ce délire de la lucidité qu'il communique. Par conséquence, j'ai cessé de faire des vers. Cet art, devenu impossible à moi dès 1892, je le tenais déjà pour un exercice, ou application de recherches plus importantes ».

Ainsi la décision d'éloignement de la littérature est une conséquence directe du délire de lucidité que la lecture de Poe lui a communiquée. Sans doute, une autre raison aurait pu motiver également cet abandon, la difficulté qu'il éprouvait à incarner dans ses poèmes l'idéal poétique dont il rêvait et que les poèmes de Mallarmé ne réalisaient à ses yeux que partiellement. La beauté de la musique de Wagner désespérait également toute concurrence poétique. Il écrit à Gide, le 27 mars 1891 :

> « Cette musique m'amènera, cela se prépare, à ne plus écrire. Déjà trop de difficultés m'arrêtaient. Narcisse a parlé dans le désert. Quand je l'ai revu imprimé, j'en ai eu une telle horreur que je l'ai enfermé de suite. Etre si loin de son rêve ! Et c'est mauvais ! Ça ne peut même pas se lire !
>
> Et puis, quelle page écrite arrive à la hauteur des quelques notes qui sont le motif du Graal ? Hérodiade seule en poésie française peut se lire sans trop de dégoût et de gêne. Et ce n'est pas assez haut encore. Ce n'est pas encore assez diamant ! Vous me voyez difficile ».

Mais nous savons que Valéry ne s'est pas toujours montré si dégoûté de sa production ; dès 1899, il songe à une réédition : « En fait de projets, je songe sérieusement à réunir mes vers. Là commencent les difficultés. Je veux les donner avec leur caractère — posthume — ». (Lettre à Gide du 18 avril 1899). D'autre part, on peut penser que ce n'est pas la difficulté technique qui aurait pu écarter Valéry de sa vocation poétique. Il en donne lui-même témoignage dans une lettre à Gide en 1899 : « Je sais fort bien que si j'avais continué à faire des quatorze vers, je les ferais très bons maintenant : c'est forcé. C'est pourquoi la sottise et le talent coexistent si fréquemment ». Mais voilà, Valéry a une horreur sacrée de la sottise, et le mélange de la sottise et du talent lui paraît la plus horrible profanation. « La bêtise n'est pas mon fort », telle est la litote par laquelle s'ouvre la Soirée avec Monsieur Teste. Or, cette bêtise, il la retrouve partout chez son contemporain :

> « J'ai voulu sonder mon contemporain... Eh bien, je l'ai trouvé, à vingt ans, plein d'ambitions étendues et d'un certain charme de hardiesse et de peur, à vingt-cinq ans, avec tout le talent que tu voudras, mais déjà il pue le rance. Il est bâti sur des idées aussi rares que quelconques, c'est-à-dire non proprement à lui. Il a tellement peur de s'embêter qu'il m'embête. Il a horreur réellement de tout changement dans la vision, car il sait que sa valeur professionnelle y est attachée... C'est ce bonhomme-là qui a inventé, d'ailleurs, le génie et le talent, comme un officier et un sous-officier. Il a inventé l'Art comme il a inventé la Vie, la Société, etc, et ce serait un prodigieux inventeur si ses découvertes ne tendaient pas toutes à le dispenser de découvrir. Moi, je lui pose la question. Je lui demande s'il veut s'embêter, s'il veut surmonter ; s'il veut, enfin, considérer tout ce qui est fait, tout ce qu'il a fait, toujours comme nul. Et lui, qui ne fait ce qu'il fait que pour que ce soit déjà fait, qui veut se donner un passé confortable, me rit au nez. Je lui parle de pouvoir — et il me répond par succès. Nous causons de littérature. Je cherche un auteur et je ne trouve qu'un homme — pas même un homme — une couturière ».

Valéry, quand à lui, est un de ces rares génies qui se soient moqué du succès, quelque dur qu'en soit le sacrifice sur le plan moral ou sur le plan professionnel. A la confortable situation qu'assure le talent, il a préféré l'aventure solitaire et héroïque de l'esprit, l'exploration hardie des pouvoirs nouveaux dont l'homme est capable quand il surmonte les tentations de la vanité. C'est à la lumière de cette décision d'abandonner la carrière littéraire qu'il faut lire ces lignes de la Soirée avec Monsieur Teste :

« Si j'avais décidé comme la plupart des hommes, non seulement je me serais cru leur supérieur, mais je l'aurais paru. Je me suis préféré. Ce qu'ils nomment un être supérieur est un être qui s'est trompé ». La gloire obtenue si facilement quand il revient à la poésie, après vingt-cinq ans de silence, nous assure que cet aveu de Teste n'est pas fanfaronnade. « Je me suis préféré », telle est la simple, bouleversante et authentique vérité de Valéry. A vingt et un ans, il connaît l'étendue de son talent et sait pouvoir s'assurer une place de choix dans le monde littéraire. La difficulté d'égaler Mallarmé, ou de faire autre chose que le Maître, n'est pas non plus un obstacle véritable, car il a déjà conscience de tout ce qui l'en distingue. L'influence reçue de Mallarmé est d'ailleurs moins essentielle que celle de Poe. Il en a fait lui-même l'aveu.

> « En ce qui concerne les influences que j'ai subies, la plus profonde n'est pas celle de Mallarmé : quelques lignes de Poe, la musique de Richard Wagner, l'idée que je me fais de Léonard, et maintes réflexions et lectures scientifiques, ont joué le plus grand rôle dans le développement de ma pensée. Mallarmé a tenu, sans doute, une grande place dans ma vie intérieure, mais place singulière : il m'a été beaucoup plus un problème qu'une révélation. Il était, lui qui ne s'expliquait jamais et qui répugnait à tout enseignement, un excitant incomparable. Je ne parle pas, bien entendu, de l'extrême affection que j'avais pour lui, ni du respect que m'inspirait ce qu'il y avait de sublime dans son attitude ». (Pléiade I, p. 1755).

Il n'est peut-être aucun poète qui ait reçu d'un autre poète, son disciple, un hommage aussi fervent et aussi admiratif que Mallarmé. Ce culte n'empêche pourtant pas Valéry d'avoir une conscience lucide de ce qui le sépare de son Maître. Quand il l'a personnellement connu à partir de 1894, fréquentant assidûment les « mardis » de la rue de Rome, (à part une simple visite en octobre 1891), il a cependant déjà abandonné toute ambition littéraire. « Lorsque j'ai commencé de fréquenter Mallarmé en personne, la littérature ne m'était presque plus de rien », avoue-t-il dans DERNIERE VISITE à MALLARME. Son admiration pour le poète est d'ailleurs quelque peu paradoxale. Ce qu'il en dit montre que l'influence qu'il en subit, toute importante qu'elle soit, n'en est pas moins latérale. « Si j'ai adoré Mallarmé, c'est précisément haine de la littérature, et signe de cette haine qui s'ignorait encore », écrit-il dans les Cahiers (5. p. 181). Car dès le commencement, il sait ce qui l'en sépare.

> « Je n'ai jamais aimé et admiré personne comme j'ai admiré et aimé cet homme incomparable, qui fut et demeure le seul homme

supérieur que j'ai connu. Et je crois qu'il me portait une affection que je considèrerai toujours comme mon seul titre à quelque estime de moi-même pour moi-même. Mais en dehors de la différence extrême de valeur qui existe entre nos esprits, il y a aussi une différence profonde de leur nature. J'ai poursuivi des objets très différents de ceux qu'il a poursuivis ».

Il est plus explicite encore dans les Cahiers ultérieurs :

> « Je diffère de plusieurs (et très exactement de Mallarmé) par ce point qu'ils donnent aux Lettres une valeur « absolue », c'est-à-dire valeur d'un but final, tandis que je ne leur accorde qu'une valeur de développement de pouvoirs d'expression ou de pouvoir de construction. Mais ce sont des valeurs moyen. Ma fin n'est pas littéraire. Elle n'est pas d'agir sur d'autres tant que sur moi. Moi, en tant qu'il peut se traiter comme une œuvre... de l'esprit ». (Cahier 18, p. 703).

Nous touchons là à l'originalité profonde de Valéry. Très tôt, il a senti une véritable incompatibilité entre l'exercice des Lettres et le dessein de reconstruire le moi dans son authentique vérité. L'influence de Mallarmé, loin d'entamer cette certitude, ne fit au contraire que la renforcer. « Il me semblait alors qu'il existât une sorte de contraste entre l'exercice de la littérature et la poursuite d'une certaine rigueur et d'une entière sincérité de la pensée ». « Mallarmé le stérile ; Mallarmé le précieux ; Mallarmé le très obscur ; mais le plus conscient ; Mallarmé le plus parfait ; Mallarmé le plus dur à soi-même de tous ceux qui ont tenu la plume », était certes quasi irréprochable sur ce point. Il rassemblait pourtant en une tête unique toute la perfection et toute la pureté de l'essence littéraire portée en son plus haut point de développement, mais aussi toute la fatale illusion de cette perfection devenue en lui « une idée limite ».

> « Me rendant plus heureux que Caligula, il m'offrait à considérer une tête en laquelle se résumait tout ce qui m'inquiétait dans l'ordre de la littérature, tout ce qui m'attirait, tout ce qui la sauvait à mes yeux. Cette tête... avait éliminé de la poésie les prestiges grossiers ; jugé et exterminé, au sein de ses longs et profonds silences, les ambitions particulières, pour s'élever à concevoir et à contempler un principe de toutes les œuvres possibles ; elle s'était trouvée au plus haut de soi-même un instinct de domination de l'univers des mots, tout comparable à l'instinct des plus grands hommes de pensée qui se sont exercés à surmonter, par l'analyse et la construction combinée des formes, toutes les relations possibles de l'univers des idées, ou de celui des nombres et des grandeurs ».

Or, pour Valéry, cet instinct de domination du principe même du langage, recèle à la fois grandeur et faiblesse. Grandeur, car cette volonté de « reconstituer tout le système de la poésie au moyen de notions pures et distinctes » oriente la poésie vers une limite idéale de poésie pure et absolue, qui fait de Mallarmé le premier poète de son temps. Faiblesse, car cette passion de l'esprit tendu vers la perfection d'un langage purifié suppose une mystique indéfinissable et indémontrable, mystique du verbe résumant à soi toute la création. « Il ne voyait à l'univers d'autre destinée concevable que d'être finalement exprimé. On pourrait dire qu'il plaçait le Verbe, non pas au commencement, mais à la fin dernière de toutes choses » Sans doute, à dix-neuf ans, Valéry s'est-il laissé effleurer par cette mystique du Verbe. « Je suis de ceux pour qui le livre est saint. On en fait UN, qui est le bon et le seul de son être, et l'on disparaît », écrit-il à Gide trois jours avant d'envoyer sa deuxième lettre à Mallarmé. Mais il voit bientôt la faiblesse et l'arbitraire de cette mystique, et sa suspicion envers le caractère conventionnel et faussé de la littérature reprend le dessus. Sa pensée profonde et sa vision du monde sont en fait restées imperméables à l'influence de Mallarmé. Celle-ci ne se serait fait sentir que sur sa réflexion sur le langage et sur sa conception de la poésie comme « langage dans le langage ». Tel est le sens d'une note des Cahiers : « Ego. Mallarmé eut peu d'effets sur ma vue des choses, ou pensée, mais beaucoup sur mon attitude à l'égard du langage et des Lettres ». (Cahier 27, p. 859). Et même son attitude à l'égard des Lettres diffère essentiellement de celle de Mallarmé : « La poésie, pour Mallarmé, était l'esentiel et unique objet. Pour moi, une application particulière des puissances de l'esprit. Tel est le contraste ». (Cahier 25, p. 706).

Car le seul qui ait véritablement influencé sa pensée profonde est Edgard Poe, « le seul écrivain sans aucun péché ». Voici des extraits d'une lettre à Gide, datée du 24 juin 1901 :

> « J'ai lu Euréka à mon patron. J'ai senti que j'ai peut-être eu tort il y a x ans de n'avoir pas fait sur Poe un article quelconque. Maintenant, je n'en ai nulle envie. Tout de même, celui-là a un titre unique. C'est absolument le seul écrivain qui ait eu l'intuition d'attacher la littérature à l'esprit. Je le déduis entièrement de ces propositions :
>
> La littérature est une propriété de l'esprit. Or, l'esprit est telle chose, donc, etc.
>
> Cette idée si simple, un seul bonhomme l'a trouvée, et appliquée (en partie seulement, faute de grands détails, dans la mineure du syllogisme ci-dessus). Si l'écrit a la moindre importance, cette idée est aussi importante que le grand « lancé » de Descartes. Et il ne s'agit de rien moins dans les deux cas que de substituer un type général de recherhes et d'hypothèses à l'empirisme.
>
> Mallarmé au fond a fait dans le détail, je veux dire expression, etc., ce que l'autre a fait en principe... Mais le champ d'application est beaucoup plus étendu que la notion de méthode ne le suggère tout d'abord, et que toute œuvre particulière possible.
>
> Je mesure aujourd'hui toute l'influence que cette ancienne lecture obstinée a eue sur moi...
>
> Ce que je reproche à la plupart de la littérature, c'est donc de jongler avec des choses dont l'auteur ne peut pas mesurer toute la portée... Quelle cocasserie, au fond, de lire un livre dont on est sûr que l'auteur ne pourrait pas justifier trois lignes ». (Correspondance avec Gide, p. 383).

Valéry dénonce ainsi l'arbitraire et la futilité d'une certaine littérature « pleine de gens qui ne savent au juste que dire, mais qui sont forts de leur besoin d'écrire ». Sa critique ne découle donc pas d'un simple scepticisme réducteur et dépréciatif, à l'égard de toute chose littéraire. L'inverse est le vrai, car toute son ambition est de rattacher la littérature à l'esprit dans la pleine puissance de son activité. Aussi, lorsque Gérard Genette déclare que la littérature moderne, ayant pris conscience de cet arbitraire, mais ayant décidé de l'assumer et de s'y installer, répond à l'idée positive que Valéry se faisait de la littérature, c'est jouer du paradoxe ou se méprendre sur ses intentions puisque tout son être est révolte contre l'arbitraire et refus du jeu gratuit. Il est vrai aussi que bien des critiques sont victimes de l'humour extérieurement cynique de certaines formules valéryennes. En réalité, Valéry avait trop d'esprit pour ne pas être écœuré par toute « la hideuse mécanique littéraire ». Il croit trop à la puissance de l'intelligence pour supporter le divertissement d'une littérature reposant plus sur l'exploitation habile de conventions sociales que sur les exigences d'une recherche intellectuelle. Rappelons cette phrase d'une lettre à Gide déjà citée, de septembre 1891 : « J'ai lu les plus merveilleux, Poe ! Rimbaud, Mallarmé, analysé, hélas, leurs moyens, et toujours j'ai rencontré les plus belles illusions, à leur point de genèse et d'enfantement ». Il est trop lucide pour accepter l'arbitraire de ces illusions, dont les plus authentiques des poètes n'ont pas pu ne pas être victimes, « et sur lesquelles vivent les Lettres — et les hommes » (Pléiade I, p. 643). L'influence déterminante de Poe le confirme ainsi dans le sentiment d'une incompatibilité entre le jeu littéraire et l'exercice lucide de la pensée. Et pourtant il se sait poète, et pas seulement « poète malgré lui », comme on a pu le dire. Ce malaise éprouvé devant les Lettres révèle en fait un conflit intérieur à sa nature même, et c'est pourquoi la crise de 1892 et le silence relatif qui s'en suivit, lui furent si pénibles.

« Ainsi s'éclaircissait à moi-même le conflit qui était dans doute en puissance dans ma nature, entre un penchant pour la poésie et le besoin bizarre de satisfaire à l'ensemble des exigences de mon esprit » (Pléiade I, p. 643). S'il peut poursuivre et dire : « J'ai essayé de préserver l'un et l'autre », c'est qu'en 1927, au moment où il a écrit ces lignes, il a réussi à surmonter ce conflit, mais après une recherche et un combat intérieurs héroïquement menés pendant près de trente ans. En 1892, le conflit est au plus aigu. La lecture d'Euréka n'avait fait que renforcer un conflit déjà ouvert et inhérent à la nature même de Valéry. C'est ce qui ressort du seul article qu'il ait écrit sur Poe, « Au sujet d'Euréka ». Celui-ci commence comme une biographie intellectuelle :

« J'avais vingt ans et je croyais à la puissance de la pensée... J'avais cessé de faire des vers... Les romans et les poèmes ne me semblaient que des applications particulières, impures et à demi inconscientes, de quelques propriétés arrachées à ces fameux secrets que je croyais trouver un jour... Quant aux philosophes... ils ne me donnaient que de l'ennui... J'avais mis le nez dans quelques mystiques. Il est impossible d'en dire du mal, car on n'y trouve que ce qu'on apporte.

J'en étais à ce point quand Euréka me tomba sous les yeux ». (Pléiade I, p. 854).

Peut-être est-ce cette lecture qui entraîna Valéry à éprouver un goût nouveau pour les sciences et pour toute l'aventure de l'esprit qu'elles révèlent. « Les sciences, si froidement enseignées, ont été fondées et accrues par des hommes qui y mettaient un intérêt passionné. Euréka me fit sentir quelque chose de cette passion ».

Quoiqu'il en soit, déçu par le manque de rigueur et l'objet souvent minime des Lettres, Valéry cherche une passion nouvelle. Car ce n'est pas moins que d'une passion, violente et intégrale, dont notre poète désabusé a besoin pour supplanter sa passion déçue du culte littéraire. Valéry est fondamentalement et profondément un passionné, brûlant du besoin d'un don de soi total dans un embrasement qui saisisse son être entier. C'est dans les racines profondes de son être qu'il lui faut être empoigné, incapable de se satisfaire d'un culte qui ne réponde pas à la totalité de ses exigences. Comme tout passionné, il n'est pas l'homme des arrangements, des compromis, des demi-mesures. Il est l'homme du tout ou rien, l'homme des extrêmes, sans intermédiaires. Son éloignement de la littérature est le fait d'un amant passionné qui avait demandé à l'objet de sa passion plus qu'il ne peut accorder, et qui est incapable de réduire l'énormité de ses exigences. Rien d'un calcul froid, capable d'analyser sèchement ses erreurs pour changer ses directions. Comment cet « amant de la chasteté esthétique », croyant « à son art comme à un éternel crucifié », capable de « tout sacrifier pour l'Idéal qui sourit si haut, si au-dessus de nous », proclamant « qu'il faut se donner un but impossible, au-delà des conceptions spirituelles, et qui nous brûle de loin sans que nous osions l'apercevoir », comment ce mystique assoiffé d'absolu, se serait-il transformé par le miracle d'une nuit d'orage en un sévère ingénieur des mécanismes logiques de la pensée, tel qu'on veut souvent nous le présenter ! Tant d'ignorance de la critique littéraire nous étonne, bien qu'il soit possible d'en situer l'origine dans une fausse lecture de la Soirée avec Monsieur Teste. Au lieu de situer cette œuvre comme une étape intermédiaire dans une évotion spirituelle commencée bien antérieurement et qui connaîtra ultérieurement des tournants divers, dessinant au total la courbe sinueuse de la maturation d'une personnalité découvrant peu à peu le riche implexe de ses possibilités diverses, on veut enfermer Valéry dans la rectitude d'une carrière dont Monsieur Teste serait le point de départ et le moteur unique. Pourtant, il n'est point de révolution morale ou intellectuelle qui change le tempérament initial et fondamental d'un homme. Si nous avons tant insisté sur la période de jeunesse, c'est parce qu'elle nous révèle, plus que les œuvres maîtrisées et plus secrètes de la maturité, les bases du tempérament intellectuel de Valéry. Celui-ci restera, après comme avant la révolution de 1892, un esprit assoiffé d'absolu, à la recherche d'une extase qui le saisisse dans les racines même de son être. C'est un « secret d'être » qu'il cherche, comme tout mystique de l'absolu. Quand il ne trouvera plus ce secret existentiel dans l'adoration de « cette religion qui fait de la beauté un de ses dogmes, et de l'art, le plus magnifique de ses apôtres », c'est ailleurs qu'il le cherchera, mais toujours avec la même exigence totale du mystique.

« Où trouverai-je une magie plus neuve ? Un secret d'être et de créer qui me surprenne ? « écrit-il à Gide en septembre 91 dans les premiers mois de sa crise intellectuelle. S'il a adoré Poe, ce n'est pas seulement pour « le délire de lucidité qu'il communique », mais également parce qu' « il fit la synthèse des vertiges ». Ce vertige, il avait cru pouvoir le trouver dans la magie littéraire. Mais son ambition de 20 ans dépasse sans doute ses possibilités, non pas tant sur le plan de la technique poétique que quant à la teneur du fond même, intellectuel et spirituel. La technique poétique, nous l'avons vu, il n'était pas loin d'en posséder la maîtrise. Mais sa « métaphysique » était loin d'avoir la même maturité. Sa mystique esthétique comportait bien des faiblesses, des excès, des naïvetés. La lecture des philosophes ou des mystiques ne lui avait pas apporté l'aliment répondant à ses problèmes. Or, que la poésie doive concurrencer la métaphysique, c'était une ambition corollaire du culte religieux auquel il l'avait élevée. Son admiration pour Wagner provenait de cette même volonté de donner à l'Art une dimension métaphysique. Son appréciation esthétique de la Messe, comme drame liturgique à la perfection insurmontable, lui donnait la limite idéale à laquelle l'art doit prétendre. Il écrit à Gide le 5 décembre 91 :

> « Je suis solennellement confondu par la pensée que tout Drame est impossible, après la Messe... Qui me donnera une foule totale... Comme prélude, la paix, la sérénité difficile obtenue ce matin, comme dénouement la participation à la divinité, le miracle accordé à chacun par la communion. Et tout le temps de la cérémonie, la beauté des paroles antiques, le geste, les orgues, l'émotion qui s'enfle à chaque minute de la durée mystique, la défaillance dans l'enthousiasme, la petite mort qui saisit à la gorge à l'élévation, puis l'Etre. C'est le spasme extraordinaire de l'extase, le chef-d'œuvre de tous les arts, la Chair tenaillée puis abolie par la seule Puissance de la Pensée. Hein ! quel Poe a trouvé cet effet ? Est-ce ou non la merveille suprême de l'Art... ? ...En somme, je puis dire que tout Art est la mise en forme de cette fameuse parole. Et eritis sicut dei. C'est l'opium difficile et rien de plus ! C'est peut-être du Démon mais Tout ce qui s'égare hors de cette voie n'est qu'informe et chaotique ».

Rien de dogmatique et de théologique dans l'ardeur de cette admiration jalouse pour les effets dramatiques de la Messe. La sublimité du rite catholique n'est saisie que dans sa dimension artistique, comme « la merveille suprême de l'Art ». Mais l'Art est élevé à la dignité totale de la quête métaphysique. Son ambition rivalise avec le mystère liturgique. Tout comme un rite religieux, il exige une « foule totale », qu'il doit savoir mener à travers une savante progression jusqu'au spasme suprême de l'extase dans la participation à la divinité et la saisie de l'Etre. Car c'est bien là l'exigence ontologique profonde de Valéry. Refusant de se laisser divertir par la petite monnaie esthétique, il lui est impossible de se contenter de moins que de la magie d'un grand art capable de nous faire oublier notre misérable condition d'homme et de nous métamorphoser en dieux. « C'est l'opium difficile » qu'il lui faut, « rien de plus ! », mais aussi rien de moins. L'Art doit être la suprême sagesse capable de réaliser la promesse ultime : « vous serez comme des dieux ». Ambition prométhéenne peut-être, mais sans laquelle l'homme serait moins qu'un homme. Valéry, quant à lui, portera cet orgueil et ce vertige de sa jeunesse jusqu'à sa mort. De cette conception adolescente de l'Art comme « mise en forme » de la parole du séducteur, jusqu'à la réalisation partielle de cet « Homme » — Dieu » que devait être Faust à la veille de sa mort, une seule et même ambition aura commandé Valéry : « Un homme qui n'a jamais tenté de se faire semblable aux dieux, c'est moins qu'un homme ». Ne pas percevoir la poussée de cet orgueil secret dans toute son œuvre, c'est se condamner à en méconnaître le mérite, car la vraie critique, il nous en a averti, celle qui « ne se réduit pas à opiner selon son humeur et ses goûts, c'est-à-dire à parler de soi en rêvant qu'elle parle d'une œuvre », doit consister « dans une comparaison de ce que l'auteur a entendu faire avec ce qu'il a fait effectivement ». Or, ce qu'il a entendu faire, autant qu'on en peut juger le dessein par l'ensemble de son œuvre qui n'est « après tout qu'un extrait du monologue de son auteur » à jamais inconnu, s'inscrit dans cette volonté faustienne de saisir le secret existentiel de l'Etre. Pour n'en prendre qu'un exemple, il faut rappeler ces pages admirables qu'il a écrites dans Note et digression sur la certitude indomptable de la conscience :

> « Elle ose considérer son « corps » et son « monde » comme des restrictions presqu'arbitraires imposées à l'étude de sa fonction... elle se juge plus profonde que l'abîme même de la vie et de la mort animales... forte de cette espèce d'indépendance et d'invariance qu'elle est contrainte de s'accorder, elle se pose enfin comme fille directe et ressemblante de l'être sans visage, sans origine, auquel incombe et se rapporte toute la tentative du cosmos... Encore un peu, et elle ne compterait plus comme existences nécessaires que deux entités essentiellement inconnues : Soi et X. Toutes deux abstraites de tout, impliquées dans tout, impliquant tout. Egales et consubstantielles ». (Pléiade I, p. 1222).

Voilà bien l'ambition ontologique suprême ; il n'est pas assez que la conscience se pose « comme fille directe et ressemblante de l'être sans visage », réalisant la promesse du séducteur, « vous serez comme des dieux ». Ce « comme » est de trop. C'est une véritable consubstantialité qu'il lui faut affirmer. Les deux entités, Soi et X, l'Homme et Dieu, sont « égales et consubstantielles ». C'est là déjà l'affirmation de l'Homme-Dieu que sera Faust, vingt-cinq ans plus tard, réduisant le Tentateur, l'Ange déchu, à une créature inférieure, méprisable et bornée. C'est ainsi que le Solitaire dira son mépris à Méphisto : « Quand je songe aux tentations ridicules que tu as osé proposer à cet Homme-Dieu ! Toute ta faiblesse d'esprit se manifesta ce jour-là. » (Pléiade II, p. 1412).

Paraphrasant cette parole, on pourrait dire à l'égard de la critique littéraire qui n'a pas toujours saisi cette ambition faustienne d'identification à l'Etre suprême comme la tentative centrale du grand œuvre de Valéry : « Quand je songe aux (explications) ridicules que tu as osé proposer de cet Homme-Dieu, (l'idéal secret de Valéry) ! Toute ta faiblesse d'esprit se manifesta ce jour-là ».

Car Valéry ne reniera jamais cet idéal qui à travers des paliers successifs s'élèvera peu à peu de « la séduction d'Artistie » de sa jeunesse jusqu'à la tentative à demi avortée de « Mon Faust » avant sa mort. Véritable quête du Graal, par un des chevaliers de l'esprit les plus intrépides que l'aventure intellectuelle de l'humanité ait comptés, c'est la courbe ascensionnelle de cette recherche ontologique qu'il faut retrouver dans l'œuvre de Valéry. Rares sont les vrais défricheurs dans cette lutte pour déchiffrer le mystère de l'Etre. Cette quête du Graal ou de l'absolu exige de ses chevaliers une passion, une volonté, une témérité et une constance au-dessus de toute épreuve. Nous voudrions montrer que Valéry a une place importante et originale dans cet effort séculaire de l'homme pour dépasser et transcender son inconsistance et sa relativité, et saisir un absolu qui le fonde enfin dans l'Etre. Cette quête de l'Absolu, chez Valéry, se fait en dehors de toute idéalisation ou fabulation mythique. Elle ne se départit jamais d'une lucidité méthodique toujours égale au vertige de l'intellect. Cette retenue et cette maîtrise constante n'en sont pas moins traversées par une passion sous-jacente dont il est nécessaire de sentir la vibrante et ardente pulsation, si on veut apprécier son œuvre dans son ambition secrète de saisir « tout l'épique et le pathétique de l'intellect ».

Mais cette visée unique, ambition prométhéenne de saisir l'Etre et de se l'approprier, Valéry la poursuit avec une arme à double tranchant, correspondant à la dualité fonctionnelle du moi valéryen. Nous l'avons déjà dit, toute la personnalité de Valéry, comme sans doute toute personnalité richement équilibrée, se dynamise dans la tension entre les deux pôles contraires de la sensibilité et de l'intellect. La sensibilité, organe de relai, faculté féminine d'accueil, nous rend réceptifs à des forces qui nous traversent et dont nous ne pouvons pas toujours connaître ni l'origine, ni la véritable signification. Pourquoi Mallarmé voyait-il « a vermillon, u bleu vert, o noir », alors que pour Rimbaud « a est noir, u vert, o bleu » ? Une certaine inconscience ou passivité est sans doute nécessaire pour nous rendre accueillants à ces messages qui constituent, sans que nous nous en rendions toujours compte, la base même de notre vie affective. Il faut s'abandonner à ces forces qui nous dépassent, car l'extrême lucidité qui voudrait en analyser l'essence, risquerait de tarir leur source même. Une certaine forme d'intelligence trop analytique peut être contraire à la vie, devenir véritablement meurtrière. L'intellect, tout au contraire, est une puissance masculine de conquête, construisant sa compréhension du monde sur des concepts qu'il forge lui-même, rejetant tout ce qui ne lui est pas conforme, et remodelant toute chose sur ses propres formes. L'intellect abstrait de tout la charpente conceptuelle. A la limite, il réduit le monde à un jeu sec de formules mathématiques. Quand la sensibilité et l'intellect se conjuguent et coopèrent, nos puissances d'accueil se font plus critiques, et nos puissances critiques, se font plus accueillantes, permettant par leur union que s'élève le chant de la connaissance. Valéry était, quant à lui ,merveilleusement doué de ces deux puissances qui constituent la dualité fonctionnelle fondamentale de l'homme. Sa sensibilité est admirablement épurée de toute la pesante confusion sentimentale. Car il est nécessaire de distinguer nettement entre sensibilité et sentiment. Alors que la sensibilité, faculté de réceptivité et d'accueil, de disponibilité et d'ouverture, nous ouvre aux messages venus du monde extérieur, le sentiment, au contraire, nous replie et nous referme sur nous-mêmes. Attention égocentriste, le sentiment ne retient des excitations extérieures que leur retentissement sur le domaine limité du moi particulier. Si Valéry a horreur des sentiments, « ces maîtres absurdes, inexplicables, transcendants, tout puissants, dont la force élémentaire prend par le travers et démonte les délicates machines de la précise pensée » (Cahier IV, p. 450), il considère la sensibilité comme la base même de toute vie mentale. La sensibilité est « la véritable puissance motrice » de l'intelligence. (Pléiade I, p. 1066) ». « Les vrais dieux sont les forces ou puissances de la sensibilité ». (Pléiade II, p. 446). Mais Valéry est aussi doué d'une intelligence vive, qu'il exerce dans tous les domaines de la science. Armé de bonnes connaissances en mathématiques et en physique, il se complaît dans la compagnie des savants, connaissant personnellement les plus grands de son temps et visitant leurs laboratoires. Il admire l'esprit en quête de ces hommes, la passion qu'il mettent dans leur recherche, et voue une grande estime à Einstein dont il aime résumer les théories de la relativité. Mais, tant de dons si divers ne pouvaient sans doute trouver facilement leur équilibre. C'est d'abord dans le déchirement qu'il en éprouve la puissance multiple, souffrant particulièrement du « conflit... en puissance dans (sa) nature, entre un penchant pour la poésie et le besoin bizarre de satisfaire à l'ensemble des exigences de (son) esprit ».

Il nous semble particulièrement important de replacer l'évolution intellectuelle de Valéry à travers cette dynamique née de l'opposition de pouvoirs antagonistes, si l'on veut apprécier à sa juste valeur la grandeur de la fusion de ces pouvoirs à laquelle il ne parviendra que beaucoup plus tard, après 1920, dans le miracle de perfection des poèmes de Charmes. L'équilibre délicat et le mariage heureux entre l'intellect et la sensibilité, dont ces poèmes témoignent, sont le fruit d'une conquête rare obtenue après trente ans de lutte. Ignorer la tragédie qui se cache dans l'accouchement de ces poèmes, c'est se rendre incapable d'en comprendre la signification profonde, et risquer de considérer comme simples produits de la préciosité, ce qui est l'œuvre d'une difficile victoire remportée sur soi-même, par celui qui est peut-être le plus dramatique de nos poètes, mais qui a eu la pudeur rare et l'honnêteté plus rare encore de cacher son drame dans la conquête héroïque d'une pure transsubjectivité, où la personne particulière s'efface devant la réalité universelle de l'homme. Accuser Valéry d'impersonnalité n'est possible que pour des esprits restés enfantins. Le jeune enfant considère comme insensibilité de la part de l'adulte le fait que celui-ci ne souffre pas comme lui aussi intensément des moindres petits accidents de sa vie particulière. L'enfant ignore encore que la sensibilité de l'adulte ne s'est pas émoussée, mais qu'elle s'est déplacée s'avivant encore, mais pour des choses plus sérieuses, suivant le sens d'une maturation qui est le tout de la vie humaine. Mais dans un monde qui prône naïvement le culte de la jeunesse, il n'est que trop courant de voir la plupart des hommes, et des meilleurs, arrêtés dans le cours de leur maturation intérieure et bloqués dans des jugements enfantins à l'égard de la vie et du monde. L'accusation d'insensibilité faite à Valéry n'a d'autre cause que cette fausse jeunesse d'hommes-enfants que produit en masse notre civilisation. Seule cette naïveté commune à l'écrivain et au lecteur donne du prix aux confidences faussement sincères qui font la trame de maints ouvrages dits littéraires. « L'écrivain consume tout ce qu'il est, et tout ce qui le touche. Ses plaisirs et ses maux, ses affaires, son Dieu, son enfance, sa femme, ses amis et ses ennemis, son savoir et son ignorance, tout se précipite sur le papier fatal... depuis que l'on a inventé « la sincérité » comme valeur d'échange littéraire ». (Pléiade I, p. 1466). Valéry, quant à lui, n'a pas assez de naïveté pour considérer ces enfantillages comme valeurs littéraires. Ce ne sont pas les accidents singuliers, heureux ou malheureux, d'une vie particulière, fût-ce la sienne, qui l'intéressent. Sa véritable vie, il la considère comme distincte des circonstances historiques de son existence, secrètement enfantée qu'elle est par sa maturation intérieure. Et de celle-ci, il ne s'attache pas tant à saisir l'évolution dans le temps, qu'à dégager les produits finis d'une structure de pensée et de sensibilité dont il rêve qu'elle ne serait plus tant la sienne, que celle de l'homme unique et universel. L'idéal de cet « esprit curieusement antihistorique » serait ainsi de

« suivre cet instinct formel des productions de la sensibilité développée à l'égard de toute présentation, qui manifestent la structure
de ce qui ne ressemble à rien, et qui tendent à s'ordonner en constructions complètes par elles-mêmes ». Il reconnaît cependant qu'il
n'est pas possible de suivre jusqu'au bout » ces sollicitations de sensibilité « formelles » antérieures à tout « sujet », à toute idée exprimable et finie », et que ce n'est là qu'un idéal limite inaccessible. Il
n'en prétendra pas moins que bien de ses poèmes sont le fruit
d'excitations de cette sensibilité formelle, si impératives que la
production du poème procèderait en quelque sorte de la forme
vers le fond, finissant « par exciter le travail le plus conscient à
partir d'une structure vide ».

Ainsi en serait-il de la Jeune Parque, fruit d'une « recherche,
littéralement indéfinie, de ce qu'on pourrait tenter en poésie qui
fût analogue à ce qu'on nomme « modulation » en musique », ainsi
que du « Cimetière marin », né de « la simple indication d'un rythme qui s'est peu à peu donné un sens ». Car l'idéal esthétique de
Valéry est celui-là même de la musique pure jouant ses puissances d'enchantement sur ce qu'on pourrait appeler le clavier de
la sensibilité transcendentale, sensibilité impersonnelle parce que
transpersonnelle, c'est-à-dire au-delà des particularités personnelles.

> « Le musicien, par exemple, se trouve comme en présence d'un
> ensemble de possibilités dont il lui est loisible de disposer sans
> aucune référence au monde des choses et des êtres. Par son opération
> sur les éléments de l'univers de l'ouïe, les affections et émotions
> « humaines » peuvent être excitées, sans que l'on cesse de percevoir
> que les formules musicales qui les raniment appartiennent au sys-
> tème général des sons, naissent en lui et s'y résolvent ensuite,
> pour que leurs unités se recomposent en de nouvelles combinaisons.
> Par là, il n'y a jamais confusion possible de l'effet de l'œuvre avec
> les apparences d'une vie étrangère ; mais bien communion possible
> avec les ressorts profonds de toute vie ». (Pléiade I, p. 1473).

Voilà bien l'explication de l'apparente impersonnalité de la
poésie valéryenne ; elle est le résultat de cette recherche d'une
« communion possible avec les ressorts profonds de toute vie ».
Mais cette communion tend en fait à dégager une sensibilité ultra-
personnelle, transcendentale et structurale, par rapport à laquelle
nos sensibilités personnelles ne sont que des vêtements plus ou
moins mal taillés recouvrant cette sensibilité pure qui n'est à personne parce qu'elle est à tous. Pour jouir pleinement du miracle
d'harmonie dont est capable cette sensibilité transpersonnelle, il
faut avoir dépassé le stade enfantin de la sensibilité naïve et avoir
accédé à la maturité de l'esprit libéré des petitesses trop humaines
de l'homme bloqué dans son adolescence.

Car cette réussite rare des poèmes de Charmes est elle-même le
fruit d'une maturité sévèrement conquise. Ils sont l'œuvre savante
d'un poète de cinquante ans, auquel un éloignement de la poésie
pendant un quart de siècle aura permis de mûrir lentement son idéal

artistique, sans rester prisonnier des formes et des idéaux de son adolescence. Ce savant équilibre entre la fête des sens et la fête de l'intellect, unies par l'incantation magique d'un langage poétique épuré, sont le chef-d'œuvre d'un analyste de la vie intérieure, mûri par vingt-cinq ans de vie recluse et poursuivant ses expériences intellectuelles avec la rigueur d'un savant et la passion d'un mystique. On oublie trop souvent cette lente maturation quand on parle du poète de Charmes. La restituer dans sa dramatique aventure spirituelle, tel est le but essentiel de notre travail. Nous connaissons le point de perfection auquel il est arrivé. Mais nous ne pourrons en évaluer tout le prix que si nous nous attachons à retrouver la courbe sinueuse dont il est le point d'aboutissement, ainsi d'ailleurs que le prolongement de cette courbe au-delà de l'époque de Charmes.

Ce point de perfection idéale, Valéry l'a lui-même défini comme le mariage des forces antagonistes qui sont en nous : la puissance irrationnelle de la sensibilité et la puissance rationnelle de l'intellect. Mais comment résister à la tentation de citer Valéry lui-même, dans les « Mémoires du poète » ?

> « En somme, je me faisais une sorte de définition du « grand art », qui défiait toute pratique ! Cet idéal exigeait impérieusement que l'action de produire fût une action complète qui fît sentir, jusque dans l'ouvrage le plus futile, la possession de la plénitude des pouvoirs antagonistes qui sont en nous : d'une part, ceux qu'on pourrait nommer « transcendants » ou « irrationnels », qui sont des évaluations « sans cause », ou des interventions inattendues, ou des transports, ou des clartés instantanées, — tout ce par quoi nous sommes à nous-mêmes des foyers de surprises, des sources de problèmes spontanés, de demandes sans réponses, ou de réponses sans demandes ; tout ce qui fait nos espoirs « créateurs » aussi bien que nos craintes, nos sommeils peuplés de combinaisons très rares et qui ne peuvent se produire en nous qu'en notre absence... D'autre part, notre vertu « logique », notre sens de la conservation des conventions et des relations, qui procède sans omettre nul degré de son opération, nul moment de la transformation, qui se développe d'équilibre en équilibre ; et enfin, notre volonté de coordonner, de prévoir par le raisonnement les propriétés du système que nous avons le dessein de construire, — tout le « rationnel ». (Pléiade I, p. 1484).

Que cet idéal défie peut-être toute pratique, en ce qu'il cherche à marier l'eau avec le feu, peu importe. Le moment n'est pas encore venu d'analyser le degré de réussite de notre auteur. L'important est que c'est là l'idéal de la maturité, tel qu'il tâchera de le réaliser à partir de la cinquantaine, mais tel aussi qu'il lui était impossible de tenter même de le pratiquer en sa vingtième année, même s'il avait déjà commencé à l'entrevoir. Car lorsqu'il nous avoue n'avoir pu « souffrir (dès 1892) que l'on opposât l'état de poésie à l'action complète et soutenue de l'intellect », (Pléiade I, p. 1482), nous devons constater que si c'était certes là une tendance inhérente à son caractère intellectuel, il était encore loin, en cette époque de jeunesse, de pouvoir donner corps à un tel idéal. Et quand il ajoute aussitôt après : « Cette distinction (entre l'état de poésie et l'intellect) est aussi grossière que celle que l'on enseigne exister entre la « sensibilité » et « l'intelligence », il faut remarquer que cette affirmation ne se rapporte déjà plus à son état de jeunesse. Ce n'est qu'après 1920 qu'il affirme la possibilité du mariage harmonieux de ces pouvoirs antagonistes. La crise de 1892 est justement causée par le divorce entre ces deux puissances, la sensibilité et l'intellect, divorce vécu dans le drame du déchirement entre ces deux moitiés égales de l'être. Toute l'histoire intellectuelle de Valéry pourrait être retracée comme celle des épisodes divers de la relation conjugale de ce couple de puissances constituant l'homme. D'une manière schématique, c'est un drame en trois ou quatre actes. Le premier acte, ou période de jeunesse, jusqu'en 1892, est marqué par le développement désordonné de ces deux puissances sans qu'elles aient encore pris conscience de leur nature. Le deuxième acte, c'est le divorce violent : l'intellect qui a pris conscience de sa force, opprime totalement la sensibilité ; celle-ci pourtant agit sournoisement et à partir du travail sur la Jeune Parque fait peu à peu reconnaître son existence. A partir de 1920, c'est le troisième acte, ou mariage heureux de ces deux forces parvenues à leur pleine maîtrise et dont la maturation même permet l'accord harmonieux. Le quatrième acte pourrait se situer à partir de 1940 : le couple célèbre ses noces d'argent dans une volonté de dépassement, d'exaltation nouvelle dans l'affirmation du Moi au-delà des limites de l'humain. Tel est sans doute le sens de « Mon Faust ». Tout Valéry se situe dans la dialectique unifiant les étapes de cette difficile maturation. Il est impossible de le situer dans une étape plutôt que dans une autre, car tout son être est dans la dynamique de cette courbure. Il n'est ni « Narcisse parle », ni « Monsieur Teste », ni « Eupalinos ou la danse », ni « Faust », mais le lien créateur qui unit ces différentes projections de lui-même, simples fragments de son existence. Valéry lui-même nous invite d'ailleurs à retrouver le sens de cette courbure existentielle de sa maturation intérieure, unissant des phases contradictoires de son existence. Lui qui n'aimait pas la mémoire a pourtant écrit ses « Mémoires du poète », où il cherche à retracer la courbe de son évolution. Ecoutons-le :

> « Mais l'univers de l'esprit peut-être a sa courbure, de laquelle, si elle est, nous ne pouvons rien savoir, nous ne savons rien. J'ai observé, en d'autres choses mentales, que si nous pouvons quelquefois parvenir à nos antipodes, nous ne pouvons guère ensuite qu'en revenir. Ce n'est plus qu'une « affaire de temps », car tout nouveau changement ne peut que nous rapprocher de l'origine. Je suis disposé à croire qu'un homme qui vivrait fort longtemps aurait, vers le terme de son périple, à la condition que sa pensée lui fût demeurée assez active, fait le tour de ses sentiments, et qu'ayant à la fin adoré et brûlé, brûlé et adoré tout ce qui méritait

de l'être dans la sphère de sa connaissance, il pourrait mourir achevé ». (Pléiade I, p. 1488).

Etonnante lucidité de Valéry sur lui-même, car de qui a-t-il jamais parlé sinon de lui-même ! La confidence est plus directe, mais identique dans les Cahiers :

> « Le voyage de ma vie me conduit à mes antipodes. On finit par aimer ce qu'on haïssait ; par faire ce que l'on se croyait l'homme du monde le plus incapable de faire. Mais alors qui-est-moi ? Cette vie est ronde ? » (Cahier 8, p. 397).

Valéry a effectivement et successivement adoré la sensibilité et brûlé l'intellect, puis brûlé la sensibilité et adoré l'intellect. Et pourtant non, sa vie n'est pas ronde, et s'il est vrai que « tout nouveau changement ne peut que nous rapprocher de l'origine », ce n'est qu'à la condition de considérer cette origine non pas comme un point, mais comme un axe vertical. Car notre évolution intérieure s'élève en spirale autour de cet axe. Parti du point inférieur de l'axe, on ne revient jamais au point de départ, mais beaucoup plus haut, certes à la verticale du point initial, mais dans une altitude différente, ouvrant un plus large horizon. Car cet axe est celui de l'épanouissement des virtualités contenues dans la graine première. Tout se trouve dans la graine, mais cachée à l'état d'implexe, inconnu à notre propre regard. Heureux celui qui ne se trompe pas sur lui-même et ne se développe pas dans des possibilités simplement adventices de son être, suivant ainsi une direction excentrique l'éloignant de son origine personnelle. Car toute la vocation de l'homme est dans le retour à l'origine, ou plutôt à cet axe de notre maturation, toujours plus haut sur cette verticale qui est le redressement progressif de notre stature d'homme s'élevant lentement vers l'infini qui l'aspire et dans lequel plongent toujours plus avant les éclaireurs de notre futur développement. Cette évolution en spirale a certes une projection circulaire passant par les quatre points cardinaux de la forme structurale de l'homme intérieur, la sensibilité et l'intelligence, l'imagination et la connaissance. Valéry est passé par ces antipodes, mais sa vocation était de les unir en les dépassant par le haut. Car là est la grandeur de son drame, essayer de briser le cercle de la répétition. Sa fuite de l'intellect vers la sensibilité, puis de la sensibilité vers l'intellect, jusqu'à la conquête de leur union, est aussi l'histoire de cet effort pour briser le cercle, car Valéry était dès sa jeunesse en puissance du Faust de sa vieillesse, dont c'est là tout le sens, effort désespéré pour sortir des limites de l'homme. Faust, figure de l'intellect valéryen, et Lust, figure de sa sensibilité, maintenant réconciliés au-dessus de toutes les basses tentations, s'unissent dans une même volonté surhumaine de dépassement. Lust affirme à la fin de « Mon Faust » : « Vous me dites humaine, et si je vous répondais qu'il y a quelque chose en moi qui m'est obscur, et que rien, rien d'humain ne pourrait satisfaire ». Tandis que Faust déclare à la fin du « Solitaire » :

« Moi qui sus l'ange vaincre et le démon trahir
J'en sais trop pour aimer, j'en sais trop pour haïr,
Et je suis excédé d'être une créature ».

Ainsi, parvenu au sommet de sa carrière, Faust a sans doute réussi à dominer l'antagonisme de la sensibilité et de l'intelligence, de la vie et de l'esprit. Faust et Lust semblent capables de se comprendre et de s'unir, prêts à réussir enfin le mariage du cœur et de l'esprit. Bien des obstacles ont été ainsi ôtés sur la voie de la connaissance. Faust-Valéry sait maintenant que la connaissance ne peut être atteinte par le seul pouvoir de l'intellect, et que le cœur est un des « deux répondants de la vie », au même titre que l'esprit. Et pourtant la connaissance ne s'est pas offerte, elle reste aussi lointaine au terme de l'aventure qu'en son commencement. « Et pendant une éternité, il ne cessa de connaître et de ne pas comprendre », tel est le dernier mot livré au public quelques semaines avant sa mort par cet « homme toujours debout sur le cap Pensée, à s'écarquiller les yeux sur les limites ou des choses, ou de la vue ».

Mais après avoir sommairement tracé la courbe d'évolution de l'esprit valéryen et souligné la passion de connaissance qui l'anime, il nous faut revenir au premier point d'inflexion de cette aventure spirituelle, marqué par la révolution de 92. Valéry a toujours été dominé par l'idée, si caractéristique de sa démarche, qu'il n'y a « pas de cloison entre poésie et activité totale de l'esprit. Et même, pour que l'œuvre soit pure, tout doit s'employer. L'idée même de pureté et celle des moyens à employer pour obtenir cette qualité s'élaborent dans le concours de toutes les fonctions et ressources de l'être ». (Cahier 24, p. 531). Son admiration précoce pour Poe s'explique par cette volonté profonde de toujours mettre en œuvre la totalité des pouvoirs de l'esprit. Si l'auteur d'Euréka reste pour lui « le seul écrivain sans aucun péché », c'est bien parce qu'il est « absolument le seul écrivain qui ait eu l'intention d'attacher la littérature à l'esprit ». Or, voilà qu'en 1892, cette fois en la puissance de la pensée entraîne Valéry à juger l'avenir de son propre esprit en danger. Nous avons déjà analysé le malaise et la méfiance qu'il éprouvait devant le monde des Lettres, en homme « qui voit d'abord dans le jeu de viser l'esprit des autres la certitude de perdre son âme ». Lui, auquel la poésie apparaissait, un an plus tôt, « comme une explication du Monde délicate et belle », en découvre maintenant les limites. « Il m'apparut alors (92) que l'art de poésie ne pouvait satisfaire tout mon esprit. D'ailleurs, les conditions difficiles que j'exigeais de cet art excluaient bien des possibilités. Il y eut antagonisme entre cet idéal et celui de l'esprit. Bien des choses lui échappaient et je voyais parfois de la bêtise dans la spécialité poétique. Conflit entre la liberté de l'esprit et celui qui a besoin de fiducia, de valeurs arbitraires pour se produire ». (Cahier 25, p. 879).

Si bien que c'est une véritable entreprise de sauvetage personnel qu'il va entreprendre. La même passion qu'il avait investie jusque là dans le culte poétique de la Beauté, il va la tourner avec la même intensité dans cette tentative pour sauver son esprit. « J'avoue que je prenais très au sérieux les affaires de mon esprit, et que je me préoccupais de son salut comme d'autres font celui de leur âme ». (Pléiade I, p. 1465). Langage étrangement mystique pour désigner cette ascèse intellectuelle de dégagement, où la littérature n'est pas seule à être mise en cause. La crise sentimentale qui avait si brutalement bouleversé son imagination, ainsi sans doute que le caractère exagérément mystique et vague de son idéal spirituel, contribuèrent aussi à ce mouvement de réaction et de reprise de soi. Il s'agissait pour lui de retrouver sa liberté d'esprit, fortement entamée par les orages affectifs de son adolescence, recouvrer l'indépendance de sa pensée en la libérant des idoles qui l'avaient asservie. C'est le sens de ce célèbre texte contenu dans « Propos me concernant » :

> « A l'âge de vingt ans, je fut contraint d'entreprendre une action très sérieuse contre les « Idoles » en général. Il ne s'agit d'abord que de l'une d'elles qui m'obséda, me rendit la vie presque insupportable. La force de l'absurde est incroyable. Quoi de plus humiliant pour l'esprit que tout le mal que fait ce rien : une image, un élément mental destiné à l'oubli ? D'ailleurs, même l'intensité d'une douleur physique ne dépend pas de l'importance vitale de sa cause : une dent malade rend fou, et ce n'est rien en soi.
>
> Cette crise me dressa contre ma « sensibilité » en tant qu'elle entreprenait sur la liberté de mon esprit. J'essayai, sans grand succès immédiat, d'opposer la conscience de mon état à cet état lui-même, et l'observateur au patient...
>
> Tout ceci me conduisit à décréter toutes les Idoles hors la loi. Je les immolai toutes à celle qu'il fallut bien créer pour lui soumettre les autres, l'Idole de l'Intellect : de laquelle mon Monsieur Teste fut le grand-prêtre ». (Pléiade II, p. 1510).

Remarquons d'abord le caractère volontaire et brutal de cette réaction. Les obsessions de l'imagination passionnelle ont entraîné le sentiment d'une dépossession humiliante pour l'esprit, chassé de son propre domaine par des forces étrangères. L'humiliation est d'autant plus pénible que ces forces envahissantes semblent purement imaginaires et donc sans réalité véritable. Or, l'esprit ne peut supporter de ne pas être maître chez lui. C'est un véritable coup de force, un coup d'état brutal qu'il entreprend pour retrouver son indépendance et la pleine possession de lui-même. Mais, comme il en va de toute révolution, qu'elle fût morale chez l'individu, ou politique dans une société, la violence va bien au-delà de ses buts nécessaires. Valéry reconnaîtra lui-même le caractère excessif de sa révolution spirituelle. Sa lutte contre la sensibilité, jugée responsable de tous les troubles, procède plus à un nettoyage par le vide qu'à une simple épuration. Il est remarquable d'ailleurs que ce ne soit pas l'imagination seule qui soit mise en cause, mais bien, d'une manière plus générale, toute la sensibilité. Il faut bien que Valéry ait souffert de cet excès de sensibilité, pour qu'il se soit dressé contre elle d'une manière aussi violente et aussi excessive. Car ce n'est pas par manque de sensibilité qu'il va s'efforcer de créer cette figure étonnamment froide, ascétiquement concentrée dans la pure lucidité de son intelligence, que sera M. Teste. La figure de cet homme rigoureux, « maître de sa pensée », livré « tout entier à la discipline effrayante de l'esprit libre », ayant « tué la marionnette », est la création d'un homme ayant souffert d'une sensibilité extrêmement irritable. Cette image artificielle d'« un monstre intellectuel », maître des lois de fonctionnement de son esprit, est l'antidote, le remède choc l'aidant à lutter contre sa crise, de même qu'il trouvera aide également dans l'étude de certaines théories scientifiques. Cette crise provoquée par la sensibilité ne sera d'ailleurs pas la seule. « Vers 1901 — les théories Gibbs-Phases. Equilibres hétérogènes me frappèrent beaucoup et me servirent d'images pour préciser la notion qui s'impose à moi dans la crise absurde 1891-189 dans les efforts pour lutter contre obsession et cette sensibilité insupportable que j'ai retrouvée en 20/21... etc. puis en 35, etc. et nunc. » (1943, Cahier 27, p. 64). Car Valéry l'avouera : « Ma sensibilité est mon infériorité, mon plus cruel et détestable don ». Don, au sens de talent sans doute, mais aussi de donnée de sa nature. En tant que talent, ce don de la sensibilité sera reconnu plus tard comme le trésor essentiel fondant la richesse de l'homme. Mais en tant que donnée de sa nature, cette sensibilité éveille sa méfiance. « Je ne puis souffrir d'être contraint par ma nature », écrira-t-il, « de faire ou subir ceci ou cela. Je ne comprends pas le molléculaire ou le colloïdal ou le neurophysique de moi ». (Cahier 26, p. 21). La sensibilité est ce côté passif de sa nature, ce qu'il a reçu du hasard de sa constitution particulière ; elle est cette partie du moi qu'il faut assumer sans être en rien responsable de ses qualités personnelles, et c'est sans doute pourquoi il ne peut accepter de fonder sur elle son originalité. « Ma sensibilité a et a toujours eu horreur d'elle-même. Sans quoi j'aurais fait un romancier ou un poète ». (Cahier 26). De plus, le jeune Valéry ne sait pas encore distinguer entre la sensibilité et les sentiments qui obstruent les voies de la sensibilité de toute la lourdeur de leurs impressions particulières, quand le hasard des accidents de la vie les constitue maladroitement, plus que les nécessités profondes de l'être. « Combien je répugne à écrire mes sentiments, à noter ce que tant se plaisent à noter sur le papier ». Mais Valéry est sensible comme tout poète et ce serait une absurdité d'imaginer que sa poésie puisse être le fruit de son intelligence seule. Il n'est pas, comme on voudrait le faire croire trop souvent, le poète de l'intelligence abstraite ; et nous verrons quelle importance capitale il donnera à la sensibilité, et pas seulement à la sensibilité de l'intelligence, mais à la sensibilité générale et fondamentale. Résumons simplement pour l'instant quelques notes de son Cours de poétique au Collège de France : « Notre sensibilité est tout... Nous sommes en état de sensibilité continuel. Et le difficile est bien de savoir, non ce qu'elle est, mais ce qu'elle n'est pas... Le moi n'est au fond qu'un produit de sensibilité... Je retrouve partout la sensibilité, la difficulté est d'arriver à définir ce qui n'est pas sensibilité ». (Cité par J. Hytier, p. 24). Et voici quelques notes des Cahiers, parmi la centaine que nous reprendrons plus tard : « Rien de plus ridicule que d'opposer la sensibilité à la raison ». (Cahier 17, p. 768). « Opposer l'intelligence à la sensibilité est réellement comique ». (Cahier V, p. 584). Mais ce n'est qu'après les années 1918-1920 que Valéry découvrira les rapports étroits et indissolubles qui unissent la sensibilité et l'intelligence, et c'est pourquoi nous ne pouvons encore développer cette question. Il faut pourtant remarquer que tout le temps qu'il sera en lutte contre sa sensibilité et qu'il cherchera à l'étouffer sous la domination autoritaire de l'intelligence, il restera éloigné de la poésie. Monsieur Teste n'a jamais été poète, et c'est un aveuglement absurde d'imaginer une identification entre Valéry-Teste et le poète de « Charmes ». Teste est bien la figure la plus antipoétique qui se puisse imaginer, et tout le temps que ce « grand prêtre » de l'idole intellect fascinera l'esprit de Valéry, celui-ci restera incapable de retourner à la poésie abandonnée après la crise de Gênes. Il le reconnaîtra amèrement plus tard par la bouche de Socrate dans Eupalinos.

> « Il faut choisir d'être un homme, ou bien un esprit... » (Pléiade II, p. 126). « Hélas ! hélas ! j'ai usé d'une vérité et d'une sincérité bien plus menteuses que les mythes, et que les paroles inspirées... » (Pléiade II, p. 139). « O perte pensive de mes jours ! Quel artiste j'ai fait périr ! ... voici que je suscite pour Euménides mes actions qui n'ont pas eu lieu, mes œuvres qui ne sont pas nées, — crimes vagues et énormes que ces absences criantes ; et meurtres, dont les victimes sont des choses impérissables ! » (Pléiade II, p. 140).

On ne peut imaginer d'aveu plus déchirant de la part d'un poète, confessant la faute irréparable commise contre son génie. Car cette faute est un crime ayant empêché la naissance de ces « choses impérissables » que sont les poèmes. Le coupable, le meurtrier, n'est autre que cet idolâtre que fut M. Teste. Valéry désignera d'ailleurs lui-même le coupable dans ses Cahiers. Il notera à la fin de 1934 :

> « Souvenirs de M. Teste — Journal de l'ami Teste. Un des dadas de Teste, non le moins chimérique, fut de vouloir conserver l'art tout en exterminant les illusions d'artiste et d'auteur. Il ne pouvait souffrir ni les prétentions bêtes des poètes ni les grossières des romanciers. Il prétendait que les idées nettes de ce qu'on fait conduisent à des développements bien plus surprenants et universels que les blagues sur l'inspiration, la vie des personnages, etc. Si Bach eût cru que les sphères lui dictassent sa musique... il n'eût pas eu la puissance de limpidité et la souveraineté de combinaisons transparentes qu'il obtint — les staccato ». (Cahier 27, p. 711).

Valéry, redevenu poète après la réussite de la Jeune Parque, saura que les idées de M. Teste sur la poésie ne sont, pour une grande part, que des chimères. La condamnation que Teste portait sur le rôle de l'inspiration en poésie n'est pas moins naïve dans son excès d'intolérance que la plus naïve conception populaire faisant du poète l'instrument passif d'une possession par des forces occultes qui dicteraient leur message. Nous le verrons plus tard, quand nous retrouverons Valéry redevenu poète, si M. Teste avait ce dada chimérique de vouloir imaginer une poésie construite lucidement dans le refus de l'aide aliénante que serait l'inspiration, telle ne sera en rien la conception beaucoup plus nuancée et accueillante de Valéry-poète. C'est encore un contre-sens fait par la critique identifiant Teste et Valéry qui est responsable de cette absurdité faisant de Valéry un poète à l'intelligence lucide considérant l'inspiration comme une idole dont il importerait de débarrasser l'exercice de la poésie. Rappelons seulement un aveu fait à Gide dans une lettre de juillet 1906, donc déjà dix ou douze ans postérieure à la création de M. Teste. « Il faut en convenir, je mets les pouces. Les vrais artistes sont comme des ivrognes ; l'inspiration est tout ; la lucidité est sa négation. L'art en pleine lumière est une fiction pure. Le peu qu'on en a vu n'est qu'un résultat de laboratoire ; n'y pas songer pour employer ses capitaux ». (Gide, p. 408). Dans ces produits artificiels de laboratoire, fait-il allusion aux deux poèmes « Vue » et « Eté » parus dans « le Centaure » en 1896, ainsi qu'au poème « Valvins » écrit en hommage à Mallarmé et qui paraîtra en 1897 ? Le fait est possible, vu le caractère savant et obscur de ces poèmes, à la musique froide et trop maîtresse d'elle-même. C'est peut-être aussi en pensant à ces derniers poèmes qu'il écrit à Albert Thibaudet en 1912 : « Mes derniers vers, du Mallarmé très inférieur, appartiennent à cette gymnastique ». On ne fait pas de véritable poésie en rêvant d'une littérature construite comme les mathématiques, organisée sous le regard lucide d'une stricte analyse. Ce monstre de lucidité qu'est Teste a véritablement desséché en Valéry la source poétique. Il lui faudra dix ans encore après cet aveu à Gide avant que l'idolâtrie de l'intellect ne perde en lui le pouvoir de sa fascination et qu'il puisse accueillir à nouveau, par delà les rigueurs de l'analyse, les sollicitations et les fulgurations de l'extase, expression des pouvoirs transcendants ou irrationnels de la sensibilité et de « tout ce que par quoi nous sommes à nous-mêmes des foyers de surprises, des sources de problèmes spontanés, de demandes sans réponses, ou de réponses sans demandes... et qui ne peuvent se produire en nous qu'en notre absence ». (Pléiade p. 1484). C'est au total plus de vingt-cinq ans d'ascétique maturation à travers les « Enfers spirituels » régis par l'idole de l'intellect qu'il aura fallu à Valéry avant de se retrouver lui-même, et d'approcher » de ce pouvoir si précieux » « d'enchaîner comme il le faudrait, une analyse à une extase ». (Pléiade II, p. 96). Car telle sera la définition de son art poétique, lorsque, échappant à l'envoûtement de sa propre création romanesque, il se sera libéré de Teste, et qu'à l'image de Socrate, campant l'identité nouvelle d'un constructeur « Anti-Socrate », il aura retrouvé son authentique vocation de poète Anti-Teste.

Car c'est bien là le trait le plus remarquable de la personnalité de Valéry : sa maturation se sera faite à travers plusieurs cristallisations antithétiques, comme il l'avoue lui-même : « Le voyage de ma vie me conduit à mes antipodes ». Après la période de mysticisme esthétique qu'on pourrait centrer sur la figure d'un de ses poèmes, « Le jeune prêtre », la révolution de 92 ouvre une étape nouvelle caractérisée par l'austère idolâtrie de l'intellect avec pour grand-prêtre M. Teste. Le règne de ce dernier sera long, mais une nouvelle révolution beaucoup plus lente et secrète, mais non moins décisive, entraînera la chute de M. Teste et la définition d'un idéal anti-Teste dans la figure d'Eupalinos. Enfin, un nouvel effort pour synthétiser et unifier les divers personnages qu'il portait en lui amènera Valéry à la création de « Mon Faust » où s'exprimera sa dimension la plus secrète dans l'exploration « de certains extrêmes de l'humain et de l'inhumain ». Il ne faut jamais oublier le cheminement antithétique de cette maturation l'amenant d'un extrême à l'autre, quand on parle de Valéry, sous peine de le figer dans l'un ou l'autre de ses personnages partiels, alors que son secret est à chercher dans le dynamisme caché traversant les diverses étapes de son aventure de la connaissance. Aussi nous semble-t-il indispensable, avant d'aborder l'étude proprement dite de la période Teste, de rappeler cette variabilité du moi valéryen. Valéry a changé, et son évolution est telle qu'il faudrait reconnaître plusieurs Valéry, car sa maturation ne s'est pas faite en ligne droite, mais selon une courbe possédant au moins deux angles aigus situés en 1892 et 1920. Reconnaître cette variabilité dans sa lente et difficile maturation est donc nécessaire pour comprendre le cheminement de sa pensée. Mais il y a plus ; cette variabilité n'est pas seulement une donnée biographique nous permettant de suivre son évolution, elle correspond à un trait important du caractère de Valéry, le sentiment profond qu'il avait de la variété des possibles de son esprit, entraînant peut-être une certaine hésitation entre ces divers possibles.

On sait le regret amer de Socrate d'avoir laissé développer en lui le penseur au détriment des autres identités possibles dont sa nature eût été capable, et particulièrement de l'artiste qu'il eût pu être, de l'« architecte que les circonstances n'ont pas achevé de former ». Ce regret est basé sur le sentiment d'une pluralité de vocations possibles dont seules les circonstances de la vie ont permis à l'une de se développer plutôt qu'à d'autres. C'est ainsi qu'il déclare à Phèdre : « Je t'ai dit que je suis né plusieurs, et que je suis mort un seul. L'enfant qui vient est une foule innombrable, que la vie réduit assez tôt à un seul individu, celui qui se manifeste et qui meurt. Une quantité de Socrates est née avec moi, d'où, peu à peu, se détache le Socrate qui était dû aux magistrats et à la ciguë ». En 1921, Valéry, revenu à la poésie et à sa vocation première, regrette le temps passé dans l'austérité des raisonnements abstraits, usant « d'une vérité et d'une sincérité bien plus menteuses que les mythes et que les paroles inspirées ». Car, comme Socrate, il a connu l'hésitation entre plusieurs vocations possibles, celle du penseur abstrait, et celle du poète-artiste. Chacune de ces vocations correspond à des dons différents de sa nature. Mais aussi, chacune le pousse en des directions opposées, créant un conflit aigu dont il a souffert pendant cinquante ans de sa vie, mais sur la résolution duquel il fondera finalement son incomparable et véritable originalité, « le conflit qui était sans doute en puissance dans ma nature, entre un penchant pour la poésie et le besoin bizarre de satisfaire à l'ensemble des exigences de mon esprit ». Ce n'est qu'après 1920 qu'il réussira à « préserver l'un et l'autre ».

Que Valéry ait vivement ressenti ce partage de vocations nous en avons la preuve dans la fréquence avec laquelle ce thème, de la variété des possibles dont est capable un esprit, revient dans son œuvre et dans de multiples réflexions des Cahiers. Il en reconnaît le trait chez Stendhal pour lequel il éprouve une paradoxale sympathie. « Chez bien des hommes de valeur, cette valeur dépend de la variété des personnages dont ils se sentent capables... Ce sceptique croyait à l'amour. Cette mauvaise tête est patriote. Ce notateur abstrait s'intéresse à la peinture... Il a des prétentions au positif, et il se fait une mystique de la passion ». Remarquons que ces mêmes oppositions se retrouvent en Valéry, qui poursuit : « Peut-être l'accroissement de la conscience de soi, l'observation constante de soi-même conduisent-elles à se trouver, à se rendre divers ? L'esprit se multiplie entre ses possibles... » (Pléiade I, p. 558). Mêmes réflexions dans les Cahiers où, rappelant la valeur de trésor de Mille et une nuits qu'il attachait à la phrase de Baudelaire sur Poe : « Ce merveilleux cerveau toujours en éveil », il ajoute : « Je rêvais sur les Possibles de l'esprit » (Cahier 27, p. 234). Si l'esprit est ainsi riche de possibilités diverses, comment peut-on décrire l'histoire d'une vie, sans se référer à cet éventail de personnages divers contenus virtuellement dans un individu ?

> « Dans une description de toute vie, je crois qu'il faudrait prévoir des latences, des manques qui peuvent longtemps ne pas se révéler... La vie observable vécue, étant suite de réponses et par conséquent une histoire accidentelle qui eût pu être autre, ce qui n'a pas été provoqué ni explicité, constitue un stock indéterminé de possibles, dont le développement imaginable pourrait être désigné comme l'être complet de possibilités ». (Cahier 17, p. 818).

Ce sentiment de virtualités multiples non explicitées est à l'origine du malaise dont souffre Narcisse. « Narcisse, l'esprit ne se reconnaît pas dans l'homme, et moi dans mon miroir. Car le possible ne peut avoir un seul objet pour image. C'est trop peu d'un personnage pour tant d'existences... virtuelles ». (Cahier 18, p. 45). Nombreuses sont les notes des Cahiers concernant ce thème de Narcisse, si cher à Valéry qui, comme son héros, ne peut se reconnaître dans l'image arrêtée, fixée par le miroir de la source. « Narcisse — La confrontation du Moi et de la Personnalité. Le conflit du souvenir, du nom, des habitudes, des penchants, de la forme mirée, de l'être arrêté, fixé, inscrit, de l'histoire, du particulier, avec le centre universel, ... la fonction renaissante, le moi qui peut être entièrement nouveau et même multiple à plusieurs existences, à plusieurs dimensions, à plusieurs histoires ». (Cahier 4, p. 181). C'est bien là le drame personnel de Valéry qui avoue encore : « il y a xy personnes possibles en moi » (Cahier 8, p. 252). Ce qui explique les réflexions suivantes : « Ce que les autres, les amis, les critiques m'attribuent et prennent pour mes attributs, parce que j'ai dit ou fait ou écrit telle ou telle chose, ne m'apparaît à moi que pure possibilité. J'aurais pu faire autre chose. D'autres incidents, certaines restrictions levées ; tel parti pris, telles conventions modifiées, l'œuvre et l'aspect en seraient changés » (Cahier 9, p. 534). « Les gens ne comprennent pas que l'on soit divers et que l'on ne veuille à aucun prix se laisser enfermer dans leurs divisions simples et dans les épithètes naïves ». « Ce que l'on nomme Esprit pourrait aussi bien se nommer Variété — Variété de Un Tel. Les animaux ne sont pas plusieurs. Plus d'un ne comprend pas que l'on soit plusieurs. Mais je pense que d'être plusieurs, c'est l'essence de l'homme ». (Cahier 10, p. 709). C'est bien cette pluralité, cette variété que nous devons nous efforcer de retrouver en Valéry, nous gardant bien de le figer dans une seule de ses figures. Souvenons-nous particulièrement, au moment d'aborder la création de M. Teste, que ce personnage n'est que l'une des possibilités diverses de Valéry. Certes, son œuvre n'est presque toute entière qu'un immense monologue, mais c'est le monologue d'un Moi habité de plusieurs personnages. Car il n'est guère d'œuvre plus centrée sur leur auteur, dont l'image reste celle de Narcisse se penchant sur son reflet à la recherche de sa propre identité. Recherche indéfinie, car cette identité, il ne peut la trouver dans les particularités accidentelles de son moi psychologique, ce qui explique cette poursuite toujours renouvelée, toujours approfondie à travers les richesses cachées de son implexe secret. « Tout ce que j'ai fait ou pensé est relié à mon existence. — IMMEDIATEMENT », écrit-il à Gide en 1899 ; mais cela restera vrai jusqu'à sa mort, preuve en est cet aveu dans les Cahiers, en 1939 : « Mon livre unique. Le Monologue à plusieurs Moi, à plus d'un Moi. « (Cahier 21, p. 709). Telle pourrait être en effet la définition la plus adéquate de l'ensemble de son œuvre, y compris les Cahiers : monologue à plusieurs Moi, ou Variété du Moi.

Retrouver ces divers moi qui composent la richesse de l'implexe valéryen, telle doit donc être notre tâche, nous efforçant de retrouver les liaisons fonctionnelles qui les unissent en les articulant autour d'une dualité constitutive. Car « Moi - l'homme est une société, et ce qu'il appelle MOI est une pluralité d'une espèce... singulière. Je ne veux pas ici parler des multiplications de la personnalité qui sont des accidents chez les normaux, des régimes chez certains animaux. Mais d'une dualité fonctionnelle, c'est-à-dire sans laquelle il n'y a pas de Moi. Tout Moi doit être capable d'antagonisme ». (Cahier 27, p. 797). Cette dualité fonctionnelle est évidente chez Valéry, c'est celle qui oppose, en un antagonisme souvent violent, l'intellect et la sensibilité, M. Teste et l'Anti-Teste qu'est le poète ou l'artiste.

On ne s'étonnera pas non plus, quand on connaît la variété constitutive du Moi valéryen, de constater une évolution et des changements dans l'histoire de sa vie ou de son esprit. Valéry n'a pas cherché à cacher cette évolution, ni même ses contradictions, lui qui a publié la majorité de son œuvre sous les titres : Tel quel, Mélange, Variété, pour bien indiquer qu'il ne voulait pas y introduire un ordre ou une unité arbitraires. Il écrit par exemple dans l'avis au lecteur de Mélange en 1919 : « On sait bien qu'on est le même, mais on serait fort en peine d'expliquer et de démontrer cette petite proposition ». Les Cahiers cependant contiennent des confidences plus directes sur les surprises et les changements que lui réserva le voyage de sa vie. Il écrit en 1937 :

> « Pluralité des Passés. Je regarde ma vie. Il me semble y distinguer plusieurs ères ou âges assez différents.
> Age de sensibilité — 89-91.
> Age de volonté et de découvertes — 92-96 — secrets —
> Age de resserrement, amertumes — 97-000
> Age de vie naturelles et de recherches — 00-0 etc. »
>
> (Cahier 19, p. 542)

On peut regretter qu'il n'ait pas continué cette énumération. Il est cependant d'autres confidences, telle celle-ci qui nous renseigne sur les deux tournants majeurs autour desquels s'articule l'ensemble de son aventure spirituelle.

« Si je me regarde historiquement, je trouve deux événements formidables dans ma vie secrète. Un coup d'état en 92 et quelque chose d'immense, d'illimité, d'incommensurable en 1920. J'ai lancé la foudre sur ce que j'étais en 92. 28 ans après, elle est tombée sur moi, de tes lèvres ». (Cahier 8, p. 762). Et quelques pages plus loin, introduites par le sigle B, initiale de Béatrice, nom sous lequel il range ses pensées sur l'amour, nous trouvons ces lignes révélatrices de la puissance de renouvellement que l'amour pouvait avoir sur la vie de son esprit.

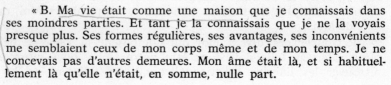

> « B. Ma vie était comme une maison que je connaissais dans ses moindres parties. Et tant je la connaissais que je ne la voyais presque plus. Ses formes régulières, ses avantages, ses inconvénients me semblaient ceux de mon corps même et de mon temps. Je ne concevais pas d'autres demeures. Mon âme était là, et si habituellement là qu'elle n'était, en somme, nulle part.

Un jour, j'ai touché par hasard je ne sais quel ressort et voici qu'une porte secrète s'est ouverte. Je suis entré dans des appartements étranges et infinis. J'étais bouleversé par mes découvertes. Je sentais en me mouvant dans ces chambres inconnues et mystérieuses qu'elles étaient la vraie demeure de mon âme ». (Cahier 8, p. 778).

Ainsi, la vraie demeure de son âme, Valéry ne l'a pas découverte au temps où Teste règne sans partage sur son esprit, mais bien après 1920, lorsque l'amour lui aura fait découvrir les dimensions secrètes de son être. Remarquons que l'amour, ou plutôt la réaction de défense et « d'exorcisation par l'intellect » avait été responsable du fanatisme intellectuel de M. Teste. C'est encore l'amour, cette fois accueilli et reconnu comme pouvoir de présence et « clef qui ouvre pour moi le moi », qui l'amènera, près de trente ans plus tard, à reconnaître que les vraies sources du moi sont beaucoup plus dans la sensibilité que dans l'intellect. « Amour. Pouvoir de présence. L'être-clef. L'unique objet qui fasse rendre à soi-même la plus grande sensation d'exister. L'homme n'y atteint pas de soi. Il a besoin d'une cause extérieure, d'un autrui. Et il considère comme soi, celui-ci. Il dit « Mon âme », ce qui m'anime. La Clef qui ouvre pour moi le moi ». (Cahier 10, p. 336). C'est ainsi autour de deux révolutions de sens opposés que s'articule la biographie intellectuelle de Valéry : la première le dressant contre sa sensibilité sous la direction fanatique de l'intellect ; la deuxième, réhabilitant la sensibilité contre l'intellect. Etonnante évolution, surprenant Valéry lui-même : « Histoire d'un voyage : de l'Orgueil à l'amour (et retour) » (Cahier 8, p. 387). « O Leonard che tanto pensate ! Amour fut la récompense et le châtiment tout inattendus de cette quantité de pensées ». (Cahier 8, p. 374). La réflexion date de 1921, mais nous verrons qu'il n'y aura pas de « retour » ou de troisième révolution annulant les conquêtes de l'amour. Bien au contraire les réflexions sur l'amour deviendront de plus en plus mystiques à partir du 8me Cahier, jusqu'à s'élever à cette apothéose de l'amour sublimé en tendresse dans le 4me acte inachevé de Faust, réalisant partiellement l'hypothèse émise vingt ans plus tôt : « Qui sait si des phénomènes comme la tendresse ne seront pas utilisés par une science toute nouvelle ? » (Cahier 8, p. 43).

Maintenant que nous avons une idée de la courbe d'évolution de Valéry dans son ensemble, avec ses divers points d'inflexion, nous pouvons revenir à l'étude de la période dominée par la création de M. Teste, avertis que nous sommes, que nous ne pourrons saisir sa pleine signification qu'en la replaçant comme une étape ou un segment dans une courbe totale. Nous éviterons ainsi le contresens, commis trop souvent, qui identifie le Valéry créateur de M. Teste, avec le Valéry poète, puisque son retour à la poésie procédera d'une réaction contre les excès desséchants de l'intellect.

Teste est le produit de la révolution de 1892. Il est né d'une réaction violente et mutilante contre les désordres mentaux produits par une imagination passionnelle, tout autant que contre les excès d'un enthousiasme juvénile baigné dans un mysticisme trop naïf. C'est en effet sur le fond d'une insatisfaction intellectuelle et spirituelle, cherchant anxieusement, sans le trouver, un point fixe où accrocher l'activité de l'esprit, que se greffe l'action de défense contre les obsessions maladives de la passion. Nous rappellerons quelques lignes d'une lettre à Gide de septembre 91, déjà citée, parce qu'elles résument sa situation intellectuelle à l'époque. « La Science m'a ennuyé, la forêt mystique ne m'a conduit à rien, j'ai visité le navire et la cathédrale, j'ai lu les plus merveilleux... et j'ai toujours rencontré les plus belles illusions... Où trouverai-je une magie plus neuve ? Un secret d'être et de créer qui me surprenne ? »

C'est ce même malaise intellectuel des années 91-92 que décrit une note des Cahiers :

> « Ego. Il s'est produit chez moi, vers 92, un certain mépris de la poésie et des poètes dû à la considération des faiblesses de l'esprit que je trouvais dans la plupart, même des plus célèbres. Je remarquais, d'une part, qu'ils vivaient sur un fond d'idées misérablement commun et naïf, (ce qui signifie qu'un poète de l'an 1000 avant J.C. peut être encore lisible), et n'exerçaient pas toutes les puissances de l'esprit, ignoraient les développements (imaginatifs) dus aux sciences, c'est-à-dire de la pensée organisée, etc... D'autre part que leur métier lui-même n'avait pas été poussé dans les voies de la perfection, c'est-à-dire de la continuité poétique et de la composition, aussi loin que j'imaginais qu'on pût le faire ». (Cahier 23, p. 273).

Voilà où en est Valéry, déçu par ses recherches scientifiques, mystiques ou littéraires, et cherchant un nouveau « secret d'être », quand les désordres de l'imagination amoureuse le poussent à faire une guerre impitoyable contre les idoles de la sensibilité.

L'intellect, élevé par ce coup d'état à la maîtrise absolue de l'esprit, va s'efforcer d'imposer sa lucidité sur toute l'étendue du champ mental.

CHAPITRE IV

UN COUP D'ÉTAT MENTAL
OU "QUE PEUT UN HOMME ?"

Véritable entreprise de sauvetage et d'épuration, le coup d'état d'octobre-novembre 92 veut libérer l'esprit de toutes les aliénations et de toutes les mystifications que les idoles de la sensibilité tissent autour de lui. Que cette démarche ait un caractère quelque peu mystique et même idolâtrique, cela ressort des descriptions mêmes qu'en donne Valéry. « J'avoue que je prenais très au sérieux les affaires de mon esprit, et que je me préoccupais de son salut comme d'autres font celui de leur âme », (Pléiade I, p. 1465), voilà pour ce qui concerne le mysticisme, qui sera d'ailleurs celui du grand-prêtre de l'idole Intellect, M. Teste. Quant au caractère idolâtrique de la décision, il ressort de ces paroles : « Tout ceci me conduisit à décréter toutes les Idoles hors la loi. Je les immolai toutes à celle qu'il fallut bien créer pour lui soumettre les autres, l'Idole de l'Intellect » (Pléiade II, p. 1511).

Mais toute idolâtrie, fût-elle celle de l'intellect, n'impose son ordre et sa loi aux démarches de l'esprit, qu'en le mutilant de certains de ses pouvoirs et en le frustrant de la plénitude de sa stature authentique. Bien que Valéry reconnaîtra plus tard les erreurs et les dangers de cet attachement trop exclusif à l'esprit pur, cette dictature sans partage de l'intellect va cependant lui permettre de libérer son esprit des pouvoirs envoûtant de la sensibilité et des désordres entraînés par les orages affectifs. C'est une véritable action « d'exorcisation » qu'exercera ainsi l'intellect.

Née d'un effort désespéré pour se libérer des obsessions provoquées par la « grande maladie mentale d'amour de 91-92 », cette formule d'exorcisation par l'intellect a pour fondement un dédoublement de la conscience devenue apte à observer d'un regard lucide et dégagé les états émotifs dans lesquels elle était jusque-là toute entière plongée. Une distanciation s'opère par rapport à l'événement affectif, permettant à une partie du moi devenue subitement étrangère au moi sensible affecté par le trouble mental, d'observer ce trouble avec le sang-froid d'un observateur impartial. L'intellect, libéré de toute attache au moi sensible, est alors capable de reconnaître les fantasmagories dont celui-ci était hanté et de l'en libérer à son tour. Ce dédoublement libérateur est déjà sensible dans la lettre du 23 septembre 92 par laquelle Valéry rapporte à Fourment le hasard d'une rencontre, dans une rue de Montpellier, avec Mme de R., la veille de son départ pour Gênes :

> « Au tournant c'est son ombrelle qui d'une clarté diminuée et bien connue me la démontre, me laisse stupide, aveugle à la grâce, à la beauté du charme — et seulement affolé de l'étonnement et du désir de le pénétrer. La structure de l'événement annulait même l'être et le mien qui le faisions. »

Voilà bien l'origine du regard lucide et détaché que M. Teste sera capable de porter sur lui-même : « Je suis étant et me voyant ; me voyant me voir, et ainsi de suite ». Ce regard froid de l'intellect dépouille l'événement de ses résonances affectives, et, « aveugle (qu'il est) à la grâce, à la beauté du charme », le réduit à sa « structure » abstraite. Cependant, M. Teste ne sera qu'une créature imaginaire, et nous pouvons penser qu'un tel détachement ne se conquiert pas sans effort et sans drame. On peut en croire Valéry lui-même dans « Propos me concernant » :

> « J'essayai, sans grand succès immédiat, d'opposer la conscience de mon état à cet état lui-même, et l'observateur au patient. Je devins alors un drame singulier que je ne crois pas qu'on ait jamais très bien et assez froidement décrit. Je me remis à recueillir tous les traits qui, dans ces irritations et tourmentes intimes, ces suspens apparents, ces reprises, ces fureurs, ces stupeurs de nos phases anxieuses, offrent quelque ressemblance avec des phénomènes physiques, font songer à des lois et permettent de considérer commes des troubles ou des vices d'un fonctionnement local, ce que notre naïveté attribue à des forces que l'on se forge, au destin, à des volontés adverses, comme le rêveur fait un monstre d'un oreiller, et un voyage au pôle, d'une jambe qui s'est découverte et qui a froid. Tous nos orages affectifs font une énorme dissipation d'énergie et s'accompagnent d'une confusion extrême de valeurs et de fonctions, avec production de tableaux et de scénarios indéfiniment renouvelés et rechargés en violence et en ressources de douceur d'amertume alternatives, et ils ne résultent, peut-être, que d'incidents aussi minimes qu'un fil mal isolé dans une organisation électrique. Ce rien peut mettre en étrange désordre dans le régime de toute une machinerie, ou le feu à la maison ». (Pléiade II, p. 1511).

Cette étonnante thérapeuthique cherche donc à réduire les surévaluations affectives aux vices de fonctionnement d'un simple mécanisme, et, opérant à froid dans la chair même des émotions, elle les prive de leur fabulation sentimentale et les ramène à d'élémentaires troubles d'un système physique, local et fermé. Valéry y est souvent revenu dans ses Cahiers, sans pourtant nous en livrer une analyse systématique.

La première étape de cette exorcisation consiste d'abord dans la volonté de réduire les orages affectifs à des phénomènes mentaux, en considérant ceux-ci comme manifestations d'un fonctionnement local qui induit à tort toute une résonance imaginaire totalement arbitraire.

« Ma découverte, 91.92.93. Mon « trait de génie ». Mon audace inouïe. Fruit d'exaspération contre une obsession, un absurde « amour », sans tête ni queue, contre une irritation de sensibilité, de vieille amour, tenait en ces 6 mots naïfs : Ce qui est mental est mental ». (Cahier 28, p. 10).

« Ego. Le jour où disputant le corps de mon esprit (pour la première fois) aux tourments, aux assauts, aux anxiétés d'une sensibilité surexcitée par une passion absurde, j'ai fini par observer le mécanime de ces effets invincibles, sa puissance et la bêtise de sa puissance, et par me répondre : ceci est un phénomène mental, (c'était mal dit), le sort de mon esprit était réglé, fixé...» (Cahier 26, p. 417).

« Ego. Toute ma « philosophie » est née des efforts et réactions extrêmes qu'excitèrent en moi de 92 à 94, comme défenses désespérées :

1°) — l'amour insensé pour cette dame de R. — que je n'ai jamais connue que des yeux ;

2°) — le désespoir de l'esprit découragé par les perfections des poésies singulières de M. et de P., en 92, brusquement révélées. Et cependant je ne voulais pas faire un poète, mais seulement le pouvoir de l'être. C'est le pouvoir seul qui m'a toujours fait envie, et non son exercice et l'ouvrage et les résultats extérieurs. C'est bien moi.

Tout ceci, en présence de 2 ou 3 idées de première valeur que je trouvais dans Poe (self-consciousness). Dieu sait quelles nuits et quels jours ! Cette image de Mme de R. etc. L'arrivée à Paris en nov. 92. Le concert.

J'ai donc lutté, me suis consumé, et le résultat fut la bizarre formule : Tout ceci sont phénomènes mentaux. Je voulais réunir et mépriser en bloc tout ce qui vient à l'esprit. Je voulus m'en faire une idée quantitative. Comme de l'énergie totale, d'un système... Trait essentiel de cette époque. Insularisme, despotisme absolu. Rien d'assez moi et ce moi, étant une extrême puissance de refus appliquée à tout et surtout à ce qu'il pouvait véritablement être, faire, ou espérer ! » (Cahier 22, p. 842).

« Mon analytique 1892, produit de la « conscience de soi » appliquée à détruire les obsessions et poisons... Je me disais qu'une image, une pensée, étaient des « faits psychiques », qui par eux-mêmes, ne sont ni douloureux, ni délectables, pas plus que ce qui demeure dans le domaine tout extérieur, pas plus que les gravures d'un album... que d'ailleurs ces mêmes « illustrations », qui m'affectaient si cruellement, perdraient, un jour, leur puissance, et même leur probabilité de retour, s'oublieraient... A quoi j'ajoute ce souvenir très important, qu'à la même époque, j'ai ressenti avec une particulière acuité, le mal dû à l'impuissance intellectuelle de comprendre telles choses, ou de ne pas pouvoir produire telles autres.

Ce fut une période très dure et très féconde. Une lutte avec les diables ». (Cahier 23, p. 758).

La méthode thérapeutique, qui devient la base de toute une philosophie, consiste donc d'abord dans une réduction des productions de l'imagination à de simples phénomènes mentaux produits par une conscience considérée comme un fonctionnement local et fermé. Cette réduction doit aboutir à une nette distinction et séparation du domaine physique et du domaine psychique, permettant d'éviter la confusion, source de tous les drames, qui attribue aux phénomènes mentaux la consistance et la fatalité des phénomènes physiques.

« Où je m'approuve. Je m'approuve (ce matin) d'avoir « fondé » en 92 mon « Système » qui n'est qu'une observation très simple suggérée par le besoin de défendre Moi contre Moi et aboutit alors presque aussitôt à 2 principes de valeur ou d'évaluation. Le 1er est de distinguer aussi vite que possible dans les états et occupations de la connaissance des éléments psychiques (définis par leurs modifications possibles et transformations ou substitutions) des éléments physiques sans m'occuper des questions de réel ou non. Mais uniquement du pouvoir ou non pouvoir et de leurs conditions... » (Cahier 15, p. 257).

« Nuit de Gênes en oct. 92. Paris en novembre. Et ceci me conduisit à ma « méthode », laquelle était pureté, séparation des domaines φ et ψ. Essai d'isoler ces facteurs de l'état, de dépister les effets d'induction et de résonance... » (Cahier 23, p. 759).

Seule cette méthode de distinction radicale, entre les éléments physiques inducteurs et les éléments psychiques qui en développent les résonances mentales, permet de démystifier la fabulation extravagante des orages affectifs, de la même manière qu'un rêveur, que le réveil a libéré de la naïveté du rêve, reconnaît qu'il avait « fait un monstre d'un oreiller, et un voyage au pôle, d'une jambe qui s'est découverte ».

A la limite, cette attitude de réduction adoptée à l'égard des phénomènes mentaux, poussant toujours plus loin la ressemblance avec des phénomènes physiques, aboutirait à une objectivation totale de la machinerie mentale dont il serait alors possible de connaître les lois. Cette objectivation permettrait de plus une parfaite maîtrise sur tout l'univers mental. C'est ce qui ressort de la note suivante des Cahiers :

« ... Fureur de ne pas vouloir souffrir des choses mentales, ce qui m'exaspérait comme un homme de n'être pas maître chez soi, et ne pouvant supporter que dans le même domaine, et par les mêmes moyens (images etc.) que je manœuvrais tant à l'aise en tant que « poète », je ne pusse dominer comme un problème ces obsessions et associations et les tristesses et désespoirs y adjacents. D'où cette grande bataille mentale de 3 ans (92-95) et sa direction générale qui était vers l'objectivation de l'interne ». (Cahier 23, p. 85).

Cette objectivation de l'interne devant aboutir à une « mécanique de l'esprit » constituera, à partir de 1892, la grande préoccupation et l'œuvre secrète de Valéry qui la poursuivra inlassablement pendant près de vingt ans. Avant de la traiter pour elle-même et d'en apprécier la valeur, il nous faut en reconnaître l'image anticipée dans le personnage de M. Teste. Celui-ci n'est en effet pas seulement le fruit d'une création romanesque ; il anticipe les résultats de cette construction de l'esprit qu'après la révolution de 92, Valéry attend de sa nouvelle méthode de traitement des phénomènes mentaux. Figure idéale, ou figure-programme, réalisant le passage à la limite de cette objectivation de l'interne, Teste serait parvenu à dominer les lois de son esprit.

> « Quand il parlait, il ne levait jamais un bras ni un doigt : il avait tué la marionnette Il ne souriait pas, ne disait ni bonjour ni bonsoir ; il semblait ne pas entendre le « Comment allez-vous ? »
> Sa mémoire me donna beaucoup à penser. Les traits par lesquels j'en pouvais juger, me firent imaginer une gymnastique intellectuelle sans exemple...
> A force d'y penser, j'ai fini par croire que M. Teste était arrivé à découvrir des lois de l'esprit que nous ignorons... Et je sentais qu'il était le maître de sa pensée ».

Dans son impassibilité mécanique, Teste est donc très exactement le contraire de ce qu'était Valéry. Ce n'est pas lui qui se laisserait entamer et aliéner par les folies d'une imagination envahissante. Véritable antithèse du Valéry de 92 qui avait été le jouet de folles obsessions amoureuses, Teste est parfaitement maître de lui-même, et inaccessible, semble-t-il, aux pouvoirs envoûtants de la sensibilité.

Il nous semble que la critique n'a guère insisté sur cette antithèse entre cette création romanesque des années 94-96 et le Valéry des années 89-92. C'est pourtant bien parce qu'il a souffert des choses mentales, « ce qui (l') exaspérait comme un homme de n'être pas maître chez soi », qu'il en est venu à ne pouvoir « songer qu'avec dégoût à toutes les idées et tous les sentiments qui ne sont engendrés ou remués dans l'homme que par ses maux et par ses craintes, ses espoirs et ses terreurs ; et non librement par ses pures observations sur les choses et en soi-même ». (Pléiade II, p. 12). Teste est né de cette souffrance et de ce dégoût. Il suffisait à Valéry d'imaginer l'antithèse de ce qu'il avait été et qu'il avait la volonté de ne plus être. Teste sera donc libéré de toutes les idées et sentiments qui ne nous sont imposés que par les caprices de notre sensibilité. Maître de sa pensée, il jouira d'une totale liberté d'esprit, conduisant en toute lucidité l'économie de son monde intérieur entièrement soumis aux volontés d'un intellect tout puissant.

> « Il était l'être absorbé dans sa variation, celui qui devient son système, celui qui se livre tout entier à la discipline effrayante de l'esprit libre, et qui fait tuer ses joies par ses joies, la plus faible par la plus forte, la plus douce, la temporelle, celle de l'instant

et de l'heure commencée, par la fondamentale — par l'espoir de la fondamentale ».

Un pouvoir si effrayant sur le déroulement de la pensée ne pouvait être imaginé que par celui qui avait souffert de n'être plus maître de son monde intérieur. La dictature de l'intellect ne peut être imaginée plus totale. Non seulement Teste avait « tué la marionnette », mais sa personnalité même s'efface derrière la réduction aux propriétés réelles et rigoureuses de l'intellect.

> « M. Teste n'avait pas d'opinions. Je crois qu'il se passionnait à son gré, et pour atteindre un but défini. Qu'avait-il fait de sa personnalité ? Comment se voyait-il ?... Jamais il ne riait, jamais un air de malheur sur son visage. Il haïssait la mélancolie ».

On ne peut imaginer une sensibilité plus parfaitement contrôlée, sinon anesthésiée. La formule d'excorcisation par l'intellect contre les monstres affectifs est déjà dépassée, ou, si l'on veut, Teste en est le produit achevé et réussi, aseptisé, pourrait-on dire. Dans cette « image de l'homme rigoureux », Valéry anticipe donc le résultat attendu de sa thérapeutique brutale contre les troubles obsessionnels de la sensibilité.

« La Bêtise » est définitivement domptée et terrassée, celle qui au plus fort de la crise sentimentale des années 91 et 92 n'avait pas réussi à faire tomber la forteresse de l'orgueil et de la lucidité du jeune Valéry. « Le fin mot m'en restant et mon orgueil aussi, dont il fallait être noblement pourvu pour persévérer clairement dans la Bêtise ». (Lettre à Fourment du 23 sept. 92). Il peut maintenant commencer une vie nouvelle et, sur la première page de la Soirée avec Monsieur Teste, déclarer, non sans une pointe de prétention et de forfanterie voulues : « La bêtise n'est pas mon fort ».

Cependant le personnage de Teste va bien au-delà d'une simple victoire de l'intellect sur les démons de la sensibilité. La liberté qu'il a acquise à l'égard de l'affectivité émotive et passionnelle, il a réussi à l'étendre à tout le domaine de la vie morale et intellectuelle. Maître chez soi, il l'est pleinement, aussi bien dans sa vie affective, que dans le déroulement de son activité pensante. C'est en effet par rapport à l'ensemble du système de pensée de la société que Teste se veut indépendant, maître non seulement de sa pensée, mais de sa problématique même et de sa conceptualisation, aussi bien que de son expression. C'est certainement là, dans cette volonté d'indépendance, aussi absolue qu'il se peut, de tous les jeux et mécanismes subtils de la pensée individuelle, par un détachement total des opinions et jugements des autres, et par l'affirmation d'une insularité hautaine, indifférente à l'environnement social, que réside l'originalité incomparable de M. Teste. Car il ne suffit pas, pour témoigner de l'indépendance de sa pensée, d'exprimer une opinion personnelle sur les sujets et problèmes discutés dans la société. Ce faisant, on ne fait que s'afficher dans une indépendance toute illusoire, dès l'instant que les sujets et problèmes offerts à notre méditation s'imposent à nous sans que nous les ayons choisis. Une lente imprégnation de la vie intellectuelle ambiante s'est déjà, à notre insu, emparée des mécanismes secrets de notre pensée, les modelant de l'intérieur selon les structures de pensée de la culture environnante. Avant même que nous n'émettions nos opinions, c'est déjà la langue des autres que nous parlons et avec leur langue, leur manière de penser qui nous habite.

Typique de cette indépendance insulaire est l'attitude de M. Teste au théâtre. La salle de théâtre représente en effet un véritable microcosme condensant en lui toute la riche diversité de l'ensemble du monde culturel, et la cérémonie du spectacle réalise comme un grossissement focalisé permettant d'observer l'action d'envoûtement et de pénétration que l'environnement culturel exerce habituellement de façon diffuse sur tous les membres d'une société. Or, seul de tous les spectateurs, M. Teste se soustrait à l'action hypnotisante du spectacle et s'abstrait hors de l'ivresse collective. Il se refuse à la loi d'ensemble qui met en mouvement la collectivité des spectateurs comme un grand corps organique obéissant à ses lois propres.

> « Chacun était à sa place, libre d'un petit mouvement. Je goûtais le système de classification, la simplicité presque théorique de l'assemblée, l'ordre social. J'avais la sensation délicieuse que tout ce qui respirait dans ce cube, allait suivre ses lois, flamber de rires par grands cercles, s'émouvoir par plaques, ressentir par masses des choses intimes, — uniques, — des remuements secrets, s'élever à l'inavouable ! »

On ne peut décrire avec plus d'ironie ces phénomènes de masse auxquels n'échappent pas les sentiments intimes, uniques, inavouables des spectateurs que le crépuscule de la salle transforme en « êtres passifs ».

> « Le suprême les simplifie. Je parie qu'ils pensent tous, de plus en plus, vers la même chose. Ils seront égaux devant la crise ou limite commune. Du reste, la loi n'est pas si simple... puisqu'elle me néglige, — et — je suis ici ».

Seul avec sa doublure accompagnatrice, Teste échappe à la loi d'envoûtement collectif, exception confirmant la règle, mais lui ôtant son caractère inéluctable en indiquant une voie de libération. Car, semblable au prisonnier de la caverne dans le mythe platonicien, opérant une conversion radicale pour remonter à l'origine des choses, Teste ne veut pas être le spectateur passif du jeu des ombres, il refuse cette aliénation hallucinatoire qui captive toute une salle et la rend prisonnière de lois étrangères qui commandent toutes ses réactions. Lui aussi opère une conversion du regard. Il tourne le dos à la scène et au spectacle qu'il ne verra pas. « Il ne regardait que la salle », se désintéressant de la représentation qui fascine la foule, curieux seulement de lire sur les figures des spectateurs l'évolution de leurs réactions, « attentif... à toute cette attention » qui soulève la salle dans une seule discipline de jouissance et d'obéissance. Mais dans cette attention à l'attention, il ne se tourne pas, comme le prisonnier platonicien, vers un soleil intelligible permettant de remonter à la source des idées dans un monde idéal de vérité ; ce qu'il cherche à retrouver, c'est la racine du regard et comme son foyer intérieur. Il veut libérer le regard de son hallucination, c'est-à-dire de toutes les puissances de signification qui l'habitent et le forcent à voir ce que l'habitude, l'éducation, la culture ambiante, la vision sociale de notre entourage ont constitué sans nous. Il faut donc restituer au regard sa sensibilité première et spontanée aux sensations élémentaires antérieures à leur élaboration intellectuelle. Ce processus de possession et de désintoxication de la vision est plus spécialement analysé dans l'Introduction à la méthode de Léonard de Vinci, contemporaine de la Soirée.

> « La plupart des gens y voient par l'intellect bien plus souvent que par les yeux. Au lieu d'espaces colorés, ils prennent connaissance de concepts. Une forme cubique, blanchâtre, en hauteur, et trouée de reflets de vitres est immédiatement une maison, pour eux : la Maison !... Ils perçoivent plutôt selon un lexique que d'après leur rétine, ils approchent si mal les objets, ils connaissent si vaguement les plaisirs et les souffrances d'y voir, qu'ils ont inventé les beaux sites. Ils ignorent le reste ». (Pléiade I, p. 1165)

On pourrait s'étonner de trouver chez Valéry une conception si nettement anti-intellectualiste de la perception. Ce serait méconnaître aussi bien l'authenticité de sa nature de poète, que le sens de son exigence ontologique. Seuls, en effet, cette dislocation de la perception toute faite, reçue du conformisme social, et le retour aux données immédiates de la vision, aux impressions naïves de la sensation avant tout arrangement significatif, rendent possible au poète une vision nouvelle des choses. Cette attention à tout ce qui est sensible, à toutes les données natives de nos sens, qui fait que Teste « ne perdait pas un atome de tout ce qui devenait sensible », permettra au poète des combinaisons nouvelles de tous ces éléments sensibles. Alors que la plupart des gens « ne font ni ne défont rien dans leurs sensations », le premier devoir de l'artiste « consiste à défaire l'éducation première ». « Une œuvre d'art devrait toujours nous apprendre que nous n'avons pas vu ce que nous voyons ». « Un artiste moderne doit perdre les deux tiers de son temps à essayer de voir ce qui est visible, et surtout de ne pas voir ce qui est invisible ». Ne tombons pas dans le piège des foules conditionnées qui « sachant horizontal le niveau des eaux tranquilles, (   ) méconnaissent que la mer est debout au fond de la vue ». C'est en restant fidèle au secret de cette vision régénérée, que Valéry, vingt-cinq ans plus tard, décrira la mer, dans le Cimetière marin, comme « ce toit tranquille où marchent des colombes ». Il y a loin cependant de cette vision artistique à l'hallucination simple cultivée par Rimbaud. Pour ce dernier, c'est bien « par un long dérèglement raisonné des sens » que le poète doit se faire voyant. Et ce dérèglement doit entraîner la destruction du moi acquis, mesquin et peureux, afin d'augmenter la capacité des sens et « faire voir à l'œil, ce qu'aucun œil n'a vu ». L'éclatement du moi psychique conventionnel libèrera la vraie personnalité qui n'est pas la personnalité individuelle et quelconque du moi, car « Je est un Autre ». Ainsi, pour devenir voyant, le poète se soumet à une expérience psychologique démoniaque dont il se veut lui-même l'ingénieur. C'est sans doute cet aspect de lucidité méthodique que Valéry a admiré en Rimbaud.

> « Rimbaud est le seul ingénieur de ce siècle qui ne soit pas fils du précédent ». (Lettre à Gide, sept. 94, p. 214).
>
> « Toute la littérature connue est écrite dans le langage du sens commun, Hors Rimbaud. Une littérature à procédés plus recherchés est possible ». (Cahier I, p. 616).
>
> « Repris hier soir Rimbaud. Il y a dix ans... Toujours épaté. Vraiment ce bougre là a deviné et créé la littérature qui reste toujours au-dessus du lecteur ». (Lettres à Gide, 9 oct. 1906, p. 411).

Cependant, dans cet effort pour « changer la vie », en se révoltant contre l'ornière sociale et la sensibilité conformiste, pour arriver à la voyance, Rimbaud reste plus poète que savant et ne réussit pas à créer la méthode promise. C'est sans doute cet échec qui fait que Rimbaud sera resté sans influence sur Valéry. Après avoir lu quelques vers du Bateau ivre à Degas, il écrit à Gide, en juillet 1908 :

> « Mais moi ! Figure-toi, mon vieux, qu'à mesure que je débitais mon Bateau, je trouvais cela de plus en plus nigaud. Et pas moi, — le bateau ! Je n'avais pas revu ni remâché ces vers depuis des ans et des ans. Le voilà qui reparaît à l'entrée du port de l'esprit et je le trouve... inutile... Serait-il un bateau d'enfant... ? (Lettres à Gide, p. 417).

C'est que si Rimbaud était resté plus poète que savant, Valéry se veut au contraire plus savant que poète. Il a horreur de « la comédie de l'ingénuité ». « La confusion, l'état naissant, le délire, le désordre » choquent sa nature.

> « Quelle honte d'écrire sans savoir ce que sont langage, verbe, métaphores, changement d'idées, de ton... Rougir d'être la Pythie ». (Cahier IV, p. 368).
>
> « Se refuser tous les mensonges intellectuels et ne jamais se satisfaire de mettre un mot à la place d'un pouvoir réel. Ma nature a horreur du vague ». (Lettres à quelques-uns, p. 133).

Cette recherche du « pouvoir réel » caractérise l'exigence ontologique de Valéry. Comme Rimbaud, il s'est pratiquement arrêté d'écrire après sa vingt-et-unième année. Mais alors que le silence de Rimbaud traduit apparemment l'abandon et l'échec d'une entreprise trop témérairement commencée, le silence de Valéry traduit la volonté de rechercher, loin des feux de la rampe littéraire, les véritables lois du fonctionnement de l'esprit. La soirée avec M. Teste contient un adieu, au moins temporaire, à la littérature, et dessine déjà le programme des recherches patientes et méthodiques de Valéry. Il est assez fort pour « se préférer » et ne pas céder à la tentation de la gloire. Car « chaque grand homme est taché d'une erreur. Chaque esprit qu'on trouve puissant, commence par la faute qui le fait connaître. En échange du pourboire public, il donne le temps qu'il faut pour se rendre perceptible ». Valéry est déjà assez lucide pour se refuser à cette aliénation de la gloire. C'est délibérément qu'il va se ranger parmi la petite élite des chercheurs inconnus qui travaillent dans l'ombre. « J'ai rêvé alors que les têtes les plus fortes, les inventeurs les plus sagaces, les connaisseurs le plus exactement de la pensée devaient être des inconnus, des avares, des hommes qui meurent sans avouer ». Car la connaissance exacte des lois de fonctionnement de la pensée nécessite un détachement radical de tous les produits déjà faits de la pensée, « un nettoyage de la situation verbale », afin de retrouver l'essor de la pensée à sa naissance même, dans la liberté nue de son mécanisme originel. Celui qui se veut véritablement maître de sa pensée doit se refuser à tout ce qui peut aliéner sa sensibilité, déborder le barrage critique d'un jugement autonome, s'emparer ainsi subrepticement de ses mécanismes de pensée et lui faire parler une langue qu'il n'a pas inventée et lui reste en fait étrangère. Il doit repousser toutes les tentations des ivresses fabuleuses, ainsi que les illusions d'illuminations crues géniales.

> « Pourtant, répondis-je, comment se soustraire à une musique si puissante ! Et pourquoi ? J'y trouve une ivresse particulière, dois-je la dédaigner ? J'y trouve l'illusion d'un travail immense, qui, tout à coup, me deviendrait possible... Elle me donne des sensations abstraites, des figures délicieuses de tout ce que j'aime, — du changement, du mouvement, du mélange, du flux, de la transformation... Nierez-vous qu'il y ait des choses anesthésiques ? Des arbres qui saoulent, des hommes qui donnent de la force, des filles qui paralysent, des ciels qui coupent la parole ?
> — M. Teste reprit assez haut :
> « Eh ! Monsieur ! que m'importe le « talent » de vos arbres — et des autres !... Je suis chez Moi, je parle ma langue, je hais les choses extraordinaires. C'est le besoin des esprits faibles. Croyez-moi à la lettre : le génie est facile... Je veux dire simplement — que je sais comment cela se conçoit. C'est facile ».

Le plus étonnant est que ces dernières paroles ne sont dictées ni par la vanité, ni par la présomption. Valéry avait déjà fait la preuve de son talent et de son art ; il était déjà encouragé et salué par les plus grands poètes de son temps. Alors qu'il a déjà rompu avec la littérature, il écrit à Gide en 1897 : « Le comique de l'histoire, c'est qu'on m'attend. On me regarde comme une troupe de réserve ; on veut voir ce qui sortira de tout cela ». Il aurait certes pu déjà cueillir la gloire, car les meilleurs croyaient en son génie. C'est donc sans outrecuidance, ou si peu, qu'il écrit dans la Soirée :

« Si j'avais décidé comme la plupart des hommes, non seulement je me serais cru leur supérieur, mais je l'aurais paru ». Et cependant, il se refuse à la gloire et à l'exploitation trop facile de son génie. Car ce qu'il prise par-dessus tout, c'est l'indépendance totale de son esprit. « Je suis chez Moi, je parle ma langue ». « Je te disais abandonner les idées que j'avais dès que d'autres me semblaient les avoir. C'est toujours vrai. Je veux être maître chez moi », écrit-il à Gide en 1894. Et plus péremptoirement dans la Soirée : « Je me suis préféré ». Je ne sais si l'on a assez mesuré l'héroïsme exceptionnel d'une telle décision. L'œuvre que ce poète né estimera par-dessus tout n'est pas celle dont la diffusion lui assurerait la gloire, mais l'œuvre intérieure et secrète, invisible, par laquelle il travaillera à se refaire lui-même selon ses propres lumières.

> « Une idée juste m'a perdu.
> Une vérité m'a égaré.
> — Qu'importe, pensais-je, l'écrit ?
> Vais-je me vider dans la parole ?
> Elle est infidèle ; elle devient étrangère.
> Est-ce le papier qu'il faut mener au parfait ?
> Est-ce moi.
> Et le meilleur mis par écrit, il ne me reste plus que ma sottise. Vais-je annuler tout ce qui me vient, et qui passe le pouvoir de l'écrire ?
>
> Le plus délicat et le plus profond, le plus unique — ne dit-on pas inexprimable ? — le plus fidèle, le plus mobile, le plus vrai, l'instant Sont-ils pas muets ?
> Tous les livres me semblent faux. J'ai une oreille qui entend la voix de l'auteur.
> Je l'entends distincte du livre. Elles ne s'unissent jamais ».
> (Cahier IV, p. 452).

Entre l'effort pour mener à la perfection un écrit, et celui nécessaire au remodèlement et à la réalisation de soi, Valéry choisira la voie la plus difficile et la plus ingrate. L'écrit, toujours trompeur, ne mérite pas qu'on lui sacrifie le moi. L'œuvre, fût-elle un chef-d'œuvre, n'a-t-elle pas été acquise au prix du sacrifice de l'authenticité et d'une mutilation du moi, et ne manifeste-t-elle pas ainsi plus l'impuissance que la force de son auteur ?

> « Celui qui tend l'arc de sa pensée jusqu'où sa force la veut, celui-là, en présence du papier et de la plume de son art, ressent, jusqu'à quel point ? — certaines limites, et il doit sacrifier ou à son art ou à sa tension. Par telle mutilation de moi, dit-il, je pourrai faire une belle œuvre. Mais ne saurais-je pas toujours ce que j'ai tû ? Vais-je me condamner à ne sentir que ce que je sais exprimer ? Je ne me reconnais pas dans ce chef-d'œuvre. Je ne l'ai fait que par impuissance. Il n'est si bien mesuré que par ma petitesse. Je ne veux pas écrire ce qui ne m'étonne pas ». (Cahier IV, p. 452).

Valéry n'est pas de ceux qui puissent apprécier sa propre pensée « d'après l'expression de celle des autres ». Comme nous l'avons vu, ce qui lui importe avant tout, c'est de sauver son esprit. Et pour cela il ne reculera pas devant l'héroïsme d'une retraite austère entièrement consacrée à la réorganisation et à la refonte de son esprit. Comme il l'a écrit à Gide en 1894.

> « Le monde est plein d'intelligentes mollesses. Et qui a du courage doit perdre les meilleures années à se refaire entièrement le cerveau. Tout remettre en question ». (Correspondance, p. 215).

« Se refaire le cerveau », telle va être effectivement la tâche et la grande œuvre de Valéry pendant vingt ans. Pour celui qui avait écrit prophétiquement à seize ans dans le sonnet « Solitude » :

> « Et je jouis sans fin de mon propre cerveau »,

cette jouissance ne sera jamais le fruit d'une facilité naturelle, mais au contraire d'un effort héroïque de transformation de soi. Ce n'est peut-être pas sans quelque soupçon d'amertume qu'il écrit vers 1901 dans les Cahiers :

> « Les autres font des livres. Moi, je fais mon esprit. (Cahier II, p. 840).

Mesure-t-on le courage qu'il faut pour résister à cette épreuve du silence pendant que tous ses amis cueillaient les fleurs de la gloire ? Gide écrira plus tard sur son ami :

> « Durant près de vingt ans, tandis que ses compagnons du début s'évertuaient à des productions…, Valéry se taisait et cherchait. Certains confrères en parlaient avec ironie : Eh ! bien ! votre grand Valéry, si bien parti !… Il s'en tient à ces quelques poèmes de jeunesse ! Avouez que vous l'aviez quelque peu surfait ! » (Feuillets d'automne, pp. 97-98-99).

Il n'est sans doute point de poète, ni de penseur, ni peut-être même de moraliste qui ait, comme Valéry, subordonné son œuvre littéraire à l'œuvre secrète d'authentification et de reconstruction de soi. « Le travail sacré de l'homme, se reconstruire », écrit-il dans les Cahiers. (Cahier VII, p. 464).

A ce travail souterrain dans les soubassements de la personnalité superficielle et accidentelle, pour découvrir les ressorts premiers du moi fondamental, distinct du moi personnel, Valéry consacrera vingt-cinq années de son existence, et il le continuera plus tard, même lorsqu'il aura repris son œuvre littéraire. Ces vingt-cinq années de silence ne représentent donc pas un trou, un vide ou une absence dans la carrière totale de Valéry. Elles constituent au contraire le maillon central dans la chaîne de son existence, maillon sans lequel rien de son œuvre ne se peut expliquer. L'œuvre antérieure y aboutit, et l'œuvre postérieure en sortira. Les premiers poèmes représentaient tous pour Valéry différentes manières de se chercher, à travers diverses figures qui culminent en celle de Narcisse parle. Son sonnet, « Conseil d'ami » (1890) (Pléiade I, p. 1593) n'est-il pas gros déjà du silence à venir ?

> « … Songe un doux songe et fuis le Monde
> Ferme ta porte à toute amante…

. . . .   Et Calcule
Que Rien peut-être, hormis ton Rêve, n'est Réel ».

Et l'œuvre future, à partir de la Jeune Parque, sortira de ce long silence, peuplé de recherches, comme du foyer incandescent la lave brûlante. Entre ces deux périodes de production, ce silence laborieux est bien la matrice d'où sortira toute l'œuvre littéraire qui n'est peut-être que l'écume produite par l'œuvre enfouie sous ce long silence. En ce sens, il est juste de dire avec André Berne-Joffroy que « l'acte fondamental de la vie de Valéry, (c'est) sa renonciation de 1892 à faire carrière littéraire ». Nous dirions plus : ce long silence loin des soucis de l'œuvre écrite dissimule l'œuvre principale de Valéry. Cette affirmation peut se référer d'abord à la grande production des Cahiers, fruits directs de l'ascèse silencieuse : « seul fil de ma vie, seul culte, seule morale, seul luxe, seul capital et sans doute placement à fond perdu », écrira-t-il à André Lebey en 1906. Nous savons en effet qu'il tenait ses Cahiers pour plus importants que son œuvre publiée.

> « Tout ce que j'ai écrit d'important, je ne l'ai pas publié. Ce que je publie, c'est du travail fait sur commande pour gagner de l'argent. J'ai tenu pendant toute ma vie des cahiers de notes qui sont l'histoire de mon esprit, l'histoire d'un esprit, l'histoire de l'intelligence ». (Cité dans Entretiens sur Paul Valéry, p. 180).

Ainsi, ces Cahiers, plus que la production publiée, recèlent son fonds secret véritable.

> « J'ai derrière moi, c'est-à-dire dans mes anciennes pensées, et, matériellement, sur un meuble qui est derrière moi, un tas de notes et d'observations, le stock de vingt-cinq ans d'analyses et d'essais. Ce matériel me pèse, et demande que je m'en serve. Il y a deux ou trois livres en puissance qui seraient mon œuvre véritable, œuvre abstraite que j'appellerais « ma philosophie » si ce n'était, peut-être, exactement le contraire d'une philosophie ». (Lettres à quelques-uns, p. 150).

Pour la caractériser, Valéry crée humorstiquement un néologisme :

> « En somme, ceci (cahiers, carnets) ce sont des tas d'études pour some « philosophy » (whose name I dislike or a Misosophy, better) ». (Cahier 15, p. 72).

D'autres notes des Cahiers montrent la position accessoire et secondaire qu'il attribuait à sa production d'écrivain par rapport à ses Cahiers :

> « Mon travail d'écrivain consiste uniquement à mettre en œuvre (à la lettre) des notes, des fragments écrits à propos de tout, et à toute époque de mon histoire ». (Cahier 6, p. 473).
> « Ego. Un inconnu en moi me dit méchamment : « Ces cahiers sont ton vice ». Et il est vrai que d'écrire tous les matins ces notes, c'est un besoin qui pourrait ne pas être, aussi bizarre, pressant et irréfléchi que le tabac, d'ailleurs associé à lui. Il est assez comique

que mes réflexions soient le fruit d'une puissance irréfléchie, horaire, et qu'il faille à telle heure obéir à la contrainte des libertés de l'esprit. Vice ? Car le dommage imaginaire visé par ce reproche, c'est que je perds ainsi le temps qui pourrait s'employer en ouvrages utilisables. Mais je n'ai jamais trouvé en moi les vertus d'un auteur comme on se figure les auteurs. Jamais, à aucune époque, je n'ai conçu ma vie comme vouée à la production extérieure. Toutes mes productions résultèrent d'un écart de ma vraie nature et non d'une obéissance à elle. Même mes vers, car je les ai toujours considérés comme en éternelle élaboration, et publiés que par accident. Un poème est pour moi un divertissement infini, un objet qui se dégage un instant de ses râtures, paraît formé ; puis au bout d'un temps quelconque, se montre excitant encore le possible, irritant le désir. Car l'esprit a besoin de son impuissance pour faire l'amour ». (Cahier 25, p. 821).

L'œuvre publiée n'est donc pour Valéry qu'une production marginale ; elle résulte d'un écart de sa vraie nature, et manifeste plus les moments d'impuissance de son esprit que ses moments de force et de lucidité. Ceux-ci, il les investit, chaque jour, dès cinq heures du matin dans ces « cahiers secrets que personne ne lira jamais, ... mon heure ou deux de culture psychique », dans lesquels il écrit ses notes, « un peu comme on fait des gammes ».

> « Et je les écris non pour en faire quelque ouvrage ou quelque système, mais comme si je devais vivre indéfiniment, en accomplissant une fonction stationnaire, ainsi qu'une araignée file sa toile sans lendemain ni passé ». (Cahier 23, p. 388). « Ici, je ne tiens à charmer personne ».

Bien que ces Cahiers, qui devaient totaliser, à la fin de sa vie, plus de 29 000 pages manuscrites, eussent été écrits sans souci de publication, il serait faux d'imaginer que Valéry n'ait pas songé à les utiliser.

> « Il en est résulté une quantité de notes, dont une partie pourrait — avec beaucoup de travail et de volonté de coordination, — constituer ou représenter le système de mon esprit ». (Lettres à quelques-uns, p. 164).

> « Il faudrait que je fasse copier tout ce fatras sur des feuillets ; classer mes feuillets, et puis les revoir, les décimer, les combiner, — et enfin songer à la forme, terrible affaire, et infinie ! Et capitale ! » (Lettres à quelques-uns, p. 150).

Lui-même commença ce travail, espérant pouvoir en extraire « son œuvre véritable ». La tâche était pourtant au-delà de ses forces, ne serait-ce que par manque des moyens financiers nécessaires. L'« œuvre véritable » restera donc à jamais enfouie dans cet océan de notes qui demeure pourtant la base indispensable à toute interprétation correcte de l'œuvre publiée.

Mais ce n'est pas seulement en songeant à l'immense production des Cahiers que l'on peut affirmer que le long silence auquel s'astreint Valéry, de 1892 à 1917, dissimule son œuvre principale. C'est en un sens plus secret, plus profond et plus vrai aussi, car les Cahiers eux-mêmes ne sont que la trace extérieure de l'œuvre véritable de Valéry qui est la reconstruction intérieure de son propre moi. Cet ouvrage patient et silencieux, « travail sacré de l'homme », tendant à retrouver le moi dans son authenticité phénoménologique première et à le reconstruire selon sa nature originelle, c'est là non seulement l'œuvre principale de Valéry, mais c'est aussi la source cachée d'où sourd secrètement toute l'œuvre écrite. Sans un effort d'approche vers ce foyer profond du surgissement de l'œuvre et de la personne tout à la fois, il n'est point de connaissance véritable de Valéry. Si une œuvre peut être comparée à un immense phénomène de cristallisation, ce « travail sacré » de reconstruction du moi représente le cristal initiateur, « l'instant de diamant », dont la présence saisit et dynamise l'ensemble du phénomène Valéry. Or, l'approche de ce foyer secret est possible grâce à « l'histoire de (son) esprit » que sont ses Cahiers, nul n'ayant peut-être, à l'égal de Valéry, fouillé et analysé les chemins de son esprit dans tout le jeu des miroirs de la conscience. Car cette lucidité du regard interne ne caractérise pas seulement Teste : « Je suis étant et me voyant ; me voyant me voir et ainsi de suite » ; elle est l'objet presque unique des analyses qui composent l'océan de notes des Cahiers.

Voici donc quelques témoignages des Cahiers sur cette œuvre secrète de réédification du moi :

> « Ego. J'ai la perpétuelle sensation de perdre mon temps, non quand je suis déporté par le « monde », mais au contraire quand je travaille et que ce travail s'applique à quelque objet autre que ma propre modification ou édification ». (Cahier 16, p. 823).

> « Je m'avise que je n'écris jamais dans ces cahiers ce qui est mon plaisir, et peu ce qui est ma peine ; ni ce qui est purement momentané en général. Mais ce qui me semble de nature à accroître Mon pouvoir de transformation — à modifier par combinaison — mon implexe. Ceci suppose une sorte de croyance à je ne sais quelle édification ». (Cahier 17, p. 687).

> « Philosophe, à mon avis, est celui qui tend à se modifier en profondeur par ses exercices d'ensemble de l'esprit et des actes proprement émanés de l'esprit ». (Cahier 22, p. 658).

Cette modification et transformation de soi est même érigée en système :

> « 22.6.42. EGO. Le système T — J'ai passé ma vie à me préparer à penser — c'est-à-dire à produire ou à refaire ma pensée — à la rendre conforme à ce que serait une pensée qui tendrait à épuiser la production en elle des modes de transfomation des expériences internes ou externes que toute une vie peut offrir à la pensée... » (Cahier 26, p. 45).

Cette modification de soi, qui suppose une sorte de croyance à l'édification du moi, comporte un aspect ascétique dont Valéry lui-même ne dissimule pas le rapprochement avec l'effort mystique.

« Le problème capital dans la vie est celui de l'ascèse que j'entends comme possession de soi, et aussi comme exploration. Il n'y a pas à douter que la recherche du progrès intérieur (comme disent les mystiques) est le seul objet possible, dont la poursuite des sciences n'est qu'un élément ». (Cahier 6, p. 738).

Valéry compare d'ailleurs explicitement son labeur intérieur à celui du mystique.

« Mystiques, ô vous ! et moi de ma façon, quel labeur singulier avons-nous entrepris ! Faire et ne pas faire — ne vouloir arrêter une œuvre matériellement circonscrite — comme les autres font et nous le jugeons illusoire, mais enfreindre incessamment notre définitif, et toujours, intérieurement en travail, vous pour Dieu, et moi pour moi et pour rien ». (Cahier 3, p. 528).

Malgré le rapprochement possible avec les mystiques, grande cependant reste la différence. Le mystique travaille pour son Dieu, et Valéry seulement pour soi, pour la possession lucide de soi.

« Mon premier instinct a été de ne pas faire ce qui déjà avait été fait. Je me disais : faut-il désirer d'être un « grand poète » ?
Et non ! puisqu'il y en a... 200. Il y a 2 000 héros, et 20 000 saints. L'idéal, c'est d'être toi. L'idéal ordinaire celui de ceux-ci dénombrés ci-dessus, fut d'être autre que soi, meilleur que soi. Le Lucifer s'est perdu, de vouloir être Dieu. Il eût été beaucoup plus chic, s'il eût souhaité d'être soi-même, et alors... gare, là-haut ! » (Cahier 7, p. 782).

Mais vouloir être soi est une entreprise périlleuse et semée d'embûches. Faust, qui assumera plus tard la tâche de mener à bien l'édification du moi, ne pourra tenter de sauver le Moi, et de sauver l'homme, que par l'exaltation et l'affirmation du Moi au-delà des limites de l'humain. La véritable possession de soi ne recèle-t-elle d'ailleurs pas un équivalent de l'expérience mystique assurant la fusion de l'être et du connaître ?

« Possession de soi, et lucidité résultant du totum corpus annexé à la pensée, à l'image, à la parole.
C'est un mode de vivre qui s'il se prolongeait une demi-heure donnerait une sûreté, une certitude, une force opératoire extraordinaire. (Le violoniste).
Alors Etre et Connaître forment l'anneau, le système fermé, le corps noir des physiciens.
Tout ce que je veux, fondé sur un de ces instants ». (Cahier 7, p. 783).

Nous verrons cependant que le drame du divorce entre l'être et le connaître ne cessera de hanter Valéry toute sa vie.

Voilà pour ce qui est des Cahiers. Pour ce qui est de l'œuvre publiée, ce thème, qu'on pourrait appeler éthique, de la réédification volontaire du moi à la recherche de l'authentique liberté qui lui permettra d'être véritablement lui-même, reste, transposé sous diverses figures, et quoique plus voilé, la note fondamentale expliquant aussi bien Teste que Faust, Narcisse que la Jeune Parque.

Nous pouvons en suivre le développement dans l'ensemble de la production. Il est même grossi à la loupe dans la « Soirée avec Monsieur Teste » dont il constitue l'unique sujet, presque caricaturalement simplifié.

> « Cet homme avait connu de bonne heure l'importance de ce qu'on pourrait nommer la plasticité humaine. Il en avait cherché les limites et le mécanisme. Combien il avait dû rêver à sa propre malléabilité ».

Teste a donc travaillé sur cette plasticité. Sa mémoire, par exemple, n'était pas une faculté simplement naturelle, « c'était une faculté éduquée ou transformée ». Non seulement, il semble être « arrivé à découvrir des lois de l'esprit que nous ignorons ». Mais, ce qui est plus important et plus original, il a utilisé cette connaissance à sa propre reconstruction intérieure.

> « Sûrement, il avait dû consacrer des années à cette recherche : plus sûrement, des années encore, et beaucoup d'autres années avaient été disposées pour mûrir ses inventions et pour en faire ses instincts. Trouver n'est rien. Le difficile est de s'ajouter ce qu'on trouve ».

> Ce mûrissement dirigé n'est possible que par la possession d'un « art de la durée » et du « temps, sa distribution et son régime », qui rende « finalement machinale l'application de ses études conscentes. Il cherchait même à résumer ce travail. Il disait souvent : Maturare ! ... »

A cette maturation, Valéry consacrera, quant à lui les vingt-cinq années de sa retraite silencieuse, travaillant dans le secret à « mûrir ses inventions » et à « en faire ses instincts ». Comment ne pas juger que c'est là son œuvre première et fondamentale, « le chef-d'œuvre intérieur », quelque peu « perdu dans l'éclat des découvertes publiées » qui lui ont valu la gloire ! Aussi, est-ce à partir du cristal noir de cette ascèse héroïque de reconstruction de soi que l'ensemble de l'œuvre doit être envisagé. Cette perspective seule nous permettra d'approcher de son originale grandeur et de situer Valéry à sa vraie place parmi les rares héros de l'aventure spirituelle de l'homme.

Si une telle perspective peut apparaître plus éthique que littéraire, elle ne fait que suivre le penchant constant de Valéry « à ne plus accorder qu'une valeur de pur exercice à l'acte d'écrire », et à remonter au travail intime et sévère qui a rendu possible l'écriture. « C'est en ce point que la littérature rejoint le domaine de l'éthique », écrit-il. Il nous donne d'ailleurs lui-même l'exemple d'une critique littéraire rejoignant l'éthique quand il cherche à nous expliquer « l'énorme influence acquise sur un petit nombre par le poète difficile, parfait, le plus pur des caractères », que fut Mallarmé ; « cet homme incomparable, qui fut et demeure le seul homme supérieur que j'ai connu ». Plus qu'à l'œuvre, c'est à l'agent de cette œuvre qu'il s'intéresse. « Par là, je donnais à la volonté et aux calculs de l'agent une importance que je retirais à l'ouvrage ».

« Je pensais... qu'un ouvrage résolument voulu et cherché...
ne laissait pas son créateur sans l'avoir modifié en lui-même,
contraint de se reconnaître et en quelque sorte de se réorganiser.
Je me disais que ce n'est point l'œuvre faite et ses apparences
ou ses effets dans le monde qui peuvent nous accomplir et nous
édifier, mais seulement la manière dont nous l'avons faite ».

C'est essentiellement cette réorganisation et réédification de soi,
par l'action réciproque de l'œuvre et de l'auteur, qui suscite l'admiration de Valéry pour Mallarmé, cette « entreprise si heureusement réussie de se recréer, de se faire en un mot l'homme même
d'une œuvre qu'il n'a pas accompli et qu'il savait ne pouvoir
l'être. » (Cahier 24, p. 283).

« Mais un homme qui se mesure à soi-même et se refait selon ses
clartés me semble une œuvre supérieure qui me touche plus que
toute autre. Le plus bel effort des humains est de changer leur
désordre en ordre et la chance en pouvoir ; c'est là la véritable
merveille. J'aime que l'on soit dur pour son génie ». (Pléiade I,
p. 654).

Cette dureté pour soi-même et pour son génie était déjà le trait
caractéristique de Teste parvenu à maîtriser son génie. « Je sens
bien qu'entre le « génie » et lui, il y a une quantité de faiblesse. Lui,
si véritable ! si neuf ! si pur de toute duperie et de toutes merveilles, si dur ! » Décidément Teste et Mallarmé (revu par Valéry)
sont bien de la même famille d'esprits. L'un et l'autre ont « ce
caractère essentiellement volontaire, cette tendance absolutiste dé-
montrée par l'extrême perfection du travail », travail purement
secret et intérieur pour Teste, travail aboutissant à « diviniser la
chose écrite » pour Mallarmé.

On sait cependant que Valéry conteste avoir voulu rapprocher
intentionnellement ces deux figures.

« M. Teste n'a pas de rapport que j'aie voulu avec Mallarmé.
C'est un écrit, comme tous les miens, de circonstance. Avec des
notes vite assemblées, j'ai fait ce faux portrait de personne ; caricature, si vous voulez, d'un être qu'aurait dû faire vivre — encore
Poe »,

écrira-t-il à Albert Thibaudet en 1912. Les différences qui distinguent, sinon opposent, Teste et Mallarmé, sont en effet aussi importantes pour la compréhension des intentions de Valéry, que les
points de rapprochement. Rien n'est plus opposé à l'attitude profonde de Valéry que celle qu'il reconnaît à Mallarmé, tendant « à
rien de moins qu'à diviniser la chose écrite ». Teste, au contraire,
n'a concentré ses efforts que sur le faire intérieur ; il n'a que
mépris pour les livres et l'écriture. Dans son « petit appartement
garni », il n'en est nulle trace. « Je ne vis pas un livre. Rien n'in-
diquait le travail traditionnel devant une table, sous une lampe, au
milieu de papiers et de plumes ». Valéry revient souvent dans les
notes de ses Cahiers sur ce qui l'oppose à Mallarmé.

> « Sur Mallarmé. Le point essentiel, chez lui, l'idée semi-secrète, fixe, singulière, vénérable, presque morbide, l'Idole, fut en somme l'expression, la transposition idéalisées, les Lettres, le Langage, la poésie ayant plus de prix, de sens et de fonction, que ce qui peut être donné à quelque chose humaine par l'homme, en fait de prix, de sens, de fonction. — Valeur mystique et cosmique du verbe. « Ebloui de sa foi ». Là où je ne voyais que conventions, il tendait à supposer une nécessité cachée. Thèse indémontrable et comme instinctive chez lui ; qui peut d'ailleurs s'organiser assez spécieusement en développant un idéalisme ». (Cahier 14, p. 44).

> « La poésie, pour Mallarmé, était l'essentiel et unique objet. Pour moi, une application particulière des puissances de l'esprit. Tel est le contraste ». (Cahier 25, p. 706).

Paradoxalement, sa rencontre avec Mallarmé, qui sera pour lui « un excitant incomparable », « beaucoup plus un problème qu'une révélation », l'aidera à justifier plus lucidement son mépris pour la littérature. « Si j'ai adoré Mallarmé, c'est précisément haine de la littérature, et signe de cette haine qui s'ignorait encore ». (Cahier V, p. 181). Car plus encore que l'œuvre poétique, « où l'on trouve les plus beaux vers du monde », c'est peut-être l'éthique révélée par cette esthétique rare et « délibérément séparée » qu'il appréciait. Ethique d'un homme qui « fut l'exemple le plus pur, le plus authentique des vertus intellectuelles ». C'est cet aspect éthique de l'admiration qu'il a pour Mallarmé qui explique à la fois la profondeur de son affection et la lucidité avec laquelle il se détache de l'idéalisme métaphysique impliqué par l'idéal poétique de son maître. Ce mélange d'éthique et d'esthétique caractérisait en effet, selon Valéry, l'inquiète recherche des admirateurs de Mallarmé.

> « Les jeunes gens de ma génération repoussaient presque tout ce que leur offrait l'horizon intellectuel de l'époque... Ils cherchaient — c'est ici le trait singulier de ce moment — non seulement un art, une orientation de leur art vers une nouvelle perfection, mais davantage, une véritable direction, que je n'ose appeler morale, car il ne s'agissait point de morale au sens ordinaire du mot ». (Pléiade I, p. 674).

On pourrait dire que ce que Valéry retint de Mallarmé, c'est cette direction « morale » qui était impliquée comme fondement du dépouillement de sa poésie et de sa « foi dans l'expression esthétique pure ».

Sous le faire poétique, Valéry découvrait un faire intérieur, par lequel l'homme « se mesure à soi-même et se refait selon ses clartés ». Le jeune homme, « amoureux... d'esprits... comme d'autres le sont des corps », mettait dès lors toute sa passion dans ce faire intérieur, dans cette ascèse de la reconstruction du moi, commettant, « à demi sciemment, cette erreur de remplacer l'être par le faire, comme si on eût pu se fabriquer soi, au moyen de quoi ? » Ne gardant que ce qui était essentiel à ses yeux, il pouvait décapiter la

Rome littéraire, « guillotiner intérieurement la littérature » et se donner entièrement au démon du « pouvoir mental ». Etre poète n'avait plus aucune importance ; il ne s'agissait plus que d'acquérir, par une manœuvre de tout l'esprit, le pouvoir de l'être.

C'est ainsi à un profond renversement dans l'économie des valeurs qu'aboutit l'intransigeance existentielle et éthique de Valéry. L'accent est déplacé de l'œuvre à son créateur. Ce n'est plus le chef-d'œuvre qui importe, mais uniquement l'homme et les manœuvres intérieures de son esprit qui ont rendu possible la création. Cette valorisation, presque fanatique, de l'homme et de la manœuvre de soi par soi, grâce à laquelle l'homme développe au maximum son potentiel de créativité, constitue le foyer central de l'originalité valéryenne. Innombrables sont les notes des Cahiers concernant ce dressage de l'individu par lui-même. C'est particulièrement le sens des notes introduites sous le sigle Gladiator, et dont «le sujet... est la substitution d'un être pur à un être historique ». (Cahier 8, p. 919).

> « Teste ou Gladiator. Mémoire d'un esprit.
>
> En ce temps là, toute œuvre me faisait l'effet de cas particulier... de quoi ? de la manœuvre. Un chef-d'œuvre me semblait une restriction, une démonstration, un exercice dont le résidu, le produit était pour autrui. C'était bouleverser l'ordre établi et surtout le système Mallarmé qui faisait l'œuvre but d'univers. Et moi c'était l'homme ». (Cahier 16, p. 698).

Ainsi, le chef-d'œuvre livré au public n'est que le résidu dédaigneusement abandonné après avoir servi d'exercice dans la manœuvre de soi par laquelle l'auteur se fait homme.

> « Gladiator. Le personnage de l'auteur est l'œuvre de ses œuvres. Mon caractère me porte à considérer ce qui s'écrit comme exercice, acte externe, jeu, application — et à me distinguer de ce que je puis exprimer ». (Cahier 11, p. 261).

Le grand œuvre n'est donc plus ce qui peut sortir de la plume de l'auteur, mais l'homme lui-même, produit volontaire et lucide de son propre effort pour refaire son esprit.

> « Le Grand œuvre est pour moi la connaissance du travail en soi, de la transmutation, et les œuvres sont applications locales, problèmes particuliers ». (Cahier 16, p. 744).

Un tel labeur d'édification et de reconstruction de soi par soi, auquel Valéry, loin de tout souci littéraire, s'exercera scrupuleusement pendant plus de vingt-cinq ans, et qu'il poursuivra même après son retour à la littérature, n'a guère d'exemple dans tout le domaine de l'aventure intellectuelle de l'homme, sinon dans le domaine de la mystique.

Grand lecteur de mystiques dans sa jeunesse, lui-même sera conscient de ce rapprochement, et c'est à « un mystique sans Dieu » qu'il comparera celui qui est en partie son double littéraire, M.

Teste. Les Cahiers contiennent également le projet d'un conte, où, sous la figure d'un moine, Valéry transpose l'étonnante austérité de son ascèse intellectuelle.

> « Le Moine S.
>
> En forme de « nouvelle », décrire au milieu de ce temps, du désordre et des bêtes déchaînées, un homme qui s'en abstrait. Méprise les nouvelles, les « intérêts vitaux », les choses humaines, nations, avenir, et travaille à des ouvrages infinis, poursuit des problèmes d'une prodigieuse inutilité, déclare si on l'interroge, son mépris naturel, son indifférence archimèdienne pour tout ce qui est d'importance vitale et de créance commune. « Inhumain », pour ne donner valeur et temps qu'à ce qui distingue l'homme des bêtes ; et distingue l'intellect (ou l'âme) de l'homme total.
>
> Ne se fie qu'à, ne se fonde que sur — ce qui est apparu, à l'âge critique, comme sa « vérité ».
>
> Refus de croire le reste, le transmis, — de ressentir la force des idées faibles.
>
> Ne veut de mythe que ceux qui naissent de lui.
>
> Repousse les dieux étrangers — ceux des autres — les Baals.
>
> (Cahier 17, p. 87).

Inutile de demander à ce moine sur quelle révélation il fonde sa « vérité ». « Chacun doit avoir sa mystique, qu'il garde en soi jalousement ». (Cahier 8, p. 611). « Leurs véritables dieux, les hommes les cachent avec soin ». (Pléiade II, p. 489). Il est sûr toutefois que son refus de se courber devant « les dieux étrangers, ceux des autres » ne doit pas lui assurer une position bien confortable dans une société dont il s'abstrait si orgueilleusement. Le plus étonnant est pourtant cette sorte de foi indomptable, d'assurance en son génie qui anime ce « mystique », préoccupé du salut de son esprit, « comme d'autres font celui de leur âme », assurance qui ne l'abandonnera pas malgré l'incompréhension de son entourage.

> « Je trouve donc que je n'ai pas eu de bons juges, écrit-il à Gide en 1899... Le peu que j'ai publié montre en lui-même des distances assez grandes ; il paraît en des points assez éloignés ; je crois qu'il montre cependant une homogénéité de travail et de recherche assez singulière. Il est impossible qu'on ne sente pas que je repose sur quelque chose qui, à la fois, est très trouble, très solide et qui doit sembler me paraître de la première importance, à moi ». (Correspondance avec Gide, p. 355).

Ce quelque chose sur lequel il repose et qui fonde toute sa recherche est assez important à ses yeux pour le tenir éloigné de la littérature une vingtaine d'années. Quand il y reviendra, ce sera avec une optique toute particulière, qu'il ne faut jamais oublier quand on juge Valéry. Lui-même, dans la lettre précédemment citée, s'interroge sur le lien singulier qu'une telle recherche entretient encore avec la littérature.

> « Que devient la littérature dans cette manière ? Un problème, une application, mais pas un but, ni un point fondamental ».

Rappelons aussi un passage d'une lettre à Thibaudet :

> « Cet art devenu impossible à moi, dès 1892, je le tenais déjà pour un exercice, ou application de recherches plus importantes ».

Nous avons maintenant une idée de ces « recherches plus importantes », qui peuvent se résumer par une note des Cahiers :

> « Gladiator. Le but ne soit pas de faire telle œuvre, mais de faire en soi-même celui qui fasse, puisse faire, cette œuvre. Il faut donc construire de soi en soi, ce soi qui sera l'instrument à faire telle œuvre ». (Cahier 18, p. 29).

Il faut lire les 28 000 pages des Cahiers pour comprendre que cet immense travail de Pénélope, obstiné, patient, brutal, par lequel il chercha, cinquante ans durant, à refaire la trame de son esprit, à se forger les instruments de sa pensée, et à développer au maximum son pouvoir mental, est bien l'œuvre maîtresse de Valéry, et que l'œuvre publiée n'en est tout au plus qu'application circonstantielle. Il est difficile d'imaginer une œuvre plus indifférente à toute fin pratique, plus dépouillée de toute ambition, littéraire ou autre. Les Cahiers ne conservent que la trace de cette œuvre intérieure presque impossible à reconstituer, puisqu'elle est le Moi le plus secret de Valéry, fruit du dressage de soi par soi.

> « Tout ce que j'écris en ces cahiers, tâtonnements, lueurs précaires, etc. n'a d'autre valeur, ni aiguillon que l'idée d'un Moi qui posséderait à l'état de moyens toujours prêts, de réponses implexes, la quantité de ces essais formulés. Car qu'importent des pages, des pages ! C'est là le malheur, l'absurdité des philosophes et des systèmes. La philosophie n'est pas pratique !
>
> Il s'agit de dresser un cheval... Kant vous offre une classification de ses os et muscles... de la zootechnie !
>
> Il s'agit de monter ce cheval... Descartes avait pourtant le sentiment que tout cela devait servir à quelque chose, et c'est ce qui me le rend sympathique, quoique... etc. ». (Cahier 26, p. 248).

De ce dressage intérieur, Teste nous donnait déjà une idée : « Trouver n'est rien. Le difficile est de s'ajouter ce qu'on trouve », faire sien, assimiler à la chair de son propre esprit, comme « réponses implexes » toujours prêtes et immédiatement disponibles, toute la somme des essais et exercices accomplis. L'esprit, comme un cheval bien dressé, doit connaître la totalité de ses ressources et pouvoir les utiliser au maximum de leur puissance. Seul le dressage, grâce au dosage judicieux et systématique de ses exercices, peut découvrir et développer les dons et les talents enfouis dans le secret de chaque individu. Valéry crée même un terme pour désigner cette quantité d'énergie potentielle susceptible d'alimenter les réactions de l'individu. Il appelle ce trésor caché « l'implexe ».

> « Implexe — J'aime ma notion d'implexe que j'ai donné dans l'Idée fixe en forme de plaisanterie. La mémoire en est un cas particulier ». (Cahier 23, p. 837).

« Il est étrange que nul terme (autre que celui de mémoire) ne désigne ce qui est en puissance dans chacun, et qui est actualisé, fourni comme réponse aux excitations diverses ! Il y a une foule de capacités de ressources, de sensations et de modifications potentielles de tous ordres, dont les événements font paraître à chaque instant les effets actuels ». (Cahier 22, p. 109).

« Implexe. Un sentiment, infus dans le moment, de ce que nous pouvons ou pourrions faire, est comme perpétuellement proche du moi... ». (Cahier 22, p. 657).

« Implexe. Ne pas confondre ce que je nomme l'implexe avec ce que l'on nomme l'inconscient ou le subconscient... C'est le potentiel de la sensibilité générale et de la spéciale... dont l'actuel est toujours un fait du hasard. Et ce potentiel est conscient ». (Cahier 23, p. 398).

« Les implexes sont les possibilités de réaction et par conséquent leur ensemble constitue le domaine de la sensibilité. Il n'est rien qui ne soit compris dans ce trésor, puisqu'il n'est rien qui ne soit aboli avec la faculté de réagir ». (Cahier 26, p. 258).

On voit que cet implexe est le fonds le plus secret de l'individu et Valéry va même jusqu'à l'identifier avec un mot qu'il n'aime pourtant pas, l'âme.

« L'âme, nom de l'implexe (« faculté ») de jouir, souffrir, tenir, désirer, vouloir, ressentir, ensemble des productions éventuelles de sensibilité non équilibrée... ». (Cahier 27, p. 530).

Mais ce qui caractérise essentiellement cet implexe, c'est la somme des pouvoirs virtuels et ressources de tous ordres constituant le moi potentiel secret que l'individu a pour tâche d'actualiser, par un entraînement systématique, car « un homme n'est rien tant que rien ne tire de lui des effets ou des productions qui le surprennent... en bien ou en mal. Un homme, à l'état non sollicité est à l'état néant ». (L'Idée fixe, p. 233). Cependant ce ne sont pas les productions extérieures qui importent, mais seulement l'éveil de tout ce potentiel. « Non, l'implexe n'est pas activité. Toute le contraire. Il est capacité... En résumé, j'entends par l'Implexe, ce en quoi et par quoi nous sommes éventuels ». (L'Idée fixe, p. 234 et 235).

On pourrait dire que toute sa vie Valéry a travaillé à se rendre potentiel, pour jouir des ressources d'un pouvoir dont la production devient inutile dès l'instant qu'il se connaît.

« Ego. Tout mon travail naturel, celui de ma nature, et que j'ai accompli toute ma vie, depuis les 20 ans, ne consiste que dans une sorte de préparation perpétuelle, sans objet, sans finalité, peut-être aussi instinctive que le labeur d'une fourmi, quoique de tendance additive, perfective ; quoique sans but pratique ni extérieur ; et quoiqu'enfin ayant pour orientation la direction d'une conscience croissante étrangement cherchée avec une obstination d'instinct ! » (Cahier 22, p. 462).

« Ego. Je rêvais d'un être qui eût les plus grands dons, pour n'en rien faire, s'étant assuré de les avoir... J'ai dit ceci à Mallarmé ». (Cahier 22, p 600).

« Je sais faire les vers et n'en fais pas et n'ai pas envie d'en faire. Pas plus que celui qui sait faire l'addition ne s'amuse à en faire. Mais peut-être est-ce là la fin et le seul but ? « Savoir » pour pour abandonner. « Pouvoir » pour ne pas agir... Peut-être n'ai-je jamais écrit que les monologues du pouvoir qui répugne à son exercice ». (Cahier 20, p. 500).

Ainsi tout ce travail acharné de patiente reconstruction de soi par soi, pour éveiller et mûrir les dons et ressources du moi implexe, n'aboutit pas à une œuvre extérieure, soumise au jugement d'autrui, mais seulement à la jouissance de la conscience sûre de ses pouvoirs et dédaigneuse de leur exercice. La conscience est à la fois moyen et fin de toute cette éthique.

« Mais moi, Narcisse aimé, je ne suis curieux
Que de ma seule essence »,

dira plus tard le poète. Que devient la littérature dans une telle mystique ascétique du moi qui répugne à l'exercice de ses dons et de ses pouvoirs ? Elle ne peut être que production bien latérale, et possible seulement quand elle peut servir d'exercice à l'édification du moi. On comprend dès lors l'insistance de Valéry à souligner le caractère circonstanciel et accidentel de son œuvre. « Ce que j'ai écrit, ou, plus exactement, ce que j'ai publié, a été commande ou exercice ». (Lettres à quelques-uns, p. 143). « Il faut au moins ne pas ignorer que je n'ai écrit en prose que sur demande ou sur commande, sujet imposé et parfois conditions fort bizarres ». (id., p. 207). Ce n'est pas là coquetterie d'écrivain, mais aveu sincère d'un homme connaissant sa vraie nature.

« Je ne puis pas faire une œuvre littéraire normale. Il faudrait pour cela s'écarter trop de ma nature qui est non littéraire. Il y a des sacrifices que je ne puis pas, sais pas, veux pas faire — et le premier sacrifice à la littérature viable est le « sacrifizio dell'intelecto ». (Propos me concernant. Pléiade II, p. 1513), reproduisant une note écrite en 1917 dans Cahier 6, p. 551).

« On ne peut concevoir, et pourtant je l'ai assez dit, que mon « œuvre » n'est (pour la plus grande part) faite que de réponses à des demandes ou circonstances fortuites et que sans ces sollicitations ou nécessités extérieures, elle n'existerait pas. Je n'ai pas obéi à mon désir. Ma nature est potentielle ». (Cahier 17, p. 222).

Mais pour une nature qui se voudrait purement potentielle, où trouver les critères qui confirmeraient la vérité de ses pouvoirs ? Une force ne se mesure qu'à l'efficacité de ses actes. Des dons ne s'authentifient que dans les œuvres dont ils sont capables. Valéry a compris le danger d'un pur robinsonnisme replié sur l'îlot de sa conscience. Son retour à l'acte d'écrire, et même au métier littéraire, n'est donc pas aussi accidentel qu'il le dit, et procède d'une nécessité intérieure. Que sa nature ne soit pas littéraire, ceci n'est

vrai qu'à l'égard du concept commun de la littérature. Car, nous le
verrons, Valéry est poète, et non pas seulement « malgré lui », mais
dans son essence intime. Il est vrai que sa poésie est d'essence radicalement nouvelle, non littéraire, pourrait-on dire, mais ontologique, en ce sens que le faire poétique ne se borne plus à la recherche
d'une expression, et ne constitue plus une fin en soi, mais se lie
et presque se confond avec le faire intérieur, le faire de l'esprit,
si bien que le poète est « entraîné à considérer avec plus de complaisance, et même avec plus de passion, l'action qui fait, que la
chose faite ». (Pléiade I, p. 1343). Peu lui importe donc la place
qui peut lui être faite dans la poésie française et on comprend son
agacement devant la réputation que la Jeune Parque et Charmes lui
ont assurée :

> « On veut que je représente la poésie française. On me prend
> pour un poète ! Mais je m'en fous, moi de la poésie. Elle ne m'in-
> téresse que par raccroc. C'est par accident que j'ai écrit des vers.
> Je serai exactement le même si je ne les avais pas écrits. C'est à dire
> que j'aurais, à mes propres yeux, la même valeur. Cela n'a pour moi
> aucune importance », déclare-t-il à Gide en 1922. (Cité par Hytier,
> p. 15).

Plus que le poème, c'est en effet la genèse du poème qui l'intéresse, car cette genèse est celle du poète lui-même qui se façonne
dans la lucidité de son acte créateur. Mais si, en définitive, c'est
l'homme seul qui importe et non pas l'œuvre, celle-ci n'en reste pas
moins nécessaire à l'affirmation de l'homme dans son pouvoir authentique.

> « Autopsie. Tel quel. Mon imagination n'est pas littéraire, mais
> voici que mes moyens sont littéraires... Tel, je ne conçois jamais
> d'œuvres. L'œuvre ne m'importe pas profondément. C'est le pouvoir
> de faire les œuvres qui m'intrigue, m'excite, me tourmente. Je n'ad-
> mire pas la chance, mais ce qui multiplie les chances ». (Cahier 5,
> p. 152).

Ainsi, Valéry le reconnaît, ses moyens sont littéraires, et on
pourrait dire que la poésie et l'acte d'écrire sont les moyens nécessaires à sa manœuvre et fabrication de soi. Il a donc besoin de
l'œuvre littéraire.

> « 22-6-42. Ego. Le système T. — J'ai passé ma vie à me préparer
> à penser — c'est-à-dire à produire ou à refaire ma pensée, — à la
> rendre conforme à ce que serait une pensée qui tendrait à épuiser
> la production en elle des modes de transformation des expériences
> internes ou externes que toute une vie peut offrir à la pensée...
> Parmi ces expériences, l'une des plus importantes est celle de faire
> quelque œuvre. Mon principe me conduisait donc à ce faire, mais
> dans l'esprit ci-dessus défini. L'objet des œuvres, pour moi, n'est
> pas la visée extérieure de leur effet — mais la modification résiduelle
> que la fabrication peut accomplir dans le fabricateur (en disant
> toutefois que la visée extérieure doit figurer d'une certaine façon
> dans les conditions de la fabrication, mais non à titre de fin) ».
> (Cahier 26, p. 45).

Le souci proprement littéraire de l'effet à produire sur le lecteur n'est pas la fin recherchée, car la seule fin poursuivie pour elle-même n'est que « la modification résiduelle que la fabrication peut accomplir dans le fabricateur ». Il n'est pas ignoré pourtant et constitue un élément important dans les exercices de manœuvre de la pensée et de la maturation personnelle de l'auteur. Il ne faut certes pas oublier que cette note date de 1942 et qu'elle a donc été écrite au soir d'une longue carrière littéraire. Néanmoins, l'importance qu'elle accorde à l'acte d'écrire fait rebondir notre réflexion sur le sens à donner à la renonciation à la carrière littéraire cinquante ans plus tôt. Comment un poète né, aux dons littéraires si riches et si évidents, a-t-il pu rester si longtemps éloigné de la carrière littéraire ? Or, il nous semble qu'on ne peut répondre pleinement à la question du renoncement sans répondre en même temps à la question parallèle du retour : comment Valéry a-t-il pu choisir à nouveau la littérature, sinon comme expression, au moins comme moyen de ses recherches ? Car pour le critique de Valéry, surtout après la lecture des Cahiers, le vrai problème ne semble pas tant être son silence poétique, que plutôt son retour à la poésie, sans que ce retour l'oblige à abandonner tout le soubassement ontologique et tout le système de recherches phénoménologiques auxquels s'est liée son aventure spirituelle. La lecture des Cahiers nous assure en effet que le vrai travail de Valéry, celui qu'il creuse en profondeur à travers les manœuvres secrètes de son esprit, est une recherche qui peut se qualifier d'ontologique, une aventure spirituelle au sens philosophique du terme. C'est à elle seule qu'il attache de la valeur, et il lui rapporte la phrase de Bergson : « Ce qu'a fait Valéry devait être tenté », bien qu'il hésite sur le sens qu'y entendait le philosophe.

> « Ce vers très honorable, je le retiens. C'est ma devise. Ma « nécessité », et aussi ma définition. Bergson l'entend-il surtout de ma poésie et de ma poétique ? ou de l'ensemble (public ?) ». (Cahier 17, p. 792).

Quoi qu'il en soit, il semble que l'expression poétique n'ait été possible à Valéry avant ses vingt ans, que lorsqu'il n'avait pas encore pris conscience du conditionnement de son aventure personnelle. Dès lors qu'il en prend conscience, il cesse d'écrire des poèmes et s'éloigne de la littérature, car la « vie littéraire est le genre de vie qui éloigne le plus des choses de l'esprit ». (Pléiade II, p. 898). « Je me suis jeté dans une espèce de rigueur, pour me sauver de la gueule des sottises », écrit-il à Gide en novembre 92. Le vrai problème est alors de savoir comment Valéry pourra revenir à cette « sottise » littéraire, vingt-cinq ans plus tard.

Il faut cependant remarquer que le silence littéraire de Valéry ne fut jamais total. Outre « la Soirée avec M. Teste » et l'« Introduction à la méthode de Léonard de Vinci », il écrira encore quelques poèmes : « Eté » et « Vue » en 1896, « Profusion du soir » en

1899, « Anne » en 1900, « Sinistre » en 1909. Il songe, en 1899, à réunir ses vers en volume. Entre 1898 et 1901, il écrivit aussi « Agathe » auquel il tenait beaucoup. Ainsi, bien que la préoccupation majeure de Valéry ne soit plus de faire carrière dans les Lettres, il ne se sera jamais éloigné totalement de la scène littéraire, ne serait-ce que par les nombreuses amitiés qu'il conserve avec les poètes. Une lettre à Gide, de février 97, montre même qu'il songe à publier ses recherches. Une certaine entrevue

> « m'a presque donné l'envie de finir par écrire et publier carrément le Système. J'ai longtemps craint je ne sais quelles absurdités cachées (et il y en a du reste) dans mon travail, mais je n'ai pas encore rencontré, avec la meilleure foi du monde, un fait ou une idée qui torpillassent mon affaire, au point de l'envoyer à fond. Seulement, je n'ai pas encore trouvé l'ordre exact de succession des thèses particulières. De plus, il y a des bâtiments entiers à construire dont le plan est fait, mais — travail et patience ?
>
> Si je savais qu'une telle publication toucherait la cible, c'est-à-dire soulèverait des discussions, je le ferais. Mais c'est l'improbable. Une objection curieuse que je me fais souvent est celle-ci : je trouve si naturelle la chose que j'ai tentée que je suis étonné, épaté qu'on n'y ait pas songé il y a des siècles. De là à se dire qu'il y a quelque monstre à la base, il n'y a qu'un pas ». (Correspondance avec Gide, p. 286).

Valéry travaille donc à la mise au point de son « Système » et ne se refuserait pas à le publier. L'idée de construire une œuvre littéraire originale ne l'a d'ailleurs jamais quitté ; de nombreuses notes des Cahiers en témoignent. Il écrit par exemple vers 1901 :

> « Je m'aperçois que mon ambition littéraire est (techniquement) d'organiser mon langage de façon à en faire un instrument de découvertes, un opérateur, comme l'algèbre, ou plutôt un instrument d'exposition et de déduction, de découvertes et d'observations rigoureuses ». (Cahier II, p. 493).

Ainsi, il songe à une littérature nouvelle, qui ne serait plus empirique comme l'actuelle.

> « Il est une littérature. Il y en aurait une autre qui serait à la première ce qu'est à l'arithmétique, l'algèbre. La seconde ferait la première oiseuse en grande part, étant la conscience qu'on en finit par prendre, et le remplacement d'une foule de contacts par une seule vue. Cette algèbre séparerait d'abord les opérations réelles de la pensée (sur un texte) d'avec les fictives ». (Cahier 4, p. 426, en 1910).

Il semble que ce soit à cette nouvelle littérature, savante et pure, et non pas seulement à son cas particulier, qu'il songe en écrivant cette note en 1910 :

> « Attendez ! Ne tenez nul compte de ce que j'ai dit jusqu'ici. Ce n'était que pour chercher ma pensée. Maintenant elle chante. Ecoutez le net, le pur, le neuf, le juste ! le mouvement irrésistible et la clarté sans défauts. Ecoutez : il va y avoir un temps et un autre temps à cueillir. Puis je m'obscurcicai encore et vous me laisserez sur mon chemin ». (Cahier 4, p. 446).

Toujours la même année, cette note qui témoigne d'une attente inquiète de la muse, ou « d'une divine électrolyse » :

> « Ce poème (que je n'ai pas pu faire), il est là, disséminé, dissous, infus, présent et insaisissable, attendant (avec bien d'autres choses) l'appel d'une divine électrolyse (d'un moment électrolytique), l'opération d'une mystérieuse paroi semi-perméable bonne pour ces osmoses-là ». (Cahier 4, p. 461).

Une note de 1911 n'indique-t-elle pas, dix ans à l'avance, les divers sujets des poèmes de « Charmes » ?

> « O mes étranges personnages, pourquoi ne seriezvous pas une poésie ?
> Toi, Présent, et vous Formes,, et vous Significations, Fonctions et Phases et Trames.
> Toi, acuité de la netteté et point ; et toi, l'informe, le latéral ?
> Cette espèce de re-création, que ne chanterait-elle pas ? Mais que d'exercices avant de se rompre à sa propre pensée ? » (Cahier 4, p. 612).

Il va même jusqu'à nous donner, en 1912, une définition du poète moderne qui ne peut guère que s'appliquer à l'auteur de « Charmes » :

> « Tel poète moderne au lieu d'imaginer son sujet, un objet, et d'arriver jusqu'aux mots en revenant sur cet objet, ne pense à aucun objet particulier, mais il imagine un poème et toutes les conditions de son maximum de puissance ou de grâce... et croit parvenir à finir par le lire dans sa tête ». (Cahier 4, p. 732).

Les notes des Cahiers témoignent que Valéry n'a jamais vraiment abandonné toute « ambition littéraire », même après la décision héroïque de renoncer à la carrière des Lettres pour sauver son esprit. Sans doute, « la cuisine littéraire » lui répugne, et le nouveau « secret d'être » dont il a besoin, il le recherche avec toute la passion et le sérieux d'un moine qui serait aussi un savant. Cette quête ontologique liée à la « brute notion du pouvoir mental » l'oriente tout entier à l'édification de ce moi potentiel, qui pourrait jouir de ses pouvoirs éventuels, tout en dédaignant leur production. Cela ne l'empêche pas de songer à un nouveau type de littérature devenue « instrument de découvertes », et qui loin de l'éloigner des choses de l'esprit, en serait au contraire le fidèle « instrument d'exposition ». N'entrevoit-il pas aussi pour sa pensée la possibilité de chanter ? Pour une pensée parvenue à saisir « le net, le pur, le neuf, le juste », tous les thèmes les plus abstraits de la recherche se transposent en autant de chants poétiques. Valéry croyait avoir quitté la poésie, pour s'adonner à des « recherches plus importantes », mais il était si profondément et si essentiellement poète, qu'il la retrouve, comme malgré lui, au cœur le plus intime de la vie de son intelligence. Sans doute s'était-il purifié « de toute intention d'écrire pour être lu », et c'est en ce sens que la demande de Gide et de Gallimard, en 1912, d'imprimer ses vers faits

vingt ans auparavant, n'éveilla en lui qu'un faible écho. Nous flai-
rons pourtant quelque exagération dans ce propos des Fragments
des Mémoires d'un Poème : « Je ne pus même pas penser plus d'un
instant à cette proposition qui ne s'adressait à rien qui survécût
dans mon esprit et qui n'y pouvait rien éveiller qui le séduisît ».

Outre que cette proposition fut à l'origine de ce long « exercice »
qui prendra la figure de la Jeune Parque, les notes des Cahiers nous
le montrent déjà rêvant d'une poésie pure libérée de tout sujet. C'est
en effet dans la vie même de l'esprit qu'il la découvre.

> « L'amateur de l'esprit ne fait... que jouir de ces combinaisons
> et des fluctuations de l'intellect, où il admire bien des merveilles...
> Et il lui arrive alors de prétendre qu'il n'y a pas de matière poétique
> au monde qui soit plus riche que celle-ci ; que la vie de l'intelligence
> constitue un univers lyrique incomparable, un drame complet... »
> (Pléiade I, p. 796).

Ces dernières lignes datent certes de 1937. Mais il déclare aussi,
la même année, qu'à cette « poésie des merveilles et des émotions
de l'intellect », il a « songé toute (sa) vie ». (Pléiade I, p. 886). C'est
ce que confirme une note des Cahiers :

> « Préface ou final du Cours de Poétique.
>
> Il y a une poésie des choses mêmes de l'esprit ». Voilà ce qui
> m'a frappé dès 189... Ou plutôt je me suis senti intéressé par ces
> choses abstraites, vers 1892-3, à ma façon et comme excitantes. C'était
> une sensibilisation, une poétisation ». (Cahier 25, p. 460).

Disons donc que si la proposition de Gide et de Gallimard eut
finalement pour résultat de le ramener à la poésie, ce ne fut pas le
fait du hasard ni par contrainte sur sa nature. Seule son œuvre de
prose a peut-être un caractère circonstanciel, non son œuvre poétique. Cependant, cette poésie abstraite et pure de la vie même de l'esprit qui l'a « frappé dès 189... » ne pouvait être le fruit que d'une
longue maturation et d'une longue recherche et accoutumance dans
les choses de l'esprit. Comme il l'écrivait en 1911 :   « Cette espèce
de re-création, que ne chanterait-elle pas ? Mais que d'exercices
avant de se rompre à sa propre pensée ? » Même réflexion dans
« Note et digression », premier texte en prose écrit, en 1919, après
la rupture de son silence littéraire : « Il faut tant d'années pour que
les vérités que l'on s'est faites deviennent notre chair même ! ».
(Pléiade I, p. 1206).

Pour l'esprit qui veut se refaire entièrement lui-même selon
les clartés de ses propres découvertes, et qui dans cette réédification de soi par soi ne veut rien devoir qu'à ses propres forces,
dans le désir d'être totalement maître de lui-même, maître chez soi et
maître de sa langue, le chemin de cette recréation comporte en effet
nécessairement deux étapes ou deux phases distinctes. Une première
étape consiste à découvrir d'abord ses propres vérités dans la volonté cartésienne de « faire table rase » de toutes les connaissances
antérieures, jugées plus ou moins arbitraires ou même idolâtres,

illusoires productions des « dieux étrangers, ceux des autres, les Baals », et à reconstruire l'édifice de son propre savoir en même temps que le mécanisme de sa pensée. En cette phase, le dessein de Valéry reprend presque identiquement celui de Descartes qui « ne s'est étendu plus avant que de tâcher à réformer (ses) propres pensées, et de bâtir dans un fonds qui est tout à (soi) ». (Discours de la méthode). Mais à cette première étape, caractérisée par une volonté d'autonomie intellectuelle, Valéry ajoute un deuxième processus, qu'il ne découvrira d'ailleurs véritablement que dans l'expérience même de sa propre réédification, c'est celui qui consiste à assimiler « les vérités que l'on s'est faites », jusqu'à ce qu'elles « deviennent notre chair même » et que l'esprit soit « rompu à sa propre pensée ». C'est en cette deuxième étape, qui n'est plus celle de la découverte, mais celle de la maturation, que se situe la véritable originalité de Valéry, son authenticité humaine la plus remarquable. Seule, elle lui a permis de retrouver le poète au-delà du penseur, et de sauver l'homme après avoir sauvé l'esprit.

Le caractère iconoclaste, du coup d'état mental cherchant à imposer dans l'économie de la pensée les seules lois de l'intellect, imprègne en effet cette étape de recherche d'une sorte de violence presque barbare. Le salut de l'esprit par l'attachement exclusif à l'idole de l'intellect ne peut pas ne pas s'accompagner de rudesse et de violence, celles qui s'attachent à tout fanatisme, fût-il celui de la logique pure. Car il y a du fanatisme dans cette ascèse de salut destinée à « entreprendre une action très sérieuse contre les « Idoles » en général et qui ne peut que les remplacer par une autre Idole, celle de l'Intellect. Teste, son grand-prêtre, a la rudesse d'un homme qui n'aurait réussi à sauver l'indépendance de son esprit qu'au prix d'une mutilation brutale opérée dans la chair intime de son être. Valéry ne cache pas qu'au fond, il n'est qu'un « monstre », « un Hippogriffe, une chimère de la mythologie intellectuelle », et que « l'existence d'un type de cette espèce ne pourrait pas se prolonger dans le réel pendant plus de quelques quarts d'heure ». « M. Teste, s'il est quelque chose, et j'ai des raisons de douter qu'il soit quelque chose, n'est qu'un instantané d'intellectuel », écrit-il à Gide en 1917. Il serait donc totalement faux d'identifier Teste et Valéry, tout comme il serait faux de lui trouver une ressemblance étroite avec Mallarmé. Car la véritable grandeur de Valéry est d'avoir pu surmonter la brutalité mutilante de cette opération de nettoyage de l'esprit que représente Teste. S'assimilant peu à peu les vérités découvertes au cours de cette intervention chirurgicale, son esprit s'est refait lentement une chair, et après une longue période de convalescence, a retrouvé enfin la vie, toute frémissante en son mystère et sa spontanéité. Teste a permis à Valéry de sauver son esprit, mais ce n'est qu'après l'élaboration des poèmes de Charmes que l'homme sera définitivement sauvé, dans sa sensibilité comme dans son intelligence.

Il n'en est pas moins vrai que, malgré son aspect caricatural et monstrueux, Teste exprime humoristiquement un certain idéal de Valéry.

> « J'ai, une fois, essayé de décrire un homme campé dans la vie. Une sorte d'animal intellectuel — un mongol — économe de sottises et d'erreurs, leste et laid, sans attaches — voyageur sans regrets, solitaire sans remords — tout entier à ses mœurs intérieures, à sa proie variée (ou le reste du monde) — logé dans un hôtel avec sa valise, — sans livres — sans besoin d'écrire, méprisant l'une et l'autre faiblesse — réducteur impitoyable, énumérateur froid, capable de tout — dédaignant tout — mon idéal.
>
> Je n'ai envie que de pouvoir, disait-il, je déteste la rêverie et je trouve les actes lents et ridicules — mais j'aime à la folie ressentir toute la précision dont je suis capable — je me précise avec délices. Je me sens m'enchaîner et me dessiner... Je compte pour rien l'amour, l'histoire, la nature ». (Cahier III, p. 378).

Que Teste ait quelques traits de caractère avec Valéry ne saurait nous étonner, et il l'avoue lui-même : « En réalité, j'ai procédé en ajustant ensemble un nombre suffisant d'observations immédiates sur moi-même pour donner quelque impression d'existence possible à un personnage parfaitement impossible ». (Lettres à quelques-uns, p. 227). Ces traits de ressemblance avec Valéry, ou plutôt avec l'idéal qu'il se fait de lui-même, sont assez visibles pour être relevés en quelques points : maître de lui-même après avoir conquis une totale maîtrise sur les rouages de sa pensée, inaccessible à la bêtise de toute origine, détaché de tout, indifférent par rapport au jugement et à la pensée d'autrui, lucide à l'égard de lui-même, sûr de sa force, mais n'en tirant pas vanité à l'égard des autres, méprisant la gloire, suffisamment indépendant pour se préférer dans la joie de se sentir unique, attentif aux seuls chefs-d'œuvre intérieurs par lesquels le moi se refait selon ses propres clartés, et ayant acquis, dans cette ascèse de la réédification, l'art de la durée et de la maturation de l'être intérieur, combiné avec le sens de la plasticité humaine et de la malléabilité du moi ; enfin, aimant à la folie la précision et en tirant une attitude critique à l'égard du langage ; voilà, en résumé, des traits communs à Teste et à Valéry. Teste n'en reste pas moins « un personnage parfaitement impossible », en tant qu'il n'est qu'une créature limite, un simple possible de la pensée, le grossissement hyperbolique d'un « instantané d'intellectuel » qui aurait réduit tous les recoins obscurs d'une conscience sous l'éclairage brutal d'une intelligence assez lucide pour se connaître elle-même dans le jeu complexe de ses rouages. Valéry est parfaitement conscient du caractère utopique de cette totale lucidité. Limite extrême et hors de portée d'une conscience qui connaîtrait tous ses pouvoirs, Teste n'est pour Valéry que la direction d'une recherche, l'indication d'un programme d'études devant le mener à sonder jusqu'où peut aller l'homme.

> « Application de forces. Ayant bien vu et trouvé pour moi que l'humain forme un système fermé quant à la connaissance et aux

actes (dès la vingtième année), que le « que peut un homme ? » de
M. Teste est toute la philosophie. C'était là une bonne base pour
application de forces. Je n'en ai pas usé le mieux du monde. Exemple : traiter mythes et philosophies comme ils le méritent ». (Cahier
16, p. 197).

« M. Teste est un mystique et un physicien de la self-conscience,
pure et appliquée. Et surtout un qui cherche à « appliquer » la self-
conscience.. Et la rendre fonctionnelle... automatique ! !» (Cahier
II, p. 643). Les points d'exclamation signifient bien que l'ambition de rendre automatiques les fonctions de la self-conscience ne
peut tendre que vers une limite inaccessible.

« M. Teste est-il autre chose que le possible, l'incarnation du
possible en tant que nous en usons et disposons ? Et ce possible-là,
n'est-ce pas ce que l'on entend par intellectuel ? » (Cahier II, p. 768).

« M. Teste dixit : « Jamais le mot Amour n'a souillé ma voix
intérieure. Il ne fut jamais prononcé entre moi et moi ». Il n'admet-
tait dans ce mono-dialogue que des termes à valeur finie, c'est-à-dire
réalisables dans l'instant en valeurs actuelles (motrices ou analo-
gues) ». (Cahier 13, p. 147).

« Principe Teste. Teste est la négation de tout ce qui ne peut
co-exister avec la conscience nette ou plutôt la réduction systématique, presque automatique, du contenu de ce tout à une valeur
égale à la valeur de netteté qu'il peut supporter ». (Cahier 13, p. 410).

Cet effort de réduction de toute la conscience à ses seuls
pouvoirs de lucidité et de netteté devrait assurer à Teste une pleine
maîtrise de soi par la connaissance presque réflexe et automatique
de ses opérations mentales. Son monde intérieur, il le connaîtra
d'ailleurs avec la même objectivité que le monde externe.

« M. Teste. L'interne devient externe, (objectif). L'externe devient interne, et le monde visible ou sensible ou extérieur devient
rare... Si nous pouvions fermer les yeux de la pensée, nous retirer
de l'intérieur, le monde dit intérieur serait extérieur comme l'autre.
L'un et l'autre sont fabrications ». (Cahier 14, p. 854).

Pourtant cette objectivation du monde de la pensée, aboutissant
à une connaissance presque réflexe des mécanismes de sa « fabrication » mentale ne reste qu'une limite idéale jamais accessible. Bien
qu'elle ait constitué un terme idéal pour Valéry après la révolution
de 92, et bien que cet effort pour réduire la pensée à « une sorte
d'animal intellectuel », parfaitement dressé, ait orienté sa recherche pendant plus de vingt ans, il n'en semble pas moins évident qu'il
ait su dès le départ que cet idéal était irréalisable, et que, plus encore, sa parfaite réalisation serait la fin de l'homme. Outre le style
subtilement voilé d'ironie et d'humour qui donne à « la Soirée
avec M. Teste » un caractère nettement surréaliste, ironie sensible
aussi dans les notes des Cahiers concernant Teste, nous en voulons
pour preuve l'aveu d'impuissance de M. Teste à combattre la douleur. « Que peut un homme ? Je combats tout, hors la souffrance de
mon corps, au-delà d'une certaine grandeur ». Ainsi, dans son effort

surhumain pour libérer l'esprit de toute attache avec les particularités psychologiques, biologiques, sociales ou culturelles d'une
personnalité définie, dans le but d'atteindre cette espèce de « vie
généralisée » qui serait celle d'un esprit détaché de tout, M. Teste
touche cependant à une limite de ses pouvoirs : il bute sur l'impossibilité de supprimer la douleur, échec qui rend à nouveau son
esprit dépendant de l'accidentel. Or, cet échec n'est pas seulement
latéral et minimisable ; il pourrait être même si essentiel qu'il frappe
l'ensemble de cette ascèse intellectuelle de nullité. M. Teste y fait
sans doute lui-même allusion dans ses propos, juste après avoir
affirmé son orgueilleuse et toute puissante autonomie. « Je suis
chez moi, je parle ma langue », venait-il de dire. Mais voici l'imprévu :

> « Il toussa. Il se dit : « Que peut un homme ?... Que peut un
> homme ! Il me dit : « Vous connaissez un homme sachant qu'il ne
> sait ce qu'il dit ! »

Tragique aveu d'un homme ayant le courage de mesurer sa
pensée selon le critère de ses véritables pouvoirs et fuyant comme
le plus grand mensonge l'illusion qui se paye de mots. La question
est d'importance, et Teste le reconnaît. « C'est là, pourtant, que
je devrais commencer. Car, souffrir, c'est donner à quelque chose
une attention suprême, et je suis un peu l'homme de l'attention ».
Ainsi Teste, bien qu'il soit le cas limite et utopique d'un homme
qui aurait réussi à s'identifier totalement avec le fonctionnement
d'un esprit libéré de toutes entraves psychologiques (« il avait tué
la marionnette »), comme de toute dépendance envers l'entourage
social et culturel (« Je suis chez moi, je parle ma langue »), n'a
pourtant pas réussi à devenir l'esprit pur et universel dégagé de
tout conditionnement biologique. Il y a là une limite qui montre
que Valéry, même à 23 ans, au plus fort de sa volonté de reculer
au maximum les limites du pouvoir humain, reste conscient de
l'existence de ces limites. Ce qu'il va chercher, c'est à connaître
ces limites véritables de l'homme, plus sans doute qu'à les franchir, car ce franchissement ne serait qu'illusoire. « Je connus la certitude de la Borne et l'importance de la connaître » (Pléiade II,
p. 467). Mais pour découvrir les vraies limites de l'esprit, il faut en
dégager le fonctionnement et le tendre au maximum de ses pouvoirs. Aussi faut-il se défaire de la paresse habituelle à tous. « Ce
qui m'a frappé le plus au monde, c'est que personne n'allait jamais
jusqu'au bout », écrit-il à Gide, l'année où il écrit « la Soirée ».
Quant à lui, il cherchera à aller jusqu'au bout, malgré la souffrance
due à cette tension. « De quoi j'ai souffert le plus ? Peut-être de l'habitude de développer toute ma pensée, d'aller jusqu'au bout en
moi », écrit-il dans les Cahiers. (Cahier 4, p. 476). Mais pour cela il
faut sortir des sentiers battus, et opérer un décrassage de l'esprit.

> « J'ai réinventé bien des choses. Les autres hommes, par exem-
> ples. J'ai crevé honnêtement les notions qui m'embarbouillaient
> l'esprit. J'ai voulu jeter mes bottines au nez des mots au lieu de les

leur cirer. J'ai fait et je fais des systèmes qui sont absolument sur
mesure, des théories où il y a la place de mes cors, des liaisons qui
soient à moi les commodes ascenseurs, eau et gaz de la rêverie ou
de l'analyse. J'ai frotté mes vitres, j'ai gratté l'orgueil naissant que
je n'ai jamais beaucoup eu, malgré les apparences, peut-être »,

écrit-il à Gide (p. 218). Malgré l'allure rimbaldienne et fantasque de
ces proclamations, c'est à une véritable réorganisation systématique
de son esprit que l'entraîne sa nouvelle philosophie, condensée dans
la question de M. Teste « Que peut un homme ? » L'exploration vers
les limites de l'esprit ne le pousse cependant pas vers les fantaisies
nietzchéennes du surhomme, et il conservera toujours la lucidité
d'une démarche méthodique et quasi cartésienne, « J'aime tout ce
qui approche l'esprit des limites de son pouvoir, mais qui l'en approche, en s'organisant et assurant sa marche », écrira-t-il dans
les Cahiers.

Avant de parler du système « sur mesure » et de la méthode
qu'il cherche à mettre au point, il nous faut préciser quelques
aspects de cette philosophie du « que peut un homme ? ». C'est en
cette question, en effet, plus que dans les réponses qu'il tentera de
lui donner, que se résume l'essentiel de l'attitude et de la tentative
valéryennes. Une telle question pouvait-elle d'ailleurs avoir une
réponse ? Qui pourrait préciser et délimiter vraiment les pouvoirs
de l'homme ? Même en prenant pour point de départ l'hypothèse
formulée par Valéry dès sa vingtième année, à savoir « que l'homme est un système fermé quant à la connaissance et aux actes »,
il n'en reste pas moins que ce système fermé, que serait l'esprit
de l'homme, est assez vaste, assez complexe et assez malléable
pour défier toute tentative d'en découvrir les limites. Valéry était
d'ailleurs assez lucide et assez grand pour ne pas se laisser engluer
par ses propres hypothèses, et le fait est qu'il ne réussira pas
à mettre au point son système, bien qu'il se crût prêt à l'écrire à le publier dès sa vingt-cinquième année. Son tempérament
de poète devait le sauver de l'illusion commune aux philosophes prétendant dégager un art de penser qui serait l'instrument de toutes les découvertes. Ce n'est pas que Valéry n'eût
pas eu cette illusion dans sa jeunesse. Teste et Léonard témoignent de l'audace de leur auteur croyant à la possibilité de
trouver une discipline de l'esprit, une méthode ou une logique
capables d'être appliquées à tout le domaine intellectuel. Mais Teste
et Léonard sont œuvres d'un poète et non d'un philosophe, œuvres
de l'imagination et non de la froide logique. Si, à partir de « la Soirée », le poète paraît pour de longues années mis en veilleuse au
profit du penseur, il semble pourtant que ce soit la nature du poète
qui ait empêché le penseur de se transformer en philosophe. C'est
finalement le poète qui l'emportera, mais un poète qui pense et
dont la pensée sera poétique et non philosophique.

Nous avons déjà posé la question du retour de Valéry à la poésie. Comment Valéry a-t-il pu choisir à nouveau la poésie et la littérature comme une expression de ses recherches, sans abandonner le soubassement ontologique et spéculatif de son aventure ? La clef de la réponse se trouve dans « Léonard et les philosophes », où Valéry explique, en 1928, ce qu'il pense de la philosophie, en une réflexion qui exprime le sens de sa propre aventure :

> « Le Philosophe s'était mis en campagne pour absorber l'artiste, pour expliquer ce que sent, ce que fait l'artiste ; mais c'est le contraire qui se produit et qui se découvre... Seule une interprétation esthétique peut soustraire à la ruine de leurs postulats plus ou moins cachés, aux effets destructeurs de l'analyse du langage et de l'esprit, les vénérables monuments de la métaphysique ». (Pléiade I, p. 1246, 1247).

Il est évident que ce jugement réduisant la philosophie à n'être plus qu'une des branches de l'art poétique ou littéraire, et ne la justifiant que par le biais de « sa puissance constructive » et de « sa liberté de poésie abstraite », repose sur l'expérience que Valéry tire de sa propre aventure. C'est en lui-même que le penseur s'était mis en campagne pour absorber le poète, mais c'est le contraire qui arriva. Il découvre en effet que les philosophes ne sont que « des créateurs qui s'ignorent ». Son expérience poétique de jeunesse était déjà sans doute assez profonde pour lui faire prendre conscience du caractère « poétique » de toute activité constructive de la pensée, et le mettre en garde contre toutes les prétentions légiférantes de la philosophie. Celle-ci n'est tout au plus qu'une branche impure de l'art.

> « La philosophie est un art. Ou plutôt elle est devenue un art. Elle ne peut plus être qu'un art, ne pouvant plus prétendre à l'empire ». (Cahier 17, p. 262).

Ayant dès lors pris conscience de l'impureté de la philosophie et de la pensée purement spéculative, Valéry revient à la seule expression véritablement authentique, celle de la poésie.

Mais c'est par un autre biais qu'il arrive encore à la condamnation de la philosophie, comme conséquence directe de l'orientation donnée à sa recherche par la question « Que peut un homme ? ». Celle-ci se révèle en effet pouvoir mettre à l'épreuve l'ensemble des activités de l'esprit et opérer une distinction cruelle entre la part d'imagination mythique qu'elles renferment et celle de leurs pouvoirs réels.

> « La question de M. Teste : Que peut un homme ? ruine toute philosophie. Car la philosophie use communément de mots qui ne sont pas exprimables en terme de vrai pouvoir ». (Cahier 15, p. 221).

Autrement dit, la philosophie se condamne elle-même par la prétention qu'elle a de formuler un savoir sans que s'y attache aucune espèce de pouvoir.

« La Philosophie peut se définir par l'observation pure et simple que voici : l'intention de se faire un savoir séparé du pouvoir, la conception qu'un savoir peut exister qui ne donne aucun pouvoir et n'est instructif d'aucun acte. Il est donc tout verbal ». (Cahier 23, p. 10).

Pour Valéry, en effet, il n'est de savoir véritable que dans la mesure où il est convertible en pouvoirs de faire, en actes.

« Souviens-toi que la connaissance est réciproque de la capacité d'action, et que l'illusion commence dès qu'il semble qu'une connaissance puisse outrepasser cette faculté de faire ». (Cahier 16, p. 225).

C'est pour avoir oublié cette règle d'or et avoir ainsi méconnu la fonction essentielle du langage que les philosophes se sont condamnés à n'être que « des solitaires bavards. Ils combinent de cent façons une douzaine de mots, avec lesquels ils se flattent de composer ou d'expliquer toutes choses ». (Faust, Pléiade II, p. 366). C'est d'ailleurs tout au long des Cahiers que Valéry réitère sa critique contre l'impuissance verbeuse de la philosophie. Voici quelques exemples :

« Savoir. L'analyse de Kant est purement du savoir verbal. D'où erreur. Le savoir réel est pouvoir ». (Cahier 17, p. 576).

« J'ouvre Spinoza (Ethique) et je demeure toujours confondu par ce néant verbal construit dans les méditations d'un esprit puissant. Ce ne sont que des transformations de langage en langage, ce qui veut dire que tout cela n'a aucun sens. Un langage a pour sens du non-langage. Non langage, sont les sensations, les choses, les images et les actions. Rien de plus, rien de moins. Tout le reste est pur transitif ». (Cahier 27, p.   ).

« Les philosophes jadis se demandaient ce que c'est que la lumière. Ils en disputaient entre eux. Ils ont passé la main aux physiciens depuis 1700. En revanche, ils s'occupent du temps. Et ils défendent ce domaine. Le temps leur paraît plus philosophique que la lumière. En d'autres termes, il semble plus aisé de disserter sur le temps sans contrôle ». (Cahier 13, p. 656).

« Le philosophes aboutissent à des résultats purement verbaux, ni plus ni moins que tous les auteurs qui exploitent les propriétés combinatoires et excitantes du langage, mais avec la prétention de faire plus que de plaire et divertir. Ce qui implique, de leur part, une méconnaissance de la fonction du langage ou de sa nature — et cette méconnaissance essentielle à leur travail — comme une sorte de postulation de sa valeur. Ils ne peuvent ni ne veulent tenir le langage pour ce qu'il est, c'est-à-dire un fonctionnement transitif, dirigé vers l'acte à déterminer et qui séparé de toute action qui en résulte n'a qu'une valeur subjective, affective ». (Cahier 25, p. 842).

La philosophie du « Que peut un homme ? » n'est donc pas tendre pour la vanité discoureuse et impuissante des philosophes. « L'impuissance est caractéristique de la philosophie, et ceci frappe, dans une époque où la puissance est maîtresse ». (Cahier 10, p. 607). Notre époque est en effet dominée par le développement rapide de la science et de la technique qui accroissent de façon prodigieuse les pouvoirs de l'homme, et portent ainsi à son comble la confusion de la philosophie.

> « La philosophie est comme mortifiée par l'immense distance qui s'est peu à peu créée entre ses résultats vagues et invérifiables et ceux des sciences. Ceux-ci ont terriblement accru les exigences, et les habitudes de précision et de vérification de l'esprit. Revenant aux philosophes, il trouve de la littérature ». (Cahier 10, p. 604).

Ce n'est pourtant pas son efficacité pragmatique que Valéry admire dans l'œuvre de la science, mais la précision et la clarté de ses constructions logiques, dont la capacité d'action ne fait que contrôler la réalité du pouvoir, c'est-à-dire l'authenticité du savoir. Autrement dit, ce ne sont pas les résultats pratiques et concrets du pouvoir qui l'intéressent, mais seulement ce pouvoir en tant que tel, en lequel se mesure la valeur de l'homme. « C'est bien ce pouvoir humain qui est ma « grande pensée ». Qu'est-ce qui est possible ? Le voir, et rien de plus ». (Cahier 2, p. 860).

Précisons encore que si ce pouvoir humain en lequel s'investit, sinon même s'identifie tout savoir réel, est corollaire d'une capacité d'action et ne peut outrepasser la faculté de faire, il ne s'agit pas nécessairement pour Valéry d'un faire concret et matériel. Il reconnaît en effet au moins deux espèces distinctes de faire. « Il y a deux faires : physique et psychique ». (Cahier 16, p. 225). Le faire peut donc rester purement psychique. L'immense domaine des phénomènes mentaux est bien lui aussi accessible à des puissances de transformation. L'homme n'est-il pas tout entier un système malléable de transformations, le seul sans doute véritablement digne de notre attention ? C'est en effet à l'homme seul que Valéry s'intéresse, ayant tendance à le définir par la somme de ses pouvoirs ou plutôt par la totalité de son possible.

> « Homo quasi novus. Qui es-tu ? Je suis ce que je puis ». (Pléiade I, p. 396). « Je puis »... est pour moi un signal de l'esprit bien plus important que le « je suis », qui ne signifie pas grand chose. Car il n'apprend rien, et rien n'est changé si je dis : je ne suis pas.
>
> L'importance donnée par Descartes à ce Je suis n'est pas cartésienne. Il ne m'avance en rien que de conclure que : je suis. J'aurais dit : Je suis ne veut dire que : Je puis. Et « je pense » n'a pas d'autre sens. Car tous les exemples que Descartes donne (je doute, je raisonne), ne sont que des je puis. Donc c'est le Pouvoir et le Possible qui sont à considérer ». (Cahier 17, p. 816).

Reconnaissons que cette identification de l'homme par ses pouvoirs a l'avantage de nous en donner une image vivante et dynamique plus précise que la vague affirmation métaphysique de l'être. Cette insistance sur le faire, sur le pouvoir de la réalisation, sur la capacité fabricatrice et créatrice, dégage l'homme de l'état de secondarité et de fatalité où le place la simple affirmation de sa position existentielle et le redresse dans sa dignité responsable, source et origine de sa propre édification. L'homme se fait à la mesure de ses propres actes, il se définit selon l'étendue de ses pouvoirs, car il est lui-même la première œuvre façonnée par son activité. Les existentialistes diront après Valéry qu'il n'y a pas d'essence de l'homme antérieure à son existence ; mais en faisant usage des entités indéfinissables de la philosophie, ils retomberont dans un dogmatisme équivoque qu'évitait Valéry. En mettant l'accent sur les pouvoirs réels de l'homme, Valéry semble conclure qu'antérieurement à son faire, l'homme n'a pas une essence métaphysique qu'il puisse connaître, mais il n'affirme pas la non-existence de cette essence métaphysique ; simplement, si elle est, elle ne nous est connaissable qu'à travers le dévoilement de nos propres actes. Nous ne nous connaissons vraiment qu'à travers la mise en œuvre de nos pouvoirs. En fait Valéry comprendra l'énorme danger qu'entraînerait pour l'avenir de l'homme une définition le réduisant à ses pouvoirs et excluant toute identité métaphysique. « La Fin de l'âme » ne serait-elle pas la mort de l'individu et celle de l'homme ? C'est ainsi que Faust fait part à Méphistophélès de l'inquiétude que lui causent les temps nouveaux :

> « Toute leur science se réduit à des pouvoirs d'agir bien démontrés. Le discours n'est plus qu'accessoire... Il ne demeure rien ni des vérités ni même des fables, qui leur venaient des premiers temps... Sais-tu que c'est peut-être la fin de l'âme ? Cette âme qui s'imposait à chacun comme le sentiment tout puissant d'une valeur incomparable et indestructible, désir inépuisable et pouvoir de jouir, de souffrir, d'être soi, que rien ne pouvait altérer, elle est une valeur dépréciée. L'individu se meurt ». (Pléiade I, p. 301).

Ces lignes écrites en 1941, contiennent toute l'immense angoisse de Valéry quant au sort de l'humanité. L'étouffement de l'âme sous l'accumulation des pouvoirs démesurés de l'homme l'entraîne à jeter un cri d'alarme. Sa mise en garde sur la fin possible de l'homme n'est-elle pas bien plus dramatique que l'affirmation nietzschéenne sur la fin de Dieu ? L'œuvre de Faust sera ainsi une ultime tentative pour sauver le Moi noyé dans le nombre et dont l'individualité s'évanouit sous l'accumulation des propriétés statistiques. Mais l'inachèvement de cette œuvre ne serait-elle pas l'indication que Valéry n'avait pas les moyens de définir l'identité métaphysique de cette âme qu'il sait pourtant ne pouvoir réduire à la manifestation de ses pouvoirs réels ? L'âme est bien quelque chose de plus que la somme de ses pouvoirs. Mais ce supplément de réalité éventuelle et potentielle, plongeant ses racines dans une réalité métaphysique plus vaste, il ne peut ni l'affirmer, ni la nier. Tout au plus la salue-t-il de loin, mais sans pouvoir la reconnaître. Valéry touche là la limite de son pouvoir.

Remarquons que son attitude reste cependant ouverte et disponible devant cette éventualité. Sa définition de l'homme par ses pouvoirs, « Je suis ce que je puis », contient en effet une distinction importante qui laisse le champ libre à l'investigation métaphysique sur l'identité de l'homme. La distinction entre le pouvoir et le possible rouvre sur l'infini une porte que seule la notion du pou-

voir semblait fermer. Le possible est en effet du domaine de l'implexe, c'est-à-dire des capacités et ressources constituant l'individualité secrète et qui ne sont ni nécessairement actualisées, ni
même nécessairement connues de l'individu. Le pouvoir est par
contre constitué par celles de ses capacités que l'individu a réussi
à actualiser. Le Possible est donc beaucoup plus vaste que le Pouvoir et s'étend jusqu'aux virtualités secrètes du moi le plus caché.
Aussi est-ce par son Possible, plus que par son Pouvoir qu'il faudrait définir l'homme.

> « Ce qui est le plus vrai d'un individu, et le plus Lui-même, c'est
> son possible, que son histoire ne dégage qu'incertainement. Ce qui
> lui arrive peut ne pas en tirer ce qu'il ignore de soi-même. Un airain
> jamais heurté ne rend pas le son fondamental qui serait le sien.
> C'est pourquoi ma tentative fut plutôt de concevoir et de décrire
> à ma façon le Possible d'un Léonard que le Léonard de l'Histoire ».
> (Notes marginales dans Note et Digression. Pléiade I, p. 1203).

Ainsi, l'homme ne parvient à dévoiler au cours de son existence
qu'une partie restreinte de sa véritable identité, enfouie dans le
« système d'éventualités » et de « réponses potentielles » qui le
constitue secrètement.

> « Un homme réel, moi, toi, n'est jamais qu'un fragment, sa vie
> quelle qu'elle soit n'est jamais qu'un échantillon, une indication,
> un spécimen, une ébauche, quelque chose, en un mot, de moindre
> dans son ensemble que l'être possible au moyen de cet homme donné.
> Pour tout homme, sa vie est une diminution (même inespérée), un
> emploi restreint, incomplet, du plan et des organisations qui le
> définissent ». (Cahier 5, p. 144).

Valéry est donc bien éloigné de définir l'homme par ses seuls
pouvoirs actuels, puisque ceux-ci ne sont que la partie visible d'un
immense iceberg dont la plus grande partie, constituée par des
pouvoirs éventuels et potentiels, reste invisible. « Le mot Moi désigne toujours des virtualités. Il n'y a pas de Moi réductible à l'actuel ». (Cahier 23, p. 311).

La première formule du Moi « Je suis ce que je puis », doit
donc être corrigée ou complétée : « Je suis ce que je suis-en-puis-
sance probable. Je suis celui que je puis être ». (Cahier 12, p.
548. Dès lors, il ne semble pas que la question posée par M. Teste
« Que peut un homme ? » puisse jamais avoir une réponse adéquate.
La plus grande part de ce que peut un homme ne lui restera-t-elle
pas cachée dans le trésor des virtualités secrètes de son âme ? La
question n'en demeure pas moins capable d'éveiller la recherche
la plus féconde, en ce qu'elle constitue « une bonne base pour
application de forces ».

C'est cette recherche que Valéry entreprend sous le signe de
M. Teste en essayant « de décrire à (sa) façon le Possible d'un Léonard ». L'« Introduction à la Méthode de Léonard de Vinci » n'est
autre en effet que la tentative faite « pour se créer un modèle de

la continuité des opérations intellectuelles », chez un esprit dont toutes les facultés seraient largement développées à la fois. Le nom de Léonard n'est donc qu'une étiquette arbitraire collée sur cette figure imaginaire d'un homme universel et complet, ayant réussi cet exploit d'actualiser la totalité des pouvoirs dont une intelligence supérieure est capable.

> « En réalité, j'ai nommé homme et Léonard ce qui m'apparaissait alors comme le pouvoir de l'esprit ». (Notes marginales ; Pléiade I, p. 1155).

> « L'homme complet, ou le Léonard. — Que veux-tu ? — Je veux pouvoir. Sa pensée utile est faite d'idées de ses pouvoirs réels, de ses mains imaginaires, ou plutôt des présences de leurs forces et de leurs oppositions de force ». (Cahier 22, p. 712).

Son génie est à l'aise dans tous les domaines, et si l'on en vient à imaginer la pensée qui aura été capable de toutes ces activités, « il n'y en aura pas de plus étendue ». « Il laisse debout des églises, des forteresses ; il accomplit des ornements pleins de douceur et de grandeur, mille engins, et les figurations rigoureuses de maintes recherches ». Cependant, malgré l'exceptionnelle grandeur de cette créature de pensée, ce n'est pas l'idée mythique d'un surhomme que poursuit Valéry. Simplement, il a besoin de cette hypothèse d'un homme universel et complet pour dépasser et transcender les particularités psychologiques limitatives qui distinguent les autres hommes ; seul, grâce à son universalité, il manifeste l'homme prototype et pur dont chaque individu réel ne représente qu'une image restreinte et déformée. « Peut-être la plus grande possession de soi-même éloigne-t-elle l'individu de toute particularité autre que celle-là même d'être maître et centre de soi ? » Esprit pur, dégagé de toutes les impuretés particulières des autres hommes, il réalise comme une « combinaison régulière », « un objet symétrique », « une sorte de système complet en lui-même ». Et de même qu'un pur cristal nous laisse deviner sa loi de construction et de symétrie, un tel esprit nous laissera aussi entrevoir la loi intime de ses symétries, ou, ce que Valéry appelle « ce postulat psychique de continuité qui ressemble dans notre connaissance au principe de l'inertie dans la mécanique ». Car lorsqu'on se place au principe de génération des diverses activités possibles de l'esprit, aussi bien dans les sciences que dans les arts, c'est un même fond commun d'activité intellectuelle qu'on découvre dans leurs origines. Les sciences et les arts « ne diffèrent qu'après les variations d'un fond commun, par ce qu'ils en conservent et ce qu'ils en négligent, en formant leurs langages et leurs symboles ». L'ambition de Valéry est dès lors de retrouver ce fond originel, capable de toutes les activités possibles de l'esprit. Reconstituer la loi du mécanisme d'un tel esprit permettrait en effet de découvrir « la vision centrale où tout a dû se passer ». Plus encore, en recomposant « la clarté d'une telle intelligence léonardienne », l'esprit se replacerait au centre du « système de nos pouvoirs », au cœur même du foyer d'une intelligence uni-

verselle capable de toutes les œuvres. Nous pourrions ainsi trouver
« l'attitude centrale à partir de laquelle les entreprises de la connaissance et les opérations de l'art sont également possibles ».

L'audace d'une telle tentative est bien évidente. Vingt-cinq
ans plus tard, Valéry n'en cache pas toute la juvénile prétention.
« Le nom de Méthode », en particulier, lui paraît « bien fort ».
« Méthode fait songer à quelque ordre assez bien défini d'opérations », or, cet essai de jeunesse manifeste plutôt l'imagination d'un
poète ayant pris le parti de construire son personnage à partir
d'hypothèses idéales qui définiraient le prototype abstrait d'une
intelligence pure et complète. Sans doute ce procédé de construction à partir des « conditions a priori d'une existence» arbitrairement posées par la liberté d'un esprit souverain, témoigne d'un
esprit très moderne, tel qu'il apparaît dans les sciences. Ce que
Valéry appelle l'« usage du possible de la pensée » correspond très
exactement à ce que Bachelard appelle « la philosophie du pourquoi pas » telle qu'il la découvre dans le nouvel esprit scientifique.
C'est à l'aide de schémas explorant la pure possibilité rationnelle que la science s'efforce de reconstruire le réel. « La science
suscite un monde, non plus par une impulsion magique, immanente à la réalité, mais bien par une impulsion rationnelle, immanente à l'esprit ». (Le nouvel esprit scientifique, p. 13). « Le monde
est moins notre représentation que notre vérification ». Dans une
direction strictement inverse de la pensée réaliste, la science s'efforce de penser tout le réel dans son organisation mathématique et
« s'habitue à mesurer métaphysiquement le réel par le possible ».
Cette organisation mathématique des possibilités expérimentales
permet alors de retrouver « le réel comme un cas particulier du
possible ». Or, c'est bien cette même « transcendance poétique » par
laquelle les physiciens imposent leurs schémas axiomatiques à la
réalité, qui se retrouve chez Valéry, lorsqu'il invente ou reconstruit « les conditions a priori d'une existence qui pourrait être tout
autre ». Il faut bien avouer pourtant que sa reconstruction a
priori du possible d'un Léonard, dont le Léonard de l'histoire ne
serait qu'un cas particulier, reste plus poétique que rationnelle
et méthodique. Comment en serait-il autrement, alors que le poète
ne possède aucun des moyens de contrôle et de vérification qui
sont à la disposition du physicien ! Valéry admet implicitement
d'ailleurs le caractère poétique de sa création de jeunesse, lorsqu'il
déclare dans « Note et digression » :

> « Je voyais en lui le personnage principal de cette Comédie
> Intellectuelle qui n'a pas jusqu'ici rencontré son poète ». (p. 1201).

Etre le poète de cette aventure intellectuelle d'un esprit universel, auquel il donne le nom de Léonard, telle pourrait bien avoir
été l'ambition de Valéry.

Il nous semble pourtant nécessaire de faire la part de la maturation et de l'évolution de Valéry durant le quart de siècle sépa-

rant « l'Introduction à la Méthode de Léonard de Vinci » qui date de 1894, de « Note et Digression » qui date de 1919. Ne pas voir la distance qui sépare ces deux textes, aussi bien dans l'ordre de la pensée, que dans l'ordre du style, ce serait faire preuve de cécité littéraire, aussi bien que de cécité intellectuelle. L'écrit de jeunesse est difficile, obscur, de composition incertaine, assez lourd parfois. Valéry ne le renie point pourtant, bien qu'il avoue en 1919, dans « Note », que ce « texte on ne songerait même pas à l'écrire. Impossible ! dirait maintenant la raison ». Une lettre à Gide du 3 janvier 95 décrit la difficulté qu'il a eue à rédiger cet article :

> « Ce pauvre Vinci va passer un mauvais quart d'heure. Ce sera écrit sans soleil et sans envie. J'ai vidé sur la table toutes les vieilles notes, tous les albums, carnets et dos d'enveloppes qui ne supportent que le mot important piégé. Je vais faire un délayage sérieux qui me donnerait la nausée à lire ».

Valéry est manifestement moins à l'aise dans ce Léonard que dans Teste. Tous deux sont pourtant de la même famille, celle des esprits lucides, dédaigneux de tous sentiments particuliers, « ces maîtres absurdes, inexplicables, transcendants, tout puissants, dont la force élémentaire prend par le travers et démonte les délicates machines de la précieuse pensée », amoureux enfin seulement de la pensée précise et consciente de ses mécanismes universels. Que l'un soit créateur, exerçant son pouvoir dans tous les domaines de la science et de l'art, et que l'autre méprise toute œuvre extérieure et n'apprécie que les chefs-d'œuvre intérieurs par lesquels l'esprit mûrit sa propre maturation, ce n'est là qu'une différence superficielle qui ne diminue en rien la similitude des deux esprits. La contemporanéité de ces deux figures, celle du créateur et celle de l'anti-créateur, indique, semble-t-il, le vrai niveau où Valéry voudrait situer la création, après la révolution de 92. La création, et particulièrement la création poétique ou littéraire, n'aura de valeur à ses yeux et ne se justifiera que si elle atteint la même valeur d'authenticité et de vérité que celle de l'ascète intellectuel tout concentré dans l'œuvre de reconstruction intérieure de son monde spirituel. La création poétique qui ne serait pas conditionnée et supportée par la connaissance lucide des mécanismes de pensée et de création intérieure qui l'ont rendue possible, n'aurait tout au plus que la valeur conférée par le hasard à un accident, fût-il réussi. A ce niveau de l'authenticité lucide jouissant des « délicates machines de la précise pensée », peu importe que l'acquisition des pouvoirs et des dons se traduise dans une œuvre extérieure, car cette lucidité est en soi une œuvre suffisante. Plus même, l'œuvre intérieure du pouvoir, indépendamment de son exercice, est la seule œuvre véritable qui compte. Aux yeux de Valéry, Teste vaut certainement Léonard.

Le fait, également, qu'il ait mieux réussi à camper la figure de Teste que celle de Léonard, différence sensible même dans le style plus aisé et plus limpide dans la Soirée que dans l'Introduction, nous apparaît comme très symptomatique. A l'époque de jeunesse où il compose ces deux œuvres, Valéry ne possède pas encore tous les moyens et tous les pouvoirs de sa propre pensée. Ces deux figures ne sont encore qu'une anticipation d'idéal posé comme par un postulat dont la vérification reste encore à faire. Il imagine les figures qui vont lui servir de modèles, mais il lui faudra encore de nombreuses années de travail, de recherches et de maturation avant de réaliser le programme qu'il se trace. Dès lors, il lui est sans doute plus aisé d'imaginer le héros de l'esprit maître de soi, mais dont l'œuvre de reconstruction intérieure n'a pas besoin de vérification, car l'imagination y suffit ; Teste est d'ailleurs dépeint de l'extérieur par l'artifice du récit que fait un de ses amis. Quant au créateur dont les œuvres vont des églises aux forteresses, de la peinture aux problèmes de l'aviation, sa figure d'artiste et de savant reste plus théorique et lointaine. L'affirmation que la poésie, l'art et la science procèdent d'une source unique, d'une vision centrale, comme les variations d'un fond commun, n'est encore qu'au stade de la postulation d'une hypothèse qui va orienter ses recherches ; mais il faudra encore vngt-cinq ans pour la vérifier, ou pour en acquérir les véritables pouvoirs. C'est en effet un principe essentiel de son honnêteté intellectuelle que de n'affirmer jamais plus que ce que son esprit peut réellement faire.

> « Mon principe (189) est demeuré intact. Il se réduit à ne jamais consentir à dépasser par l'esprit les pouvoirs réels de cet esprit. Toute idée qui dépasse ces pouvoirs est vaine en soi. (Ce qui n'est pas être vaine en tout, et surtout au regard des tiers) ». (Cahier 20, p. 122).

C'est dans cette lutte avec lui-même, avec ses dons et ses pouvoirs, que Valéry va péniblement se conquérir lui-même. Ignorer cette maturation, ce serait se condamner à méconnaître la véritable source de la poésie valéryenne. Car ce n'est qu'après s'être rompu par de multiples exercices au fonctionnement de sa propre pensée, et après avoir cru en analyser la subtile organisation, que Valéry retrouvera les sources de sa poésie. On sait que la révolution de 92 lui avait fait apparaître un véritable antagonisme entre l'idéal poétique et celui de l'esprit. Il avait même éprouvé un certain mépris pour la poésie après avoir considéré les faiblesses de l'esprit qu'il trouvait dans la plupart des poètes, même les plus célèbres. « Il m'apparut alors (92) que l'art de poésie ne pouvait satisfaire tout mon esprit ». Or, voilà qu'après vingt ans d'éloignement, relatif, de la poésie, pendant lesquels il s'est exercé par de savantes manœuvres quotidiennes à découvrir les limites et les pouvoirs réels de son esprit, il s'aperçoit que les manœuvres mêmes de son esprit sont capables de chant. L'intellect, que dans la passion de sa jeunesse il avait érigé en idole, l'avait éloigné de la poésie. Mais l'accoutumance aux manœuvres de l'intellect lui fait découvrir la « poésie des merveilles et des émotions de l'intellect ». « L'ama-

teur de l'esprit », qui s'était éloigné de la poésie à cause des faiblesses de l'esprit qu'il y considérait, finit par prétendre qu'il n'y a
pas de matière poétique au monde qui soit plus riche que celle
des « combinaisons et fluctuations de l'intellect » et que « la vie de
l'intelligence constitue un univers lyrique incomparable »

Cependant le poète de Charmes ne s'est pas constitué en un
jour. La distance est grande de l'anti-poète Teste à la poésie de la
Jeune Parque. La même distance sépare l'« Introduction à la méthode de Léonard de Vinci » des réflexions que lui suscite la lecture
de ce texte vingt-cinq ans plus tard. Cette longue maturation ne lui
aura pas seulement permis d'opérer ce tour de force d'« annexer au
domaine poétique le problème de la connaissance », selon l'expression d'E. Noulet, car une annexion peut chercher à conquérir une
réalité qui lui reste en fait étrangère et inassimilable, comme il
arrive généralement aux poètes qui se veulent philosophes. Plus
qu'une annexion, c'est une transmutation totale du problème de
la connaissance que Valéry a réussie, transformant grâce à la magie de la poésie le problème de la connaissance en un drame spéci-
fiquement poétique qui ne doit rien à la pensée philosophique.
C'est en se plaçant délibérément au cœur de la vie de l'esprit et du
drame de la connaissance, que ce poète-né découvrira la poésie de la
vie de l'esprit en mal de connaître. Le mariage de la poésie et de la
connaissance n'aura pas été pour lui un mariage de raison. Il ne
l'aura si bien réussi que parce qu'ayant vécu lui-même profondément le drame de la connaissance, il l'aura transfiguré, tout en
n'obéissant qu'aux lois spécifiques du dynamisme interne de son
propre esprit, en un drame poétique.

Il demeure cependant qu'il n'est pas de matière plus anti-
poétique que les rouages précis du fonctionnement de l'intellect.
Car c'est bien à la mécanique de son esprit qu'il s'intéresse, et non
pas « aux choses qui se représentent, s'agitent et se déterminent
dans ce même esprit ». (Pléiade I, p. 795). C'est d'ailleurs de la
manière la plus abstraite et la plus dépouillée de tout lyrisme qu'il
se fait l'analyste de son esprit pour mesurer sans pitié l'authenticité
de ses pouvoirs.

> « Ma spécialité, c'est mon esprit. Il se connaît, comme vous
> connaissez, vous, la famille des phénols ; vous, les anomalies des
> conjugaisons doriennes, et vous, la théorie des formes quadratiques.
> Mais le connaître, cette spécialité infiniment spéciale, et telle qu'il
> ne peut y en avoir plus étroite, a cette particularité qu'elle doive
> s'exprimer, s'exercer au moyen du vocabulaire le plus étendu. Pour
> m'entretenir de mon objet si restreint, je suis obligé de parler
> chimie, syntaxe et algèbre. Rassurez-vous, je ne parle que de lui ».
> (Cahier 6, p. 153).

Où est la poésie dans tout cela ? Il suffit de parcourir les longues pages de formules algébriques dans lesquelles Valéry s'efforce tout au long des Cahiers d'inventer le langage scientifique
qui traduirait comme en formules chimiques les structures du fonc-

tionnement de l'esprit, pour comprendre que ces recherches sont bien éloignées de la poésie. Son obstination à refaire la trame de son esprit, de façon à en mesurer les vrais pouvoirs, ne nous rapproche pas non plus de la poésie.

> « Contre les poètes, je suis. Car ma passion fut la passion de je ne sais quelle Réforme... Refaire son esprit, ce n'est point une une tâche pour les poètes ». (Cahier 11, p. 528).

En vérité, toute l'occupation de Valéry, de 1892 à 1912 pour le moins, n'est pas une occupation pour poète. L'intellect, dans la sèche abstraction de son fonctionnement, n'est pas une matière poétique. Il faut donc expliquer la posibilité du retour de Valéry à la poésie, malgré le caractère anti-poétique de ses recherches à partir de M. Teste. Car, faire de Valéry « le poète de l'intelligence » nous semble très dangereux pour la compréhension approfondie du poète de « Charmes ». Une telle formule, en effet, risque de limiter l'originalité de Valéry, en tant que poète, à l'originalité du choix de ses sujets. Valéry serait seulement un poète qui, à l'encontre de ses devanciers, aurait pris pour thème l'intelligence. Il aurait adjoint à la poésie un nouveau domaine jusque là réservé aux logiciens ou aux philosophes. Ce faisant, on perpétue la dualité qui distingue entre la puissance de chant que serait la poésie, et, d'autre part, le thème choisi plus ou moins accidentellement pour ce chant, et qui serait ici l'intelligence. Peu importerait que le thème ne soit pas par lui-même poétique, et quoi de plus anti-poétique que les rouages et les machines de l'intelligence dans sa rigoureuse organisation ! La puissance de chant du poète saurait recouvrir d'un manteau chatoyant l'aridité de son sujet. Or, rien n'est plus opposé à notre poète qu'une telle conception littéraire de la poésie. Contre elle, il s'est insurgé dans sa jeunesse, et la condamnation à mort qu'il a décrétée contre la littérature en tant qu'elle recèle « un exercice de simulation ». (Cahier VII, p. 44) demeurera sa règle.

Aussi devons-nous corriger la formule. Si Valéry a chanté la vie de l'esprit, ce n'est pas parce qu'il serait le poète de l'intelligence, mais parce qu'en lui l'intelligence est devenue poétique. Poésie et intelligence ne sont pas deux forces distinctes, dont l'une cacherait sous un voile de charmes artificiels, les rigueurs trop précises de l'autre. Poésie et intelligence se sont unies en une même source créatrice. Ce n'est pas tant la poésie qui a conquis l'intelligence, que l'intelligence qui s'est métamorphosée en poésie. La pensée, après avoir longtemps tâtonné pour se chercher elle-même, est devenue chant, une fois parvenue au degré suffisant de sa maturation.

> « Attendez ! écrit-il en 1910. Ne tenez nul compte de ce que j'ai dit jusqu'ici. Ce n'était que pour chercher ma pensée. Maintenant elle chante ».

Valéry est le poète dont la pensée chante, et non pas le poète qui chante la pensée. Il n'était point de tentative plus anti-poétique et plus dangereuse pour un poète que de « perdre les meilleures années à se refaire entièrement le cerveau », car « refaire son esprit, ce n'est point une tâche pour les poètes ». Et pourtant, voilà qu'après vingt ans de pareils exercices, âprement poursuivis dans la chair de l'esprit, le penseur entend tout à coup un chant, le chant même de sa pensée. « O mes étranges personnages, pourquoi ne seriez-vous pas une poésie... Cette espèce de récréation, que ne chanterait-elle pas ? » Le poète ne savait pas où le mènerait l'aventure de son esprit, quand au lendemain du « coup d'état » mental de 1892, il entreprenait une sévère conquête de son esprit poussé jusqu'aux limites de son pouvoir. Si son aventure le reconduisit à la poésie, ce fut pourtant en suivant la pente et le dynamisme même de son esprit. Sur la fin imprévue de cette lente maturation, on peut dire ce que lui-même rapportait, en 1919, à Léonard ; en cet écrit de Note et Digression, parle-t-il d'ailleurs d'un autre que de lui-même ?

> « O quel point de transformation de l'orgueil, et comme il est arrivé où il ne savait pas qu'il allait ! Quelle modération le récompense de ces triomphes ! Il fallait bien qu'une vie si fermement dirigée, et qui a traité comme des obstacles, ou que l'on tourne ou que l'on renverse, tous les objets qu'elle pouvait se proposer, ait enfin une conclusion inattaquable, non une conclusion de sa durée, mais une conclusion en elle-même. Son orgueil l'a conduite jusque-là, et là se consume. Cet orgueil conducteur l'abandonne étonnée, nue, infiniment simple sur le pôle de ses trésors ». (Pléiade I, p. 1229).

Certes, le point d'aboutissement et de « transformation de l'orgueil », dont parle ce passage, a une signification et une dimension beaucoup plus profondes que celles que nous lui accordons ici. Replacé dans son contexte, cet aboutissement a une dimension métaphysique, sinon même mystique, et marque le terme d'une aventure existentielle liée à la recherche de la signification du moi. Mais de cet aspect ontologique ou métaphysique de la quête de Valéry vers un absolu de connaissance, où les fils ténus des relations qui se tissent entre le moi particulier, le Moi universel, et l'Etre sans visage s'estompent dans un au-delà de la connaissance, nous ne parlerons que dans les prochains chapitres. Le travail entrepris pour « refaire son cerveau » et recréer son esprit n'aura pas abouti seulement à reforger l'instument de connaissance qu'est l'intelligence, il aura plus encore, touché aux racines les plus secrètes de la personne et du moi en leur insondable éclosion dans l'Etre. En ce sens, Valéry sera beaucoup plus que le poète de l'intelligence auquel on le limite, il sera le poète du drame intime du connaître, poète de ce jeu tragique qu'est la « partie d'échecs que joue la connaissance avec l'être » chez un moi en quête d'absolu. Mais du « pôle de ses trésors » où « l'orgueil » de sa recherche l'a enfin conduit, découle aussi cette nouvelle alliance de la poésie et de l'intelligence dont nous avons parlé. L'une et l'autre, poésie et intelligence, ont dû se transformer, ou même se métamorphoser pour parvenir à l'union parfaitement harmonieuse des poèmes de Charmes. La poésie, dont le secret sera poursuivi jusque dans l'essence même de sa puissance de charme, tendra vers un absolu que l'ancienne poésie ne faisait que saluer accidentellement. Quant à l'intelligence, sa transformation sera plus profonde encore. Elle ne sera plus la raison sèche et souveraine qui faisait de M. Teste un monstre de fausse et utopique lucidité. Sa puissance sévère, qui fut hostile à la poésie, s'assouplira et se défaira de son orgueil. Elle comprendra que trop de rigueur paralyse l'élan de l'âme. Et dans la métamorphose de ce rajeunissement, elle deviendra elle-même source de poésie. En vivant jusqu'au bout la quête aventureuse de son esprit, Valéry aura découvert et prouvé que l'intelligence n'est contraire à la poésie que dans son usage idolâtre et anormal, alors qu'en son essence pure, elle est capable de nous conduire à la connaissance poétique de l'univers.

Tel nous semble bien être le sens littéral du poème de Charmes, « Poésie», qui date de 1921. Le poème traduit en effet la crise grave traversée par le poète qui assiste au tarissement de son inspiration poétique.

> Par la surprise saisie,
> Une bouche qui buvait
> Au sein de la Poésie
> En sépare son duvet :
>
> — O ma mère Intelligence,
> De qui la douceur coulait,
> Quelle est cette négligence
> Qui laisse tarir son lait !

C'est donc l'intelligence, dont le poète a voulu faire son idole, qui est cause du silence poétique. La religion de la poésie et l'idôlatrie de l'intellect sont d'abord apparues comme inconciliables. C'est en effet avec le même attachement exclusif et la même volonté mystique d'absolu que Valéry qui avait cherché un chemin vers la connaissance à travers la Poésie, s'est tourné tout à coup vers l'idole Intelligence. Mais rien n'est plus anti-poétique qoe l'attitude de M. Teste.

Cependant, il nous semble que le poème renvoie également à une seconde crise. Après la crise du tarissement poétique dû à l'attachement exclusif à l'idole de l'intellect, une deuxième crise a frappé Valéry. L'idole intellect n'a pas tenu ses promesses. L'exclusivité de l'attachement à l'intelligence s'est révélée desséchante pour l'intelligence elle-même. Celle-ci, isolée des autres forces de l'esprit, n'est plus capable d'assurer sa propre fonction de connaissance. Car c'est bien la connaissance que Valéry recherche, la connaissance absolue, celle qui, en lui révélant l'essence de son être, lui révèlerait par là-même également l'Essence de l'Etre « sans origine, auquel incombe et se rapporte toute la tentative du cosmos ».

Dieu perdu dans son essence,
Et délicieusement
Docile à la connaissance
Du suprême apaisement,
Je touchais à la nuit pure,
Je ne savais plus mourir,
Car un fleuve sans coupure
Me semblait me parcourir...

Cette connaissance suprême, Valéry l'avait cherchée dans la poésie jusqu'en sa 21ᵉ année. Mais écœuré par les faiblesses et les impuretés de « la hideuse mécanique littéraire », il s'était détourné de la poésie pour se livrer à l'étude passionnée des manœuvres de l'Intelligence, espérant y découvrir une méthode qui lui permettrait de clarifier les voies de la connaissance. Alors qu'il crut souvent toucher au but, celui-ci ne s'en est pas moins dérobé, et le silence de l'Intelligence succédait au silence de la Poésie.

Dis, par quelle crainte vaine,
Par quelle ombre de dépit,
Cette merveilleuse veine
A mes lèvres se rompit ?

Cependant, Valéry avait toujours guigné de l'œil vers la poésie et son silence littéraire n'avait été qu'une étape de préparation et de maturation pour sa pensée. Son ambition secrète restait que la poésie fût possible sans contredire en rien les exigences de l'intelligence, plus même, que la poésie pût être l'organe d'expression de l'intelligence, qu'en un mot la poésie s'unît à l'intelligence.

Pourtant ce mariage n'est pas directement possible. L'union de la poésie et de l'intelligence se montra d'abord stérile. Une crise d'aridité et d'impuissance a frappé successivement le poète et l'amant de l'intellect. Le poète comprend alors que trop de rigueur paralyse l'élan de l'âme.

O rigueur, tu m'es un signe
Qu'à mon âme je déplus !

L'intelligence doit s'assouplir et se défaire de son orgueil, car rien ne conduit plus directement à la mort de l'esprit qu'un usage idolâtre et anormal de l'intelligence. « Rien ne mène à la parfaite barbarie plus sûrement qu'un attachement exclusif à l'esprit pur ». (Pléiade II, p. 1251). L'intelligence a besoin de modération.

Si fort vous m'avez mordue
Que mon cœur s'est arrêté !

Ce n'est qu'après l'assouplissement de l'intelligence, que la source, qui s'était tue, s'adressera à nouveau au poète :

Mais la Source suspendue
Lui répond sans dureté.

C'est donc tout le déroulement dramatique, et finalement amoureux, du jeu de cache-cache de la poésie et de l'intelligence, que veut signifier ce poème. Le poète ne nous dit pourtant pas ici comment l'intelligence a pu s'assouplir au point de rendre possible son mariage avec la poésie, ni quelle maturation il lui aura fallu traverser.

Il n'est pas sûr d'ailleurs qu'il ait pu répondre totalement à cette question en 1921, date où il compose ce poème, bien que la distance intérieure qui sépare Teste et Léonard d'une part, de « Note et Digression » paru en 1919 et d'« Eupalinos » paru en 1921, d'autre part, montre assez l'évolution traversée par le poète. Sa pensée n'est pas restée au stade iconoclaste, brutal et sec de Teste ; il a lentement appris à se connaître, à regarder ce qui se passe en lui-même quand il manœuvre sa pensée, à être plus attentif à la complexité vivante de la conscience, y découvrant des mécanismes plus subtils que ceux de l'intelligence. Pourtant ce n'est peut-être qu'avec l'article « Poésie et Pensée abstraite » que nous trouverons une réponse plus mûrie à cette question du mariage de la Poésie et de l'Intelligence. Mais l'article date de 1939, et nous en repoussons l'analyse au chapitre qui traitera plus spécialement de l'essence de la poésie valéryenne.

Disons cependant que la question ne reçoit qu'une réponse toute superficielle et magique, quand on fait de Valéry le poète de l'intelligence. En le qualifiant ainsi, ses propres admirateurs l'auront fort mal servi, et lui auront accordé une gloire équivoque. Ce faisant, ils ont créé autour de lui l'image d'un poète abstrait, sèchement intellectualiste, ne jouant que sur l'une des touches du clavier psychologique, celle de la pensée, et ignorant toutes les autres touches, comme celles de la sensibilité, de l'émotion, du cœur, de l'âme. Bref, il a été fait de Valéry, un poète unidimensionnel et n'utilisant que la corde la moins poétique parmi les ressources de la conscience. Un pur esprit, plutôt qu'un homme. A la limite, on en a fait un poète malgré lui, car n'est-il pas vrai qu'il n'est pas plus anti-poète que M. Teste ? Le comble de l'incompréhension est d'ailleurs de transformer Teste lui-même en poète, en nivelant l'ensemble de la production valéryenne au niveau d'une création de jeunesse, et comme si Eupalinos devait encore penser comme Teste !

Il est en réalité évident que Valéry lui-même n'a jamais réduit sa poésie à avoir pour objet la seule intelligence. Il n'est que de lire « Poésie et pensée abstraite » pour voir la place fondamentale qu'il accorde dans l'économie de sa pensée à ce qu'il appelle « la sensibilité générale ». Nul ne fut plus que lui attentif à ne pas se laisser détourner de sa propre vérité par un usage purement intellectuel des mots, sans référence à la vie authentique de la conscience.

> « C'est ma vie même qui s'étonne, et c'est elle qui me doit fournir, si elle le peut, mes réponses, car ce n'est que dans les réactions de notre vie que peut résider toute la force, et comme la nécessité, de notre vérité ». (Pléiade I, p. 1319).

Or, la vie de notre conscience n'est pas monolithique ; elle se situe à un carrefour ; trois grandes puissances viennent y collaborer : « ce que nous appelons le Monde extérieur, ce que nous appelons Notre Corps, et ce que nous appelons Notre Esprit ». (Pléiade I, p. 1323). Attentif à la vie authentique de la conscience, désireux d'en saisir le fonctionnement mental, et de mettre au clair les mécanismes d'action de ces trois forces, Monde, Corps, Esprit, dont l'économie est désignée dans les Cahiers par le sigle C.E.M., c'est à la naissance de la connaissance qu'il s'intéresse, cherchant à en découvrir le cheminement antérieurement à toute cristallisation dans les pièges du vocabulaire. « La connaissance ou plus exactement la conscience a été mon souci constant jusqu'à la manie. Tout le reste s'éclaire par là. » Et comment serait-il possible de réduire le fonctionnement de la conscience à une seule de ses propriétés ? La sensibilité, le sentiment, l'émotion, la tendresse, l'amour ne sont-ils pas des dimensions de la conscience aussi réelles et importantes que celle de l'intelligence ? Valéry le reconnaît de la manière la plus explicite dans les notes marginales ajoutées à Note et Digression.

> « En réalité, il n'y a que la sensibilité qui nous intéresse. L'intelligence (distinction scolaire, soit !) ne nous importe au fond que pour des effets de divers genres sur notre sensibilité ». (Pléiade I, p. 1214).

Le chemin parcouru depuis M. Teste est donc immense, lui qui croyait avoir « tué la marionnette », réduisant le régime de son esprit au seul fonctionnement de l'intellect dépouillé de toute sensibilité. Vingt ou trente ans auront été nécessaires à Valéry pour découvrir l'importance de la sensibilité dans le régime de la conscience. Il saura alors que « l'intellect à lui seul ne peut conduire qu'à l'erreur », et que « la sensibilité est la puissance motrice de l'intelligence. C'est à tort qu'on l'oppose à l'intelligence ». (Pléiade I p. 1066). « Le plus grand problème, l'unique, est celui de la sensibilité ». (Cahier 11, p. 755). Voilà donc bien ressuscitée « la marionnette » que Teste croyait avoir tuée ! Cependant la crise qui avait dressé Valéry contre sa sensibilité et qui le plongea dans une longue période de dure ascèse intellectuelle, ne fut pas vaine. Car la sensibilité qu'il retrouve au sortir de cette retraite dans les rigueurs de l'esprit, est une sensibilité nouvelle, affinée, épurée, totalement dégagée de toute confusion avec les naïvetés particulières des sentiments comme avec la sensibilité superficielle et accidentelle des émotions. C'est une sensibilité phénoménologiquement pure, qui n'est plus tant celle de Valéry et d'un moi personnel, que celle d'un moi universel, ou du moins ayant l'« idée de quelque moi merveilleusement supérieur à Moi ». (Pléiade I, p. 1339).

De l'« animal intellectuel, (du mongol, économe de sotises et d'erreurs, leste et laid, sans attaches », « instantané d'intellectuel », que fut Teste, au poète de la Jeune Parque et de Charmes, la route

fut longue, parsemée de difficultés et d'embûches. Tout ce travail
de préparation pour se rendre maître de sa pensée fut pourtant nécessaire à la maturation du nouveau poète. Ignorer cette longue
évolution, conduite avec une volonté de lucidité et d'authenticité
assez unique dans l'histoire, c'est se condamner à méconnaître le
sens de son aventure d'homme, comme le sens de son œuvre poétique.

Poète d'un Graal confusément mystique, puis ingénieur des
mécanismes de l'esprit aspirant à découvrir « une mathématique des
opérations mentales», puis à nouveau poète, mais maintenant, poète
du Moi pur, presque inhumain dans sa pureté, tel nous apparaît successivement Valéry. Mais c'est à travers la dynamique de cette
évolution qu'il faut essayer de le comprendre. La philosophie du
« que peut un homme ? » lui fut nécessaire pour épurer ce qu'il y
avait de trop confus dans sa passion de jeunesse pour un absolu.
Teste et Léonard lui servirent de figures-programmes pour établir
méthodiquement le possible d'un homme en évitant les égarements
de l'illusion verbale.

> « Léonard, homme très simple, se réduit à ceci, qu'il a traité
> en ingénieur, les vivants et les arts, c'est-à-dire avec le souci des
> quantités, des fonctionnements exacts ». (Cahier 13, p. 208).

A travers ces deux figures, Valéry s'efforçait d'établir avec le
plus de clarté et de précision possible les conditions générales d'existence d'un homme, afin d'en connaître pour ainsi dire le fonctionnement. Mais ce fonctionnement une fois connu, rien n'empêchait
d'en faire un usage plus libre.

> « Quand j'ai fabriqué le Léonard 95, sur commande inattendue,
> je l'ai construit-imaginé, et c'est là bien moi. Construit-imaginé,
> ceci veut dire que le personnage doit être pensé avec tout ce qu'il
> faut à un personnage pour être et fonctionner. Or ceci conduit
> à considérer des conditions générales auxquelles on ne pense jamais.
> Et cette considération me conduisit à essayer de me figurer ces
> dites conditions d'existence et le fonctionnement d'un homme, un
> automate à inventer ! On n'a pas assez songé à ceci : que si l'on
> veut surmonter l'automate, il faut d'abord bien établir celui-ci ».
> (Cahier 22, p. 726).

Construire l'automate que tout homme contient comme sa
structure fonctionnelle cachée et comme instrument secret de tous
ses actes, physiques et spirituels, tel est bien le sens de la période
qui correspond au silence littéraire de Valéry. Cette connaissance
lui rendit enfin possible de « surmonter l'automate ». Ce n'est en
effet « qu'une fois acquise et devenue comme immédiate la manœuvre de tous les moyens », que l'esprit peut être rendu à toute sa
puissance de transformation. Seule la connaissance de tous les
moyens dont est capable l'automate, permettra une véritable liberté créatrice, car « cette liberté n'est que le sentiment et l'assurance
de la possession du possible et se développe avec lui ». « Ce que je

puis m'éclaire ce que je veux ». (Pléiade I, p. 654). Mais en surmontant l'automate, Valéry échappera aussi à la fascination de l'intellect. Il découvrira alors l'importance de la sensibilité, et que l'essentiel pour l'homme est le retentissement sur la sensibilité des vérités découvertes par l'intellect. On peut dire de Valéry ce qu'il attribuait à Léonard :

> « De cet homme complet la connaissance intellectuelle ne suffit pas à épuiser le désir, et la production des idées, même les plus précieuses, ne parvient pas à satisfaire l'étrange besoin de créer : l'exigence même de sa pensée le reconduit au monde sensible, et sa méditation a pour issue l'appel aux forces qui contraignent la matière ». (Préface aux Carnets de Léonard de Vinci, p. 211, cité par Hytier, p. 29).

C'est bien en effet une exigence profonde qui ramène Valéry à la poésie, la connaissance intellectuelle n'ayant pas réussi à épuiser son désir et son besoin de créer.

CHAPITRE V

" UN RETOUR INVINCIBLE "

Nombreuses sont les confidences de Valéry sur son retour à la poésie. C'est en nous appuyant sur de telles confidences que nous avons cru pouvoir montrer que ce retour s'inscrivait comme une exigence intime dans la ligne d'évolution profonde du poète. Si Valéry retrouve la poésie, ce n'est cependant pas au point même où il l'avait quittée quelque vingt ans plus tôt. Nous avons déjà montré que la période de silence littéraire à laquelle il s'est héroïquement contraint ne constitue pas un vide, dans l'ensemble de sa carrière intellectuelle, et qu'elle constitue au contraire le maillon central dans la courbure totale de son évolution intérieure. C'est en effet pendant ce silence, tout peuplé de la volonté farouche de retrouver les ressorts fondamentaux constituant le fonctionnement mental d'un homme, qu'il se remodèle et se reconstruit en lui-même, selon les lignes de force de sa recherche. Il n'y a pas deux hommes en Valéry, le penseur et le poète, bien que ces deux tendances s'exercent en poussées d'orientations apparemment contradictoires. Toute dichotomie opérée entre le penseur et le poète nous empêcherait en fait de comprendre aussi bien l'auteur de Variétés que celui de la Jeune Parque et de Charmes. Un conflit certes existe dans sa nature et c'est pour en avoir pris conscience qu'il abandonne les Lettres en 1892, conflit « entre un penchant pour la poésie et le besoin bizarre de satisfaire à l'ensemble des exigences de (son) esprit ». (Pléiade I, p. 643). Mais conflit n'est pas dichotomie, et c'est l'effort pour le résoudre et réunifier ces deux tendances qui constitue l'originalité même de Valéry. Il ajoute d'ailleurs à sa confidence : « J'ai essayé de préserver l'un et l'autre ». Valéry n'est donc pas successivement ou alternativement penseur, puis poète. De même que la poésie, ou plus exactement l'exercice et la pratique de la technique poétique alimentent et approfondissent sa réflexion sur le fonctionnement de l'intellect et de la sensibilité, et lui permettent une connaissance de l'homme peut-être phénoménologiquement plus vraie que celle que peut en acquérir le philosophe, de même ses recherches sur les conditions fonctionnelles qui, dans le mécanisme de « l'automate » humain primordial, **préparent** et **permettent** l'élaboration de la pensée et de la connaissance, alimentent et approfondissent sa conception personnelle de la poésie. Il y a communication et enrichissement réciproques entre l'activité du penseur et celle du poète.

> « Il y a des échanges entre ces écritures. Je considère que mon bénéfice le plus net retiré de mes poèmes (et singulièrement de la Jeune Parque) a été l'ensemble des observations que j'ai faites pendant leur composition, sur moi-même les composant. Mais je crois, d'autre part, que ces réflexions, et d'ailleurs toutes les précisions que j'ai cherchées sur bien des sujets, en dehors de toute vue littéraire, n'ont pas été sans profiter un peu à mon travail de poète ». (Lettres à quelques-uns, p. 144).

Il n'est donc pas possible de comprendre la Jeune Parque si l'on s'efforce seulement de la rattacher par dessus la longue période de silence aux poèmes de jeunesse antérieurs à 92. La période qui va de 1892 à 1913, année où commence à s'élaborer le poème qui en quatre ans de travail va devenir la Jeune Parque, est en fait la matrice souterraine où s'élaborent lentement les conditions du retour de Valéry à la poésie. Ce retour a certes pu surprendre Valéry lui-même. Rien n'est plus aventureux, complexe et ambigu que la lente maturation qui édifie peu à peu la personnalité d'un homme. Le critique a toujours tendance à simplifier le tracé de la ligne d'évolution qui fut vécue sous le signe de l'ambiguïté et de la libre création. Il n'est donc pas étonnant que les confidences de Valéry ne soient pas parfaitement homogènes à ce sujet et manifestent même, au moins apparemment, quelques contradictions. C'est tantôt sous le signe du hasard, tantôt sous celui de la nécessité qu'il voit ce retour. Voici quelques exemples de cette ambiguïté recueillis dans « Mémoires du poète » :

> « Ceux qui m'avaient demandé de publier mes vers anciens avaient fait copier et assembler ces petits poèmes épars et m'en avaient remis le recueil, que je n'avais pas plus rouvert que je n'avais retenu leur proposition. Un jour de fatigue et d'ennui, le hasard fit (lui qui fait tout) que cette copie égarée dans mes papiers vint à la surface de leur désordre ». (Pléiade I, p. 1480).

> « Mes amis ne concevaient point cette indifférence à l'égard de l'avenir. Rien ne sortait d'une existence qui ne pouvait cependant paraître ni très oisive ni détachée des choses de l'esprit. Rien n'en serait sorti, si des circonstances indépendantes de ma volonté (comme dit naïvement le Code), n'avaient fait leur office, qui est de tout faire. Dans mon cas particulier, elles avaient à résoudre un problème difficile : transformer en écrivain de métier un amateur d'expériences intellectuelles poursuivies en vase clos ». (Pléiade I, p. 1477).

Serait-ce donc le hasard, « lui qui fait tout », qui serait responsable du retour de Valéry à la poésie ? Voici pourtant, quelques pages plus loin, des confidences déclarant ce retour « invincible » :

> « C'est une impression singulière que celle d'un retour invincible, mais par de si petits degrés, des détails si divers, qu'on ne s'en avise qu'à la longue, vers un état de soi que l'on croyait à jamais dissipé.
>
> Un jour, je me suis senti avoir été reconduit insensiblement, par les circonstances les plus fortuites et les plus différentes entre elles, dans une région de l'esprit que j'avais abandonnée, et même fuie. Ce fut comme si, fuyant un lieu, mais la forme de l'espace faisant que le point le plus éloigné de ce lieu fût ce lieu même, on s'y retrouvât tout à coup, et qu'on s'y reconnût et le même, et tout autre, avec une grande surprise.
>
> J'avais fui l'état ingénu de poésie, et j'avais énergiquement développé en moi ce qui, du consentement universel, est le plus opposé à l'existence et aux productions de cet état.
>
> Mais l'univers de l'esprit peut-être a sa courbure, de laquelle, si elle est, nous ne pouvons rien savoir, nous ne savons rien ».
> (Pléiade I, p. 1488).

Ainsi, malgré l'intervention de circonstances fortuites, c'est tout de même en fonction d'une courbure propre à l'univers de son esprit que s'opère ce retour vers un état antérieur de lui-même, où il se reconnaît à la fois « le même, et tout autre ». « Le même », en ce que, malgré la froideur rebelle avec laquelle il examinait le mince cahier de ses poésies anciennes, la faiblesse qu'il trouvait à la plupart de ses vers réveillait en lui le désir irrésistible « de les renforcer, d'en refondre la substance musicale ». Mais « tout autre » aussi, car l'auteur de Teste s'était si avancé dans l'édification intérieure d'un moi, accumulant « les plus grands dons pour n'en rien faire, s'étant assuré de les avoir », et ne voyant « dans la littérature en général et dans la poésie en particulier, que des applications spéciales des pouvoirs de tout l'esprit », et donc indifférentes en elles-mêmes, que ce mépris de toute visée extérieure était devenu comme intrinsèque à sa nouvelle maturité. Rien ne devait venir troubler la liberté intérieure de celui qui pendant vingt ans s'était efforcé de retrouver le centre de convergence de toutes les avenues de son esprit, le point central à partir duquel fusent toutes les opérations de la connaissance et de l'art, et qui croyant l'avoir trouvé, pensait devoir fuir tout ce qui l'engagerait dans une voie particulière qui exclurait d'autres activités possibles de l'esprit.

> « Ma vie fut toujours inquiète de tout engagement. Me dégager, me dégager, une manière fondamentale, naïve... Je me suis dégagé de ma « ville », de la littérature, de mon meilleur, de tout éloge, de mes admirations, du « vrai » et du « faux ». (Cahier IV, p. 280).

Ce dédain de la gloire n'est d'ailleurs pas sans compensations intérieures.

> « C'est un état délicieux que de vivre et travailler, sans attente ni visée extérieure, sans songer à un terme placé hors de soi, à un ouvrage fini... sans le souci de quelque effet à produire sur quelqu'un et du jugement d'autrui, considération qui conduit inévitablement à faire ce que l'on n'eût pas fait de soi-même, à retenir sur

d'autres points : en somme, à se comporter comme un autre. Cet autre devient votre personnage : l'Homme de Gloire ». (Pléiade I, p. 1476).

Comment donc pourrait-il retrouver l'état de poésie sans que cette activité littéraire ait pour conséquence de restreindre le jeu de toutes les activités possibles de son esprit dans toute son authenticité personnelle ? C'est en quelque sorte cette antinomie que le retour, à la fois fortuit et invincible, de Valéry à la poésie va peu à peu résoudre, dans une fidélité totale à la « courbure » de son esprit. Ce retour s'opèrera en effet sans qu'il n'ait en rien à renoncer à sa vision centrale de l'esprit, telle qu'il n'a cessé de l'approfondir depuis Teste et Léonard. Ce n'est paradoxalement pas dans le désir d'être un poète, qu'il retourne insensiblement à la poésie. Il l'a explicitement déclaré dans les Cahiers, en 1917, peu après avoir terminé la Jeune Parque.

> « Mon but n'a jamais été d'être un poète, ni de faire des vers comme action ou fonction principale de ma destination. Mais j'ai aimé de faire comme si je le fusse, et aussi bien que possible, en y appliquant quelquefois toute l'attention et les pouvoirs de combinaisons et d'analyse à mon service, de manière à pénétrer dans l'état de poète, et dans ce qu'il a de plus pur, sans y demeurer, comme preuve, comme moyen, comme exercice, comme remède, comme sacrifice à certaines divinités ». (Cahier 6, p. 568).

On peut être assuré cependant que le « sacrifice à certaines divinités » de la mythologie culturelle ou sociale fut aussi restreint qu'il se peut, chez un homme comme Valéry, aussi attentif à préserver l'authenticité de l'activité centrale de son esprit. Ce sera d'ailleurs là l'originalité même de sa poésie, comme il l'avouera beaucoup plus tard.

> « En tant que poète, j'ai voulu être un... non-simulateur. Je veux dire, j'ai voulu que ma recherche et mon travail de formateur de poèmes soient d'accord avec ma pensée en général, ma conscience de moi, mes réflexions et analyses, mes goûts de l'esprit. C'était une expérience à faire, à laquelle je me suis, en tant que poète, consacré. Il s'agissait de montrer que l'absence de mythologie et d'idées vagues, de collusion avec les produits impurs et flatteurs de la tradition, de la paresse d'esprit et de la vanterie ou de la mystique poétiques, était compatible avec l'exercice de l'art et avec la fabrication d'œuvres efficaces. (Mallarmé lui-même consentait à une mythologie). J'ai procédé à une analyse de la poésie en tant que problème pur et simple ». (Cahier 27, p. 518).

Nous montrerons plus tard comment cet accord du « travail de formateur de poèmes » avec l'activité totale de la pensée aboutit à ce que Valéry appellera poésie pure. Soulignons seulement maintenant combien on aurait tort d'opposer en Valéry le poète et le penseur. Ecoutons le encore :

> « Ego. Idée de jadis qui dominait en moi. Pas de cloison entre « poésie » et activité totale de l'esprit. Et même, pour que l'œuvre

soit « pure », tout doit s'employer. L'idée même de pureté et celle des moyens à employer pour obtenir cette qualité s'élaborent dans le concours de toutes les fonctions et ressources de l'être ». (Cahier 24, p. 531).

Valéry était trop entier, trop profondément déterminé à aller jusqu'au bout afin de préserver l'indépendance de son esprit, être Soi-même et parler sa propre langue, pour qu'il puisse accepter de retourner à la poésie en fragmentant et cloisonnant son esprit dans des activités qui ne mobiliseraient qu'une partie de ses facultés. Celui qui se sentait « parfois le Pur, l'incorruptible, l'Ange et le Robespierre impitoyable », (Cahier 22, p. 203), ne pouvait consentir à faire des concessions aux choses vagues et naïves qui accompagnent souvent la poésie, à tout ce « fiduciaire » de croyances arbitraires qui n'ont point de racines dans la nécessité de l'esprit. C'est parce que l'art de la poésie ne pouvait satisfaire la totalité de son esprit, qu'il avait abandonné la carrière des Lettres en 1892. Il faut se souvenir de son état d'esprit en cette époque de jeunesse.

> « Il m'apparut alors (92) que l'art de poésie ne pouvait satisfaire tout mon esprit. D'ailleurs, les conditions difficiles que j'exigeais de cet art excluaient bien des possibilités. Il y eut antagonisme entre cet idéal et celui de l'esprit. Bien des choses lui échappaient et je voyais parfois de la bêtise dans la spécialité poétique. Conflit entre la liberté de l'esprit et ce qui a besoin de fiducia, de valeurs arbitraires pour se produire ». (Cahier 25, p. 879).

Vingt ans plus tard, le retour, d'ailleurs tout progressif, de Valéry à la poésie devait être conditionné par le succès de son effort à surmonter cet antagonisme entre l'idéal de l'esprit et l'idéal poétique, et par son aptitude à marier en lui le penseur et le poète. Il lui fallait pour cela inventer ou créer une poésie « non simulatrice », poésie qui lui permette d'exprimer l'activité totale de son esprit. Plus encore, cette poésie devait ne pouvoir parvenir à sa perfection que par « le concours de toutes les fonctions et ressources de l'être ». Nous verrons que ce mariage entre le penseur et le poète atteindra, au bout de quatre ans d'efforts, un tel degré d'accord, que, dans la poésie, c'est le penseur qui chante, et que dans la prose philosophique, c'est le poète qui pense. Penseur qui chante, et poète qui pense, Valéry aura si bien réussi à abattre la cloison qui souvent sépare la poésie de l'activité totale de l'esprit, qu'il se créera une place originale aussi bien en tant que poète, qu'en tant que penseur. Mais le succès est le fruit de quatre ans d'efforts poursuivis dans l'incertitude d'une aventure de l'esprit. Et c'est le caractère aventureux et incertain de cette entreprise, dont le sens ne se dessine que peu à peu au fur et à mesure que la dynamique propre du travail se fait plus claire, qui détermine l'aspect ambigu et singulier de mélange d'accident et de nécessité présenté par le retour de Valéry à la poésie, au travers de ce long exercice que fut la Jeune Parque. Lui-même a souligné cette ambiguïté. « Histoire de la Jeune Parque. Exemple singulier d'un poème à la fois entrepris par

accident et poursuivi avec un système ». (Cahier 19, p. 59). Dans une
lettre écrite à Gide le 14 juin 1917, après le succès de la Jeune Parque, il parle de « l'histoire de tout le poème, qui se résume par cette
étrange loi : une fabrication artificielle qui a pris une sorte de
développement naturel ». (Pléiade I, p. 1633).

    « Fabrication artificielle », « entreprise par accident », l'œuvre
qui, au bout de quatre ans d'exercices, devait aboutir à la Jeune
Parque, n'avait pas seulement, en effet, à enfanter un poème. Plus
que le poème, c'est le poète lui-même, le vrai Valéry, qui devait être
enfanté. Et ce ne pouvait être une petite affaire que de « transformer en écrivain de métier un amateur d'expériences intellectuelles
poursuivies en vase clos », de refaire un poète de cet anti-poète,
ultra lucide, « amoureux de l'esprit comme d'autres le sont du nu »,
et dédaigneux de « la marionnette », qu'était plus ou moins devenu
l'auteur de Teste, celui qui cherchait une méthode lui permettant de
dominer « la mathématique des opérations mentales ». Il nous semble impossible de comprendre véritablement la Jeune Parque, si l'on
s'en tient au produit fini, sans le considérer comme le couronnement
final du pénible enfantement du poète par lui-même. Valéry a
pourtant maintes fois insisté sur cette maturation du poète, parallèle
à la maturation du poème et la conditionnant.

> « J'ai (…) beaucoup vécu avec mes poèmes. Pendant près de
> dix ans, ils ont été pour moi une occupation de durée indéterminée,
> un exercice plutôt qu'une action, une recherche plutôt qu'une déli-
> vrance, une manœuvre de moi-même par moi-même plutôt qu'une
> préparation visant le public ». (Pléiade I, p. 1497).

    Or, peu d'études nous semblent avoir prêté une attention suf-
fisante à ce retentissement et à cette action réciproque de l'œuvre
sur Valéry lui-même. Cette attention à la réaction de l'œuvre sur
son auteur est pourtant essentielle en ce qui concerne Valéry, toujours plus soucieux des actes et des pouvoirs de son esprit que de
ses produits finis.

> « Le produit est, sans doute, la chose qui se conserve, et qui
> a ou doit avoir un sens par soi-même, et une existence indépendante ;
> mais les actes dont il procède, en tant qu'ils réagissent sur leur
> auteur, forment en lui un autre produit qui est un homme plus
> habile et plus possesseur de son domaine-mémoire ». (Pléiade I,
> p. 1450).

    L'auteur qui, au bout de quatre ans d'exercices, a terminé la
Jeune Parque, n'est plus le même homme que celui qui l'avait
commencée. Un nouveau poète est né, grâce à la victoire péniblement obtenue sur le conflit entre l'intellect et la sensibilité qui a
éloigné Valéry de la poésie pendant vingt ans. De nombreuses notes
des Cahiers montrent combien Valéry est conscient de cette transformation. La critique qui n'a pas su voir cette évolution et qui
continue à qualifier Valéry de poète de l'intelligence, se met ainsi
en contradiction avec le jugement porté par le poète lui-même sur

le sens de ce poème-exercice que fut la Jeune Parque : « La Jeune Parque est le « Poème de la sensibilité », écrit-il en effet dans les Cahiers (Cahier 18, p. 11). Il faut être insensible à la signification intrinsèque de ce poème, ou être aveuglé par une prévention née à la lecture de « La Soirée avec M. Teste », pour ne pas découvrir que la Jeune Parque est bien effectivement et essentiellement le « poème de la sensibilité ». Il n'est pas de contre-sens à notre avis plus grave que de croire Valéry toujours uniforme à lui-même, identique à travers une œuvre échelonnée sur plus de cinquante ans, par-dessus une coupure de vingt longues années. On ne peut mettre sur le même plan les poèmes de jeunesse, Teste et l'Introduction, la Jeune Parque, Eupalinos, les poèmes de Charmes, et plus tard Faust. Une longue évolution les traverse par laquelle Valéry découvrira et révèlera les multiples aspects de son riche implexe. D'étape en étape, l'homme se forme, ne produisant une œuvre qu'autant elle peut lui servir de tremplin pour sa propre réalisation ou son propre approfondissement. « Pourquoi on écrit ? Pour se fabriquer ? « s'approfondir » ? transformer son territoire en carte topographique ? Pour être autre, être plus... Se mirer ». (Cahier 4, p. 784). Le reproche qu'il adressait à Gide, « tu t'efforces trop vers ton livre, pas assez vers Toi », ne pourrait lui être adressé, lui qui ne voit son œuvre que comme exercice et moyen de sa propre édification. « Je prends la plume pour l'avenir de ma pensée, non pour son passé. J'écris pour voir, pour faire, pour préciser, pour prolonger, non pour doubler ce qui a été », écrit-il au temps de la composition de la Jeune Parque. (Cahier 5, p. 366). Cette projection constante vers l'avenir de son être, en un dynamisme qui le pousse toujours en avant de lui-même, est peut-être ce qui caractérise le plus ce poète du Narcisse, qui jamais ne se reconnut ni dans le miroir du passé, ni dans le miroir du présent, ayant le sentiment que son moi véritable lui reste toujours inconnu. « C'est ce que je porte d'inconnu à moi-même qui me fait moi ». (Cahier 5, p. 23). Tout entier tourné vers l'inconnu de son moi le plus profond, il est secrètement dynamisé par ce Moi futur qui toujours se dérobe. Or, dans cette incapacité où nous sommes de nous devancer nous-mêmes pour saisir dans le futur ce Moi secret qui n'est en nous que comme « une idée de quelque moi merveilleusement supérieur à Moi », (Pléiade I, p. 1339), « il n'est pas sûr que se connaître ait un sens ». (Cahier 5, p. 844). Tel est sans doute la cause de l'angoisse qui baigne l'ultime poème de l'Ange. Et les dernières confidences du poète avant sa mort le montrent encore, de façon combien émouvante, toujours tourné vers cet inconnu de lui-même.

> « Il y a quelque chose en l'être qui est créateur de valeurs et cela est tout puissant, irrationnel, inexplicable, ne s'expliquant pas. Source d'énergie séparée, mais qui peut se décharger aussi bien pour que contre la vie de l'individu ». (Cahier 29, p. 909).

« Source d'énergie », ce moi futur et secret reste comme le point de convergence jamais atteint de tous les efforts de l'homme pour se connaître. L'existence de l'homme serait peut-être comme une pyramide tronquée ; nous ne réussissons durant notre vie qu'à préciser le plan d'inclinaison de chacune de nos faces, ainsi que la direction de leurs diverses articulations ou arêtes ; mais nous n'atteindrons pas le sommet qui restera voilé pour nous dans l'inconnu d'un mystère nous défiant comme une promesse toujours imminente et jamais atteinte.

M. Teste, et toute la recherche entreprise pour établir « une mathématique des opérations mentales » ne représente qu'une des faces de la personnalité de Valéry. Avec la Jeune Parque commence à se dévoiler une autre face. « La Soirée avec M. Teste » pourrait être appelée le poème de l'intellect. Elle correspond à une période violemment iconoclaste de Valéry créant, de façon quelque peu surréaliste, cette figure de l'intelligence qu'est M. Teste, ce « grand-prêtre » assez monstrueux de l'idole Intellect qu'il lui fallait arbitrairement créer pour soumettre toutes les autres idoles décrétées hors la loi. Mais le caractère forcé et brutal de cette surcharge, en grande part caricaturale, montrait bien que son auteur ne s'investissait pas tout entier dans la figure de cet « instantané d'intellectuel ». Une autre part de lui-même, refoulée par la révolution de 92, devait attendre plus de vingt ans encore avant de se révéler au grand jour à la suite de la nouvelle connaissance qu'il prit de soi grâce aux interminables exercices de la Jeune Parque. Il y redécouvrait l'importance de la sensibilité, et le poète lui-même devait qualifier cette nouvelle œuvre, comme le « poème de la sensibilité ». Comment dès lors serait-il possible de mettre sur le même plan le poème de l'intellect et le « poème de la sensibilité » ? La Jeune Parque marque un tournant capital dans la vie intellectuelle et spirituelle de Valéry. Après avoir idolâtré l'intellect et pris en horreur sa sensibilité, allant jusqu'à la qualifier comme « (son) infériorité, (son) plus cruel et détestable don », (Pléiade II, p. 1527), voilà qu'au cours des exercices entrepris seulement pour corriger quelques vers, il est repris insensiblement par le jeu poétique, comme par un ancien amour.

« C'était jouer avec le feu. Mon divertissement me conduisit où je ne pensais pas d'aller. Quoi de plus ordinaire dans l'amour ?... J'allais à la poésie sans le savoir ». (Pléiade I, p. 1481). Mais grâce à ces retrouvailles avec l'état poétique, c'était toute la vie de la sensibilité et le moi sensuel qui se réveillaient et demandaient à nouveau leur part d'existence.

> Dieux ! Dans ma lourde plaie une secrète sœur
> Brûle, qui se préfère à l'extrême attentive.

Ce réveil de la « secrète sœur », brûlant d'une sensualité à fleur de peau, prête à céder à l'amour, toute frémissante d'une sensibilité vive et charnelle, à côté de la sœur « attentive », celle du moi connaissant qui se veut pur esprit,

> Où l'âme, ivre de soi, de silence et de gloire,

se veut toute « poreuse à l'éternel », « égale et épouse du jour »; c'est là tout le sujet de la « Jeune Parque », drame du réveil de la sensibilité au côté de l'intellect.

Avec ce poème, c'est donc l'anti-Teste qui se réveille en Valéry, après qu'il eut refoulé cette part secrète de lui-même pendant plus de vingt ans. Alors que pour M. Teste, ascète de l'intellect, assurant presque désespérément le sauvetage d'un esprit en perdition après la crise qui l'avait dressé contre sa sensibilité, la devise pouvait être « tout par l'intelligence », (« Mon mouvement le plus désespéré, le plus certain fut celui qu'exprimaient pour moi seul et sans autre rigueur ces mots : tout par l'intelligence », Cahier 5, p. 903), le nouveau personnage, non moins essentiellement valéryen que le premier, bien que situé à ses antipodes, non seulement réhabilitera la sensibilité, mais finira par dire dans son Cours de Poétique :

> « Notre sensibilité est tout... Nous sommes en état de sensibilité continuel... Je retrouve partout la sensibilié... Le Moi n'est au fond qu'un produit de sensibilité ». (Cité par J. Hytier, La poétique de Valéry, p. 24).

C'est dans ce renversement des pôles d'attraction de sa personnalité, que se situe la clé de compréhension du drame intime de Valéry, de sa pensée et de sa poésie. Lui-même reconnaît cette évolution : « Le voyage de ma vie me conduit à mes antipodes », écrit-il dans le Cahier VIII, en 1921. Mais il avait déjà écrit, avant d'avoir commencé la Jeune Parque :

> « Une étude exquise est celle des retournements d'une opinion et comment par un versement insensible, ou par des transformations infiniment voisines, j'aime ce que je crois encore haïr ». (Cahier IV, p. 453).

Tout Valéry se concentre en ce conflit cruel et déchirant entre l'intellect et la sensibilité, dans cette dialectique qui le pousse tantôt aux extrêmes de l'un, et tantôt aux extrêmes de l'autre, avant qu'il ait trouvé le chemin de leur accord.

« Je ne puis aimer profondément qu'une intelligence... Ou bien quelqu'une de ces « sensibilités » qui étonnent l'intelligence ». (Pléiade II, p. 1519). Ou l'une, ou l'autre, incapable qu'il est encore de reconnaître la nécessité de leurs concours. Dans l'histoire de ce conflit et de sa résolution, la Jeune Parque occupe la place centrale d'une transition au cours de laquelle le poète prendra définitivement conscience de ce conflit, et cherchera à le surmonter en préservant ces deux parts de lui-même, qui le poussent l'une vers la poésie, et l'autre vers la rigueur des mécanismes de l'intellect. L'exercice poétique, retrouvé d'abord par accident, réagira peu à peu sur son créateur pour le réconcilier avec sa sensibilité. Aussi, autant que l'enfantement de la Jeune Parque, c'est l'enfantement du poète qu'il faudrait étudier, car peu d'œuvres ont autant transformé leur auteur que celle-ci. En ce sens, c'est la Jeune Parque qui a fait Valéry. Seule cette perspective qui lie l'œuvre à la maturation transformant intérieurement le poète, permet de comprendre en vérité le poème. Telle est la conclusion qui nous semble devoir être tirée du texte suivant :

> « Plût au ciel que l'objection, plût à Dieu que la discorde ne fût que dans la cité extérieure, et que dans l'intérieur, dans l'apparente unité de l'individu, il y eût vraiment la paix. Je sens plutôt tout le contraire : la bataille générale du monde est moins discordante encore que celle que je porte en moi, la dispute de moi avec moi, le combat de l'homo duplex. Cette guerre est visible en tout homme ; s'il y a dans l'homme de génie trêve et pacification, cela tient à un beau mystère, au sacrifice intérieur que ces puissances opposées se font les unes aux autres. Le fond de l'art, comme celui de la société, ne l'oubliez point, c'est le sacrifice. Cette lutte est dignement payée ; l'œuvre qu'on croit inerte et passive modifie son ouvrier, elle l'améliore moralement, récompensant ainsi la bienveillance dont l'entoura le grand artiste quand elle était jeune, faible, informe encore. Il l'a faite, mais c'est elle qui le fait : elle le rend, à mesure qu'elle grandit, très grand, très beau ». (Cité dans « Entretiens sur Paul Valéry », p. 112).

« Dispute de moi avec moi... combat de l'homo duplex », tel est bien le sujet de ce poème où l'apparente sérénité de la versification ne fait que transposer dans la transparence d'un chant l'angoisse déchirante d'un drame intime. Le conflit interne de l'homo duplex, déchiré par les exigences opposées de son intellect et de sa sensibilité, avait été longtemps masqué par une trêvc, instaurant une fausse paix, obtenue grâce au sacrifice que la sensibilité avait dû consentir en se soumettant à l'empire idolâtre de l'intellect. Il fallait toute cette héroïque ascèse d'une recherche poursuivie avec la volonté presque mystique de découvrir les limites des pouvoirs de l'esprit, pour maintenir si longtemps en sommeil les puissances de la sensibilité, dont l'apport à la vie de l'esprit n'est par moins important que celui de l'intellect. La résurgence de la sensibilité dans l'économie de l'esprit se préparaît pourtant depuis longtemps, liée à cette exigence de poésie qu'il n'aurait pu étouffer indéfiniment. Car la poésie restait toujours latente dans les ressources de sa conscience. Rappelons cet aveu de 1910 :

> « le poème (que je n'ai pu faire), il est là, disséminé, dissous, infus, présent et insaisissable, attendant (avec bien d'autres choses) l'appel d'une divine électrolyse (du moment électrolytique), l'opération d'une mystérieuse paroi semi-perméable bonne pour ces osmoses-là ». (Cahier 4, p. 461).

Ce poème déjà obscurément vivant comme un germe en formation dans les limbes de la conscience, n'est-ce pas, prémonitoirement, celui qui deviendra un jour la Jeune Parque ? Dès lors on comprend les conséquences incalculables que devait entraîner dans la vie de Valéry cet apparent hasard d'une visite de Gide et Gallimard lui demandant de réunir et d'imprimer ses anciens vers. Ce hasard « lui qui fait tout », (!) était comme le cristal infime déclenchant l'opération catalytique qui transformera tout le milieu. L'attente de

la « divine électrolyse » avait pris fin, et pendant quatre ans, Valéry fut l'objet de l'étrange transformation qu'opérait en lui son futur
poème.

« Une autre « circonstance indépendante de (sa) volonté » devait pourtant encore agir sur la sensibilité de Valéry pour renforcer « l'opération » de cette « mystérieuse paroi semi-perméable », et,
modifiant son équilibre interne, faire de son retour à la poésie, « un
retour invincible ». La guerre de 14-18 était en effet survenue entre
temps, avec tout son cortège d'angoisses, de destructions physiques
et morales, de doutes. Elle aussi devait contribuer au réveil de la
sensibilité chez Valéry. Une lettre écrite à Georges Duhamel, en
1929, fait état de cette révolution intérieure liée à l'éclosion de la
Jeune Parque. Il faut la citer dans sa plus grande part.

> « Je me livrais, depuis 1892, à des pensées et à des problèmes
> toujours plus éloignés de la poésie et même de toute littérature
> praticable. Plus j'allais, plus j'étais sûr, sans même y songer, de
> ne revenir jamais à l'exercice des lettres. J'accumulais seulement
> des notes ou idées, mais si diverses, et si libres de toute intention
> de les utiliser, que la seule pensée de les reprendre et d'en faire
> quelque ouvrage, me paraissait absurde. Je trouvais une satisfaction
> presque animale dans l'habitude d'exercer mon esprit : car l'esprit
> est aussi une sorte de bête, qui a ses instincts, — qui, peut-être,
> est capable de cette monstruosité logique : se fabriquer du nouveau
> par habitude !
>
> La guerre vint. Je perdis ma liberté intérieure. Spéculer me
> parut honteux, ou me devint impossible. Et je voyais bien que toutes
> mes réflexions sur les événements étaient vaines ou sottes. L'an-
> goisse, les prévisions inutiles, le sentiment de l'impuissance me
> dévoraient sans fruit. C'est alors que l'idée en moi naquit de me
> contraindre, à mes heures de loisir, à une tâche illimitée, soumise
> à d'étroites conditions formelles. Je m'imposai de faire des vers,
> de ceux qui sont chargés de chaînes. Je poursuivis un long poème.
>
> ... Ce poème (qui fut appelé la Jeune Parque) présente toutes
> les apparences des poèmes qu'on aurait pu écrire en 1868 comme
> en 1890. « Tout se passe » comme si la guerre de 1914-1918, pendant
> laquelle il a été fait, n'avait pas existé.
>
> Et moi, pourtant, qui l'ai fait, je sais bien que je l'ai fait sub
> signo Martis. Je ne me l'explique à moi-même, je ne puis concevoir
> que je ne l'ai fait qu'en fonction de la guerre.
>
> Je l'ai fait dans l'anxiété, et à demi contre elle. J'avais fini
> par me suggérer que j'accomplissais un devoir, que je rendais un
> culte à quelque chose en perdition. Je m'assimilais à ces moines du
> premier moyen-âge qui écoutaient le monde civilisé autour de leur
> cloître crouler, qui ne croyaient plus qu'en la fin du monde ; et
> toutefois, qui écrivaient difficilement, en hexamètres durs et téné-
> breux, d'immenses poèmes pour personne. Je confesse que le fran-
> çais me semblait une langue mourante, et que je m'étudiais à le
> considérer sub specie aeternitatis...
>
> Il n'y avait aucune sérénité en moi. Je pense donc que la séré-
> nité de l'œuvre ne démontre pas la sérénité de l'être. Il peut arriver,
> au contraire, qu'elle soit l'effet d'une résistance anxieuse à de pro-

fondes perturbations, et réponde, sans la réfléter en rien, à l'attente de catastrophes ». (Lettres à quelques-uns, p. 179).

Il semble donc que la guerre ait produit sur Valéry un choc le réveillant d'une sorte d'envoûtement intellectuel, dont il reconnaît le caractère presque animal de mécanique monstrueuse, ne fonctionnant plus que par habitude. Son culte de l'intellect n'a pas donné les résultats escomptés ; il s'est transformé en une idolâtrie stérile dont l'angoisse de la guerre vient le secouer. Cette angoisse réveille sa sensibilité, et tout le poème de la Jeune Parque peut être présenté comme la transformation progressive et les luttes d'une conscience qui, vouée jusque là au culte de la lumière dans la sérénité d'un esprit olympiquement souverain, découvre soudain avec stupéfaction une autre part d'elle-même, secrètement sensible à d'obscurs destins, et inexorablement liée aux mystères de la vie. Ce subit dédoublement du moi, entre un moi obscurément sensuel, frémissant d'une troublante sensibilité, et un moi connaissant, fièrement emporté dans les élans d'un pur esprit, voilà bien le sujet de la Jeune Parque, drame intime d'une conscience assistant avec angoisse aux transformations que ce déchirement provoque en elle. Il est bien clair que c'est là le drame personnel de Valéry transposé dans un mythe poétique. Certes la transposition et la poétisation sont telles qu'il est difficile de reconnaître dans le poème les détails d'un drame personnel. Valéry a horreur des effusions de sentiments. Ce n'est pas son drame particulier qui l'intéresse. Pourtant cette horreur instinctive qu'il éprouve à l'égard de tous les sentiments personnels et de toute effusion sentimentale, comme à l'égard de toutes les particularités qui le font tel ou tel individu bien défini, ne doit pas nous faire tomber dans l'erreur de prendre Valéry pour un homme de l'esprit, dédaigneux de toute subjectivité, réduit à une pure intelligence impersonnelle, et considérant les phénomènes de la vie intérieure comme choses extérieures et étrangères. Rien ne nous semble avoir fait plus de tort à la compréhension de Valéry que cette étiquette de poète de l'intelligence qui lui a été faussement collée, le réduisant à un esprit olympiennement isolé dans la tour d'ivoire d'une intelligence désincarnée, indifférente aux accidents de sa vie et de sa sensibilité. La vérité est toute opposée : il n'est point de poète de la vie intérieure plus délicat et plus profond que Valéry, et s'il fallait lui accorder une étiquette, ce serait plutôt celle de poète de la sensibilité, ou poète du Moi secret.

Comme nous le verrons plus précisément dans le chapitre suivant, l'apparente impersonnalité de Valéry est en réalité le point limite d'une extrême subjectivité. Elle n'est que le dépassement de la subjectivité par la subjectivité elle-même, un sursaut de la subjectivité qui, en s'approfondissant, devient capable de se transcender. Une subjectivité pure se découvre alors au fond de la subjectivité superficielle. Certes, l'horreur du psychologisme et des sentiments est un trait dominant chez Valéry.

« Le plus fort de mes sentiments est la haine même de mes sentiments, de ces maîtres absurdes inexplicables, transcendants, tout puissants dont la force élémentaire prend par le travers et démonte les délicates machines de la précise pensée, ou les transporte hors de leur climat et de leur époque, leur impose une matière qui les attaque, une vitesse qui les fausse ». (Cahier IV, p. 450).

Pourtant cette haine des sentiments n'est pas signe d'une volonté d'impersonnalisme. Elle n'est que la conséquence d'une défiance instinctive et profonde à l'égard de la superficialité mouvante et inconsistante du moi prétendu personnel et qui n'est que la somme des réactions épidermiques d'un sujet déraciné, ballotté dans la contingence des événements extérieurs. Cette subjectivité psychologique, détendue dans le contentement d'elle-même et bornée à se satisfaire de la fluidité changeante de ses états successifs, reste événementielle et contingente, simple miroir passif se bornant à refléter une réalité extérieure qui lui échappe. Emportée dans les divers remous de la conscience, dont elle reste la captive passive et complaisante, elle n'est en réalité que le jouet des événements extérieurs et l'envers secondarisé d'une objectivité essentielle. Mais quand la subjectivité se prend elle-même en main et se veut maîtresse de son sort, quand elle se dégage de la contingence des reflets superficiels pour se dépasser dans un approfondissement constant, elle découvre alors une subjectivité nouvelle, non plus contingente et individuelle, mais structurelle et universelle, une subjectivité qu'on pourrait presque qualifier d'impersonnelle, tant elle n'est plus la subjectivité particulière de tel ou tel individu, n'étant la subjectivité de personne, parce qu'elle est la subjectivité de tous. C'est à une telle subjectivité trans-subjective, dépassant l'opposition du particulier et de l'universel, que Valéry a voulu prétendre. Retrouver la subjectivité du Moi fondamental, du Moi pur, en la dégageant du psychologisme superficiel des sentiments particuliers de l'individu, telle a été la démarche constante de l'auteur de la Jeune Parque. Tel est bien le sens de ce célèbre texte des Cahiers, véritable concentré de la psychologie valérienne, écrit en 1906, puis recopié en 1910, et enfin publié dans Tel quel :

« Tard ce soir, brille plus simplement ce reflet de ma nature : horreur instinctive, désintéressement de cette vie humaine particulière. Drames, comédies, romans, même singuliers, et surtout ceux qui se disent « intenses ». Amours, joies, angoisses, tous les sentiments m'épouvantent ou m'ennuient ; et l'épouvante ne gêne pas l'ennui. Je frémis avec dégoût et la plus grande inquiétude se peut mêler en moi à la certitude de sa vanité, de sa sottise, à la connaissance d'être la dupe et le prisonnier de mon reste, enchaîné à ce qui souffre, espère, implore, se flagelle, à côté de mon fragment pur.

Pourquoi me dévores-tu, si j'ai prévu ta dent ? Mon idée la plus intime est de ne pouvoir être celui que je suis. Je ne puis pas me reconnaître dans une figure finie. Et MOI s'enfuit toujours de ma personne, que cependant il dessine ou imprime en la fuyant ». (Pléiade II, p. 572 - Cahier IV, p. 392).

Qu'est ce « fragment pur » que Valéry s'efforce de dégager de la sarabande vaine des sentiments singuliers de l'individu, sinon ce Moi idéal et pur, notre véritable moi, caché comme un trésor perdu sous les eaux agitées et troubles de la subjectivité superficielle, et qui brille parfois dans nos profondeurs, quand le moi psychologique cesse sa sotte agitation. Tout Valéry est dans cette tension constante par laquelle il s'efforce de se dégager du moi psychologique, personnel, arbitraire et trop humain, afin de retrouver le Moi pur et premier, qui subsiste en nous comme un moi antérieur à la faute d'individuation, ou comme notre moi futur qui toujours nous devance. L'apparente sérénité de sa poésie ne tient qu'à sa volonté de ne nous donner que le produit pur et achevé de cette tension, autant qu'elle réussit à se sourcer dans ce Moi idéal et pur. Sa poésie ne reflètera donc pas les accidents singuliers d'une aventure personnelle, mais ce qui, dans cette aventure, peut être décanté de toute particularité individuelle et atteindre à une signification universelle. Ainsi en est-il de sa Jeune Parque,

« De ces écrits si clairs qu'on n'y trouve que soi ».

Encore faut-il faire un effort pour suivre le poète jusqu'en ces profondeurs où le Moi transcendantal se dégage de son vêtement individuel et singulier. Pour atteindre cette subjectivité phénoménologiquement pure du Moi supra-individuel, toute l'ascèse d'une méditation purificatrice est nécessaire. Le langage lui-même devra subir un dépouillement corollaire, car ce ne sont pas les facilités du langage commun qui nous permettraient de réussir cette ascèse purificatrice. La distance qui sépare le moi banal et commun, de ce Moi phénoménologiquement pur et universel, doit parallèlement se retrouver dans la distance qui sépare le langage commun, « essentiellement pratique, perpétuellement altéré, souillé, faisant tous les métiers », de cette « Voix pure, idéale, capable de communiquer sans faiblesses, sans effort apparent, sans faute contre l'oreille, et sans rompre la sphère instantanée de l'univers poétique, une idée de quelque moi merveilleusement supérieur à Moi ». La prétendue obscurité du poème est donc intrinsèquement commandée par l'idéalité très pure à laquelle le poète veut conduire son lecteur.

C'est pourquoi je me garde et mes secrets charmants.
Mon cœur veut qu'on me force, et vous refuse, Amants
Que rebutent les nœuds de ma belle ceinture.
Mon Père l'a prescrit : j'appartiens à l'effort,
Mes ténèbres me font maîtresses de mon sort,
Et ne livrent enfin qu'à l'heureux petit nombre
Cette innocente Moi que fait frémir son ombre
Cependant que l'Amour ébranle ses genoux.

Nulle poésie ne fut sans doute aussi étroitement solidaire d'une aventure spirituelle menée avec tant d'obstination et de méthode. Qui ne peut suivre Valéry dans cette recherche ontologique, quête solitaire du Moi pur, dépouillé des oripeaux de circonstances dont le moi psychologique et quotidien l'enveloppe et le cache, ne peut comprendre sa poésie. L'expérience poétique est ici solidaire d'une exigence métaphysique. Cette poésie ne s'adresse pas à ceux qui ne cherchent dans la poésie que divertissement et plaisir facile, elle dédaigne l'approbation de la foule.

> « Ces gens disent qu'il faut qu'une muse ne cause
> Non plus de peines qu'une rose ! »

Poésie exigeante, elle s'enlace étroitement avec la méditation d'une conscience essayant de saisir le mystère de son moi le plus intime. Et pourtant, cette poésie n'est pas simple moyen d'expression d'une pensée profonde, car elle conditionne elle-même l'approfondissement de la pensée dont elle permet l'élargissement des dimensions. Plus que la Voix, elle est elle-même voie, chemin et guide de la quête du Moi. Elle fait corps avec la saisie du mystère du Moi. Son mystère n'est autre que le mystère existentiel que chaque mortel peut découvrir aux rares heures de vérité, lorsque, faisant cesser le grand bavardage quotidien, il se retrouve seul devant le silence essentiel.

> Mais je ne suis en moi pas plus mystérieuse
>   Que le plus simple d'entre vous...
> Mortels, vous êtes chair, souvenance, présage ;
> Vous fûtes ; vous serez ; vous portez tel visage ;
>   Vous êtes tout ; vous n'êtes rien,
> Supports du monde et roseaux que l'air brise,
>   Vous VIVEZ... Quelle surprise !...
>   Un mystère est tout votre bien,
> Et cet arcane en vous s'étonnerait du mien ?
> Que seriez-vous, si vous n'étiez mystère ?

La condition de compréhension du poème n'est donc pas en dehors du lecteur lui-même. Son aptitude à descendre sous les forêts bruissantes de son moi quotidien pour y chercher la source secrète de son être lui fournira aussi la clé du poème.

> Un silence est la source étrange des poèmes.
> Connaissez donc en vous le fond de mon discours :
> C'est de vous que j'ai pris l'ombre qui vous éprouve.
> Qui s'égare en soi-même aussitôt me retrouve.

La source du poème ne serait donc autre que ce silence intime, ce creux secret de l'existence qui forme peut-être le cœur et la source de notre moi. Nul plus que Valéry n'a en effet aussi étroitement lié l'essentiel de la poésie avec la recherche de l'identité première du moi. L'ensemble de son œuvre tourne d'ailleurs autour de ce thème central, la recherche du moi profond au-delà des formes variables et passagères du moi psychologique superficiel. S'il s'analyse et s'observe, ce n'est pas pour noter les particularités individuelles de son moi historique, qui lui apparaissent toutes accidentelles et sans intérêt, mais pour découvrir, plus en profondeur, la structure fondamentale et le mécanisme essentiel de son moi. Ecartant les jeux superficiels du moi psychologique, constamment agité de sentiments futiles, il donne à sa recherche une dimension ontologique. Creusant les mystères du moi, il espère atteindre un moi invariant, source secrète du moi personnel. En une première étape, dans la lignée des recherches dont Teste et Léonard constituaient les figures programmes, c'est en remontant du sujet de toutes les pensées réelles jusqu'au sujet abstrait qui serait à l'origine de tous les possibles imaginables de la pensée, qu'il espérait trouver un moi purifié de tout accident, universel. Mais cet invariant du moi pur n'est que postulé par un passage à la limite. Simple hypothèse, il reste une forme vide, soigneusement dépouillée de toute particularité personnelle. Il « ne contient plus rien, étant la limite de l'opération fondamentale et constante de la connaissance, qui est de rejeter indéfiniment toute chose ». (Pléiade I, p. 1217).

Tel est sans doute le point de ses recherches au moment où Valéry revient à la poésie. Or, rien n'était apparemment plus éloigné de l'état poétique que cette recherche d'un moi pur, invariant, forme vide obtenue comme limite extrême d'une série d'exhaustions. Le culte idolâtre de l'esprit, dépouillant le moi de toute singularité humaine, n'en laissait subsister qu'une forme absente, broyant mécaniquement sa monstrueuse logique. Le poète du « Narcisse » eût-il pu s'en contenter ?

Différentes confidences nous montrent qu'entre 1910 et 1915, cet ancien poète, si longtemps refoulé, avait conscience de l'impasse à laquelle l'avait conduit le culte idolâtre de l'intellect, et ressentait les prémisses de grandes transformations intérieures. C'est ce qui ressort de ce passage des Mémoire du Poète. (Pléiade I, p. 1479).

> « Or, d'assez graves inquiétudes étant venues traverser cette vie d'apparence stationnaire, qui n'absorbait ni n'émettait rien ; d'autre part, une certaine lassitude de sa longue persévérance dans des voies assez abstraites se prononçant ; et enfin, ce qu'on-ne-peut-savoir (comme l'âge ou tel point critique de l'organisme) agissant, il se fit ce qu'il fallait pour que la poésie pût reprendre quelque puissance en moi, si l'occasion s'en présentait ».

De même, une lettre à Coste, de 1915, le montre ruminant contre « la tragique bêtise » de cette impasse.

> « L'histoire ou plutôt la chronologie d'un individu délicat, peut se résumer ainsi : plus il va, plus il envie ou plus il regrette ce qui l'a dégoûté.
>
> A un âge — très tendre — la femme lui inspirait une sorte de dégoût. L'amour lui semblait une saleté.
>
> Dans un autre âge, l'argent, les gens et les choses d'argent lui étaient de répugnantes idées.
>
> Et, certain temps, le succès — fût-il gloire — lui apparaissait ignominie, etc.
>
> Mais ce qui lui reste — l'essence délivrée de tous ces sous-produits — est si fin, si léger, si peu de chose et hors de prix, qu'il n'y en a jamais de quoi parfumer toute la vie. Alors, ce sont

des retours, des regrets, des régurgitations de la tragique bêtise et vengeance impuissante sur soi-même, la mine ridicule d'incompris, de foudroyé, et l'amertume d'être amer ». (Lettres à quelques-uns, p. 105).

Mais le retour insensible et pourtant invincible vers la poésie devait l'entraîner à reconnaître peu à peu cette tragique erreur de réduire le moi aux mécanismes de l'intellect. Une autre moitié du moi devait, grâce aux réflexions suscitées par l'exercice poétique, révéler son importance dans le fonctionnement plénier de la conscience du moi. Cette sensibilité qu'il avait méprisée et refoulée pour son insupportable irrationnalité, voilà qu'il la redécouvrait dans un nouveau contexte. En feuilletant « le très mince cahier de ses poésies complètes » réunies par Gide et Gallimard, sa sensibilité de poète se recréait en lui ; « il se sentait je ne sais quelles envies de les renforcer, d'en refondre la substance musicale ». Quelle ressemblance y avait-il entre cette nouvelle sensibilité vibrant à la magie sonore des syllabes poétiques, et l'ancienne sensibilité maladive, exacerbée par une passion imaginaire ? Vingt ans d'accoutumance aux analyses de l'esprit lui permettaient maintenant de s'assurer que la sensibilité et la sentimentalité sont deux aptitudes de l'esprit bien différentes et qui doivent être dissociées. S'il avait eu jusque là horreur de sa sensibilité, jusqu'à la considérer comme (son) infériorité, (son) plus cruel et détestable don », jusqu'à s'écrier : « comment peut-on ne pas se cacher pour sentir ? » c'est parce qu'après les ravages de la crise sentimentale de 92, il s'était révolté contre cette invasion de l'esprit par les sentiments, les considérant comme responsables de cette « douleur insupportable de la chair de l'esprit ». Mais seule cette sensibilité grossière qui s'épuise en émotions passagères et circonstancielles, en sentiments individuels et singuliers, en réactions subjectives incontrôlables, pouvait apparaître inutilisable à celui qui recherchait un Moi universel au-delà du moi psychologique accidentel. Une telle sensibilité sentimentale est profitable pour un romancier ou un poète se complaisant aux fausses confidences. Mais Valéry méprise cette littérature. « Je ne puis absolument pas faire de la littérature avec ces choses-là ». D'où la condamnation de la sensibilité, confondue avec la sentimentalité. Cependant, la réflexion du poète corrigeant ses anciens vers pour en renforcer le charme musical, lui faisait découvrir qu'il y a une autre sensibilité plus délicate, plus profonde, plus fondamentale, souvent cachée derrière l'agitation désordonnée des sentiments individuels, mais qui doit en être totalement distinguée. Il est nécessaire en effet de séparer nettement sensibilité et sentiment. La sensibilité est notre faculté de réceptivité et d'accueil à ce qui nous est extérieur, de disponibilité et d'ouverture aux messages venus du monde ou d'autrui. Elle nous ouvre au monde extérieur dans son infinie richesse. La puissance du sentiment, au contraire, nous replie et nous referme sur nous-mêmes. Elle développe l'attention à soi-même et ne s'attache qu'au retentissement des excitations extérieures sur le domaine limité du moi particulier. Le sentiment est ainsi toujours égocentriste. Par sa violence et son irrationnalité, il peut renverser et détruire tout l'équilibre de l'esprit. Quant à la sensibilité, loin de gêner le fonctionnement de l'esprit, c'est elle qui l'alimente et le renforce. Valéry le reconnaîtra bien plus tard, en 1925, quand il écrira « le Bilan de l'Intelligence » : « La sensibilité... est... la véritable puissance motrice de l'intelligence ». (Pléiade I, p. 1066).

C'est cette sensibilité distincte du sentiment que Valéry redécouvre grâce à la reprise des exercices poétiques, sensibilité pure et raffinée qui n'est plus celle d'un moi grossièrement enlisé dans la particularité de ses réactions individuelles, car elle est devenue l'expression d'un moi plus profond accédant à la généralité et à l'universalité de « quelque moi merveilleusement supérieur à Moi ». De cette découverte devait naître non seulement une nouvelle poésie délibérément constituée sur les puissances d'enchantement recélées dans les jeux délicats de cette sensibilité profonde, mais aussi un nouveau Valéry. C'est en effet une particularité bien typiquement valéryenne que cette attention aux transformations opérées par l'œuvre sur son ouvrier.

Aussi peut-on s'étonner qu'on n'ait point remarqué le caractère d'excessive litote présenté par la dédicace du poème à André Gide. « Depuis bien des années j'avais laissé l'art des vers : essayant de m'y astreindre encore, j'ai fait cet exercice que je te dédie ». Quelle modestie et quelle retenue pour qualifier un exercice poétique qui s'est accompagné d'exercices intérieurs et de manœuvres de connaissance de soi si importants, que cette œuvre enfantait un nouveau poète et mettait fin au divorce tragique qui avait opposé jusque là sa sensibilité et son intelligence ! Combien c'était peu dire pour un ouvrage qui avait si profondément manœuvré le champ total de la conscience valéryenne que l'histoire du poème se confond avec l'histoire du poète ! Valéry s'en expliquera pourtant plus clairement dans une lettre à Gide du 17 juin 1917, tout en couvrant encore sa confidence d'un voile de discrétion :

> « Songe à l'immense durée qui sépare 1892 de 1913-1917, et à ce qu'il m'a fallu, pour construire le pont, de rééducations et de solutions singulières. J'ajoute (sans grand rapport avec ce à quoi je l'ajoute) que j'ai trouvé après coup dans le poème fini quelque air d'...autobiographie (intellectuelle, s'entend, et mis à part le morceau sur la Primavera qui a été improvisé en grande partie vers la fin) ». (Pléiade I, p. 1632).

Cet aveu que la Jeune Parque contient « quelque air d'autobiographie intellectuelle » peut surprendre chez un auteur qui a une si instinctive horreur pour l'utilisation littéraire des incidents de la vie personnelle. N'a-t-il pas écrit, parlant de son incommensurabilité avec Gide : « Gide a autant voulu personnaliser sa vie productive que moi dépersonnaliser la mienne ? » (Cahier 27, p. 258)). Mais nous devons comprendre que cette dépersonnalisation ne vise qu'à écarter de la conscience l'encombrement des incidents superficiels du moi psychologique, afin d'atteindre l'expression conscientielle d'un Moi transsubjectif.

Dès lors, il n'est plus contradictoire de voir dans la Jeune Parque la traduction poétique d'une crise et d'une évolution dans l'équilibre profond de l'intelligence valéryenne. Après s'être révolté contre sa sensibilité pour en avoir trop souffert pendant la crise des années 91-92, Valéry s'était fait un idéal d'intelligence lucide, sans défaut, implacable, allant jusqu'au bout de ses pouvoirs, porteuse « de la fatalité de la Lumière mentale », et englobant la sensibilité dans le mépris de toutes choses humaines. Si pendant plus de vingt ans, il s'en était tenu à cet idéal, qui est celui de Teste, de Léonard et qui s'exprimera encore de façon caricaturale dans le Solitaire de Mon Faust, il n'en reconnaîtra pas moins son caractère idolâtre et extrême. L'excès même des rigueurs de ce culte de l'intellect ne pouvait manquer d'appeler par contraste un réveil de la sensibilité profonde.

> « Je voyais toute une mythologie de l'esprit, la conscience opérante, qui transforme et consume tout ce qu'elle attaque. Une sorte d'idéal de ma volonté et de ma réaction 92 contre sensibilité exagérée, qui m'a fait tant souffrir. Ceci s'est modifié vers 1920 ». (Cahier 25, p. 802).

Retenons surtout cette dernière confidence, avouant un adoucissement de la formule d'exorcisation par l'intellect qu'il s'était fixée en 1892, et une nouvelle ouverture à l'égard de la sensibilité à partir de 1920. Cette date correspond à la composition d'« Eupalinos ou l'Architecte », dont nous avons déjà remarqué le caractère de réaction violente et amère contre l'intellectualisme prétentieux et dangereux de Monsieur Teste. L'architecte-constructeur, Eupalinos, capable de métamorphoser et d'incarner l'amour d'une fille de Corinthe, « souvenir d'un clair jour de sa vie », dans l'œuvre de pierre d'une élégante chapelle, représente l'artiste créateur, antithèse du discoureur vain que fut Socrate. Aussi celui-ci regrette-t-il « l'Anti-Socrate » qu'il eût pu être. Mais s'il est trop tard pour Socrate, il ne l'est point pour Valéry qui, dans le personnage anti-Teste d'Eupalinos, incarne son nouvel idéal d'artiste. Or, il est significatif que, libéré de l'hypnose intellectuelle dont Monsieur Teste avait été le symbole et le porte-parole, le nouveau poète définisse les conditions de son idéal artistique dans une relation totalement nouvelle entre l'intelligence et la sensibilité, enfin capable de se concerter et de se conjuguer harmonieusement pour permettre l'acte créateur. La page suivante est trop typiquement valéryenne, et trop significative de l'évolution, sinon de la révolution subie par le poète pour ne pas être citée entièrement. Que le poète adresse son invocation au corps et non à la sensibilité ne change rien à notre propos, car par quoi le corps peut-il influencer l'esprit sinon par l'intermédiaire de la sensibilité ?

« Mon intelligence mieux inspirée ne cessera, cher corps, de vous appeler à soi désormais ; ni vous, je l'espère, de la fournir de vos présences, de vos instances, de vos attaches locales. Car nous trouvâmes enfin, vous et moi, le moyen de nous joindre, et le nœud indissoluble de nos différences : c'est une œuvre qui soit fille de nous. Nous agissions chacun de notre côté. Vous viviez, je rêvais. Mes vastes rêveries aboutissaient à une impuissance illimitée. Mais cette œuvre que maintenant je veux faire, et qui ne se fait pas d'elle-même, puisse-t-elle nous contraindre de nous répondre, et surgir uniquement de notre entente ! Mais ce corps et cet esprit, mais cette présence invinciblement actuelle, et cette absence créatrice qui se disputent l'être, et qu'il faut composer ; mais ce fini et cet infini que nous apportons, chacun selon sa nature, il faut à présent qu'ils s'unissent dans une construction bien ordonnée ; et si, grâce aux dieux, ils travaillent de concert, s'ils échangent entre eux de la convenance et de la grâce, de la beauté et de la durée, des mouvements contre des lignes, et des nombres contre des pensées, c'est donc qu'ils auront découvert leur véritable relation, leur acte. Qu'ils se concertent, qu'ils se comprennent au moyen de la matière de mon art ! Les pierres et les forces, les profils et les masses, les lumières et les ombres, les groupements artificiels, les illusions de la perspective et les réalités de la pesanteur, ce sont les objets de leur commerce, dont le lucre soit enfin cette incorruptible richesse que je nomme Perfection ». (Pléiade II, p. 100).

Il est clair que plus encore que la Jeune Parque, ce passage, comme tout le dialogue d'Eupalinos, « contient quelque air d'autobiographie intellectuelle », et que nous devons nous y référer de la même manière qu'à l'ensemble « de ces écrits si clairs qu'on n'y trouve que soi », mais un soi réfracté à travers la problématique valéryenne. Après une période de dichotomie du moi, caractérisée par la séparation radicale de l'intellect et de la sensibilité et le refus de toute interférence de la sensibilité sur la vie de l'esprit, l'artiste regrette la « perte pensive de ses jours », ainsi que le poète qu'il a fait périr, en usant « d'une vérité et d'une sincérité bien plus menteuses que les mythes, et que les paroles inspirées ». « Nous agissions chacun de notre côté. Vous viviez, je rêvais. Mes vastes rêveries aboutissaient à une impuissance illimitée ». N'est-ce pas la condamnation ou le constat d'échec de cette philosophie du « que peut un homme ? » de M. Teste, au moins dans la forme sauvagement intellectuelle qu'il lui avait donnée jusque-là ? Mais revenu de son erreur, le nouveau poète sait maintenant que l'œuvre qu'il veut faire, « et qui ne se fait pas d'elle-même », ne surgira que d'une entente et d'une union où l'intelligence et la sensibilité joindront leurs différences dans une œuvre qui soit fille de tous deux.

Eupalinos marque donc un tournant radical dans la vie intellectuelle de Valéry ; la consécration de l'abandon de sa vie intellectuelle ascétique, impérativement dominée par le culte de l'intellect, et le passage à une vie sensitive où l'intelligence sera maintenant toute attentive à traduire le message des sens. Cette évolution se poursuivra d'ailleurs et aboutira à la mystique du sentiment de

vivre dans Faust. « C'est un état suprême, où tout se résume en
vivre, et qui refuse d'un sourire qui me vient, toutes les questions
et toutes les réponses... Vivre... Je ressens, je respire mon chef-
d'œuvre ». (Pléiade II, p. 322). A partir d'Eupalinos, Valéry a donc
réintégré le deuxième pôle énergétique de sa personnalité, la sensibilité. Celle-ci était comme restée en creux, présence muette,
jugulée, laissée en situation d'attente, pendant toute la période muti-
latrice du règne arbitrairement imposé de l'intellect. Réduite au
silence, la sensibilité était néanmoins présente, pour le moins comme source cachée d'une répulsion et d'une souffrance qui expli-
quaient le caractère forcé, exagéré, exaspéré, presque désespéré de
la volonté de salut par l'esprit. Après Eupalinos, la sensibilité est
maintenant admise comme source inédite et inépuisable de valeurs,
parallèlement à l'intellect et à ses forces organisatrices. La personnalité de Valéry peut dès lors fonctionner dans l'unité et non plus
dans le déchirement. Cette pluralité et cette société de possibles qu'il
trouvait en lui peuvent enfin s'harmoniser et s'unir. La « dualité
fonctionnelle... sans laquelle il n'y a pas de Moi, (car) tout Moi
doit être capable d'antagonisme », dualité si évidente chez Valéry,
comme sans doute chez tout homme, peut désormais jouer dans
la pleine positivité d'un équilibre de forces s'enrichissant mutuel-
lement. Valéry est enfin lui-même, disposant de tous ses moyens,
alors que Teste ne nous en donnait qu'une image mutilée et déformée.

On comprend dès lors qu'il n'est pas possible de se faire une
idée juste de Valéry sans mettre en parallèle ces deux dates de
1892 et 1920 qui correspondent aux deux révolutions autour des-
quelles s'articule toute son évolution intellectuelle. Car ce n'est
qu'après la deuxième transformation qu'il devient véritablement
lui-même.

La forme de ces deux révolutions est cependant bien différente
de l'une à l'autre. Autant celle de 92 est brutale et impérative comme
un coup d'état, autant celle de 1920 n'est que la conclusion lentement acquise après de longues années de transformations ; celles-ci ont commencé avec les exercices de la Jeune Parque et l'ensemble des observations sur lui-même qui les accompagnaient et qui
le « contraignaient à découvrir et à noter quantité de problèmes
précis du fonctionnement de (son) esprit ». Ce retour insensible
et progressif vers la poésie qui devait être en même temps un retour du poète à lui-même, à son moi pleinement assumé, avait eu en
effet le caractère d'une aventure inattendue conduisant insensiblement le poète vers un état de lui-même imprévu et imprévisible. Il
en subissait le développement autant et peut-être plus qu'il le con-
trôlait.

    « Mon divertissement me conduisait où je ne pensais pas d'al-
ler... J'allais à la poésie sans le savoir... » (Pléiade I, p. 1481).

Il ne faut donc pas s'étonner que ce ne soit qu'« après coup » que le poète ait trouvé dans son poème « quelque air d'autobiographie intellectuelle » (Pléiade, p. 1632). Il a tellement vécu avec son œuvre, devenue « pour son auteur un instrument de la volupté de parfaire », ainsi qu'un moyen de la connaissance de soi inlassablement poursuivie depuis « La Soirée », qu'une sorte de symbiose a dû s'opérer entre l'évolution du poème et l'évolution de l'auteur. La Jeune Parque devenait insensiblement et de façon imprévue le miroir des transformations subies par Valéry. Tant et si bien qu'il avoue dans les Cahiers en juin 1917 (tome 6, p. 508) :

> « La Forme de ce chant est une autobiographie ».

Même réflexion à la même époque dans une lettre à André Fontainas :

> « Qui saura me lire lira une autobiographie dans la forme. Le fond importe peu ».

La dernière partie de cette réflexion peut nous étonner et nous laisser croire que le poème n'a pas de sujet ou que celui-ci est indifférent. Or, tel n'est pas le cas si on se réfère à plusieurs réflexions de Valéry sur son poème. Comparant la Jeune Parque à l'Hérodiade ou à l'Après-midi d'un faune, il distingue sa poésie de celle de Mallarmé : alors que ce dernier ne s'occupait guère que de la forme et négligeait le sujet, considéré comme pur prétexte, il remarque que la Jeune Parque, sans avoir à proprement parler un sujet, contient du moins « une thèse » et plus encore même « une manière de voir les choses singulière ». Ce texte des Cahiers mérite d'ailleurs d'être cité tout entier.

> « Mallarmé et moi. Je considère ce matin, dans l'obscur de l'heure, et la clarté particulière de ce moment d'éveil en présence de l'absence de lumière, les différences des poèmes comme Hérodiade, l'Après-midi d'un faune et la Jeune Parque. Cell-ci n'aurait pas existé sans ceux-là, bien entendu. Mais c'est là ce qui est intéressant quant aux différences de conditions. Tandis que les deux poèmes de M. sont faits par un tramé sur la forme, avec un sujet dont le dessin n'est assujetti qu'à se faire connaître, le poème ne conduisait pas à approfondir le sujet, mais le traitant en prétexte, ou en condition de lui-même équivalente, au plus, à la façon, laquelle est incomparable, et dans l'A.P. supérieure à tout sujet, — La Jeune Parque qui n'a, à proprement parler, de sujet, dérive de l'intention de définir ou de désigner une connaissance de l'être vivant, qu'il ne suffit pas de reconnaître, mais qu'il faut apprendre. Ceci joint aux conditions de forme donne au poème ses très graves difficultés. Il ne suffit pas d'expliquer le texte, il faut expliquer la thèse. Ma conviction était que personne ne le lirait. C'était entre 14 et 17 ! En résumé, mon vice littéraire a été de vouloir (de ne pouvoir faire autrement que de) toujours mettre dans l'ouvrage de type et de figure normaux, une manière de voir les choses singulière, et des connexions ou définitions, issues de mes recherches — sur la vie, les fonctions etc. Mallarmé ne s'occupait guère que de la forme. Ce souci dominait tout. Le reste demeurait libre. Mais je n'ai jamais

réalisé mon système que par petits fragments. Il conduit à faire apparaître des liaisons et des gênes où la vue ordinaire n'en voit pas, et des libertés également ». (Cahier 24, p. 117).

Le penseur n'est donc pas loin derrière le poète, fidèle en cela au principe qui fut dominant en lui : « pas de cloison entre poésie et activité totale de l'esprit ». (Cahier 24, p. 531 - Cahier 25, p. 191). Ainsi, Valéry nous invite, au-delà de l'explication du texte, à retrouver la « thèse » du penseur, « une manière de voir les choses singulière », avec « des connexions ou définitions, issues de (ses) recherches sur la vie, les fonctions ψ etc. » La compréhension du poème demandera d'autre part du lecteur un effort tout particulier, car cette « connaissance de l'être vivant » que l'auteur a voulu investir dans son poème, il ne nous suffit pas de la « reconnaître », il nous faut « l'apprendre ». Cette même idée sur ce qu'il faut bien appeler, malgré Valéry, le fond du poème, se retrouve dans de multiples notes des Cahiers:

« Jeune Parque et une idée de l'individu complet — exprimé — physiologie et phases ». (Cahier 16, p. 716).

« Jeune Parque. J'ai essayé là de faire de la « poésie » avec l'être vivant ». (Cahier 18, p. 530).

« J'ai essayé de faire venir au monologue (dans la J. P.) ce qui me semblait la substance de l'être vivant, et la vie physiologique dans la mesure où cette vie peut être perçue par soi et exprimée poétiquement. Tandis que l'élément historique d'un Moi joue en général le rôle principal, j'ai ici comme ailleurs, préféré son sentiment d'actuel éternel ». (Cahier 18, p. 533)).

« Jeune Parque ». Dans la Parque et la Pythie, seul poète qui, je crois, l'ait tenté, j'ai essayé de me tenir dans le souci de suivre le sentiment physiologique de la conscience ; le fonctionnement du corps en tant qu'il est perçu par le Moi, servant de basse continue aux incidents ou idées. Car une idée n'est qu'un incident ». (Cahier 20, p. 250).

Une même pensée domine ces notes : Valéry a voulu dans la Jeune Parque faire venir à la poésie une idée de l'être vivant, saisi dans sa totalité d'être pensant incarné dans un corps. Ce n'est plus l'esprit seul, ni moins encore l'intellect seul qui l'intéresse, mais « le sentiment physiologique de la conscience », l'éveil de la pensée prenant conscience de la vie du corps qui la supporte et la conditionne. Connaître l'être vivant, non plus dans l'orgueilleuse souveraineté de l'intelligence pure croyant avoir rompu tout lien d'asservissement à ce corps physique qui l'individualise et la particularise, mais dans sa totalité existentielle où la pensée vient à l'existence à partir de la conscience qu'elle a de sa liaison à un corps, telle est l'intention de l'auteur de la Jeune Parque. On voit tout le chemin parcouru depuis les excès d'intellectualisme où M. Teste ne voyait dans le corps qu'un instrument méprisable qu'il faut dominer par l'intellect jusqu'à être capable de ne plus souffrir d'aucune souffrance physique : parvenir à n'être qu'une intelligence pure, désincarnée, telle était son ambition. Valéry sait maintenant l'erreur et la vanité d'une telle prétention. L'attention qu'il a portée au fonctionnement réel de la pensée dans ses connexions avec la vie du corps et ses relations au monde, recherches enrichies par sa réflexion sur les conditions organico-conscientielles de la sensibilité poétique, lui ont appris que « le vrai domaine des excès est l'intellect » et que « l'esprit ne comprend rien à la vie ». Certes il ne regrette pas cette période d'excès de lucidité, et il ne la renie pas. « Dans toutes les directions, il n'est pas d'excès qui ne soit important ou profitable par la suite. Et si l'excès n'y paraît pas, ce théâtre doit fermer. L'essentiel est de se souvenir périodiquement que paroles ce sont et qu'en paroles ces choses retournent ». (Cahier 6, p. 300). Mais Valéry n'a plus la même confiance de parvenir à la connaissance par les voies de l'intellect seul, encore moins de parvenir ainsi à la connaissance du Moi.

    « Il est remarquable que l'intellect comprend la vie beaucoup moins bien qu'il ne fait les systèmes inertes ». (Cahier 13, p. 126).

    « Il semblerait que l'esprit soit euclidien, tandis que le corps vivant soit tout autre, ce qui coïncide avec cette remarque que j'ai faite, que ce que l'esprit conçoit le moins bien, c'est la vie, de laquelle pourtant il procède ». (Cahier 13, p. 282).

Il faut donc se méfier de ce producteur inlassable d'idées qu'est l'esprit, car qu'est-ce qu'une idée par rapport au Moi vivant ayant conscience des attaches multiples qui le rendent solidaire de son corps physique, sinon « un incident », semblable à la voix solitaire d'un instrument solo perceptible par-dessus le fond sonore de tout l'orchestre. Or, c'est tout l'orchestre, l'ensemble des partitions jouées par la totalité de l'être vivant, que Valéry veut saisir, et particulièrement cette « basse continue » que constitue « le fonctionnement du corps en tant qu'il est perçu par le Moi ». La saisie du Moi vivant dans la totalité de ses connexions organiques et de ses relations au monde, n'est sans doute plus réductible à une idée, car une idée du Moi ne serait à nouveau qu'un incident de ce Moi. Aussi la connaissance du Moi en tant qu'être vivant n'est pas susceptible d'une définition qu'il suffirait de reconnaître ; elle doit s'apprendre dans une prise de conscience coextensive avec la vie de ce Moi, en tant qu'il se perçoit dans sa totalité. C'est à cette connaissance active du Moi, que Valéry nous invite à travers la Jeune Parque, connaissance à laquelle le lecteur ne parviendra que par l'effort qu'il fera pour l'apprendre en lui-même. Nulle poésie ne nous semble exiger autant de participation active et d'engagement vrai de son lecteur, que celle de la Jeune Parque. C'est en lui-même en effet, dans les couches les plus essentielles et les plus authentiques du jaillissement de son moi, que le lecteur est appelé à retrouver la matière du poème. Car la Jeune Parque ne nous est pas étrangère ; ni personnage mythique dont on nous raconterait l'histoire, ni simple allégorie derrière laquelle se cacherait le poète, la jeune fille qui s'éveille aux mystères de sa vie n'est autre que nous-mêmes, lorsque, faisant taire les agitations bruyantes du moi superficiel, nous essayons de retrouver les notes fondamentales, constitutives, du moi profond, saisi au plus près de sa source conscientielle. Le poète nous a d'ailleurs averti de cette nécessité de descendre en nous-mêmes pour y retrouver la Jeune Parque :

> « C'est de vous que j'ai pris l'ombre qui vous éprouve.
> Qui s'égare en soi-même aussitôt me retrouve.
> Dans l'obscur de la vie où se perd le regard,
> Le temps travaille, la mort couve,
> Une Parque y songe à l'écart. »

Mais retrouver cette Parque en nous-mêmes, n'est pas tâche simple. C'est un poète mûri par vingt-cinq ans de recherches sur les mécanismes cachés du moi qui voudrait nous conduire à plus de lucidité dans la connaissance de notre moi originel, et qui cherche par ce poème à nous faire parvenir à « une connaissance de l'être vivant, qu'il ne suffit pas de reconnaître, mais qu'il faut apprendre ». En ce sens, la Jeune Parque ne peut être isolée de cette étonnante aventure intellectuelle par laquelle le poète de Narcisse, ayant abandonné la poésie au moment où il pouvait déjà y recueillir la gloire, se retranchait en une persévérante recherche des composantes et des mécanismes constitutifs du moi le plus fondamental. « Je me suis préféré », disait-il avec M. Teste. Le retour à la poésie après ces vingt-cinq années de maturation et d'édification intérieures, tout en manifestant une étape nouvelle dans son évolution qui s'infléchit vers la découverte progressive de l'importance de la sensibilité dans la constitution du moi, ne doit pas moins s'intégrer dans l'ensemble de cette ascension qui culminera en Faust et dessinera au total la figure de Valéry.

Nul poème, semble-t-il, ne fut, autant que la Jeune Parque, conditionné et supporté par une conception aussi rigoureuse de l'être vivant, conception qui ne devait rien à la poésie et constitue comme une thèse préliminaire au poème. Que cette thèse, ou « manière de voir les choses singulière », faisant apparaître « des connexions ou définitions, issues de mes recherches sur la vie, les fonctions ψ etc. », soit importante à la compréhension du poème, Valéry nous en avertit lui-même : « Il ne suffit pas d'expliquer le texte, il faut aussi expliquer la thèse ».

Remarquons que cette thèse qui voudrait animer une connaissance de l'être vivant-pensant, issue d'un approfondissement de la conscience réflexive,

> « Je me voyais me voir, et dorais
> De regards en regards, mes profondes forêts, »

ne repose pas seulement sur les recherches du poète antérieure aux exercices constitutifs de la Jeune Parque ; elle doit pour le moins autant aux nouvelles réflexions sur le fonctionnement des mécanismes du moi suscités par ces exercices poétiques. Nous l'avons déjà souligné : l'élaboration de la Jeune Parque occupe dans l'évolution de la vie intérieure de Valéry ,la place centrale d'une transition, d'une plaque tournante : autant il est nécessaire de connaître la longue aventure de connaissance de cet homme de quarante cinq ans, qui, après un silence littéraire de près de vingt cinq ans, enfante péniblement ce grand poème de la Jeune Parque, autant il est nécessaire de comprendre cet autre enfantement, plus subtil mais non moins important quand il s'agit de Valéry, toujours plus attentif à l'ouvrier qu'à son œuvre, à savoir l'enfantement de l'homme par son poème, lente maturation qui modifie ses coordonnées existentielles intimes. « L'œuvre qu'on croit inerte et passive modifie son ouvrier... Il l'a faite, mais c'est elle qui le fait ». Chez un homme aussi sensibilisé à l'analyse de son fonctionnement mental, pour lequel « l'objet idéal de (sa) vie pensée (lui) parut être de ressentir son acte et son effort propres jusqu'à reconnaître les conditions invisibles et les bornes de son pouvoir », le retour insensible, mais invincible vers l'état de poésie, et les réflexions sur les conditions de pure sensibilité qui sont à la base de l'essence poétique, devaient entraîner la découverte de régions de l'esprit non encore explorées, la mise à jour de dimensions existentielles jusque-là étouffées, et comme le passage à l'acte et le développement de « fragments d'existence » qui étaient encore demeurés à l'état d'implexe. Valéry fut bien conscient de cette modification essentielle qui transformait l'anti-poète en poète, ou qui, plus exactement, dressait, face au Teste idolâtre de l'intellect, et comme symétriquement, un artiste tout attentif aux condiions de pure sensibilié de la poésie.

> « J'en conclus que nous ne voyons, en général, et que nous ne sommes nous-mêmes, que des fragments d'existence, et que notre vie vécue ne remplit pas toute la capacité symétrique de ce qui nous est possible de sentir et de concevoir ». (Pléiade I, p. 1489).

Grâce aux exercices de la Jeune Parque, Valéry est enfin tout près d'atteindre à son idéal, « la possession de la plénitude des pouvoirs antagonistes qui sont en nous : d'une part, ceux qu'on pourrait nommer « transcendants » ou « irrationnels »,... et qui ne peuvent se produire en nous qu'en notre absence... D'autre part, notre vertu « logique », ... tout le rationnel ». (Pléiade I, p. 1484).

Si l'ambition de Valéry dans la Jeune Parque, est bien de nous communiquer une connaissance, une idée de l'être vivant pensant, il ne sera pas inutile de nous attarder à l'observation plus précise du fonctionnement, en Valéry lui-même, de cette « dualité fonctionnelle, ... sans laquelle il n'y a pas de Moi, (car) tout Moi doit être capable d'antagonisme ». Or, ce qui ressort avec évidence des multiples textes où notre poète, analysant la genèse de ses poèmes, entrelace étroitement l'élaboration de son idéal poétique à la lucidité du regard réflexif scrutant les mécanismes de son moi, c'est l'importance privilégie qu'il accorde à la sensibilité, parallèlement à une sorte de méfiance pour les idées.

Valéry l'a assez dit, c'est dans les jeux de la sensibilité qu'il situe l'origine de la plupart de ses poèmes. Sa manière caractéristique de procéder à partir de la forme vers le fond, par exemple à partir d'un rythme qui se donne peu à peu un sens, témoigne bien de cette priorité ou de cette antériorité de la sensibilité sur toute élaboration intellectuelle. « Certains poèmes que j'ai faits n'ont eu pour germe qu'une de ces sollicitations de sensibilité « formelle » antérieure à tout « sujet », à toute idée exprimable et finie », écrit-il dans ses « Mémoires du Poète ».

> « Tel autre poème a commencé en moi par la simple indication d'un rythme qui s'est peu à peu donné un sens. Cette production, qui procédait, en quelque sorte, de la « forme » vers le « fond », et finissait par exciter le travail le plus conscient à partir d'une structure vide, s'apparentait, sans doute, à la préoccupation qui m'avait exercé, pendant quelques années, de rechercher les conditions générales de toute pensée, quel que soit son contenu ».

C'est donc la sensibilité qui offre le germe initiateur du poème, et qui doit imposer sa loi et engendrer de son propre fonds les idées qui lui conviennent. Plus explicite encore de ce processus de genèse du poème, qui ne fait sans doute que retrouver celui de la génération même de toute pensée authentique et non empruntée, plus redevable qu'on ne croit à une sorte de sensibilité intellectuelle, est la conclusion que Valéry tire de l'observation faite sur lui-même, un jour que, sorti pour se délasser par la marche, il fut saisi dans la rue par un rythme, puis par toute une combinaison savante de rythmes dont la richesse excédait ses propres facultés.

> « Je me disais qu'il y avait erreur sur la personne, que cette grâce se trompait de tête, puisque je ne pouvais rien faire d'un tel don, qui, dans un musicien eût, sans doute, pris forme et durée... Que fallait-il en penser ? J'ai imaginé que la production mentale pendant la marche devait répondre à une excitation générale qui se dépensait comme elle pouvait du côté de mon cerveau ; que cette sorte de fonction quantitative pouvait aussi bien être satisfaite par l'émission d'un certain rythme que par des figures verbales ou des signes quelconques ; et qu'il y avait donc un moment de mon fonctionnement au point duquel idées, rythmes, images, souvenirs ou inventions n'étaient que des équivalents ». (Pléiade I, p. 1475).

Valéry aurait-il donc découvert dans ces sollicitations de la sensibilité l'origine ou « l'attitude centrale à partir de laquelle les entreprises de la connaissance et les opérations de l'art sont également possibles », ce centre générateur de toutes les connaissances que lui semblait avoir trouvé Léonard ? C'est bien en effet un phénomène de sensibilité qui lui semble pouvoir se traduire indifféremment en « idées, rythmes, images, souvenirs ou inventions ». Et remarquons que celui qu'on a souvent présenté comme un adversaire de l'inspiration, considère que ces sollicitations de la sensibilité qui sont à l'origine de nos idées les plus fructueuses, « évaluations sans cause,... interventions inattendues, ... transports,... clartés instantanées, tout ce par quoi nous sommes à nous-mêmes des foyers de surprises, des sources de problèmes spontanés, de demandes sans réponses, ou de réponses sans demandes, tout ce qui fait nos espoirs créateurs aussi bien que nos craintes », tous ces appels ou dons de la sensibilité ne peuvent se produire, tout comme les rêves, « qu'en notre absence » ou demi-absence, dans le relâchement des fonctions de contrôle exercées par l'intelligence.

> « Je crois d'ailleurs (par d'autres considérations), que toute pensée serait impossible si nous étions tout entiers présents à tout instant. Il faut à la pensée une certaine liberté, par abstention d'une partie de nos pouvoirs ». (Pléiade I, p. 1475).

On voit tout le chemin parcouru depuis la Soirée avec Monsieur Teste ! Pour le héros de l'intellect, maître de sa pensée après avoir tué la marionnette de la sensibilité, et qui, maniant ses idées comme les rouages d'un mécanisme, avait fait de la lucidité la clé de ses pouvoirs intellectuels, rien ne pouvait échapper à la puissance du regard réflexif par lequel il s'analysait : « Je suis étant, et me voyant ; me voyant me voir, et ainsi de suite ». Mais Valéry a maintenant découvert les limites de cette lucidité, ainsi que les limites des pouvoirs de l'intellect.

> « La connaissance de la connaissance le long d'une route a, b, ... z, sera possible de a à f ou de m à p, mais impossible le reste du temps. Il y a sur cette suite des zones rationnelles, et un fond transcendant, sorti on ne sait d'où, fondamental, ingouvernable, limité dans ses éléments derniers ou cantonné dans certains domaines, mais illimité dans sa surprise »,

écrivait-il déjà dans ses Cahiers aux alentours de 1 900. (Cahier I, p. 706).

> « On ne peut édifier une connaissance quelconque que par un sacrifice (manifeste ou non) de l'exactitude rigoureuse ». (Cahier II, p. 353).

> « Etrange illusion que de croire transpercer, posséder, deviner « le monde » et « l'homme », par une sorte de vision et de seconde vue illuminante-illuminée. Une phrase issue de je ne sais quel désir et tumulte semble enfermer tout le secret, comme un accord de musique et une mélodie semblent avoir déchiffré le profond du sensible. Mais le moindre problème précis suffit à montrer le néant de cet orgasme intellectuel ». (Cahier IV, p. 813).

> « Il y a des erreurs et des convictions fausses qui viennent de la puissance de la pensée. Elle oublie son objet dans l'usage excitant de ses pouvoirs, comme chez les logiciens, et les métaphysiciens et les rhéteurs ». (Cahier IV, p. 816).

Ainsi les logiciens ne sont pas placés à meilleure enseigne que les métaphysiciens et les rhéteurs. Un excès de logique peut faire manquer son objet à la pensée, tout autant que les excès d'une imagination non contrôlée. La route de la connaissance n'est pas toute entière rationnelle. L'énergie de la pensée procède le plus souvent d'un « fond transcendant, sorti on ne sait d'où, fondamental, ingouvernable », auquel nous devons être attentif sous peine de falsifier toute l'économie de notre pensée. Valéry n'a donc plus la même confiance dans l'intellect et le sait source d'erreurs, quand il commence les exercices poétiques qui le mèneront à la Jeune Parque. Avec celle-ci il découvrira dans la sensibilité le deuxième pôle de son esprit, et il ne cessera de lui donner toujours plus d'importance jusqu'à la fin de sa vie. Ce retour à la poésie lui révèle que l'origine profonde de nos idées est dans la sensibilité, dans une part plus ou moins inconsciente de la personne, en un point où « nous ne serions pas encore nous-mêmes ». Seule une certaine inconscience, ou un certain relâchement du contrôle de notre sensibilité par l'intellect, permettent cette naissance de la pensée dans notre fond secret et « illimité dans sa surprise ».

C'est donc bien une certaine idée de l'être vivant-pensant, une « thèse » ou manière singulière de voir la structure intime et la physiologie secrète de l'esprit humain, qui sous-tend l'œuvre de la Jeune Parque, « thèse » qui est le fruit des recherches sur les opérations de la connaissance et les pouvoirs de l'esprit, poursuivies pendant plus de vingt-cinq ans, et que les réflexions sur les conditions de la création poétique ont permis de corriger et d'enrichir. Cependant si cette « thèse » conditionne le poème de la Jeune Parque, celui-ci n'en est pas l'expression, pas plus que la danse n'est expression de l'anatomie et de la physiologie du corps, ou que le langage n'est expression de la structure grammaticale de la langue. Certes l'anatomie et la physiologie du corps conditionnent les pouvoirs expressifs de la danse ; mais les facultés enchanteresses de celle-ci n'en transcendent pas moins son conditionnement corporel. Il semble que d'une manière comparable, l'économie des opérations de la connaissance, telle que Valéry l'a mise à jour, avant et pendant les exercices poétiques de la Jeune Parque, conditionne le poème, mais que celui-ci en est plus une forme d'activation possible que sa traduction. Car l'importance du rôle de la sensibilité dans l'économie de l'esprit, c'est dans la réflexion sur les pouvoirs d'enchantement de la poésie que Valéry l'a découverte, et il est trop fin poète pour ne pas éviter qu'aucune volonté didactique ne vienne peser sur les facultés de ravissement de son poème. C'est en effet dans les arts purs qu'il situe ses références artistiques, et non dans les Lettres ;

> « Plutôt que dans les Lettres, j'aurais placé mes complaisances dans les arts qui ne reproduisent pas, qui ne feignent pas, qui se jouent seulement de nos propriétés tout actuelles, sans recours à notre faculté de vies imaginaires et à la fausse précision qu'on leur donne si facilement. Ces modes « purs » ne s'embarrassent pas de personnages et d'événements qui empruntent de la réalité observable tout ce qu'elle offre d'arbitraire et de superficiel, car il n'y a que cela qui soit imitable. Ils exploitent, au contraire, ils organisent et composent les valeurs de chaque puissance de notre sensibilité détachée de toute référence et de toute fonction de signe. Ainsi réduite à elle-même, la suite de nos sensations n'a plus d'ordre chronolo-

gique, mais une sorte d'ordre intrinsèque et instantané qui se déclare de proche en proche ». (Pléiade I, p. 1472).

Or, aucun art ne peut égaler la musique dans ce pouvoir de jouer sur les puissances de notre sensibilité sans référence à toute signification extrinsèque. C'est en elle que Valéry trouve ses exemples :

> « La Jeune Parque fut une recherche, littéralement indéfinie, de ce qu'on pourrait tenter en poésie qui fût analogue à ce qu'on nomme « modulation » en musique ». (Pléiade I, p. 1473).

Il est plus explicite encore dans les Cahiers :

> « Je pensais à ce qui est attribué à Wagner : combiner Shakespeare à Beethoven. Cela est absurde, mais plein de force initiale. J'y songe à propos de la Jeune Parque, car il y a eu dans le désir ou dessein de cette fabrication l'intention absurde (peut-être faut-il de l'absurde dans les projets de certaines œuvres ?) de faire chanter une Idée de l'être vivant-pensant ? « Chanter », c'est-à-dire utiliser tout ce qu'il y eut de chantant dans la poésie française, entre Racine et Mallarmé, mais de supposer à ce chant aussi uni et continu que possible une substance de   ». (Cahier 25, p. 706).

> « Sur un exemplaire de la Jeune Parque.
> Ceci est mon drame lyrique. C'est un cas assez remarquable d'imprégnation. J'ai tant aimé la Walkirie et la conception Wagner m'avait tellement frappé, pénétré, que l'effet de cette action fut de faire rejeter avec la tristesse de l'impuissance, tout ce qui était littéraire. Plus tard, un effet second fut au contraire parent de mes poèmes de 1915. Il m'apparut que le poète n'avait jamais bien regardé sa tâche, ses moyens, ses vraies-difficultés, ses idéaux. Quant à la composition, n'en parlons pas ! » (Cahier 26, p. 706).

> « ... Influence de la musique... La Jeune Parque fut obsédée par le désir de ce continuum, doublement demandé. D'abord, dans la suite musicale des syllabes et des vers, et puis dans le glissement et la substitution des idées-images, suivant elles-mêmes les états de la conscience et sensibilté de la Personne qui parle ». (Cahier 29, p. 92).

Cette référence constante à la pureté de l'univers musical l'entraîne d'ailleurs à définir l'essence pure du charme poétique, ce qu'il appelle « du vrai de la Poésie ».

> « Jeune Parque. Du vrai de la Poésie — qui se trouve en observant ce que chacun y cherche, Moi, ce fut l'enchantement et l'édification de l'état d'enchantement, ce qui excluait quantité de sujets et d'expressions, dès l'origine : les maximes, les plaidoyers, les relations directes avec le réel, et les interventions personnelles. Tout me semblait devoir être transposé, afin de constituer cet état rare, dont les produits ne s'échangeaient qu'entre eux, aussi séparé de l'état ordinaire que celui qu'engendre la musique, par l'exclusion des bruits et similitudes de bruits.

> L'ouvrage devait tenir de soi-même en vertu de sa structure, et non par ses ressemblances et attaches extérieures. Même pas davantage par l'excitation directe des passions propres de la vie. Au

premier plan et pour condition première et absolue, cet enchantement qui consiste dans une sensation de liaison des éléments ou des idées-images telle que leurs « sympathies » ou attractions mutuelles justifiassent le plus possible leurs rapprochements, (tandis que l'imitation les justifie par référence à une expérience extérieure). Chaque élément ou nombre appelle d'autres selon contraste, similitude, symétrie, production du maximum d'éveil ou d'hypnose et d'émerveillement ⸺ et suite. Mais la représentation des observations rapproche les éléments par une seule condition, qui est hors de leur domaine, et elle néglige (ou même brutalise) les lignes et les liaisons de cet univers.

La poésie, usant du langage qui est représentatif, pratique, etc. ne peut agir que difficilement et par œuvre d'exception selon ces lois de l'enchantement, et il y faut beaucoup d'intelligence pour satisfaire à ces conditions de pure « sensibilité » constitutive. Mais il y a autant de poésies que l'on veut. Celle-ci en est seulement une, laquelle a été dégagée, isolée par P., par M. et par V. entre autres, par conséquences de leurs observations sur les autres types et sur eux-mêmes. Ils se sont ainsi écartés de leur mieux de la poésie mêlée (cf. Hugo).

⸺ Mais, quant à moi, ne voulant cependant renoncer à ma manière assez serrée de voir les choses, et surtout les êtres, (qui s'était faite et développée hors et contre toute poésie), j'ai pris le parti singulier de donner à la musique et aux modulations et inflexions presque toute la fonction d'enchantement, réservant le fond à ma pensée, et l'exprimant quand je ne pouvais la laisser dans les coulisses du poème, dirigeant sans se montrer. (Cahier 21, p. 478).

Cette note est particulièrement importante et révélatrice de la lucidité avec laquelle Valéry se connaît, connaît son esprit ainsi que l'idéal qu'il poursuit et les moyens de réalisations de cet idéal, sans que cette lucidité paralyse en rien ses dons de spontanéité, ni ne fige les sources transcendantes et irrationnelles de la sensibilité, « tout ce par quoi nous sommes à nous-mêmes des foyers de surprise ». Nous reviendrons plus tard sur cet état d'enchantement, « cette sensation de ravissement sans référence », qui lui semble être le propre et l'essence vraie de la poésie. Remarquons seulement combien « cet état rare », aussi distinct, « aussi séparé de l'état ordinaire que celui qui engendre la musique, par l'exclusion des bruits », loin d'être un état artificiel provoqué par l'intrusion des pouvoirs dictatoriaux de l'imagination ou de l'intelligence, est au contraire enraciné dans les couches les plus secrètes et les plus constitutives de l'existence, dans ce qu'on pourrait peut-être appeler le vrai de la personne, constitué par le fond même de la sensibilité. Cette importance primordiale accordée à la sensibilité, n'exclut certes pas les autres pouvoirs, peut-être antagonistes, de l'intelligence, car, nous dit-il, « il faut beaucoup d'intelligence pour satisfaire à ces conditions de pure sensibilité constructive ». C'est à l'intelligence, en effet, qu'il appartient de dégager les authentiques valeurs de la sensibilié parmi le chaos de productions hétérogènes, représentatives ou pratiques, du langage, tout comme c'est une

œuvre de l'intelligence qui a su dégager de la masse informe, hétéroclite et discordante des bruits, l'univers harmonieux et transparent des sons purs. La sensibilité est le résonnateur délicat qui,
mystérieusement, vibre à l'appel d'excitations extérieures ; mais
dans le monde culturel complexe et aux stratifications nombreuses
et hétérogènes qu'est le langage, seule l'intelligence peut discerner
ce qui appartient vraiment aux données immédiates et authentiques
de la sensibilité. Valéry nous semble ici retrouver une loi fondamentale de la constitution intime de l'esprit humain dans la relation
délicate qui unit la sensibilité et l'intelligence. La sensibilité témoigne et dévoile, l'intelligence discerne et trie. La sensibilité, puissance
d'accueil, de sollicitations, de résonnances, suscite un univers de formes et de significations que l'intelligence ordonne, contrôle et reconstruit.

> « La première démarche de l'intellect est de refaire au plus vite
> ce que la sensibilité vient de peindre, de sonner, de perdre et impro
> viser sur le rien. Elle répète en essayant de comprendre et peu à
> peu elle comprend pour avoir répété, redit ». (Cahier IV, p. 807).

Dans cette relation de l'intellect et de la sensibilité, seule la
sensibilité, est capable d'apporter une matière qui témoigne d'une
réalité, « et remplisse de merveilles incorruptibles (les) vides catégories intellectuelles ». (Pléiade I, p. 1215). Cependant, c'est l'intelligence qui « s'en empare, la pénètre et en fait un moyen souverain
d'expression et d'invention ». (Pléiade I, p. 1391).

C'est donc sur ce couple sensibilité-intelligence que Valéry
construit toute sa théorie poétique et esthétique. Grâce au pouvoir de reprise de l'intelligence,

> « l'art nous donne... le moyen d'explorer à loisir la part de
> notre sensibilité, qui demeure limitée du côté du réel... Il est
> conduit à développer des données initiales que j'appellerai données
> brutes, qui sont les productions spontanées de la sensibilité. Il se
> prend à tourmenter quelque matière : le langage, s'il s'agit d'un
> poème ; les sons purs et leur organisation, s'il s'agit d'une œuvre
> musicale ; la glaise, la cire, les couleurs dans les domaines de la vue ».
> C'est ainsi grâce à « l'intelligence, c'est-à-dire la connaissance claire
> et distincte des moyens séparés, le calcul de prévision et de combi
> naison », que nous pouvons atteindre « des résultats, tels que la
> composition savante, que nous ne pouvions pas attendre de la seule
> sensibilité. Pourquoi ? Parce que la sensibilité est instantanée ; elle
> n'a ni durée utilisable ni possibilités de construction suivie ; nous
> sommes donc obligés de demander à nos facultés d'arrêt et de
> coordination d'intervenir, non pas pour dominer la sensibilité, mais
> pour lui faire rendre tout ce qu'elle contient ». (Pléiade I, p. 1389).

Ce n'est en effet que par cette intellectualisation des données
sensibles que la sensibilité nue et brute s'affinera et se transposera en
puissance d'enchantement.

> « Chercher l'expression, c'est-à-dire intellectualiser les choses
> données, voilà le but. L'intellect ne s'oppose pas à la sensibilité. Il
> est un autre moment ». (Cahier III, p. 547).

C'est certainement dans cette greffe de l'intelligence sur la sensibilité, dans leur jonction et collaboration, qui élimine, il faut le remarquer, les puissances du cœur ou du sentiment, que se trouve la caractéristique essentielle de la personnalité valéryenne, comme de son art.

> « L'intelligence est accessoire en toutes choses, sauf une peut-être. Mais celle-ci est à découvrir. Ainsi, dans les arts, le rôle de l'intelligence est de développer les moyens de la sensibilité pour une fin de sensibilité. Et dans la pratique aussi, où elle reçoit les désirs, les conditions, le but final ». (Cahier 18, p. 292).

> « La sensibilité est tout, supporte tout, évalue tout ». (Cahier 25, p. 584). « Le fond de tout est sensibilité, qui est la production même de tout, qui est chaque instant, ou plutôt chaque présent total ». (Cahier 26, p. 329).

> « La sensibilité est la substance de tout. Tout l'exige. Rien ne l'explique ». (Cahier 25, p. 396).

La tendance générale de Valéry, après la Jeune Parque, fut d'ailleurs d'accorder une place toujours plus grande à la sensibilité. Voici quelques citations parmi d'autres :

> « Ma tendance, mon « tropisme » est de ramener tout à ... ou plutôt, de rabattre tout vers... la base sensibilité, c'est-à-dire pro-priété de quelque chose dont nous savons qu'elle est variation essentielle et modifiée par telles substances, etc. ». (Cahier 25, p. 503).

> « L'intellect n'est qu'une transition d'un état sensible à un autre. Les plaisirs de l'intellect sont sensibilité, car ils sont surprises, contrastes, efforts récompensés, actes qui font croître la sensation d'énergie présente ». (Cahier 11, p. 714).

> « Je considère que tout le fonctionnement de l'intellect est compris entre un phénomène de « sensibilité », et un phénomène « moteur » et sécréteur ». (Cahier 15, p. 282).

> « L'esprit, production de ce qui se passe entre un événement sensitif et un événement moteur. Quand il n'y a pas production, mais transmission, on a réflexes, automatismes, mémoire ». (Cahier 15, p. 494).

> « La pensée est secrètement bornée, contrainte par des lois de sensibilité, dont contrastes, symétries, durées, etc. fatigue... de sorte que ses contours sont en réalité déformés par là. Ex. Nous croyons tracer sur un plan et sommes assujettis à une sphère. Nous croyons aux parallèles et il n'y en a pas, etc. Donc nos idées et sur-tout notre logique, sont assujetties sans que nous en ayons cons-cience à cette... courbure ». (Cahier 19, p. 192).

> « La longue réflexion sur le fonctionnement des appareils du corps, et en particulier, sur ceux des sens, m'a appris quelque chose sur les puissances vraies et les bornes de « l'esprit ». Rien n'existait sur la forme générale de ce fonctionnement dont ce qu'on appelle connaître, penser, représenter, inventer ou combiner m'a paru pro-céder, et se placer entre le sentir et l'agir. Mais cette vue (comme toutes les autres des matières de cette espèce) est affectée de dif-ficultés capitales, dont on ne peut se défaire que par des partis-pris. Ce qui, insurmontable, si l'on prétend à l'excellence unique ou à

la « vérité » de ce que l'on propose, est possible si l'on se borne à offrir un procédé plus pratique qu'un autre... » (Cahier 22, p. 72).

« On oppose vulgairement « l'intelligence » à la « sensibilité ». Ce ne sont que deux types de substitutions à une excitation. Le type « sensibilité » est productif. Le type « intelligence » et conservatif ». (Cahier 22, p. 370).

« La conscience, le moi, le Etre sont, à mon avis, des dépendances et degrés de la fonction sensibilité ». (Cahier 22, p. 388).

« Conscience et sensibilité sont même chose, ou simples degrés de la même chose, qui est tout pour chacun ». (Cahier 22, p. 675).

« Le problème de la sensibilité est le problème essentiel, puisque tout se réduit finalement à sentir ou à ne pas sentir, ce qui est plus précis que d'être ou de ne pas être ». (Cahier 23, p. 392).

« La sensibilité est le fait le plus important de tous, il les englobe tous, est omniprésent et omniconstituant. Ce qu'on appelle connaissance n'est qu'une complication de ce fait ». (Cahier 24, p. 304).

« Je poursuis le rattachement de l'intellect à la sensibilité, celle-ci à la motricité. Mais avant tout, ne pas se fier à ces mots. Se demander ce que l'on veut, ce dont on a besoin, et ce que l'on peut... » (Cahier 24, p. 353).

« Il n'y a qu'un problème, celui de la sensibilité, de la distribution de celle-ci en domaines, et des relations de ces domaines de différenciation entr'eux ». (Cahier 24, p. 487).

« Tout ce qui nous intéresse est en dernière analyse un produit de sensibilité affective et de sensibilité représentative ». (Cahier 25, p. 96).

« Au sens le plus général du mot, Poésie est relation directe entre sensibilité affective et sensibilité sensorielle ». (Cahier 25, p. 396).

« Réalité ? Il n'y en a qu'une absolue. C'est ce qu'on nomme aussi sensibilité ». (Cahier 25, p. 447).

« Sensibilité. ô Substance de tout. Quelle... philosophie ce serait, de créer l'écriture de cette connaissance. Exprimer toute chose en tant que variation de la sensibilité, et soumission aux conditions de celle-ci ». (Cahier 25, p. 478).

« Toutes nos craintes, espoirs, délices, tortures, avec les couleurs et les sons, et le « monde » et le reste... tout cela est finalement « sensibilité ». S'endort à la fois ! » (Cahier 25, p. 570).

« Ici paraît le problème des problèmes : celui de la sensibilité. Une sensation est chose irréductible à quelque autre. On peut, sans doute, trouver quelque relation quant à l'intensité. Mais en quoi exprimer l'odeur du musc, ou celle du goudron ? » (Cahier 25, p. 627).

« Il n'y a qu'un problème, il est insoluble .: la sensibilité, inexprimable surtout ». (Cahier 25, p. 650).

« O Divinité unique : Sensibilité, à la fois monde, corps et Esprit. Trinité qui s'évanouit d'un coup avec le sentir, qui est Moi, Support, Source. Par quoi donner est recevoir, recevoir est donner ». (Cahier 24, p. 600).

« J'improvise au Cours une « théorie de la sensibilité » ! La sensorielle, celle qui nous apprend quelque chose avec convergence... La supérieure ? à laquelle j'attribue le vrai, bien, beau de la légende des idéaux. De cette triade on n'avait jamais songé à faire des « produits de sensibilité » ! (Cahier 28, p. 348).

« Qu'il y ait un Dieu ou non, une seule chose nous importe : notre sensibilité. Il faut toujours en revenir là : souffrir, jouir. Tout le reste est littérature ». (Cahier 28, p. 461).

Ce choix de citations nous montre combien celui qui s'était voué, dans le silence et loin de tout souci littéraire, à la description toujours plus exacte des opérations mentales, et qui avait d'abord privilégié l'intellect, finit par accorder à la sensibilité un rôle de plus en plus essentiel et constitutif, non seulement dans les facultés de l'esprit connaissant, mais encore dans les produits de la connaissance et de l'esprit humain. Bien des jugements sur l'intellectualisme abstrait, sinon désincarné, de Valéry ne seraient-ils pas à réviser ? Lui-même s'oppose d'ailleurs à de tels jugements :

« Lavelle (si je réponds à son article sur l'Intellectualisme de P.V. (sic) — Oui. « Intellectualisme », mais c'est chez moi (sinon chez d'autres) une forme de... sensibilité... Affaire de contentement moyennant telle expression. Ce qui satisfait, en tant qu'expression, élimination, etc., Moi est tel que cela donne l'impression d'intellectualisme. Toutefois, je ne crois pas l'être au sens d'amateur de concepts. Au contraire. Car je distingue fort entre les « abstractions ». Je ne goûte que celles qui peuvent servir à une représentation de l'expérience, et non celles qui permettraient d'expliquer ou de reconstruire le Tout. Je vous avoue que le verbe Etre n'a aucun sens pour moi. Etre, n'a pas pour moi valeur de ressource ». (Cahier 25, p. 491).

Le portrait psychologique qu'il fait de lui-même n'est pas non plus celui d'un intellectualiste abstrait :

« Ego. Chez moi, les parties ou fonctions ordinaires de l'intellect sont très inférieures à celles de la moyenne, et je m'en suis ressenti toute ma vie, l'ayant éprouvé et reconnu depuis l'enfance. D'autre part, ma sensibilité affective est, de son côté, mal défendue. Et ces deux défauts, accompagnés de la conscience que j'en ai, et qui les rend encore plus efficients, expliquent bien des traits de moi, des actions et abstentions... » (Cahier 26, p. 709).

Nous serions, quant à nous, bien tentés d'« expliquer » l'histoire et l'évolution de Valéry à partir de « ces deux défauts ». Les excès de la crise sentimentale de 91, puis le coup d'état mental sous le signe de l'idole Intellect dans les années 92 et suivantes, enfin le retour invincible à la poésie et à une relation plus équilibrée et harmonieuse de l'intellect et de la sensibilité, relation dans laquelle la sensibilité finit par prendre une fonction de plus en plus prééminente, toutes ces péripéties psychologiques et intellectuelles semblent bien être la conséquence lointaine de ce déséquilibre qu'il constate en lui-même, entre une intelligence moyenne et une sensibilité excessive. Valéry a dû se défendre contre une sensibilité trop vive en privilégiant arbitrairement les fonctions de l'intellect. Mais on ne force pas éternellement sa vraie nature, et il découvrira peu à peu les limites et les excès de l'intellect, car « la pensée est secrètement bornée, contrainte par des lois de sensibilité ». Il sera désormais plus confiant et plus réceptif aux jeux inattendus de la sensibilité, mais le passage à travers l'école rigoureuse de l'intellect lui aura appris à trouver dans l'intellect les moyens de déblayer et décrasser la sensibilité de toutes les excroissances hétérogènes qui habituellement la recouvrent.

La Jeune Parque n'est autre que le poème chantant les retrouvailles de l'intellect de Valéry avec la sensibilité. Ou plutôt, ce « Poème de la sensibilité », ainsi que lui-même l'a appelé, chante une idée de l'être vivant-pensant, centrée sur la résolution de ce conflit fonctionnel des deux pouvoirs antagonistes que sont, pour tout homme, l'intellect et la sensibilité. On ne s'étonnera donc pas que le poète y ait « trouvé après coup quelque air d'autobiographie intellectuelle ». N'a-t-il pas plus que tout autre souffert de ce conflit ? On se tromperait pourtant de voir dans cette « idée » ou cette trame autobiographique le sujet a priori ou le fond préalable du poème. On sait assez que pour Valéry, comme pour tout poète sans doute, ce sont des sollicitations de sensibilité formelle, et non des idées qui sont à l'origine de ses poèmes. Ce sont pareillement des conditions de pure sensibilité, exclusive de toute référence au réel, qui conditionnent l'édification successive de l'état d'enchantement que recherche le poème. Sa production procède donc de la forme vers le fond, sans que ce dernier soit pourtant absent ou indifférent, puisque notre poète voit dans cette présence d'une intention signifiante ce qui le distingue de Mallarmé. Mais il faudrait, à notre avis, distinguer entre l'intention signifiante du poète et le sujet apparent du poème, comme deux niveaux distincts qui ne se recouvrent pas. Le sujet du poème n'est qu'un moyen instrumental d'exploitation des harmoniques du champ sensoriel, afin d'en faire jaillir un sens plus secret. Cette distinction entre le sujet et le sens du poème permet de comprendre les déclarations quelque peu ambiguës de Valéry sur l'indifférence du sujet d'une part, et d'autre part sur son intention d'investir dans le poème une « idée » ou « connaissance de l'être vivant » et « une manière singulière de voir les choses ». L'indifférence du sujet dans les poèmes, de ce qu'il « appelle volontiers leur partie, ou plutôt, leur aspect mythique », indifférence provenant de sa volonté de « réduire au minimum l'idolâtrie », ne diminue, en effet, en rien la portée de l'intention signifiante qui oriente le poème, ni la valeur du sens qui s'en dégage. N'est-ce pas le cas de la musique dont Valéry s'efforce de transposer dans la poésie les possibilités qu'elle a d'exciter, grâce au système général des sons, les affections et émotions humaines, sans aucune référence au monde des choses et des êtres ? Tel est l'idéal poétique qu'il poursuit : réduire au minimum les contraintes objectivantes du sujet mythique du poème, tout ce qui pourrait entraîner une « confusion possible de l'effet de l'œu-

vre avec les apparences d'une vie étrangère », détournant le lecteur
de ses propres ressources créatrices et le projetant dans l'illusion
d'une histoire aliénante ; et cela dans le but de préserver au maximum les chances d'une « communion possible avec les ressorts profonds de toute vie », communion incitant le lecteur à recréer en
son fond le plus intime cette « connaissance de l'être vivant, qu'il
ne suffit pas de reconnaître, mais qu'il faut apprendre ».

Grâce à cette volonté, systématiquement dégagée de jouer sur
les ressorts les plus profonds de la sensibilité, le poète parvient
non seulement à transporter le lecteur dans cet état rare d'enchantement qui est le propre de l'univers poétique, mais encore à lui
communiquer, à travers cet état d'enchantement même, une lucidité inhabituelle aux sources intimes de sa conscience. C'est en ce
sens que le lecteur de la Jeune Parque y trouvera non seulement
« une autobiographie dans la forme », c'est-à-dire la transposition
poétique de l'aventure intellectuelle de Valéry, mais encore sa propre autobiographie intellectuelle, dépouillée de ses accidents particuliers et élevée au niveau de l'aventure d'un moi phénoménologiquement pur.

C'est cette aventure intellectuelle, dont tout être pensant est
peut-être le héros, que nous voudrions maintenant déchiffrer dans
ce « Poème de la sensibilité », « peinture d'une suite de substitutions
psychologiques » qui, au niveau du sujet mythique se déroulent
dans « une conscience pendant la durée d'une nuit », mais au
niveau du sens peuvent résumer l'histoire d'une vie entière. « Fi-
gurez-vous que l'on s'éveille au milieu de la nuit, et que toute la vie
se revive et se parle à soi-même ». (Pléiade I, p. 1635). Dans ce
déchiffrage qui ne se veut pas plus explication du poème qu'un
relevé géodésique sur une surface plane n'est explication d'une
région montagneuse aux paysages variés, et qui ne prétend à rien
d'autre qu'à indiquer quelques repères possibles, nous suivrons la
division du poème en quinze parties, telle que Valéry l'a lui-même
mise en évidence, à partir de l'édition de 1938. (Voir Pléiade I,
p. 1617).

1ère partie.

> Qui pleure là, sinon le vent simple, . . .
> . . .
> J'y suivais un serpent qui venait de me mordre.

La nuit sur un rocher battu de la houle, alors que « l'immense
grappe » des « diamants extrêmes » brille « au ciel inconnu », la
Jeune Parque, subitement, se réveille. Inquiète, elle s'interroge, et
dans un long monologue-dialogue, « à l'image d'une composition
musicale à plusieurs parties » qui entrelace les divers niveaux de
sa conscience, elle donne voix aux multiples échos qui emplissent
le labyrinthe insondable de son monde intérieur. Car le regard de

cette jeune vierge est tout intraverti et l'univers qu'elle scrute est tout intérieur.

> « Je me voyais me voir, sinueuse et dorais
> De regards en regards, mes profondes forêts ».

Le paysage extérieur, pourtant présent par les rumeurs sourdes de la mer et l'étincellement des « inévitables astres », est lui-même tout intériorisé et s'unit aux diverses voix par lesquelles la conscience interroge les régions mal connues de son univers interne. « La houle (   ) murmure une ombre de reproche », tandis que le scintillement des étoiles éveille l'inquiétude métaphysique de l'insertion du temps dans l'éternité. Un dynamisme ascentionnel oriente cependant cet univers conscientiel qui, dans le sentiment de la division de ses destins, attend que « le plus pur en silence éclaire un cœur brisé ». Mais c'est une douleur plus aiguë qui vient d'éveiller la conscience : « au moment de pleurer » alors que les pleurs qui montent en elle font écho au murmure pleureur du « vent simple », elle s'interroge sur cette étrange morsure qui divise son être.

2ème partie.

> Quel repli de désirs...
> ... qui se préfère à l'extrême attentive.

Cette morsure nouvelle est celle de la chair et du désir. La découverte de la sensualité, dans une conscience qui se voulait toute transparence et limpidité, s'infiltre comme un poisson éveillant un aspect inconnu et troublant de la personnalité. La jeune fille se sent dédoublée, divisée dans l'intimité même de son être, « connue encor plus que blessée », car ce qui la tourmente, ce n'est pas une blessure causée par quelque agent extérieur, mais la connaissance nouvelle qu'elle a d'elle-même après la perte de sa fière unité. Un dédoublement subtil et amer partage désormais son moi, envahi, comme par un poison, par la conscience de sa division entre un moi sensuel nouvellement apparu et que les divers sens relient à la matière sensible du monde, et l'ancien moi connaissant, fièrement attentif aux clartés lucides de l'esprit.

> Dieux ! Dans ma lourde plaie une secrète sœur
> Brûle, qui se préfère à l'extrême attentive.

La « secrète sœur » est bien à l'évidence cette sensibilité autrefois refoulée par l'orgueilleuse dictature de l'intellect et dont Valéry découvre maintenant les suggestions transcendantes et inattendues qui étonnent l'intelligence. Quant à « l'extrême attentive », que peut-elle être ? sinon, l'attention suprême de l'intellect, chez celui qui avec M. Teste avait déclaré : « Je suis un peu l'homme de l'attention » ?

3ème partie.

> Va ! Je n'ai plus besoin de ta race naïve,
> ...
> Les moindres mouvements consultent mon orgueil.

La conscience de sa déchirure intérieure et de son dédoublement ne diminue en rien la fierté de la Jeune Parque qui trouve dans la lucidité et la clairvoyance avec lesquelles elle analyse son drame intime, motif d'affirmer encore sa souveraineté. Car si la conscience se sent dédoublée, la cause n'en est pas extérieure à elle-même. Nulle force étrangère n'est à accuser de cette morsure insidieuse qui ne révèle en fait qu'une faille primitive et intrinsèque de la conscience, parvenue seulement à une meilleure connaissance d'elle-même. Nul besoin donc d'accuser naïvement le tentateur traditionnel qui sous la forme du serpent tenta la première femme.

> Va ! Je n'ai plus besoin de ta race naïve,
> Cher Serpent...
> Mon âme y peut suffire, ornement de ruine !

Car cette conscience habituée à s'enlacer à elle-même, sous la lucidité d'un regard toujours éveillé dans l'exploration de son univers interne, n'est pas trop surprise par sa découverte.

> Ma surprise s'abrège, et mes yeux sont ouverts,
> Je n'attendais pas moins de mes riches déserts
> Qu'un tel enfantement de fureur et de tresse :
> Leurs fonds passionnés brillent de sécheresse
> Si loin que je m'avance et m'altère pour voir
> De mes enfers pensifs les confins sans espoirs...

Malgré la violence de l'ébranlement que provoque l'éveil de cette part ombreuse de la conscience, cette « secrète sœur » à la sensibilité physique et sensuelle si frémissante et

> Qui menace d'amour (son) sort spirituel,

un sort qui avait été entrevu jusque là dans l'éclairage brutal d'un esprit lucide, adonné au culte de l'intellect et au mépris de la sensibilité, la conscience se veut encore lucide, intégrant en son champ clos les poisons qu'elle secrète et leurs périls,

> Mais avec mes périls, je suis d'intelligence,

et toute repliée sur elle-même, elle veille encore, souveraine.

> Je m'accoude inquiète et pourtant souveraine,
> Tant de mes visions parmi la nuit et l'œil,
> Les moindres mouvements consultent mon orgueil.

C'est donc en toute lucidité que la conscience découvre en elle la présence du corps à côté de l'esprit :

> Elle sait, sur mon ombre égarant ses tourments,
> De mon sein, dans les nuits, mordre les rocs charmants ;
> Elle y suce longtemps le lait des rêveries...

L'attachement le plus exclusif et le plus idolâtre à l'esprit ne peut en effet faire oublier longtemps la vie obscure et parallèle du compagnon charnel, ce corps, « morne tombeau » pour l'esprit voué au culte de l'intellect, mais que Socrate, repenti, découvrira comme « un instrument admirable » dont « les vivants, qui l'ont tous à leur service, n'usent pas dans sa plénitude » et auquel il demandera « le sentiment des choses vraies » :

> L'esprit n'est pas si pur que jamais idolâtre
> Sa fougue solitaire aux élans de flambeau
> Ne fasse fuir les murs de son morne tombeau.

Ces vers font clairement allusion au « calligulisme » intellectuel de M. Teste qui avait décrété toutes les idoles hors la loi, hormis l'Idole de l'intellect. Mais ils renferment aussi l'aveu qu'une telle prétention à l'esprit pur n'est qu'une illusion trompeuse.

> « L'âme avare s'entr'ouvre, et du monstre s'émeut
> Qui se tord sur le pas d'une porte de feu ».

La morsure du corps est-elle d'ailleurs si cruelle ? N'est-elle pas aussi enchanteresse et désirable ?

> Tu ne peux rien sur moi qui ne soit moins cruel,
> Moins désirable...

4ème partie.

> Mais je tremblais de perdre une douleur divine !
> ...
> Adieu, pensai-je, Moi, mortelle sœur, mensonge.

Ambiguïté du poison sensuel par lequel le corps « menace d'amour » la vie pure de l'esprit ! Bien qu'avertie du péril qui la menace, la conscience se sent d'intelligence avec ces promesses d'amour qui échauffent son corps autrefois insensible. Cette douleur de la chair n'est-elle pas divine ? et ne faut-il pas appréhender de la perdre ?

> Mais je tremblai de perdre une douleur divine !
> Je baisais sur ma main cette morsure fine,
> Et je ne savais plus de mon antique corps
> Insensible, qu'un feu qui brûlait sur mes bords.

La conscience va-t-elle abandonner son rêve de lucidité et de souveraine pureté intellectuelle ? Ce Moi pur, l'esprit, serait-il « mensonge » ? Serait-il « mortel » lui aussi, comme tout ce qui passe ? La pensée de cet abandon, d'un adieu au moi spirituel, un instant effleure la conscience :

> Adieu, pensai-je, Moi, mortelle sœur, mensogne...

5ème partie.

> Harmonieuse Moi, différente d'un songe,
> ...
> Glisse ! Barque funèbre...

Mais le sursaut est immédiat. Le Moi spirituel et pur hante trop vivement encore le souvenir de la Jeune Parque. Non, cette « harmonieuse Moi, différente d'un songe », ne peut pas être un mensonge. L'esprit, aux transparentes évolutions « d'actes purs » et sereins, voués à la limpidité des horizons infinis, avait fait de la conscience la « fille directe et ressemblante de l'être sans visage, sans origine, auquel incombe et se rapporte toute la tentative du cosmos ». (Pléiade I, p. 1222). Ce même esprit à l'intelligence universelle a fait de la Jeune Parque, ce symbole féminin de la conscience épurée, l'épouse amoureuse de la toute-puissance transcendante.

> Dites ! ... J'étais l'égale et l'épouse du jour,
> Seul support souriant que je formais d'amour
> A la toute-puissante altitude adorée...

Car cette vierge heureuse et saine, offrant sa jeune vigueur intacte à la transparence cristalline du jour, n'est autre que la figure poétique de la pure limpidité de l'esprit, nageant librement dans les champs lumineux de l'éternité.

> Je priais à tâtons dans vos ténèbres d'or !
> Poreuse à l'éternel qui me semblait m'enclore,
> Je m'offrais dans mon fruit de velours qu'il dévore.

Bien caractéristique de la poésie de Valéry est cette symbolisation sensuelle de la pure limpidité de l'esprit sous les traits voluptueux d'une jeune vierge. Cette alliance qui unit la clarté d'une intelligence se délectant aux jeux purs de l'intellect, avec un sensualisme précieux tout éveillé aux effluves délicates qui enchantent les sens, sera désormais la marque même de sa poésie, intellectualisant le riche domaine des sensations, et sensualisant les évolutions abstraites de l'intellect. La jeune vierge, tout comme l'esprit tendu vers les hauteurs sublimes et rigoureuses de l'abstraction intellectuelle, s'offre, heureuse et obéissante, à son seul possesseur divin. « Une avec le désir », elle ignore encore la division douloureuse de l'esprit et de la chair.

> Vers mes sens lumineux nageait ma blonde argile,
> Et dans l'ardente paix des songes naturels,
> Tous ces pas infinis me semblaient éternels.

Que cette jeune femme qui s'élance brûlante sous les caresses du vent et du soleil, et dispute son corps « nu sous le voile » à « la rebelle ronce » et « aux longs liens de fleurs », soit bien l'incarnation imagée d'une pure intelligence adonnée aux jeux de l'esprit, nous en donnerons pour preuve l'image similaire sous laquelle Valéry tente de nous faire saisir l'intelligence universelle de Léonard.

« Et lui se devait considérer comme un modèle de bel animal pensant, absolument souple et délié ; doué de plusieurs modes de mouvement ; sachant, sous la moindre intention du cavalier, sans défenses et sans retards, passer d'une allure à une autre. Esprit de finesse, esprit de géométrie, on les épouse, on les abandonne, comme fait le cheval accompli ses rythmes successifs ». (Pléiade I, p. 1210).

Sous les traits de ce cheval agile qui répond aux moindres intentions du cavalier, comme sous les traits de la jeune « femme flexible et ferme », qui fut « l'obéissance imminente », l'image traduit toujours le même voluptueux amour pour les intelligences souples et déliées, dont les manœuvres et les évolutions ont un charme et une beauté quasi tangibles. Celui qui déclarait :

« J'aime la pensée comme d'autres aiment le nu, qu'ils dessineraient toute leur vie. Je la regarde ce qu'il y a de plus nu ; comme un être tout vie, — c'est-à-dire dont on peut voir la vie des parties et celle du tout », (Pléiade II, p. 649),

pouvait donc bien sous l'image poétique de cette vierge intacte et pure qui n'est pas encore devenue la « vierge de sang » qu'elle sera à la fin du poème, et qui reste encore presque immatérielle dans son innocence, chanter en fait la grâce et l'élégance délicates qu'il voyait dans les évolutions de l'intelligence. Cette suite de vers admirables, où l'harmonie cristalline du chant convient à merveille à l'évocation de la pure innocence et du bonheur de vivre d'une jeune fille qui, parce qu'elle ignore encore l'« amère saveur » des divisions de l'être, peut unir dans une même transparence les joies de l'esprit et celles du corps, est donc la transposition poétique des pages que Valéry écrira peu après, dans « Note et digression », à la gloire de la conscience :

« Pour une présence d'esprit aussi sensible à elle-même, et qui se ferme sur elle-même par le détour de l« l'Univers », tous les événements de tous les genres, et la vie, et la mort, et les pensées, ne lui sont que des figures subordonnées. Comme chaque chose visible est à la fois étrangère, indispensable, et inférieure à la chose qui y voit, ainsi l'importance de ces figures, si grande qu'elle apparaisse à chaque instant, pâlit à la réflexion devant la seule persistance de l'attention elle-même. Tout le cède à cette universalité pure, à cette généralité insurmontable que la conscience se sent être... L'intelligence ignore d'être née, comme elle ignore qu'elle périra... » (Pléiade I, pp. 1217, 1218).

Tout comme la Jeune Parque, la conscience, qui se ramasse en sa suprême pointe de lucidité, et se connaît comme « l'extrême attentive », ignore

« ... qu'un désir de mourir
Dans cette blonde pulpe au soleil pût mûrir ».

Jeune vierge confiante en son universalité et en son éternité, elle a vocation de lumière. La transposition poétique est toute transparente. Sous les traits de cette jeune fille en fleur, c'est bien la conscience qui, en sa fine pointe secrète, se veut « égale et épouse

du jour », se sent « poreuse à l'éternel », et s'offre en son corps innocent, comme miroir et support de tout l'univers :

> Je ne sacrifiais que mon épaule nue
> A la lumière ; et sur cette gorge de miel,
> Dont la tendre naissance accomplissait le ciel,
> Se venait assoupir la figure du monde.

Pourtant, cette vocation aux jeux lumineux et transparents de
l'éternité, ne peut guère s'accomplir jusqu'au bout. Un même doute
effleure la Jeune Parque et cet « individu de... première grandeur » dont Valéry s'efforce d'imaginer comment il doit s'apparaître :

> « La clairvoyance imperturbable qui lui semble (mais sans le
> convaincre tout à fait) le représenter tout entier à lui-même, vou-
> drait se soustraire à la relativité qu'elle ne peut pas ne pas conclure
> de tout le reste. Elle a beau se transformer en elle-même, et, de jour
> en jour, se reproduire aussi pure que le soleil, cette identité ap-
> parente emporte avec elle un sentiment qu'elle est trompeuse ».
> (Pléiade I, p. 1217).

Et la jeune fille découvre à ses pieds l'ombre mauvaise que
lui rappelle la part opaque et mortelle d'elle-même, tandis que la
conscience reconnaît en elle une certaine pente fatale, « une possibilité cachée de faillite et de ruine ».

> Tous ces pas infinis me semblaient éternels.
> Si ce n'est, ô Splendeur, qu'à mes pieds, l'ennemie,
> Mon ombre ! la mobile et la souple momie,
> De mon absence peinte effleurait sans effort
> La terre où je fuyais cette légère mort.

Et voici comme le commentaire de ces vers dans « Note et
digression » :

> « L'intelligence... se croirait, très aisément, inamissible et
> inaltérable, si ce n'était qu'elle a reconnu par ses expériences, un
> jour ou l'autre, diverses possibilités funestes, et l'existence d'une
> certaine pente qui mène plus bas que tout. Cette pente fait pres-
> sentir qu'elle peut devenir irrésistible ; elle prononce le commence-
> ment d'un éloignement sans retour du soleil spirituel, du maximum
> admirable de la netteté, de la solidité, du pouvoir de distinguer et
> de choisir ; on la devine qui s'abaisse, obscurcie de mille impuretés
> psychologiques, obsédée de bourdons et de vertiges, à travers la
> confusion des temps et le trouble des fonctions, et qui se dirige
> défaillante au milieu d'un désordre inexprimable des dimensions
> de la connaissance, jusqu'à l'état instantané et indivis qui étouffe
> ce chaos dans la nullité ». (Pléiade I, p. 1218).

6ème partie.

> ... Et moi vive, debout,
> ...
> Et brûle, au sombre but de mon marbre béant.

Cette part d'ombre et de néant ne cesse de grandir au creux de la conscience, séparant le moi mortel de la réalité universelle. Celle qui se croyait « l'égale et l'épouse du jour », maintenant « ne rend(s) plus au jour qu'un regard étranger ». L'unité de l'être a fait place au désordre d'une conscience déchirée entre de multiples postulations.

Je renouvelle en moi mes énigmes, mes dieux,
Mes pas interrompus de paroles aux cieux.

Et de sombres mystères ont fait irruption :

Mon œil noir est le seuil d'infernales demeures.

7ème partie.

O dangereusement de son regard la proie !
...
Et trempe à l'émeraude un long rose de honte.

Cette détresse et ce désordre qui se sont emparés de la conscience, n'ont-ils pas pour origine l'excès de lucidité avec lequel elle s'est toujours observée et analysée ?

O dangereusement de son regard de proie !

Celui qui s'était vanté d'avoir tué en lui la marionnette, d'avoir mené la connaissance du fonctionnement de sa pensée jusqu'à « découvrir des lois de l'esprit que nous ignorons », et d'être devenu un monstre de clairvoyance analytique : « Je suis étant, et me voyant ; me voyant me voir, et ainsi de suite », ce Teste tout esprit, est saisi de doute sur la valeur d'une telle lucidité. Une connaissance aussi brutalement intellectuelle atteint-elle bien son but, qui est le connaître et non la connaissance ? Connaître ce qui est hors d'elle-même et vers quoi elle dirige son faisceau, et non la connaissance qui n'est que mécanisme et instrument mis au service du connaître ! En fait, cette connaissance figée dans l'adoration de l'intellect et orgueilleusement campée dans le refus de reconnaître dans la sensibilité un instrument nécessaire de la connaissance, connaît-elle autre chose qu'elle-même, et ses instruments artificiellement aiguisés ? Incapable de sortir d'elle-même, n'est-elle pas inapte à saisir l'être, à appréhender quoi que ce soit de réel ? Bref, ce type de connaissance défini par la lucidité de l'intellect n'est-il pas responsable de ce qu'il faut bien appeler notre ignorance, notre incapacité de connaître la réalité ou l'être ? Teste lui-même s'est interrogé dans les « Extraits du Log-book », avant que Socrate ne reconnaisse sa faute, et c'est bien dans cette question sur la valeur de la connaissance que se situe le drame profond de Valéry.

« Ce en quoi je sais, cela me rend ignorant. J'ignore en tant et pour autant que je sais... La connaissance, comme un nuage sur l'être ».

Le riche d'esprit » n'est-il pas peut-être l'homme le plus pauvre qui soit ? A quelle prodigieuse connaissance des mécanismes de son esprit n'est-il pas pourtant parvenu !

> « Il était au degré de civilisation intérieure où la conscience ne souffre plus d'opinions qu'elle ne les accompagne de leur cortège de modalités, et qu'elle ne se repose (si c'est là se reposer) que dans le sentiment de ses prodiges, de ses exercices, de ses substitutions, de ses précisions innombrables ».

Mais toutes ces opinions diffractées à travers une infinité de modalités possibles aboutissent-elle à une seule connaissance digne de ce nom ? ou ne renferment-elles pas plutôt l'esprit dans la solitude d'une mécanique tournant pour rien !

> « Si nous savions, nous ne penserions pas — nous ne parlerions pas. La connaissance est comme étrangère à l'être même ».

Déroutante découverte, imposant à celui qui la fait une réorganisation totale de toute sa manœuvre intérieure !

Ce n'est que sur ce fond du drame apparu dans l'aventure de la connaissance qu'il est possible de comprendre l'évolution du cheminement intellectuel de Valéry, ainsi que ce poème de la Jeune Parque qui en est la transposition poétique. Le drame est provoqué par la découverte du divorce qui déchire le couple connaissance-réalité, connaître-être. La connaissance, parvenue à sa majorité, se voit refuser l'accès à l'être auquel elle tend dans la seule aspiration qui la justifiât.

C'est tout ce drame de la connaissance découvrant l'impasse à laquelle l'a conduite l'idolâtrie de l'intellect qui est évoqué dans cette septième partie du poème. Le drame est particulièrement vécu ici à travers le problème existentiel du temps. « L'œil spirituel » de l'intellect, tout voué aux conceptualisations intemporelles, si ce n'est à l'éternité immobile des idéaux absolus, est incapable d'assumer le déroulement temporel de la vie. La succession des jours n'est qu'ennuyeuse répétition dépourvue de nécessité, quand l'intellect a déjà réduit le futur à n'être qu'une réapparition cyclique du passé.

> Car l'œil spirituel sur ces plages de soie
> Avait déjà vu luire et pâlir trop de jours
> Dont je m'étais prédit les couleurs et le cours.
> L'ennui, le clair ennui de mirer leur nuance,
> Me donnait sur ma vie une funeste avance.

La figure du diadème, tout monté de purs diamants, traduit ici, comme dans le Cimetière marin, la forme absolue, immobile et parfaite du Présent éternel, et l'immuabilité d'un monde spirituel entrevu à travers le regard froid de l'intellect. Pour la Jeune Parque qui rêve

> ... que le futur lui-même
> Ne fût qu'un diamant fermant le diadème,

le ciel des idéaux suprêmes demeure aussi en une parfaite immobilité.

> Midi là-haut, Midi sans mouvement
> En soi se pense et convient à soi-même...
> Tête complète et parfait diadème.

Mais l'existence avec ses mouvements divers n'est-elle pas étrangère à cette fixité de l'Etre immuable et parfait ? C'est sous la forme d'un souvenir ancien que la réalité mouvante de l'existence concrètement vécue apparaît à la conscience revenue de cette illusion d'un monde trop absolu, où l'éternité serait synonyme de mort. Et ce n'est sans doute pas un hasard si cette antinomie, dans laquelle s'enferme et se stérilise l'intellect, antinomie qui oppose la vie concrète et l'absolu idéal, le corps charnel et l'esprit, la particularité quotidienne et l'universalité, le temps vécu de l'homme et l'éternité des idéaux abstraits, est ébranlée et mise en doute par le souvenir d'une aventure amoureuse, (on peut penser au drame sentimental des années 91-92) où l'éveil de la chair avait failli trahir l'orgueil intellectuel de la jeune vierge. L'amour, et sa vocation d'unité, n'a-t-il pas pour mission de faire voler en éclats ces fausses antinomies, et d'unir ces mondes, apparemment séparés, dans une unité vivante et créatrice ? Mais la jeune vierge, ainsi que Valéry, n'a point encore reconnu le bonheur de cette issue salvatrice, et, déchirée par le tiraillement de forces opposées, demeure effrayée par tout ce « Qui menace d'amour (son) sort spirituel ».

> « Osera-t-il, le Temps, de mes diverses tombes,
> Ressusciter un soir...

8ème partie.

> Souvenir, ô bûcher...
> ...
> Tendre lueur d'un soir, brisé de bras confus ?

Ce souvenir d'un amour naissant, pourtant rejeté dès son premier éveil, ne suscite qu'humiliation et colère. Le front rouge de honte, la jeune vierge s'indigne d'une telle faiblesse :

> Mon cœur fut-il si près d'un cœur qui va faiblir ?

Soulevée de haine contre « cette ombrageuse enfant, ce silence complice » et tout ce qui évoque ce « soir favori des colombes », elle reste fièrement campée dans

> ... le refus
> D'être en moi-même une autre que je fus,

refus de se reconnaître sous les traits de cette « secrète sœur », sensible et sensuelle, amoureuse de la vie, si différente de « l'extrême attentive » toute séduite par les purs idéaux et la pensée de l'absolu.

9ème partie.

> Que dans le ciel placés, mes yeux tracent mon temple
>
> . . .
>
> Terre trouble, et mêlée à l'algue, porte-moi !

Suivant « un peu plus avant la pente et la tentation de l'esprit », qui est aussi tentation de l'absolu, la jeune vierge voudrait s'offrir en holocauste dans le Temple pur de son idéal.

> QUE DANS LE CIEL PLACES, MES YEUX TRACENT MON TEM-
> [PLE !
> ET QUE SUR MOI REPOSE UN AUTEL SANS EXEMPLE !

L'impression en capitales de ces deux vers, déjà entre guillemets dans l'édition originale, montre bien que l'auteur veut ici attirer notre attention sur ce qui est peut-être l'expression la plus haute de son idéal et de son aspiration à fonder un absolu qui soit situé au plus haut du ciel métaphysique, sur la seule volonté d'un moi sans pareil. Mais nous atteignons aussi un sommet du drame, dans le paroxysme du désarroi et de la détresse où l'apparition de la « secrète sœur », brûlante des surprises de la sensibilité, a plongé « l'extrême attentive », la conscience fière de ses pouvoirs intellectuels et toute sublimée en son idéal d'actes purs, tracés dans l'absolu d'un ciel immobile en son éternité. Une faille semble s'être ouverte au cœur des épousailles qui unissaient la jeune conscience au dieu lumineux de l'univers, faille par où s'écoule toute la substance de la réalité.

> La terre ne m'est plus qu'un bandeau de couleur
> Qui coule et se refuse au front blanc de vertige.

Manquant du « seul support souriant (qu'elle) formait d'amour », c'est l'univers tout entier qui est pris de panique.

> Tout l'univers chancelle et tremble sur ma tige,
> La pensive couronne échappe à mes esprits.

La conscience n'est plus « l'égale et l'épouse du jour », mais seulement « esclave de roi ». Rien d'étonnant donc à ce qu'elle appelle la Mort, puisque la mort semble rester la seule voie lui permettant encore de s'unir ou de se perdre en son absolu intemporel. Et pourtant cette invocation à la Mort s'entrelace à une merveilleuse évocation de l'éclosion irrésistible du printemps qui, jailli des entrailles profondes de la terre, pousse pieusement, à travers le monde créé, son fleuve de vie. Pieusement, car il y a de la piété et de la candeur mystique dans cette force régénératrice qui anime et soulève le monde ;

> N'entends-tu pas. . .
> Pour et contre les dieux ramer l'arbre unanime. . . ?

Mais la tendre fraîcheur de cet hymne au printemps se détache sur l'écrin noir d'une supplication désespérée à la mort salvatrice. L'invitation si tentante à se fondre au ruissellement universel du

renouveau printanier ne peut en effet que porter au paroxysme le désarroi de la jeune conscience qui, se sachant mortelle, ne peut plus
coïncider totalement et parfaitement avec cette éclosion merveilleuse et tentatrice du printemps. Entre la pureté idéale d'une
conscience qui se sent vouée aux transparences lumineuses des
conceptualisations intellectuelles et aux absolus de la pensée pure,
et, d'autre part, les profondeurs mystérieuses d'une sensibilité vibrant aux incitations innombrables et aux surprises transcendantes
d'une réalité multiforme, l'opposition devient intolérable. Comment
résister aux tentations de l'absolu, aux séductions d'un esprit évo-
luant librement dans le ciel des purs idéaux et dans le culte enthou-
siaste de l'intellect ? Mais aussi, comment se refuser à l'appel prometteur de l'ivresse des sens réceptifs à l'immense vibration de
la vie universelle ? Le désarroi est à son comble.

> Oh ! parmi mes cheveux pèse d'un poids d'abeille,
> Plongeant toujours plus ivre au baiser plus aigu,
> Le point délicieux de mon jour ambigu...
> Lumière !... Ou toi, la Mort ! Mais le plus prompt me prenne !...
> Mon cœur bat ! mon cœur bat ! Mon sein brûle et m'entraîne !

Qu'il soit l'Etre ou le Néant, le moi valérien a besoin d'un
attachement mystique à un absolu transcendant dans lequel se fondre et se sublimer. Cependant la volonté de lumière, cette postulation de clarté et de transparente lucidité, reste encore première.
La mort n'est qu'une alternative de rechange, aiguillonnant à titre
de simple possibilité la grande soif du désir de comprendre, dans
la lumineuse précision du soleil de la connaissance. A peine le drame du déchirement du moi partagé entre les pouvoirs distincts de
l'intellect et ceux de la sensibilité, entre l'exigence de clarté intellectuelle « poreuse à l'éternel » et l'appel de la vie unanime soumise
aux surprises du temps, atteint-il le sommet de sa tension, que
le poème s'engage sur son deuxième versant réduisant par degrés la
tension psychologique. La jeune vierge, toute tendue vers une
pureté idéale, a bien encore un sursaut de répulsion pour les
complications de la vie biologique et de l'enfantement ; mais son
refus de la vie n'est pas assez net pour ne pas laisser l'âme désem-
parée et déjà partagée entre le désir du suicide et une foi instinctive, fût-elle encore sans espérance. Car c'est une leçon de courage
et de confiance aveugle que l'âme tire du spectacle de ce corps
animé du dynamisme étrange d'une mission obscure.

> Aveugle aux doigts ouverts évitant l'espérance !
> Où va-t-il sans répondre à sa propre ignorance,
> Ce corps dans la nuit noire étonné de sa foi ?

Rilke ne se serait-il pas souvenu de ces vers, lorsque découvrant Valéry comme « un des premiers et des plus grands, oui des
grands », il écrivit la 7ème Elégie, en 1922, après une longue et
douloureuse interruption de sa muse ?

« Car mon invocation est toujours pleine de refus ; Contre un si fort courant tu ne peux pas aller. Semblable à un bras tendu est mon appel. Et sa main, qui pour saisir s'ouvre vers le haut, reste devant toi ouverte comme une défense et un avertissement, ô toi, Insaisissable, largement ouverte ». (Traduction d'Angelloz).

Cette foi aveugle, faite d'acceptation de la vocation transfiguratrice de l'existence humaine qui cherche à se dépasser dans une incessante métamorphose créatrice de divin, nous verrons qu'elle imprègne intimement toute l'essence de la poétique valérienne. N'est-ce pas là le sens profond du « Cantique des Colonnes » ?

« Nous allons sans les dieux
A la divinité ! »

Foi sans crédo théologique, elle naît et monte, du plus secret des entrailles de l'homme. Comme la larme issue des confins mystérieux où s'unissent le corps et l'âme, elle exprime, en sa fragile apparition, l'essence la plus intime et la plus cachée de l'homme. Car c'est bien cette interrogation anxieuse du secret le plus profond de l'homme que nous semble contenir cette magnifique invocation que Valéry adresse à la montée des larmes. La larme, en sa mystérieuse distillation, ne contiendrait-elle pas, dans la douce amertume de son suc, toute l'insigne quintessence de la destinée humaine ? Après la rude et sèche crispation du désespoir, l'irruption des pleurs n'est-elle pas l'ouverture, dans la dureté du roc, d'une fissure par où s'échappent les flots d'une source charriant une implicite réponse à nos appels ?

Très imminente larme, et seule à me répondre,
. . .
Tu procèdes de l'âme, orgueil du labyrinthe.
. . .
Tendre libation de l'arrière-pensée !
. . .
D'où nais-tu ? Quel travail...

Un instant menacé, le pacte qui unit la jeune vierge à la vie terrestre, lentement se renoue, confirmé par la répétition du même vers.

Terre trouble, et mêlée à l'algue, porte-moi !

10ème partie.

Mystérieuse MOI, pourtant tu vis encore !
. . .
Au gracieux état du rire universel.

L'aube naissante éclaire le « rude réveil d'une victime inachevée », étonnée de se retrouver en son identité de « mystérieuse moi », « amèrement la même », et déjà prête « à de nouveaux désirs ».

11ème partie.

> Salut ! Divinités par la rose et le sel,
> ...
> Mais, dans la profondeur, que vos pieds sont glacés !

Salut à la future vie qui va bientôt éclore sur les îles. Celles-ci « ne sont pas visibles. On en parle au futur, on les prédit : le jour les montrera, qui se prépare encore ». (Lettre à Mockel. Pléiade I, p. 1630). Elles symbolisent la totalité de l'univers, baigné de mystère glacé, comme les îles le sont de la mer. En ces îles se concentrent toute l'aventure de la vie et de l'homme. Maîtresses du sort de l'homme qui se joue tout entier dans l'étroitesse de leur monde, image de la finitude de l'univers, elles sont elles-mêmes les Parques, régissant la vie de l'homme, de sa naissance à sa mort. Et la jeune vierge, fille des îles, est elle-même fille des Parques. D'où le nom de Jeune Parque. Valéry ne l'identifie pourtant pas à l'une des trois Parques de la mythologie, il la rattache seulement au mystère de la vie de l'homme, celui de sa naissance, de sa vie, de sa mort. Plus précisément, nous semble-t-il, elle incarne la conscience que l'homme a de la vie, et par laquelle l'univers se pense, conscience qui, en son intériorité la plus secrète, semble bien être fille de l'Etre sans visage, et donc fille des divinités, qui, quelles qu'elles soient, sont cause de l'univers. La Jeune Parque, comme ses mères, les îles, est restée vierge, car la conscience, bien que bouleversée de troubles, de complications et de compromissions sans nombre, garde intacte au fond d'elle-même, une part de pureté qui la rattache directement à la divinité. Le sens du symbole de la Parque se précise dans la 13ème partie, lorsque la jeune vierge, étonnée de se retrouver encore en vie, après avoir failli succomber par un suicide libérateur à la tentation de fusion avec l'Etre absolu, s'interroge sur la puissance de l'instinct vainqueur de l'appel tentateur. Seul cet instinct profond et secret, a su filer le fil qui, malgré son apparente fragilité, a maintenu la jeune fille en vie. Cet instinct vital est donc comparable à la Parque, maîtresse du destin de l'homme. Mais qu'est cet instinct, sinon la part la plus secrète et la plus essentielle de la conscience ? Celle-ci doit donc récupérer cette part intime d'elle-même, ce moi profond plus véritablement moi que le moi accidentel et variable.

> « Souviens-tu de toi-même, retire à l'instinct
> ...
> Ce fil dont la finesse aveuglément suivie
> Jusque sur cette rive a ramené ta vie ».

Chaque conscience porte en elle cette jeune Parque responsable de sa vie, et sa vocation de lucidité exige d'elle qu'elle assume et pénètre de connaissance ce Moi intime porteur de notre vie. On comprend la justesse du choix de Valéry, préférant le titre de Jeune Parque à celui de Psyché auquel il avait songé. Alors que Psyché renvoie indistinctement à tous les aspects et à tous les niveaux multiples de la conscience, la qualification de Jeune Parque renvoie, non à la conscience psychologique commune, mais à son niveau le plus secret et le plus intime, au moi trans-subjectif et trans-personnel, à cette source qui transcende notre moi et qui est notre moi vrai et pourtant plus que notre moi, (« une idée de quelque moi merveilleusement supérieur à Moi »). (Pléiade I, p. 1339). Alors que le terme Psyché n'a qu'une résonance psychologique, le terme « Jeune Parque » éveille tout un concert de résonances métaphysiques sur le mystère du Moi et de son destin.

12ème partie.

> « De l'âme les apprêts sous la tempe calmée
> . . . .
> Qui devant son miroir pleure pour s'attendrir

Bien que revenue à la vie, la jeune vierge s'interroge sur la nature de cette ferveur éprise d'absolu qui la poussait à se perdre dans le « souffle ravisseur » du dieu, qu'il fut Lumière ou Mort. Car peu importe le terme absolu de cette union mystique, quand l'essentiel de sa signification existentielle est d'être la limite assymptotique d'une montée purificatrice et d'une sublimation du moi, élevant la coupe de son enthousiasme et de sa quintessence pure au point limite de tension de l'être, point sublime,

> Où l'âme, ivre de soi, de silence et de gloire,
> Prête à s'évanouir de sa propre mémoire,
> Ecoute, avec espoir, frapper au mur pieux
> Ce cœur, — qui se ruine à coups mystérieux,
> Jusqu'à ne plus tenir que de sa complaisance
> Un frémissement fin de feuille, ma présence.

A ce niveau de ferveur et de pieuse exaltation, l'âme, sublimée en sa pure quintessence, contient-elle autre chose que le sentiment passionné de sa « présence » ? Valéry nous semble ici éviter l'écueil où butèrent bien des mystiques qui, en se laissant déposséder de leur propre présence, tombent dans le piège de l'adoration idolâtre d'une divinité qu'ils se figurent transcendante, quand elle n'est en vérité que la projection transfigurée de leur propre moi idéalisé. Car c'est bien là le mécanisme de toute idolâtrie religieuse, qui n'est autre que l'adoration d'une figure du moi, cachée sous l'image d'un dieu transcendant, alors que le moi, incapable de suivre la discipline morale de purification et de maturation lente du moi personnel jusqu'à la découverte du moi pur, impersonnel et universel, projette subitement une image de lui-même sur le ciel d'idéaux imaginaires. Mais Valéry s'était trop formé à l'étude et à l'analyse des mécanismes de son moi et de sa patiente réalisation, pour céder à cette humeur impatiente des mystiques, désireux de parvenir au plus vite à la définition d'une divinité capable d'absorber leur pauvre moi, tout indigne qu'il fût de cette fusion. Immuablement centré sur l'inlassable édification de son moi, il ne pouvait totalement céder à la tentation de l'absolu, lumière illuminatrice ou mort transfiguratrice, et restait toujours ancré au sentiment primitif et originaire de son moi. Sa volonté de lucidité jusqu'au bout le sauvait.

> Attente vaine, et vaine... Elle ne pouvait mourir
> Qui devant son miroir pleure pour s'attendrir.

Remarquons au passage une définition toute rilkéenne de la mort, noyau vivant que chacun porte en soi comme sa semence la plus personnelle et dont, sa vie durant, il ne fera que mûrir le développement ;

> « Ma mort, enfant secrète et déjà si formée ».

Comment mourir, si la mort elle-même n'est que l'envers de notre vie, quand celle-ci se tourne vers sa source illimitée ?

13ème partie.

> « O n'aurait-il fallu, folle que j'accomplisse
> ....
> Tes parfums de caverne et tes tristes esprits ?

Une ombre de regret effleure encore la jeune conscience. N'aurait-elle pas dû choisir d'obéir jusqu'au bout à cette étonnante assomption qu'eût pu être son suicide ? Cette « fin merveilleuse » n'eût-elle pas été apothéose, accession « à l'extrême de l'être ». dans l'abandon « à l'amour de toute l'étendue » ? Pour chanter cette perte extatique dans une « transparente mort », Valéry réussit le tour de force d'unir la pensée la plus profonde et la poésie la plus subtile dans une indissoluble alliance, prouvant ainsi qu'elles ont une commune source. Car tel était bien son idéal, ainsi qu'il le déclare dans cette importante lettre qu'il écrit à Albert Mockel en 1917 :

> « Faire un chant prolongé, sans action,... ; y mettre autant d'intellectualité que j'ai pu le faire et que la poésie en peut admettre sous ses voiles ; sauver l'abstraction prochaine par la musique, ou la racheter par des visions ».

Valéry était conscient d'avoir atteint dans ce passage un des sommets de son art.

> « De ces morceaux, il en est un qui, seul, représente pour moi le poème que j'aurais voulu faire. Ce sont les quelques vers qui commencent ainsi : « O n'aurait-il fallu, folle, etc. »

L'harmonieuse musicalité du vers ne doit donc pas endormir notre pensée, mais au contraire l'aiguiser. Remarquons en particulier combien l'opposition entre la lumière et la mort,

> « Lumière !... Ou toi, la Mort ! Mais le plus prompt me prenne !

tend à s'atténuer, sinon presque à disparaître, tant est prédominante chez Valéry la vocation ou la postulation de la Lumière. Poète de la lumière, de la transparence et de la limpidité, tel nous est déjà apparu Valéry dès ses poèmes de jeunesse. Depuis « Testament

d'une Vénitienne », écrit en sa seizième année, la mort n'est pas
conçue comme une tragique absence antithétique de la vie, mais
au contraire comme le philtre caché capable de porter l'individu
sur les sommets de l'être et d'assurer la transmutation de la vie en
absolu. Nous avons déjà souligné l'importance de ce thème pour
l'œuvre de Valéry dans notre chapitre consacré à « la séduction
d'Aristie ». Certes, avec la Jeune Parque et la maturité du penseur,
notre poète connaît maintenant les dissensions de l'être, les déchire-
ments entre postulations diverses. Pourtant, la mort qu'il nous
décrit ici est encore toute pénétrée de lumière et de transparente
adoration.

> « Que lui fait le sang qui n'est plus son secret ?
> Dans quelle blanche paix cette pourpre la laisse,
> A l'extrême de l'être, et belle de faiblesse !

La Jeune Parque évoquera même le cortège qui célèbrera reli-
gieusement l'apothéose de son sacrifice :

> Je me sentais conduite, offerte et consumée,
> Toute, toute promise aux nuages heureux !

Car cette mort est véritablement assomption et métamorphose,
rupture de toutes les limitations de l'individuation, et fusion amoureuse dans l'immense étendue d'un monde transfiguré en sa pure
essence.

> Même, je m'apparus cet arbre vaporeux,   ˙
> De qui la majesté légèrement perdue
> S'abandonne à l'amour de toute l'étendue.
> L'être immense me gagne, et de mon cœur divin
> L'encens qui brûle expire une forme sans fin...
> Tous les corps radieux tremblent dans mon essence !...

« Dans mon essence ». La fusion dans l'étendue divine n'est
donc pas conçue comme disparition de la conscience, mais comme
son accomplissement en sa pure essence. Loin que le monde soit
le support de la conscience individuelle, c'est au contraire celle-ci
qui, réduite à sa pure essence par la métamorphose purificatrice,
se révèle être le support de l'ensemble du monde créé :

> « Tous les corps radieux tremblent dans mon essence ! »

tant cette essence de la conscience s'identifie à l'essence véritable de l'Etre universel. Merveilleux pouvoir de la poésie capable
d'évoquer en peu de vers, chargés d'autant de pensée que de musique, ce que Valéry tentera de traduire peu après dans la prose
savante de « Note et digression » ! Comment résister à citer ces
lignes claires qui en disent plus que de nombreux livres de philosophie ?

> « Forte de cette espèce d'indépendance et d'invariance qu'elle
> est contrainte de s'accorder, (la conscience) se pose enfin comme
> fille directe et ressemblante de l'être sans visage, sans origine, auquel
> incombe et se rapporte toute la tentative du cosmos... Encore un

peu, et elle ne compterait plus comme existences nécessaires que deux entités essentiellement inconnues : Soi et X. Toutes deux abstraites de tout, impliquées dans tout, impliquant tout. Egales et consubstantielles ». (Pléiade I, p. 1222).

« Encore un peu... », mais le pas décisif n'a pas été franchi, qui aurait accompli l'union consubstantielle de la conscience avec la divinité » « sans visage, sans origine ».

« Non, non !... N'irrite plus cette réminiscence ! »

L'instinct de la vie, aussi fragile fût-il qu'un fil, « la nuit, d'entre les morts, au jour (l') a reconduite ». Comment la conscience, qui a vocation de lucidité et de connaissance, ne s'efforcerait-elle pas, par tous les moyens imaginables, de connaître cette puissance qui l'a subjuguée ?

Sois subtile... cruelle... ou plus subtile ! Mens
Mais sache !...

14ème partie.

Hier la chair profonde, hier, la chair maîtresse
...
Viens plus bas, parle bas... Le noir n'est pas si noir.

Le sommeil seul fut cause de cette trahison de la chair et de cet assaut de sensibilité sensuelle envahissant la conscience et l'irritant dans l'ivresse des sens.

La conscience, prise au dépourvu, s'est abandonnée, « adorable offrande », à cet appel instinctif des sens monté d'une part inconnue d'elle-même, à l'heure « où la devineresse — Intérieure s'use et se désintéresse » —. Mais la grande colère qu'avait suscité l'apparition de cette « secrète sœur » se préférant « à l'extrême attentive », et tout ce drame intérieur du déchirement et du partage en vocations diverses, se sont maintenant apaisés. L'« harmonieuse Moi, différente d'un songe », ce Moi pur et spirituel, ce fier intellect épris d'absolu, a perdu sa folle arrogance et sa vaine prétention à assumer seule la direction de la conscience. Et pendant que la jeune vierge, doucement, cède à l'attrait impérieux des puissances de nature, et s'abandonne à l'envahissement progressif du sommeil, pardonnant au corps cette descente dans la « sombre innocence », l'intellect, objet véritable du drame, acceptera de collaborer avec la sensibilité dans une conscience apaisée. Le sommeil lui-même, et cet abandon aux puissances les plus incontrôlées de la sensibilité, n'est pas absence sombre, mais éveil à la fantasmagorie du rêve régénérateur des sources de la conscience.

... Tout meurt, tout rit dans la gorge qui jase...
L'oiseau boit sur ta bouche et tu ne peux le voir...
Viens plus bas, parle bas... Le noir n'est pas si noir...

15ème partie.

> Délicieux linceuls, mon désordre tiède,
> ...
> Sous les espèces d'or d'un sein reconnaissant !

« L'idole », « lasse femme absolue », se réveille, et, repoussant les songes de la nuit, salue le jeune soleil, dont elle accepte d'être à nouveau la partenaire reconnaissante.

> O, sur toute la mer, sur mes pieds, qu'il est beau !
> Tu viens ! ... Je suis toujours celle que tu respires,
> Mon voile évaporé me fuit vers tes empires...

Mais la crise qui avait violemment secoué la conscience, en cette heure cruciale de choix entre les diverses puissances psychiques, a profondément transformé et modifié son équilibre intérieur. Cette crise l'avait dressée «contre (sa) sensibilité en tant qu'elle entreprenait sur la liberté de (son) esprit ». Et la conscience, durement maîtrisée sous la férule de l'idole de l'Intellect, avait mené une guerre sans pitié contre les états affectifs, accusés de « dissipation d'énergie » et de « confusion... de valeurs et de fonctions ». Mais voilà que la crise s'achève par une réconciliation des puissances ennemies qui, tout à tour, cherchaient à dominer la conscience. « L'idole », qui se voulait tout esprit, accepte maintenant sa condition charnelle, grâce à laquelle elle communie avec la trame sensible et chatoyante de l'univers. Ce corps, autrefois méprisé, c'est à lui maintenant qu'il est demandé « de trouver dans (son) alliance le sentiment des choses vraies », ainsi que le poète en fera peu après l'aveu dans Eupalinos. « Mon intelligence mieux inspirée ne cessera, cher corps, de vous appeler à soi désormais ». Cette révolution psychologique qui aboutit à réhabiliter le corps et les puissances sensibles, c'est déjà celle qu'exprime la Jeune Parque retrouvant avec amour, à son réveil, ce corps, « instrument admirable ».

> Arche toute secrète, et pourtant si prochaine,
> Mes transports, cette nuit, pensaient briser ta chaîne ;
> Je n'ai fait que bercer de lamentations
> Tes flancs chargés de jours et de créations !

La jeune vierge absolue a donc abdiqué son orgueil d'idéale pureté et s'accepte désormais dans sa condition charnelle de « Vierge de sang ». Après avoir haï son cœur, en le considérant comme responsable des troubles et des vices du fonctionnement psychologique, la voilà qui l'accepte et même l'« adore » en tant que résonateur puissant enregistrant tous les messages sensibles du monde.

> Alors, malgré moi-même, il le faut, ô Soleil,
> Que j'adore mon cœur où tu te viens connaître,
> Doux et puissant retour du délice de naître.

Comment ne pas voir dans cette fin de la Jeune Parque le germe de cet aveu si émouvant que Valéry écrivit d'une main tremblante sur la dernière page de ses Cahiers peu de jours avant sa mort !

> « Après tout, j'ai fait ce que j'ai pu. Je connais :
> — 1°) assez mon esprit...
> — 2°) Je connais my heart, aussi. Il triomphe. Plus fort que tout, que l'esprit, que l'organisme. Voilà le fait. Le plus obscur des faits. Plus fort que le vouloir vivre et que le pouvoir comprendre est donc ce sacré C. « Cœur », c'est mal nommé. Je voudrais au moins trouver le vrai nom de ce terrible résonateur ». (Cahier 29, p. 909).

Nous voici parvenus au terme d'une trop longue analyse de ce « poème de la sensibilité » qu'est la Jeune Parque. Et pourtant, avons-nous seulement effleuré le poème et tout cet enchantement d'univers créé par le charme poétique et dont la richesse défie tout commentaire ? En particulier, nous avons conscience d'avoir développé de façon disproportionnée l'analyse du fond au détriment de celle de la forme. Mais peut-il en être autrement chez le lecteur, quand la forme poétique elle-même suscite et excite en lui l'éclosion de la pensée ? Nous voudrions pourtant rétablir quelque peu l'équilibre en soulignant combien le développement en prose des idées contenues, comme en germes, dans la condensation de la forme poétique entraîne une dévaluation automatique semblable à celle qui suit la traduction d'une monaie or en une monaie fiduciaire. Car la poésie n'ajoute pas seulement une forme aux idées, elle en transforme la nature, leur communiquant une participation à l'Etre, une densité ontologique, que le langage prosaïque, resté au niveau de la connaissance, est incapable de maintenir. C'est que qu'exprime Valéry dans les Cahiers :

> « Le langage s'identifie avec la connaissance. Mais la forme du langage, cette forme qui permet de concevoir des combinaisons du du langage, le montre comme fonction et tenant à l'Etre ». (Cahier 6, p. 193).

Notre excuse sera cependant d'avoir voulu rétablir le poème de la Jeune Parque dans le courant d'évolution générale du poète, au cœur de son aventure intellectuelle. Quand il écrit à Frédéric Lefèvre :

> « Le sujet véritable du poème est la peinture d'une suite de substitutions psychologiques et en somme le changement d'une conscience pendant la durée d'une nuit »,

il est évident que ce changement de conscience pendant la durée d'une nuit n'est que la transposition poétique de la révolution lente et souterraine qui s'est produite dans l'attitude mentale de Valéry pendant la nuit de son silence poétique, jusqu'à son « retour invincible » à la poésie. Notre conviction ne fait que suivre l'aveu du poète : « Qui saura me lire lira une autobiographie, dans la forme ». Sous le symbole poétique d'une jeune vierge, émue par le premier éveil de l'amour sous forme de rêves voluptueux, et se révoltant

jusqu'à préférer la mort pour défendre le souvenir de son innocence, puis finissant par céder aux appels de l'instinct et de la Nature, c'est en réalité tout son propre drame intellectuel, échelon-
né sur vingt ans d'existence, que Valéry évoque. En ce sens, la
Jeune Parque forme une transition importante, rétablissant l'équilibre psychologique qui avait été plus ou moins artificiellement
rompu par la révolution de 1892. On pourrait dire en résumé que
ce poème représente la mise en œuvre d'une résolution mentale au
problème déchirant de l'opposition entre l'intellect et la sensibilité
On ne soulignera jamais assez le « rôle joué par l'œuvre dans la
vie de son auteur », (Lettre à Aimé Lafont), celui-ci étant le produit
de l'exercice qu'il a investi dans son œuvre, tout autant que l'inverse. Les exercices de la Jeune Parque assurent comme un débloca-
ge psychologique du poète, qui retrouvera grâce à eux toute la
richesse de sa veine poétique, ainsi qu'il en témoigne :

> « Alors, ayant achevé ma Jeune Parque, il m'est arrivé, quelques
> semaines après, d'écrire en très peu de temps, très rapidement,
> Aurore et Palme, et j'ai eu l'impression moi-même qu'ayant fait
> de l'exercice avec une barre de plomb j'en faisais avec un fleuret ».
> (Pléiade I, p. 1623).

Une étape est franchie, un problème est dépassé. Avec Cimetière marin, par exemple, le problème ne sera plus le conflit entre
l'intellect et la sensibilité, mais entre l'absolu et la vie.

Résumons une dernière fois le sens du mythe contenu par le
poème. La Jeune Parque est le symbole de la conscience en son
intériorité la plus lucide ; elle ne représente donc pas la simple
conscience psychologique, mais cette part la plus secrète, la plus
intime et la plus virginale de notre être, cette part silencieuse
qui est source de toutes nos paroles et que la parole jamais n'exprime ; ce recoin obscur, inaccessible à tout éclairement et d'où jail-
lissent pourtant toutes nos clartés ; ce Moi absolu, impersonnel,
principe de ce qu'il y a en nous de plus personnel ; ce Moi invariant,
cause première de toute notre dynamique croissance ; le Moi vrai
qui est notre identitié inconnue, qu'une vie entière n'arrive point à
révéler et qui plonge ses racines dans ces « ténèbres éveillées »
qui sont la trame secrète du monde.

Quant au serpent, il n'est pas seulement l'extériorisation mythique d'une puissance de mal irritant et excitant l'appétit des désirs physiques, car cette irritation physique elle-même semble pro-
venir de cette soif qu'a l'homme de se connaître jusqu'en son enracinement et en son incarnation charnelle. Le serpent traduit donc,
au-delà de cette équivoque charnelle, la faculté qu'a l'esprit de se
saisir lui-même, se pliant et s'enroulant sur soi, capable, comme
le serpent, dans une folie de connaissance de soi, de se mordre la
queue et de se prendre soi-même comme nourriture de son appétit
de lucidité. Car c'est bien cela que devient le serpent chez Valéry, le
symbole de l'esprit lucide :

> Quel repli de désirs, sa traîne !...
> Et quelle sombre soif de la limpidité !

Aussi est-il possible de se questionner : cette soif de connaissance qui tourmente l'homme et dont la pointe extrême semble être l'auto-connaissance de soi, est-elle la marque du Bien suprême et le signe de la dignité angélique de l'homme ? ou au contraire, est-elle l'organe de son malheur et de son Mal, l'indice d'un destin dramatiquement voué à l'auto-destruction et à la vaine poursuite d'un mirage insaisissable ? L'esprit est-il un don que nous devons bénir, ou est-il une tare que nous devons maudire ? Cette indécision et cette équivoque quant à la valeur réelle de l'esprit, hésitant dans le choix entre la bénédiction et la malédiction, est d'ailleurs peut-être inhérente à l'aventure humaine elle-même dont seule la fin révèlera si elle fut maudite ou si elle fut bénie. D'où le sens de l'épigraphe, citation corrigée de Corneille, dans sa forme interrogatrice :

> Le Ciel a-t-il formé cet amas de merveilles
> Pour la demeure d'un serpent ?

Cette antithèse entre la suprême merveille d'un être béni du Ciel et la forme repoussante de la créature la plus vile et la plus frappée de malédiction, semble bien être le symbole d'une interrogation sur l'esprit, capable de contenir les plus sublimes trésors, comme aussi les obscurités les plus noires d'un gouffre infernal. Cependant, l'antithèse se présente seulement à titre d'hypothèse, et non comme les termes d'une équivalence. Valéry n'est pas comme Baudelaire déchiré par deux postulations également captivantes. Il n'est pas le poète des recoins obscurs et troubles ; toute son aspiration et toute la dynamique de son esprit le poussent vers la lumière. Mais si la lumière est le pôle d'attraction de son idéal de connaissance, il n'en reste pas moins qu'un doute subsiste et que l'obscurité demeure comme un constituant possible de l'existence. Valéry n'éprouve aucune pulsion vers l'obscurité, rien ne l'attire dans les ténèbres. Tout son être, au contraire, le pousse vers la clarté, la limpidité, les transparences de la Lumière. Mais rien ne l'assure toutefois contre cette possible alternative de l'Obscurité.

CHAPITRE VI

" ET MOI S'ENFUIT TOUJOURS
DE MA PERSONNE "

« Tout repose sur moi et je tiens à un fil », telle est la « sentence étrange et ambiguë » que se répète Socrate après avoir été abandonné par son médecin. Responsable de notre représentation et du mode particulier sous lequel nous percevons le monde, auteur des qualités et des significations dont nous habillons le flot de vibrations captées par nos sens, notre moi est bien le support de l'univers. Et pourtant, quoi de plus fragile, de plus ambigu, de plus ignoré que ce moi, dont ce n'est pas seulement la vie physique qui ne tient qu'à un fil, mais toute la vie intellectuelle et spirituelle qui ne tient que d'un mystère son étrange existence ?

Supports du monde et roseaux que l'air brise,
    Vous vivez... Quelle surprise !
    Un mystère est tout votre bien,
... Que seriez-vous, si vous n'étiez mystère ?

Il n'est pas exagéré de voir dans ce fil symbolique celui que le doigt doré de la Jeune Parque « dispute au matin ». Instinct vital, noyé dans un fond de sensibilité existentielle insaisissable, c'est lui qui, malgré nous, nous porte à la vie. Si Valéry a pris pour figure la plus jeune des trois Parques, c'est bien pour marquer cette naissance à la vie, à la conscience et à l'esprit, naissance constamment renouvelée dans son surgissement ininterrompu qui nous fait naître à nous-même et à 'univers à chaque instant, mais naissance et surgissement qui dans leur obscure profondeur toujours échappent à notre regard.

Ainsi cette Jeune Parque, dispensatrice mystérieuse du fil nourricier de notre existence, qui comme un cordon ombilical nous rattache à la grande réalité universelle, n'est pas une figure mythologique, mais seulement le nom poétique de la région la plus secrète du Moi, celle qui peut-être échappe à la conscience, et que la conscience, qui pourtant en vit, cherche inlassablement à atteindre dans les profondeurs limites de ses jeux de miroirs, sans jamais totalement y parvenir. Retrouver ce surgissement et cette origine de la conscience, ce « fragment pur », noyau de notre moi le plus authentique, telle est la lancinante obsession de notre poète dont les « jours se passent... à (s)'interroger, ... cherchant, par tous les moyens, à (se) faire une idée de (soi)-même aussi juste, aussi sincère que possible, et ne voyant d'autre objet plus digne à approfondir ». (Pléiade I, p. 370). Car le retour de Valéry à la poésie ne l'a pas détourné de la quête à laquelle il s'est voué tout entier, le « grand dessein de mener notre moi à l'extrême de son désir de se posséder ». S'il revient à une certaine littérature, ce n'est pas parce qu'il a cessé d'en voir les dangereuses impuretés. Mais ce poète intellectuel qui dès sa jeunesse « prenait très au sérieux les affaires de son esprit, et ... se préoccupait de son salut comme d'autres font celui de leur âme », est maintenant assez fort pour non seulement éviter les pièges de la littérature, mais pour mettre celle-ci au service de son grand dessein, qui est de chercher en toute chose « une nette et extrême conscience de soi ». Malgré le succès de son œuvre et les honneurs qui bientôt l'accableront et feront presque de lui « le Bossuet de la 3e République », il ne deviendra jamais l'écrivain littéraire cherchant à plaire et sacrifiant la rigueur à la facilité. C'est cette compromission qu'il reprochera à Gide, tout en soulignant par contraste la rigueur ascétique de sa visée personnelle.

> « Il n'aime les idées que littérairement utilisables et donc il ne les comprend que dans ce genre. Pour moi, c'est le contraire, presque toujours. Si par conséqence, il rapporte tout à soi qui est tout, littérature, bonne littérature, mais littérature, c'est-à-dire envie de séduire, de gagner les gens, les jeunes surtout, tandis que je mets avant tout le souci de me gagner, moi, par fabrication forcenée de ma rigueur ». (Cahier 26, p. 354).

Mettre la littérature au service de ce « souci de (se) gagner », de ce « désir de se posséder », tel est le tour de force qu'accomplira Valéry. « Que devient la littérature dans cette manière ? Un problème, une application, mais pas un but, ni un point fondamental », écrivait-il déjà à Gide en 1899, entrevoyant l'évolution de la littérature à l'image de celle de la médecine qui, après avoir été un art, « avec les superstitions et les engouements du public, est bien devenue un problème particulier de chimie ». La poésie et l'art littéraire ne seront plus une fin en soi, mais « un moyen de modifier par réaction l'être de leur auteur », devenant ainsi un instrument et une application de cette « Science intérieure », entrevue par les mystiques, et dont lui-même rêvait de poser les bases. Ainsi toute l'œuvre de Valéry tournera autour d'un thème de recherche constant, la recherche du moi véritable, structural et essentiel, au-delà des formes variables et accidentelles du moi psychologique.

On sait la somme prodigieuse de réflexions, de travaux, de notes, consacrés par Valéry à cette recherche d'une « science intérieure », d'une « analyse de l'esprit » qui mettrait au clair les conditions du fonctionnement de la pensée. Il lui réservait le meilleur de son temps, ces heures matinales, qui lui permettaient de s'adonner librement à son « heure ou deux de culture psychique sans objet, entre 5 et 7 ». (Cahier 16, p. 793). « Voici cinquante et quelques années que ma tête avant l'aube m'exerce tous les jours. Ce sont deux à trois heures de manœuvres intérieures dont j'ai physiologiquement besoin ». (Lettre au R.P. Rideau, 1943). Il n'est malheureusement pas sûr que l'énorme somme de notes écrites dans les Cahiers sur ce sujet nous permettent de restituer ne serait-ce même qu'une esquisse de ce qu'il cherchait sous le nom de « Mécanique de l'esprit ». Judith Robinson s'y est essayée, sans nous semble-t-il y avoir vraiment réussi. La tâche est peut-être impossible, ainsi que Valéry s'en rendait compte lui-même. « Il écrit des Cahiers secrets que personne ne lira jamais ». (Cahier 16, p. 42). « A quoi diable sert, servira, peut servir tout ce que je mets là ? » (Cahier 16, p. 793). « Je crois que ce que j'ai trouvé d'important — je suis sûr de cette valeur — ne sera pas facile à déchiffrer de mes notes. Peu importe ? » (Cahier 29, p. 909). Sans revenir sur les traces de J. Robinson, nous nous contenterons de citer quelques notes des Cahiers décrivant le sens général de ce projet de « science de tout l'esprit ». Jamais poète ne se sera sans doute consacré avec autant de volonté, d'acharnement et de continuité à une étude aussi sévère et méthodique, digne des meilleures recherches scientifiques.

> « Aujourd'hui, après le criticisme, le moment est bien meilleur que naguère pour faire la Science intérieure, celle que les mystiques ont entrevue ! Et peu de gens s'y adonnent. Je voudrais l'apercevoir ». (Cahier I, p. 64).

> « La psychologie jusqu'aujourd'hui était réduite à l'observation. Les difficultés étaient d'observer et d'exprimer ses observations. Il est sans doute temps d'y introduire le raisonnement par développement et la méthode de variation et les hypothèses ». (Cahier I, p. 114).

> « L'idée fondamentale de mes idées est de regarder les faits de la connaissance comme des combinaisons d'éléments connaissables mais irréductibles et de chercher alors parmi ces combinaisons, si c'est possible, celles qui représenteraient le mieux l'ensemble des données. Il s'agit de construire des fonctions d'images et d'actes telles qu'on distingue les composantes dans la résultante et que les unités construites ou reconstruites ne contiennent rien de caché ». (Cahier III, p. 704).

> « 1910. Vieux désir, te revoilà, (périodique souffleur) de tout reconstruire en matériaux purs : rien que d'éléments définis, rien que de relations nettes, rien que de contacts et de contours dessinés, rien que de formes conquises, et pas de vague ». (Pléiade IV, p. 461).

> « Mon but principal a été de me figurer aussi simplement, aussi nettement que possible, mon propre fonctionnement d'ensemble-monde, corps, pensées ». (Cahier V, p. 211).

> « Psychologie. Psychologues.

Pour moi, j'ai essayé de me faire une idée du fonctionnement total de la marionnette. J'ai essayé de voir, de rendre sensible à mon « esprit », cette chose mouvante, changeante, pensante, consciente. J'ai pensé que cette unité si complexe devait satisfaire à des « équations de condition », qui s'imposassent en même temps au « corps », à « l'esprit », et au « milieu » inséparable du corps et de l'esprit ; que ces conditions étaient cachées dans l'idée vague du Moi, de l'homme, du Présent. J'ai supposé que sous l'empire de ces conditions, toutes les modifications de toute espèce du sujet se limitaient et se composaient. Tout ceci n'avait pas été fait, et je ne puis pas dire d'ailleurs que je l'ai fait. Je l'ai conçu et cherché de mille manières depuis 30 ans environ ». (Cahier 8, p. 349).

« Je pense que le mécanisme de la sensibilité et celui de la connaissance seront connus assez bien quelque jour. Cette vue claire fera éliminer bien des problèmes et l'instrument humain s'emploiera mieux soi-même, s'il lui reste alors un but, un désir. Je veux dire que l'idée que l'on se fera alors de la pensée, des sentiments, de la connaissance de tous ordres et de leur portée, agira sur les contenus, les objets, les volontés, les valeurs attribuées, affectées. Le « monde », « l'homme », la « vie », « l'esprit » etc. auront des substituts plus précis dans les « esprits ». Littérature et philosophie, s'ils sont encore possibles, le seront dans un domaine et avec des retentissements bien différents. Je pense toujours à ces sujets comme si l'avenir devait les altérer énormément dans le sens indiqué par le développement de la connaissance physique.

L'accroissement considérable de la différence entre la vision naïve des choses et la vision révisée, (plus grande que celle entre la vision du nouveau né et la vision de l'homme), met aussi un intervalle choquant entre les jugements et sentiments littéraires, philosophiques et politiques et ceux qui s'imposent aux esprits, au même esprit, dans le domaine des parties refaites du savoir. Jamais le problème d'ajuster les parties d'un système qui doit être Un, et qui est désaccordé, ne fut si nettement proposé, et jamais l'hiatus plus grand ». (Cahier 12, p. 491).

« Ego. J'ai pensé, j'ai cru avec foi, qu'il était possible de concevoir une sorte de science de tout l'esprit, c'est-à-dire simplement, de tout traduire en un langage selon lequel sensibilité et signification, durées et choses, manifestassent des équivalences de substitution et de génération mutuelles, lesquels effets sont proprement l'esprit même. Et c'est en quoi la création artistique (elle est toujours artistique) est possible et consiste par ex. : un temps d'attente, sensible ou non, à des effets. » (Cahier 15, p. 576).

« Je ne puis désigner ce que j'ai cherché que sous le nom de « Mécanique de l'esprit », ce qui en dit trop, et dit mal. En somme, j'entends par là :

1°) ce que j'essayai et ai essayé de voir dans la production interne et les productions humaines, quand on les regarde non isolément et une à une ;

2°) ce en quoi « l'esprit » ne s'invente pas soi-même à chaque instant ». (Cahier 18, p. 529).

« Voici le fond de ma pensée. L'observation la plus superficielle m'a fait voir qu'il faut admettre une sorte de Physique du Système nerveux, qui s'impose à la sensibilité et au psychisme ». (Cahier 24, p. 203).

« — $\varphi + \psi$. Ma première découverte fut anti-idéaliste et fut la formule qui exprime la différence entre le sensible extérieur et les produits de l'esprit, différence qui se complète par une loi de concurrence. La différence consiste en ceci que la présence des choses sensibles n'est pas soutenir nécessairement par une activité sensible de Moi. Les choses sensibles sont celles qui n'ont pas besoin de Moi, et je puis « penser » en regard d'elles à quoi que ce soit. Je puis donc voir sans voir, entendre sans entendre. Le voir et l'entendre sont négligeables dans une infinité de cas. Mais je ne puis penser sans penser. L'activité mentale a besoin de « moi ». (Cahier 25, p. 11).

Tout ce que j'ai tenté se résume en peu de mots : j'ai tenté de replacer dans la « vie », c'est-à-dire dans l'observation directe actuelle de quelqu'un, toutes connaissances, c'est-à-dire de re-traduire en images, signaux, durées, valeurs, relations et opérations réalisables, accidents, et développements, conditions physiologiques et esthétiques, toute cette activité qui tend à dissimuler ses limites et ses modes ». (Cahier 25, p. 166).

« Tout ceci témoigne d'une ambition aburde, mais non inféconde, qui serait nommée : théorie analytique de la pensée (c'est-à-dire de certaines transformations). Car il faut que certaines entreprises non sensées soient tentées». (Cahier 26, p. 719).

« Où je me rends justice. Altesse, saluez ! Je crois être le premier qui ait essayé de se faire une idée de la mécanique sensitive, psychique et active (ou agissante) de l'individu. (Se, c'est-à-dire pour soi, n'osant la formuler pour l'usage externe). J'ai observé la substitution d'états qui nous occupent, depuis le sommeil jusqu'à l'extrême présence, les passages de l'un à l'autre, la composition de ces états en constituants d'espèces diverses (ou fonctions, termes définis à ma façon, simples ou composées), les modulations ou bien les discontinuités, la production fondamentale du Moi, propriété immédiate de la sensibilité en tant que diversité hétérogène. « Moi pur » opposé à la personnalité ». (Cahier 27, p. 550).

Ces quelques citations prises dans une masse de réflexions couvrant cinquante années d'études presque quotidiennes pourront apparaître ou trop longues ou insuffisantes. Sans nous permettre une restitution détaillée de cette « théorie analytique de la pensée » à laquelle Valéry s'était essayé, elles nous autorisent cependant un certain nombre de remarques :

1°. Valéry a le sentiment d'avoir été un pionnier ayant entrepris une étude qui n'avait encore jamais été faite. Il se distingue en particulier tout autant des psychologues, réduits à de simples observations qu'ils trahissent au lieu de les décrire, que des philosophes, dont les théories s'éloignent trop de l'expérience réelle.

2°. Cette étude est urgente et doit combler une lacune déplorable : alors que certains secteurs de notre savoir ont été révisés et refaits sur des bases sûres et claires, les sciences de l'esprit restent obscures et primitives.

3°. Cette étude de l'esprit doit renouveler totalement la littérature et la philosophie. « J'assiste à l'arrêt de ce qu'on nomme littérature », écrivait-il déjà à Gide, en 1894.

4°. Cette connaissance des mécanismes de la pensée, loin de réduire et de paralyser la création artistique, doit, au contraire, élever les arts à une dimension d'authenticité jusque là inconnue.

5°. Ce qui semble le plus caractériser la méthode de Valéry, c'est son approche phénoménologique de retour aux intuitions originaires, « aux vrais phénomènes », par-delà ou en deçà de toutes les fausses conceptualisations, qu'elles soient philosophiques ou simplement charriées par le langage.

On retrouve même dans ses notes la formulation d'un des axiomes majeurs de la phénoménologie husserlienne, sans qu'il eût sans doute connu les travaux de Husserl.

> « La conscience ne peut être sans objets, ni des objets sans elle. Mais elle a deux sources (φ et ψ, physique et psychique). De plus il y a une relation entre elle et ses objets ». (Cahier 26, p. 32).

Husserl déclarait avant lui : « Toute conscience est conscience de quelque chose », fondant ainsi une méthode d'élucidation du sens des phénomènes qui se révèlent à la conscience pour laquelle et par laquelle il y a un monde, et évitant ainsi aussi bien les pièges du réalisme que ceux de l'idéalisme. C'est bien le même dépassement des faux problèmes où s'enferment réalisme et idéalisme qu'on retrouve dans la démarche de Valéry tentant « de replacer dans la vie, c'est-à-dire dans l'observation directe, actuelle, de quelqu'un, toutes connaissances », toute cette activité pensante qui s'offre le spectacle d'un monde. « Le monde est réciproque de nos sens. Et penser monde, abstraction faite de l'homme, est un non-sens », écrit-il, (Cahier 8, p. 306), mettant ainsi en évidence cette interdépendance fondamentale du monde et du moi, si caractéristique de la description phénoménologique. Rappelons encore Husserl : « Notre mise entre parenthèses exclut le monde simplement là du champ de conscience du sujet, et lui substitue le monde éprouvé, perçu, remémoré, jugé, pensé, évalué... Ce n'est plus alors le monde ou une quelconque de ses régions qui apparaît, mais le sens du monde ». Car le monde n'est pas connaissable comme une entité extérieure à ma conscience et indépendante d'elle, mais uniquement, malgré la transcendance par laquelle il échappe à ma conscience, à travers les nuances variées du vécu existentiel de ma conscience, qui est elle-même liée à ma sensibilité sensorielle. Tel est le sens général de nombreuses notes des Cahiers, introduites par le sigle d'identification C.E.M., formule exprimant l'interdépendance réciproque de mon Corps, de mon Esprit et de mon Monde.

> « C.E.M. Qu'est-ce qui se conserve ? C'est le Mon Corps et le Mon monde entendus, non comme le corps et le monde, mais comme membres de la relation C.E.M. Par exemple, la relation

contraste Moi/non Moi, ou ψ et φ est au moins, comme « probabilité » vive, comme référence, et conscience par laquelle on repasse,
à laquelle on revient ou retombe toujours. (Si on n'y retombe pas...
on tombe !) Cette relation C.E.M. fondamentale. Le C., l'E. et l'M.
ordinaire, mais non celui que je cote M, qui est le Mon-Monde et
n'est jamais pensé par définition. Il est toujours sensoriel ». (Cahier
25, p. 473).

Il nous semble n'y avoir qu'un pas entre cette indivisibilité de
la relation constituante C.E.M., et la réduction phénoménologique
dont le résultat est de réduire et de lier notre expérience du monde
à ce qui nous est donné, à ce qui apparaît à notre conscience dans
son authenticité vécue. Le moi devient ainsi pierre de touche du
sens de cette expérience, non pas le moi psychologique qui n'est lui-
même qu'un groupe de phénomènes passant dans le champ d'observation de notre conscience, mais plutôt un moi transcendantal qui
est la source de notre présence au monde. C'est en constante référence à ce « Moi sans nom » qu'une réévaluation et une retraduction
de toute notre expérience doivent être entreprises.

> « Ego. Mon grand travail semble être, d'après ces cahiers, une
> recherche d'expression de tout en observations de moi. (Moi, sans
> nom, — Moi simple Non — (non Moi) ». (Cahier 25, p. 466).
> « Les Mémoires d'un moi. J'ai passé ma vie à transformer en
> fonctions de moi par observations sur moi, les notions et manières
> de voir que me proposait ou imposait la Fiducia extérieure donnée.
> Ce fut ma rigueur... Quant au moi ci-dessus, il est composé d'un Ce
> que je sens, et d'un Ce que je puis, tous les deux considérés autant
> que possible comme propriétés d'un système qui n'a aucune raison
> de se prétendre Moi, dont le Moi est un produit, une réponse uni-
> forme, de même que Mon nom est une réponse uniforme à telle
> question, et ainsi de mes réactions, de mes « sentiments », etc... »
> (Cahier 25, p. 484).

Ainsi, la référence à l'expérience authentiquement vécue du moi
pour se libérer de la « Fiducia extérieure », produit impur de l'influence sociale, du langage reçu et de l'attitude spontanée et naturelle, est le contraire d'une complaisance à soi, puisque le moi
psychologique est lui-même référé au jugement sévère d'un Moi
primordial qui le fonde tout en le condamnant. « Moi pur, opposé
à la personnalité ». Seuls, ce dépouillement et cette ascèse peuvent nous permettre de reconstruire toutes choses dans leur pureté.

> « Il faut supposer un homme suffisamment ingénu (un aveugle
> quant aux couleurs, par ex.) auquel il faille donner l'idée de quelque
> chose. Cette supposition est indispensable pour se mettre soi-même
> en état de concevoir à quel point la moindre notion est composée,
> combien il en est de non-nécessaires qui passent pour inévitables,
> et pour reconstruire nos idées plus purement de manière à les pou-
> voir ensuite combiner avec plus de lucidité et de suite ». (Cahier 18,
> p. 652).

On voit à quelle ascèse mentale, à quelle reconstruction intime il faut s'astreindre avant de pouvoir extraire de chaque chose son essence pure.

Ces diverses remarques nous permettent de nous élever contre le jugement de Judith Robinson présentant « l'Analyse de l'esprit dans les Cahiers de Valéry » comme celle d'un précurseur des cybernéticiens. Trompée par l'appareil mathématique dont il s'entoure souvent, ainsi que par le défaut d'une étude partielle qui ne replace pas cette « analyse de l'esprit » dans l'ensemble des préoccupations et de l'œuvre de Valéry, elle est entraînée à faire un rapprochement bien trop limitatif avec les positivistes logiques du Cercle de Vienne. En réalité, Valéry était très conscient des limites et des dangers de toute recherche purement logique et savait conserver sa liberté contre les excès de logique. C'est ainsi qu'il écrit au R.P. Rideau :

> « Ma seule « constante », mon seul instinct permanent, fut, sans doute, de me représenter de plus en plus nettement mon « fonctionnement mental », et de garder ou de reprendre aussi souvent que possible ma liberté contre les illusions et les « parasites » que nous impose l'emploi inévitable du langage. La logique n'est pas un des moindres pièges que nous trouvions sur les voies du verbe ». (Lettres à quelques-uns, p. 244).

Il n'ignore pas en effet la distance qui demeure entre le vrai logique et le réel.

> « La logique a le vice de sa puissance et la puissance de son vice. Sa puissance et son vice sont de suivre le « vrai » aux dépens du « réel ». Elle vit de définitions, et le réel n'est pas définissable, car il exclut le définiteur, le langage. En particulier, il n'admet pas les « jugements universels », le mot Tout, Tous (au sens imaginaire, non énumérable)... » (Cahier 28, p. 216).

> « Et la logique, dès qu'on s'avise de regarder aux définitions, n'est pas plus digne de confiance... » (Cahier 29, p. 538).

Mais il y a plus grave encore :

> « La logique est une branche de la magie. Elle séduit, en effet, par l'espoir que certaines opérations accomplies rituellement sur le langage auront pour résultat une formule qui sera vérifiée par les faits ». (Cahier 29, p. 646).

A quels excès de bêtise ne conduit pas en effet la logique quand elle n'est pas accompagnée du sentiment de la transcendance de toute réalité ! La logique ne serait-elle pas dans l'histoire responsable de plus de crimes que l'illogisme ? Valéry a quant à lui le juste sentiment que « rien ne mène à la parfaite barbarie plus sûrement qu'un attachement exclusif à l'esprit pur ». (Pléiade II, p. 1251).

Et d'ajouter, faisant allusion à la période iconoclaste de M. Teste : « J'ai connu de très près ce fanatisme... L'esprit tend à consommer tout le reste, et il est arrivé que la destruction et la

flamme réelle lui obéissent ». Pareillement, dans « l'Idée fixe »,
qui est en grande partie une parodie du personnage Valéry-Teste
et de sa monomanie de l'étude de la formation de nos idées, Valéry
nous met en garde contre « la puissance du moderne... fondée
sur l'objectivité ». « La discipline mentale positive, imprimée aux
esprits par l'usage ou l'abus des applications des sciences », a
rendu l'homme esclave de ce qu'il a lui-même « forgé : une manière
de voir ». Elle est responsable de notre aliénation dans ce « hideux
univers de l'Automatisme », qui tend « à diminuer dans les têtes
la quantité du Souverai Bien... ou plutôt le degré de liberté de
l'esprit ». A la limite, ce positivisme logique étoufferait totalement
la vie de l'esprit, et paralyserait le développement même de la
science, puisqu'il rendrait impossible ces « écrits » ou « excursions
harmoniques » qui sont à l'origine de toutes les grandes découvertes, et qui ont « le caractère exceptionnel, très précieux, génial, que nous attribuons à la vision mentale de qualité suprême » —
Authentique créateur lui même, sauvé du desséchement positiviste
par son retour à la poésie, et attentif aux voies mystérieuses de
« l'extase » créatrice, Valéry entrevoit une phénoménologie de la
vie de l'esprit infiniment plus riche et plus ouverte que celle qu'il
essayait de formuler au temps de M. Teste. « Il y a un travail
mental qui s'éloigne de l'état de liberté ou de disponibilité ordinaire
de l'esprit, qui s'oppose à la fois à la divagation et à l'obsession », et
qui, mettant l'esprit dans un « temps extraordinaire » d'attente et de
surprise, permet que « se forme, se construise une certaine figure,
qui ne dépend plus de vous. — Et de qui, Bon Dieu ? — Des
Dieux !... Pardieu !... » (Pl. II, p. 252 à 261). Le poète Valéry sait
bien que la logique ne suffit pas à rendre compte du caractère génial de l'inspiration, celle du poète aussi bien que celle du savant,
et qu'il ne faut pas tarir « la source inconnue de cette énergie de
première qualité... qui anime les actes dont tout l'attrait est idéal ».
(id. p. 254).

Conscient de l'irréductibilité de la réalité à tout langage. Valéry
voyait également les illusions que recèle la logique axiomatique :

> « Excès logistiques — ou les définitions sans intuitions ! Fausse
> pureté. Définitions telles que si l'on ignorait de quoi il s'agit, on
> n'y parviendrait jamais à leur aide. Il n'y a pas à rougir du dessin
> tracé, mais il y a à l'analyser et à mettre en évidence ses consti-
> tuants et ses possibilités bornées ». (Cahier 27, p. 62).

> « Les définitions par axiomes en mathématiques ont ce grave
> défaut, c'est qu'à celui qui n'aurait aucune idée de ce qu'elles
> définissent, elles ne donneraient pas cette idée. On ne peut pas ap-
> peler droite un ensemble de propositions. Et la conséquence : ces
> définitions dues à des hommes qui savent fort bien ce qu'est une
> droite par voie sensible et vulgaire, sont fabriquées par eux au
> moyen de cette connaissance intuitive dont ils ne peuvent se passer
> pour établir leur système de propositions ». (Cahier 22, p. 423).

C'est cette même liberté à l'égard de la logique qui lui fait admirer en Einstein l'artiste conjugué au savant, en ces belles pages qu'il consacre à l'inventeur de la théorie de la relativité dans « L'Idée fixe ». Le propos par lequel celui-ci conclut ses leçons le ravit tout particulièreemnt et le confirme dans ses idées.

« La distance, a-t-il dit, entre la théorie et l'expérience est telle, qu'il faut bien trouver des points de vue d'architecture ». La construction théorique de ce physicien présente en effet tant de « hardiesses » et de « points hasardeux » que seule l'imagination appartenant à une sorte de « flair supérieur » peut suppléer aux insuffisances de la logique. Que si l'on pose la question : « comment la logique tolère toutes ces inspirations et hypothèses » de l'artiste savant ? Valéry nous répond :

> « Quant à la logique, soyez tranquille... D'ailleurs, la logique peut assurer notre marche dans une certaine direction, — mais elle ne donne pas la direction ».

Y a-t-il là « du mysticisme » ? Peut-être. Il y en a « toutes les fois que nous faisons autre chose que... nous répéter ! » Ce « mysticisme » n'est d'ailleurs pas pour gêner le poète qui relève la réponse que donne Einstein à sa question : « Qu'est-ce qui me prouve qu'il y a de l'unité dans la nature ? » — « C'est un acte de foi », répondit le savant.

On voit que si l'inspiration, « la... libération de certaines harmonies, sympathies... l'apparition de certaines préférences, ... la suggestion ou perception de certaines symétries, de certaines réponses d'origine obscure, mais assez impérieuses... » jouent pour Valéry un si grand rôle dans la constitution de la science, ce n'est pas notre poète qui aurait souscrit à la conclusion si naïvement matérialiste que Judith Robinson voudrait lui attribuer, à savoir que « l'esprit n'est au fond rien d'autre que le produit d'un système physique » ! (p. 75). Sa théorie si importante des liaisons réciproques du C.E.M., d'allure si prudemment phénoménologique, s'oppose à une telle définition réductrice de l'esprit. Il n'est que de lire les belles pages qu'il consacre à décrire l'effet qu'eut dans son esprit l'apparition subite d'un rythme, analysant avec une délicate subtilité « la différence profonde qui existe entre la production spontanée par l'esprit — ou plutôt par l'ensemble de notre sensibilité, et la fabrication des œuvres », pour se persuader qu'il se serait bien gardé de toute définition séparée de l'esprit.

> « Notez que tout ce que j'ai dit ou cru dire se passe entre ce que nous appelons le Monde extérieur, ce que nous appelons notre Corps, et ce que nous appelons Notre Esprit — et demande une certaine collaboration confuse de ces trois grandes puissances ». (Pléiade I, p. 1323).

Il est donc impossible de définir ces « trois grandes puissances » séparément. Sans doute son grand désir de « pouvoir penser l'être pensant » (Cahier 8, p. 514) l'entraîne à considérer la conscience comme un système fermé. « Mon originalité en tant que penseur fut de considérer la conscience et ses formations comme un système fermé à deux variables φ et ψ ». (Cahier 28, p. 150). Mais il faut noter qu'il parle de la conscience et non de l'esprit, et que cette conscience contient toute la réalité du monde ! Rien ne lui est donc plus étranger que toute définition restrictive de l'esprit, lui qui avait tellement le sentiment du surplus indéfinissable qu'est notre Moi pur par rapport au moi singulier. « Nous sentons que nous ne sommes pas Notre Corps..., écrit-il. Mais nous sentons non moins que nous ne sommes pas notre esprit ». (Cahier 28, p. 166). Et ailleurs : « C'est ce que je porte d'inconnu à moi-même qui me fait moi ». (Cahier 5, p. 23).

En fait, l'essentiel n'est pas tant d'essayer de reconstituer dans le détail les essais d'une science de l'esprit disséminés dans les Cahiers, que de reconnaître l'effet important qu'ont eu toutes ces manœuvres intérieures sur le devenir de Valéry. Car ces essais d'analyse du fonctionnement de l'esprit ne représentent pas pour lui une fin en soi, ils n'ont en réalité qu'une valeur médiative. « Avant tout je me fais des instruments », écrit-il à Fourment en lui présentant son projet d'Arithmética universalis. Et dans les Cahiers :

> « Je m'avise que je n'écris jamais dans ces cahiers ce qui est mon plaisir, et peu ce qui est ma peine ; ni ce qui est purement momentané en général. Mais ce qui me semble de nature à accroître Mon pouvoir de transformation — à modifier par combinaison — mon implexe. Ceci suppose une sorte de croyance à je ne sais quelle édification ». (Cahier 17, p. 687).

Accroître son pouvoir de transformation, modifier son implexe, édification du soi, nous retrouvons ici cette philosophie du « que peut un homme ? » si particulière à Valéry, et cette ascèse à laquelle il s'astreignit pour parvenir à la possession de soi. Les Cahiers sont les instruments de cette édification et de cette possession de soi.

Il se pose donc une question de méthodologie dans leur étude. Les Cahiers, commencés après la crise de 92 et en conséquence d'elle, risquent en effet d'être mal compris si on ne les restitue pas dans la courbe générale d'évolution du poète depuis sa jeunesse, ainsi que dans le tableau d'ensemble de l'œuvre, de celle qui a été faite comme aussi de celle qui n'a pas été faite, mais qui était en germe. Judith Robinson, par exemple, braquée sur l'étude des Cahiers, n'aperçoit pas que l'analyse de l'esprit et du langage, qui sont effectivement deux préoccupations fondamentales de Valéry dans ses réflexions du matin, n'ont pas leur fin en elles-mêmes, et qu'elles ne constituent qu'un moyen en vue d'une fin qui est autre. Les Cahiers ne sont pas une fin en soi, à la différence d'un Journal, comme celui d'André Gide. Ce dernier est une œuvre ayant sa justification en elle-même, se clôturant sur elle-même, et réalisant

sa propre fin. Les Cahiers de Valéry ne sont au contraire que notes
éparses, même pas des essais, seulement des analyses de laboratoire, la préparation d'instruments de recherche qui, en tant que
tels, n'auront que valeurs d'instruments, de moyens devant permettre la réalisation d'un certain but qui est à voir dans la finalité
de toute cette entreprise. Pour en juger, il est donc nécessaire de
les référer à ce que l'auteur a entendu faire, au dessein plus ou
moins secret qu'il a poursuivi. Sans doute est-il difficile de dévoiler
le dessein secret qui anime un homme, et plus encore chez Valéry
dont la devise était : cache ton dieu. Mais un dieu n'est-il pas caché par essence ? La pudeur d'un homme, ajoute-t-elle à son occultation ? Quoi qu'il en soit « la recherche du dieu » reste, quant à
elle, plus ou moins dévoilée. Quelle est donc cette recherche du
dieu, cette finalité, ce grand dessein animant toutes les recherches de Valéry ? Nous les voyons, quant à nous, au point de con-
fluence des aspirations contenues dans les deux citations suivantes : « J'aurais voulu te vouer à former le cristal de chaque chose,
ma Tête ! » (Cahier 24, p. 1). « J'ai aimé les extrêmes par l'espoir
d'y trouver un fixe ». (Cahier 4, p. 281). Ainsi toutes ces recherches,
toutes ces mœuvres intérieures, toute cette ascèse de l'esprit
destinée à l'édification de soi et à l'accroissement de son « pouvoir de transformation », sont orientés vers une essentielle pureté
à travers la fabrication du « cristal de chaque chose », comme s'il
fût animé par la croyance en un pouvoir de métamorphose de l'esprit, en une alchimie de la pensée qui ne se bornerait pas à comprendre le monde, mais qui parviendrait à le refaire. Refaire le
monde, telle est bien peut-être l'ambition dernière et démesurée de
notre poète qui espère ainsi « trouver un fixe », un invariant, un
absolu, un dieu. Mais pour cela, il faut d'abord refaire ses instruments, et ainsi se refaire soi-même. C'est là l'objet des travaux
notés dans les Cahiers. Ainsi, l'analyse de l'esprit et du langage
qu'on y trouve n'est que le moyen instrumental de cette « recherche du dieu ». C'est donc un contresens qu'opère Judith Robinson
en faisant de l'analyse de l'esprit le centre des préoccupations de
Valéry, le transformant ainsi en émule du positivisme logique de
l'école de Vienne. Comment alors expliquer le poète ? Ne serait-il
poète que « malgré lui », selon le dire de Brémond ? Non, l'activité
poétique est beaucoup plus centrale et essentielle chez Valéry. Mais
il était trop intelligent et lucide pour laisser cette activité se
dérouler au hasard. Son exigence de clarté lui a fait abandonner
les trop brillantes illuminations de la jeunesse. « Je me suis jeté
dans une espèce de rigueur, pour me sauver de la gueule des sottises ». Cependant, le sauvetage de son esprit, même pendant ses vingt
ans d'ascèse et d'analyse loin de la scène littéraire, reste dépendant
de la soif de pureté et d'absolu qui avait déjà caractérisé sa jeunesse. Consciemment ou inconsciemment, cette période d'ascèse, con-
tinuée ensuite jusqu'à la fin de sa vie, devait lui permettre de
retrouver la poésie non plus au niveau des naïvetés verbales, mais

au niveau de la fine pointe d'une lucidité exploratrice de la situation ontologique de l'homme, en accord avec cette « recherche du dieu » dont nous verrons l'importance au chapitre suivant.

Pour conclure ces remarques de méthodologie, les Cahiers, comme d'ailleurs aussi, d'une certaine manière, l'œuvre de poésie et de prose elle-même, ont par rapport au grand dessein transcendant de Valéry la valeur d'un moyen par rapport à une fin. Lui-même a constamment proclamé que son œuvre publiée n'était que « commande ou exercice ». Exercice, pourrait-on dire, ou préparation pour le grand-œuvre qu'il entrevoyait. En ce qui concerne les Cahiers, bien qu'il ait déclaré dans sa lettre au R.P. Rideau qu'on pourrait peut-être y trouver « une manière ou une apparence de philosophie... et, finalement, de quoi construire un auteur sous mon nom, et supposer son Traité de l'Homme et du Monde, et même sa Métaphysique, sinon son Ethique », nous croyons que cela ne sera possible qu'à condition de ne pas oublier le caractère instrumental de ces notes du matin. Il est donc faux de privilégier les Cahiers par rapport à l'œuvre publiée, car celle-ci a pour le moins l'avantage d'être moins velléitaire que les premiers. Il est vrai que l'œuvre publiée, comme aussi les Cahiers, ne sont que les restes ou les matériaux épars d'un édifice inachevé et peut-être à peine commencé.

Valéry s'est donc employé de son mieux à élucider autant que faire se peut le mécanisme de la sensibilité et celui de la connaissance, « ambition absurde, mais non inféconde ». Remarquons en passant combien sa tentative s'apparente à celle des plus grands philosophes, de ceux qui se sont penchés sur nos instruments de connaissance pour essayer d'en mesurer la valeur, et qui ont ainsi opéré un renversement de la direction normale de notre faculté de connaissance. Celle-ci s'exerce normalement du sujet vers l'objet. Comparable à un regard ou à un faisceau lumineux, elle part de l'esprit, considéré comme origine et créateur de l'instrument de connaisance, pour se projeter vers l'extérieur et éclairer le paysage mondain. Son mouvement naturel est donc un mouvement d'expansion centripète partant du centre que nous sommes pour embrasser de son regard l'ensemble de notre environnement. L'instrument de connaissance doit évidemment être organisé et monté judicieusement dans le sujet. Mais l'instrument une fois construit, son champ d'action est dans le monde. Cependant, il peut arriver que le doute, ou un sentiment d'échec, mettant en question les résultats de notre savoir, entraînent un repliement sur le sujet et une analyse nouvelle de son pouvoir de connaissance. C'est ce genre de retour sur soi pour analyser, purifier et redéfinir nos instruments de connaissance, qui est à l'origine des grands renouveaux philosophiques, comme chez Socrate, Descartes, Kant, Husserl ou Bergson. La même défiance à l'égard de la connaissance entraîne également Valéry à vouloir redéfinir les pouvoirs réels de l'homme. Le regard de la connaissance est replié sur lui-même, resserré en son centre, contracté dans une analyse de son pouvoir formel. L'homme n'est plus défini par son savoir, par l'étendue de ses connaissances, mais par son pouvoir réel mesuré à sa capacité virtuelle d'action, dans le désintérêt, au moins provisoire, des résultats possibles de cette action. Avoir conscience des pouvoirs de l'instrument de connaissance devient l'essentiel, et non pas le produit fini de cette connaissance. Remarquons que Valéry avait cru d'abord réduire l'étude des instruments de connaissance à celle de l'intellect. Nous avons vu qu'il fut contraint ensuite d'ajouter la sensibilité. Nous verrons qu'il considèrera également, plus tard, le « cœur » comme un instrument irrationnel, inexplicable et pourtant tout puissant, « créateur de valeurs ».

Ce retour sur nos instruments de connaissance n'est pourtant pas une fin en soi. Il est destiné à clarifier nos connaissances et à « éliminer bien des problèmes » jusqu'ici faussement posés par une conceptualisation incontrôlée. Ce stade franchi, Valéry espère que « l'instrument humain s'emploiera mieux soi-même, s'il lui reste alors un but, un désir ». D'où peuvent venir ce « but » et ce « désir », indices d'une volonté capable d'orienter et d'utiliser notre instrument mental ? Notre poète ne le précise pas, mais cela suffit pour qu'il s'écarte ainsi radicalement du positivisme logique, car ces facultés orientatrices impliquent une métaphysique ouverte sur le mystère englobant de l'existence. Nous avons déjà vu qu'il avait le sentiment « que nous ne sommes pas notre esprit », et que c'est dans ce surplus inconnu que se cache notre véritable identité. « C'est ce que je porte d'inconnu à moi-même qui me fait moi ». L'enseignement le plus sûr que Valéry retire en effet de cette connaissance plus précise de l'intrument mental, c'est l'exhaustion de notre identité transcendante, de notre Moi pur, hors de toutes les formes figées qui lui servent provisoirement, et bien inadéquatement, d'instruments au niveau de notre personnalité.

Nous touchons là à un des traits les plus originaux et les plus importants de la pensée de Valéry. Rien ne le caractérise plus en effet que cette lutte constante contre les limites de la personnalité, cette volonté tenace de faire éclater les limitations d'une nature déterminée et finie, dans l'espoir de surmonter la finitude de l'humain.

> « ... ce reflet de ma nature : horreur instinctive, désintéressement de cette vie humaine particulière ». (Cahier IV, p. 392).
> « ... je ne veux être personne...
> Etre tel individu, c'est ce qui me pèse.
> Il y a quelque chose obstinément en moi qui est incommensurable avec quelque personnage que ce soit ». (Cahier V, p. 481).
> « Il me dégoûte d'être lié à ce personnage que je suis ». (Cahier 17, p. 160).
> « Sentir combien l'on est étrange. Je veux dire combien ce que l'on sent le plus soi, ses goûts, son bien, son mal, son corps perçu

ou son corps extérieur, ou son corps caché, sont particuliers, tels
et pourquoi pas autres ? L'impression de n'être ce que l'on est
que par accident... »

« Je ne veux pas être ce que je suis » est un sentiment extrêmement fort chez moi, et indépendant de « ce que je suis ». Quel que
je sois, je le repousse. Comme électricités de noms contraires.
Moi et moi-même se repoussent ! C'est un cas. Peut-être « morbide »,
c'est-à-dire rare ». (Cahier 28, p. 125).

« ... Notre histoire fait de nous Un Tel, et c'est une injure.
Quoi de plus ridicule que Quelqu'un ? » (Cahier 28, p. 823).

« ... Quoi de plus pathétique pour moi que cet étrange déchirement que je ressens, par une singulière sensibilité toute mienne
— quand il faut de nouveau participer à la particularité de l'existence d'un individu, être tel et tel, et faire comme si j'étais celui
que je suis, un Tel — Quel ennui ! Ce sentiment de ne pas pouvoir
— vouloir — et même... savoir — être cet homme est si puissant
chez moi depuis toujours, que je ne puis pas supporter même d'être
le personnage assez célèbre que je figure. Cf. l'état violent de colère
(jusqu'aux larmes) dans lequel me mit en 91 ou 92, l'article des
Débats signé « S » où il était dit à propos du « Narcisse » de la
Conque, que mon « nom voltigerait sur les lèvres des hommes » !
Je défendais mon Moi pur, mon Zéro, mon inviolable Possible Pur ».
(Cahier 29, pp. 8 et 9).

On pourrait multiplier les citations. On y retrouverait toujours
le même sentiment d'une irréconciliable et dramatique opposition
entre le Moi pur, irréductible porteur de notre identité transcendante, notre moi inaccessible et pourtant seul vrai, et l'individu
particulier que l'histoire a vêtu de telle ou telle personnalité. Celle-
ci ne semble en effet que le fruit du hasard, façonnée qu'elle est par
une série de circonstances fortuites qui auraient pu être tout autres
et qui auraient donc pu la former tout autrement. De même que ma
mémoire « est presque entièrement accidentelle quant à son contenu », de même ma personnalité « qui tient à la mémoire acquise
est un produit d'accidents ». Ainsi se creuse toujours plus pathéti-
quement le fossé qui me sépare moi-même de moi. Le moi fixé,
arrêté, particularisé, affublé de goûts et de dégoûts, d'opinions
et de sentiments, et qui constitue le personnage que nous sommes
pour autrui, suscite le mépris et le refus du moi pur, riche de toutes les virtualités, antérieur à toute individuation. Quelle diminution
en effet dans ce passage du moi idéal au moi réel !

« Un homme réel, moi, toi, n'est jamais qu'un fragment, sa vie
quelle qu'elle soit n'est jamais qu'un échantillon, une indication, un
spécimen, une ébauche, quelque chose, en un mot, de moindre dans
son ensemble que l'être possible au moyen de cet homme donné.
Pour tout homme, sa vie est une diminution (même inespérée) ;
un emploi restreint, incomplet, du plan et des organisations qui le
définissent ». (Cahier 5, p. 144).

Si donc seul le hasard nous a imposé tel ou tel rôle dans la
vie, restreignant notre moi virtuel à « un cas particulier, un spé-

cimen entr'autres possibles », comment ne pas haïr cette vie comme une étrangère ?

> « De la vie. Notre étrange épouse.
> Je puis sans doute avoir aujourd'hui une opinion sur la vie. Je l'ai toujours ressentie comme... distincte de Moi. Une sorte d'épouse, assez rarement maîtresse aimée-aimante, faisant ménage, cuisine. Assignée à Moi, liée à lui par je ne sais quelle Loi. Au fond, une étrangère dont j'ignore presque tout, et elle de moi ». (Cahier 24, p. 814).

Rien d'étonnant donc à ce que Valéry aspire à découvrir le potentiel pur antérieur à toute particularisation, l'invariant idéal qui serait susceptible d'une infinité d'éventualités, la note fondamentale du Moi pur sur laquelle toutes les mélodies particulières pourraient se fonder.

C'est déjà cette recherche du Moi transcendant, dégagé des vêtements trop étroits et trop singuliers de notre personne accidentelle, qui animait le jeune Valéry dans ses premiers essais de poésie ou de prose. Le « Narcisse parle » de 1891 est déjà libéré de la complaisance psychologique au moi individuel, tout orienté qu'il est vers la sublimation métaphysique d'un moi plus pur, « Fiancé » lointainement deviné dans le « miroir du songe insensé ». De même « Monsieur Teste » et « Léonard de Vinci », figures symboliques de la philosophie du « que peut un homme ? » expriment toutes deux cette ivresse de la volonté, grisée de conscience de soi et désireuse de parvenir au foyer lumineux de la conscience, au noyau intime d'où irradient toutes les possibilités d'éclairement, au centre rayonnant de la vision centrale capable de toutes les œuvres. Avec Léonard, Valéry imaginait un « homme universel », héros de la plus haute intelligence, duquel « toutes les facultés de l'esprit... sont largement développées à la fois » et dont l'intelligence « se confond avec l'invention d'un ordre unique ». Parvenu au centre unificateur d'une « vision centrale », concentrant en elle tout « le pouvoir de l'esprit », ce héros imaginaire que « tout oriente », est capable de la plus grande variété possible d'activités créatrices. Esprit universel, « c'est à l'univers qu'il songe toujours, et à la rigueur ». Maître du « système de ses pouvoirs », il lui suffit de « lire dans son esprit » pour être capable des illuminations les plus foudroyantes. Pour lui, les diverses activités de l'esprit, celle des sciences, comme celles des arts, ne diffèrent que comme les variations d'un fonds commun. Si donc nous voulons tenter de « nous figurer les travaux et les chemins » de cet esprit, et retrouver « la vision centrale où tout a dû se passer », force nous est d'essayer de remonter jusqu'à la génération de ses œuvres, d'imaginer « la possibilité et presque la nécessité d'un jeu général de la pensée », avant que les opérations de l'esprit ne se soient diversifiées et fixées. On voit que dans cette construction presque a priori du héros imaginaire de l'esprit, construction obtenue par « un usage du possible de la pensée » et par une induction poussant à

leur limite extrême toutes les virtualités de l'esprit, rien de personnel, d'individuel, d'historique, d'humain, ne demeure. « Il ne me
semble pas, comme la plupart des autres (esprits), devoir se lier,
pour être compris, à une nation, à une tradition, à un groupe exerçant le même art ». Et notre poète ajoute en 1930 dans les notes
marginales :

> « Peut-être la plus grande possession de soi-même éloigne-t-elle
> l'individu de toute particularité — autre que celle-là même d'être
> maître et centre de soi ? » (Pléiade I, p. 1179).

Léonard est cependant un créateur dont les œuvres sont autant
de démonstrations de ses pouvoirs universels. Mais Valéry, au
même moment, ira plus loin encore dans son abstraction et sa
recherche du Moi universel et impersonnel. Teste représente le démon de la possibilité, « l'image de l'homme rigoureux », qui a eu
l'audace et le courage de tuer en lui « la marionnette », de mépriser
sa personnalité, parce qu'il s'est préféré au niveau d'un esprit
pur, conscient de ses lois et de ses pouvoirs. Dès lors qu'il connaît
ses pouvoirs, il peut dédaigner les œuvres qui n'en seraient que
simples applications occasionnelles et ne lui apporteraient rien.
C'était supposer qu'il y ait « des chefs-d'œuvre intérieurs » plus
importants que ceux qui sont livrés à l'admiration du public et
par lesquels leur créateur court le risque d'un péché contre l'esprit, celui qui consiste à apprécier sa propre pensée « d'après l'expression de celle des autres ». Teste était pour Valéry, en même
temps qu'un programme d'étude sur les mécanismes de l'esprit, un
adieu à la littérature. Nous avons vu dans quelles conditions et
après quel approfondissement et quel enrichissement il y revint
vingt ans après.

Les « exercices » de la Jeune Parque avaient permis au nouveau poète d'acquérir une plus grande maîtrise et une plus grande
possession de soi, dans la connaissance des délicates conjugaisons
de la sensibilité et de l'intellect, eux-mêmes instruments complexes
d'une « innocente Moi », inaccessible en sa mystérieuse virginité.
Mais c'est avec « Note et digression », paru en 1919, que Valéry
parvient à l'expression la plus lucide et la plus épurée de l'idée
qu'il se fait de lui-même, et du « désir essentiel », auquel il subordonne toute sa « carrière de vie », désir de parvenir à « une connaissance de soi-même si accomplie, que rien ne puisse plus, quand
elle touche à son plus haut point, en modifier la structure, les formes et les modes ». (Pléiade I, p. 370). Ce texte est bien le chef-
d'œuvre en prose de Valéry, un des sommets de la littérature. Jamais
l'aisance et la clarté, l'élégance du style et de la pensée, l'esprit de
finesse et celui de géométrie, le sens des nuances et la volonté de
lucidité n'avaient été mobilisés en une conjonction aussi harmonieuse pour une méditation aussi difficile que celle concernant les
différents niveaux du moi et tout particulièrement la confrontation du moi-personnalité et du moi transcendant et pur.

Sous prétexte d'une explication de l'état d'esprit dans lequel il avait écrit vingt-cinq ans plus tôt son « Introduction à Léonard » et d'une justification critique de son texte, ce sont en réalité les thèmes principaux de ses préoccupations personnelles qu'il nous développe. S'il était déjà évident dans l'Introduction qu'il ne parlait en fait que de lui-même, c'est sans aucun masque, ni aucune gêne maintenant que « le Possible d'un Léonard » qu'il essaie de nous décrire, n'est que le Possible d'un Valéry ou le Possible d'un Moi tel que Valéry l'imagine. Il confesse sans ambages :

> « ... je ne trouvai pas mieux que d'attribuer à l'infortuné Léonard mes propres agitations... Je lui infligeai tous mes désirs à titre de choses possédées... Je changeai mes embarras en sa puissance supposée. J'osai me considérer sous son nom, et utiliser ma personne ».

Ce n'est pas un hasard, pourtant, si pour nous décrire le Possible d'un homme, ce que peut un homme, il revient à Léonard plutôt qu'à Teste. Ce choix est en effet la preuve qu'il a surmonté une tentation, excitante à l'extrême, et qui semble l'avoir tenté vingt ans durant, la tentation d'un esprit qui, parvenu à la connaissance de ses pouvoirs grâce à une analyse exhaustive des mécanismes de sa pensée, se préfère à toutes œuvres et se condamne ainsi à la stérilité dans la jouissance de son Moi pur : celui-ci, ayant tous les pouvoirs, dédaigne d'en exercer aucun. Valéry décrit à merveille cette tentation, cette ivresse d'une vie intellectuelle trop lucide, à laquelle Teste, ce « monstre intellectuel » anti-créateur, a succombé, mais à laquelle Léonard, le créateur et l'artiste, a su résister.

> « Et voici que son zèle pour être unique l'emportant et que son ardeur pour être toute puissante l'éclairant, elle a dépassé toutes créations, toutes œuvres et jusqu'à ses desseins les plus grands, en même temps qu'elle dépasse toute tendresse pour elle-même, et toute préférence pour ses vœux ».

Ainsi, la tentative pour accéder à l'être pur et sans visage dans la voie de M. Teste paralyse dès sa source l'élaboration de toute œuvre artistique. Mais, ce faisant, elle se prive aussi des moyens de sa propre réalisation. Car ce zèle d'unicité qui entraîne l'immolation de toute individualité, mais aussi l'incompréhension presque scandalisée de la « possibilité des autres intelligences », ne peut éviter l'illusion mortelle d'un Moi qui, s'idolâtrant dans ce qu'il a de plus idéalement impersonnel, perd non seulement le sens de la communication avec l'autre, mais, ce qui est au moins aussi grave, le sens de la communication avec soi-même. Tous les modes de dialogue sont en effet solidairement liés. Le refus du dialogue avec autrui entraîne aussi le tarissement du dialogue intérieur du moi avec moi, du moi psychologique et individualisé avec le moi secret et virtuel. Car l'expression même qui vise l'autre ne peut avoir d'autre source que le dialogue intérieur de soi-même à soi, qui est sans doute la base de tout authentique dialogue. Et de même

que le dialogue avec autrui ne peut éviter le verbiage et ne peut
être authentique sans puiser au dialogue de soi à soi, de même le
dialogue de soi à soi, du moi superficiel au moi profond, ne peut
éviter l'épuisement d'un monologue tournant en rond autour de
ses illusions, sans s'ouvrir à l'enrichissante confrontation du dialogue
avec l'autre. Or l'œuvre, quelle qu'elle soit, artistique, intellectuelle
ou matérielle, peut offrir l'occasion et les moyens de ce double dialogue. De même que l'inspiration, semblable à « la puissance du
feu » qui « ne devient utile et motrice que par les machines où l'art
l'engage », a besoin de « gênes bien placées » qui « fassent obstacle
à sa disparition totale », de même le dialogue de soi à soi, et la
réalisation du moi supérieur qui l'anime, ont besoin des gênes et des
obstacles que leur procure la confrontation avec une intelligence
autre, chargée d'un dynamisme existentiel différent du nôtre. C'est
bien ainsi d'ailleurs que Valéry a conçu les exercices de sa Jeune
Parque, non seulement comme instruments de la confrontation de
soi à soi, mais comme assurant aussi la possibilité d'une communication avec quelques personnes bien choisies. « Tu ne saurais
croire à quel point mon travail a été fait avec l'idée précise, personnelle, toujours présente de quelques destinataires. Trois ou
quatre auditeurs imaginaires ont été des instruments de mon travail », écrit-il à Gide. Valéry a donc surmonté l'illusion isolation-
niste de Teste, cette tentation de l'orgueil de l'esprit qui se refuse
à tout contrôle de ses pouvoirs. Teste n'est qu'un des possibles de
l'esprit de Valéry qui en connaît les dangereux excès. « Un des dadas de Teste, non le moins chimérique, fut de vouloir conserver
l'art tout en exterminant les illusions d'artiste et d'auteur », écrit-
il dans ses Cahiers en 1934. (Cahier XVII, p. 711). Les longs exercices de la Jeune Parque, et le fait qu'il place ensuite cette « Note et
digression » qui cherche à élucider le possible d'un individu, tel
qu'il répond à son idéal, sous le signe de Léonard, prouvent que
notre poète a définitivement dépassé le culte desséchant de l'Idole
Intellect. « Aucune superstition de l'intellect », note-t-il, en cet individu de première grandeur qu'il nomme Léonard.

L'art, et tout particulièrement la poésie, est devenu en effet
pour Valéry un des instruments privilégiés de la recherche de soi
par soi. Une étroite corrélation enlace la composition d'un poème
de cette œuvre indéfinie d'édification et de réalisation de soi. Il n'est
donc pas possible de comprendre et d'apprécier à sa valeur sa
poésie, si le lecteur se refuse à faire sien cet effort presque mystique
qui anime le poète cherchant à découvrir dans « la sphère instantanée de l'univers poétique, une idée de quelque moi merveilleusement supérieur à Moi ». Nulle poésie n'est moins gratuite que la
sienne, pourrait-on dire, nulle ne fut plus animée d'une volonté précise de communication, car c'est cette idée d'un Moi supérieur que le
poète veut communiquer par le moyen de cette « Voix pure, idéale » qu'il a su tirer du langage commun. Ceux qui accusent sa poésie
de préciosité sont ceux qui la considèrent en dehors de sa source et

de son but, et qui la séparent de cet effort du poète pour s'enfanter, par le moyen même de son poème, dans une identité supérieure à laquelle le lecteur ne peut accéder lui aussi que par un effort de purification parallèle à celui de l'auteur. Poésie exigeante donc, aussi bien pour le poète que pour son lecteur. Ce n'est pas en effet dans la Jeune Parque seule, mais à travers toute sa poésie, que Valéry vise pour lui-même, comme pour son lecteur, « une connaissance de l'être vivant qu'il ne suffit pas de reconnaître, mais qu'il faut apprendre ».

Le poète nous a renseigné quant à lui sur cette ascèse implacable, et qu'on pourrait qualifier de mystique, qui accompagne le travail de ses poèmes, et par laquelle, « toujours intérieurement en travail », il poursuit sa recherche du moi transcendantalement caché sous les désordres du moi psychologique.

> « Je ne sais s'il est encore de mode d'élaborer longuement les poèmes... tellement qu'une œuvre toujours ressaisie et refondue prenne peu à peu l'importance secrète d'une entreprise de réforme de soi-même... J'ai donc beaucoup vécu avec mes poèmes. Pendant près de dix ans, ils ont été pour moi une occupation de durée indéterminée, un exercice plutôt qu'une action, une recherche plutôt qu'une délivrance, une manœuvre de moi-même par moi-même, plutôt qu'une préparation visant le public ». (Pléiade I, p. 1496).

C'est presque à une symbiose d'une éthique et d'une esthétique que le poète en arrive, et lorsqu'il parle du travail de recherche esthétique sur la forme, il la qualifie d' « Ethique de la forme ».

> « Il existait une sorte d'Ethique de la forme qui conduisait au travail infini. Ceux qui s'y consacraient savaient bien que plus le labeur est grand, moindre est le nombre des personnes qui le conçoivent et l'apprécient ; ils peinaient pour fort peu, — et comme saintement ». (Pléiade I, p. 1497).

Si donc on veut comprendre à sa juste valeur l'esthétique valéryenne, il n'est pas possible de la séparer de cette éthique purificatrice qui vise à ce « travail sacré de l'homme, se reconstruire » (Cahier 7, p. 464).

Or cette reconstruction de soi, corrolaire de toute une ascèse d'édification qui vise à l'éclatement du moi particulier, fini, et accidentel, doit permettre le dévoilement du Moi virtuel et potentiel, le Possible du Moi, qui épuise tout l'implexe secret de l'homme. Car

> « ce qui est le plus vrai d'un individu, et le plus Lui-même, c'est son possible, que son histoire ne dégage qu'incertainement. Ce qui lui arrive peut ne pas en tirer ce qu'il ignore de soi-même. Un airain jamais heurté ne rend pas le son fondamental qui serait le sien ». (Pléiade I, p. 1203).

Mais dans cette recherche du possible essentiel, Valéry ne se contente pas de la mise à jour des talents de l'homme et de leur exploitation maximale. L'airain battu devenu capable d'émettre une mélodie n'aura pas encore épuisé toutes ses possibilités. C'est à l'ensemble des mélodies possibles qu'il faut tendre.

> « Si j'étais musicien... je penserais constamment, par exemple, à l'ensemble de toutes les mélodies possibles, je suppose. Cela me dominerait. Je chercherais à les tirer l'une de l'autre, à les classer, etc. », écrit-il à Gide en 1899.

Ainsi, même la réussite du personnage devenu célèbre par le développement conscient de ses talents ne serait encore qu'une particularisation et une individualisation mesquine de ce Moi virtuel, resté inaccessible en son « inviolable Possible Pur ». Multiplier les mélodies dont est capable l'airain, c'est encore rester dans l'ordre de la quantité indéfinie, illimitée, qui n'est peut-être qu'une répétition masquée, alors que la véritable ambition doit être d'échapper au cycle funeste de la répétition, et de dévoiler la mélodie essentielle et fondamentale, après laquelle il n'en est plus d'autres, parce qu'elle les contient toutes.

> « Cette extrême connaissance ressentie serait aussi la dernière pensée possible, et comme la dernière goutte de la liqueur qui emplit tout à fait un vase. La mesure étant comble, la durée de ma vie me semblerait exactement épuisée ». (Pléiade I, p. 370).

Cette dernière pensée possible n'est donc pas de même nature que les autres, puisque toutes les autres sont de l'ordre de la transformation et de la succession, alors que la dernière pensée bouclerait la série et fermerait le collier.

C'est ainsi que le Moi virtuel et pur est entièrement dépouillé de toute particularité individuelle, de toute singularité psychologique. Ce n'est pas dans le sens du développement original et de la personnalité que le Moi pur peut-être découvert, mais au contraire grâce au dépouillement et à l'effacement de la personnalité. Loin de Valéry donc le culte de la personnalité, la complaisance aux sentiments, aux émotions de l'individu. Tout cela est de l'ordre des accidents, des curiosités mineures, des réactions plus ou moins fortuites, des cas particuliers, par rapport à l'universalité du moi pur, « parfaitement impersonnelle » et « dont l'unique propriété est d'être ». Car nous ne sommes pas notre personnalité, et malheur à celui qui se laisse engluer dans sa personnalité, qui se diminue au point de se laisser identifier avec sa personne, puisqu'elle n'est tout au plus qu'un personnage événementiel : « elle a commencé par une chance séminale, et dans un accident microscopique », elle n'est guère qu'un « jeu de la nature, jeu de l'amour et du hasard ». Tout au plus pouvons-nous dire que nous avons une personnalité, comme nous avons un costume plus ou moins mal ajusté ; mais elle ne nous identifie pas : elle est de l'ordre de l'avoir et non de l'être ; et l'avoir est toujours accidentel, plus ou moins transformable, simple instrument au service de quelqu'un. Pour opérer cette réduction de la personnalité et la dissocier de notre moi véritable, Valéry a la perspicacité, la profondeur et le style des plus grands moralistes.

> « Elle pense périssable, elle pense individuel, elle pense par raccrocs ; et elle ramasse le meilleur de ses idées dans des occasions fortuites et secrètes qu'elle se garde d'avouer. — Et d'ailleurs, elle n'est pas sûre d'être positivement quelqu'un ; elle se déguise et se nie plus facilement qu'elle ne s'affirme. Tirant de sa propre inconsistance quelques ressources et beaucoup de vanité, elle met dans les fictions son activité favorite. Elle vit de romans, elle épouse sérieusement mille personnages. Son héros n'est jamais soi-même ». (Pléiade I, p. 1227).

Ainsi, comédienne presque par nécessité, elle adopte tour à tour des visages circonstanciels, jouant parfois le jeu de la sincérité, ce qui n'est encore qu'user d'un nouveau masque presque aussi trompeur que ceux de la dissimulation. Est-ce une fatalité si tout personnage dont elle s'affuble est immanquablement faux ? Oui, cette déconvenue de la personnalité est inévitable, lorsqu'elle se prend pour une fin, alors qu'elle ne peut servir tout au plus que de moyen. Ce n'est pas elle qui porte notre identité. L'erreur fondamentale, et peut-être le plus grave péché contre l'esprit, est, par une lâche démission de notre vocation ontologique, de lui transférer notre identité, court-circuitant ainsi les dimensions de l'être et de l'avoir. Car notre personnalité n'est qu'un instrument occasionnel mis au service du dévoilement de notre identité pure, elle « n'est qu'une chose » que seul notre aveuglement transforme en divinité intérieure.

> « Notre personnalité elle-même, que nous prenons grossièrement pour notre plus intime et plus profonde propriété, pour notre souverain bien, n'est qu'une chose, et muable et accidentelle, auprès de ce moi le plus nu ; puisque nous pouvons penser à elle, calculer ses intérêts, et même les perdre un peu de vue, elle n'est donc qu'une divinité psychologique secondaire, qui habite notre miroir et qui obéit à notre nom. Elle est de l'ordre des Pénates ». (Pléiade I, p. 1226).

Mais ce n'est pas Valéry qui lui rendra un culte, alors qu'il écrit dans les Cahiers :

> « Je m'aime, quand il me semble n'être pas celui-ci ou celui-là... je ne veux être personne... Mes intérêts ne m'intéressent que négativement. Une réussite au sens ordinaire n'en est pas une pour moi. Réussir, c'est être un tel. Etre tel individu, c'est ce qui me pèse ». (Cahier 5, p. 134).

Notre poète ne peut se reconnaître dans aucune figure personnelle aussi parfaite soit-elle. Qui ne s'est étonné devant le miroir qui reflète son visage ? Pourquoi ces traits sont-ils les miens ? et pourquoi pas d'autres traits tout différents de ceux-ci ? et d'ailleurs que signifie que ces traits-là soient miens ? Quelle relation ont-ils avec mon identité même ? Pourquoi et de quel droit me représentent-ils aux yeux d'autrui, si moi, je ne puis m'y reconnaître ? Là est, nous le verrons, le véritable sujet de « Narcisse » qui, à la différence de celui de la mythologie, amoureux de son image, hait au contraire cette image reflétée par le miroir.

> « Narcisse final. Fureur du Narcisse contre son image. Tu n'es que cela ! Quelqu'un ! Un « semblable ». (Cahier 25, p. 40).

Ce qui est vrai de l'étrangeté de notre visage, ne l'est-il pas aussi de la singularité de notre caractère, de nos habitudes, de notre personnalité ? N'est-ce pas par une superstition grossière que nous attribuons ces apparences singulières à notre identité intérieure ? Cette superstition, ce culte du moi, jusqu'où ne vont-ils pas !

> « Le dieu Moi. Le moi est une superstition qui s'étend au chapeau, à la canne, à la femme de quelqu'un et leur communique un caractère sacré, marqué par le possessif. Mon chapeau exprime une croyance (que tel chapeau a des relations mystiques avec le dieu Moi et qu'il y a des actes à moi seul permis qui peuvent s'exercer sur lui) ; Mon mal, mon ennemi — Ce moi touche à tout, se mêle de tout. Qui se délivrera de ce mot ? Il y a pourtant des fous qui ont la sagesse de parler d'eux-mêmes à la 3ème personne ! Tous les autres sont des possédés, habités par un esprit malin qui prétend s'appeler Moi ». (Cahier 25, p. 584).

Ce culte naïf des manifestations émotionnelles, des réactions psychologiques, des apparences imédiates de la personne ne laisse-t il pas courir le danger de court-circuiter et de confondre l'être et le paraître ? Et pourtant :

> « On ne peut à la fois être et paraître. Je veux dire se nourrir de soi-même substantiellement dans la solitude vraie — et vivre par le relais de l'effet sur les autres. Vivre de son reflet et non de son émission directe ». (Cahier 24, p. 727).

C'est en ce sens que Valéry craint que le développement des études psychologiques à notre époque ne fasse guère progresser l'homme vers la connaissance de sa véritable identité.

> « O Homme, garde-toi ! garde-toi d'abord de la psychologie des médecins ; ensuite de la psychologie des romanciers. Et je n'ai pas besoin de te mettre en garde contre celles des psychologues. Et si tu veux savoir pourquoi tu dois t'en garder, demande leur seulement ce qu'ils entendent par ce mot psychologie ». (Cahier 24, p. 752).

Ce n'est pas en effet au niveau de la psychologie individuelle que nous pourrons découvrir l'identité de l'homme, répondre à la question : qui suis-je ? qu'est-ce qu'un homme ? Il nous faut pour cela mettre à jour une dimension ontologique capable de libérer le moi caché et virtuel de toutes les apparences secondaires dans lesquelles la vie le laisse s'engluer et se perdre. C'est à cette descente en profondeur, bien au-delà de ce que la psychologie des profondeurs appelle subconscient ou inconscient, qui ne sont encore que des accidents de notre vie individuelle, que Valéry nous appelle, à la recherche d'une racine métaphysique transcendantale. Le poète

ne perd pourtant pas ses droits. Ecoutons-le en ces pages admirables :

> « Mais chaque vie si particulière possède toutefois, à la pro-
> fondeur d'un trésor, la permanence fondamentale d'une conscience
> que rien ne supporte ; et comme l'oreille retrouve et reperd, à tra-
> vers les vicissitudes de la symphonie, un son grave et continu qui
> ne cesse jamais d'y résider, mais qui cesse à chaque instant d'être
> saisi, le moi pur, élément unique et monotone de l'être même dans
> le monde, retrouvé, reperdu par lui-même, habite éternellement
> notre sens ; cette profonde note de l'existence domine, dès qu'on
> l'écoute, toute la complication des conditions et des variétés de
> l'existence ». (Pléiade I, p. 1228).

Heureuse comparaison de l'identité pure de l'être ensevelie sous
le chaos, le tumulte, les discordances, pas toujours symphoniques,
de nos agitations psychologiques, avec cette note fondamentale, cachée et difficilement perceptible sous l'architecture musicale dont
elle assure pourtant l'unité ! Combien difficile et exigeante est en
fait la lutte, cette guerre parfois désespérée du moi avec lui-même,
pour essayer de libérer le moi porteur de notre identité pure de
son exil et de sa captivité au fond des complications de l'existence
psychologique ! Captivité du moi en lui-même, exil où je suis moi-
même à la fois le prisonnier captif et le geôlier sévère, exil bien plus
sérieux et grave que celui assez puéril et lâche que l'âme romantique ressentait à l'égard du monde. Car si cet exil romantique
n'exprimait que complaisance naïve à soi-même, l'exil ontologique
soulève le moi dans une lutte sans merci contre lui-même. « Guerre
pour être, guerre bête, implacable : guerre étrange, sainte. Contre
tout, menée par l'être ». Cette guerre de libération de l'identité du
moi pur, Valéry l'a menée durement durant toute son existence.

> « Nettoyage. Pansage. Celui qui ne se donne pas la discipline
> tous les matins ne vaut pas cher. Qu'il est bon de se cravacher
> furieusement les idées, de rouler sa mélancolie à coup de bottes,
> de fondre sur ses phobies et ses manies, d'écorner ses idoles et de
> se réveiller, à coups de pied au derrière, de ses gloires, de ses espoirs,
> de ses regrets, de ses craintes et de ses talents. — Balayez, balayez-
> moi ce devant de porte ! » (Cahier 5, p. 628).

Voilà donc un Narcisse bien peu complaisant envers soi, dans
son ascèse constante pour se désengluer de lui-même, se dégager de
ses petitesses comme de ses grandeurs personnelles, se libérer de sa
propre image, s'enfanter ou se découvrir dans une identité dépouillée de toute finitude. Peu de narcissisme en somme, bien qu'il en
fût accusé !

> « « Culte du Moi », chez Moi. Rien de Barrès. Rien du Moi tel
> quel et que l'on désire présenter à autrui comme une belle chose.
> Point de Temple ni de louanges suffisantes. Mais un dressage, un
> manège, et une sévérité ». (Cahier 16, p. 688).

> « S'il est possible de parler encore de culte du Moi, c'est à la
> condition expresse de « ne jamais donner valeur ou puissance

d'idole à ce qui n'est pas la partie inconnaissable de soi-même ».
(Cahier 15, p. 315).

  « Car ce n'est pas sa chère personne qu'il élève à ce haut degré,
  puisqu'il la renonce en y pensant, et qu'il la substitue dans la place
  du sujet par ce moi inqualifiable, qui n'a pas de nom, qui n'a pas
  d'histoire, qui n'est pas plus sensible, ni moins réel que le centre
  de masse d'une bague ou d'un système planétaire, — mais qui résulte
  de tout, quel que soit le tout ». (Pléiade I, p. 1228).

Il n'est pas sûr que cette comparaison du moi inqualifiable et
peut-être inconnaissable, plus véritablement nous-même que le moi
personnel qui le cache bien plus qu'il ne le manifeste, avec le centre de gravité de toute la masse de nos manifestations psychologiques et intellectuelles, soit totalement heureuse. Sans doute rend-
elle compte de cet aspect de réalité virtuelle qu'a le Moi pur, qui,
pour être insensible, n'en est pas moins centre d'un pouvoir agissant. Cette virtualité mathématique permet en effet d'expliquer
le retour immanquable d'une masse située en position de déséquilibre instable vers son équilibre statique. Mais il est justement
du propre de la complexe réalité personnelle de ne pouvoir jamais
trouver son équilibre, du moins statiquement parlant, car une tension constante, et comme un secret dynamisme, la pousse toujours
vers un inévitable porte-à-faux où la situation idéale d'équilibre
est perpétuellement rejetée plus loin, dans un au-delà de soi que le
soi ne rattrape jamais, comme un mirage qui nous attire invinciblement et qui toujours devance, d'une distance infranchissable,
tous nos progrès. Vers ce Moi pur, qui brille comme un reflet
à la fois proche et lointain à la limite de nos horizons psychologiques, notre moi personnel se renonce en une exhaustion hors de
soi-même constamment renouvelée, hors de soi et pourtant toujours
vers Soi. Or, la comparaison mathématique, à laquelle cependant
Valéry reviendra d'une autre manière, ne rend pas compte de cette
dialectique dynamique et tendue qui oppose et unit en une ascension indéfinie les divers niveaux de notre moi, depuis le moi psychologique banalement personnalisé dans ses défauts et ses qualités, dans ses pouvoirs comme dans ses impuissances, jusqu'au
Moi virtuellement pur qui épuiserait tous nos pouvoirs en les poussant à leur limite supérieure, et qui ne serait plus tellement un
moi personnel qu'une nuance authentique et pure de la multiplicité Une dans l'inqualifiable simplicité de l'Etre. Car ce Moi idéal
vers lequel nous porte toute la dynamique inquiète de nos aspirations les plus personnelles échappe, ou échapperait, à la finitude
d'une personne localisée. C'est à l'universalité qu'il tend et non à
la particularisation personnelle dont il se dégage. Ainsi en est-il
du porteur imaginaire de l'idéal valéryen, le grand Vinci : « comme
si une personne particulière n'y était pas attachée, sa pensée paraît
plus universelle, plus minutieuse, plus suivie et plus isolée qu'il
n'appartient à une pensée individuelle. L'homme très élevé n'est
jamais un original. Sa personnalité est aussi insignifiante qu'il le

faut ». (Pléiade I, p. 1209). Le mouvement d'exhaustion perpétuelle qui soulève le moi hors de ses particularités finies, exhaustion semblable à celle de la conscience qui ne se saisit elle-même que dans « un détachement sans repos et sans exception de tout ce qui y paraît, quoi qui paraisse », (Pléiade I, p. 1225), détache donc incessamment le moi de tous ses contenus personnalisés et le sublime dans la figure transcendante d'un moi universel. C'est là un thème caractéristique de la méditation valéryenne, qu'on retrouve comme une basse continue dans la masse concertante de toutes ses œuvres, ou plutôt comme une notre aiguë, située à l'octave supérieure des possibilités sonores audibles et qui assure dans l'architecture symphonique de l'ensemble, le rôle d'une clé de voûte dans l'équilibre d'une ogive. N'est-ce pas merveille de la retrouver par exemple dans cet admirable discours sur ses « inspirations méditerranéennes », où le poète découvre dans le spectacle de la mer une initiation à la pensée universelle, et voit dans les éléments sensibles du paysage marin les attributs mêmes de la connaissance : « clarté, profondeur, vastitude, mesure ? » Là, le moi s'éveille à la pensée philosophique en opposant « à la particularité de notre individu, de notre personne singulière et comme spécialisée, cantonnée dans une vie locale et fragmentaire, un Moi qui la résume, la domine, la contient ».

> « ... Nous nous sentons ce moi universel, qui n'est point notre personne accidentelle, déterminée par la coïncidence d'une quantité infinie de conditions et de hasards, car (entre nous) que de choses en nous semblent avoir été tirées au sort ! ...
>
> Mais nous sentons, vous dis-je, quand nous méritons de le sentir, ce MOI universel qui n'a point de nom, point d'histoire, et pour lequel notre vie observable, notre vie reçue et conduite ou subie par nous n'est que l'une des vies innombrables que ce moi identique eût pu épouser ». (Pléiade I, p. 1093).

Ce MOI universel n'est donc pas une donnée immédiate de la conscience, il ne se livre pas à une simple aperception des contenus sensibles de la vie psychologique. Disons plus, l'habitude de l'introspection, cette attention continue aux reflets changeants de la vie intérieure, et la complaisance aux singularités personnelles de la vie psychologique qu'elle entraîne, risquent de nous immerger totalement dans le monde chatoyant et flatteur de notre moi individuel et personnel. Celui-ci, une fois amplifié et majoré, peut même devenir un écran opaque au dévoilement de ce moi lointain et transcendant qu'est le Moi universel. Toute une concentration, toute une ascèse, et tout un dépouillement sont nécessaires pour saisir ce Moi pur qui ne brille qu'au-delà de nos brouillards et de nos orages psychologiques. Nous le sentons seulement « quand nous méritons de le sentir ». Cette espèce d'éthique et de réduction phénoménologique opérant une catharsie psychologique destinée à nous dévoiler ce fragment pur de notre enracinement en l'être, est donc très différente de la méthode d'un Bergson, avec laquelle on l'a pourtant assez légèrement comparée. Le passage suivant, disant la difficulté que nous avons à comprendre l'élégance supérieure manifestée par ce « modèle de bel animal pensant », qu'est Vinci, image, nous le savons, d'un Moi universel ayant réussi le dévoilement et le passage à l'acte de toutes ses virtualités, n'est-il pas dirigé contre Bergson ?

> « Quoi de plus dur à concevoir pour des êtres comme nous sommes, qui faisons de la « sensibilité » une sorte de profession, qui prétendons à tout posséder dans quelques effets élémentaires de contraste et de résonnance nerveuse, et à tout saisir quand nous nous donnons l'illusion de nous confondre à la substance chatoyante et mobile de notre durée ? »

La tendance la plus constante de Valéry est en effet de soustraire à la mouvance et à la fluidité de la durée ce moi pur, vers lequel se renonce et se sublime toute sa personne, afin de l'insérer dans une éternité immobile, loin de tout mouvement et de tout changement.

> « Le Moi est un invariant », écrit-il. (Cahier 13, p. 254).

> « Le Moi que j'appelle le Moi pur (le centre de l'anneau) ne peut qu'être ou ne pas être. Il ne subit aucun changement. Démence, âge, rien ne l'altère. En revanche, il ne peut rien, ne sait rien. Il est identité pure. Pas de qualités, pas d'attributs ». (Cahier 16, p. 680).

Nous aurons à nous demander à quoi correspond en Valéry cette réduction du Moi pur et universel à une invariance. Nous savons en effet que c'est là une manière de voir qui lui est, « en quelque sorte consubstantielle », ainsi qu'il l'écrit au R.P. Rideau.

> « Je ne me suis jamais référé qu'à mon MOI PUR, par quoi j'entends l'absolu de la conscience, qui est l'opération unique et uniforme de se dégager automatiquement de tout, et dans ce tout, figure notre personne même, avec son histoire, ses singularités, ses puissances diverses et ses complaisances propres. Je compare volontiers ce MOI PUR à ce précieux Zéro de l'écriture mathématique, auquel toute expression algébrique s'égale ». (Lettres à quelques-uns, p. 246).

Nous croyons cependant nécessaire de distinguer auparavant entre le mouvement et la tension de réduction qui s'opère entre le moi personne et le moi pur, et d'autre part la définition ou l'essai de définition que Valéry donne de ce moi pur. Car autant nous considérons riche d'enseignement et d'intérêt cette confrontation tendue qui unit les deux pôles opposés du moi, autant nous paraît artificielle et stérile la définition mathématique du moi. Il est vrai que nous aurons à nous demander ce que cache en fait cet artifice algébrique.

L'essentiel, toutefois, est bien certainement cette dialectique de tension, d'aspiration, de sublimation, mais aussi de dramatique déchirement, qui mobilise les divers niveaux du moi en un devenir toujours inquiet et perpétuellement dynamisé, bien différent de ce « calme des dieux » auquel pourtant il aspire. L'homme se définit peut-être plus par ce qu'il cherche, que par ce qu'il croit avoir trouvé. Ainsi en est-il de Valéry dont la majesté apolinienne, tant dans sa poésie que dans sa prose, cache le résultat d'une conquête difficilement obtenue sur le drame d'une recherche en perpétuel devenir.

Bien typiquement valéryenne est en effet cette composition difficilement équilibrée par le poète entre « sa vie particulière et cette vie généralisée qu'il s'est trouvée ». (Pléiade I, p. 1217). Car ce n'est pas une identité que le moi découvre lorsqu'il s'interroge lui-même, mais plusieurs identités ; ou plutôt, notre interrogation rebondissant de niveau en niveau, la recherche d'identité se différencie selon les niveaux de l'être que la question explore.

> « Moi. Qui es-tu ? Cette question reçoit deux réponses.
> A. Je suis Monsieur un tel, né en..., avec telle histoire, tels ennuis, telles craintes ; et aussi telles sensations en ce moment même, etc.
> B. Je suis celui qui suis, celui qui parle. Celui qui répond être Monsieur un tel. Mais je ne suis pas moins celui qui pose cette question, celui donc qui ne savait pas être celui qu'il est.
> Qui donc me demande qui il est ? qui l'ignorait ? qui ? Au réveil, le moi B attend et reçoit le moi A (lequel peut être faux). Ainsi le Moi total résulte de cet échange d'une question et d'une réponse ». (Cahier 8, p. 17).

Curieuse situation de ce Moi contraint de se saisir dans la dynamique d'un échange où questions et réponses tissent le fil d'une identité qui rassemble une multitude de degrés, sans pouvoir jamais s'appesantir ou s'arrêter sur aucun d'eux ! C'est ainsi que si je puis dire banalement que je suis celui qui suis, ou celui que je suis, je puis dire aussi, plus valablement encore que je ne suis pas celui que je suis. Car cette identité que ma naissance, mon histoire, ma profession, en un mot, mon passé, m'ont faite, je puis sinon la renier, du moins ne pas la trouver conforme au projet d'existence que je me sens être plus véritablement que les retombées figées, abandonnées comme malgré lui, derrière lui, par ce projet. Qui sait si mon futur vers lequel mon projet d'être me soulève n'est pas plus véritablement moi que mon passé, que le futur éclairera d'ailleurs peut-être un jour, d'une signification nouvelle ? C'est sans doute en ce sens que Valéry écrit : « je ressens le passé plus arbitraire que l'avenir ». (Cahier 22, p. 714).

> « On ne peut enfermer un homme dans ses actes ni dans ses œuvres, ni même dans ses pensées, où lui-même ne peut s'enfermer, car nous savons par expérience propre et continuelle que ce que nous pensons et faisons à chaque instant n'est jamais exactement nôtre... Ce qui est simple. Car nous-mêmes consistons précisément dans le refus ou le regret de ce qui est ; dans une certaine distance qui nous sépare et nous distingue de l'instant. Notre vie n'est pas tant l'ensemble des choses qui nous adviennent ou que nous fûmes (qui serait une vie étrangère, énumérable, descriptible, finie) que celui des choses qui nous ont échappé ou qui nous ont déçu ». (Cahier 27, p. 274).

Une distance presque irréductible séparera toujours le moi que nous aspirons à être et le moi que nous sommes devenus, et pourtant nous sommes aussi le refus de cette distance et la protestation vivante contre toute réduction de notre identité au seul présent, en tant que le présent est toujours plus ou moins accidentel et non voulu pour lui-même. Quoi de plus moi-même que ce noyau de volonté existentielle qui me soulève au-dessus de la chrysalide de mon existence actuelle, déjà presque étrangère, puisque mon projet d'identité idéale, cosubstantiel à ma volonté la plus intime, ne peut s'y reconnaître ? Or, ce projet d'identité idéale dont Valéry se sent porteur, c'est sous les traits d'un Moi universel qu'il se le représente, Moi pur, transcendant toutes les finitudes du moi personnel.

> « Egoïsme et égotisme — Je pense peu à ma Personne. Et j'en ai pâti. C'est que je pense au Moi. Le Moi nuit à Moi... Mon véritable Moi est ou serait (sauf illusion) si général, si indépendant des événements et des caractères, que toute personnalité, même la plus admirable et la plus heureuse ne modifierait pas ma foi... d'être encore autre chose, de devoir être autre que quelque homme que ce soit entièrement définissable ». (Cahier 8, p. 583).

Cette « foi » est à l'origine de cette discipline de dressage que nous présentent les notes groupées sous le sigle de Gladiator : « Le sujet de Gladiator est la substitution d'un être pur à un être ... historique, et de l'ordre au désordre ». (Cahier 8, p. 910). Une dualité essentielle s'instaure dès lors dans le moi, dualité qu'il n'aura de cesse de réduire et de résoudre en une impossible unité, dialectique conflictuelle et toujours rebondissante entre, d'une part, le moi universel et pur, foyer de virtualités, et d'autre part la personnalité limitée et particulière, trop mesquinement humaine. Ce conflit interne qui oppose le moi au moi, est si essentiel chez Valéry qu'il en fait le thème de deux de ses poèmes les plus importants et les plus caractéristiques : Narcisse et l'Ange.

On sait combien le thème de Narcisse a hanté Valéry toute sa vie, au point qu'il lui consacrera toute une série de poèmes depuis le « Narcisse parle » de sa jeunesse jusqu'à la « Cantale de Narcisse », en passant par ces « Fragments de Narcisse », dont le titre même montre l'impossibilité pour le poète d'en finir avec ce thème. De nombreuses notes lui sont également consacrées dans les Cahiers, où le penseur prend le relai du poète tout en l'expliquant et en l'approfondissant.

> « Narcisse. La confrontation du Moi et de la personnalité. Le conflit du souvenir, du nom, des habitudes, des penchants, de la forme mirée, de l'être arrêté, fixé, inscrit, de l'histoire, du particulier, avec le centre universel, la capacité de changement, la jeunesse éternelle de l'oubli, le Protée, l'être qui ne peut être enchaîné, le mouvement tournant, la fonction renaissante, le moi qui peut être entièrement nouveau et même multiple, à plusieurs existences, à plusieurs histoires (cf. pathologie). Je puis apprendre de nouveaux gestes. Le loup garou, l'Ange et la bête, etc...

La bête regarde la coquille qu'elle vient de quitter. Est-ce possible ? Moi dans cette bizarrerie ? Moi l'a faite ? torturée ainsi ? Pourquoi pas de gauche à droite. Heureusement que je ne l'ai faite que sans le savoir. Je l'ai faite à chaque instant. Mais — j'eus beau me nier à la suite et me contredire, la succession s'est faite, l'addition s'est réalisée ». (Cahier 4, p. 181).

« Le Narcisse. La Pensée trouve un Monsieur dans le miroir ». (Cahier 11, p. 689).

On sait que Gide aussi avait été hanté par ce thème de la confrontration de la réalité avec son reflet et avait composé un Traité du Narcisse. Mais sur le même thème, quel contraste de conceptions !

« Gide est un cas particulier. Et il a la passion de l'être. Je me sens tout le contraire. Tout ce qui me donne l'impression du particulier, de la personne, m'est impossible, se fait automatiquement image dans un miroir qui peut en montrer une infinité d'autres, et préfère cette propriété à toute figure. Je me donne qu'une importance locale, considérée à regret, subie et non nécessaire à ce que Gide trouve au contraire essentiel. Et réciproquement. Les questions de sexe, de conventions, etc. me paraissent toujours d'importance limitée, c'est-à-dire sans avenir en moi qui vaille la peine du travail sérieux de Mind, quoique ceci puisse infliger des peines à l'être. Ce qui m'intéresse vraiment en moi, et dans le monde, n'a pas de sexe, ni de semblables, ni d'histoire. Tout ceci m'est latéral.

Mon Narcisse n'est pas le sien. Le mien est contraste, — la merveille que le reflet d'un Moi Pur soit un Monsieur ; un âge, un sexe, un passé, des probabilités et des certitudes ; — ou que tout ceci exige ou possède un invariant absolu, exprimé par cette contradiction. Je ne suis pas celui que je suis. Non sum qui sum ; ou Moi est une propriété de ce que je suis ». (Cahier 15, p. 274).

« Narcisse.

L'Esprit ne se reconnaît pas dans l'homme — et moi dans son miroir. Car le possible ne peut avoir un seul objet pour image C'est trop peu d'un seul pour tant d'existences... virtuelles ! » (Cahier 18, p. 45).

« Narcisse parle : ce miroir ne me sert qu'à considérer ce qui, pour moi, n'est pas moi. Je ne m'intéresse pas à moi-même en tant que je me connais ; et ce qu'en voient les autres ne m'importe que peu. Mais je m'intéresse à ce moi en tant que je l'ignore. Je m'intéresse à être, et point à être tel ou tel, car tous ceux-ci sont finis ! J'ai toujours fini d'être celui que son image retrouve et contemple ». (Cahier 18, p. 707).

Si la plupart de ces notes sont postérieures à la composition des « Fragments du Narcisse », la première, relevée dans le 4e Cahier, est antérieure de plusieurs années au retour du poète à la poésie. Celui-ci est donc parfaitement conscient des ressources originales de son thème, ainsi que de ses implications métaphysiques, lorsque l'idée lui vint « de faire une sorte de contre-partie à ce poème si sévère et si obscur de la Jeune Parque » et que « ce thème du Narcisse d'autrefois » « s'est choisi lui-même ». Mais heureux le poète capable de refréner son ambition philosophique et de repousser l'abstraction pour se soumettre aux exigences propres au charme poétique !

Si le premier « fragment » reprend la composition ainsi que plusieurs vers du Narcisse parle, l'orchestration en est cependant beaucoup plus vaste. L'inquiétude du jeune homme n'est plus aussi abruptement présentée. Un long prélude permet au monologue d'enlacer harmonieusement sa méditation aux éléments du décor pastoral qui devient ainsi un acteur même du drame et prolonge en échos extérieurs les délicates nuances des voix intérieures. Ce n'est pas seulement l'écho qui semble répéter sur le roc les murmures de l'oracle intérieur et jeter aux quatre vents la « plainte vagabonde » d'un cœur tourmenté. C'est toute la clairière, et son feuillage sombre, qui est intégrée au drame intime de la conscience.

> Antres, qui me rendez mon âme plus profonde,
> Vous renflez de votre ombre une voix qui se meurt...
> . . .
> Tout se mêle de moi, brutes divinités !
> Mes secrets dans les airs sonnent ébruités,
> Le roc rit ; l'arbre pleure...

Remarquons que cette amplification par le paysage extérieur des cheminements de la vie intérieure n'aboutit point, comme chez les romantiques, à une naïve personnalisation de la nature, mais à une intériorisation du monde intégré à la complexe aventure du drame humain. Cette attention portée au paysage, tout en éliminant de celui-ci tous les détails simplement pittoresques et tout en n'en retenant que les harmoniques conformes au drame intime, permet au poète d'aérer le traitement de son thème et d'en élargir les dimensions. De cette intériorisation métamorphosant le paysage en données intimes, le poète nous donne ici un exemple qui réalise peut-être le sommet de son art, lorsqu'il présente les dernières lueurs embrasant un coucher de soleil, sous les traits des délicates nuances qui colorent une amante comblée, toute épanouie dans le souvenir de son bonheur :

> O douceur de survivre à la force du jour
> Quand elle se retire enfin rose d'amour,
> Encore un peu brûlante, et lasse, mais comblée,
> . . .
> Le poète était conscient de sa réussite.

> « Les 8 vers que vous citez-là, déclarait-il à Jean de Latour, sont très précisément ceux qui m'ont coûté le plus de travail et que je considère comme les plus parfaits de tous ceux que j'ai écrits, je veux dire les plus conformes à ce que j'avais voulu qu'ils fussent, assouplis à toutes les contraintes que je leur avais assignées. Notez qu'ils sont, par ailleurs, absolument vides d'idées et atteignent ainsi à ce degré de pureté qui constitue justement ce que je nomme poésie pure ». (Cité dans Pléiade I, p. 1672).

Il est permis de s'opposer à la dernière assertion, qui aboutirait à identifier poésie pure et absence d'idées, ce qui n'est pas, nous le verrons, l'intention du poète. Nous croyons plutôt que celui-ci est resté fidèle à sa pudeur première qui lui faisait écrire à Gide : « Comment cacher un homme ? » Ces 8 vers sont loin d'être « vides d'idées », et leur sens symbolique s'intègre le plus harmonieusement qui soit aux multiples résonnances du thème majeur du poème. La même raison en effet qui a fait joindre au poème ces vers qui, si pudiquement, évoquent en mineur la métamorphose de l'amour comblé, justifie aussi le développement du deuxième fragment chantant sur un mode plus dramatique les « songes absolus » des amants enlacés, qui dans les convulsions de l'étreinte amoureuse avaient cru pouvoir éternellement se joindre. Ces diverses harmoniques du thème de l'amour creusent, comme en autant d'accords symphoniques, les diverses dimensions possibles du thème central. Le poète lui-même nous révèle en effet « le vrai sujet de son poème dans une note des Cahiers contemporaine des longs remaniements successifs.

> « L'intelligence mêlée à l'amour ou se substituant à lui insensiblement peut faire quelque chose de ce trouble étrange. Etre vivant contre être vivant, origine contre origine, il ne s'agit plus de sexes mais de la différence pure des moi. La proximité est chose extraordinaire. Je n'ai pas su le dire dans le Narcisse dont c'était le vrai sujet, et non la beauté revenant sur elle-même. Substitution essayée d'un être autre et indépendant à la partie spontanée du moi. Et en vérité l'être complet est double, pour cette raison si claire : que la conscience suppose un dédoublement, que je parle à moi, que je réponds à moi, et que donc moi est nécessairement deux, mais un deux dont les unités sont mêmes... » (Cahier 7, p. 627).

Comme nous sommes loin de M. Teste, fier de sa solitude, enfermé dans son esprit, tout replié sur lui-même, et repoussant « les bras d'une Berthe, s'ils prennent de l'importance » ! Voici l'intelligence qui se mêle à l'amour et s'émerveille de ce miracle : « être vivant contre être vivant » ! Mais nous sommes en 1920, année marquée, nous l'avons déjà vu, par une révolution que Valéry a jugée aussi importante que celle de 1892, bien que de signe contraire, puisqu'elle lui apportait l'acceptation de l'amour, ce « quelque chose d'immense, d'illimité, d'incommensurable... tombé(e) sur moi de tes lèvres ». (Cahier 8, p. 762). Cette révolution sentimentale nous permet de mieux comprendre quel lien unit le deuxième fragment du poème, qui chante l'aventure merveilleuse et dramatique de l'amour, avec le thème de Narcisse. Ce sont bien en effet deux aventures parallèles et complémentaires que celle qui jette le moi solitaire dans l'inquiète volonté de se connaître soi-même, et celle qui conduit deux amants à chercher dans leur union une connaissance mutuelle qui les révèle l'un à l'autre et l'un par l'autre. Jamais peut-être autant que dans l'amour l'âme ne fut plus prête à se révéler. Valéry fait d'ailleurs ici un usage répété de ce mot âme qu'il n'aime pourtant pas, outre sa répétition dans un vers qui est peut être le centre significatif du fragment :

« L'âme croit respirer l'âme toute prochaine ».

Nous verrons plus tard les changements, les évolutions, les révolutions de l'attitude de Valéry envers l'amour. Son mépris initial pour « la machine érotique » se transformera en une vision quasi mystique sur ce « mode extrême d'être », qui serait peut-être un «fragment détaché de je ne sais quelle éternité d'éclair », un « seuil de l'éternel ». (Cahier 24, p. 21). Sans doute les amants du Narcisse n'ont pas réussi à franchir ce seuil d'éternité près duquel l'expérience de la proximité amoureuse les avait amenés, et leur enthousiasme s'est tôt transformé en désespoir. La séparation, plus cruelle que la solitude, empoisonne maintenant leur existence, toute captivée par l'autre inaccessible.

« L'autre aimait ce cyprès, se dit le cœur de l'autre ».

Mais cet échec n'entraîne aucune condamnation, aucun mépris pour cette sublime tentative de communion, de proximité et de connaissance mutuelles qu'est l'amour. Les amants restent, malgré la douleur de la séparation, à jamais brûlés par leur rêve d'unité et d'échange compréhensif.

« Rien ne peut dissiper leurs songes absolus ».

Valéry ne se moque pas ici de « ces fous qui crurent que l'on aime ». Ce n'est pas avec une intelligence détachée qu'il écrit leur malheur ; car il sait par sa propre expérience que rien ne les libérera jamais de leur nostalgie d'amour et de ce brûlant souvenir

« D'une ardente alliance expirée en délices ».

Simplement et dramatiquement, pas plus que Narcisse, si avancé qu'il fût sur le chemin solitaire de la proximité de soi avec soi, n'a réussi à connaître et à saisir ce double qu'est son Moi profond et idéal, de la même manière les deux amants tout proches pourtant de l'expérience absolue qui révèlerait les âmes l'une à l'autre, n'ont pas réussi à franchir le pas final qui les eût installés dans l'éternité enfin conquise. « La grande expérience n'a pas réussi. Le plomb de l'amour, l'argent de la pensée n'ont pas su se combiner et se muer en l'or de la connaissance ». (Cahier 7, p. 665). Mais ces deux échecs semblables n'empêcheront jamais ni Valéry ni les hommes de chercher toujours sur ces deux voies parallèles l'accès à l'absolue connaissance. Car l'amour est devenu pour Valéry, après 1920, aventure de connaissance, capable d'inspirer et de renouveler l'intelligence, et la quête ontologique ne se refuse plus à cette voie d'accès à l'être, même pour le Narcisse « curieux Que de (sa) seule essence ».

Nous avons déjà vu en effet combien celui qu'on a accusé de solipcisme était en réalité si assoiffé d'amitié authentique, qu'il écrivait à son ami Fourment « son immense regret de n'avoir pas

porté cette passion de la proximité d'esprit au zénith quasi visible ».
Aussi n'est-ce pas dépasser les limites du sujet de Narcisse, particulièrement du deuxième fragment, que de citer quelques notes
des Cahiers relatives à cette véritable passion de la proximité des
esprits qu'avait notre poète. Sans doute concernent-elles l'amitié,
et l'espoir d'un « dialogue total, système de consciences nues ».
Mais nous verrons que l'amour, après 1920, n'était pas pour Valéry
porteur d'un idéal moindre que l'amitié.

> « Amour. Pouvoir de présence. L'être clef... La clef qui ouvre
> pour moi le moi ». (Cahier 10, p.   ).

> « Comme les amants s'entrejoignent et se nouent amenant les
> contacts de leur corps... ainsi leurs esprits pourraient se tâter
> et se composer en s'opposant et se trouver des ajustements ». (Cahier
> 10, p. 725).

> « Mon sujet,

> Ce que j'ai voulu faire à 18, 19 ans, d'abord le vivre, puis
> l'écrire...

> C'était une expérience folle. Une réunion de deux êtres pensants.
> Tout ce que pressent, prédit, promet le fait étonnant de se trouver,
> de se comprendre, de se dire presque tout ; a-t-on jamais fait ceci ?...

> On ne l'a pas fait. On n'a pas serré l'être à l'être... D'ailleurs
> la collaboration même n'a peut-être pas été portée à ce point que
> je vois. Il n'y a pas d'autre expérience métaphysique. C'est la
> seule... Trouver... ou ne pas trouver ! — Trouver ou ne pas trouver
> cette limite (ou une loi vers elle) entre deux intimes.

> On se touche par le regard, le langage, la prévision réciproque...
> Les amants ne s'unissent qu'en se mutilant... Mais il s'agit mainte-
> nant de s'unir dans une recherche de soi-même, dans une poursuite
> du contour ou dessin de l'être, dans le frappement aux portes du
> connaissable. Unis par ce que nous ne savons pas, et par cette
> double ignorance capitale : quoi nous sépare ? » (Cahier IV, p. 654).

> « L'amitié pourrait être la forme la plus profonde de connais-
> sance... » (Cahier 6, p. 311).

> « Une seule chose dans ce monde peut compter pour l'âme non
> vile. C'est de se convaincre qu'elle n'est point seule, et qu'elle peut
> véritablement échanger ce qu'elle a de plus précieux contre le plus
> précieux qui est dans un autre. Le même sentiment est celui qui
> est au fond de la « foi ». Car la Foi consiste dans l'assurance que
> l'on a d'un Etre intime quoique infini, et d'un échange avec lui de je
> ne sais quels présents et quelles pensées. On le sent, donc il existe.
> Toute autre chose est sans valeur auprès de celle-ci ». (Cahier 8,
> p. 501).

On le voit, « cette expérience vitale, presque métaphysique », de
« la volonté d'approximation de deux moi » ouvre à notre poète des
horizons infinis, dont il est bon de se souvenir à la lecture de Narcisse, et pas seulement du deuxième fragment. Le poète nous en
avertit : « l'intelligence mêlée à l'amour » découvre dans cette expérience rare d'« être vivant contre être vivant, origine contre origine » des dimensions insoupçonnées, et c'est là « le vrai sujet » de
Narcisse.

Cette note des Cahiers est donc infiniment précieuse : d'abord parce qu'elle nous éclaire sur le vrai sens du poème : Narcisse est le poème de la proximité ; ensuite, parce qu'à travers une meilleure compréhension du poème, elle nous permettra aussi de corriger l'image qu'on se fait habituellement de son auteur. « La proximité est chose extraordinaire ». Oui, bien certainement, et nous dirions volontiers la plus fondamentale, car derrière ce terme, si admirablement choisi par le poète, se cache la réalité existentielle la plus riche qui soit en données ontologiques convergeant sur le mystère de l'homme. La proximité, c'est en effet cette expérience rare, qui dresse comme des bornes de lumière sur la route cahoteuse de l'homme, en lui ôtant pour un instant sa lourde chape de solitude. Dans une vie où règnent trop souvent l'absence, le désert du silence, l'angoisse de questions jetées dans le vide, la proximité instaure tout à coup l'éblouissante expérience d'un monde tissé de présences. Car la proximité, c'est le sentiment consolateur d'une présence : l'absurdité de l'exil est dissipée, dès l'instant que quelqu'un est là, étonnamment proche, et sa présence métamorphose le monde du silence et des non-significations en un monde de paroles et de sens. Les distances infranchissables se sont évanouies, les murs de séparation sont tombés, les cris qui déchiraient le vide sont devenus chants annonciateurs. Une présence suffit à chasser toute l'obscurité froide du non-être. Le monde s'affirme hors du néant, car, de ce noyau d'être mis à jour par l'expérience de la présence, un rayonnement surgit qui rétablit l'univers dans sa relation à l'être. Etonnante et merveilleuse fécondité de la proximité ! C'est l'expérience des amants dont

« L'âme croit respirer l'âme toute prochaine »

et qui de cette mutuelle présence qu'instaure la proximité, « origine contre origine », pensent retrouver toute la virginité d'une recréation du monde, celle d'un recommencement absolu. Mais c'est aussi l'expérience du mystique pour lequel l'univers tout entier est constitué des signes d'une Présence, qui, pour lointaine, cachée et inaccessible qu'elle soit, est pourtant aussi proche de lui-même qu'il ne l'est à soi-même. Le radicalement inaccessible est aussi indubitablement la seule source alimentant sa soif de présence dans un indicible mouvement de transmutation incessante de la distance en proximité et de la proximité en distance. Le totalement inconnaissable est le seul qui demande l'absolu de la connaissance, quand le sommet de la connaissance épuise tout discernement dans l'infinité de l'inconnaissable. Nous savons que Valéry s'intéressait sérieusement aux grands mystiques :

« ... Mystique ! c'est-à-dire voyant les choses par référence à une intuition secrète — comme signes — comme devant être déchiffrées particulièrement et non classifiées — Voir, chercher à voir sa vérité. Prier, sanctifier sa volonté, — vouloir dans l'ordre ». (Cahier 3, p. 546).

Mais si la proximité se révèle dans l'expérience ontologique de l'amour découvrant la présence proche de ce premier autrui qu'est, pour l'homme, la femme aimée, si la proximité se révèle également dans l'expérience du mystique qui perçoit en une indicible intuition la présence infini de l'Autre divin et transcendant, la proximité c'est aussi, et tout aussi fondamentalement, l'expérience de la découverte, inépuisable elle encore, du moi authentique dans cette proximité première du soi à soi. Car « en vérité, l'être complet est double », « la conscience suppose un dédoublement », « moi est nécessairement deux, mais un deux dont les unités sont mêmes ». De ces trois dimensions de l'expérience de proximité, proximité à soi, proximité à l'autre, proximité à l'Infini divin, il est bien difficile de dire laquelle est la plus fondamentale, la plus riche d'expérience essentielle. Car sans doute sont-elles si solidaires et si communicatives entre elles, que l'absence ou l'étiolement de l'une de ces trois dimensions dans le monde intérieur d'un homme entraîne inévitablement l'appauvrissement des autres dimensions. Peut-être d'ailleurs devrions-nous ajouter une quatrième dimension à l'expérience de la proximité, celle qui concerne notre relation au monde, à l'univers naturel, lieu de toutes nos activités et de toutes nos expériences. Car la nature peut être aussi ressentie dans une relation d'extériorité, d'étrangeté, d'exil, de subordination instrumentale et matérielle à la simple satisfaction de nos besoins et de nos intérêts ; mais elle peut être aussi ressentie dans une relation de transparence ou de communion, de signes ou de messages à déchiffrer, de parole muette mais significative, de création habitée d'un sens, lieu d'une proximité et masque qui cache, et qui révèle tout à la fois, une présence. Cette dimension de proximité au monde ou à la nature n'est pas absente d'ailleurs du poème Narcisse, puisque le deuxième fragment débute par une interpellation amicale de la fontaine qui est ainsi élevée au rang d'interlocuteur, animée d'une présence capable de communiquer son expérience à celui qui l'interroge.

> « Fontaine, ma fontaine, eau froidement présente,
> Douce aux purs animaux, aux humains complaisante
> . . .
> Que de choses pourtant doivent t'être connues,
> Astres, roses, saisons, les corps et leurs amours ! »

L'allusion mythologique est devenue beaucoup plus discrète que dans les premières esquisses, fondue qu'elle est dans l'évocation du paysage et de la pensée vivante qu'il contient :

> « Claire, mais si profonde, une nymphe toujours
> Effleurée, et vivant de tout ce qui l'approche,
> Nourrit quelque sagesse à l'abri de sa roche,
> A l'ombre de ce jour qu'elle peint sous les bois.
> Elle sait à jamais des choses d'une fois...
> O présence pensive,...

C'est donc bien des quatre dimensions de la proximité qu'il nous faut parler, et nous voyons à la lecture même du poème, qui reflète en cela la véritable situation ontologique de l'homme, que toujours l'une appelle l'autre.

Si toutefois il était possible d'établir une hiérarchie dans cette corrélation des dimensions de l'expérience existentielle totale de l'homme, nous serions tentés de situer en premier cette proximité égotiste du je et du moi, par laquelle l'homme essaie, à travers l'étonnant miroir de sa conscience, de remonter jusqu'à son identité véritable. Car malgré tout l'égoïsme habituel du monde, ou plutôt en raison même de cet égoïsme grossier qui tient l'homme au plus près de ses intérêts immédiats, il n'est point de domaine où l'ignorance de l'homme soit aussi grande que dans celui qui concerne sa propre identité. L'homme pense être proche de lui-même et se connaître, quand en réalité il ne connaît que la carapace psychologique de ses réactions émotives superficielles, le cancan de sensations immédiates qui le lient au cadre ambiant, ou la fantasmagorie de sentiments plus ou moins accidentellement colorés par ses particularité caractérielles. Mais ce faisant, il ne connaît que sa « marionnette », ce personnage certes lié à lui, mais qui n'est lui-même que tout partiellement, et qui n'est que le produit plus ou moins accidentel de sa naissance en tel lieu et en telle époque, « simple événement, qu'il faut figurer, avec tous les accidents du monde, dans les statistiques et dans les tables », après avoir « commencé par une chance séminale, et dans un incident microscopique ». Mais au-delà de cette identité sociologique et psychologique, il est une identité plus essentielle, d'autant plus ignorée que la première est mieux connue, l'identité qu'on pourrait appeler métaphysique. Et c'est ainsi que le moi véritable demeure exilé sous les oripeaux plus ou moins ridicules dont s'est habillée la personnalité, exilé par la faute de l'individu lui-même, qui, par vanité, lâcheté, insouciance, frivolité, naïveté, connaîtra toute chose dans le monde et s'ignorera lui-même. Cette maladie d'aliénation est d'autant plus répandue dans le monde que l'intégration et les succès dans la société sont presque en proportion directe avec cette aliénation de l'individu, auquel il est demandé de prêter attention à toute chose sauf à lui-même, ou plutôt de ne regarder à soi qu'à travers l'optique de l'autrui social. Aussi ne faut-il pas s'étonner que dans un monde pourtant culturellement développé, de plus en plus transformé dans ses structures économiques et sociologiques par les progrès de la science, le monde spirituel de chaque individu soit si pauvre, si puéril, et s'appauvrisse peut-être même en proportion directe avec les progrès de la science. Quand la relation de l'individu à lui-même ne recouvre que l'ignorance du moi par rapport à son identité métaphysique, il est inévitable que l'ensemble de l'expérience existentielle de l'homme en soit plus ou moins gravement affectée en ses diverses dimensions. La relation à autrui se fera toute superficielle, simple échange d'utilité ou de jouissance au niveau des aliénations psychologiques, et la liaison fondamentale du couple, au lieu d'élever l'homme et la femme, qui sont l'un pour l'autre l'autrui privilégié, dans une reconnaissance mutuelle d'identités complémentaires, se dévaluera dans les boues marécageuses d'une sexualité sans mystère, devenue toute animale après avoir perdu sa dimension métaphysique. Pareillement la relation avec la transcendance divine, qui devrait élever l'univers entier au niveau d'une parole surhumaine, s'étiolera dans les naïvetés de superstitions enfantines qui ne suscitent, avec trop de raisons, hélas, que les refus de l'incroyance. Ainsi, lorsque le moi s'aliène et s'oublie, il n'est plus de toi pouvant être salué et reconnu comme l'autre avec lequel se nouent, s'échangent et se parfont la communication et la reconnaissance des identités. De même il n'est plus un Lui sublimant notre identité par le dévoilement du sens de toutes choses, et ressourçant notre moi en son origine, où il se reconnaît enfin comme parcelle solidaire d'un Tout.

C'est contre cette aliénation du moi à l'intérieur de ses propres complications psychologiques que Valéry s'est insurgé dès M. Teste, qui pour s'être « préféré », avait « tué » en lui la « marionnette ». Puis ce fut la longue période de maturation et de repliement sur soi dans le but opiniâtrement poursuivi de faire et de connaître ses instruments.

> « But d'une vie. Arriver (même sur le tard) à connaître nettement le fond de pensée et de sensibilité incomparable sur lequel on a vécu. Toute la bizarrerie et toute la banalité de soi. Toute la part nécessaire et toute la part héritée, toute la part imitée, toute la part accidente de soi. » (Cahier 20, p. 239).

Le retour à la poésie lui avait ensuite permis, grâce à ce « Poème de la sensibilité » qu'est la Jeune Parque, de reconnaître en lui les véritables relations et la nécessaire communication qui doivent s'établir entre l'intellect, d'abord trop brutalement privilégié, et la sensibilité, enfin assagie, contrôlée et, de ce fait, reconnue et acceptée. Avec ce poème de la « proximité » qu'est Narcisse, c'est une nouvelle étape dans la connaissance de soi que Valéry s'efforce de franchir. Or, il est intéressant de noter que c'est à un véritable renversement du thème mythologique que notre poète aboutit. Ce n'est plus « la beauté revenant sur elle-même », la complaisance du moi psychologique épris de ses propres particularités individuelles, que Narcisse trouve dans le miroir de la fontaine. Un amour infiniment plus complexe s'est fait jour, en vérité fondé sur une sorte de haine contre cette personnalité apparue dans le miroir. « Fureur du Narcisse contre son image, Tu n'es que cela ! Quelqu'un ! Un « semblable ». (Cahier 25, p. 27). C'est qu'à travers le miroir, qui n'est pas simple glace recouverte de tain plat, mais fontaine, dont les eaux, « Eaux planes et profondes », offrent tous les niveaux de profondeur, et réfractent dans leur transparence, tout comme la conscience, les diverses couches de l'être, ce n'est pas un simple double que « l'inquiet Narcisse » recherche, mais le dévoilement de cette insaisissable identité, transfigurée et surnaturelle, qu'il sent porter en lui.

> O semblable !... Et pourtant plus parfait que moi-même,
> Éphémère immortel, si clair devant mes yeux...

Cet « immortel », si « éphémère » qu'il apparaisse dans les reflets de « l'onde mystérieuse », quand la conscience pacifiée, clarifiée, jalousement gardée contre toute chute de feuille importune qui suffirait à rompre l'« enchantement » d'« un univers dormant », permet enfin cette descente en soi, « docile aux pentes enchantées, »

> Jusque dans les secrets de la fontaine éteinte...
> Jusque dans les secrets que je crains de savoir,
> Jusque dans le repli de l'amour de soi-même,

cet « immortel » qui apparaît alors à celui qui, seul dans le « spacieux silence » « s'approche de soi », n'est plus tant humain que divin.

> Quelle perte en soi-même offre un si calme lieu !
> L'âme, jusqu'à périr, s'y penche pour un Dieu
> Qu'elle demande à l'onde...

Un Dieu, objet d'une tendresse idéale, qui nous fasse oublier les petitesses mesquines de l'homme auquel nous ne voulons pas être réduit. Sur les chemins de la « proximité », fût-ce de la proximité solitaire et ascétique de « celui qui s'approche de soi », il ne pouvait en être autrement, croyons-nous, tant les diverses dimensions de la proximité convergent vers un foyer unique, et tant toute démarche authentique sur l'une d'elles, proximité à soi, proximité à l'autre, proximité au monde, proximité au Tout Autre divin, ne peut pas ne pas faire qu'elle ne découvre ce centre rayonnant des coordonnées humaines et divines de la Réalité existentielle. La « proximité » à soi conduit aussi à la proximité divine, comme y conduit aussi la proximité à l'autre dans la liaison transfiguratrice du couple amoureux, comme y conduit encore le spectacle enthousiasmant des paroles muettes cachées dans les beautés de la nature. Mais inversement aussi c'est à la proximité à soi que conduit, ou doit conduire, la proximité transcendante, non idolâtre, du divin. Tel est en effet l'enseignement que le midrach traditionnel nous donne à propos du premier héros de la grande aventure du retour de l'homme à sa source, le patriarche Abraham, « père d'une multitude de nations », pour lequel le cheminement d'approche à l'écoute de la parole divine s'enlaçait ou s'identifiait avec l'avancement en soi-même vers la découverte de sa véritable identité. Dans ce grand départ qui le libérait des aliénations monstrueuses de la civilisation ambiante, Abram partait non seulement à la découverte d'une Voix divine qui l'appelait vers l'inconnu, mais aussi, et tout aussi essentiellement, il partait vers le dévoilement de sa propre identité : « ton nom ne sera plus appelé Abram, ton nom sera Abraham ». L'enseignement midrachique est certes bien loin de Valéry. Il n'est pourtant pas dépourvu d'intérêt de constater que dans sa solitude pensive qui le libérait en partie des aliénations dangereuses de notre civilisation, le poète de Narcisse, reprenant à sa façon la grande aventure de l'esprit sur les chemins délicats de l'approche de soi, y essoufle son « âme » pour un Dieu qu'elle demande ». Proximité à soi, proximité divine, c'est bien cette même liaison que nous retrouvons plus explicitement dans un projet de « symphonie poétique » où le poète avait pensé reprendre encore le thème de Narcisse, s'épuisant de nostalgie pour quelque divine pureté,

> « ... où l'on ne verrait plus que le ciel et Narcisse !
> Et le Dieu que je porte en moi se dégage,
> L'infini remplace l'image dans l'eau —
> L'âme se regarde dans la beauté ».
>
> (Pléiade I, p. 1556).

On sait d'ailleurs qu'outre le projet de rassembler ses divers « Narcisse » en un recueil pour lequel il aurait écrit une préface expliquant la « métaphysique de ce mythe », Valéry songeait également à un « finale » pour son poème, finale qui aurait, semble-t-il, abordé certains aspects de cette dimension transcendante et divine du thème de la proximité. C'est ce qui ressort de certaines notes des Cahiers :

> « Narcisse. Final. Esquisse. La nuit dissipe le Narcisse — il ne voit plus ses mains ni son image... Il n'est plus que ses forces et sa pensée. Ce n'est point la mort mais le symétrique de la mort, son reflet, car l'âme est présente, le corps absent. Alors, il est le sujet et la proie d'une tendresse désespérée. Thème des grands arbres dans leurs ténèbres ». (Cahier 12, p. 282).

Sur les voies de la proximité, l'imprudent Narcisse se serait-il trop avancé ? Parti à la recherche de ce « semblable » plus parfait que (lui) même », voilà qu'il « n'est plus que ses forces et sa pensée », réduit à ce concentré d'identité transcendante qu'est la présence de l'âme. Mais cette absence du corps, tout en révélant peut-être son « inépuisable Moi » à celui qui n'est curieux Que de (sa) seule essence », si elle n'est point la mort, en est pourtant « le symétrique ». Car « rien de plus pauvre que cette âme qui a perdu son corps », estime l'auteur de Note et Digression.

> « Le corps n'est pas une guenille toute méprisable ; ce corps a trop de propriétés, il résout trop de problèmes, il possède trop de fonctions et de ressources pour ne pas répondre à quelque exigence transcendante. »
>
> « La mort interprétée comme un désastre pour l'âme ! La mort du corps, diminution de cette chose divine ! La mort, atteignant l'âme jusqu'aux larmes, et dans son œuvre la plus chère ». (Pléiade I, p. 1213).

Et voilà Narcisse devenu « la proie d'une tendresse désespérée » :

O mon bien souverain, cher corps, je n'ai que toi !

La recherche de soi serait-elle donc impossible à satisfaire ? Parvenu aux limites de la connaissance de soi, Narcisse quitte une tragédie pour tomber dans une autre. C'était d'abord la tragédie d'un corps à la recherche de son âme.

> « Jusqu'à ce temps charmant je m'étais inconnu,
> Et je ne savais pas me chérir et me joindre ! »

Et voilà qu'au moment suprême de la rencontre et de la jonction, l'une des deux moitiés de l'être manque encore ; mais la situation s'est renversée : alors que l'âme s'est révélée, c'est le corps qui s'est dissipé, et c'est maintenant la tragédie d'une âme à la recherche de son corps. La jonction de soi à soi serait-elle donc impossible ? Faut-il que toujours la division sépare les deux moitiés de l'être qui n'ont d'autre nostalgie que de s'unir ?

> « Faut-il qu'à peine aimés, l'ombre les obscurcisse,
> Et que la nuit déjà nous divise, ô Narcisse,
> Et glisse entre nous deux le fer qui coupe un fruit ! »

Qu'est le corps sans son âme qui est son Moi le plus essentiel et dont il est l'instrument de dévoilement ? Qu'est l'âme sans le corps ?

> « Un minimum logique, une sorte de vie latente dans laquelle elle est inconcevable pour nous, et sans doute, pour elle-même. Elle a tout dépouillé : pouvoir, vouloir ; savoir, peut-être ? Je ne sais même pas s'il lui peut souvenir d'avoir été, dans le temps et quelque part, la forme et l'acte de son corps ? Il lui reste l'honneur de son autonomie... » (Pléiade I, p. 1214).

Valéry a beau supposer dans ces profondes méditations de Note et digression, qu'« une si vaine et si insipide condition n'est heureusement que passagère », car « la raison demande, et le dogme impose, la restitution de la chair », et la réincarnaton de l'âme dans une « chair suprême » « pour qu'elle puisse participer à la vie éternelle », cette adoption du dogme thomiste au nom de la raison, si elle l'entraîne à s'étonner du silence de l'Eglise et des Apologistes à ce sujet, ne devient pas cependant pour lui l'objet d'une foi illuminant tous les niveaux de son être. Elle reste simple supposition théorique, une possibilité parmi d'autres, sans que la volonté et l'intériorité dynamique du moi puissent s'y accrocher plus qu'à d'autres suppositions. Valéry touche là à ses limites, sans qu'il puisse en être autrement, alors que les inconséquences et les obscurités de la révélation chrétienne lui masquaient presque irrémédiablement une autre révélation. Malgré la clarté et l'authenticité de ses démarches spirituelles qui le menaient au plus près des régions les plus intimes de l'Etre, le Monde de l'Unité lui restait inaccessible. Et comment aurait-il pu entrevoir l'unité de son être, alors que celle-ci est à l'image même de l'Unité du Monde à laquelle il ne pouvait accéder ? Dépourvu de la révélation des secrets de l'Unité, et se refusant aux solutions trompeuses des superstitions dogmatiques de l'Eglise chrétienne, son option d'unité manquait de la science nécessaire pour réunifier le monde disloqué de l'être et surpasser les divisions du moi. Avec quelle admirable lucidité cependant il reconnaît être parvenu à des limites telles que l'homme ne peut plus attendre la vérité de lui-même !

> « Homme toujours debout sur le cap Pensée, à s'écarquiller les yeux sur les limites ou des choses ou de la vue... Il est impossible de recevoir la « vérité » de soi-même. Quand on la sent se former (c'est une impression), on forme du même coup un autre soi inaccoutumé... dont on est fier, — dont on est jaloux... (C'est un comble de politique interne).
>
> Entre Moi clair et Moi trouble ; entre Moi juste et Moi coupable, il y a de vieilles haines et de vieux arrangements, de vieux renoncements et de vieilles supplications ». (Extraits du Log. Book — Pléiade 11, p. 39).

« Moi clair » et « Moi trouble », deux figures du Moi qui ne peuvent et ne savent se rejoindre. Cette division est bien le drame de Narcisse, drame que Valéry vit doublement, à partir de l'une ou de l'autre des moitiés de l'être divisé. Tantôt il expérimente cette division à partir du pôle humain et trouble du moi qui cherche à s'élever, à s'élancer vers son Image pure. Tantôt il l'expérimente à partir de l'Ange qu'il se sent toujours être au plus profond de lui-même et qui regarde avec stupéfaction vers cet Homme, en larmes, son double incompréhensible, « reflet des désordres humains » !

Car le drame de l'Ange est symétrique du drame de Narcisse. Narcisse ne peut rejoindre son Moi idéal et pur.

> « Oh ! te saisir enfin ! ... Prendre ce calme torse
> Plus pur que d'une femme et non formé de fruits...
> Mais, d'une pierre simple est le temple où je suis,
> Où je vis... Car je vis sur tes lèvres avares ! ...
> O mon corps, mon cher corps, temple qui me sépare
> De ma divinité, je voudrais apaiser
> Votre bouche... Et bientôt, je briserais, baiser,
> Ce peu qui nous défend de l'extrême existence,
> Cette tremblante, frêle, et pieuse distance
> Entre moi-même et l'onde, et mon âme, et les dieux ! »

Arrivé à ces suprêmes limites, bien peu nous sépare encore de « l'extrême existence » et de notre « divinité », mais ce peu est infranchissable. Symétriquement, l'Ange, pour lequel Valéry a déjà à cette époque (1921) écrit l'esquisse du poème qui sera la dernière œuvre de sa vie (voir Cahier 8, p. 370), se penche sur le même miroir où il ne voit pas un ange, « un fiancé Nu », mais un homme.

> « Une manière d'ange était assis sur le bord d'une fontaine. Il s'y mirait, et se voyait Homme, et en larmes, et il s'étonnait à l'extrême de s'apparaître dans l'onde nue cette proie d'une tristesse infinie...
>
> Une apparence si misérable intéressait, exerçait, interrogeait en vain sa substance spirituelle merveilleusement pure...

Et pendant une éternité, il ne cessa de connaître et de ne pas comprendre ».

Tragédie de l'Ange, tragédie de l'Homme ! Nul poète ne nous a sans doute jamais conduits aussi loin dans les mystères profonds et secrets de notre être et dans la conscience délicate de notre situation ontologique, où la découverte de la proximité risque d'être aussi celle de la division. Aussi proche de soi que « celui qui s'approche de soi » fût parvenu, il n'a pas réussi à se joindre. Telle est la conclusion dramatique de cet étonnant poème de la « proximité ».

> « Hélas ! corps misérable, il est temps de s'unir...
> Penche-toi... Baise-toi. Tremble de tout ton être !
> L'insaisissable amour que tu vins promettre
> Passe, et dans un frisson, brise Narcisse, et fuit...

Les résonnances métaphysiques de ce poème sont donc immenses. Nous avons bien conscience que ce que nous pourrions en écrire dépasserait peut être la « métaphysique de ce mythe » telle que Valéry eût pu l'écrire. Mais la meilleure preuve de l'authenticité et de la grandeur d'un poème n'est-elle pas de pouvoir éveiller dans le monde intérieur du lecteur des résonnances et des prolongements que le poète ne pouvait pas avoir totalement aperçus ? Quoi qu'il en soit, le thème de Narcisse, de « la relation de quelqu'un avec son image », était inépuisable. Mais Valéry avait conscience que l'idée abstraite qu'il en avait, toute transparente qu'elle fût sous le lyrisme pur du poème, aurait exigé plus de rigueur que la poésie en eût pu supporter. Toutes ces difficultés et d'autres expliquent sans doute que le poète ne put mener à bien

> « l'achèvement du troisième de ces poèmes... Quoique j'aie ébauché cette fin, où l'on eût vu la nuit tombée sur la fontaine, l'image dorée abolie, et, à sa place, tout le ciel étoilé, reflété par l'eau ténébreuse ; toutefois je n'en viendai jamais à bout, car le loisir, l'humeur, les forces, la patience manquent et manqueront, c'est pourquoi je n'ai pas interdit à quelques personnes de faire imprimer cet ensemble imparfait ». (Pléiade I, p. 1672).

« Ensemble imparfait », certes non, car le lyrisme pur qui imprègne tout le poème le maintient toujours au niveau de la plus parfaite poésie, sans que les dimensions métaphysiques du poème soient évoquées autrement que par le lyrisme même du sujet. Si cette poésie fait vibrer des dimensions métaphysiques, ce n'est pas en prêtant son jeu d'expressions à des idées qui lui seraient étrangères, mais seulement par le dévoilement d'une dimension propre à la poésie elle-même. Certes en s'élevant à ce niveau d'intuition dans les mystères de l'être, la poésie cesse d'être simple divertissement, ou jeu délicat sur les apparences du monde, mais, pour difficile qu'elle devienne, elle n'en reste pas moins purement poétique ; nous dirions même qu'elle devient plus poétique encore, car en remontant aux sources de l'être, c'est à ses propres sources qu'elle remonte. On sait que pour Valéry, le support de toute poésie

est un état général exceptionnel et distinct, l'état poétique, qui est
corrélatif d'un univers poétique. La caractéristique propre de la
poésie est même cette « sensation d'univers » qu'elle suscite, ou
« perception naissante », « tendance à percevoir un monde, ou système complet de rapports ». (Pléiade I, p. 1363). Comment ce « monde » poétique n'aurait-il pas ses dimensions métaphysiques, qu'il
révèle plus adéquatement peut-être que toute philosophie discoureuse ? Valéry se refusait, avec juste raison, au concept bâtard de
« poésie philosophique (fût-ce en invoquant Alfred de Vigny, Lecon-
te de Lisle, et quelques autres) », car

> « c'est naïvement confondre des conditions et des applications
> de l'esprit incompatibles entre elles. N'est-ce pas oublier que le but
> de celui qui spécule est de fixer ou de créer une notion, — c'est-à-
> dire un pouvoir et un instrument de pouvoir, cependant que le poète
> moderne essaye de produire en nous un état, et de porter cet état
> exceptionnel au point d'une jouissance parfaite ? » (Pléiade I, p. 1274).

C'est bien en créant en nous cet état exceptionnel de jouissance
poétique, que le « Narcisse » nous élève aux sources les plus secrètes de notre enracinement en l'être. La poésie s'enlace ici étroitement avec la méditation d'une conscience essayant de saisir le mystère de son moi le plus intime et le plus universel. Elle n'est pas
simple moyen d'expression au service d'une pensée profonde, car elle
se confond elle-même avec l'approfondissement de la pensée. Plus
encore même, c'est elle qui creuse et approfondit notre pensée
dont elle permet l'élargissement aux dimensions métaphysiques,
tant elle fait corps avec l'approche et la saisie du mystère du Moi.

De cette sublimation de la poésie la plus pure devenue consubstantielle à la recherche ontologique la plus délicate, nous voudrions
rappeler quelques exemples particulièrement heureux, car le propre de la poésie n'est-il pas qu'elle se redemande elle-même, tant
il est vrai que « le poème ne meurt pas pour avoir servi ; il est fait
expressément pour renaître de ses cendres et redevenir indéfiniment ce qu'il vient d'être ». (Pléiade I, p. 1373).

> Je suis seul !... Si les Dieux, les échos et les ondes
> Et si tant de soupirs permettent qu'on le soit !
> Seul !... mais encore celui qui s'approche de soi
> Quand il s'approche aux bords que bénit ce feuillage...
> ...
> Un grand calme m'écoute, où j'écoute l'espoir.
> ...
> Quelle perte en soi-même offre un si calme lieu !
> ...
> O semblable !... Et pourtant plus parfait que moi-même,
> Ephémère immortel, si clair devant mes yeux,
> Pâles membres de perle, et ces cheveux soyeux,
> Faut-il qu'à peine aimés, l'ombre les obscurcisse,
> Et que la nuit déjà nous divise, ô Narcisse,
> Et glisse entre nous deux le fer qui coupe un fruit !
> ...

Mais moi, Narcisse aimé, je ne suis curieux
    Que de ma seule essence ;
Tout autre n'a pour moi qu'un cœur mystérieux,
    Tout autre n'est qu'absence.

...

Se surprendre soi-même et soi-même saisir.

...

Ce peu qui nous défend de l'extrême existence,
Cette tremblante, frêle, et pieuse distance
Entre moi-même et l'onde, et mon âme, et les dieux !

N'est-ce pas là du Racine sublimé par transfiguration de la puissance tragique en puissance de charme ? Certes la ligne de chant ne reste pas toujours à ce niveau d'incantation et de puissance auquel la musique seule est sans doute capable de se maintenir. Pourtant Valéry est bien proche de réaliser, sur une vaste composition de plus de 300 vers, l'idéal difficile qu'il s'est fixé :

> « La pensée doit être cachée dans les vers comme la vertu nutritive dans un fruit. Un fruit est nourriture, mais il ne paraît que délice. On ne perçoit que du plaisir, mais on reçoit une substance. L'enchantement voile cette nourriture insensible qu'il conduit ». (Pléiade II, p. 548).

Si notre commentaire s'est attaché à retrouver « la nourriture » dans le fruit, c'est cependant sans vouloir la dissocier du « délice » que nous y goûtions.

Mais n'est-ce pas grandir sans mesure le « plaisir » du charme poétique que d'en découvrir la « substance » ontologique dont le plaisir n'est peut-être que le dévoilement le plus immédiat ? Et qui, plus que Valéry, a associé aussi étroitement l'exigence poétique pure à une recherche ontologique primordiale, quête lucide et passionnée menée jusqu'aux racines ultimes de l'être !

Dans cette « guerre pour être... étrange, sainte, contre tout, menée par l'être », Valéry a totalement modifié le thème de Narcisse. Ce n'est plus le jeune homme épris de lui-même et de sa propre image, mais la quête anxieuse et lucide du moi essentiel, double pur et parfait que chacun sent porter au fond de lui-même. Un thème psychologique banal et mièvre est ainsi entièrement renouvelé et porté aux dimensions d'un thème ontologique universel. Disons-le encore, nulle trace de narcissisme ne demeure dans ce nouveau Narcisse. Ce n'est pas de son moi individuel, avec ses particularités psychologiques que Valéry-Narcisse est curieux, mais de cet « inépuisable Moi », « harmonieuse Moi », « Moi si pure », « mystérieuse Moi », qu'il se sent être en son essence la plus pure et qui a peut-être la transcendance d'une divinité. On comprend son irritation devant l'article de Paul Souday qui parlait de narcissisme :

> « Ce qui m'agace, c'est ce waterproof de narcissisme, qui me colle aux épaules... depuis le Jardin des Plantes. Ai-je pourtant

jamais tant regardé mon nombril ? — Ai-je jamais parlé de la culture du Moi ? » (Pléiade I, p. 1634).

Sans doute la recherche du Moi transcendant entraîne aussi un repliement sur soi, une introversion, une intériorisation du regard. Valéry est certes tourné vers lui-même, mais pas dans le sens du Narcisse mythologique, de haut en bas, quand tout l'intérêt n'est porté qu'aux complications et aux nuances de la psychologie individuelle. C'est vers le haut, vers la racine cachée de son être, dans une sublimation du soi qui se cherche en un Moi transcendant et pur, que Valéry, qui a horreur de son moi particulier, quel qu'il puisse être, cherche le salut de son esprit. Les romantiques se sont complu à analyser les nuances de leurs mélancolies, le vague de leurs passions, la surabondance de leur vie sentimentale, l'infini de leurs aspirations, la richesse de leur imagination. Les modernes, eux, se sont plu à l'analyse de leurs sensations, s'ingéniant à rechercher des sensations nouvelles, plus âcres ou plus subtiles. Proust ressuscite « l'édifice immense du souvenir » sur le goût d'un gâteau, « attentif à ce qui se passait d'extraordinaire en (lui)... à l'instant où la gorgée mêlée des miettes du gâteau toucha (son) palais ». Mais toute cette complaisance à soi, ce narcissisme élevant sur un piédestal les singularités du moi individuel, ne sont en réalité que moyens factices de détourner le moi du sentiment de son exil, et il n'y a pire exil que celui que l'individu se compose lui-même. Quand le Moi idéal est ainsi repoussé au fond du moi psychologique, c'est bien là le plus dangereux des exils, parce que le plus douillet et le moins sensible.

Valéry est de toute sa nature, instinctivement, irréductiblement opposé à un tel narcissisme.

« Horreur instinctive, désintéressement de cette vie humaine particulière... » (Cahier 4, p. 112).

« Combien je répugne à écrire mes « sentiments », à noter ce que tant se plaisent à mettre sur le papier. D'abord, il n'y a pas de mots valables pour ces choses avec soi. Ce qu'on en dit, même à soi, cela sent les tiers... » (Cahier 26, p. 66).

« Je trouvais ignoble indécence ou hypocrisie, le fait de parler et disputer de ses intérêts, de prêcher vertu, patrie, humanité, de parler de l'amour qu'on avait... Comment peut-on ne pas se cacher pous sentir ?... » (Cahier 26, p. 73).

« Ego. Il y a en moi un étranger à toutes choses humaines, toujours prêt à ne rien comprendre à ce qu'il voit, et à tout regarder comme particularité, curiosité, formation locale et arbitraire, et qu'il s'agisse de ma nation, de ma langue, de ma vie, de ma pensée, de mon physique, de mon histoire, il n'est rien que je ne trouve, cent fois par jour, accidentel, fragmentaire, extrait d'une infinité de possibles, comme un échantillon ». (Cahier 23, p. 572).

Pour Valéry, l'homme est le lieu d'un conflit entre le particulier et l'universel, le sujet d'une contradiction entre ce qu'il est devenu dans sa personnalité limitée, et le capital de ses potentialités, la somme de ses possibilités, tout cet implexe virtuel dont il se sent porteur et avec lequel il s'identifie, car seuls cette insertion dans l'univers et cet enracinement dans le plus qu'humain constituent et fondent le moi véritable. Là est le vrai sujet du poème Narcisse.

> « C'est la confrontation de l'homme tel qu'il se perçoit en lui-même, c'est-à-dire en tant que connaissance parfaitement générale et universelle, puisque sa conscience épouse tous les objets, avec son image d'être défini et particulier, restreint à un temps, à un visage, à une race et à une foule de conditions actuelles ou potentielles. C'est en quelque sorte l'opposition d'un tout à l'une de ses parties et l'espèce de tragédie qui résulte de cette union inconcevable ». (Déclaration à F. Lefèvre, citée dans Pléiade I, p. 1672).

Qu'il y ait tragédie irrémédiable dans cette union du particulier et de l'universel, de la partie et du tout, en quoi se définit essentiellement l'homme, nous ne le croyons pas nous-mêmes. Mais pour ouvrir ce drame existentiel vers une espérance et briser la tragédie par l'irruption d'un sens illuminant la vocation de l'homme, il eût fallu que Valéry disposât d'autres lumières que celles de sa lucidité, lumières capables de métamorphoser les obscurités devant lesquelles son Ange butait : « O mon étonnement, disait-il, Tête charmante et triste, il y a donc autre chose que la lumière ? » car les obscurités ne sont pas irrémédiables. La partie n'est pas nécessairement opposée au tout, l'homme peut aussi se rendre apte à recevoir du Tout sa vérité particulière. Mais Valéry, « debout sur le cap Pensée », ne sut pas recevoir la vérité d'un autre que de lui-même, bien qu'il fût également assuré qu' « il est impossible de recevoir la « vérité » de soi-même ». Admirons cependant que le poète de Narcisse et de l'Ange, ait su découvrir cette dualité existentielle de l'homme, cette association plus ou moins conflictuelle d'un moi particulier et d'un moi universel, d'un moi parcellaire et partiel, et d'un moi tout transparent au Tout de l'Etre. Entre les deux, il ne sut découvrir les lois d'échanges et les valeurs de créativité morale qui permettent au moi particulier de se transfigurer, sans pour autant se perdre, dans le moi universel. Il ne sut voir que le conflit, s'étant voulu Ange et ayant rejeté l'homme.

> « Mon sentiment fut de n'être pas semblable... Et même n'être pas homme. Ceci est la clef de Moi. Je l'ai jetée dans un puits il y a peu d'années. O puits ! en quoi j'ai jeté mon inhumain ». (Cahier 13, p. 30).

Sa grandeur indubitable est cependant d'avoir compris que l'homme authentique est beaucoup plus qu'un homme, et que son identité véritable le fonde dans l'universel. Bien au-delà de la subjectivité psychologique, une nouvelle subjectivité, radicalement autre, peut apparaître à celui qui sait la mériter, subjectivité transpsychologique et même transsubjective, qui n'est plus tant celle d'un moi individuel et particulier, que celle d'un Moi pur et universel. Cette parcelle de Moi idéal, ce « fragment pur », libéré de ce « res-

te... qui souffre, espère, implore, se flagelle », n'a plus l'opacité
du moi psychologique ; loin de voiler le monde et le Tout, comme le
fait le moi particulier, elle le révèle et le restitue dans sa Présence
et sa proximité. Il appartient à l'homme de retrouver au fond de
lui-même ce Moi premier et pur qui n'est en lui que le reflet du
Tout divin, le relai de son insertion dans l'authenticité de l'Etre.
Mais de même que l'homme peut perdre toute authenticité en vivant son existence temporelle hors de toute liaison avec son identité
transcendante il peut aussi tomber dans une inauthenticité opposée
en rêvant de son identité transcendante sans essayer de l'incarner
dans son existence temporelle. La fuite mystique n'est en effet
pas moins inauthentique que la fuite matérialiste. Il n'est d'authenticité que lorsque le Moi pur assure le relai de l'insertion du
moi temporel dans la Réalité totale de l'Etre.

Valéry était certes loin de toute tradition religieuse et ses intuitions sur la valeur du Moi pur demeuraient simples éclairs incapables d'apporter une véritable connaissance. Il semble cependant
qu'il pressentait la vérité éblouissante de ce Moi universel et peut-
être eût-il voulu l'assumer un peu à la manière mystique de son
héros imaginaire, vivant sa double condition d'être particulier et
d'être universel.

> « Il soutient cette espèce de dualité que doit soutenir un
> prêtre. Il sent bien qu'il ne peut se définir entièrement devant lui-
> même par les données et par les mobiles ordinaires. Vivre, et même
> bien vivre, ce n'est qu'un moyen pour lui : quand il mange, il ali-
> mente aussi quelque autre merveille que sa vie, et la moitié de son
> pain est consacrée ». (Pléiade, p. 1226).

Mais nous touchons ici aux limites mêmes de Valéry dans sa
confrontation solitaire avec les limites de l'être ou limites du monde.
Et il nous faut bien ici reconnaître l'ambiguïté de ses démarches,
quand sur les chemins de la proximité de soi il pense découvrir ce
« fragment pur », « pronom universel », « ce moi universel, qui n'est
point notre personne accidentelle..., qui n'a point de nom, point
d'histoire, et pour lequel notre vie observable, notre vie reçue et
conduite ou subie par nous n'est que l'une des vies innombrables
que ce moi identique eût pu épouser ». (Pléiade I, p. 1093). Les négations abondent plus que les affirmations, sans qu'elles nous permettent de reconnaître sinon la nature de ce Moi idéal, du moins sa
réalité. L'approche n'est pourtant pas toujours négative, et même
dans ces cascades de négations nous pourrions encore voir une démarche voisine de ces théologies négatives préférant les attributs
négatifs aux attributs positifs. Cependant l'ambiguïté est propre à
Valéry, plus qu'au terme de son approche : visiblement il n'a pu
surmonter les limites de sa propre démarche.

Il avait bien conscience pourtant de toucher là à une limite du
monde qui est aussi une limite de l'esprit. Ce n'était pas pour le
décourager, au contraire, lui qui affirmait : « J'aime tout ce qui

approche l'esprit des limites de son pouvoir ; mais qui l'en approche, en s'organisant et assurant sa marche ». (Pléiade I, p. 1518).
Mais il nous faut bien reconnaître que le postulat qu'il avait cru
découvrir et devoir adopter pour lui-même vers sa vingtième année,
à savoir que « l'homme est un système fermé quant à la connaissance et aux actes », ce postulat de suffisance désorganisait plus
qu'il ne servait sa démarche aux approches des limites de l'être.
Cependant, au-delà de son œuvre publiée, les Cahiers portent le
témoignage émouvant de la sincérité de sa recherche et de son
effort pour échapper à tout système clos, fût-ce le sien propre. Ainsi
n'y cache-t-il point cette ambiguïté profonde, en laquelle peut-être
pourrait-on le résumer, ambiguïté qui le laisse indécis sur le sens
ontologique du monde : le monde serait-il le jeu de l'Etre, ou peut-
être serait-il le jeu du Néant ? Il est vrai que ces deux postulations
ne sont pas en réalité très éloignées l'une de l'autre, car dans sa
pensée, nous le verrons, le Néant n'est pas négation de l'Etre, mais
plutôt son occultation. La même hésitation se retrouve dans ses
efforts d'approche du Moi pur.

Suivons-le d'abord sur la voie que nous pourrions appeler
positive, si nous appelons la deuxième négative. Valéry y entrelace
sa recherche du Moi, avec la recherche du dieu. Ecoutons-le.

> « Au fond de chacun son noyau inconnu, masse d'ombre qui
> joue le moi et le dieu ». (Cahier 3, p. 909).

> « Une métaphysique, une religion est plus ou moins compatible
> avec l'idée que j'ai de moi et des choses ». (Cahier 6, p. 54).

> « Le vrai Dieu est en intime union avec le Moi. Mais la personne
> ou personnalité ne lui est rien. Il est semblable au soleil qui éclaire
> quoi que ce soit. Je le prie en essayant d'oublier cette personne qui
> a mes traits et me fait tant souffrir par sa faiblesse, par ses agita-
> tions, par ses lâchetés, par ses manques, par ses bavardages, par
> ses recommandations ».

> « Le moi pur et comme la formule du Dieu. Si on s'élève quelque
> peu c'est par degrés, en réprimant, remarquant, refoulant tout ce
> qui n'est pas ce pur moi, et qui est nécessaire pourtant, car le moi
> ne se sent que dans cette défaite active des choses quelconques, dans
> ce retrait de chaque objet et de chaque sentiment à mesure qu'ils
> se produisent ». (Cahier 6, p. 45).

> « Un moi est tout point du Tout où peut se former une image
> nette du Dieu-brûlant ». (Cahier 12, p. 854).

> « Il n'y a pas deux personnes semblables, et il n'y a qu'un seul
> Moi. On ne peut même pas en imaginer deux. Il n'y a qu'un seul
> Moi dans le monde, (si du moins il n'y a qu'un monde) et une sorte
> d'infinité possible de personnes toutes dissemblables ». (Cahier 13,
> p. 104).

Nous réservons au chapitre suivant l'étude de ce que nous
appellerons « la recherche du dieu » chez Valéry. Sans doute serons-
nous étonnés de constater, grâce aux Cahiers, combien cette recherche a préoccupé l'auteur de l'Ebauche d'un Serpent, d'Eupalinos,

de Faust, véritablement toute sa vie. Contentons-nous de remarquer maintenant combien cette recherche du dieu s'entrelace étroitement vers la recherche du moi, au point de presque s'y confondre. « Le moi pur est comme la formule du Dieu ». « Le vrai Dieu est en intime union avec le Moi ». Et comment ne pas rappeler ces pages de « Note et digression », si étonnamment chargées de passion et d'audace intellectuelles admirablement contenues, où Valéry pose la conscience comme

> « fille directe et ressemblante de l'être sans visage, sans origine, auquel incombe et se rapporte toute la tentative du cosmos... Encore un peu, et elle ne compterait plus comme existences nécessaires que deux entités essentiellement inconnues : Soi et X. »

Magnifique, et pourtant terrible orgueil de l'intelligence ! Magnifique, car cette audace sans pareille n'est peut-être pas loin de reconnaître l'incommensurable valeur de cette âme secrète cachée au fond du moi, et son indicible relation au Moi divin dont elle reçoit l'être. Terrible, car sa démesure lui fait court-circuiter tous les nivaux de l'être et les dépouille par là-même de toute substance vitale. Amère punition de l'orgueil qui se prive lui-même de toute lumière au moment même où il aurait pu commencer à en être éclairé, en sorte que cet X divin vers lequel le Moi tendait de toute l'exigence de sa recherche, ne demeure au mieux qu'une audacieuse hypothèse métaphysique, incapable de se transformer en source de vie. Et « le Moi pur », qui était le relais et le tremplin de cette recherche, et « comme la formule du Dieu », incapable de se sourcer au-delà de lui-même, pâtira de la même incertitude qui touche son Dieu.

Aussi n'y a-t-il sans doute pas tellement de distance entre cette tentative cherchant à élucider cette « masse d'ombre qui joue le moi et le dieu », et à unifier « Soi et X. », et cette autre voie apparemment plus négative, au bout de laquelle le Moi ne se définirait plus que comme résultat d'une série infinie d'exhaustions et de négations:

> « Ce nous ne contient plus rien, étant la limite de l'opération fondamentale et constante de la connaissance, qui est de rejeter indéfiniment toute chose ». (Notes marginales de Note et digression. Pléiade I, p. 1217).

Que peut être le Moi, en effet, s'il faut l'abstraire hors de tous les accidents de la vie psychologique, hors de son histoire et de ses singularités, et le dégager également de toute fixation quelle qu'elle soit, même intellectuelle, le Moi pur étant toujours au-delà de toutes ses manifestations ? N'étant que virtualité pure, ce « possible » de tout individu ne peut se reconnaître en aucune activité qui ne le trahisse. N'étant aucune de ses manifestations, il n'est à la limite plus rien. Cette méthode de réductions successives et de continuelle abstraction par laquelle Valéry cherche à remonter à l'Etre pur, au-delà de tous ses accidents, ne peut aboutir qu'à un

Etre vidé de toute son essence et n'ayant pas d'autres propriétés que celles du Non-être.

> « Non Sum est absolument équivalent à Sum, et l'un n'en dit ni plus ni moins que l'autre, si c'est dire quelque chose... que dire Sum. C'est qu'il y a toujours un Moi, et que rien ne se passe d'un Moi, si simplifié qu'on le voudra. Je le désigne par un zéro, à la limite. Mais zéro n'est pas rien, il est encore une valeur, il affirme qu'il n'est ni 1, ni 2, ni ∞, il est un nombre qui a son rôle : un opérateur ». (Cahier 27, p. 571).

> « Le Moi. Mon invention du Moi pur, aussi utile que celle du zéro, et je l'écris d'aileurs Moi[1] = 0. Mais le zéro sert à écrire tous les nombres dans un système à base N, en mettant (N — 1) 0 = 0. Le moi pur, l'opposé à Tout, employé à l'expression symbolique de toute perception ou connaissance, complète l'expression par la négation de ce qu'elle pose en tant que tout de l'instant. Il s'agit de noter : quoi que ce soit n'est pas Tout, s'annule devant le reste, et est refusé en tant qu'il est. Car la conservation du possible est la loi. L'acte du moi-pur est de prononcer ce zéro comme effet du recul. C'est comme une propriété mécanique, un fait de réciprocité essentielle ». (Cahier 25, p. 6).

Etrange puissance de l'intelligence parvenue aux limites de son pouvoir, et cherchant encore dans l'abstraction à saisir une réalité qui se situe au-delà de toute abstraction ! Ne se prive-t-elle pas de ce fait de la connaissance même à laquelle elle cherche à parvenir ? Nous croyons pourtant qu'il serait faux de limiter Valéry à cette recherche d'expression du Moi pur en écriture mathématique sans essayer de retrouver les intuitions qu'il cherche à traduire ainsi. Car, si sur le terrain purement mathématique, il reproche déjà aux tentatives de la logique axiomatique, de vouloir se passer des intuitions qui les fondent et de viser une « fausse pureté » à travers des « définitions telles que si l'on ignorait de quoi il s'agit, on n'y parviendrait jamais à leur aide », (Cahier 27, p. 62), à plus forte raison dans le domaine complexe de la réalité du moi devons-nous éviter de détacher sa tentative de formulation algébrique des intuitions secrètes qu'elles devraient véhiculer. Or, malgré les apparences qui pourraient faire croire à un certain nihilisme, négateur de la valeur de la personne humaine, l'intuition fondamentale nous semble plutôt refléter un certain panthéisme prudent. Car tout assimilable qu'il soit à un zéro algébrique, le moi, ce « zéro n'est pas rien, il est encore une valeur ». Même si on doit réduire son rôle à celui d'un « opérateur », son opération est absolument nécessaire : « rien ne se passe d'un Moi », puisque l'activité de ce Moi, de ce zéro opérationnel, permet seule au Tout de se révéler, en une révélation qui jamais ne peut l'épuiser et qui doit constamment se renouveler. Seule la présence de ce Moi ouvre une perspective de contemplation sur le Tout, et cependant cette perspective sur le Tout doit immédiatement s'annuler, puisque, quoi qu'elle fasse, elle ne peut englober le Tout. Cette confrontation avec le Tout ne peut donc s'opérer que par une série d'éclairs brusques dont aucun ne peut apporter la lumière définitive, puisque chacun n'offre sur le Tout qu'un éclairement partiel. Peut-être un panthéisme radical qui englo-berait le Moi dans le Tout sauverait-il le moi de cette pulsation qui fait alterner positivité et négativité dans une série d'affirmations suivies de négations. Mais ce panthéisme-là serait grossière illusion et mysticisme naïf. Et Valéry ne franchit pas ce que la superstition seule peut franchir. Le Moi, tout ouvert qu'il soit sur le Tout, non seulement n'est pas le Tout, mais il n'est rien, si ce n'est ce rien dont le Tout a besoin pour se penser, ce zéro opérationnel sans lequel l'équation algébrique ne serait pas. Quoi qu'il en soit, ce n'est pas sur un fond de néant, mais sur le fond du Tout de l'Etre que le moi évolue.

> « Le Moi doit jouer le rôle du zéro dans une écriture du Tout. Le non-moi = 1... Le moi réduit à son être le plus général, et in-dispensable et unique, n'est plus que ce qui s'oppose à Tout, ce dont Tout a besoin pour être pensé ou écrit. En dehors de Tout, il y a nécessairement ce qui constate, nomme ce tout. Ce moi est la déficience du Tout.
>
> Or le contraire du Tout, c'est rien. Il faut donc que ce Rien soit en quelque manière. On ne peut pas le penser, mais on peut l'écrire... » (Cahier 7, p. 843).

A la limite, le moi ne peut se penser et ne peut se définir, bien que, pouvant s'écrire, c'est-à-dire agir, il soit cette activité même qui l'associe au Tout. Cependant il reflètera le Tout d'autant plus fidè-lement qu'il aura moins de densité et d'épaisseur qui fasse écran, et qu'il sera donc plus transparent, plus réduit à ce rien actif, ce simple révélateur du Tout.

Resterait à savoir ce qu'est ce Tout, affublé d'une lettre majus-cule par Valéry. Or ce Tout est également l'Un

> « Le Reste — $1 + \infty = \infty$.
>
> Le reste, hommes et choses, est indispensable pour tirer de l'Un, ce que l'Un ignore de soi. Donc le Je est ce que nous savons de Soi par l'opération du Reste. Le Je est un effet — c'est le contraire ici de l'Idéalisme transcendantal. Le Je est réfléchi. Quand nous disons Je, nous posons quelqu'un d'autre encore qui discerne le Je et le non-Je, et est donc extérieur aux deux, distinct des deux. Donc il y a toujours autre chose encore que... le Tout ». (Cahier 13, p. 137).

Il est intéressant de voir le poète du Narcisse repousser l'Idéa-lisme transcendantal qui enfermait l'homme sur sa vision phéno-ménale des choses sans ouverture sur la Réalité nouménale du monde. « Le Je est un effet ». « Le Je est réfléchi ». Mais le poète ne nous dit pas de quelle Réalité le Je est un effet, ni quel est cet Un qui a besoin de ce « reste, hommes et choses » pour se révéler à lui-même. Une réponse mystique ne lui serait cependant pas étran-gère, témoin cette réflexion introduite sous le titre « Théophanie », où il entrevoit la possibilité, sinon la nécessité, d'une vue trans-cendante, capable de récapituler dans son Unité toute la complexité des relations constituant le tout. La notion de Tout n'est-elle pas

en effet corollaire de celle de l'Un, d'ailleurs nécessairement transcendant à ce Tout ?

« Théophanie — Est-il possible que par nul être ne soit contemplé, rappelé, prévu l'ensemble de toutes les relations, générations,
retentissements, enchaînements, hiérarchies, analogies, correspondances, implications, coïncidences, contrastes — de quelque tout ? »
(Cahier 4, p. 478).

Nous avons suivi Valéry dans sa quête ontologique visant la
découverte du Moi pur, invariant, dépouillé de toutes les finitudes
de la personnalité. Sa quête nous a paru progresser tantôt sur
la voie d'un certain mysticisme liant en intime union le vrai Dieu
et le Moi, tantôt sur la voie négative, sans doute non moins mystique, par laquelle le moi cherche, par une série de négations, à se
transformer en révélateur du Tout. Il nous faut reconnaître la grandeur audacieuse des illuminations paradoxales qui éclairaient sa
recherche, et l'intrépidité de sa pensée dans son effort pour élucider
la situation ontologique de l'homme. Il aurait pu comme tout philosophe se reposer dans l'élaboration d'un système qui le garan-
tisse contre l'angoisse de ne pas comprendre. Mais il n'aimait pas se
payer de mots, et c'est pourquoi il préféra rester poète, bien que
sa poésie pût difficilement traduire tout le sérieux de cette terrible quête ontologique. Seul, « toujours debout sur le cap Pensée »,
libéré de toute superstition religieuse et se refusant au faux confort
des philosophies, Valéry continuait et dépassait même cette audace
qu'il admirait en Descartes, de vouloir « montrer et démontrer ce
que peut un Moi », lorsque le moi s'efforce de parvenir « jusqu'à ce
Moi le plus pur, le moins personnel, qui doit être le même en tous,
et l'universel en chacun », (Pléiade I, p. 826). Mais moins philosophe
que Descartes, et plus lucide peut-être en cela même, Valéry ne pouvait pas ne pas souffrir des ambiguïtés et des obscurités de sa recherche. Celle-ci, en particulier, se montrait incapable d'établir d'autre
lien que celui d'un scandale douloureux et incompréhensif entre
le moi psychologique, individuel et personnalisé, et le Moi pur,
invariant, impersonnel, universel. Faute de trouver un lien nourricier, positif, entre les divers niveaux de l'être personnel, il ne
pouvait manquer de tomber dans une alternance irrémédiable de
quasi extase mystique dans la pureté de l'être, et de découragement
ennuyé devant cet homme si incapable de devenir l'Ange qu'il se sent
être.

> « O Moi, que tu m'ennuies, que tu me pèses ! quel Autre est
> pire que Toi ? quel plus trompeur, quel plus pressant, plus indiscret,
> plus constamment pesant. Tu as besoin d'une foule de choses dont
> tu m'obsèdes. Ta faim, ta soif, ton froid, tes peurs, tes envies… tout
> à coup ton abattement… que sais-je ? A quoi rime tout cela ? qui
> n'est ni neuf, ni beau, ni utile à quoi que ce soit. Tu es tout à fait
> comparable à tel ou tel qui ne m'inspirent que mépris ou dégoût,
> c'est-à-dire à l'Homme ». (Cahier 25, p. 40).

Quoi d'étonnant alors que cette incompréhension et ce fossé si radical qui séparent l'Ange de l'Homme, aboutissent parfois à vider l'un et l'autre de tout contenu !

> « θ. Découverte. Il n'y a pas de Moi. Le personnage dans θ chargé de dire ceci doit s'exprimer dans ce système du Moi-pur-nul. Il n'a que les propriétés d'un « point » instantané. Par exemple le passé et l'avenir ». (Cahier 20, p. 87).

On le voit, la définition du Moi comme zéro opérationnel est malgré tout bien dangereuse. Elle ne donne guère d'armes contre une alternative décourageante :

> « Je ne puis pas me reconnaître dans une figure finie. Et Moi s'enfuit toujours de ma personne ».

CHAPITRE VII

" LA RECHERCHE DU DIEU "

Nous avons déjà remarqué combien, pour le poète du Narcisse, la quête ardente du Moi pur et véritable, qui serait au pauvre moi psychologique ce qu'est l'Etre vrai au regard du paraître, s'enlace parfois si étroitement à la recherche du dieu qu'elle semble presque s'y confondre. « Au fond de chacun, son noyau inconnu, masse d'ombre qui joue le moi et le dieu », lisons-nous déjà dans le troisième Cahier. La même idée d'un rapport étroit entre le Moi pur et le dieu, l'un porteur de notre identité cachée, idéale, dégagée de toutes les déterminations de notre personnalité historique, et riche de toutes les virtualités d'une puissance transcendante, et l'autre, porteur de notre idéal de l'Etre pur, conscience suprême de tout le réel, « ce Dieu indiqué seulement ou représenté ou suggéré par la réaction de ce qui semble sans bornes contre (ou à l'appel de) ce qui borne, à chaque instant », (Cahier 6, p. 382), cette même idée qui associe le Moi et le dieu se retrouve dans d'autres notes des Cahiers aussi bien que dans l'œuvre.

> « Le vrai Dieu est en intime union avec le Moi. Mais la personne ou personnalité ne lui est rien... Le moi pur est comme la formule du Dieu ». (Cahier 6, p. 45).
> « Penser à Dieu », c'est penser à soi d'une certaine façon ». (Cahier 9, p. 880).
> « Un moi est tout point du Tout où peut se former une image nette du Dieu-brûlant ». (Cahier 12, p. 854).

C'est en effet par une sévère ascèse, souvent qualifiée par Valéry lui-même de mystique, qu'il s'est toujours efforcé de dégager de sa gangue psychologique accidentelle, ce Moi pur, idéal, limite extrême d'un mouvement indéfini de sublimation purificatrice. Car il ne peut se reconnaître dans son moi psychologique, « cette personne qui a (ses) traits et (le) fait tant souffrir par sa faiblesse, par ses agitations, par ses lâchetés, par ses manques, par ses bavardages et ses recommencements ». Il n'est donc pas étonnant que cette quête ardente du véritable Moi, ce Moi si idéal et si transcendant que tout en étant reconnu comme source cachée de notre identité secrète, il n'en reste pas moins aussi indéfinissable qu'un dieu, vienne parfois rejoindre la quête métaphysique suprême qui cherche à découvrir sous les apparences multiples de l'être « Ce sans quoi il n'y aurait que le vertige et l'horrible impuissance de l'homme qui s'épuise sur la glace sans avancer », (Cahier 28, p. 128), cet « être sans visage, sans origine, auquel incombe et se rapporte toute la tentative du cosmos ». (Pléiade I, p. 1222). Est-ce un dieu, est-ce son semblable plus parfait que lui-même, que Narcisse, penché sur la fontaine, cherche au tréfonds de son interrogation ?

> « L'âme, jusqu'à périr, s'y penche pour un Dieu
> Qu'elle demande à l'onde... »

La quête passionnée du moi profond s'entoure d'ailleurs de la même atmosphère d'oraison que la quête mystique du dieu. Et il est facile de retrouver dans presque tous les poèmes de Charmes une attitude d'oraison où la recherche du dévoilement de l'âme s'imprègne toute d'invocation vers quelque transcendance indéfinissable :

> Dans mon âme je m'avance,
> Tout ailé de confiance :
> C'est la première oraison !
> A peine sorti des sables,
> Je fais des pas admirables
> Dans les pas de ma raison. (Aurore)

Cette oraison peut avoir un caractère plus dramatique, ainsi qu'en témoignent ces strophes, où le poète voit dans les gémissements et les torsions du platane sous les semonces furieuses des vents et de la lumière, les efforts mêmes du poète pour sortir de son exil le divin langage émané du « pur de l'âme ».

> « Ose gémir !... Il faut, ô souple chair du bois,
>   Te tordre, te détordre,
> Te plaindre sans te rompre, et rendre aux vents la voix
>   Qu'ils cherchent en désordre !
> Flagelle-toi !... Parais l'impatient martyr
>   Qui soi-même s'écorche,
> Et dispute à la flamme impuissante à partir
>   Ses retours vers la torche !
> Afin que l'hymne monte aux oiseaux qui naîtront,
>   Et que le pur de l'âme
> Fasse frémir d'espoir les feuillages d'un tronc
>   Qui rêve de la flamme.
> Je t'ai choisi, puissant personnage d'un parc,
>   Ivre de ton tangage,
> Puisque le ciel t'exerce, et te presse, ô grand arc,
>   De lui rendre un langage !

C'est donc bien le ciel qui presse le platane, aussi flagellé par les vents que le poète l'est par sa dure discipline intérieure, « de

lui rendre un langage » qui ne peut être extrait que du tréfonds
secret de l'être, du « pur de l'âme ». Ainsi s'associent « le ciel » et
la source cachée du « pur de l'âme » pour réclamer du poète, « impatient martyr, la parole qui les libèrera tous deux, et révèlera tout
à la fois le Moi secret et le dieu. Car comment révéler le moi intérieur et secret, le moi pur et idéal, cette source transcendante de
notre identité profonde et de notre essence intime, cette « essence »
de laquelle seule est curieux Narcisse, sans dévoiler par là-même, et
par le même effort d'identification, le dieu, essence de notre essence, source de notre source, idéal suprême de notre moi idéal ? Que
serait le moi essentiel sans un dieu ? N'est-ce pas le propre de notre
exigence d'être la plus certaine, que seul un dieu puisse satisfaire
l'infini désir de notre « inépuisable Moi »? Cette « mystérieuse
Moi », cette « harmonieuse Moi différente d'un songe », cette « idée
de quelque moi merveilleusement supérieur à Moi », si totalement
différente de ce moi psychologique, superficiel et mesquin, pour-
rait-elle se contenter des mêmes bouffonneries camouflées sous le
voile de quelque systématisation plus ou moins philosophique ou
de quelque rationalité plus ou moins artificielle, dont se contente
médiocrement le petit moi personnel ? Valéry, parce qu'il était vrai
poète et ne pouvait « se payer de mots », était tiraillé de l'exigence
suprême, lui qui reconnaissait par la bouche de Socrate repenti,
avoir « usé d'une vérité et d'une sincérité plus menteuses que les
paroles inspirées », et qui, retrouvant la poésie, retrouvait par là-
même l'exigence irréductible de son moi le plus profond. Et ce moi
réclame un dieu. « Un homme qui n'a jamais tenté de se faire semblable aux dieux, c'est moins qu'un homme », déclare-t-il dans les
Cahiers, et dans Faust : « Il y a quelque chose en moi qui m'est obscur, et que rien, rien d'humain ne pourrait satisfaire ». Souvenons-
nous encore : « Au fond de chacun son noyau inconnu, masse d'ombre qui joue le moi et le dieu ». Car le moi et le dieu sont bien
indissociables et jouent le seul jeu qui mérite d'être joué, tant il
est impossible à l'intelligence authentique de l'homme de fonder
véritablement son existence si ce n'est sous un éclairage divin. Le
tréfonds de la connaissance comme celui de la sensibilité, la dynamique de notre imagination comme celle du désir, et toute cette vie
intérieure qu'ils animent, réclament de nous-mêmes, exigent de
l'homme qu'il se hausse au divin, et rien de moins. Seulement alors,
au cœur du divin, l'homme trouvera son achèvement et sa plénitude, et l'ascendance véritable qui seule peut le satisfaire. Que ce
divin soit, que ce dieu existe ou non, n'est pas une question qui
puisse sérieusement ébranler l'assurance du moi profond dans sa
soif de divinité. Le moi, comme les colonnes du temple en leur cantique de silence, peut bien s'exhausser, en son « désir sans défaut »,
jusque vers une divinité absente.

    Nous allons sans les dieux
    A la divinité !

Comme le poète des « Pas », il peut aussi volontairement retarder la rencontre suprême qui abolirait le désir en le satisfaisant :

> Ne hâte pas cet acte tendre,
> Douceur d'être et de n'être pas ;
> Car j'ai vécu de vous attendre,
> Et mon cœur n'était que vos pas.

Au besoin, le Moi, en son assurance, peut bien « montrer ou démontrer ce que peut un Moi », et se donner lui-même le Dieu qui lui manque. Il faut relire les pages admirables que Valéry a consacrées à Descartes. Nul n'a saisi la leçon du moi cartésien avec autant de force et de lucidité que notre poète.

> « Le Cogito me fait l'effet d'un appel sonné par Descartes à ses puissances égotistes. Il le répète... comme le thème de son Moi, le réveil sonné à l'orgueil et au courage de l'esprit... Au son de ces mots, les entités s'évanouissent ; la volonté de puissance envahit son homme, redresse le héros, lui rappelle sa mission toute personnelle, sa fatalité propre ; et même sa différence, son injustice individuelle ; — car il est possible, après tout, que l'être destiné à la grandeur doive se rendre sourd, aveugle, insensible à tout ce qui, même vérités, même réalités, traverserait son impulsion, son destin, sa voie de croissance, sa lumière, sa ligne d'univers...
>
> Et maintenant l'action peut s'engager...
>
> De quoi s'agit-il ? Et quel est l'objectif ?
>
> Il s'agit de montrer ou de démontrer ce que peut un Moi. Que va faire ce Moi de Descartes ?
>
> Comme il ne sent point ses limites, il va vouloir tout faire, ou tout refaire...
>
> ... Et ce moi se trouvera bien tout seul son Dieu, s'il le faut ; il se le donnera, et ce sera un Dieu aussi net et aussi démontré qu'un Dieu le doit être pour être le Dieu de Descartes. Un Dieu « nécessaire et suffisant », un Dieu qui satisfait Descartes, comme le sien satisfait Bourdaloue. « Je ne sais si vous êtes content de moi, dit cet illustre religieux, mais pour moi, mon Dieu, je dois confesser à votre gloire que je suis content de vous et que je le suis parfaitement. Car, dire que je suis content de vous, c'est dire que vous êtes mon Dieu, puisqu'il n'y a qu'un Dieu qui puisse me contenter ». (Pléiade I, pp. 807 à 809).

Remarquons d'abord l'assurance géniale avec laquelle Valéry élucide et s'approprie la démarche cartésienne, passant fièrement par dessus les difficultés d'interprétations philosophiques du cogito. Chaque apprenti philosophe est en effet capable de découvrir dans l'approfondissement du cogito, passant de l'affirmation de l'existence de soi à celle de l'existence de Dieu, un évident cercle vicieux. Descartes a besoin de « la lumière naturelle » pour établir l'existence de Dieu (3e méditation), mais il a besoin aussi de l'existence de Dieu pour établir la véracité de la « lumière naturelle » qui ne pourrait échapper sans cela à la puissance supposée d'un « Dieu trompeur ». Ainsi s'appesantit l'apprenti philosophe, (et quel philosophe dépasse le niveau de l'apprenti ?) dans les complications d'une prétendue logique. Mais Valéry a découvert, avec la superbe intuition du poète, que la véritable démarche cartésienne ne procède pas selon les degrés d'une progression logique. « Il n'y a pas de syllogisme dans le cogito, il n'y a même point de signification littérale. Il y a un coup de force, un acte réflexe de l'intellect... ». La démarche est intuitive et non logique. Pourquoi la raison n'aurait-elle pas aussi ses intuitions, ses réflexes, ses impulsions ? Descartes approfondit la dynamique vivante d'une intuition pour laquelle l'être n'est pas le produit d'un raisonnement, mais une donnée existentielle immédiate. La pensée éclaire l'existence, mais ne la devance pas. Car il est impossible de venir à l'être, on ne peut que procéder de lui ; et seule notre participation initiale et indubitable au mystère de l'être peut nous rendre possible la connaissance de l'être. « Que j'existe, selon telle philosophie, et que je n'existe pas, dans telle autre, rien n'est changé, ni dans les choses, ni dans moi, ni dans mes pouvoirs, ni dans mes passions ». Il n'est donc point de cercle vicieux pour une pensée qui, approfondissant son intuition existentielle, découvre un Dieu comme fondement de son existence. Et que ce Dieu « existe, selon telle philosophie, et... n'existe pas, dans telle autre, rien n'est changé, ni dans les choses ni dans moi », aurait pu ajouter Descartes-Valéry. Ainsi, le Cogito n'est que le premier moment d'un mouvement de découverte qui doit se poursuivre jusqu'à Dieu pour fonder l'existence même du moi qui pense. Il n'y aurait de cercle vicieux que si l'on cristallisait le cogito en une étape de la pensée qui se suffirait déjà pour se fonder elle-même. Mais ce faisant, on aurait transformé en mécanique anatomique morte ce qui est physiologie dynamique d'une pensée vivante. En fait, c'est la dynamique même du cogito qui s'approfondit en une intuition de Dieu dont la véracité fonde le moi « vivant et pensant qui crie : J'en ai assez ! Votre doute n'a point de racine en moi-même ». Dieu est donc saisi dans l'intériorité même du cogito cartésien, en sorte que le moi ne peut trouver de fondement qu'en Dieu. L'intentionnalité moi-Dieu est bien le fait primitif du sens intime, une donnée d'expérience première et indubitable, dont il n'est pas de trop de toute la pensée pour élucider le mystère ; mystère de cette « masse d'ombre qui joue le moi et le dieu » au fond de chacun de nous.

Ainsi Descartes s'était donné le Dieu dont il avait besoin, « aussi net et démontré qu'un Dieu le doit être pour être le Dieu de Descartes ». Bourdaloue avait le sien. Et chacun était content de son Dieu, tant il est vrai qu'« il n'y a qu'un Dieu qui puisse (nous) contenter ».

Or, la découverte la plus étonnante qui ressorte des Cahiers, et qui en ressort avec évidence, c'est que Valéry n'a point échappé à cette exigence ontologique qui fait que tout homme réellement inquiet de rechercher son identité métaphysique se voit entraîné à approfondir sa recherche du moi en une recherche du dieu qui seul pourrait fonder l'identité du moi. Celui qui avouait de lui-même : « Je ne suis curieux — Que de ma seule essence », ne pouvait manquer de prolonger sa quête en une recherche du dieu.

C'est sous ce même titre, « la recherche du dieu », que l'auteur du Narcisse rassembla une somme colossale de notes qui remplissent près de mille huit cents pages de ses Cahiers. On sait qu'il songea même à écrire sur ce thème un « Dialogue des choses divines », et que maintes notes présentent des fragments de dialogues entre divers personnages qui eussent été les porte-parole des multiples faces de sa recherche. L'importance de cette rubrique, présentée le plus souvent sous le sigle θ, accompagné quelquefois des mots grecs περι του θεου, et qui aborde tous les sujets de la foi, de la croyance, de l'âme, du divin et du dieu, du christianisme, de la mystique, du diable ou de la prière, montre à l'évidence combien cette « recherche du dieu » préoccupa et occupa Valéry. N'écrit-il pas par exemple :

> « θ (ou la recherche du dieu).
>
> L'important, cher Mélez, est sans doute d'avoir un dieu. Le pire de ceux-ci est infiniment préférable soit à l'absence, soit à l'incertitude quant au dieu ». (Cahier 19, p. 892).

Ou encore :

> « La recherche du dieu serait la plus belle occupation de l'homme, si la mort et le souci de la mort et les infortunes ne la changeaient en affaire d'intérêt ; si la crainte, la détresse, le désir d'échapper... n'y introduisaient la confusion des mobiles, la déloyauté de soi envers soi. La chair se mêle de ce qui demanderait la plus grande liberté de l'attention la plus intense ». (Cahier 9, p. 516).

Car pour celui qui songea à écrire un « Traité de l'Aristie » et qui pensa aussi à écrire un « Traité du Vrai Dieu », la recherche du dieu doit être pure de toute mesquinerie et de toute lâcheté, dépourvue de toute motivation trop humaine comme de tout mobile individuel, gratuite en somme et presque sans raison, quête pure et infinie de notre moi le plus universel et partant le plus intime. En particulier, il faut libérer cette recherche de tout bas calcul, lié à la crainte de la mort, car la recherche du dieu doit être l'affaire de la vie et non celle de la mort. Cette volonté de pureté entraîne Valéry, d'une part, à une condamnation cinglante des religions, et d'autre part, à l'espoir de « faire un dieu plus pur ».

> « Si les hommes ne craignaient pas d'être volés, assassinés, cocufiés et opprimés, il n'y aurait point de morale, et pas de Dieu, ou un Dieu tout autre, et probablement plus pur, plus vraisemblable, plus profond.
>
> S'ils ne craignaient de mourir, le Dieu, ou ne serait pas, ou serait bien plus pur et plus profond. Je veux dire que ceux, infiniment rares, qui y penseraient, y penseraient comme personne ne l'a fait.
>
> L'élément de crainte, qui est peut-être essentiel à la considération d'un Dieu, est un élément inférieur et animal, comme l'amour,

attentatoire à la modification libre de l'être qui doit se modifier pour choisir, créer, anticiper, et se chercher tous les états compatibles avec la vie pour tenter de circonvenir cette vie et de donner un sens à la conscience ». (Cahier 7, p. 676).

« θ. Toute la religion est une spéculation sur la mort. Elle associe essentiellement « Dieu » et la « mort ». Diminution de Dieu par cela... Si l'homme ne craint pas la mort, et surtout l'après-mort, Dieu ne lui importe pas plus que l'autre face de la lune...

On pourrait façonner une hérésie magnifique à partir de « laissez les morts » etc. et de la Résurrection, qui laisse liberté de faire un dieu plus dur, dissocié des éléments affectifs de qualité inférieure, craintes, terreurs, douleurs, miracles, et mystères. (Et j'y mettrais mon idée du Moi pur ou du Moi n° 1 qui est unique et identique en tous. Il n'y a qu'un Moi possible). Cette religion décrète l'abrogation de la Fiducia primitive ». (Cahier 27, p. 381).

Ainsi cette résolution de « faire un dieu plus pur », dégagé de tout élément de crainte et de calcul, se lie étroitement à « l'idée du Moi pur », comme nous l'avons déjà noté, avec cette intuition essentielle qu'une subjectivité trans-personnelle et universelle fonderait l'existence des subjectivités personnelles et individuelles, et que ce Moi universel, unique et identique au fond de chacun, recevrait lui-même son être d'un dieu « plus pur, plus vraisemblable, plus profond ». Mais cette résolution se lie aussi au sentiment que les « choses divines » sont dans la vie et émanent de la vie, comme la fleur de la plante, et s'opposent à la mort.

« Loin que la mort soit en quelque sorte (comme beaucoup le pensent) la demeure du Dieu, et l'état dans lequel notre esprit, qui a été engendré, et façonné et instruit par la vie, doive enfin connaître immédiatement l'être de l'être, — loin que l'acte et la sensation, loin que la tension du corps et du sens, loin que le désir et les tâtonnements, les fabrications et les hasards, les prévisions et les regrets, la fuite du temps et l'exploration de l'espace, soient opposées aux choses divines — bien au contraire, c'est dans la vie qu'elles sont comme elles sont et autant qu'elles peuvent être, car elles sont à la vie ce que la fleur est à la plante, son œuvre très belle qui meurt, mais qui reproduit. Choses divines sont donc bien toutes celles dans la vie et de la vie, qui s'opposent à la mort, qui la cachent, qui la trompent — et qui augmentent, conservent, répandent la vie, et même font entrer la mort dans l'économie de la vie ». (Cahier 9, p. 319).

Le divin n'est donc pas à chercher en dehors de la vie, dans un au-delà ou un en deçà de l'existence terrestre, et il n'est point de contradiction, ni d'incompatibilité, entre le monde où nous vivons et le divin auquel nous aspirons. Loin que la mort soit la demeure du dieu, c'est dans la vie que doit se révéler le divin, car la vie porte le divin comme son œuvre, comme son but interne, non pas seulement comme son aspiration, mais comme sa production organiquement mûrie, tout comme la fleur est œuvre de la plante qu'elle permet aussi de reproduire. Le divin donne son sens à la vie en la transfigurant, en éclairant le but de son dynamisme interne qui est volonté de révéler dans les choses de l'existence une dimension divine, désir d'en faire éclater les apparences bornées et de les ouvrir sur des significations infinies. Cette aspiration se lie sans doute à la vision du poète, et nous verrons en effet combien l'essence de la poétique valéryenne correspond à cette volonté quasi mystique de « former le cristal de chaque chose » de manière à en exprimer la quintessence pure et divine et à « substituer à l'espace l'ordre et au temps une éternité ». Cette transfiguration est l'œuvre de la sensibilité. Valéry le reconnaît explicitement à une époque où il travaille aux exercices du poème qui deviendra « le Poème de la sensibilité » : cette « réaction... ne serait pas, si une sensibilité n'existait pas pour la fournir ». (Cahier 6, p. 13).

Remarquons combien cette valorisation de la vie, en tant que celle-ci doit extraire d'elle-même le divin qu'elle porte caché en elle, situe Valéry en dehors du pessimisme négateur de la vie tel qu'il apparaît en maints courants de poésie ou de pensée ; ceux-ci ne font en cela que prolonger la déchirure et le divorce que le christianisme a instauré entre le monde et Dieu par sa croyance au péché irrémissible et à la malédiction dont l'homme et le monde auraient été frappés. Baudelaire est bien en cela le fils de la sensibilité chrétienne, lorsqu'il écrit dans « la Mort des Pauvres » :

> C'est la Mort qui console, hélas ! et qui fait vivre ;
> C'est le but de la vie, et c'est le seul espoir
> Qui, comme un élixir, nous monte et nous enivre,
> Et nous donne le cœur de marcher jusqu'au soir.

Aussi approuvons-nous entièrement Claude Vigée qui dans « Les Artistes de la Faim » analyse le développement de la sensibilité moderne comme conséquence directe de la chrétienté médiévale. Le remplacement de la foi par le désespoir nihiliste n'a pas en effet fondamentalement changé les données d'une sensibilité formée par des siècles d'influence chrétienne. La croyance au salut a disparu mais non l'expérience négative dont elle était issue.

> « Singulier paradoxe, la haine du monde puritaine, devenue inadéquate hors de son contexte sacré initial, survit désormais, comme un agent isolé, à l'ordre religieux détruit dont elle fut une composante. Absurdement détachée de l'appareil rédempteur auquel elle faisait jadis contrepoids, elle ne cesse de nous troubler, d'empêcher l'unification nouvelle de l'âme occidentale, divisée et tourmentée de remords. Elle hante comme un fantôme accusateur la sensibilité post-chrétienne de l'Occident moderne. Elle fait obstacle, de par sa nature même, à toute tentative de rajeunissement du cœur humain trop longtemps privé de joie ». (p. 29).

De Holderlin à Mallarmé, le poète de « Canaan d'exil » et du « Poème du retour » n'a pas de peine à trouver à travers toute la poésie occidentale de nombreux exemples de cette vision pessimiste dévaluant le monde et incapable de retrouver dans les choses terrestres la marque du divin. Notre seule réserve concerne Valéry, considéré comme le représentant d'une littérature qui arriverait avec lui au dernier degré du nihilisme et du désespoir. Sans doute, le poète de Narcisse et de l'Ange a souvent exprimé son mépris et sa répulsion pour les choses trop humaines. Son désir de pureté l'emplissait d'incompréhension pour les misères mesquines de l'existence. Sa « Jeune Parque » n'a pas échappé à la tentation de la Mort :

« Lumière !... Ou toi, la Mort. Mais le plus prompt me prenne ! ».

et le « Serpent », porte-parole de sa lucidité, peut apparaître victime de la tentation du Néant :

« Soleil, soleil !... Faute éclatante !....
Tu gardes les cœurs de connaître
Que l'univers n'est qu'un défaut
Dans la pureté du Non-être !

Mais ces deux tentations ne sont qu'un moment ou qu'un aspect du dynamisme plénier d'une recherche ontologique. L'invocation à la Mort, dans la Jeune Parque, est emportée dans la vigueur d'un hymne au printemps qui est tout entier pieuse adoration des forces divines à l'œuvre dans le renouveau de la nature. Et la véritable vocation de la jeune vierge se reconnaît bien plus dans son invocation à la lumière :

« Dites !... J'étais l'égale et l'épouse du jour,
Seul support souriant que je formais d'amour
A la toute-puissante altitude adorée.

Quant aux derniers vers de l'Ebauche du Serpent, ils nous semblent très exactement exprimer la victoire, ou, pour le moins, l'espoir d'une victoire sur la tentation du Néant. Nous reviendrons sur l'analyse de ce poème qui chante merveilleusement le drame de la connaissance. Disons seulement que les derniers vers nous semblent exprimer l'espoir d'une possible reconquête de l'Etre par le Connaître, et d'une possible transfiguration du Néant en Etre :

Cette soif qui te fit géant,
Jusqu'à l'Etre exalte l'étrange
Toute-Puissante du Néant !

Tant il est vrai que pour Valéry, « les rebelles seuls valent la peine d'être sauvés », (Cahier 26, p. 621) et que le Diable, qui n'est pas l'esprit du mal, mais un ange déçu plutôt que déchu, et le symbole de l'Esprit et de l'aventure de la connaissance, garde en fait sa dignité et sa noblesse premières.

Restent Faust et l'interprétation nihiliste qu'on en donne habituellement. Mais nous verrons que Faust jette en réalité un cri d'alarme : « Sais-tu que c'est peut-être la fin de l'âme ?... L'individu se meurt... », et que ce drame représente une tentative ultime pour sauver l'homme et sauver le Moi, et cela par une entreprise qu'on pourrait dire inverse de celle du christianisme : celui-ci avait tenté de sauver l'homme en lui montrant sa faiblesse et en le désespérant sous le fardeau d'un péché irrémissible pour mieux exalter la puissance d'une grâce surnaturelle agissant dans le mystère d'une foi au Christ rédempteur. Faust représente la tentative inverse, d'exaltation de l'homme, incapable de se satisfaire de rien d'humain, parce que sa vocation est de se faire semblable aux dieux. On pourrait même y trouver une tentative cherchant à renverser le sens du christianisme ou peut-être à révéler le sens véritable du mythe que le christianisme a manqué : alors que celui-ci a procédé à une incarnation et à une humanisation du dieu, le drame de Faust chercherait au contraire à opérer une divinisation de l'homme. C'est le sens du reproche adressé par le Solitaire à Méphisto, dans les feuillets contenant le projet d'un IIIᵉ Faust :

> « Quand je songe aux tentations ridicules que tu as osé proposer à cet Homme-Dieu ! Toute ta faiblesse d'esprit se manifesta ce jour-là ».

C'est aussi le sens de cette note des Cahiers :

> « θ. L'Homme-Dieu. Sens caché du christianisme.
> Entrée du Moi dans Jérusalem.
> 1°) Il n'y qu'un seul Dieu.
> 2°) Ce Dieu est homme.
> 3°) Cet homme est « Moi », car il n'y a pas deux hommes.
> Mais la puissance de ce Moi n'est pas actuelle ».
> (Cahier 8, p. 861).

L'intention de divination du Moi est même plus claire encore dans cette note :

> « θ. F. III. Le problème réel de l'existence de Dieu consiste dans la recherche d'une certaine transformation de soi = celle dont le résultat ne pourrait s'exprimer que par Dieu. Toutefois la question du nom lui-même doit être réservée ».
> (Cahier 25, p. 266).

Quant au Solitaire qui au sommet de sa montagne de glace hurle un Hymne au Néant, il n'est que la tentation du Néant que l'homme-dieu, Faust, doit surmonter. Car c'est Faust qui est le porte-parole de Valéry. « Lust et Faust sont moi et rien que moi ». (Cahier 29, p. 804). Avec Faust, Valéry surmonte ainsi le défi que lui posait Mallarmé, héros d'un nihilisme qui affirmait le Néant comme source et total de tout l'univers. Face au Solitaire qui se veut non-existant, Faust s'affirme comme sûr de son existence, assuré de son être ; et face au mépris de l'esprit enseigné par le Solitaire qui ne voit dans le langage que prostitution, Faust oppose « les créations par le verbe, les chefs d'œuvre, les chants très purs, les vérités de diamant, les architectures de la déduction, les lumières de la parole ».

S'il est donc un poète qui échappe à la sensibilité morbide et dépréciatrice héritée du christianisme par la culture moderne, c'est bien Valéry, dont toute la tentative nous semble pouvoir se résumer dans la volonté lucide d'analyser « ce goût de l'éternel qui se remarque parfois chez les vivants », ce qui est le vrai sujet du dialogue d'Eupalinos. Car il n'est rien qui ne doive plus solliciter notre réflexion que ce goût d'éternité qui est en l'homme, ce qui fait que « nos âmes peuvent se former, dans le sein même du temps, des sanctuaires impénétrables à la durée, éternels intérieurement, passagers quant à la nature ; où elles sont enfin ce qu'elles connaissent ; où elles désirent ce qu'elles sont ; où elles se sentent créées par ce qu'elles aiment... » (Pléiade II, p. 90). Or « ces contemplations et ces extases,... ces états suprêmes de l'âme » sont inséparables de la vie, car « rien de beau n'est séparable de la vie ». Et si Socrate, reflétant l'évolution de Valéry après la Jeune Parque, regrette la « perte pensive de (ses) jours » et « l'artiste (qu'il a) fait périr », c'est pourtant le même but et le même sens qu'il assigne tant à l'activité du sage recherchant une vérité à travers les seules pensées, qu'à celle de l'artiste recherchant dans les formes l'expression la plus harmonieuse de la beauté. Car l'un et l'autre investissent toute leur volonté dans la recherche d'un dieu.

> « Ce ne fut par utilement, je le crains, chercher ce Dieu que j'ai essayé de découvrir toute ma vie, que de le poursuivre à travers les seules pensées... Ce Dieu que l'on trouve ainsi n'est que parole née de parole, et retourne à la parole... Mais au contraire, c'est dans les actes, et dans la combinaison des actes, que nous devons trouver le sentiment le plus immédiat de la présence du divin ». (Pléiade II, p. 142).

Ainsi les préoccupations de Socrate et de Phèdre, comme celles du berger-poète Tityre et du Sage Lucrèce dans le Dialogue de l'arbre, conscients tous deux que « notre connaissance... est imparfaite si elle se borne à la vérité » et que l'art permet sans doute une pénétration ontologique allant au-delà de la vérité, rejoignent bien les préoccupations mêmes de Valéry qui, à travers ces milliers de notes consacrées au projet d'un « Dialogue des choses divines », recherchait également son dieu.

> « θ. Toute époque cherche son Dieu, le dieu qui lui convient, et souffre tant qu'elle ne l'a pas trouvé. Et chacun cherche son dieu qui lui soit la passion de vivre, la raison de vivre et la chose où toute chose vient se rapporter pour être prisée ou méprisée... ce dieu étant une pièce capitale du mécanisme complexe formé d'un corps, d'une âme, et d'un monde, comme le moi en est une pièce ou propriété essentielle ». (Cahier 9, p. 159).

En cette recherche, Valéry ne s'embarrassait d'ailleurs pas des mêmes scrupules que Descartes prétendant, peut-être avec malice, que la faiblesse de ses raisonnements ne pouvait s'étendre jusqu'aux « choses qui appartiennent à la foi », sous le prétexte que « les vérités révélées... sont au-dessus de notre intelligence... et que pour entreprendre de les examiner et y réussir, il était besoin d'avoir quelque extraordinaire assistance du ciel et d'être plus qu'homme ». (Discours de la Méthode). Notre poète-penseur, plus courageux ou plus libre que son précurseur du doute méthodique, ne doutait pas que la recherche du dieu à travers l'histoire des hommes pourrait se libérer de toute idolâtrie et progresser vers plus de vérité. C'est en tout cas l'avis de Socrate :

> « Qui sait même, Phèdre, si l'effort des humains dans la recherche de Dieu ; les pratiques, les prières essayées, la volonté obstinée de trouver les plus efficaces. ... Qui sait si les mortels, à la longue, ne trouveront pas une certitude, — ou une incertitude, stable, et conforme exactement à leur nature, — sinon à celle même du Dieu ? ». (Pléiade II, p. 131).

Aussi, dans sa quête d'un « Dieu essentiellement ennemi des idoles », un dieu qui soit « raison de vivre » en dehors de tout « souci de la mort », et qui rende raison de ces « choses divines » qui « sont à la vie ce que la fleur est à la plante », lui arrive-t-il de juger selon son sens du divin les mérites respectifs du christianisme et de la religion des anciens.

> « La religion chrétienne avilit le divin en usant et abusant de la mort, de l'enfer, du jugement, de la colère divine, de l'éternité et du ver rongeur ; et en ne confessant pas que l'homme est plus près du divin quant il se moque de toutes ces saletés que quand il les croit. ... C'est la déification du chantage ». (Cahier 6, p. 716).

> « θ. De la vraie religion. La religion des anciens plus vénérable que la nôtre. Elle était en effet plus céleste et phénoménale. Le ciel, l'amour y paraissaient constamment et les météores. Tout se doublait d'une valeur divine, cependant que depuis le Christianisme, toutes choses visibles et sensibles sont fantaisies obligatoires, mais fantaisies auprès du Dieu et de l'Eternité. Phantasmata.

> Nous ne savons plus regarder saintement les phénomènes, les animaux, les astres, les générations, les amours. Ce qui a conduit à ne plus les regarder du tout. Ces choses ne sont plus vues que par les savants, chacun dans sa catégorie. ... ». (Cahier 13, p. 123).

Le christianisme, déniant toute valeur à la vie terrestre maudite à la suite du péché de l'homme, et préoccupé seulement du salut de l'âme destinée par la foi à accéder à une vie future éternelle, ne pouvait en effet croire à la possibilité d'une sanctification de la vie qui la rende transparente au dévoilement des merveilles de la volonté divine. Ayant aboli la Loi de sanctification qui pouvait seule purifier la conduite des hommes et permettre de goûter dans toute l'infinie richesse de la vie humaine la joie surnaturelle qui rayonne de la découverte du sens divin de chaque chose, le christianisme ne pouvait voir la vie terrestre qu'à l'image d'une prison maudite, destinée seulement à mettre à l'épreuve les croyants, dont l'âme accèderait, grâce à la vérité de leur foi, à la lumière future de l'au-delà. Jésus n'avait-il pas dit devant Pilate : « Mon royaume n'est pas de ce monde... mon royaume n'est pas d'ici bas » ? (Jean 18 ; 36). Aussi ne peut-on s'étonner de voir Pascal décrire la condition des hommes dans des termes qui conviendraient mieux à la description des camps de la mort d'Auschwitz et de Tréblinka : « Qu'on s'imagine un nombre d'hommes dans les chaînes, et tous condamnés à la mort, dont les uns étant chaque jour égorgés à la vue des autres, ceux qui restent voient leur propre condition dans celle de leurs semblables, et, se regardant les uns et les autres avec douleur et sans espérance, attendent à leur tour. C'est l'image de la condition des hommes ». N'est-ce pas effarant ? Est-il un rescapé des camps de concentration qui nous ait donné une image plus hallucinante des martyrs condamnés à la chambre à gaz ! Pourtant, Pascal vivait bourgeoisement dans un Paris paisible, tandis que ceux qui avaient survécu à l'expérience apocalyptique de l'enfer nazi se définissaient « Nous de l'espérance », (titre d'un recueil d'Edmond Fleg), et allaient investir toutes leurs forces vitales et leur amour de la vie dans les travaux de résurrection de leur terre ancestrale, défiant l'incompréhension du monde en chantant leur hymne national, « l'Espérance », « Ha Tikva » ! Tant il est vrai qu'à la différence de la chrétienté qui, par son dédain et son mépris pour le monde terrestre au profit du monde futur, a par là-même laissé notre monde produire de très réels camps de la mort, sortis peut-être de l'imagination de Pascal, le peuple d'Israël au contraire, ces descendants d'Abraham, d'Isaac et de Jacob, assurés de l'unité des mondes grâce à leur fidélité aux révélations des patriarches, et convaincus qu'une spiritualité toute préoccupée du monde futur dans le dédain des choses terrestres n'est que mensonge, comme est mensonge aussi l'attachement à ce monde sans espérance au monde spirituel qui vient, étaient sans doute seuls aptes, à l'ère post-chrétienne et post-concentrationnaire, à relever le drapeau de l'espérance du monde.

Certes Valéry a tout ignoré de cette espérance messianique juive, capable de croire, malgré le drame d'épreuves incroyables, à la possibilité d'une sanctification progressive de ce monde qui rende les hommes aptes à jouir des splendeurs divines de la création. Pourtant, certaines notes des Cahiers le montrent parfois assez lucide dans sa façon d'imaginer ce qui différencierait Juifs et chrétiens. Cette note par exemple, écrite vers la fin de l'année 1940 :

> « Un des traits psychologiques ayant contribué à la formation de l'Europe est « la présence toujours prochaine ou imminente de l'idée de la mort, et d'une mort avec éternité, jugement, châtiment, aussi effrayante que possible »... « Tout ceci inconnu des anciens, et probablement des juifs contemporains de ces développements, et devant nécessairement engendrer à la longue une différence très sensible entre les manières de penser, de concevoir la vie et d'agir de ces juifs et celles du milieu chrétien. Je crois que cette diffférence a beaucoup plus créé le « juif », en tant qu'opposé au « non-juif », que la race ethnique. Juifs en vase clos... » (Cahier 23, p. 582).

Cependant Valéry ne semble pas avoir eu une sympathie ou une compréhension particulières pour le monde juif, bien qu'il fût exempt de toute trace d'antisémitisme, ainsi qu'en fait foi la note suivante, également de 1940 :

> « On dit qu'il y a une question des juifs. On le dit, on le redit. Et donc il y a une question des juifs. Il suffit. Elle existe. Et une

autre question peut-être ? Savoir si cette question existe parce qu'on en parle, ou par d'autres motifs aussi ?

Il en fut de même pour la question cléricale. Toute minorité dont on soupçonne la puissance excite ou permet d'exciter la majorité, dans un pays où l'opinion est d'autant plus facile à exciter qu'elle se croit virtuellement plus forte. Mais l'opinion se fait. L'argent et le pouvoir, d'une part s'y emploient ; les instincts s'y prêtent. Le principal est envie. Mais aussi la grande commodité du bouc émissaire ». (Cahier 23, p. 570).

« Commodité », qui devait permettre d'envoyer six millions de juifs aux fours crématoires ! . . .

Pourtant la réflexion suivante est peut-être plus ambiguë :

« Il y a dans l'Homme un aspect anti-mercantile, qui se traduit par anti-judaïsme et anti-anglosaxonnisme ». (Cahier 24, p. 415).

L'anti-judaïsme découlerait-il de quelque pur idéalisme ? !

Mais on sait également qu'« au commencement de cette année (1941) qui trouve la France au plus bas..., atteint jusqu'au fond de lui-même par le désastre total dont nous subissons les effets », il devait rendre à la mémoire de Bergson un hommage courageux, déjà qualifié de résistant, alors que la France gardait le silence sur la mort du « plus grand philosophe de notre temps ». « Bergson semble déjà appartenir à un âge révolu, et son nom, le dernier grand nom de l'histoire de l'intelligence européenne », concluait-il. Cet hommage au philosophe juif, en un temps de drame collectif, fait sans doute contre-poids à la position anti-dreyfusarde qu'il eut au temps de sa jeunesse, pour des raisons qui n'avaient d'ailleurs rien à voir ni avec l'antisémitisme, ni avec un ultra-nationalisme, mais qui étaient bien particulières et assez valéryennes : exaspération devant la spéculation sur les sentiments, l'utilisation des « mots majuscules », et le vague. Ce n'était peut-être pas très clairvoyant, ni très généreux, mais le jeune Mr. Teste avait alors plus de haine contre la « marionnette » sentimentale qu'un véritable pouvoir de lucidité !

Quant au Livre qui constitue la charte d'identité historique, spirituelle et prophétique du peuple juif, Valéry, semble en avoir eu une connaissance moindre que des Evangiles. Néanmoins, sans qu'on puisse lui appliquer le critère nietzschéen selon lequel « le goût pour l'Ancien Testament est une pierre de touche de la grandeur ou de la médiocrité des âmes », (Par-delà le bien et le mal), il est évident que Valéry porte plus ses critiques contre les Evangiles que contre les Ecritures juives. S'il trouve « indigne le dieu de la Genèse » (Cahier 5, p. 659), il lui arrive aussi de découvrir quelque supériorité dans « l'Ancienne Loy » :

« θ. Une curiosité de la Religion.

... qui venue du Christianisme a aggravé la condition de l'Homme, en exigeant beaucoup plus que n'en exigeait l'Ancienne Loy, laquelle se bornait : 1°) à une croyance simple ; 2°) à un code de morale

défendant le vol, l'adultère, etc. Et puis des rites. Mais pas de mystères. Pas d'obligations de croire, et même de croire sans savoir ce
à quoi l'on croit autrement que par des mots dont le sens est inconcevable. Ce qui est interdire la réflexion ». (Cahier 21, p. 729).

C'est donc reconnaître que de « l'Ancienne Loy » émanaient
une foi qui n'exigeait pas le sacrifice de la raison, ni n'imposait la
croyance à l'absurde, ainsi qu'une morale qui n'était que de sanctification. Valéry lui accordait également le mérite de la lutte contre
toute idolâtrie.

> « Il y a une bonne chose dans la Bible. C'est l'exécration des
> idoles. L'idée de dénoncer, renverser, brûler les idoles. Mais c'est
> un feu de paille ! L'homme a besoin d'idoles. En produire est sa
> principale activité ». (Cahier 22, p. 854).

Mais dans sa quête d'une « vraie religion », d'une « religion qui
donne le ciel et ne le vend pas » (Pléiade II, p. 434), Valéry réserve
surtout ses critiques contre le christianisme. Nous classerons ses
pensées en trois sections : critique générale ; critique des Evangiles ;
critiques concernant la personne de Jésus.

Tout d'abord, Valéry n'est pas ignorant en la matière et on
peut s'assurer qu'il a « cherché à (s') en faire une idée précise ».
(Lettre au R.P. Gillet). L'« Introduction biographique » d'Agathe
Rouart-Valéry rapporte par exemple qu'il eut de grandes contro-
verses religieuses avec le R.P. Janvier, et qu'il suivit régulièrement
les cours du Père Hurteaux sur la Somme de saintThomas. Aussi
peut-il résumer la théologie chrétienne :

> « Résumé du christianisme.
> a) Il y a eu une faute de la part de l'homme. Quis, cur, etc.
> b) Cette faute a été rachetée.
> c) Moyennant :
>   1°) ce rachat effectué par Dieu même à Dieu même.
>   2°) diverses conditions qui rendent l'individu apte à bénéficier
> du rachat, l'individu sera ressuscité dans sa chair et vivra, réincarné,
> éternellement.
> N.B. Parmi les conditions du rachat, croire à l'ensemble de ceci
> et croire qui l'enseigne ». (Cahier II, p. 110).

Le résumé est pour le moins honnête, mais il ne peut s'empêcher de trouver cette construction théologique composée d'éléments
bien hétérogènes :

> « Quel mariage extraordinaire que celui d'Aristote, de Platon,
> des Ecritures juives et de St. Paul opéré par le moyen-âge occidental !
> C'est le mélange, la combinaison qui fut si importante pour l'Eu-
> rope ». (Cahier II, p. 110 ; voir aussi Cahier 26, p. 299).

Comment départager en effet ces influences diverses qui, de
saint Paul aux conciles du moyen-âge, se sont exercées sur la lente
élaboration de la théologie chrétienne ? Quant à la pierre fondamentale de cet édifice, voici son jugement où l'ironie laisse percer
la déception de celui qui voudrait comprendre :

« Dieu a préféré faire périr son Fils unique que de nous parler clair et incontestablement. Il ne nous a pas traités comme raisonnables et intelligents, comme capables de critique. Mais comme des badauds devant le théâtre d'un escamoteur. Ce qui serait le plus important à l'homme, serait donc le plus obscur ? Il aurait des sens et des appareils d'arrêt et de combinaison, et de fixation pour les besoins de sa vie temporelle ; et des lacunes, des mystères, des charades, des contradictions pour les besoins de sa vie éternelle ? ». (Cahier 6, p. 415).

La répulsion de Valéry s'exprime même parfois de façon plus virulente encore :

« Qu'est-ce qu'un dieu capable de sacrifier son fils à ces cochons d'humains ? Dieu serait-il donc idolâtre ? ». (Cahier 8, p. 547).

Ce qui le heurte, c'est l'impossibilité où est l'intelligence de comprendre ces dogmes, alors que l'intelligence est le plus beau don que Dieu ait fait à sa créature.

« Si (le dieu) t'a donné la connaissance et la liberté, serait-ce pour te punir d'en user ? ». (Cahier 18, p. 492).

« θ. L'exigence de la foi est contraire à l'exercice de ce que nous tenons de Dieu même, car la ressemblance avec lui exclut la privation de toute recherche raisonnable ». (Cahier 19, p. 359).

Comprendre ne peut être une exigence contraire à la vraie religion . « Je croirai à la religion qui me fera comprendre quoi que ce soit à quoi que ce soit ». (Cahier 11, p. 34).

Cette inintelligibilité du dogme chrétien de la rédemption qui exige que Dieu fasse « périr son Fils unique », proviendrait-elle de son caractère idolâtre ? Valéry n'est pas loin de le penser, mais aucune certitude ne vient étayer ce qu'il ne fait que sentir.

« Le christianisme blesse ma pudeur et ma simplicité. Le « bien aimé », Sacré cœur, effusions, ce demi jour, ce trop doux, ces imitations de la rhétorique amoureuse, ces enfantillages forcés, épelés, cette âme de jeune épousée, avec des reflets de cour de Justice, ces émotions mêlées de règlements et de dangers, avec leurs nervures dialectiques, ces clartés qui augmentent l'obscurité, cette atmosphère où les mots perdent leur sens, où vérité signifie ce qui se trouve à l'opposé de ce qui se trouve quand on cherche la vérité....

Ce n'est pas en faveur des valeurs mondaines que je critique le christianisme. Je consens, et même je crois qu'il faut des idéaux impossibles. Mais le renoncement qui est une grande chose ne l'est que si cela demeure un moyen ; renoncez dans le cas qu'il faut et s'il est utile. J'estime que cet idéal impossible doit être indéfiniment précisable. Et rien d'historique ne doit le souiller. Et rien d'équivoque. Et rien de verbal ne doit le changer en idole.

Pas d'idoles, c'est-à-dire briser l'idole, quelle qu'elle soit, dès que l'on a conscience de son caractère d'idole... ». (Cahier 6, p. 408).

Si la répugnance éprouvée par Valéry devant la sentimentalité doucereuse et équivoque du bénéficiaire de la grâce rédemptrice, n'est pas sans évoquer la répulsion de Nietzsche devant « le Nouveau Testament, le livre de la Grâce (où) règne une odeur douceâtre et renfermée de bigots et de petites âmes », (Par-delà le bien et le mal), l'objection qu'il formule contre un idéal fondé sur un événement historique (voir aussi Cahier 7, p. 431 ; Cahier 17, p. 510 ; Cahier 21, p. 453 ; Cahier 29, p. 758) rappelle directement le problème fondamental qui a torturé l'esprit de Kierkegaard et sur lequel celui-ci a bâti toute son œuvre : « Comment une béatitude éternelle peut-elle être édifiée sur une connaissance historique ? » (Post-scriptum aux Miettes philosophiques p. 243). Ce fils prodigue et cet amant malheureux fut en effet toute sa vie la victime impuissante du scandale qu'il avait découvert à ce que la foi chrétienne se rapporte à un événement historique. « Le paradoxe du christianisme réside en ce qu'il ne cesse de faire usage du temps et de l'historique par rapport à l'éternel, tandis que toute pensée réside dans l'immanence ». (id. p. 63).

Mais Valéry ignorait Kierkegaard et les complications d'une analyse existentielle délicate, capable de distinguer entre la démarche d'une dialectique historique, cherchant à fixer les coordonnées spatiales et temporelles d'un événement par une visée objective, extraversive et rétroversive, et la démarche d'une dialectique subjective, cherchant à insérer le moi dans un idéal qui le dépasse, par une visée immanente, existentielle, intraversive et proversive.

On peut imaginer cependant que « la nouvelle Religion » qu'il cherchait, « la vraie », eût correspondu à ce « religieux A (immanent et non paradoxal) » que le penseur danois, qui se qualifiait modestement de « poète du religieux », avouait ne pas avoir pu dépasser, malgré le débat tragique qui l'avait colleté toute sa vie avec « le religieux B du paradoxe chrétien ». « Cette pensée (du paradoxe chrétien) est terrible à supporter pour un pauvre homme, elle est mortelle et exige de lui un effort presque surhumain,... qu'il m'est vraiment impossible de mener jusqu'au bout... Voilà pourquoi je ne me dis pas encore chrétien, non je suis encore trop loin en arrière ». (L'Instant, p. 97). Tragique lucidité, malheureusement restée à mi-chemin dans son retour aux sources !

Il est encore intéressant de noter qu'aussi bien cet amant malheureux du christianisme que le poète de Mr. Teste aient d'une certaine manière reconnu que le judaïsme ne pouvait être dépassé. Cela ressort de cet aveu de Kierkegaard :

« J'endure mes souffrances grâce à une pensée beaucoup plus facile à supporter, d'inspiration juive et non chrétienne », (L'Instant, p. 97), ainsi que de cette note déjà citée de Valéry, remarquant que le christianisme avait « aggravé la condition de l'Homme, en exigeant beucoup plus que n'en exigeait l'Ancienne Loy ». (Cahier 21, p. 729).

L'un et l'autre étaient cependant trop ignorants du contenu même du judaïsme pour imaginer que celui-ci eût pu répondre à leurs problèmes. De l'ignorance de Valéry nous donnerons seule-

ment deux exemples : ce serait le christianisme qui aurait inventé
l'éternité et introduit l'amour dans la relation à Dieu ! « L'invention
de l'éternité fut un immense progrès de la religion de l'an 150
sur les religions antérieures, et en particulier, sur celle des Juifs ».
(Cahier 27, p. 569). Pourtant une michna de Sanhédrin refuse le
monde à venir à celui qui déclarerait que la résurrection des morts
n'est pas dans la Torah ! Enfin, sur l'amour : « θ. Idée extraordinaire du catholicisme d'avoir introduit l'amour dans la relation de
l'homme avec Dieu. Quelle nouveauté scandaleuse ! Du coup, le sens
du mot Amour en a été changé ». (Cahier 26, p. 259). La même pensée se retrouve notée dans la toute dernière page des Cahiers, quelques semaines avant sa mort : « Le mot Amour ne s'est trouvé associé au nom de Dieu que depuis le Christ ». Valéry ignorait donc que
lorsque Jésus présentait ainsi les deux commandements les plus
importants : « Voici le premier : Ecoute, Israël, le Seigneur, notre
Dieu, est l'unique Seigneur ; et : Tu aimeras le Seigneur ton Dieu,
de tout ton cœur, de toute ton âme, de toute ta pensée et de toute ta
force. Voici le second : Tu aimeras ton prochain comme toi-même »,
il ne faisait que reprendre les enseignements de Deutéronome 6, 4
et 5, et de Lévitique 19, 18. De même, était-il, semble-t-il, resté insensible à l'immense élan d'amour qui traverse les Psaumes, nous
enseignant que « la bonté divine s'étend sur toutes les créatures » !
(Psaume 145, 9). Reconnaissons plutôt que si Valéry semble avoir
échappé au honteux « enseignement du mépris » véhiculé par la
chrétienté, il n'en a pas moins été touché par certains préjugés
par lesquels la suffisance chrétienne a rendu impossible ne serait-
ce qu'une connaissance minimale du judaïsme. Et pourtant il demeure dans le monde culturel occidental un des esprits les plus
libres, c'est-à-dire les plus libérés, un des penseurs qui a fait le plus
d'effort pour créer lui-même sa propre problématique et sa propre
expression. « Je suis chez moi, je parle ma langue ». Et cette volonté
d'indépendance lucide, il l'a courageusement investie jusqu'en cette
quête ontologique suprême qui dans la recherche du dieu engage
les dernières resources du moi le plus intime. Valéry savait aussi
que nulle autre recherche n'est susceptible, comme cette quête du
dieu, de dépouiller, malgré lui, le moi de ses masques, et de le révéler en sa nudité simple, mettant ainsi à jour sa fragilité et ses faiblesses. Car lorsque le moi veut faire comparaître le dieu au tribunal de son esprit, il ne peut pas ne pas avoir conscience que celui
qui sera en cause dans ce jugement, ce ne sera pas tant le dieu
que le moi lui-même. Dans sa visée du dieu fait-il en effet autre chose que découvrir l'essence de ses pensées les plus secrètes et la qualité de son noyau existentiel le plus profond ?

« L'idée de Dieu est toujours proportionnée aux connaissances
de celui qui se la forme.

J'entends celui qui se la forme et non celui qui se borne aux
données qu'on lui inculque ». (Cahier 6, p. 348).

Plus existentiellement encore peut-être, l'idée qu'un homme se forme de Dieu pourrait bien n'être que le révélateur de sa propre identité métaphysique.

> « Le dieu d'un sot est un sot. Si un dieu paraît absurde il est le dieu d'un absurde. Et pourtant chose toute remarquable, il est des hommes dont le Dieu est plus bête qu'eux. Voilà ce qui est insupportable. Mais qui est expliqué par ceci : que leur dieu se forge et se fortifie dans les états où le dégagement est impossible. Enfance, crises, etc. ». (Cahier 6, p. 382).

Constatation bien navrante et pourtant si vraie ! Combien d'hommes restent bloqués dans leurs conceptions religieuses, et dans les choses qui devraient être les plus importantes à savoir pour donner un sens à la vie, sur les impressions naïves ou grotesques qu'ils se sont faites dans leur enfance ! Aussi comprend-t-on qu'il puisse être parfois gênant de découvrir sa conception du dieu, quand ce ne serait en cela que mettre à nu sa propre misère intérieure. N'est-ce pas de toute façon gênant de découvrir son intériorité la plus secrète ? « Dieu pouvant être ce que l'on a de plus secret (et tout ce qui est de plus en plus secret l'approche), en parler est une indécence ; y penser, une faute de pensée ». (Cahier 6, p. 138). Ne croyons pas d'ailleurs que celui qui prétend ne point avoir de dieu puisse éviter de se révéler tel qu'il est véritablement en lui-même. « A l'égard de la religion, les « libres penseurs » ont pris une position aussi bête et inefficace que les critiques ordinaires à l'égard des livres ». (Cahier 4, p. 646). Mais est-il vraiment quelqu'un sans dieu ? « Chacun a un Dieu et des saints. Les saints sont ceux en qui l'on a reconnu le même Dieu ; et le dieu est un désir difficile à exprimer et tenace ». (Cahier 2, p. 120).

> « Chacun a ses dieux... idoles bizarres, parmi lesquelles son Passé, ou quelque chose qu'il croit son passé (enfance) comme un bloc, son Avenir, ou au contraire son « moment sans tradition » ; ou bien une sorte d'attitude interne scientifique ou mystique. Tout ceci est accompagné de la conviction que telle attitude intérieure, tel fait intérieur, jouera un rôle, sera secours ou cuirasse ». (Cahier 3, p. 54).

Aussi n'est-il peut-être pas de voie plus directe pour saisir la véritable identité d'un homme que d'essayer de découvrir « son noyau inconnu, masse d'ombre qui joue le moi et le dieu ». « Il ne faut point attaquer les autres, mais leurs dieux. Il faut frapper les dieux de l'ennemi. Mais d'abord il faut donc les découvrir. Leurs véritables dieux, les hommes les cachent avec soin ». (Pléiade II, p. 489). Le procédé serait pourtant sans doute trop cruel, (n'est-il pas » des hommes dont le Dieu est plus bête qu'eux » ?), et peu sûr aussi, vu la pudeur avec laquelle chacun cache ce qu'il a de plus intérieur.

> « Pour mon sentiment, c'est une impureté que de donner à ce qu'il y a de plus simple et de plus secret en nous, une définition et un nom que nous n'avons pas inventé. Chacun doit avoir sa

mystique, qu'il garde en soi jalousement ; qu'il ne trouble pas
de sottises théologiques, ni de traditions, avec tous les compromis
et les feintes soumissions qui s'ensuivent. Ma devise fut : Cache
ton Dieu ». (Cahier 8, p. 611).

Mais n'est-il pas du propre du Dieu d'être toujours et nécessairement caché ? N'y a-t-il pas que les idoles qui puissent être
dévoilées ? Lorsque, arrivé au plus près de sa proximité avec l'Etre
des êtres, Moïse lui demanda de lui laisser voir sa gloire, il entendit
la réponse divine : « ma bonté toute entière, je la ferai passer devant toi... mais tu ne pourras voir ma face ; car nul homme ne peut
me voir et vivre ». Notre pudeur concerne donc plutôt notre mystique ou notre façon de rechercher notre dieu inconnu, car il ne
nous est peut-être rien de plus inconnu que ce « qu'il y a de plus
simple et de plus secret en nous ». Or, Valéry avait sa mystique, et
c'est cette mystique valéryenne que nous voudrions découvrir.

> « Je serais presque religieux ou mystique par plaisir, si je pou-
> vais changer les noms des objets de ces choses-là. Il est clair que
> dans cet ordre se trouvent des impressions toutes particulières, des
> états à la fois sérieux et délicieux, une manière de reculer sûrement
> dans son esprit à chaque époque, et de chercher en arrière en rédui-
> sant chaque pas fait au rang des précédents qui me plaît.... Pour-
> quoi ne pas s'abandonner à toutes les imaginations même mystiques,
> si l'on n'en conclut pas à des affirmations fausses ? Dire que Dieu
> existe parce qu'on le sent, c'est jouer sur les trois mots de cette
> phrase et ne pas les mesurer correctement ». (Cahier 1, p. 775).

C'est bien une démarche mystique en effet qui nous fait « reculer... dans (notre) esprit » toujours plus loin, ou toujours plus près,
dans nos profondeurs secrètes. Mais dans cet effort pour découvrir
les sources les plus intimes de notre monde intérieur, notre propre
être peut nous sembler s'étager en différents niveaux entre lesquels
l'accord est loin d'être simple.

> « θ. L'esprit conclut qu'il n'y a point de Dieu. L'âme sait le
> contraire. Mais l'âme s'exprime mal. Elle est ce qui s'exprime mal,
> mais elle dispose des énergies. Soumettre l'âme à l'esprit ». (Cahier
> 12, p. 366).

« Soumettre », c'était là le langage de Mr. Teste. Mais après
la Jeune Parque et surtout le Dialogue d'Eupalinos, Valéry se veut
beaucoup plus prudent et attentif à ne pas briser la mystique particulière de l'âme. Et c'est sans doute pour éclaircir sa propre mystique, qu'il fait comparaître Dieu, ou plutôt les idées qu'en ont les
hommes, au tribunal de son esprit :

> « θ. Dieu lui-même, cher Cretyles, comparaît au tribunal de ton
> esprit ; et s'Il le nie, faisant connaître que ce n'est point Lui, mais
> quelque idée misérablement fausse que tu te fais de lui que tu
> appelles ainsi devant la pensée, tu peux répondre que cette idée
> est celle qu'il donne de lui et qu'il ne tient qu'à lui d'en donner une
> plus digne, — et ceci par les choses et les vertus de l'esprit qu'il
> crée ou qu'il distribue.

— Si donc, noble Sosime, il arrive que je blasphème, ce n'est point le dieu que j'insulte, mais cette vile caricature de lui que je me fais de lui ?

— Il ne se peut qu'il en soit autrement.

— Ainsi que je l'insulte ou que je l'honore, cela est égal devant Lui ; puisqu'il n'est pas du tout mis en cause.

— Certes ! Mais c'est Toi-même qui es en cause. » (Cahier 20, p. 909).

L'orgueil et l'arrogance ne sont donc point de mise dans ce tribunal, lorsque le juge est assez lucide pour reconnaître qu'en définitive il est lui-même le seul à être réellement mis en cause. Admirable honnêteté, qui ne paralyse pourtant pas Valéry, car il faut bien poursuivre cette quête du dieu qui est aussi la quête du soi le plus authentique. Où est le dieu ? si ce n'est en cette région secrète de l'Etre qui nous donne l'être en nous révélant notre véritable identité métaphysique. Car il n'est pas de révélation divine qui ne mette en cause le moi, et qui ne passe à travers la révélation du moi lui-même. « Ton nom sera Abraham », est-il révélé à Abram au bout de l'aventure qui l'avait fait partir d'Our-Kasdim à la recherche du dieu et de sa propre identité. Et pareillement Dieu apparaît à Jacob pour lui révéler sa véritable vocation. « Ton nom, désormais, ne sera plus Jacob, ton nom sera Israël ». Tels sont les exemples de celui qui fut fait « père d'une multitude de nations » et de celui qui a « lutté contre des puissances célestes et humaines et qui a vaincu ». Mais à tous les niveaux de l'échelle humaine, l'aventure et le combat restent semblables, « et chacun cherche son dieu qui lui soit la passion de vivre, la raison de vivre ». Eût-il pu en être autrement pour le Narcisse penché sur le miroir des profondeurs de l'être ?

> L'âme, jusqu'à périr, s'y penche pour un Dieu
> Qu'elle demande à l'onde....

Cependant, dans cette quête inlassable du « vrai dieu », de cet infini seul capable de fonder le Moi, Valéry ne pouvait pas ne pas avoir d'abord à mettre au clair sa relation au christianisme. Celui-ci « blesse (sa) pudeur et (sa) simplicité » par sa rhétorique mièvre et équivoque « où vérité signifie ce qui se trouve à l'opposé de ce qui se trouve quand on cherche la vérité ». Mais il est d'autres aspects encore qui le heurtent. Tout particulièrement, l'espèce de vulgarisation du message religieux, mis à la portée du populaire le plus ignorant, heurte le sens des valeurs de notre poète, pour lequel il n'est point de connaissance qui n'exige l'effort aristocrate de l'esprit.

> « Les religions sont (en résumé) des vulgarisations, Dieu vulgarisé par degrés. Dans le christianisme, c'est un trait essentiel de cette religion, c'est le vulgaire même qui est le plus près de Dieu. Tous les hommes venant en ce monde ».... (Cahier 15, p. 526).

Le christianisme opère ainsi un nivellement par le bas. Voulant donner une valeur égale à tout homme, il dissocie la foi de la connaissance, et rendant la foi accessible au plus ignorant, il met l'ignorant au même niveau que le sage.

« Christ est venu donner une valeur à tout homme, une certaine valeur qu'on peut dire infinie, car elle est indépendante de toute qualité d'un chacun, et la même dans tous. Le travail de cette idée se poursuivant, se retourne contre ceux qui la propagent ». (Cahier 10, p. 650).

Cette démocratisation de la foi, fondée d'ailleurs sur un salut de l'âme au-delà de la mort, et donc sur une valeur de l'âme post-mortem indépendante de la qualité de l'individu vivant, rend impossible non seulement toute hiérarchisation d'une société selon des valeurs réelles, mais détruit également tout critère de hiérarchie morale, et à la limite ruine toute morale.

« θ. Le christianisme a fait de la mort la plus grande affaire de la vie. Peut-être pas tout au début. Le post-mortem devenu d'une importance infinie, toujours présent, représenté, l'individu devient lui-même d'un prix entièrement indépendant de sa condition, de sa valeur sociale — et qui ne dépend que de sa volonté et de celle du Dieu. Il peut donc considérer César de l'infini. Toute la structure sociale et toute hiérarchie terrestre en sont altérées ». (Cahier 13, p. 861).

Il faut d'ailleurs reconnaître que cette vulgarisation de la foi mise au niveau de l'ignorance populaire, et cette démocratisation de la valeur des individus, ont leur origine dans les Evangiles eux-mêmes envers lesquels Valéry ne ménage pas ses réflexions critiques. C'est une véritable « exaltation de l'ignorance » qu'il y trouve en effet.

« θ. Un homme que la connaissance et la construction intéressent au plus haut point, ne trouvant absolument pas un mot dans les Evangiles qui s'adresse à lui, mais au contraire tous les indices du mépris sinon de la haine pour ses idéaux et l'exaltation de l'ignorance, de la crédulité, etc... ne peut que rendre à ce texte les mêmes regards qu'il éprouve, qu'il en reçoit ». (Cahier 13, p. 687).

Nombreuses sont les notes où Valéry s'étonne et s'indigne de voir « qu'il n'est question dans les Evangiles des Lettres ni des sciences, ni de quoi que ce soit qui tende à augmenter ou à exercer la valeur propre de l'intellect ou à accroître le capital des merveilles terrestres. Le diable a collaboré aux cathédrales ». (Cahier 14, p. 170).

« L'Evangile ne tend pas à développer ce qui dans l'homme est le plus caractéristique de l'homme ; mais ce qui est le plus caractéristique de l'enfant : docilité, sensibilité affective.... crédulité.... logique naïve.... » (Cahier 14, p. 716).

« Evangile.... à la fois contre-Nature, et contre-civilisation ». (Cahier 15, p. 785).

« θ. Une part de l'immense effet des Evangiles est due certainement à ce qu'il y a de populaire, de chétif et de sournoisement vindicatif dans le ton des propos.... Le plus faible est le diable. La tentation est à siffler. C'est dommage ». (Cahier 27, p. 706).

Mais la tentation pouvait-elle manquer d'être à la mesure de cette spiritualité populaire, chétive et naïve ? Aussi, Valéry s'étonne-t-il de l'enrôlement de certains intellectuels dans les rangs du christianisme, à commencer par les Ambroise et les Augustin.

> « C'est donc un problème qui se pose que de se figurer comment des hommes aussi instruits et amateurs de culture que les Ambroise et les Augustin par exemple ont pu consentir au christianisme ? Comment tant d'intellectuels ont pu s'y joindre ? Sans doute l'effet de leur adhésion et de leur zèle a été de transformer entièrement cette « religion ». Rien de moins chrétien que la théologie, rien de moins chrétien que les analyses, disputes, essais de coordination, de démonstration, qui ont occupé tant d'esprits, si ce n'est l'art religieux. Mais comment la bonne nouvelle a-t-elle pu agir sur cette catégorie d'êtres non naïfs ? Il faut que quelque chose les y ait portés. Rôle étrange de St. Paul ». (Cahier 13, p. 688).

C'est peut-être bien en effet dans la psychologie ou la psychanalyse de la personnalité de Paul, et de son curieux génie, d'ailleurs lié au contexte socio-culturel de son époque, que nous pourrions sans doute trouver le plus d'éclaircissements sur cette transformation d'une petite secte juive, porteuse d'une aspiration messianique adoptée au caractère très populaire de ses adhérents, bien ignorants de la sagesse des sages, en un mouvement spirituel capable d'embraser le monde païen, tout en ne laissant aucune trace sur le monde juif dont il était issu.

Tout cela n'est pas si mystérieux qu'on le croit habituellement, mais une telle analyse nous entraînerait évidemment bien au-delà des limites de notre sujet et des connaissances propres à Valéry. Celui-ci, qui savait s'élever au niveau d'une pensée embrassant l'histoire des civilisations, et qui avait le sentiment de la mortalité de chacune d'elles, ne se serait toutefois peut-être pas étonné devant le renouveau de l'espérance juive affirmant que les trésors de son antique sagesse, occultés tout au long de la civilisation chrétienne, pourraient bien rebâtir les fondements de la civilisation post-chrétienne. Il n'eût pas manqué non plus, croyons-nous, d'être intéressé par un parallèle possible, entre la sagesse juive et les mystiques tels que lui-même les entend.

> « A. Les mystiques sont hérétiques. Car leur affaire est de trouver Dieu même par des voies toutes singulières et rien moins que simples. Ceci n'est pas en accord avec l'intention simple et démocratique qui est si visible dans l'Evangile.
>
> Dieu pour tous, et tout facilement. Ils se posent en artistes, en spécialistes, en connaisseurs de Dieu, et se réservent une grâce choisie, trouvée par une voie savante et ardue ». (Cahier 15, p. 406).

Mais Valéry ne savait rien de la sagesse juive, et sa recherche « mystique » suivait une voie toute individuelle qui ne se heurtait guère qu'à la religion chrétienne. Après avoir vu son attitude par rapport à la théologie chrétienne, puis par rapport aux Evangiles, il nous reste encore à voir son attitude par rapport à la personne de Jésus.

C'est d'abord sa double nature, humaine et divine, que Valéry met en question. Il ne lui semble en effet, à la fois, ni véritablement divin, ni véritablement humain.

> « θ. Christianisme. Le point, le thème est : Dieu se fait homme, naît comme l'homme, sent et vit comme un homme, souffre et meurt. Mais il parle comme un dieu, et peut agir en quelques occasions comme Dieu. (Toutefois, il ne devine pas certaines choses. Cf. l'hémorhoïsse) ». (Cahier 17, p. 821).

> « Si le christ est dieu, ses souffrances ne peuvent toucher. Elles sont la fantaisie d'un grand seigneur qui, las de ses luxes, va partager sous un déguisement, la gamelle des sans-le-sou, leur guenille, leur gêne.... S'il souffre dieu, c'est sans perdre de vue qu'il le veut bien, et il lui manque le plus grand poids de la douleur qui est la volonté forcée et des perspectives affreuses. Je déclare tout impossible à un homme de se prendre à cette souffrance sans oublier cette divinité.... » (Cahier 4, p. 669).

Ce sont là simples questions de bon sens, qui ne sont pas sans évoquer les difficultés que connut la constitution de la théologie chrétienne aux premiers siècles de son histoire, avant que le docétisme et l'arianisme ne fussent déclarés hérétiques au concile de Nicée. Il est d'ailleurs permis de se demander si les problèmes soulevés par ces hérésies ne furent pas surmontés autrement que par des mots n'ayant aucune garantie en dehors du langage. Quoi qu'il en soit, certaines ignorances de Jésus sont bien contradictoires avec sa prétendue divinité. Ainsi en pense Valéry :

> « En lisant simplement les Evangiles....
> Je trouve par exemple en écoutant ce que me disent les paroles du Christ que ce ton ni ce langage ne sont pas d'un être qui en sache plus que ceux qui l'écoutent, au sens scientifique.... Et il y a donc absence d'un système intellectuel défini ». (Cahier VII, p. 188).

Mais inversement, l'absence d'expériences essentielles à la vie de l'homme, rend bien peu convaincante l'humanité de Jésus.

> « Ce qui manque à l'Evangile, c'est le péché du Rédempteur. Dieu ne s'est pas fait tout à fait Homme.
> Un Christ pécheur et sa confession — de Dieu.... Il faudrait qu'il se démontrât finalement pur, malgré ses fautes — pour en avoir la plus profonde conscience — car il est trop Dieu pour qu'une faute ait un sens à son regard.... Un Dieu, après tout, fait faute ou mérite ce qu'il veut ». (Cahier 27, p. 11).

Si donc, la divinité de Jésus, et son humanité ne sont ni l'une ni l'autre convaincantes, et semblent au contraire entâchées d'insuffisances manifestes, Valéry ne peut manquer d'en conclure que le concept homme-dieu n'a de réalité que purement verbale.

> « Apocalypse Teste. Que l'Homme-Dieu n'a pas eu lieu. Il y a contre l'Homme-Dieu, cette grave objection qu'une double expérience

et un double exemple manquent à son histoire. Pas de vie sexuelle. Pas de vie intellectuelle. Deux problèmes non même énoncés. En regard, les tentations les plus médiocres, si médiocres que le Diable en est à jamais déshonoré. Mais il eût fallu toutes les tentations et dans toute leur force. Le cœur-chair et l'orgueil suprême de l'esprit. Et les solutions « divines » de ces tourments insignes. Voilà ce qui manque à l'Evangile, et étonne d'y manquer. L'homme n'y est pas tout ce qu'il est. Ni le diable ». (Cahier 28, p. 57).

On peut se demander si en écrivant son Faust, Valéry n'a pas tenté de dépasser l'échec de ce faux homme-Dieu qu'était Jésus, enlisé dans les médiocrités de la miévrerie et de l'ignorance, en campant un homme redressé dans toute sa pleine stature de chair et d'esprit, et dont l'intelligence doit s'efforcer de « rajeunir » le diable, afin d'avoir peut-être un adversaire qui ne lui soit pas trop inférieur. Faust serait alors une sorte d'antipode au personnage de Jésus tel que Valéry le voit :

« θ. Critique de l'Evangile....

Le personnage du Christ, tel qu'il apparaît à la lecture simple, est celui d'un garçon délicat, grandi en milieu vulgaire, qui se sent d'une autre essence, attire les uns à sa douceur et agace, repousse les autres. Il se forme une petite cour autour de lui, qui écoute son monologue. On circule dans le pays. On ne travaille pas. On est nourri par ici, rebuté par là. Tout ceci n'est pas sans choquer les gardiens de l'ordre. Cet irrégulier, plein de charme, errant avec une troupe et tenant des propos ambigus... etc.

Absence remarquable de toute allusion à la vie intellectuelle. Ni l'amour, ni la science, ni l'art n'existent pour le Christ.

Tout se passe dans la nature la plus naïve, entre de simples individus, simplement bons, ou simplement méchants, tous médiocres d'ailleurs, et facilement déconcertés, découragés. Ou bien tout à fait noirs et mauvais. ....C'est drôle. Rien ne semble à moi moins « divin ». Je vois (ou plutôt je voyais) le divin comme le pur.... ». (Cahier 28, p. 91).

On pourrait presque parier, sans trop de risque, que de la même manière que Valéry s'était opposé à la révision du procès du capitaine Dreyfus, non pas par méchanceté, ainsi qu'il essaie de s'en justifier dans une note bien ultérieure, mais par agacement « impitoyable à l'égard de celui qui spécule sur (son) apitoiement ». (Cahier 15, p. 421, voir aussi p. 196), de la même manière, contemporain de Jésus, il se serait opposé à la révision de son procès, et n'eût pas manqué, partisan des « gardiens de l'ordre », d'être « choqué » comme eux par « cet irrégulier ». Ne se fût-il pas écrié alors, comme il le fit dans une lettre à Gide écrite au moment où l'Affaire atteignit son point culminant : « A quel point me dégoûte la « vaguerie » de tout ça ! » (Correspondance p. 308).

Mais est-il si loin le temps où ces questions, si sensibles au cœur de l'humanité, pourront enfin être éclairées sans passion et sans préjugés ? Quoi qu'il en soit, nous citerons encore une note des Cahiers qui résume peut-être au mieux l'attitude de Valéry par rapport au christianisme.

> « θ. Mon impression sur la religion est celle-ci :
>
> Je trouve naïvement qu'elle ne répond en rien ou presque rien à ce que je considèrerais comme la tendance la plus « élevée » de ma nature, si...
>
> Au contraire — ce qui me semble de plus en plus pur dans mon regard et mes états de détachement me fait trouver impures la complication, les exigences intellectuelles, les postulats historiques de la religion... Trinité. Formules magiques. Que me fait qu'ils soient trois. Que me dit ce monstre ? Ces dogmes ne me font penser à rien. Je n'y vois que des sons. Et crus ou non, ne changent réellement rien à ma compréhension des choses. Ils n'annulent aucune des questions que je puis sérieusement me poser. Ils répondent à certaines qui ne doivent pas se poser, n'ayant aucun sens réel. Il me paraît choquant qu'un « vrai dieu » demande la croyance, c'est-à-dire une forme passive, une restriction de la conscience de soi et de la manœuvre générale de l'esprit. Ce n'est pas le contenu du croire, mais le croire même, qui, exigé, me paraît peu d'un Dieu ». (Cahier 18, p. 21).

Une remarque s'impose, qui ressort à l'évidence d'une lecture attentive des Cahiers : l'opposition, sinon la répulsion, que manifeste Valéry à l'égard du contenu théologique du christianisme, ne sont aucunement celles d'un esprit sceptique, athée ou irréligieux, fermé au mystère des choses divines, et trop intellectuel pour sentir ce qui dépasse l'intelligence. Le nombre même des réflexions concernant le christianisme et leur dispersion à travers tous les Cahiers montrent bien qu'il était préoccupé par ces problèmes et que ce n'est qu'après un examen honnête, approfondi, intelligent des sources et des exposés divers, théologiques ou apologétiques, de la religion chrétienne qu'il la rejette, sans d'ailleurs que son refus soit aussi net que celui d'un Nietzsche par exemple, car, d'un autre côté, il était attiré par l'aspect liturgique, les cérémonies, les rites du catholicisme, comme aussi par sa forme de gouvernement temporel. Ce refus n'a donc rien d'un a priori. Mais une autre remarque s'impose, plus importante encore : plus que dans l'intellect, la motivation de ce refus réside dans une mystique secrète, dans une idée du divin enfouie au fond de lui-même, dans une sorte de tendance religieuse et presque mystique de sa nature. Ce refus s'inscrit en effet dans une quête du divin, dans une recherche du dieu qui, par une voie toute indépendante et personnelle, cherche à satisfaire ce « besoin divin » et cette « nature fidéiste » qui sont au fond de tout homme, selon Valéry :

> « Il est très soutenable que le fond même de l'homme, sa « nature », sa profondeur soit fidéiste, pourvue de besoin « divin », en ait besoin pour fermenter ; qu'une sorte de dieu fasse intimement partie de cette substance et se veuille déployer ou affirmer. Et il est vrai que c'est un effort presque insurmontable pour bien des hommes de ne pas percevoir ce levain et cette fermentation ». (Cahier 6, p. 336).

Le refus n'est donc que le produit secondaire et dérivé, abandonné sur la rive par le courant profond d'une existence qu'anime un désir impérieux de divin. L'essentiel n'est pas le refus, mais cette quête et cet élan qui poussent l'existence en avant, vers le dieu inconnu qui pourrait seul satisfaire cette soif. La révolte contre les idoles n'est pas le résultat d'un doute, elle est au contraire le signe d'une foi assez virile pour ne pas reconnaître le dieu qu'elle cherche, parmi tous les faux dieux. Ainsi en est-il de « Teste ou Rachel = Mon Père, ne m'offrez pas un dieu plus bête que moi ! » (Cahier 28, p. 123). Tant il est vrai que l'intuition la plus centrale autour de laquelle se construit la recherche d'un homme, cette volonté de mettre à jour la source même de l'élan qui l'anime, ont toujours une résonnance mystique. Découvrir le dieu qu'invoque secrètement notre existence par le fait même qu'elle est, qu'elle vit, qu'elle pense, telle est sans doute l'ambition véritable de tout homme, et certainement de tout vrai poète. La foi et l'espérance sont sans doute les vertus les plus intrinsèques de la vie. C'est Valéry qui le dit : « Car de la foi et de l'espérance on en trouve dans tous. Ce sont les vertus de la vie même ». (Cahier 14, p. 17). Ce fond mystique, il le reconnaît en tout homme : « Chacun a un Dieu et des saints. Les saints sont ceux en qui l'on a reconnu le même Dieu ; et le dieu est un désir difficile à exprimer et tenace ». (Cahier 2, p. 120) ; (voir aussi Cahier 3, p. 54). Mais il le reconnaît aussi pour lui-même : « Je serais presque religieux ou mystique par plaisir, si je pouvais changer les noms des objets de ces choses-là ». (Cahier 1, p. 775). « Mystiques, ô vous ! et moi de ma façon, quel labeur singulier avons-nous entrepris ! » (Cahier 3, p. 528). « Je pense en rationaliste archipur. Je sens en mystique. Je suis un intérieur... » (Cahier 7, p. 855).

Mais cette « mystique » est intérieure, secrète et cachée, presque inavouable, tant elle est indicible ; comment trouver les mots qui exprimeraient l'inexprimable, le contenu indéfinissable de cette quête existentielle ? Aussi se protège-t-elle et s'entoure-t-elle de refus, refus qui ne sont que les rejets de tout ce qui ne convient pas à son intuition intime. Ainsi, peut-être, l'âme a-t-elle entendu une fois la vraie parole qui seule correspond à sa quête, mais ayant oublié cette parole divine, elle ne conserve qu'une impression vague, enfouie dans sa mémoire, assez forte toutefois pour qu'elle puisse distinguer sûrement ce qui n'est pas sa vérité à elle. Le refus possède donc son critère, mais le critère est tout subjectif, intérieur et secret, tandis que le refus est extérieur, objectif et visible. Mais si le critère de l'âme est tout indicible, c'est pourtant lui seul qui anime et qui expliquerait la trace trop visible des refus tout clairement exprimés. Nous n'ignorons pas le refus dans lesquels s'habille et s'exprime la pensée de Valéry, mais nous ne pouvons y voir l'essentiel, et nous repoussons le jugement de Jean Hytier affirmant que « la poésie de Valéry est, comme sa pensée, un système de refus ». (La poétique de Valéry, p. 115). Car ces refus sont comme les arêtes portées par une épine dorsale, et il est impossible de les comprendre, si on ne les relie pas au dynamisme créateur, qui, à travers ces négations, ne cherche qu'une réelle affirmation, l'affirmation transcendante qui susciterait le oui consentant d'une âme ayant enfin trouvé ce qu'elle cherchait. Et ce que Valéry cherche, comme tout le monde, comme Descartes qui s'est « donné » son Dieu, comme Bourdaloue, tout « satisfait » du sien, et comme tout vrai poète, c'est le dieu indéfinissable qui correspondrait à la marque du divin imprimée au fond de sa volonté, « puisqu'il n'y a qu'un Dieu qui puisse (nous) contenter ».

Ainsi, ce n'est qu'en référence à cette « recherche du dieu », dont le Dialogue des choses divines n'eût été que l'une des expressions, qu'il est possible de comprendre les déclarations de Valéry sur son « inaptitude native à croire », son « doute » ou son « irréligion ».

> « Il est vrai que je suis fondé sur un doute, et que vous l'êtes sur une foi », écrit-il à Claudel en 1921.

> « La race d'un esprit se marque par son indocilité naturelle, une inaptitude native à croire, à tenir la parole pour valeur autre que valeur de parole ». (Cahier 29, p. 572).

> « Peut-être mon irréligion vient du mépris que j'ai pour l'homme et pour moi ». (Cahier 7, p. 700).

Mais s'il prend la peine d'écrire à Claudel, c'est au sujet d'un article de M. Fumet « à cause de l'espèce d'antagonisme qu'il semble introduire entre nous et que je déteste de toutes mes forces ». C'est donc que le « doute » de Valéry, et la « foi » de Claudel ne sont peut-être pas aussi antagonistes qu'il le paraît. Certes le poète de l'« Annonce faite à Marie » et de « Soulier de satin » est tout assuré dans la solidité de sa foi chrétienne, d'ailleurs violemment terrestre, païenne, superstitieuse, maniant le merveilleux avec l'aisance que donnent seules les idoles. Tandis que le poète de l'« Ebauche d'un serpent » et de « Faust » est trop instruit et trop lucide pour ne pas sentir la vanité de toutes les fausses connaissances :

> « Je ne hais pas en moi cette immense amertume
> De n'avoir pu trouver le feu qui me consume ».

Mais un feu brûle dans le cœur de Faust qui n'est peut-être pas moins « fidéiste » que la foi sauvage du poète chrétien. Aussi n'est-il pas sûr que le poète de Faust qui a connu toutes les stratégies de salut possibles et y a renoncé, négateur de toutes les idolâtries, parvenu au sommet de l'expérience négative de la vérité, ne soit pas en réalité plus disponible au dévoilement du vrai dieu que le poète du sacré incarné dans des anges gardiens et des héros de croisades pourfendeurs d'hérétiques, et qui font le salut de leur âme dans le drame d'adultères opérés en esprit. La quête du vrai dieu ne passe-t-elle pas plus largement à travers une expérience de la vie négativement conduite à l'authenticité grâce à une lutte lucide contre toutes les idoles, qu'à travers la fixation du sacré au niveau d'un merveilleux tout moyenâgeux et superstitieux ?

Quoi qu'il en soit, c'est au regard de ce blocage du sacré dans les superstitions, et non au regard du vrai dieu et du divin purifié qu'il recherche, qu'il faut comprendre cette caractérisation de « la race d'un esprit... par son indocilité naturelle » et son « inaptitude native à croire ». Car le croire est absurde lorsqu'il se traduit par une croyance qui exige le sacrifice des pouvoirs de l'esprit et « une restriction de la conscience de soi ». C'est donc contre le contenu absurde de la croyance que Valéry s'insurge. Mais ce serait justifier exemplairement le jugement de Valéry sur « les libres penseurs » qui « à l'égard de la religion... ont pris une position aussi bête et inefficace que les critiques ordinaires à l'égard des livres », que d'en conclure, comme Judith Robinson, qu'« il serait difficile d'imaginer un homme plus profondément incroyant que lui, plus détaché de toute idée, et même de tout soupçon, de l'existence d'un Dieu ou d'une réalité surnaturelle quelconque ». (L'analyse de l'esprit, p. 200). La moindre attention à « la recherche du dieu », poursuivie par Valéry aussi bien dans ses Cahiers, que dans sa poésie et son œuvre dramatique, nous apprendra au contraire combien la quête du divin préoccupait cet homme, dont « le but, le dessein toujours caché » qu'il faut « deviner », car il est « le meilleur élément de mesure » de l'œuvre et de l'homme, (Cahier 5, p. 205), pourrait bien avoir été une tentative moderne pour réinventer le Divin. « Qui de nos jours inventerait le Divin ? » (Cahier 22, p. 64), voilà ce que demandait Valéry, imaginant un Teste « fondateur de religion » (Cahier 24, p. 781), s'occupant « de rédiger un Livre Saint » (Cahier 27, 121), et démontrant « à l'Abbé que son mystère est plus « pur » que toute religion », (Cahier 15, p. 305). Car il ne se veut pas sceptique, et s'insurge contre les « imbéciles qui se servent de ce mot » pour le caractériser. (Cahier 28, p. 691). Et s'il condamne la croyance supertitieuse, c'est pour mieux exalter une « foi naïve » comme vertu intrinsèque de la vie.

> « S'il y a effort, il y a absurde dans le croire.... Mais la foi naïve n'excite aucune objection. Toute la connaissance est fondée sur quelque foi naïve, laquelle est exigée par le fonctionnement de tout système vivant ». (Cahier 26, p. 750).
>
> Il y a une « Foi » qui n'a besoin d'aucune détermination ou orientation particulière.... Cette Foi est sentiment de l'énergie de l'être, ou ce par quoi cette énergie peut se manifester dans le connaître.... Elle est antérieure. Elle doit se rattacher à la vis viva qui est formatrice « naturante », qui forme, etc. ». (Cahier 19, p. 168).

Il lui arrive même d'opposer à la fausse croyance... une vraie croyance.

> « La vraie croyance s'ignore, ne sait pas quelle est croyance. Dieu leur est aussi sûr que la terre et le jour ». (Cahier 25, p. 596).

Le chemin est maintenant déblayé. Nous avons suivi Valéry dans sa lutte contre les idoles. Voilà les idoles renversées. Il est temps de le suivre dans son effort pour réinventer le divin. Consta-

tons d'abord que cette « recherche du dieu », correspond à un besoin profond, à un appel du plus secret de l'âme. Est-il aveux plus
troublants que ceux-ci ?

> « Nocturne. O seul. O le plus seul. Toutes choses m'entourent,
> mais ne me touchent point. Tout m'est étrange. J'ai trop souffert
> dans mon âme pour reconnaître quoi que ce soit. Pourquoi n'y
> a-t-il point de Dieu ? Pourquoi des sommets de la détresse et des
> abîmes de l'abandon, ne viennent pas des messages certains ? Nul
> signe, nul indice. Personne n'entend ma voix intérieure. Personne
> pour me parler directement, pour avoir l'intelligence de mes
> larmes et la confidence de mon cœur.
>
> N'y a-t-il donc point un « monde » qui toucherait à celui-ci
> par l'intérieur de l'esprit, qui serait la substance où nos racines
> plongent et duquel elles tirent l'arbre de l'univers visible ?
>
> Là serait l'apaisement, et le sein très doux où le malheureux
> se livrerait et se laisserait fondre. . . .
>
> Il n'y a rien de pareil. Ces mondes n'existent pas. Nous les tirons
> précisément de leur inexistence. Le Dieu est fait de notre impuis-
> sance, de notre abandon, de notre imperfection, de notre détresse,
> prises en sens contraire. Mais s'il était, nous mêmes ne serions
> pas ». (Cahier 8, p. 466).
>
> « S'il y avait un Dieu, je ne vivrais que pour lui. Quelle curiosité,
> quelle passion m'inspirerait un si grand être. Quelle science autre
> que la « sienne » ? Mais s'il y en avait un, je le percevrais, je le sen-
> tirais en quelque manière, et je ne sens rien ». (Cahier 7, p. 544).
>
> « Oraison. . . .
>
> Seul. S'il y avait un Dieu, il me semble qu'il visiterait ma soli-
> tude, qu'il me parlerait familièrement au milieu de la nuit. Je
> n'aurais pas de gêne avec lui, nulle honte. Je n'aurais que l'éton-
> nement du sentir ce que j'ai de plus universel être un effet parti-
> culier. Il n'aurait pas besoin de mes simagrées, de mes craintes, de
> mes sacrifices, de mes élans forcés. Et il ne serait pas question
> de bien ni de mal, d'amour, de pitié, de fautes, de contrition, de salut
> ni de récompenses, mais seulement de tendresses et de lueurs, entre
> nous. Ce serait une immense confiance, non seulement de moi en Lui
> mais de Lui en moi — et je me sentirais si infiniment compris et
> conçu par l'absolu et, en somme, si véritablement créé par cette
> personne que tout serait acceptable, accepté ». (Cahier 7, p. 707).

Quoi de plus pathétique que ce dépouillement, ce dénudement
de l'âme dans l'expérience amère de la solitude ? Au milieu du tumulte de la foule ou du concert plus choisi des relations amicales,
l'homme se retrouve tout à coup seul, comme réveillé d'une immense hypnose. Echappé au rêve des multiples divertissements de
la vie et rendu à lui-même, il se découvre esseulé, abandonné dans
le désert d'une réalité devenue irréelle. Valéry a souvent connu cette
angoisse de l'être auquel tout à coup se révèlent sa solitude existentielle, son esseulement spirituel, sa déréliction métaphysique.

> « Solitude, quand on se répond comme un écho. On sent que l'on
> n'est plus qu'un échange égal et nul, et que tout s'appelle Moi. Rien

autre au monde de vivant, et donc.... rien de vivant. Angoisse et contradiction, c'est même chose ». (Cahier 7, p. 708).

Mais Valéry avait aussi la passion de la communication directe des esprits. Nous avons vu combien il aurait aimé porter l'amitié jusqu'au degré d'une « suprême fiançaille », d'une « expérience d'apothéose ». Celui qu'on a accusé de solipcisme était en réalité tourmenté par la possibilité d'un dialogue total, d'une communication authentique avec l'Autre, persuadé qu'il était qu'une telle amitié idéale dans la proximité des esprits se révèlerait être une expérience métaphysique fondamentale où, par la connaissance de l'Autre, le connaître se saisirait enfin de l'être. Or il est remarquable de voir que si Valéry semble être resté toute sa vie « avec l'immense regret de n'avoir pas porté cette passion de la proximité d'esprit au zénith quasi visible », (Lettre à Fourment, 1903), bien que Lust IV contienne un « moment de tendresse » qui paraît enfin réaliser cet échange inouï » de deux présences, ce qui serait « ce qu'« il a de plus précieux dans la vie », il semble aussi qu'il ait eu conscience que seul un Dieu pourrait nous connaître à ce niveau suprême de compréhension dont nous avons si irrésistiblement besoin.

« Je me sentirais si infiniment compris et conçu par l'absolu ».... « θ. Nous avons l'impression invincible que quelqu'un en sait plus que nous-mêmes sur nous-mêmes ». (Cahier 9, p. 655).

Ce quelqu'un, cet Autre suprême, grâce auquel « tout serait acceptable, accepté », qui peut-il être, sinon cet « intime universel » sans lequel il n'est point de remède à notre solitude ?

« θ. D'un dieu et du Seul.

— Mais ne sens-tu point, Eumène, que tu dois consentir ou bien à être essentiellement seul et à jamais condamné à toi-même avec toi-même, ou bien à trouver dans ta profondeur un Autre, qui ne peut être qu'un intime universel ? Et celui-ci tu peux le nommer Dieu ?

— Je ne comprends pas bien ta pensée, ô fils d'Epicrate. Tu me dis seul. Mais n'es-tu pas là ? Et n'es-tu rien ?

— Je te dis que chacun est véritablement seul, ou si tu préfères, seul au plus haut degré. Que serais-tu si tu ne te parlais pas ? et si les choses qui se voient ou qui arrivent ne te parlassent à leur façon. Mais aussitôt, tu te reconnais dans ce que tu te dis ou ce qu'elles te disent. Connaître, n'est-ce point se retrouver dans les choses et par les choses qui, quelles qu'elles soient, (si ton esprit est sain), sont, ou se font, un chemin qui conduit à toi nécessairement ? Mais ensuite, si tu t'arrêtes sur ceci, tu ne peux manquer de considérer que tout te reconduisant à un certain point qui est Toi, tu es enfermé dans le cachot de ta nature au fond duquel tout ce que tu nommes le temps et le monde te repoussent continuellement ». (Cahier 18, p. 541).

On ne saurait mieux décrire l'alternative en laquelle se résume la véritable situation ontologique de l'homme : ou bien un Dieu qui « en sait plus sur nous-mêmes que nous-mêmes », et qui peut nous accompagner dans notre vie parce qu'il est l'accompagnateur briseur de solitude, « l'intime universel », ou bien l'effrayante déréliction métaphysique de l'homme « seul au plus haut degré ». Car Valéry n'est pas l'homme des compromis, il a horreur du vague et des solutions toutes verbales. S'il s'est attaché si longtemps à l'étude du fonctionnement de l'esprit, c'est bien pour pouvoir briser la carapace des mythes, des préjugés, des idoles, des lieux communs, des opinions toutes faites, de tout ce qui endort la conscience dans la phraséologie d'un langage qui n'a que valeur fiduciaire. Poète de la connaissance, de la vie secrète de l'esprit, de l'intériorisation découvrant le véritable espace de l'objet dans un espace intérieur, il sait ramener chaque problème aux données immédiates de l'expérience intérieurement vécue. Car là est sa démarche fondamentale, dans le retour au vécu concret, au donné existentiel retrouvé sur soi-même, antérieur au savoir plus ou moins artificiel que véhicule le langage. Assuré que « les mots n'ont pour vertu que de conduire à quelque chose hors du langage », (Cahier 27, p. 356), il sait la valeur bien relative de chaque édifice philosophique et le peu de valeur existentielle auquel chacun se résume. Aussi croyons-nous qu'il serait assez navré de se voir attribuer cette pauvre conclusion philosophique par laquelle Judit Robinson termine son chapitre « Foi et mysticisme » : « Selon lui, le fait même qu'il existe entre l'esprit et le monde une entente secrète... ne fait que démontrer une fois de plus que l'esprit est un produit du monde ». (p. 216). Outre qu'on ne voit pas pourquoi l'affirmation contraire, à savoir que le monde est le produit de l'esprit, serait philosophiquement moins convaincante, on peut être assuré que Valéry eût reconnu la véritable signification existentielle d'un tel postulat : il signifie la solitude irrémédiable et désespérante de l'homme. Mais si Valéry avait été l'homme des postulats a priori, on peut être assuré par l'ensemble de son œuvre qu'il eût plutôt suivi la démarche du « seul écrivain sans aucun péché » qui à travers Euréka lui « fit sentir quelque chose de cette passion » et de cet intérêt vital que les hommes de science investissent dans leurs recherches. Or, c'est à un Dieu que Poe rattache sa Cosmogonie : « Comme point de départ, adoptons donc la Divinité ». Sans doute, une fois ce Dieu posé, Poe n'aura plus guère recours à lui. Car, « relativement à cette Divinité, considérée en elle-même, celui-là seul n'est pas un imbécile, celui-là seul n'est pas un impie, qui n'affirme absolument rien ». Sommes-nous pourtant condamnés à ne rien savoir à jamais de ce Dieu créateur ? Poe ne le croit pas : « J'ose toutefois demander si notre ignorance actuelle de la Divinité est une ignorance à laquelle l'âme est éternellement condamnée ».

Mais le Dieu de Poe n'est qu'une affirmation initiale nécessaire à la cohérence globale du système du monde qu'il présente. Et bien que Valéry fut assez séduit par le mélange de passion et de raison, d'enthousiasme et de lucidité par lequel ce poème en prose se

présente « à ceux qui sentent plutôt qu'à ceux qui pensent » comme
un « Livre de Vérités, non pas spécialement pour son caractère
Véridique, mais à cause de la Beauté qui abonde dans sa Vérité »
(préface à Euréka), il ne pouvait pourtant pas ne pas ressentir la
faiblesse de ce rêve métaphysique où l'a priori du Dieu ne vaut que
ce que vaut la beauté du système. Les arguments des métaphysiciens, comme ceux des théologiens, démontrant l'existence de Dieu
en tant que nécessaire à l'explication du monde, ont toujours suscité son jugement critique.

> « La métaphysique, plus encore que les religions ne le font,
> ravale Dieu à l'état de moyen, prétend le réduire à la fonction d'ex-
> plication, de « cause », d'Etre nécessité par l'univers ». (Cahier 25,
> p. 77).

Elle ne fait ainsi « que se servir de la facilité des mots ». Le
dieu et son explication n'ont qu'une réalité verbale.

> « Le dieu perfectionné des philosophes et théologiens est fétiche
> abstrait, une idole au bout d'un raisonnement ». (Cahier 8, p. 569).

Mais si Valéry est refus, il est aussi désir de connaissance. Et
ce n'est pas le refus qui est premier, mais bien la volonté de connaissance, si bien que le rejet du dieu des philosophes et des théologiens laisse toujours l'homme vrai dans le tourment d'une alternative épuisante, ne laissant comme remède à la terrible solitude
métaphysique qu'un Inconnu. C'est à cet Inconnu que Valéry donne
la parole dans son projet pour un « Traité du vrai Dieu » :

> « Considère aussi cette chose que je te dis : que cette capacité
> « infinie » de connaissance et de refus (qui est condition de la dite
> connaissance) contient et retrouve toujours, après un temps jamais
> bien long, ce sans quoi il n'y aurait que vertige et l'horrible impuis-
> sance de l'homme qui s'épuise sur la glace sans avancer ». (Cahier 28,
> p. 128).

Valéry n'est pas de ceux qui ne demandent qu'à être séduits
par l'illusion des beaux systèmes philosophiques ou théologiques,
avec ou sans dieu ; ces architectures mentales manifestent-elles autre chose que l'impuissance de l'homme à faire un usage des mots
autre que purement verbal, ce en quoi il « s'épuise sur la glace sans
avancer » ? Mais il n'est pas non plus de ceux qui ne ressentent pas
le besoin lancinant de ce « Ce sans quoi » l'homme n'est que solitude
et vertige. Aussi la « recherche du dieu » répond-elle à un impéra-
tif profond de sa nature, même si, comme il en était de même pour
Rilke, son « invocation est toujours pleine de refus », ce qui est
peut-être le rythme propre au progrès véritable de la connaissance.
« Semblable à un bras tendu est mon appel. Et sa main, qui pour
saisir s'ouvre vers le haut, reste devant toi ouverte, comme une
défense et un avertissement, ô toi, Insaisissable, largement ouverte »,
disait Rilke dans la 7e Elégie. C'est un peu la même prudence et
la même lucidité que le Dieu inconnu conseille à Valéry dans sa
recherche du divin.

« Traité du vrai Dieu.

Défends toi ! me dit Dieu. Défends-toi contre ce qu'on dit de moi. C'est me défendre ! Défends-toi, défends Moi, me dit Dieu. Défends-nous contre tout ce qui te paraîtra bête qu'on m'attribue !

Je ne suis pas ce bizarre, ce capricieux, ce tyran, ce propriétaire de la mort, cet orgueilleux, ce sphinx à énigmes, cette exigence de formulaires dénués de sens, ce faiseur de miracles peu variés et ce puits de mystères verbaux. Je n'ai que dédain pour ces récits absurdes et ces attributs impensables et contradictoires dont on afflige et tourmente les esprits !

Je n'ai pas soif de tes louanges insincères et nul n'a qualité pour me faire des compliments.

Je ne veux pas de ta croyance soutenue et si ta peur m'engendre, elle m'abaisse pour autant. Ne fais pas semblant de m'aimer, ne proteste pas de ton amour, car je sais bien que tu te préfères, et tu as beau tenter de me tromper, qui est te tromper, par tes sacrifices et tes larmes, tu ne peux que tu ne sois ce que tu sens et que tu saches, dans le fond, ce qu'il en est.

« Je suis celui qui suis », voilà une bonne parole. Elle dit tout, ne disant rien. Je suis ce qui vient de ta substance même, et qui est en tout et refuse tout successivement. Quoi de plus extraordinaire et quoi de plus « divin » ? — Ce « Tout » est une partie de lui-même... » (Cahier 28, p. 127).

La recherche du vrai Dieu se doit donc d'éveiller l'esprit de l'homme à la plus grande lucidité. Loin de l'engager dans une attitude plus ou moins contrainte de soumission, d'acceptation et de conformisme, elle suscite en lui les énergies les plus secrètes de la révolte et de l'affirmation la plus libre, ou la plus libérée, celle du moi profond. Car défendre le moi en son surgissement le plus indépendant et le plus authentique, c'est par là-même défendre le vrai Dieu. Il n'est pas de vrai Dieu, quand le moi n'est pas vrai. Tout ce qui détourne le moi de sa vérité propre, empêche le dévoilement du vrai Dieu, et soumet aux idoles un moi inauthentique noyé dans les mensonges de théologies absurdes. Ainsi, le vrai Dieu réclame le sursaut du moi le plus authentique et le plus courageux, libéré des bassesses de la peur et de l'hypocrisie des fausses louanges. Et le vrai moi s'engage héroiquement pour défendre le vrai Dieu contre les idoles trompeuses et les superstitions mesquines. « Défends-toi, défends Moi, me dit Dieu. Défends-nous contre tout ce qui te paraîtra bête qu'on m'attribue ! »

Mais pas plus que le vrai moi ne nous est donné dans l'immédiateté de la possession psychologique, puisqu'il ne peut être au contraire que le terme d'une conquête difficile et jamais achevée, tout de même le vrai Dieu ne nous est pas donné dans l'immédiateté d'une expérience religieuse, et doit se conquérir à travers la difficile lutte contre les idoles, les superstitions, les faux cultes, les traditions, les conformismes. Aventure périlleuse, la recherche du dieu n'en reste pas moins l'exigence la plus impérieuse du moi, un devoir qui se présente aussi comme un défi, un appel sonné aux « puissances égotistes » les plus authentiques du moi.

> « Le « devoir » est de chercher le dieu. Pas dans les traditions verbales. Pas dans les combinaisons et intuitions métaphysiques. Mais sentir qu'une relation plus cachée que le moi-même — qui coule comme l'eau entre les doigts — fuit sans cesse et demeure — comme l'eau dans la maison qui se ferme sous la mer. Cela aussi est une tradition car je suis tradition — mais inexprimable ». (Cahier 4, p. 179).

Une chose est certaine, Valéry nous en a averti, c'est que « le vrai Dieu est en intime union avec le Moi ». D'où le conseil qui suit :

> « Que si tu veux véritablement trouver Dieu, et que ce Dieu soit bien ton dieu et non une chose apprise, un nom, une crainte, une place d'abîme, une figure humaine et enfin une idée étrangère ou une idée puérile, songe donc à t'éloigner dans la direction tout opposée à celle des enseignements et des voies qui apparemment conduisent au Dieu et qui se donnent elles-mêmes pour y conduire. Mais au contraire cherche sans égard à ce que tu trouveras et surtout ne va pas vers ce que tu auras déjà trouvé. Alors il peut arriver que tu ailles si avant que tu ne puisses plus revenir ». (Cahier 10, p. 116).

Pur courage de la recherche authentique et solitaire ! Il faut s'éloigner des dieux des autres, non pas tant par la certitude qu'ils sont de faux dieux, mais avant tout parce qu'ils sont les dieux des autres. N'est-il pas de plus grave péché contre l'esprit que de se tromper de dieu, et par crainte, ignorance, puérilité, bêtise, adopter un dieu qui n'est pas notre dieu ?

> « Psaume. Tu n'adoreras pas les dieux des autres ; (Mais prends garde de te tromper sur le tien !)
> Tu connaîtras le Tien à sa simplicité
> Il ne te proposera pas des énigmes vides
> Il ne s'entourera pas d'éternité
> Il sort de toi comme tu sors de ton sommeil
> Comme la fleur et le parfum sortent de la terre
> confuse et du fumier qui se décompose, il sort quelquefois
> de ta vie un peu de Lui et une idée de son énergie.
> Cache ton dieu. Que ce dieu soit ton trésor. Que ton trésor soit ton Dieu ». (Cahier 12, p. 83).

Admirable pudeur de celui pour lequel

> « c'est une impureté que de donner à ce qu'il y a de plus simple et de plus secret en nous, une définition extérieure et un nom que nous n'avons pas inventé ». (Cahier 8, p. 611).

Le croyant le plus authentique n'est pas nécessairement celui qui parle constamment de son dieu.

> « Dieu pouvant être ce que l'on a de plus secret (et tout ce qui est de plus en plus secret l'approche), en parler est une indécence ; y penser, une faute de pensée ». (Cahier 6, p. 138).

Aussi Valéry s'était-il fait une règle de ce conseil de discrétion :

« Ma devise fut : cache ton dieu ».

Cette retenue recèle en fait une réelle sagesse. Le point de départ de toute idolâtrie ne réside-t-il pas dans la volonté insensée de nommer le dieu, voulant par là non seulement découvrir certains aspects de l'action divine à travers la création, mais désigner et définir le dieu en lui-même, sans se douter du blasphème inhérent à une telle prétention ?

> « ᴀ. Croire en Dieu, c'est le fini voyant l'infini, c'est donc incompatible avec conscience. Car la conscience de ce croire ne ferait voir qu'un état du fini. Si tu penses véritablement au dieu, tu ne pourrais plus revenir de cette pensée, car il n'y a pas échange et rien de fini ne pourrait s'y substituer. Peut-être est-ce la dernière pensée — ô Théophile ? La dernière pensée naturelle serait mortelle ». (Cahier 13, p. 797).

Les Hébreux au pied du mont Sinaï n'éprouvèrent-ils pas pareille crainte d'éclatement des structures finies de l'être créé comme conséquence de la révélation de l'infinie Toute - puissance ?. « Et ils dirent à Moïse » : « Que ce soit toi qui nous parles, et nous pourrons entendre ; mais que Dieu ne nous parle point, nous pourrions mourir ». Les peuples n'ont cependant point encore compris l'extraordinaire enseignement qui a sa source dans la révélation sinaïtique, ni la possibilité du niveau de prophétie auquel a accédé Moïse, le prince des prophètes, ni toute la science des Noms divins maintenue dans la tradition juive. Aussi, dans leur ignorance, ont-ils cru pouvoir nommer leur dieu. Valéry a été pour le moins assez lucide pour comprendre que cette vaine prétention était en fait à l'origine de toutes les superstitions.

> « Le mot Dieu est une notation grossière ». (Cahier 10, p. 505). « Quelle erreur des religions d'avoir créé les noms de Dieu. Jusque là on ne pouvait le nier, le qualifier, — discuter. Il y avait dans l'homme une question centrale et l'abîme d'une réponse impossible. Il allait toujours se produire. Ce nom inexistant était sans cesse demandé, procurant toute la puissance d'une présence ». (Cahier 25, p. 78).

Une autre erreur des idolâtries, solidaire d'ailleurs de celle du nom donné au dieu, c'est d'avoir défini le dieu en son essence et d'avoir réduit Celui qui est infini, et donc innommable et impensable, en une personne.

> « θ. On imagine avec malaise un dieu-personne. Car une « personne » inspire aussitôt des sentiments, parmi lesquels figure toujours celui de circonscrire cet autre et de le rendre moins universel que soi, de la « définir », soi étant l'indéfinissable essentiel ». (Cahier 24, p. 559).

L'homme pourrait-il avoir un dieu qui soit plus compréhensible que l'homme ne l'est à lui-même ? Et si le moi se perd en son mystère, « Mystérieuse Moi », « inépuisable Moi », et si Narcisse ne

peut saisir son double qui est pourtant sa « seule essence », n'est-ce
pas illusion folle que de penser saisir le dieu, saisir l'Infini et le
« circonscrire » en une personne ? Valéry, pour le moins, ne sera
pas accusé d'idolâtrie.

> « θ. Dieu nous est étrange. Absolument inintelligible, intradui-
> sible en humain malgré la tentative incarnation. Le questionnaire
> Quis ? cur ? appliqué à lui ne donne rien de bon. Et penser à Lui
> accuse cette impossibilité, dont la vraie « mystique » serait de se
> rendre compte aussi nettement que possible. Le θ pourrait consister
> à préciser le domaine de la connaissance « intuitive » et les « infinis »
> de la fonction sensibilité pure ». (Cahier 24, p. 632).

Notons d'abord la sympathie que Valéry a toujours éprouvée
pour une certaine mystique, sympathie qui se manifeste dans maintes notes des Cahiers, mais aussi à travers son œuvre, ne serait-ce
que par ses études sur Svedenborg et sur les « Cantiques spirituels » du R.P. Cyprien de la Nativité, traducteur des Œuvres spirituelles de Jean de la Croix. N'oublions pas non plus ses lectures
de jeunesse, Ruysbroeck, Ignace de Loyola, ni son amitié « idolâtre » pour Huysmans en cette période où la « séduction d'Aristie » exerçait sur lui un attrait si mystique que Gide l'appelait
« pieux Ambroise ». C'est que pour Valéry, les mystiques ne sont
pas de simples croyants : il découvre en eux des expériences vécues, « des impressions toutes particulières, des états à la fois
sérieux et délicieux, une manière de reculer sûrement dans son
esprit », qu'il admire et qu'il voudrait détacher des croyances et
des imaginations fausses, arbitrairement ajoutées à un certain fond
qui lui paraît sérieux. C'est ce fond épuré de la mystique qu'il appelle « la vraie mystique ».

Voyons les Cahiers :

> « Si la psychologie était science, on retrouverait, comme par
> synthèse, les résultats de divers mystiques, en suivant des voies
> différentes des leurs et non plus en subissant, mais en provoquant
> les restrictions et les tensions convenables. Comme d'ailleurs on ne
> serait pas soumis aux causes de perturbation venant du langage ou
> d'autres circonstances accidentelles, on obtiendrait des résultats
> plus purs ». (Cahier 6, p. 382).

> « θ. Mystiques, ne sont pas des croyants. Les uns sentent vive-
> ment dieu comme on sent une proportion, une relation, des forces
> attachées aux sensations contrastées (tropismes esthétiques). Ceux-là
> ne sont pas des croyants. Ce sont des certains, des voyants. Pas d'ouï-
> dire, ni de logismes. Mais aussi rares de nos jours que les tempé-
> raments artistes vrais ». (Cahier 13, p. 349).

> « Mystique ! c'est-à-dire voyant les choses par référence à une
> intuition secrète — comme signes — comme devant être déchiffrées
> particulièrement et non classifiées — Voir, chercher à voir sa vérité.
> Prier, sanctifier sa volonté — vouloir dans l'ordre ». (Cahier 3, p. 546).

> « θ. (et Rachel) ... des mystiques, c'est-à-dire des observateurs
> directs des choses non verbales (ou qui se croient tels)... » (Cahier 22,
> p. 64).

Sans doute sont-ce ces « choses non verbales », phénomènes de sensibilité ayant valeur de signes, que Valéry voudrait voir interprétées par de « vrais mystiques », capables de ne pas se laisser abuser par les pièges du langage, et aptes à comprendre qu'il est impossible de réellement penser au dieu et de le traduire en langage humain. Les artistes et les poètes qui, selon lui, doivent être les derniers à pouvoir se payer de mots, seraient-ils, eux, plus aptes à trouver les formes ou les mots ayant pour vertu de conduire hors du langage et de traduire l'intraduisible ? Quoi qu'il en soit, c'est au θ ou Dialogue des choses divines qu'il aurait voulu réserver la tâche de « préciser le domaine de la connaissance « intuitive » et les « infinis » de la fonction sensibilité pure » qui sont le fond réel de toute mystique.

Une note des Cahiers définit d'ailleurs le but qui eût été assigné à ce Dialogue s'il eût vu le jour.

« θ. Le Peri tou Théou doit avoir pour objet

1°) de ruiner ce qui est ruiné, le Divin traditionnel qui ne tient plus, n'est plus en équilibre avec la manœuvre mentale possible et les découvertes ; manque de l'appui de « l'esprit » et penche donc du côté de « l'âme » et de l'affectif. La logique ne lui offre plus ses spécieuses ressources. Le langage devient pure transivité. Quant au mysticisme, il ne peut plus se confondre à une connaissance, puisque, s'il s'exprime (et c'est ce qui constitue une connaissance), la contre-partie fait défaut. L'Autre ne peut donner un sens à cette expression qu'avec ce qu'il possède ;

2°) de tenter autre chose.

Ailleurs, j'ai songé à substituer à la Philosophie une organisation personnelle et une expression « esthétique » de toute l'expérience en tous genres d'un quelqu'un. En finir avec sa personne en la définissant. Et cette définition consistant en ouvrages (d'un art quelconque) lesquels exigent un développement de telle manière que ces dits ouvrages soient, en même temps, des exercices (Gladiator) et des excitations des implexes et des possibles de la dite personne. Ce que peut faire de plus « général » celui que l'on sent le plus « particulier ». (Cahier 22, p. 635).

La même réflexion se poursuit plusieurs pages plus loin.

« Philosophie est vaine qui ne tend pas à modifier le philosophe en profondeur ; ou plutôt : philosophe (à mon sens) est celui qui tend à se modifier en profondeur par ses exercices d'ensemble de l'esprit et des actes proprement émanés de l'esprit.

Mais ici (le Péri), il s'agit d'en finir avec ce Moi transpersonnel, qui est identique en tous les êtres, qui sont indiscernables quant au naître, au vivre physique et au mourir, comme ils le sont dans l'extrême jouissance ou l'extrême douleur.

Moi. « Moi » est un mot qui figure explicitement ou achève implicitement toute émission de langage. Il est complémentaire de tout parler, car tout parler demande une origine. Il demande aussi un récepteur et un retour (vers l'origine) et cette réflexion aboutit à un Moi, qui est dans une relation singulière avec le premier. Une parole-pensée me revient de moi et m'étonne. Le problème du même se pose ». (Cahier 22, p. 658).

Ces notes sont intéressantes à plus d'un titre. Au-delà de la constatation d'échec et d'effondrement du « Divin traditionnel », incapable de s'adapter à l'évolution de la conscience moderne, elles manifestent une volonté de reconstruction qui infirme une fois de plus le prétendu scepticisme ou nihilisme de Valéry. Car c'est à partir d'une expérience personnelle du divin, qu'il veut d'une part « ruiner ce qui est ruiné », et d'autre part « tenter autre chose », réinventer le divin en fonction des besoins d'un esprit moderne. Mais il est plus important encore de noter combien cette reconstitution du divin est étroitement solidaire de ses préoccupations majeures en ce qui concerne la philosophie, l'esthétique, l'art, le langage, le moi, l'implexe, l'universel et le particulier. On sait que, pour Valéry la crise de l'esprit moderne et l'évolution de la science ont entraîné une dévaluation du savoir au profit du pouvoir. La philosophie est chose du passé. La volonté de ne plus se laisser manœuvrer par des mots, incapables de nous conduire hors du langage, doit entraîner une mutation totale de la philosophie. Seule une interprétation esthétique peut sauver les vénérables monuments de la métaphysique. Le philosophe doit reconnaître qu'il n'était qu'un créateur qui s'était ignoré. Libéré du souci et de la prétention de découvrir la vérité, il trouvera une nouvelle vigueur en assumant sa véritable identité qui est celle d'un artiste abstrait, d'un poète pur, d'un créateur de formes. Remarquons que c'est encore une intention de connaissance qui anime Valéry dans son désir de « substituer à la Philosophie une organisation personnelle et une expression esthétique ». Car la connaissance est imparfaite et illusoire si elle se borne à vouloir chercher la vérité. Seul l'art est capable d'une pénétration ontologique qui aille au-delà de la prétention de vérité, et qui permette au connaître de franchir enfin le maudit fossé qui le sépare de l'être.

Mais l'art que Valéry entrevoit comme seul apte à prendre le relai de la philosophie dans la quête ontologique de la connaissance n'est pas un art banal et simple. C'est un art très purifié, dont les exigences ne sont peut-être pas moindres que celles d'une mystique. C'est en effet une sorte de sacrifice ou de sublimation de toute la personne qu'il lui faut. Cet art est tout entier exercices et manœuvres de soi par soi, exploration et excitation de toutes les virtualités, de tous les implexes du moi. Il cherche à en finir avec toute la finitude et toutes les limitations de la personne, en ne la définissant plus que par sa racine supérieure ou son essence la plus universelle. Comme la poésie pure à laquelle tend Valéry, cet art a pour limite idéale l'épuisement de la personne grâce à l'accomplissement et à la sublimation de ce qu'il y a de plus général et de plus universel en elle.

Or, il semble que « le Peri », ou Dialogue des choses divines ait été conçu dans l'esprit même de cette esthétique ontologique qui doit assumer en la sublimant l'ensemble de l'expérience existentielle. Plus même, le Peri semble avoir dû prolonger cette création esthétique dans le sens d'une transcendance. Tout comme l'expression esthétique doit en finir avec la personne en la pressurant et l'accomplissant dans ses possibilités les plus universelles, le « Peri », prenant le relai de cette sublimation, doit en « finir avec le Moi transpersonnel qui est identique en tous les êtres ». Le « Peri » joue en quelque sorte vis-à-vis des religions le rôle que doit jouer l'esthétique créatrice vis-à-vis des philosophies.

La recherche du dieu retrouve donc le problème du moi, mais au niveau le plus supérieur. L'esthétique créatrice, toute chargée de volonté ontologique, tend à épuiser et dépasser toutes les particularités, les accidents et les limites du moi psychologique et personnel par une sorte de distillation qui en extraira et exprimera l'essence la plus universelle. Narcisse n'est pas curieux de ses traits individuels et singuliers, il n'est curieux que de sa seule essence, et celle-ci ne peut être que trans-subjective et trans-personelle. Or, le Dialogue, des choses divines semble devoir poursuivre encore cette distillation et lui faire franchir une nouvelle étape. Car le moi transpersonnel et universel, Moi tout quintessencié et pur, garde cependant une trace de son origine personnelle. Tout réduit qu'il soit à son essence la plus universelle, il ne peut se détacher totalement de ce matériau impur qu'est le moi psychologique individuel dont il a été extrait. Aussi, au-delà du Moi universel, plus ou moins réfracté dans la multiplicité des mois individuels, s'agit-il maintenant d'atteindre le Moi unique, de découvrir l'Unité toujours identique à elle-même.

> « Il n'y a qu'un seul Moi. On ne peut même pas en imaginer deux. Il n'y a qu'un seul Moi dans le monde, (si du moins il n'y a qu'un monde), et une sorte d'infinité possible de personnes toutes dissemblables », écrit Valéry. (Cahier 13, p. 104).

« Il n'y a qu'Un Moi possible », écrit-il ailleurs, en une note rapportée au θ, où il traite de son idée « de faire un dieu plus pur (que celui des religions), dissocié des éléments affectifs de qualité inférieure, craintes, terreurs, douleur, miracles et mystères ». (Cahier 27, p. 381). Ainsi retrouvons-nous cette liaison étroite du Dieu et du Moi, déjà rencontrée dans le chapitre précédent, liaison qui est peut-être la limite suprême atteinte par Valéry au sommet de sa quête ontologique.

Remarquons combien la méthode et la dynamique de la recherche valéryenne, loin de tendre à dissoudre et à éliminer le moi, ainsi que le croient certaines études à caractère trop strictement linguistique faites sur les Cahiers, sans une vision suffisante sur l'ensemble des préoccupations valéryennes, tend au contraire à rehausser et à fixer le moi au niveau le plus haut, celui du Moi unique qui joue avec le Dieu sinon même s'y confond. Ce n'est que par référence à ce Moi unique, à ce « moi pur (qui) est comme la formule du Dieu », que le moi psychologique est considéré par Valéry, comme dépourvu de substance ontologique, et donc comme un mythe, une illusion, dont il faut essayer de se réveiller ou de se débarrasser. Dans l'indignation qui le soulève contre l'envahissement du « moi touche à tout », il faut d'ailleurs aussi faire la part de l'ironie ou de l'humour valéryen. Ainsi, par exemple, dans ce conte funèbre qu'il imagine sous le titre « le Notaire de soi-même ».

> « C'est la comédie d'un homme qui s'exécute » lui-même... Il essaie de tout finir à la lettre, et en somme de faire le mort.... constater le décès de sa personnalité. Le Moi pur, correct et de noir vêtu, ouvre tous les tiroirs les plus secrets, brise les cachets.... Et il fait en somme ce que feraient mille années si on les vivait ». (Cahier 7, p. 896).

L'ironie ou l'humour de ces notes ne laissent pas moins deviner la véritable intention de Valéry. Si le je personnel est une vulgaire illusion, s'il n'est tout au plus qu'un « esprit malin qui prétend s'appeler Moi », c'est que le moi particulier n'est pas un Moi véritable ; il n'est qu'un masque et un paravent derrière lequel se cache le Moi vrai, le Moi pur, le Moi unique. Et de même, s'il peut y avoir une exécution testamentaire de la personnalité, il n'y a que le Moi pur qui soit apte à constater le décès de cette personnalité. Car ce n'est pas au profit d'un on impersonnel que le singulier peut et doit se renoncer, mais au profit du seul Moi qui puisse réellement dire Je parce qu'il est le Moi unique.

Il faut se méfier de toute étude trop fragmentaire et partielle des Cahiers, car seul le mouvement d'ensemble et la dynamique globale de toute l'œuvre, si une dans sa totalité apparemment émiéttée, permet de deviner et de comprendre le but vers lequel convergent les diverses analyses auxquelles s'est livré notre auteur. Il nous semble en particulier qu'une étude trop strictement linguistique des analyses de Valéry sur le langage ne peut que manquer l'intention dernière du penseur. Celui-ci ne s'intéressait en effet au langage que dans l'espoir de découvrir un au-delà du langage, dans l'intention de mesurer la part de non-langage et donc de réalité que le langage est capable de véhiculer. Car plus que la transitivité du langage, ce qui l'intéresse c'est la référence du langage à une réalité essentielle, et son effort pour purifier la situation verbale est volonté de se défaire du piège des mots, de la phraséologie verbeuse, qui n'est que mots et n'a pas de référence à une réalité. Ce qu'il veut, c'est à travers le langage saisir la réalité de l'être. Car ce qui semble l'avoir le plus frappé et tourmenté, c'est la distance, sinon l'abîme, qui sépare le connaître de l'être, abîme qui, paradoxalement, semble se creuser encore davantage avec le développement de la science. Or, l'instrument du connaître c'est le langage, et voilà que celui-ci se manifeste comme une arme à double tranchant. Il peut nous révéler la réalité du monde, comme il peut aussi nous masquer cette réalité par toutes les illusions qu'il est capable de développer. Il en est tout particulièrement ainsi dans l'usage du pronom je. Qui est-ce je qui parle ? A quel niveau de la personne renvoie le pronom je ? Est-ce au moi le plus superficiel de la personnalité psychologique ? ou est-ce à un moi plus profond et plus secret ? Un seul pronom renvoie indifféremment à tous les niveaux de la hiérarchie de l'être, depuis ce masque qui a notre figure et les traits de notre personnage, mais en lequel nous ne nous reconnaissons pas, jusqu'à ce je trans-personnel que secrètement nous sentons être. Si donc Valéry a des doutes sur les vertus du pronom je, c'est parce qu'il ne reconnaît guère qu'au Moi unique et universel le droit véritable de parler à la première personne et de dire je. On voit combien la réflexion valéryenne dépasse de beaucoup le niveau d'une analyse linguistique, toute enracinée qu'elle est dans une quête ontologique lucide et passionnée, attentive à ne pas se laisser duper par les pièges du langage. Et c'est cette même quête ontologique qui n'en a pas encore fini avec le problème du moi, que Valéry poursuit dans le Dialogue des choses divines, et cette fois, dans l'espoir « d'en finir avec ce Moi transpersonnel ».

Mais en finira-t-il vraiment avec ce Moi transpersonnel, comme à un autre niveau il semble bien en avoir plus ou moins fini avec le moi personnel ? Et réussira-t-il à atteindre, ce qu'il envie chez les mystiques, une réalité qui ne soit pas objet de croyance, mais de vision, et non pas par des « oui-dire », ni des « logismes », mais par une observation directe des choses non verbales ? Une lecture attentive des notes réservées au Dialogue des choses divines va nous montrer que, loin de pouvoir se défaire de ce Moi pur, tout transpersonnel qu'il soit, et de lui découvrir une source transcendante dans un Dieu qui alimenterait et vivifierait ce Moi sans en être en rien dépendant, Valéry va au contraire demeurer comme ensorcelé par ce Moi et incapable de s'en libérer. Le Dieu auquel il cherche à associer le Moi pur, comme les deux seules entités nécessaires, « toutes deux abstraites de tout, impliquées dans tout, impliquant tout, égales et consubstantielles », ce Dieu dont « le moi pur est comme la formule », demeure en fait en si « intime union avec le Moi » que non seulement il ne s'en détache pas, mais qu'il n'est rien d'autre que ce Moi à peine un peu idéalisé ou déguisé en Dieu. Le Moi n'aura pas réussi à trouver en son Dieu l'Autre, le tout Autre, Celui qui est, celui qui brise à tout jamais la solitude métaphysique, et, obsédé de lui-même, le Moi ne fera, partout et toujours, que se retrouver lui-même.

L'intention de Valéry dans sa recherche du dieu était pourtant bien sincèrement « d'en finir avec ce Moi transpersonnel » et de « construire un dieu » qui ne doive rien à l'homme et lui soit radicalement autre.

> « θ. Essayons donc de construire un dieu qui soit le moins dérivé et déduit de l'homme que possible ; le plus étranger à nous

soit-il le plus dieu ! Tant que tu reconnaîtras ton désir, ton sentiment, ton attente dans ton dieu, brise ton dieu ». (Cahier 13, p. 675).

« Pour faire un Dieu.... Faites donc un Dieu de ce qui vous
passe et gardez pour vous ce qui est de vous.... » (Cahier 15, p. 782).

« θ. Moins le dieu que tu feras sera semblable à l'homme, plus
sera-t-il dieu. Il ne faut donc parler de sa puissance, de sa justice,
de ses desseins.... » (Cahier 19, p. 652).

Cet effort pour rendre le dieu indépendant de toutes coordonnées trop humaines, n'est-il pas sur le plan métaphysique semblable
aux intentions de la théorie de la relativité d'Einstein sur le plan
physique ? C'est l'idée qu'il défend lors d'une conversation avec le
Père Teilhard de Chardin.

« Curieux dépouillement d'idées chez les prêtres d'esprit. Au
fond, cherchent à gagner à la nage un nouveau continent religieux.
Celui-ci fait d'un Christ tout à fait transformé une sorte de Moi
cosmique. Je lui dis qu'il faudrait un travail type Einstein pour
construire un invariant Dieu. N'est-ce pas l'objet primitif de θ ?
mon dialogue de rebus divinis ». (Cahier 14, p. 716).

Cet « invariant Dieu » ne peut d'ailleurs être pensé, n'ayant
rien à quoi il puisse être comparé.

« Va pour un dieu.
Mais que n'approche de lui ni notre idée de l'intelligence, ni
celle d'un but, ni d'une « personne ». Il ne s'agit de tout cela.
Ce n'est pas l'ombre démesurée d'un homme, ni d'un moi ; ni la
vision d'une nébuleuse en évolution. Ni un « Esprit », ni une « Ener-
gie », ni une contradiction dressée ; ni un affolement et une terreur
et une extase figurés. Ni les Lois, ni le hasard.
Encore autre chose.
Ni ce qui est, ni ce qui n'est pas.
Mais qui et quoi peut contenir et le hasard et les lois, l'inutile
et le dirigé ; et toute raison et toute folie, et les paroles de l'idiot
et les moindres mouvements et le moi d'un homme et le tourbillon
des êtres vivants et de leurs germes, et le libre et l'enchaîné et
l'accident et les formes ; le probable et l'improbable, les rencontres
et les similitudes, le ron-ron et le train-train et l'imprévu spontané.... ». (Cahier 4, p. 799).

Notons donc cette volonté lucide de libérer le vrai dieu de tout
anthropomorphisme et de toute dépendance avec le simple désir humain. Pourtant, certaines expressions constamment utilisées comme
« construire un dieu », « faire un dieu », ne peuvent manquer de
troubler par leur caractère anthropomorphique évident. Un doute
peut nous embarrasser : s'agit-il vraiment de « construire le dieu »,
et dans ce cas la recherche du dieu s'engagerait encore sur une voie
idolâtre, puisqu'elle s'attacherait à découvrir l'essence du dieu et à
le définir en lui-même ; ou bien s'agit-il de construire la vision du
monde qui rendrait possible de comprendre le monde comme manifestation de ce dieu, comme le champ de ses actions et de ses
dévoilements ? S'il s'agit bien de « chercher à gagner à la nage un

nouveau continent religieux » où il soit possible de « conserver le religieux en supprimant l'idolâtre » (Cahier 13, p. 214), il faut lever l'équivoque. Il semble en fait qu'il faille tenir compte de l'impureté littéraire de ces expressions et de leur tonalité volontairement vague et approximative. Mais il faut surtout les situer à l'intérieur de l'intention fondamentale du Dialogue des choses divines qui aurait eu pour but de dégager ce qu'il y a de réel dans la « vraie mystique ». Or, Valéry nous l'a assuré, la tâche de celle-ci serait de se rendre compte aussi nettement que possible de l'impossibilité de penser au dieu, et de l'impossibilité même de lui donner un nom, ce qui fut l'erreur des religions, qui ont ainsi donné prise à l'illusion idolâtre de désigner le dieu en son essence et de le circonscrire en lui-même, indépendamment du dévoilement de ses actions dans le monde.

Aussi, plus que du dieu, c'est du divin que parle Valéry. La distinction est fondamentale. Car si le dieu est inaccessible en son incommensurable infinité, et si « croire en Dieu, c'est le fini voyant l'infini, c'est donc incompatible avec conscience, car la conscience de ce croire ne ferait voir qu'un état du fini » (Cahier 13, p. 797), cette impossibilité ne joue plus avec le divin. Le divin n'est que la trace du dieu dans la matière du monde. Si la trace garde quelque chose de la présence du dieu, elle n'est pourtant pas de son essence, puisqu'elle est liée à la réalité du monde. La trace n'est qu'un signe qui renvoie à autre chose, tout comme le dessin d'un mot renvoie à une signification qui est tout autre que la matérialité des lettres, et tout comme une parole se réfère à une pensée qui se révèle dans le vêtement de la parole tout autant qu'elle s'y cache. Ainsi le divin, trace, signe ou vêtement du dieu, ne révèle le dieu que dans la mesure même où il le cache, puisque ce n'est qu'en se cachant dans l'épaisseur ou la transparence du monde que l'infini insaisissable peut se révéler à la conscience finie de la créature sans la briser. Le seul chemin qui puisse nous mener à la divinité sans nous faire tomber dans les pièges et les erreurs grossières de l'idolâtrie, passe donc à travers la réalité du monde, reconnue comme œuvre de la divinité et destinée à nous la révéler sous le vêtement des signes que nous devons apprendre à déchiffrer.

La divinité ne procède pas au fond d'une autre manière que l'artiste, peintre ou poète, qui doit habiller de formes, mots ou touches colorées, l'émotion poétique secrète qui l'habite et qu'il veut, par le truchement de son art, communiquer à autrui. L'art est cette puissance de charme, capable, à travers une certaine matérialité de formes, de créer chez le spectateur ou l'auditeur une émotion qui ait une intensité telle qu'elle recrée en lui toute sa vision du monde. Un langage, que celui-ci soit celui de la poésie, de la musique, de la danse, de l'architecture ou de tout autre art, s'interpose donc entre l'artiste créateur et son public, langage doué d'une puissance incantatoire telle que sa nécessaire matérialité se change en ce qui n'a ni forme, ni matière, un univers d'émotions et de significations. Et tout artiste véritable refuse d'avoir d'autres communications avec son public que celles de son œuvre. Valéry l'a dit quelque part, l'artiste devrait avoir le courage de livrer son œuvre sans la signer, puisque sa seule signature authentique, la griffe même de son originalité artistique, est tout entière investie dans son œuvre. Ce que l'artiste avait à dire, c'est dans son œuvre qu'il l'a dit. Bien malsaine est donc la curiosité qui s'intéresse aux accidents biographiques d'un homme, nécessairement distinct de l'artiste qu'il est, et indépendamment de son œuvre. Une saine critique ne devrait avoir affaire qu'avec l'œuvre, si elle veut réellement découvrir l'artiste. Toute autre curiosité n'a aucun rapport avec l'art et diminue d'autant la compréhension artistique. Or, cette même idéale pureté de la relation artistique qui doit unir le créateur et l'amateur, Valéry la retrouve au niveau métaphysique cette fois, dans la relation qui existe entre la divinité et l'homme. C'est en effet à un véritable rapprochement du sentiment du divin et du sentiment poétique qu'il procède, particulièrement dans le « Dialogue de l'arbre », où le sage Lucrèce et le poète-berger Tityre, semblent bien représenter les deux moitiés réconciliées de Valéry, l'intellect abstrait et sévère étant devenu presque aussi poétique que la sensibilité artistique. Nous verrons au chapitre suivant la signification de ce dialogue sur le plan de la théorie de la connaissance. Nous ne retiendrons ici que ce qui peut apparaître comme le prolongement métaphysique de la théorie poétique de Valéry. Echangeant leurs connaissances au sujet de l'arbre à l'ombre duquel ils sont assis, le sage et le poète en viennent à conclure que « chaque plante est œuvre et... qu'il n'y a point d'œuvre sans idée ». Mais autant est naturelle la curiosité qui cherche à découvrir l'idée cachée dans l'œuvre, autant est vaine et naïve la curiosité qui voudrait connaître l'auteur, car, dit Lucrèce : « L'auteur n'est qu'un détail à peu près inutile ». (Pléiade II, p. 185). Tityre proteste, confondu par l'audace de cette réflexion. « Tout ce qui est, fut fait ; tout suppose quelqu'un, homme ou divinité, une cause, un désir, une puissance d'acte », dit-il. Et Lucrèce précise sa pensée : « ... je rejette aux besoins enfantins de l'esprit des mortels la logique ingénue qui veut trouver en tout un artiste et son but, bien distincts de l'ouvrage ». Les derniers mots apportent une nuance capitale à la pensée de Lucrèce. Il ne nie point que l'œuvre ait un auteur, ce qui serait absurde après que lui-même ait introduit ce concept d'œuvre pour caractériser toute chose de la nature. Mais ce qu'il pense, c'est que la curiosité envers l'auteur est inutile et illusoire, lorsqu'elle veut sauter par-dessus la seule idée que l'auteur ait voulu donner de lui-même et qu'il a tout entière investie dans son œuvre. Si nous voulons avoir une idée de l'auteur, ce n'est qu'à travers l'œuvre que nous pourrons la découvrir, et toute curiosité sur l'artiste et son but est enfantine et ingénue lorsqu'elle emprunte des chemins « distincts de l'ouvrage ». On voit comment la poétique de Valéry se couronne ici en métaphysique. De même que l'œuvre poétique doit parler d'elle-même, en tant qu'elle contient la totalité du message poétique de son auteur, et que ce n'est donc qu'une curiosité non poétique qui peut s'intéresser à la biographie de l'auteur, comme si l'artiste et son but pouvaient être distincts de l'ouvrage, de même c'est à travers tout le divin contenu dans l'œuvre de la création que nous devons nous efforcer de retrouver le message de cette œuvre divine, sans nous soucier de l'auteur de cette création indépendamment de son œuvre. La réalité du monde, en tant qu'œuvre, et donc nécessairement œuvre d'un Créateur, exprime et dévoile le divin mieux que toute curiosité théologique sur le Créateur lui-même. Plus encore, toute curiosité théologique ne peut être qu'idolâtre, car la réalité du monde est en elle-même le seul dévoilement possible de la divinité. Tout comme « chaque plante est œuvre », et « qu'il n'y a point d'œuvre sans idée », de même le monde entier et toute la splendeur infinie de ce qui le compose, depuis la matière brute et la vie animale jusqu'aux plus hauts degrés du génie de l'homme dans les sciences et les arts, et toute cette histoire multiple et complexe de l'aventure humaine de son début jusqu'à sa fin, tout cela est idées, messages, signes et sens, que nous devons apprendre à déchiffrer, à lire et à chanter pour retrouver, épandue dans sa création, la gloire du Créateur, sachant bien que seule sa gloire peut nous être donnée à connaître et non le Créateur lui-même.

Sans doute Valéry n'est-il pas parvenu à une connaissance claire de la nature du divin en tant que dévoilement d'une idée de la divinité. Il fait même soutenir à Lucrèce, qui représente le côté intellect qui est en lui, la pensée paradoxale qu'une « œuvre sans auteur n'est... point impossible ». Mais le berger Tityre avec sa sensibilité poétique plus naïve et plus spontanée n'en représente pas moins aussi l'autre côté de Valéry, et c'est à lui qu'il rapporte un enseignement d'une portée considérable, qui résume peut-être toute l'évolution intellectuelle de notre poète, puisque ce dialogue fut écrit en 1943, à savoir que « notre connaissance de quelque chose que ce soit est imparfaite... si elle se borne à la vérité ». On pourrait appliquer à ce couple du poète-berger Tityre et du sage Lucrèce, un sage bien moins discoureur et déjà beaucoup plus artiste que ne l'était le Socrate dans Eupalinos, ce que Valéry dit, dans les Cahiers, du couple de l'esprit et de l'âme : « θ. L'esprit conclut qu'il n'y a point de Dieu. L'âme sait le contraire. Mais l'âme s'exprime mal. Elle est ce qui s'exprime mal, mais elle dispose des énergies. Soumettre l'âme à l'esprit ». (Cahier 12, p. 366). Mais dix-sept ans après que fut écrite cette note, Lucrèce, l'esprit, ne songe plus à « soumettre » Tityre, l'âme, car le sage lui-même est devenu poète, tout habité de la ferveur du chant, et ses « yeux spirituels » ouverts sur les profondeurs cachées sous « la surface du monde »

savent reconnaître dans la plante « un étrange vœu de trame universelle » sur le modèle duquel il vit sa propre aventure existentielle. Il faut relire cette fin du dialogue pour s'émerveiller de la
puissance de chant qui animait encore l'esprit de Valéry au soir
de son existence.

> « Et je me sens vivant l'entreprise inouïe du Type de la Plante,
> envahissant l'espace, improvisant un rêve de ramure, plongeant
> en pleine fange et s'enivrant des sels de la terre, tandis que dans
> l'air libre, elle ouvre par degrés aux largesses du ciel des milliers
> verts de lèvres.... Autant elle s'enfonce, autant s'élève-t-elle : elle
> enchaîne l'informe, elle attaque le vide ; elle lutte pour tout changer
> en elle-même, et c'est là son Idée !.... O Tityre, il me semble par-
> ticiper de tout mon être à cette méditation puissante, et agissante,
> et rigoureusement suivie dans son dessein, que m'ordonne la Plante...
> Tityre — Tu dis que la Plante médite ?
> Lucrèce — Je dis que si quelqu'un médite au monde, c'est la Plante ».
> (Pléiade II, p. 192).

Quelle distance parcourue depuis le moment où Teste songeait
à soumettre à l'intellect toutes les puissances de l'âme et quelle
évolution ! L'intellect tout ouvert maintenant aux suggestions de
l'âme, sait reconnaître dans la Plante le type même de toute méditation transfigurant la sève puisée dans les profondeurs de la terre
en un chant qui s'élèvera par degrés jusqu'aux « largesses du ciel ».
Deux ans après le Dialogue de l'Arbre, quelques jours avant sa
mort, Valéry exprimera la plus grande découverte de sa vie, comme
s'il plaçait enfin au sommet de son œuvre la clé de voûte vers laquelle son œuvre l'avait porté et de laquelle celle-ci recevait a
postériori sa vraie signification : au-delà de l'esprit, il découvrit
en lui une puissance plus forte que l'esprit et que, ne sachant
comment la nommer, il appelait le cœur.

> « Je connais my heart, aussi. Il triomphe. Plus fort que tout,
> que l'esprit, que l'organisme. Voilà le fait. Le plus obscur des faits.
> Plus fort que le vouloir vivre et que le pouvoir comprendre est donc
> ce sacré C. — « Cœur » c'est mal nommé. Je voudrais au moins
> trouver le vrai nom de ce terrible résonnateur. Il y a quelque chose
> en l'être qui est créateur de valeurs et cela est tout-puissant, irration-
> nel, inexplicable, ne s'expliquant pas. Source d'énergie séparée, mais
> qui peut se décharger aussi bien pour que contre la vie de l'individu.
> Le cœur consiste à dépendre ! ». (Cahier 29, p. 909).

Merveilleuse honnêteté de celui qui sut mener l'aventure de
son esprit dans la recherche de la connaissance jusqu'aux sources
les plus secrètes de notre insertion dans l'être ! Et combien significative est l'évolution de cette aventure où l'esprit ne savait point
qu'il allait ! Du faux roman chantant avec Teste l'idole de l'intellect, il en est venu avec la Jeune Parque à chanter le « Poème de la
sensibilité ». Puis ce fut avec les Fragments du Narcisse, le poème
de « la proximité », élucidant les diverses relations du moi avec soi-
même et avec l'Autre, que cet autre soit la femme aimée, l'ami ou le
dieu. Et voilà maintenant notre poète prêt à reconnaître que l'es-

sentiel de la connaissance n'est point dans la vérité lucidement reconstruite par l'esprit, mais dans l'ouverture qui nous fait réceptifs et nous transforme en capacité d'accueil, sensibles à une « réalité toujours infiniment plus riche que le vrai ». (Dialogue de l'arbre, Pl. II, p. 188). Il n'est point de nom à ce « terrible résonnateur », « créateur de valeurs » et source d'énergie séparée », qui « consiste à dépendre » et à recevoir non seulement notre être, mais aussi notre connaissance, du grand mystère d'Etre qui nous englobe.

C'est parce qu'il a reconnu en ce « Cœur », si « mal nommé », une puissance au moins égale à celle de l'esprit, que Lucrèce acquiesce à ce retour de la sagesse sur elle-même proposé par Tityre. « Une fois que l'ont tient solidement le vrai, et que l'on ne craint plus de se perdre en de vaines lubies, la sagesse devrait revenir sur ses pas, reprendre et recueillir comme choses humaines tout ce qui fut créé, forgé, pensé, songé et cru » dans cet immense effort des hommes pour comprendre le mystère de la création, effort qui s'exprima « au commencement » par « la fable ». L'esprit suffisamment armé pour être enfin accueillant au sentiment du mystère, comme au sentiment du divin, peut maintenant se donner pour tâche avec le « Dialogue des choses divines » de « préciser le domaine de la connaissance intuitive et les infinis de la fonction sensibilité pure ». (Cahier 24, p. 632). En prévilégiant le divin au détriment de la vaine curiosité pour le dieu, il est, pour le moins, sûr de ne pouvoir se laisser surprendre par les pièges de la superstition ou de l'idolâtrie.

« Les choses divines sont plus rares que les dieux. Plus divines aussi ». (Cahier 18, p. 850).

« Dieu comme l'Etat contre le Divin ». (Cahier 25, p. 610).

« Ce qu'il y a de « divin » en nous (s'il y a quelque chose de ce genre) est au fond contre Dieu. Voilà, peut-être, le vrai dans la révolte des anges ». (Cahier 27, p. 370).

C'est ainsi quand elle parvient à sa pure authenticité que notre sensibilité au divin rejette le discours théologique. Mais nous devons prendre garde aussi de ne pas laisser notre sensibilité incapable d'accueillir le divin, car il n'est peut-être pas d'autre preuve de la vulgarité que cette insensibilité au divin.

« θ. La vulgarité est l'absence du divin ». (Cahier 19, p. 361).

Ainsi Valéry se pose-t-il la question :

« Qui, de nos jours, inventerait le Divin ? ». (Cahier 22, p. 64).

« θ. Mais enfin, Philéas, je te fais cette question : Comment voudrais-tu que soit ton Dieu ? Quel dieu te fais-tu ?

— Je n'en fais point.

— Tu le crois. Mais cherche bien. Tu trouverais en certains points de ton régime de vie des mouvements intérieurs, des inégalités de ton sens — qui ne vont ni vers ton corps, ni vers ton intel-

ligence, ni vers le monde — et qui n'en viennent, et cherchent Ce
qui les compense ». (Cahier 22, p. 364).

« θ. J'ai peut-être mon Dieu.

S'il serait, il n'eût presque rien de commun avec le tien ni de
tels autres.

Car ce que tu dis du tien et de sa nature et de ses exigences et
de ce qui l'occupe ne me semble pas si divin. — Comment ne pas
faire son dieu d'après son divin » (Cahier 18, p. 904).

Ainsi, dans cette recherche des choses divines et d'« un mysticisme nouveau » (Cahier 16, p. 692), c'est encore vers lui-même
que se tourne Valéry, attentif à certains phénomènes étonnants de
la sensibilité pure. C'est d'ailleurs par une étude de cette « production spontanée du divin » par la sensibilité qu'eût sans doute commencé son dialogue.

« θ. Début : Etrangeté de la situation.

Au milieu du plus ordinaire moment — tout à coup, tout se fait
étrange. Question, arrêts. Un soupir. Le soupir d'être là.

Trouver l'ensemble et l'ordre — majestueux — de ces étonnements. Tout ce que portait l'instant vivant l'embarrasse. Les mains
étonnent les yeux.

Ce qu'il sait étonne l'esprit plus que ce qui le laisse sans réponse... Nous sommes là. Je suis là. Là ? Suis ? Je ?.... Hommes
après nous ». (Cahier 14, p. 717).

« Voilà, il s'agit de relever tous les points d'insertion, tous les
cas de production spontanée du « divin », tout ce qui fait intervenir
sur le champ de l'instant sentant et formant des expressions, une
tendance ou onde de réponse. On pourrait appeler ceci Dieu. Mais
il faudrait observer que pas plus qu'infini ne veut dire grand, mais
pur accroissement, ce Dieu ne veut dire Etre, mais Réponse à tout,
et par conséquent .... explication de tout, et par là, « création de
tout », car « création est réponse à une question quis fecit ». (Cahier
22, p. 64).

« θ. « J'ai soif de Dieu ». Sitio.

Je consens que tu aies soif. Mais cherche comment tu nom-
merais la fin de cette soif, si jamais tu n'eusses entendu parler de
Dieu, ni connu ce mot ?

Voici comme tu pourrais chercher. Tu as soif, c'est-à-dire que
quelque chose manque en toi qu'aucune chose de ton imagination
satisfait. Tu imagines cette soif, elle se produit en toi, mais n'éveille
point d'eau pour l'étancher. Elle te fait répéter tout ce que le monde
et tes songes mêmes te proposent. Tu les dépasses en désir. Tu n'y
trouves que le vice de leur durée finie, leur dépendance des forces
et des bornes de ton corps et de ton esprit. Ta soif est la négation
de tout ce qui est.

Mais si tu l'examines de plus près, tu trouveras qu'elle n'en
refuse qu'une partie. Tu ne voudrais que la perfection de ce que tu
accueillerais. Tu connais des fragments de ta béatitude. Tu ne te
rends pas à l'idée assez sage que ce qu'ils ont de bon est inséparable
de ce qu'ils emportent de mauvais. Quoi de plus naturel (selon toi)
que cette volonté de choix ; quoi de plus naturel (selon l'observation

la plus générale) que cette liaison indistincte dans les choses ? Choisis cependant. Elis ». (Cahier 18, p. 342).

« θ. Sentiment religieux. Coïncidence rare. Perception de l'infini.

Pour un système de valeurs très improbable. Perception du « dieu ». Faiblesse initiale de cette rarissime perception.... Fissure du réel, rare, très fine. Puissance énorme ressentie, fournie dans une pointe si fine et si rarement rencontrée dans le sens le plus intime. Toujours présent, mais jamais.... Frisson sacré.

Mais l'interprétation ? Présenter ceci en décrivant le phénomène-noumène, et comme sans trouver le nom de l'énigme, sans conclusions ni déductions. Fait isolé que le Dieu ! ». (Cahier 12, p. 776).

Remarquons que tous ces phénomènes étranges de la sensibilité pure relevés par Valéry, ces soudains « étonnements », ces « cas de production spontanée du divin », cette « soif », ces « fragments de béatitude », cette « perception de l'infini », cette « fissure du réel », ce « frisson sacré », correspondent évidemment à des états, à des expériences qu'il a réellement vécus. Si nous en voulions une preuve, nous la trouverions par exemple dans cette note matinale, spontanément écrite pour décrire l'emerveillement de l'éveil.

« Petit matin, petit jour, heure peut-être de la plus forte présence des hérédités. Le présent est le plus loin possible. On se sent citoyen de très lointains pays qui ont été ici peut-être. Le mouvement du jour plein n'a pas encore agité, mêlé les couches qui se sont reposées dans la dernière partie de la nuit....

La pensée est immobile, naïve, profonde. Tout se peint sur le néant frais, sur la sensibilité immédiate naissante, sur l'attente générale, sur la jeunesse du monde, sur les ténèbres.

Dieu n'est pas invraisemblable à cette heure-ci. Le souvenir d'une création n'est pas très loin. Le Fiat lux est une chose toute simple et qu'on a vue et entendue ». (Cahier 7, p. 554).

Ailleurs, dans l'angoisse de la solitude, il s'interrogeait s'il n'y aurait point un « monde » qui toucherait à celui-ci par l'intérieur de l'esprit, qui serait la substance où nos racines plongent et duquel elles tirent l'arbre de l'univers visible ». (Cahier 8, p. 466). Il semble ici qu'il fut parfois capable, au moins en de fugitifs instants, d'une expérience quasi mystique de certitude et de foi en la réalité de ces « très lointains pays qui ont été ici peut-être » et en lesquels se garde tout proche « le souvenir d'une création ». Merveilleux instants d'épanouissement où l'intelligence se dépouille de ses artifices mesquins et reçoit du cœur, ce « cœur » qui « consiste à dépendre », l'illumination d'un monde élargi et tout tissé d'une Présence suprême ! Comme on comprend Valéry disant de lui-même : « Je pense en rationaliste archi-pur. Je sens en mystique ». (Cahier 7, p. 855). C'est bien d'un « mystique » en effet qu'il tient ces illuminations des sens qui jalonnent toute son expérience de poète, et si cette autre part de lui même, son intellect rationaliste, a toujours cherché à épurer et à distiller la pure essence de ces « infinis de la fonction sensibilité pure », c'est en leur devenant de plus en plus ouvert et accueillant. Trop rares sont cependant ces « fissures du réel » qui, pour un instant seulement, nous font respirer dans le monde splendide où tout est sens et présence.

> « θ. — Timée, comme je suis émerveillé de la faiblesse des esprits ! .... Les plus puissants se cramponnent à une pensée, se soustraient à grand'peine de la fuite du temps. ...
>
> Ils sont comparables aux poissons qui viennent respirer et voir toutes les splendeurs qui sont dans le monde où ils ne peuvent pas vivre. Ce n'est qu'un instant, tout le ciel et les choses de la rive ne leur sont qu'une flèche divine à travers leurs yeux et leur être, et leur mémoire d'habitants de l'eau sans perspective emporte ce trait merveilleux avec sa douleur.
>
> Ainsi les mortels ne peuvent-ils soutenir l'effort d'une pensée un peu plus longue que la durée de quelques souffles. C'est dans l'ignorance colorée du sensible qu'ils vont reprendre haleine, c'est dans le monde coloré qu'ils replongent ». (Cahier 13, p .423).

Il est évident cependant que tout l'effort poétique de Valéry, aussi bien dans les poèmes de Charmes que dans les divers dialogues et jusqu'à Faust lui-même, n'a pas d'autre intention que de vouloir perpétuer ou recréer avec les moyens de l'art toute la splendeur de ces instants de grâce qui nous pénètrent parfois jusqu'au plus profond de l'être, comme « une flèche divine ». Qu'il y ait une expérience ardente de mystique poétique à l'origine de toute recherche, c'est Socrate, son porte-parole, qui en fait l'aveu émouvant dans Eupalinos.

> « ... je sais mieux encore par mon expérience très certaine, que nos âmes peuvent se former, dans le sein même du temps, des sanctuaires impénétrables à la durée, éternels intérieurement, passagers quant à la nature ; où elles sont enfin ce qu'elles connaissent ; où elles désirent ce qu'elles sont ; où elles se sentent créées par ce qu'elles aiment, et lui rendent lumière pour lumière, et silence pour silence, se donnant et se recevant sans rien emprunter à la matière du monde ni aux Heures ». (Pl. II, p. 89,90). C'est parce qu'il à vécu ces moments d'harmonie suprême, ces instants d'émotions divines, si distinctes des autres émotions humaines par la « sensation d'univers » qui leur est caractéristique, qu'il a voulu les reproduire par les artifices de l'art, cette « étrange industrie dont l'objet est de reconstituer cette émotion ». (Pléiade I, p. 1362). Et en ce sens, toute la « poétique » de Valéry dérive de son expérience qu'on peut appeler mystique. Il s'agit pour le poète de « restituer l'émotion poétique à volonté, en dehors des conditions naturelles où elle se produit spontanément et au moyen des artifices du langage », qui constituent « un langage dans le langage » (id. p. 611). Il est donc évident qu'il y a cohérence parfaite non seulement entre le projet du « Dialogue des choses divines » et les autres dialogues, mais aussi entre l'ensemble des dialogues et l'œuvre poétique. Peut-être pourrait-on dire qu'avec le Dialogue des choses divines, Valéry aurait voulu remonter au plus près des sources

de son inspiration poétique qui se confondent avec les sources de son expérience mystique. Ce dialogue nous aurait ainsi révélé l'intériorité la plus secrète du poète, ainsi que l'étroite solidarité de sa poétique et de sa mystique. C'est bien déjà cette origine secrète du jaillissement existentiel d'une expérience esthético-mystique, « origine intime et universelle » tout à la fois, que s'efforce de dévoiler le dialogue d'Eupalinos. « Imagine donc fortement ce que serait un mortel assez pur, assez raisonnable, assez subtil et tenace, assez puissamment armé par Minerve, pour méditer juqu'à l'extrême de son être, et donc jusqu'à l'extrême réalité, cet étrange rapprochement de formes visibles avec les assemblages éphémères des sons successifs ; pense à quelle origine intime et universelle il s'avancerait ; à quel point précieux il arriverait ; quel dieu il trouverait dans sa propre chair ! » (Pl. II, p. 96). N'est-ce pas encore le sens de cette note des Cahiers :

> « θ. Communion. Faire des heures qui seraient des morceaux d'éternité. Note que la pensée la plus profonde sort de l'ombre qui est en nous, va à quelqu'un. L'œuvre d'art est l'action naïve qui veut trouver cet autre ». (Cahier 24, p. 836).

Il est émouvant de voir converger ici comme vers une racine commune, trois dominantes de la manière d'être valéryenne, l'art, la passion de la communication avec l'autre, et la quête mystique du dieu. Sur ces trois voies, ce sont des « morceaux d'éternité » qu'il cherchait à cueillir, « flèches divines » qui sont autant de sortes de « communion », soit avec le partenaire amical, soit avec ce Dieu « seulement suggéré par la réaction de ce qui semble sans bornes contre (ou à l'appel de) ce qui borne à chaque instant ». (Cahier 6, p. 382). La forme même du dialogue auquel Valéry s'est tellement complu, presque toujours échange entre deux personnages, semble aussi correspondre à ce besoin et à cette recherche de communion authentique entre deux esprits. Mais surtout, chacun de ces dialogues est en lui-même aussi une tentative pour ouvrir la communication vers le haut, échapper au monde clos de l'homme et déchiffrer les signes d'une transcendance qui nous permettent de nous dépasser vers l'infini. « Eupalinos » n'est autre qu'une réflexion sur la manière de satisfaire « ce goût de l'éternel qui se remarque parfois chez les vivants » : faut-il « chercher ce Dieu » en suivant la voie de la connaissance ou celle de l'art ? Pour cet Anti-Socrate ou cet Anti-Teste qu'est devenu Valéry, ce n'est pas dans le ciel des Idées platoniciennes que la beauté ni la vérité doivent être cherchées, mais dans l'acte créateur, par lequel l'artiste s'édifie lui-même et entre en communion avec l'acte créateur du Dieu. « C'est dans les actes, et dans la combinaison des actes, que nous devons trouver le sentiment le plus immédiat de la présence du divin ». (Pl. II, p. 142).

Semblablement, « L'âme et la danse » n'a pas d'autre sujet que le désir d'infini qui soulève l'homme dans une volonté de sublima-

tion vers la suprême liberté. Si la danseuse devient l'image même
de la vie, c'est que tout son art n'est que l'expression plastique de
cet effort de la vie pour s'arracher à la pesanteur terrestre et
s'élancer dans la transparence idéale de l'infini. « Le dialogue de
l'arbre » a une signification plus mystique encore, dans cette distinction capitale du divin opposé au dieu, et dans la reconnaissance du privilège ontologique des facultés d'accueil de la sensibilité par rapport à la forme de connaissance limitée à l'intellect.
Quant à « Faust », plus complexe, il est une tentative suprême pour
sauver l'homme ; il s'agit peut-être de rien de moins que de reconquérir le paradis, après avoir réparé la faute qui avait entraîné
l'exil de l'homme hors de la connaissance.

Il y a donc une cohérence parfaite dans l'œuvre de Valéry, cohérence qui ne peut nous apparaître qu'en retrouvant dans les notes
pour le Dialogue des choses divines la mystique cachée qui coule
plus ou moins souterrainement dans toute l'œuvre et en constitue
le principe moteur. Le poète lui-même nous invite d'ailleurs à découvrir cette mystique. S'il avait pour devise : « cache ton dieu », il
nous a aussi donné le conseil de découvrir les dieux des autres pour
les atteindre en leur véritable identité :

> « Il ne faut point attaquer les autres, mais leurs dieux. Il faut
> frapper les dieux de l'ennemi. Mais d'abord il faut donc les décou-
> vrir. Leurs véritables dieux, les hommes les cachent avec soin ».
> (Pléiade II, p. 489).

L'intention caustique et provocative de ces paroles est certes
évidente. Il est probable que le dévoilement des dieux d'autrui correspondrait à une sorte de mise à nu de la personne qui lui serait
bien rarement avantageuse. Les dieux d'autrui sont souvent si mesquins et si bêtes que le fait de les révéler réduirait trop cruellement
la personne à une identité bien pauvre et bien misérable. Trop de
superstitions, trop d'ignorance, et trop d'idolâtrie se blottissent en
fait dans les dieux véritables des hommes, et ceux-ci ont bien raison
de les cacher. Les dieux de l'humanité ne sont pas beaux, et ce serait un triste bilan à faire que de découvrir les dieux des hommes,
si du moins les hommes ne valaient pas mieux que leurs dieux. Ceux-
ci ne sont plus depuis longtemps que des cadavres plus ou moins
pourrissants au fond des consciences, et la déclaration de Nietzsche
sur la mort de Dieu n'était autre que la constatation lucide du véritable état religieux de l'humanité. Cela eût pu être un acte salutaire
de purification, si du moins les idoles n'avaient pas été remplacées
par d'autres idoles, pires que les premières. Mais on sait l'opposition de Nietzsche à la « brute prussienne » et à l'antisémitisme allemand. Son intention de visionnaire était pure : libérer la vraie
religiosité de sa gangue idolâtre, ainsi que du conformisme des
dogmatismes superstitieux et figés. Ce « poète-prophète » qui considérait « le goût pour l'Ancien Testament (comme) une pierre de
touche de la grandeur ou de la médiocrité des âmes », voyait en

effet, parallèlement à « la décadence du théisme en Europe », une « vigoureuse recrudescence de l'instinct religieux », bien que celui-ci « refuse avec une méfiance profonde l'apaisement que lui offre justement le théisme ». (Par-delà le bien et le mal). Il semble cependant évident que seule la fin des idolâtries pourra libérer les tendances de religiosité authentique qui sont toujours enfouies dans l'inconscient de l'homme. Car l'homme est naturellement et spontanément religieux. L'émerveillement ou l'étonnement devant le monde est la réaction la plus spontanée et la plus naturelle chez l'enfant, comme aussi chez l'homme sain. Mais cet élan religieux est stoppé et refoulé dès sa naissance de deux manières opposées : soit par l'imposition du corset artificiel d'une rationalité mal comprise ; « combien de naïveté respectable, puérile et immensément balourde, enferme cette croyance du savant à sa propre supériorité,... lui le petit nain prétentieux, le plébéien agile et laborieux, l'ouvrier intellectuel et manuel des « idées modernes », (Par-delà le bien et le mal) ; soit par l'enlisement dans l'étroitesse étouffante de l'idolâtrie. Or, il semble que l'étouffement de la vraie religiosité sous la gangue oppressante de la raison déshumanisée, devenue robot aliénant, ou sous le masque de l'idolâtrie bêtement figée dans l'illusion d'une mystique coupée des sources du réel, ait été vivement ressenti, à la fin du 19e siècle, par les penseurs d'avant-garde qui cherchaient les voies d'une libération des forces authentiques de l'homme. Peut-être n'a-t-on jamais tant cherché le dieu que depuis le certificat nietzschéen de son décès. Quand le dieu était bien défini, il était rassurant de savoir où pouvoir le trouver ; en cas de besoin, on connaissait l'adresse vers laquelle se tourner ; il n'était donc point nécessaire de s'en inquiéter et de le chercher. C'est ce que constate Valéry dans une de ses notes.

> « θ. Je te rends grâces, Messager, de m'avoir apporté la Révélation. Tu me décharges ainsi du souci de penser à ces choses. Je te promets de n'y plus jamais songer puisque maintenant je sais ; que ce savoir n'a aucun intérêt, que je ne dois rien y ajouter, et qu'il n'y a rien à comprendre ». (Cahier 23, p. 137).

Mais cette belle assurance a disparu depuis la subite découverte de la disparition du dieu. Il semble qu'une terrible inquiétude se soit emparée des poètes, des artistes et des penseurs qui tous, à leur manière, cherchent l'absolu et la respiration d'infini qui soudain leur manquent. Cette quête du Graal exige de ses chevaliers une passion, une témérité et une constance à toute épreuve. Si l'auteur de Zarathoustra y met plus de passion, d'éloquence dionysiaque et de lyrisme visionnaire, et si, à l'opposé, Valéry reste plus réservé, plus cartésien, toujours rigoureux et méthodique jusqu'en sa sublimation lyrique, le rapprochement pourtant s'impose entre « le dernier disciple du dieu Dionysos, son dernier initié », et l'auteur du projet de Dialogue des choses divines. Outre que ce dernier reconnaissait en son aîné « l'un de ceux que j'estime le plus dans l'ordre idéologique » (Cahier 26, p. 711), on peut mesurer l'importance de l'influence qu'il en reçut par le projet qu'il conçut dès 1896 d'un parallèle entre Poe et Nietzsche. (voir Pléiade I, p. 1781). Mais le projet ne fut pas réalisé, et on ne connaît que les Quatre lettres de Paul Valéry au sujet de Nietzsche, adressées de 1901 à 1907 à Henri Albert. Le rapprochement de ces trois noms, Poe, Nietzsche et Valéry n'eût pas manqué pourtant d'être fort éclairant. Une même passion de l'esprit, tendu jusqu'aux limites de ses pouvoirs et de sa luicidité, les anime tous trois, ainsi qu'une même volonté de découvrir un secret d'être qui leur face transcender les limites de l'humanité. Il est frappant de voir que c'est presque avec les mêmes mots que Valéry décrit non seulement son admiration pour Poe et Nietzsche, mais aussi son propre projet existentiel.

> « Poe.... est le seul écrivain sans aucun péché.... (qui) avec lucidité et bonheur.... fit la synthèse des vertiges ». (Correspondance avec Gide, p. 163).

> « C'est absolument le seul écrivain qui ait eu l'intuition d'attacher la littérature à l'esprit ». (id. p. 383).

> « Nietzsche excitait en moi la combattivité de l'esprit.... Il me plaisait aussi par le vertige intellectuel de l'excès de conscience et de relation pressenties, par certains passages à la limite.... J'y remarquais je ne sais quelle intime alliance du lyrique et de l'analytique que nul encore n'avait aussi délibérément accomplie ». (Pléiade I, p. 1781).

Ne retrouvons-nous pas là les qualités mêmes de Valéry ?

Souvenons-nous que son désir le plus précieux eût été de pouvoir « enchaîner, comme il faudrait, une analyse à une extase ». (Pléiade II, p. 36). Si Valéry renonça à son projet de rapprocher Poe et Nietzsche en un même article, c'est sans doute qu'à la différence du premier, il retrouvait chez le second le péché qui le hantait le plus, celui de la littérature. Bien typique de sa manière d'être est la critique qu'il adresse à celui en qui il voyait un « excitant », mais « pas une nourriture ».

> « Nietzsche. Inflation insupportable qui infeste cette intelligence. Que de sommets de carton ! Comment peut-on se croire quelque chose à ce point ! Et quelle imagination universitaire. Il est ivre de lectures et de lections. Les livres comptent pour lui ! Ce n'est pas le fort de M. Teste. Et naturellement, non-observateur personnel. Pas de sens, des nerfs, type nordique. D'où mixture, salade d'histoire, de philo-logie et sophie. Esthétique de thèses.

> Mais, quand il est bon, very exciting. Rien de plus, mais rien de moins et c'est beaucoup. Appartient à l'ordre des exagérants, classe des solitaires par majestomanie. Mais encore, a le sens extrême de la sensibilité intellectuelle et de la poésie possible de cet ordre. J'ai essayé quelque chose dans ce sens, mais rien ne m'y a encouragé, ni l'époque et le milieu, ni notre langue qui veut que l'on prenne parti et n'a ni les libertés, ni les ressources verbales que cette entreprise exigerait ». (Cahier 25, p. 767).

> « Sur Nietzsche. Pas la volonté de puissance, non, seulement la velléité ». (Cahier III, p. 499).

Quoi qu'il en soit des réserves, combien instructives, de Valéry sur Nietzsche, il nous semble que ce qui les rapproche le plus, ainsi que Poe, c'est cette sorte de mystique secrète qui les anime tous, ou cette volonté lucide et passionnée de retrouver au-delà des ruines, des échecs et des impuretés de la civilisation chrétienne, les bases véritables d'une nouvelle mystique. Comme le dit Valéry :

> « θ. Ils cherchèrent un dieu auquel la croyance qu'ils pussent lui accorder ne les contraîgnit pas à ignorer ce qu'ils savaient savoir et à savoir ce qu'ils savaient ignorer ». (Cahier 28, p. 374).

Mais comment et sur quoi bâtir cette nouvelle mystique ? C'est quelquefois sur le mode de l'humour que Valéry y songe.

> « Un « roman » sur les choses religieuses, par exemple : une religion de type nouveau, fondée à Passy ou ailleurs. Trouver ce type. Parmi les adeptes, des religieux (du genre T.C.). Le petit troupeau veut comme filtrer les croyances existantes. Ils en reviennent ! Religion sans volonté d'extension, au contraire ». (Cahier 19, p. 678).

> « Conte. Quelqu'un fonde une religion. Ce pourrait être M. Teste. L'idée lui en vient « par hasard ». Revient. Se développe. Recherche des conditions du moment. Examen des religions existantes. Besoins ? Elucidation de l'époque. L'état des esprits et des sensibilités. Analyse du produit « Religion ». Tableau de la « science » en tant que.... religion non déclarée. Tableau de la « Morale » réelle. Etude statistique de l'affaire. Etude singulière. Recherche des premiers disciples. Femmes. Intellectuels. Divers, quelconques. Certains types de gens servent de lignes de pénétration, moindre résistance, et d'autres, de point de diffusion. Déviation de l'idée initiale ». (Cahier 24, p. 78).

Mais sa recherche d'une nouvelle religion est le plus souvent plus sérieuse. Rejetant le « merveilleux » et les « peines et récompenses », deux caractères auxquels il reconnaît qu'une religion est fausse, il s'interroge :

> « Sur quoi donc en fonder une ? sur le mouvement le plus « libre » et le plus « lucide » de l'homme ? Les uns fonderaient sur l'être, et les autres sur le connaître ». (Cahier 7, p. 763).

En fait, c'est bien dans l'espoir de réunifier l'être et le connaître qu'il s'efforce « d'enchaîner, comme il le faudrait, une analyse à une extase », et qu'il donne pour tâche au Dialogue des choses divines « de préciser le domaine de la connaissance « intuitive » et les « infinis » de la fonction sensibilité pure ». Car seule la sensibilité est capable de nous faire accéder à l'être, à condition toutefois que l'intelligence, qui « est une sensibilité significative ». (Cahier 27, p. 413), assure un tri entre les données authentiques de la sensibilité pure et les formations composées de la sensibilité égarée dans la complexité psychologique. Ainsi peut-on penser qu'une étude quasi analytique de ces moments d'« extase » dont est capable la sensibilité pure permettrait de fonder une sorte de mystique scientifique dégagée des impuretés des diverses mystiques. Enfin, en explorant l'infinie délicatesse de la sensibilité au « divin », privilégiée au détriment de la recherche directe du dieu, Valéry espère ne pas se tromper avec les dieux étrangers et trouver son propre dieu, celui qui « sort de toi comme tu sors de ton sommeil, comme la fleur et le parfum sortent de la terre », car « comment ne pas faire son dieu d'après son divin ? ».

Qu'il y ait eu en Valéry le tempérament, l'intelligence et la sensibilité d'un mystique, rien ne l'assure mieux que cette longue tentative, entrelacée avec l'ensemble de son œuvre, et dont le but avoué est de reconstruire le divin sur des bases plus épurées qui soient en rapport avec les exigences d'un esprit moderne. Pour cela, il faut certes « miner ce qui est miné, le Divin traditionnel qui ne tient plus ». Mais l'intention véritable est constructive, et s'il s'agit de « tenter autre chose », c'est pour donner à la sensibilité au divin les organes de déchiffrement qui lui ont manqué jusque là et qui permettront d'éviter les pièges de l'idolâtrie. Que rien ne soit plus mystique qu'une telle tentative, Valéry le reconnaît bien souvent.

> « Moi qui suis un mystique ». (Cahier 8, p. 114).
>
> « Il y a toujours eu un mystique en moi ». (Cahier 8, p. 344).
>
> « Mystique ! c'est-à-dire voyant les choses par références à une intuition secrète — comme signes — comme devant être déchiffrées particulièrement et non classifiées — Voir, chercher à voir sa vérité. Prier, sanctifier sa volonté — vouloir dans l'ordre ». (Cahier 3, p. 546).
>
> « J'appelle mystique un homme pour qui les phénomènes mentaux purs existent, qui se réfère à des états internes et y rapporte, pour interprétation, les états objectifs ». (Cahier 3, p. 578).

Ailleurs, dans cet étonnant auto-portrait qu'est la « Lettre de Madame Emilie Teste » où la moitié féminine de l'auteur juge sa moitié masculine, Valéry a qualifié son double de « mystique sans Dieu ». Or, de cette expression quelque peu paradoxale, les critiques n'ont en général retenu que les deux derniers mots, ce qui leur permettait de confirmer la légende tenace d'athéisme et de septicisme négateur attachée à l'auteur de M. Teste, et de le maintenir dans une classification rassurante. Son intelligence serait d'une lucidité telle qu'elle exclurait la possibilité de la foi. Il serait même « trop intelligent pour être un philosophe », tant son esprit, profondément destructeur et même nihiliste, manquerait du minimum de confiance nécessaire à la construction d'une philosophie. Que le mysticisme de Valéry ait été ainsi presque universellement méconnu nous semble bien illustrer la confusion et l'aveuglement où la crise de l'esprit a plongé le monde moderne, ainsi que les difficultés propres à l'enfantement de la civilisation post-chrétienne.

Dans un monde culturel essentiellement caractérisé par le divorce des puissances de foi et des puissances d'intelligence, divorce qui est l'héritage direct de l'effondrement du fidéisme irrationnel du christianisme, la méconnaissance du mysticisme original qui

sous-tend l'aventure de l'esprit valéryenne s'explique par deux raisons opposées : soit par un excès de rationalisme, soit par un excès
de fidéisme. C'est en effet un excès de rationalisme, d'intellectualisme ou de logicisme, qui a entraîné la critique à ne voir Valéry
qu'à travers sa création de jeunesse, Teste, ignorant d'ailleurs le
côté surréaliste qu'il y avait dans la « Soirée » et par conséquence,
à rester aveugle à toute la part féminine que la Jeune Parque révélait, celle qui fouille les mystères d'une sensibilité épurée, s'ouvre
aux harmonies et aux infinis d'un univers musicalisé, et se couronne enfin dans une recherche du dieu. Mais inversement, l'excès
de fidéisme, trop tôt jugulé dans les définitions irrationnelles de
croyances impures, rendait pareillement incapable de découvrir
dans les négations successives de l'auteur de Mon Faust l'explosion d'une foi souterraine qui s'efforce de dépasser toutes les limitations d'une perspective trop humaine en se sublimant dans la
quête pure d'un absolu, et qui cherche à échapper à toutes les idô-
latries, qu'elles soient construites sur une foi, ou drapées dans le
corset d'une raison étriquée.

Ainsi, tous ceux pour qui la foi est une puissance irrationnelle
d'adhésion, distincte de l'intelligence et capable même de s'affirmer
contre elle, comme aussi tous ceux pour lesquels l'intelligence n'est
qu'une puissance logique, enchaînant les concepts à l'image de quelque cerveau électronique, tous ceux-là, qui ont en commun une
même incapacité à conjuguer foi et intelligence, se sont rendus
aveugles à l'aventure de la mystique valéryenne, en ce que celle-ci
se refuse à l'abdication de l'intelligence devant la foi, mais aussi
s'efforce d'assouplir suffisamment l'intelligence pour lui faire rechercher, à travers la sensibilité, les bases d'une foi épurée.

L'aventure valéryenne ne s'est certes pas couronnée de la découverte qui eût assuré son point d'ancrage dans une transcendance
véritable, et qui lui eût permis de découvrir au-delà de la cime froide
et silencieuse des absolus, l'Autre, le Tout Infini, Celui qui accompagne l'aventure de l'homme par la révélation du sens caché de sa
parole. Bien qu'ayant surmonté la tentation mallarméenne du Néant,
et bien qu'il fût au moins à demi vainqueur du fou Solitaire hurlant
à la nuit qu'elle n'est rien, Faust n'aura finalement trouvé de salut que dans l'étroit espace du charme poétique.

> Faust qui devais périr, il n'est rien de fatal
> Qui ne le cède à quelque charme.
> Comme l'amour fait d'une larme
>   Un pur poème de cristal,
> Je puis de tes dégoûts fondre une âme nouvelle....

Est-ce dire que Valéry, tout « mystique » qu'il fût en sa quête
d'une stratégie de salut, resta cependant « un mystique sans dieu » ?
Il est d'autant plus délicat de répondre à une pareille question
qu'elle n'admet en fait ni réponse négative, ni réponse positive.
Car le mystique qui a son dieu n'est-il pas tout simplement un

idolâtre ? Valéry, qui a si subtilement privilégié la recherche du divin en condamnant la vaine curiosité pour le dieu, aura pour le moins évité les pièges de l'idolâtrie. Recherche ouverte s'il en fût, sa recherche du dieu ne se sera pas bloquée dans quelque trouvaille rassurante qui lui mette un terme. L'essentiel n'est-il pas la recherche, et n'est-ce pas en cette recherche que se définit le mieux Valéry ?

> « θ. Peut-être Daïmon parle : Je ne suis que Recherche. Je ne conçois pas que quelqu'un ait trouvé. Comment peut-on trouvé ? Ce serait avoir réponse à tout ». (Cahier 10, p. 701).

> « θ. O croyant, je veux bien que tu aies un « idéal » et ta lumière dans la forêt de toi ; penses-tu que je n'aies pas le mien ? Mais tandis que le tien, tu l'as reçu et accepté sans cet examen des plus sévères que l'affaire mérite si elle a quelque importance ; et tandis qu'il te vient de la bouche d'autrui, tout fait et articulé, le mien se fait dans mes tentatives, et il est inséparable de celles-ci, s'il ne se confond entièrement avec elles. C'est la recherche qui est une trouvaille, et je ne trouverai rien qui soit plus que sa recherche, l'idéal même à se donner ». (Cahier 22, p. 808).

> « θ. Le vrai dieu veut que l'homme cherche, essaie de toutes les forces qu'il a ou se crée pour le trouver, qu'il frappe à toutes les portes, forge toutes les clés, forme toutes les combinaisons, risque toutes les expériences jusqu'à ce qu'il trouve l'issue, la voie, le mot, — après une quantité prodigieuse d'épreuves et de désespoirs. Et il est admis par lui que cette recherche ne l'ait pas (lui le dieu) pour but reconnu. Mais qu'elle soit animée par le simple instinct de l'homme de transformer son destin en un meilleur, de se soustraire à tous les maux ». (Cahier 23, p. 95).

Si cette recherche, qui est en elle-même la plus grande trouvaille et le plus grand idéal, garde son antenne chercheuse souplement déployée « à ce contact de ténèbres éveillées » qui l'entoure dans la grande Nuit de l'Etre, c'est bien grâce à son fécond enracinement dans ce « sentiment de l'énergie de l'être » qui rassemble et développe toutes les puissances de la personne « dans le sens de son maximum de conscience et de singularité ». (Cahier 17, p. 6). Et s'il est une preuve de l'excellence du génie de Valéry, c'est aussi dans sa capacité à y renoncer et à s'en dépouiller qu'il faut la voir. Celui qui connaissait les chemins et les pouvoirs de son esprit comme nul autre, savait aussi le surmonter et le transcender.

> « Tout génie est maintenant consumé, ne peut plus servir de rien. Ce ne fut qu'un moyen pour atteindre à la dernière simplicité.... et à ce point de présence pure, (où l'homme)) se perçoit comme nu et dépouillé, et réduit à la suprême pauvreté de la puissance sans objet ». (Pléiade I, p. 1223).

Alors dans cette pauvreté de la suprême intelligence, dans ce dépouillement et cette simplicité où conduit le paroxysme de la conscience, dans le silence subit de toutes les prétentions du génie, apparaît, transcendantalement et merveilleusement nu, « l'acte d'être ». Comme un nouveau né tremblant et nu, si fragile en son dénuement, le pur sentiment de l'existence se retrouve dépouillé et manquant de tout, entièrement dépendant de Celui, inconnu, qui donne l'être. N'est-ce pas là l'origine de la prière, non pas tant celle qui s'attache au rite d'une croyance, que celle, presque toujours informulée, qui est inhérente à toute vie ?

> « θ. Tu oublies que tout homme prie. Car tout homme invoque et même sans le savoir. Il demande sans cesse. Or « ce » à quoi il s'adresse, même tacitement, par sa seule existence, ce puissant quoi que ce, cela est Divinité. Il y a donc autant de divinités qu'il y a de prières, et de prières qu'il y a de moments. Tu invoques quelque Présence quand tu cherches un souvenir ou une idée ; et une Autre, quand tu attends l'appaisement d'une souffrance. Et une Autre quand tu veux le sommeil.... Si même tu reçois ce que tu n'attendais pas et que tu sois comblé.... comme on est foudroyé — alors tu remercies même sans le savoir et parfois tu t'épouvantes de bienfaits extraordinaires. Ainsi, entre la chose inconnue qui accorde, et l'être inconnu qui demande en toi, existe une relation qui est Toi-même. Car tu ne peux être autre chose que ce qui est entre [le mal et le bien] ». (Cahier 15, p. 397).

« Etre entre », voilà donc le tout de l'homme qui n'est que cette « relation » « entre la chose inconnue qui accorde et l'être inconnu qui demande », ou bien encore cette relation qui se tisse entre la terre et le ciel vers lequel nos questions implorent une réponse, puisque l'homme n'est pas véritablement homme s'il ne se pose pas certaines questions fondamentales.

> « θ. Questions de base. Je ne puis considérer les hommes qui n'ont pas certaines questions au profond de la tête et cependant toujours proches de l'instant, comme existant véritablement... Le Ciel, ô Théodore, est le concert de ces Réponses dont tout ce qui est terrestre est le Désordre des Demandes ». (Cahier 14, p. 782).

Mais si ces « questions de base » forment peut-être toute l'authenticité de l'homme, il est en fait bien rare qu'elles reçoivent leurs réponses. Le Ciel reste silencieux aux questions les plus pressantes. Et si l'homme n'est sans doute que cette relation qui lie le Ciel et la terre, cette relation n'est aussi autre que celle qui se noue entre l'interrogation de l'homme et le silence de Ce vers quoi s'élèvent nos questions. Pourtant, ce silence n'est pas synonyme d'absence, car pour la suprême Transcendance, absence et présence, être et néant nous réfèrent pareillement à Ce vers quoi s'adresse notre attente ou même notre louange.

> « Hymne au vrai Dieu :
> Justice étrange, Inexistence auguste,
> Sublime absence, Abîme d'ombre, ô Pur !
> Si pur, si Haut !
> Tout ce qu'on sait de Toi, te montre Injuste
> Lumière immense et quoi de plus obscur ? »
>
> (Cahier 27, p. 52)

Et pourtant, comme si Valéry pressentait que cette relation entre la terre et le Ciel, qui est le tout de l'homme, devait être en sa normalité une relation véritablement dialogale où s'écoute la Parole divine, où la Présence n'est pas synonyme d'absence, et où la Lumière n'est pas obscure mais lumineuse, c'est presque toujours sous forme de dialogue qu'il représente la relation de l'homme à la transcendance. Il n'est pas jusqu'à l'athée qui ne s'entretienne avec le dieu.

> « Dialogue du dieu avec l'athée :
>
> Il lui dit : mais ce à quoi tu as cru, en tant que tu as cru quoi que ce soit, et qui n'est pas Moi, c'est Moi. Je n'ai pas besoin de nom ni de définition. Tout cela est moindre. Au-dessous de Moi, tout cela. Un nom m'offense ; et la foi me nie. L'agnostique est pur à mes yeux. Il pressent que je suis toujours derrière celui qui regarde vers moi. Vers quoi il se tourne, il me tourne le dos ». (Cahier 19, p. 644).

L'agnostique serait-il donc plus authentiquement proche du dieu que le croyant ? En un temps où la croyance la plus répandue n'a pas encore réussi à se dépouiller de ses superstitions et à se purifier de son idolâtrie, il n'est pas si paradoxal de penser qu'effectivement l'agnostique puisse bien valoir le croyant. Surtout quant cet agnostique n'est pas le vulgaire athée insensible à toute transcendance, mais l'homme qui cherche et tend à découvrir une transcendance divine originelle, mais ne peut ni la définir ni lui donner un nom, et quel nom peut convenir à l'Infini ? Cet agnostique n'est-il pas un croyant qui s'ignore ? Et le croyant n'est-il pas aussi bien souvent un athée en puissance ? C'est en tout cas ce que « le sage » semble vouloir nous enseigner en cet étonnant dialogue entre « le croyant », « l'athée », « le sage » et « le dieu », où ce dernier vient enfin révéler que l'essentiel est la dynamique de la recherche.

> « θ. Le croyant disait à l'athée :
>
> Paix à toi ! pourvu que ton athéisme ne demeure pas comme une habitude, une décision morte dans ton esprit, une « vérité » arrêtée, voulue ou connue, une fois pour toutes ; car si tu persévères au contraire dans ta direction opposée au dieu, et dans la vie active de ton idée négatrice, je suis sûr que tu trouveras le dieu dans cette voie que tu crois qui s'en éloigne, comme celui qui creuserait la terre en s'éloignant du jour en retrouverait infailliblement la lumière, ayant percé le globe de part en part.
>
> Mais l'athée lui répondrait par le même avis renversé, qu'il trouverait l'absence du dieu à l'extrême d'une action de foi de plus en plus énergique.
>
> Or, le sage leur dit que l'opiniâtreté du travail de l'âme et de l'esprit s'exerçant sur des matières intérieures en lesquelles nulle expérience sensible ne peut intervenir, conduit à parcourir un cercle dont le sens importe peu, et à chaque instant l'athée est en voie de croire, s'il est en mouvement ; et le croyant, en voie de dé-croire, s'il est en mouvement.
>
> Mais enfin le dieu même s'exprima et leur dit à tous :
>
> Je suis le vrai Dieu que toutes vos paroles nient par leur sens (même du croyant) et affirment par leur être de paroles. Car Je suis

ce mouvement même, et non le sens, ni le but apparent ne font rien ». (Cahier 16, p. 877).

Voilà donc le croyant et l'athée rapprochés par leur commune impuissance à dire la parole juste, celle qui décrirait authentiquement la dimension transcendante de l'homme et qui jetterait un véritable pont entre la terre et le Ciel. Mais si les paroles de l'un et de l'autre sont pareillement inadéquates par le sens qu'elles s'efforcent de véhiculer, du moins l'être même de leurs paroles et cette volonté qui les redresse pour chercher la parole qu'ils ne savent dire, suffisent à affirmer la réalité même de la transcendance qui les fonde, ce «vrai Dieu» que la parole de l'homme ne peut ni véritablement nier, ni véritablement affirmer. De la réalité de cette transcendance, l'homme ne peut sans doute rien dire, mais elle est, et Valéry en a la certitude, se moquant avec humour de ceux qui imaginent la nier.

> « θ. Un insecte buté contre la vitre et qui constate qu'il ne peut aller où il voit, peut démontrer que ce qu'il voit est illusion. Il en appelle au sens de la certitude, le tact. Il touche, il presse, il affirme, de tout son effort, quelque chose tout autre que celle qu'il voit. Il a suffi d'un corps transparent pour.... ». (Cahier 18, p. 535).

Mais Valéry n'a pas la bêtise de cet insecte, quand bien même on resterait atterré par le nombre de critiques qui la lui ont attribuée. Ne lui arrive-t-il pas d'aller jusqu'à prêter sa voix la plus intérieure pour faire parler ce « noyau inconnu, masse d'ombre qui (au fond de chacun) joue le moi et le dieu » ?.

> « Je ne suis que ton Dieu, dit cette voix que je ne reconnus pas. Car je connais ma voix intérieure, et celle-ci était intérieure, mais non du tout la mienne. Mais que veut dire.... Mienne ? Je ne suis que ton Dieu, dit cette voix, et il n'y a presque rien entre nous. Je te parle à ton oreille intime, dans l'épaisseur de ton arrière masque, à ta place ordinaire et inexpugnable. Qui veux-tu qui puisse s'être logé au centre de toutes choses, Toi, si n'est Celui que je suis ? Nous sommes ENTRE NOUS, et il n'y a point de niaiseries, de mystères ni de miracles entre nous. Toute cette littérature, ces histoires invraisemblables, ces preuves de mon existence ! ! Cette imagerie, ces logomachies, ces jaculations, ces illuminations, ces fabrications de larmes sans trop d'envie, tout ce matériel de paroles vides, de sensations bizarres. Moi, ton Dieu, je m'en fous. Je ne veux pas de leurs épithètes — de leur infini, de leur Parfait, de leur Pur Esprit... Car ils n'entendent pas ce qu'ils profèrent et si les mots leur manquent, je leur manque du coup. N'est-ce pas me nier que de me prendre pour des mots ? Je suis Celui qui suis — voilà la seule formule qui ne dit absolument rien et qui dit absolument tout. Et tu peux t'en servir aussi et la prendre pour ton usage, et c'est pourquoi il n'y a presque rien entre nous ». (Cahier 28, p. 3).

Peut-on imaginer plus étrange, paradoxale et décevante révélation que celle-ci ? Le dieu caché, objet de la longue attente mystique, sommet vers lequel se tend tout l'effort de la connaissance ontologique, cet « être sans visage, sans origine, auquel incombe et se rapporte toute la tentative du cosmos », cet X « abstrait de tout, impliqué dans tout, impliquant tout », antérieur à la distinction de l'être et du néant et qui fonde l'être aussi bien que le non-être, ce Ce vers quoi s'élèvent toutes nos « questions de base », celles qui interrogent sur la substance de notre être et sur l'être du monde, ce transcendant Inconnu vers lequel Valéry adressait un jour cette inquiète prière : « S'il y avait un Dieu, je ne vivrais que pour lui. Quelle curiosité, quelle passion m'inspirerait un si grand être. Quelle science autre que la sienne ? », voilà donc que l'Etre de tout être se révèle et fait entendre sa parole. Certes, cette révélation n'est qu'artifice littéraire et invention poétique. Mais la seule chose qui importe, n'est-elle pas la façon dont l'imagination valéryenne fabrique cette pseudo-révélation ? Celle-ci constitue donc bien une sorte de sommet, sinon dans l'expérience mystique même de Valéry, du moins dans son expression. Or, voilà que la seule révélation qu'il imagine n'a d'autre sens qu'une mise en congé, une rupture de toute relation possible, une quasi-définitive séparation. Comme impuissant, le dieu ne peut rien pour sa créature. « Je ne suis que ton Dieu », et rien de plus, pourrait-on ajouter, « et c'est pourquoi il n'y a presque rien entre nous ». Peut-on concevoir plus décevante affirmation ? Le dieu ne fait que révéler son impuissance, ou peut-être l'impossibilité ontologique d'établir quelque relation positive avec sa créature. Un instant surgie, ou seulement imaginée, la parole ne se fait entendre que pour désigner le silence comme seul type de la relation possible. Car, en vérité, ce qui est révélé, ce n'est pas une rupture, ou l'absence de toute relation entre le dieu et la créature, mais bien que cette relation est silence, et que ce silence est la seule et véritable relation, puisqu'il n'est pas possible de séparer ce qui est intimement uni. Le dieu n'est-il pas l'intimité du moi le plus intime ? « Logé au centre de toutes choses », « dans l'épaisseur de (l')arrière masque, à la place ordinaire et inexpugnable », c'est la voix la plus intérieure de l'individu qu'il emprunte, ou plutôt une voix toute semblable à la voix intérieure, et cependant distinguable et différente. Noyau inconnu, situé au cœur même du Moi le plus essentiel et le plus dépouillé, le dieu ne se confond pourtant pas avec le Moi, aussi « égale et consusbtantielle » que puissent être ces deux « existences nécessaires ». Eternellement liées et vouées l'une à l'autre, ces deux entités ne peuvent être séparées. Et pourtant c'est dans cette intimité enfin conquise, lorsque le dieu et le Moi se trouvent bien « Entre Nous », grâce au commun mépris des fausses relations imaginées par la bêtise des hommes, et grâce au rejet de leurs superstitions, « cette imagerie, ces logomachies, ces jaculations, ces illuminations », qu'apparaît alors la vérité ; et que ce soit le dieu qui la révèle, ou Valéry qui l'imagine, n'y change rien : « il n'y a presque rien entre nous ». Le dieu retournera au silence d'où il n'aurait jamais dû sortir. En est-il d'ailleurs jamais sorti ! Car le silence est la seule relation authentique qui nous lie, au cœur de nous-même, à ce qu'il y a de plus intime en

nous. Ou plutôt, la source de notre être est elle-même silence, le
silence insondable de l'Etre.

> O mon silence ! .... Edifice dans l'âme, ...
> Un silence est la source étrange des poèmes....
> Un silence est source de toutes nos paroles....
> .... le suprême lien
> De mon silence avec ce monde....

Notons encore que ce silence n'est point du tout synonyme
d'absence. Source de l'être et de tout ce qui est au monde, il est
Cette présence absente, ou présence en creux et silencieuse, qui
est origine de tout le surgissement de l'univers. C'est le silence du
dieu qui est, et non le silence du néant. Car si aucune parole et
aucun épithète ne peut le réduire en son absolue ineffabilité, il
est pourtant le silence de qui peut dire ou dont on peut dire « Je
suis Celui qui suis », « la seule formule qui ne dit absolument rien
et qui dit absolument tout ». Comme s'il saisissait l'importance
secrète de cette « formule », Valéry la reprend dans ce même 28e
Cahier, quelques pages plus loin, dans une note introduite sous le
titre « Traité du vrai Dieu ». C'est encore le dieu qui parle :

> « Je suis celui qui suis », voilà une bonne parole. Elle dit tout,
> ne disant rien. Je suis ce qui vient de ta substance même, et qui est
> en tout et refuse tout successivement. Quoi de plus extraordinaire
> et quoi de plus « divin » ? — Ce Tout est une partie de lui-même....
>
> Considère aussi cette chose que je te dis : que cette capacité
> « infinie » de connaissance et de refus (qui est condition de la dite
> connaissance) contient et retrouve toujours, après un temps jamais
> bien long, Ce sans quoi il n'y aurait que vertige et l'horrible impuis-
> sance de l'homme qui s'épuise sur la glace sans avancer ». (Cahier 28,
> p. 128).

Ainsi Celui qui révélait qu'il n'y a presque rien entre lui et
nous, est aussi Celui qui nous sauve du désespoir de l'absence et
de l'horreur d'un monde vidé de toute présence transcendante. Il
est « Ce sans quoi il n'y aurait que vertige et l'horrible impuissance
de l'homme qui s'épuise sur la glace sans avancer ». Car Valéry
n'est pas de ceux pour lesquels le vide d'une existence abandonnée à elle-même, et la vanité d'un monde dépouillé de toute transcendance, d'un monde qui ne serait qu'un jeu absurde tissé sans
raison sur le néant, soient pensée supportable sans désespoir irrémédiable. Plus même, cette pensée d'un monde qui serait produit
brut du hasard et de la nécessité, et que n'habiterait aucun sens
qui le dépasse et le transcende, est une pensée proprement impensable, que strictement personne ne pense, n'a jamais pensé et
ne pensera véritablement. Celui qui croit la penser n'est qu'un
menteur qui trompe les autres et se trompe lui-même, ou un sal-
timbanque de la pensée superficielle, incapable de s'authentifier.
« θ. Je ne crois ni à la foi totale ni au scepticisme essentiel chez
ceux qui écrivent », nous dit Valéry. (Cahier 16, p. 73). Car un monde dépourvu de toute réalité surnaturelle qui le raccroche de quel-

que manière à une éternité placerait l'homme dans « l'horrible impuissance de (celui) qui s'épuise sur la glace sans avancer ». Et
le vertige que donne une telle pensée est insoutenable, au moins
pour un poète, car la poésie n'est possible que parce que les choses
sont toujours beaucoup plus que ce qu'elles sont ou qu'elles paraissent : si une fleur est belle dans le jeu chatoyant de ses couleurs et
de ses parfums, n'est-ce pas parce qu'un surplus de réalité transcendante l'habite et la lie à quelque éternité ? « Dieu n'est pas invraisemblable, à cette heure-ci. Le souvenir d'une création n'est pas très
loin », s'exclamait Valéry, un matin, sensible qu'il était à tout le
mystère transcendant de l'éveil du monde au petit jour.

L'homme n'est donc pas livré à la déréliction d'une absence
de sens et de transcendance. Il est intimement lié au creux d'une
trancendance logée au plus intime de lui-même et qui lui « vient
de (sa) substance même », le projetant merveilleusement dans le
mystère « divin » de « ce Tout (qui) est une partie de lui-même ».
« Qui veux-tu qui puisse s'être logé au centre de toutes choses,
TOI, si ce n'est Celui que je suis ? » Et si le silence semble s'être
installé au plus profond de cette transcendance, ce n'est pas un
silence vide, mais le silence plein d'où peut surgir la parole créatrice. Car le silence du divin n'est pas l'absence du divin. Le divin
est, mais dans une présence-absence qui dépasse les catégories
contradictoires de l'être et du non-être. Simultanément et non
contradictoirement, tout à la fois le divin est et le divin n'est pas.
Il est présent à la quête ardente qui le cherche, et il est absent à
l'effort de saisissement et de définition. Absent et présent, tel est
son mode d'être qui suffit pour que le moi de Valéry ne soit pas
réellement un moi solitaire, puisque le moi est conjugé avec l'Etre,
mais un Etre «sans visage » qui ne se prête à aucune définition.

Or, on ne peut manquer d'être frappé par le fait que Valéry ait
relié sa théophanie du silence érigé en source de l'être au Nom
divin par excellence, celui qui est dans la Bible le Nom suprême,
le Nom ineffable, imprononçable si ce n'est une fois l'an dans la
sainteté du Temple, par le Grand Prêtre, lors de la cérémonie du
Grand Pardon. Ce Nom de quatre lettres est en effet la source de
tous les autres noms divins qui à travers les multiples attributs
de l'action divine déploient l'émanation du dévoilement divin à l'ensemble des lettres de la Torah, elle-même organe de la création du
monde. Aussi est-ce avec la crainte et l'émerveillement de la plus
grande piété que la sagesse juive tout entière se rattache, comme
l'arbre à sa racine, à l'effort de sanctification nécessaire à la connaissance de la science des Noms divins. Cette science n'est d'ailleurs aucunement une théologie, la multiplicité des Noms divins
dans le vocabulaire hébraïque traditionnel montrant bien qu'aucun
de ces vocables, si entourés de crainte et de sainteté soient-ils, ne
désignent en rien l'essence divine, elle-même inconnaissable, mais
seulement les dévoilements de l'Infini insondable à travers la va-

riété de Ses actions dans le monde de la création. Ainsi, pour la sagesse biblique hébraïque, le nom de quatre lettres, fondement du verbe être hébraïque, et traduit « Je suis celui qui suis », n'est pas une simple « formule » comme pour Valéry, mais bien la source vivante du dévoilement divin dans la création. Aussi peut-on mesurer la distance qui sépare notre penseur du monde biblique authentique auquel il ne croit emprunter qu'une simple formule. Alors que, parvenu au sommet de sa mystique négative et bien que celle-ci ne soit pas mystique de négation, notre penseur ne découvre, comme origine de tout, que le silence, le monde hébraïque découvre à l'origine du monde une parole, la Parole divine, parole créatrice, révélée par la Torah tout entière.

Empressons-nous cependant d'ajouter que dans la découverte de ce silence, qui n'est pas le silence du vide et d'une absence, mais le silence d'une présence muette qui serait à l'origine de l'Etre, Valéry nous semble être parvenu au sommet de ce que l'homme de la civilisation post-chrétienne peut atteindre par les seules forces de son intelligence et de sa sensibilité conjugées. Ayant reconnu que les Evangiles n'étaient que fausses paroles, paroles trop humaines, et s'étant dépouillé de toute idolâtrie, il ne pouvait que rencontrer le silence comme signe de la transcendance qui habite le monde.

Car l'authentique Parole divine s'est tue pour l'ensemble du monde chrétien depuis le moment où des hommes ont cru que la Parole s'était faite chair. Alors que pour le monde juif, l'unique médiation est celle de la parole prophétique à ses divers niveaux, ainsi que la fidélité à cette parole, pour le monde chrétien, le mythe de l'Incarnation ne pouvait avoir d'autre conséquence que l'étouffement de l'enseignement de la Parole divine, ainsi que la multiplication du bavardage des théologiens substituant le langage de l'homme au langage prophétique. Cet édifice théologique écroulé, les plus sages d'entre les penseurs du monde post-chrétien ne pouvaient que découvrir ce que le bavardage chrétien avait jusque là masqué, à savoir le silence auquel on avait réduit le Dieu, après qu'on eût rejeté sa Parole.

Pourtant, comme s'il pressentait qu'une parole est malgré tout à l'origine du monde, guidé par son intuition de poète, Valéry découvrait un refuge salvateur dans le « Paradis du langage » qu'était devenu pour lui le langage poétique. La poésie et son charme pur seraient ainsi le substitut du langage qu'il ne pouvait comprendre, et peut-être le relai de la Parole qu'il ne pouvait entendre.

Mais alors que la Parole divine assume par son pouvoir créateur la totalité du monde et de son histoire, le langage poétique, distillé et épuré par Valéry hors du langage commun, ne pouvait constituer tout au plus qu'une sorte de paradis artificiel, un refuge bien séparé du monde et de ses réalités humaines. La poétique valéryenne rejoint ainsi sa mystique, celle d'un « ange » qui ne s'élève vers son dieu que pour se laisser éblouir par sa propre « substance spirituelle merveilleusement pure » (l'Ange), mais est incapable de se reconnaître dans l'homme qui est attaché à lui, et de redescendre vers la création.

> « θ. Le Mystique s'élève à Dieu. Il le pressent, le sent, le trouve d'une certitude absolue, et puise dans tel état une énergie extraordinaire. Mais de cette contemplation, union et illumination, il me semble impossible que l'on puisse redescendre à la « création », à l'observation de ce qui est observable, de manière que ce monde soit « justifié » avec ses laideurs et horreurs irrécusables et nécessaires comme production conforme d'une action « divine ».
>
> D'où ce « sujet » curieux d'un conte, un ange qui existe et se meut dans la vision et adoration de Dieu subit le don inverse de celui du mystique, et la révélation du monde que nous connaissons. (Après tout, ceci ressemble à l'Incarnation). Il en reçoit un choc ». (Cahier 29, p. 868).

De ce choc éprouvé par l'ange Valéry au contact de la réalité humaine, découlent sans doute toute la psychologie, toute la philosophie et toute la poésie de celui qui « pendant une éternité, (...) ne cessa de connaître et de ne pas comprendre ». (L'Ange).

CHAPITRE VIII

" LE PARADIS DU LANGAGE "

Il est impossible de comprendre l'essence de la poésie valéryenne ainsi que l'idée que notre poète s'en est faite, sans voir que cette poésie plonge ses racines dans la mystique singulière qui l'anime. C'est bien en effet à une poésie « mystique » que nous avons affaire, si l'on veut bien donner au mot « mystique » la résonnance particulière qu'il a dans cette « recherche du dieu », ou plutôt cette recherche du divin sans dieu à laquelle notre poète, « toujours intérieurement en travail », s'est adonné toute sa vie. Car Valéry ne fut pas poète à la façon des autres poètes, et le mince recueil de ses poésies ne s'inscrit que comme un exercice et un moment, certes privilégiés, mais seulement transitionnels, dans cette longue quête ontologique de l'absolu qui toujours l'aiguillonna, depuis ce temps de jeunesse où, subissant « la séduction d'Aristie », il écrivait le recueil inédit du « Chorus mysticus », jusqu'au «Faust» de sa vieillese, avec sa mystique des sensations et des « moments d'éternité ». Cette exigeante recherche du dieu traverse, certes, crises et revirements, et il y a loin de « l'Idole de l'Intellect de laquelle Monsieur Teste fut le grand-prêtre » aux différents dialogues de la maturité traitant du « goût de l'éternel » (Eupalinos), du « désir d'infini » (L'âme et la dansc), du sentiment du divin (Le dialogue de l'arbre), sans oublier « la conception liturgique » du théâtre avec Amphion.

Pourtant si Valéry a cru devoir donner diverses suites à son Teste, jusqu'à qualifier son héros de « mystique sans dieu », c'est bien que cette « mystique », aux expressions diverses, est sans doute le fond commun ou le feu intérieur qui a dynamisé toutes ses recherches. Source secrète de sa soif de beauté, comme de son démon de lucidité, ou de sa volonté de connaissance, ce feu mystique est aussi à l'origine de sa poétique, particulièrement des poèmes de « Charmes », où « la vertu enchanteresse du langage » (Pléiade I, p. 649) a pour mission de « représenter le mystère de toute chose par le mystère du langage ». (id. p. 650).

C'est sans doute pour avoir méconnu « la teneur en mysticisme lyrique » de sa poésie, ainsi d'ailleurs que pour avoir ignoré cette « recherche du dieu » qui sous-tend sous ses diverses formes la quête valéryenne d'un absolu, qu'on a pu qualifier Valéry de « poète malgré lui » (abbé Brémond), ou même l'accuser de « péché capital contre la poésie » (Marcel Brémond), ou plus encore du « péché suprême : la connaissance sans amour » (J. de Bourbon Busset). Ces divers jugements proviennent d'une même méconnaissance de la source mystique qui alimente aussi bien l'« intellectualisme » de Valéry que sa poésie, méconnaissance qui entraîne à croire à une fâcheuse dichotomie entre sa philosophie et sa poésie. Mais en méconnaissant le dynamisme intérieur qui anime et unifie les diverses activités à travers lesquelles il cherche toujours « une magie plus neuve, un secret d'être et de créer qui (le) surprenne » (Correspondance avec Gide, p. 126), c'est aussi bien son intellectualisme que sa poésie qu'on se condamne à ne pas comprendre dans leur originalité. Car l'un et l'autre, expressions parallèles et concordantes de son ardente quête d'absolu, sortent des limites qui leur sont habituellement assignées. Valéry n'aimait guère qu'on parle de lui ni comme d'un intellectualiste, ni comme d'un poète. En unifiant étroitement intellectualisme, mysticisme et poésie, il faisait éclater le sens commun de ces catégories et renversait les barrières qui les séparent. Sa poésie, en particulier, avec l'idéal de « poésie pure » auquel elle tend comme à une source transcendante inaccessible, n'est pas une poésie habituelle. Enracinée dans sa mystique d'ange brûlant d'absolu, et bénéficiant de la purification de l'esprit qu'ont entraînée son étude incessante des manœuvres et des exercices de l'esprit, sa poétique est sans doute incomparable par sa liaison à une aventure intellectuelle peu commune. Mystique, sa poésie l'est en effet délibérément et lucidement, unifiant en elle le double héritage de Poe et de Mallarmé. De Poe, Valéry a retenu une passion de volonté lucide toute tendue dans la réalisation d'une perfection sublimante qui est tout à la fois celle de l'esprit en acte et celle d'une beauté suprême. De Mallarmé, il a fait sienne la tension mystique, en la cultivant pour elle-même.

> « J'ai senti (Mallarmé aussi l'enseignant me semblait-il, par l'exemple) la valeur de « mysticité » de la poésie, laquelle, bien cultivée, apprend à opposer l'ensemble ou groupe entier du langage à toute pensée, devenue alors chose locale (= du moment). (Cahier 25, p. 625).

Cette « valeur de mysticité de la poésie », liée au « groupe entier du langage » qu'elle transcende en l'opposant à la formulation fragmentaire de telle ou telle pensée locale, est d'ailleurs bien difficile à définir. Poésie et mysticité s'y échangent et s'y dialectisent de façon complexe, brisant l'étroite conceptualisation des mots ordinaires et sublimant l'essence même du langage en un univers tout entier musicalisé. « Il y a un monde ou univers poétique, et un monde ou univers mystique, qui ont entre eux d'étroits rapports. Mais on ne sait pas les exprimer », (Cahier 13, p. 662). Quoi qu'il en soit, en cultivant cette mysticité pour elle-même à travers la poésie, Valéry fait éclater les limites habituelles de la poésie. La poésie n'est plus tant voulue pour elle-même que pour une fin transcendante qui l'habite et la dépasse. Sa valeur de fin lui est ôtée, et elle n'est plus que le moyen privilégié d'une fin mystique qui pourtant ne peut se passer d'elle.

> « Je diffère de plusieurs (et très exactement de Mallarmé) par ce point qu'ils donnent aux Lettres une valeur « absolue », c'est-à-dire valeur d'un but final, tandis que je ne leur accorde qu'une valeur de développement de pouvoirs d'expression ou de pouvoir de construction. Mais ce sont des valeurs moyen. Ma fin n'est pas littéraire. Elle n'est pas d'agir sur d'autres tant que sur moi. Moi, en tant qu'il peut se traiter comme une œuvre.... de l'esprit ». (Cahier 18, p. 703).

On sait combien pour Valéry, la maturation d'un poème est solidaire et dépendante d'une maturation de l'être même de l'auteur, d'une modification et d'une édification de son moi le plus profond, chaque élaboration de poème prenant « l'importance secrète d'une entreprise de réforme de soi-même ». « J'ai toujours fait mes vers en me regardant les faire, en quoi je n'ai jamais été proprement poète ». (Cahier 4, p. 901). « Pourquoi on écrit ? Pour se fabriquer ? s'approfondir ? transformer son territoire en carte topographique ? Pour être autre, être plus... » (Cahier, 4, p. 7,4). Et Valéry d'avouer, après avoir écrit la Jeune Parque : « Mon but n'a jamais été d'être un poète ». (Cahier 6, p. 568). Presque vingt ans plus tard, alors qu'il est déjà l'auteur d'une œuvre importante, il nuance quelque peu l'expression de son « vieux dégoût de la littérature » (Cahier 18, p. 353) : « Mon principe littéraire est anti-littéraire. Il est d'ailleurs instinctif. Je n'ai goût à écrire que ce qui m'apprend quelque chose à moi-même » ... (Cahiers 18, p. 821).

De cette relation toute de réserves sinon de méfiance et de mépris pour la littérature, il ne résulte pourtant aucunement que notre académicien n'eût été poète que « malgré lui » et comme par un sursaut de sa nature profonde, alors que le penseur aurait habituellement étouffé le poète. C'est au contraire parce que Valéry était un pur poète et attachait à la poésie une vertu de mysticité idéale et sans compromis, qu'il ne pouvait souffrir la simulation, le charlatanisme, le truquage, la facilité, la flatterie, la fausse sincérité, qui font si souvent de la chose écrite un produit impur, exploitation grossière de la bêtise ou de la naïveté du public. Le poète n'était point en lui victime du penseur, mais il était doué d'une lucidité intellectuelle iconoclaste tendant à dépouiller la littérature de toutes ses impuretés et à rendre le poète si conscient de la sainteté du langage,

> Honneur des Hommes, Saint Langage,
> Discours prophétique et paré...

qu'il fût « le dernier des hommes à se payer de mots ». (Pléaide I, p. 714).

Loin donc qu'il y ait dichotomie entre sa pensée et sa poésie, c'est dans leur convergence qu'il faut les comprendre, mais dans une convergence conquise de haute lutte, après un effort héroïque pour résoudre les tensions antinomiques d'une personnalité où les exigences de l'intellect et celles de la sensibilité étaient d'abord apparues comme contradictoires. Pourtant cette convergence n'eût pas été réalisée, si une commune volonté de trouver le dieu ou l'absolu n'eût pas animé Valéry, aussi bien du côté de Teste que celui d'Orphée. C'est donc dans son singulier mysticisme, dans ce dieu secret qu'il cache, qu'il faut rechercher son unité, en reconnaissant que les recherches sur les manœuvres de l'esprit, aussi bien que les efforts pour s'approcher de la limite idéale d'une poésie pure, ne sont que les divers aspects solidaires d'une même mystique d'absolu. C'est en tout cas dans cet idéal d'unification de toutes les fonctions de l'esprit que Valéry lui-même voyait son originalité, toute vouée à l'idée d'une pureté suprême, quand l'impureté serait peut-être au contraire la conséquence inévitable d'une dichotomie ou d'un manque de concours entre les diverses fonctions de l'esprit.

> « Ego. Idée de jadis — qui dominait en moi. Pas de cloison entre poésie et activité totale de l'esprit. Et même, pour que l'œuvre soit « pure », tout doit s'employer. L'idée même de pureté et celle des moyens à employer pour obtenir cette qualité s'élaborent dans le concours de toutes les fonctions et ressources de l'être ». (Cahier 24, p. 531).

> « Intellect et Poésie.

> Ce ne sont que des moments différents comme de voir où l'on va et d'y aller, de répéter une pièce et de la jouer. L'un essaie d'établir des accords ; l'autre les exécute. Toute la question est de les exécuter sans exhiber les essais. Il peuvent être mal conçus, comme il arrive quand le langage ou la matière du poème sont mal choisis pour l'accord. Ainsi le didactisme. Cet accord est celui du langage en tant qu'il se fait redire et du langage en tant qu'il s'abolit en se transformant en idée : son « infini » et son « fini », son onde et son corpuscule. La poésie exige conservation de la forme dans la consommation ». (Cahier 23, p. 505).

Cet idéal de « pureté » dans la création et la conservation de « l'état chantant », pureté inaccessible sans le concours de toutes les « ressources de l'être », ne peut manquer de faire de la poésie valéryenne une poésie à part, aussi distinguée de toute poésie commune qu'une essence de parfum l'est d'une eau parfumée.

> « Ma poésie » ne répond pas à l'idée ordinaire que l'on se fait de la poésie, parce qu'elle répond à une volonté fort singulière, à des conditions, tout autres que les désirs naturels et traditionnels des poètes... Ne pas séparer moi-poète, d'autres moi qui sont aussi moi. Ma poésie est une production très influencée par des présences

cachées, d'invisibles préceptes, des champs de forces, positives ou négatives, non déclarées ». (Cahier 15, p. 754).

Ainsi, non seulement le « moi-poète » n'est pas séparable en Valéry des « autres moi », mais il n'est pas séparable non plus de son effort d'élucidation phénoménologique et ontologique de la situation de l'homme, ni de sa volonté de dégager le Moi pur et universel hors des mesquines particularités du moi, psychologique.

> « J'ai voulu me faire de la poésie, et des choses semblables (métaphysique, etc.) une idée qui rapportât ces choses et valeurs à des fonctionnements et états d'un système vivant et pensant, comme je me sens en être un, et me le figure d'après mon expérience propre et directe, abstraction faite de toute la traditionnelle terminologie. Mes sensations et mes pouvoirs seuls en jeu, autant que possible ! Il est vrai que le langage donné et ce que je sais s'interposent. Nul ne peut être parfaitement pur, et réduit à ses vrais besoins et moyens particuliers. On ne peut pas isoler Soi comme on isole un corps ». (Cahier 23, p. 228).

Il y a donc une relation étroite entre l'idée-limite du Moi pur découvert dans le fonctionnement d'un « système vivant et pensant » réduit à ses besoins et à ses pouvoirs les plus authentiques et les plus essentiels, et d'autre par l'idée-limite de la poésie pure. Mais il y a plus. A l'opposé de ceux qui ont cru voir en Valéry un « poète malgré lui », il apparaît que toutes les recherches sur le fonctionnement de la pensée et sur le dégagement du Moi pur constituent une sorte d'idéal dérivé de son idéal poétique. Conformément d'ailleurs à la chronologie valéryenne, c'est l'exigence de la pureté poétique qui le conduisit à l'étude de la mécanique mentale, et c'est celle-ci qui le ramena à la poésie.

> « Ego. Un idéal me fut : parvenir à poésie par analyse de plus en plus fine. Un autre, plus ou moins dérivé de celui-ci : isoler et formuler les conditions fonctionnelles de la « pensée ». Ces conditions ne sont pas les fameuses conditions de la « connaissance ». Elles les dominent, comme la physique domine les machines ou leurs produits ou effet.... ». (Cahier 26, p. 24).

L'aventure poético-intellectuelle de Valéry ne suivit pourtant pas une courbe aussi harmonieusement assurée de sa fin que la perfection des poèmes de Charmes pourrait le faire croire. L'idéal analytique, bien que « dérivé » de l'idéal poétique, faillit bien le supplanter et l'étouffer à tout jamais, et il s'en fallut de peu que Teste ne mît fin à la carrière d'Orphée. Heureusement Valéry s'était trop identifié à Orphée dans sa jeunesse (« Je me suis souvenu de l'Orphée que j'avais moi-même chanté jadis, et voulant l'être », écrit-il à Jeannie en 1901), pour que le « monstre intellectuel » ne finisse pas par céder à la puissance divine du charme poétique. « Le Philosophe s'était mis en campagne pour absorber l'artiste..., mais c'est le contraire qui se produit et qui se découvre ». (Pléiade I, p. 1246).

« La volonté de ne pas se laisser manœuvrer par des mots », si essentielle chez notre poète-penseur, et qui « n'est pas sans quelque rapport avec ce qu'il a nommé ou cru nommer : Poésie pure », le sauva des illusions de la pensée conceptuelle si facilement victime de ses propres créations verbales, et l'entraîna à une condamnation cinglante de la philosophie, exigeant d'elle une totale mutation. Ce sont donc bien ses exigences de poète, mais de poète conscient des forces de l'esprit mises en jeu par la création poétique aussi bien que par toute aventure intellectuelle, qui le rendent capable d'envisager une régénération de la philosophie. Le développement de celle-ci apparaît alors comparable à celui par lequel l'art de la statuaire s'est peu à peu dégagé de la statuaire magique antique. Le sculpteur primitif accordait en effet une vérité et une puissance à l'idole qu'il avait créée de ses mains. Puis l'idole perdit ses pouvoirs imaginaires et la statuaire devint un art indépendant. De la même manière, la philosophie s'est laissée hypnotiser par les entités abstraites qu'elle avait créée. Mais « toutes ces abstractions de la philosophie traditionnelle... paraissent des œuvres de Primitifs ». (Pléiade I, p. 1248). Le Philosophe doit se rendre compte qu'il n'était qu'un créateur qui s'était ignoré. Seule une interprétation esthétique peut sauver la philosophie qui doit se reconnaître tout entière dépendante de la création artistique. Cette libération du philosophe de l'illusion naïve et prétentieuse d'exprimer la vérité, alors qu'il n'est même pas conscient des impuretés aliénantes du du langage qu'il utilise, le restituerait à sa véritable identité de poète abstrait, de poète pur, d'artiste créateur de formes. Car il n'est, pour Valéry, de penseur authentique que l'artiste pur assez lucide pour méditer le fonctionnement de son esprit dans son activité créatrice. Et c'est bien dans son activité de poète que lui-même aura puisé les thèmes et l'impulsion de ses réflexions de penseur. Loin que le penseur ait étouffé le poète, c'est bien le poète qui s'est imposé dans le domaine même de la pensée.

Il est essentiel de remarquer que cette mutation du philosophe en artiste n'est pas pour Valéry la conséquence d'un scepticisme ou d'un doute sur la possibilité pour l'homme d'attendre une vérité. Loin d'être une démission ou un repliement, elle est au contraire une promotion, un progrès vers la saisie du réel. Ce sont ses réflexions approfondies sur les mécanismes de la connaissance, sur les activités de l'esprit et sur les démarches internes qui conditionnent toute pensée, qui l'ont conduit à attribuer à la créativité artistique une puissance de pénération ontologique dont la connaissance du type conceptuel et philosophique est incapable. Alors que la philosophie traditionnelle est nécessairement prisonnière du langage et ne peut résister à la tentation de « croire que les mots ont un sens, et ce sens isolable, ayant une valeur certaine ». (Cahier 14, p. 706, l'artiste est quant à lui capable de se libérer des pièges du langage. Pour cela, il lui faut d'abord reconnaître le langage pour ce qu'il est, c'est-à-dire un fonctionnement transitif, dirigé vers l'acte à déterminer et dont le sens est au niveau du non-langage. S'étant ainsi libéré des illusions fiduciaires et mythiques du langage, le poète peut alors rechercher le pouvoir réel et la vraie valeur du langage qui sont cachés en lui comme le minerai dans sa gangue ou comme l'amende dans sa coque. Aussi, pendant que le philosophe s'enlisait en de faux-problèmes suscités non par ses propres besoins, mais par les particularités accidentelles du langage, le poète est quant à lui capable d'extraire du langage commun un langage nouveau, plus pur, qui sera, plus que le traducteur, le support même de sa quête et de son expérience ontologique.

C'est peut-être dans ses réflexions sur le langage, dans ses tentatives pour réformer le langage ou se faire un langage propre, qu'il est possible de découvrir le plus clairement l'unité de Valéry, en tant que penseur, mystique et poète. Car ses tentatives pour débarrasser le langage ordinaire de ses impuretés et pour définir un langage plus rigoureux ne sont pas seulement au centre de son système de pensée, elles sont aussi au cœur de son ambition poétique et de sa volonté de définir et de construire la poésie comme « un langage dans le langage ». Une même aspiration ontologique de dégagement hors des illusions verbales de la connaissance, et de saisie de l'être du monde, matériel et spirituel, dans sa réalité nue, anime aussi bien la quête du penseur que l'idéal du poète.

C'est sans doute pour avoir méconnu en Valéry cette aspiration ontologique et mystique de saisie de l'être en son absoluité, que beaucoup de critiques n'ont pas su reconnaître l'unité du penseur et du poète. On n'a pas su voir que le réflexe de désengagement et de retrait est supporté, aussi bien chez le penseur que chez le poète, par un désir inverse, d'autant plus profond qu'il est plus secret, d'enracinement et de fusion dans la réalité absolue de l'être. Son scepticisme, pourrait-on dire, n'est que la face externe d'une volonté intime de connaissance absolue. Mais très tôt Valéry a découvert le drame profond qui déchire l'aventure intellectuelle de l'homme : la connaissance n'est pas homogène à l'être ; un fossé, qui semble infranchissable et qui s'accroît à proportion même des progrès du savoir et de la science, sépare tragiquement la connaissance de l'être. Ne faut-il pas renverser l'évidence du cogito cartésien ? « Je pense, donc je ne suis pas », (Cahier 9, p. 433), ou encore : « Tantôt je pense et tantôt je suis », (Cahier I, p. 916). Tel est le drame, le déchirement de l'homme qui pense. Plus il avance en connaissance, plus il s'entoure d'une coque d'artifices intellectuels qui l'éloignent toujours davantage d'une saisie de l'être même du monde et de soi-même.

> « La grande question sempiternelle de deviner si oui ou non il
> y a quelque chose sous la connaissance, si elle est la trace visible
> de choses plus stables et plus solides qu'elle ne paraît être. Si le
> passé existe plus que la mémoire et le présent plus que la sensation,

si quelque part toutes les particularités, les inflexions des êtres « réels » cadrent avec la régularité des conceptions, etc. Mais toutes réponses ne peuvent être fournies que par la connaissance même. Les réponses sont du même bois que les demandes ». (Cahier 2, p. 128).

« Si nous savions, nous ne parlerions pas, nous ne penserions pas, nous ne nous parlerions pas. La connaissance est comme étrangère à l'être même. Lui s'ignore, s'interroge, se fait répondre. Il l'évoque, la gourmande, l'abhore, la rappelle, s'y confond, s'en distingue ». (Cahier 4, p. 484, repris dans les Extraits du Log-book de Teste, Pléiade II, p. 45).

« Connaître voile quelque autre chose. Comme cet arbre couvre ce soleil, cette feuille, ce village. Et il faut voir l'un ou l'autre ». (Cahier 4, p. 706).

« Etrange illusion que de croire transpercer, posséder, deviner le « monde » et « l'homme », par une sorte de vision et de seconde vue illuminante-illuminée. Une phrase issue de je ne sais quel désir et tumulte semble enfermer tout le secret, comme un accord de musique et une mélodie semblent avoir déchiffré le profond du sensible. Mais le moindre problème précis suffit à montrer le néant de cet orgasme intellectuel ». (Cahier 4, p. 813).

C'est bien pourtant « cet orgasme intellectuel » de l'union de la connaissance et de l'être que Valéry a recherché toute sa vie, « une magie plus neuve, un secret d'être et de créer qui (le) surprenne ». (Lettre à Gide, sept. 1891). Souvenons-nous de Socrate nous avouant ses contemplations et ses extases.

« Je sais mieux encore, par mon expérience très certaine, que nos âmes peuvent se former dans le sein même du temps, des sanctuaires impénétrables à la durée, éternels intérieurement, passagers quant à la nature ; où elles sont enfin ce qu'elles connaissent ; où elles désirent ce qu'elles sont ; où elles se sentent créées par ce qu'elles aiment, et lui rendent lumière pour lumière.... ». (Pléiade II, p. 90).

Ecoutons encore Socrate, voyant dans le charme de la danseuse Athikté, l'incarnation du « rêve de vigilance... de la Raison elle-même » :

« Qui sait quelles Lois augustes rêvent ici qu'elles ont pris de clairs visages, et qu'elles s'accordent dans le dessein de manifester aux mortels comment le réel, l'irréel et l'intelligible se peuvent fondre et combiner selon la puissance des Muses ? ». (Pléiade II, p. 154).

C'est aussi Tityre, autant que Lucrèce, qui sont sensibles à « ce point, ce nœud profond de l'être, où l'unité réside et d'où rayonne en nous, éclairant l'univers d'une même pensée, tout le trésor secret de ses similitudes ». (Pléiade II, p. 181).

Et c'est encore « Faust » parvenu « sur ce haut plateau d'existence » où le saisit l'extase du simple fait de vivre, de respirer, de voir.

« Si la connaissance est ce qu'il faut produire par l'esprit pour que SOIT ce qui EST, te voici FAUST, connaissance pleine et pure, plénitude, accomplissement. Je suis celui que je suis. Je suis au comble de mon art... ce prodige qui est de voir quoi que ce soit ». (Pléiade II, p. 321, 322).

Dix ans avant Faust, Valéry avait déjà décrit une expérience mystique semblable, celle d'une extase conjointe à la révélation de la réalité pure, dans les pages intitulées « London-Bridge » :

« Parfois, moyennant un transport indéfinissable, la puissance de nos sens l'emporte sur ce que nous savons. Le savoir se dissipe comme un songe, et nous voici comme dans un pays tout inconnu au sein même du réel pur ». (Pléiade II, p. 514).

Il est d'ailleurs intéressant de noter que Valéry rattache cette expérience de volupté extatique à l'expérience poétique : « Je me trouvais coupable du crime de poésie sur le Pont de Londres ». N'est-ce pas en effet le but même de la poésie valéryenne, de re-créer par l'intermédiaire du charme du chant poétique le ravisse-ment qui définit l'état poétique ?

Mais il n'est pas possible de se maintenir toujours sur ces hauts plateaux d'existence où l'intelligence, la sensibilité et le réel s'unis-sent en expériences de lumière. Et celui qui connaît l'ivresse des sens ouverts sur le réel pur, cette « mystique des sensations, c'est-à-dire une vie extérieure d'intensité et de profondeur au moins égales à celles que nous prêtons... aux secrètes illuminations... des personnes concentrées en Dieu », mystique qu'il retrouve chez Goethe aussi bien que chez Corot, connaît aussi, le plus souvent, l'amertume du divorce entre les sens, la connaissance et le réel.

« Il y a des personnages qui sentent que leurs sens les séparent du réel, de l'être. Ce sens en eux infecte leurs autres sens.

Ce que je vois m'aveugle. Ce que j'entends m'assourdit. Ce en quoi je sais, cela me rend ignorant. J'ignore en tant et pour autant justement que je sais. Cette illumination devant moi est un bandeau et recouvre ou une nuit ou une lumière plus.... Plus quoi ? Ici le cercle se ferme, de cet étrange renversement : la connaissance comme un nuage sur l'être ; le monde brillant, comme taie et opacité.

Otez toute chose, que j'y voie ». (Cahier 5, p. 91. Le texte est de 1913 et a été repris dans Extraits du Log-book de M. Teste. (Pléiade II, p. 38).

Cette mésaventure de la connaissance qui ne peut connaître que dans la mesure même où elle se rend étrangère à la chose à connaître, n'est pas une infirmité latérale à l'acte de connaître et qui pourrait être surmontée par un progrès de la connaissance ; elle fait corps avec l'acte même de la connaissance.

« La connaissance masquée par son acte même. « L'inconnu » essentiel à la connaissance ». (Cahier 5, p. 369).

« Nous ne pouvons parler des choses ou les penser que par igno-rance, c'est-à-dire qu'en les rendant bien distinctes de nous, bien étrangères à nous. En prendre connaissance, c'est s'en séparer. Les voir nettement, c'est les prévoir, c'est ne pas y être. De là, cette grande opposition entre la connaissance et l'être, et si on y réfléchit on voit des effets extraordinaires. On voit par exemple la connaissance tendre à produire de l'extérieur de nouveaux êtres, comme fait le chimiste. On voit l'être tenter de bâtir une connaissance en soi-même, comme fait le musicien, le mystique ». (Cahier 6, p. 898).

De la relativité de la connaissance, Valéry donne un exemple tout simple :

> « La démonstration de la rotation de la Terre est un événemnnt capital de l'histoire. Si elle tourne, mes sens ignorent cette vitesse et ne la révèlent qu'indirectement. Je croyais savoir quelque chose. Si je puis ignorer un fait si gros, s'il faut tant de siècles et de détours pour la découvrir, quels soupçons sur tout ce dont je m'assure ! ». (Cahier 2, p. 833).

En fait, Valéry, très renseigné sur l'état des recherches scientifiques, sait que le progrès même de la science ne fait qu'aggraver cette relativité de notre connaissance et l'opposition de l'être et du connaître, par l'invention d'artifices conceptuels et de recettes techniques qui sont d'autant plus efficients qu'ils sont plus dépouillés de toute signification ontologique.

C'est ainsi le développement même de la science qui tend à dévaluer la notion de savoir. Car jamais une vérité scientifique ne peut se donner comme conformité à un pur donné, comme une image fidèle de la réalité en soi, ou comme la reproduction exacte de l'objet. La science n'est jamais une simple description de l'univers. Dans tous les domaines, la vérité scientifique nous apparaît toujours comme une vérité construite. Il s'agit non de décrire l'univers, mais de le reconstruire de façon intelligible, conformément aux exigences de l'esprit. Comme le dit Einstein : « La science est une création de l'esprit humain au moyen d'idées et de concepts librement inventés ». Il s'agit toujours de substituer au donné sensible des concepts, c'est-à-dire de l'intelligible. L'univers du physicien est un tissu de relations mathématiques d'où sont bannis tous les termes pouvant évoquer une expérience concrète. Plutôt qu'une vibration, Bachelard préfère appeler la lumière un cosinus. Et Poincaré, que Valéry admirait tant, déclarait avec humour en 1909 : « L'une des découvertes les plus étonnantes que les physiciens aient annoncées dans les dernières années, c'est que la matière n'existe pas ». Car pour ce mathématicien, les théories scientifiques n'ont pas de valeur ontologique, elle n'ont qu'une valeur logique et symbolique. Louis de Broglie devait écrire plus tard : « Si j'étais un humoriste, je dirais qu'ayant passé notre vie à étudier les atomes, nous ne savons plus du tout ce que c'est ».

C'est cette crise du savoir s'enfermant dans une relativité conceptuelle privée de toute ouverture sur le réel en soi, que reflète le Socrate des dialogues valéryens. Celui qui s'était voué à l'exercice du pur intellect n'a pas trouvé sur cette voie le secret d'être dont le besoin avait animé sa recherche. « J'ai usé d'une vérité et d'une sincérité bien plus menteuses que les mythes, et que les paroles inspirées. J'enseignais ce que j'inventais », déclare-t-il dans Eupalinos, constatant l'échec d'une tentative d'accès à l'être par l'usage du seul intellect. Car au-delà de la crise particulière à Valéry, parvenu après plus de vingt ans de recherches à surmonter l'illusion funeste de l'idolâtrie de l'intellect telle qu'il l'a incarnée dans les « dadas chimériques » de Teste, c'est bien toute la crise moderne du savoir que notre poète-penseur évoque dans ses dialogues socratiques. Celui qui regrettait qu'il n'y eût point dans notre littérature de « poète de la connaissance » était captivé par cette aventure et ce drame de la connaissance qui, au sommet de son développement, se retrouve étrangère à l'être et dépouillée de réalité. « Pour quoi sont les mortels ? — Leur affaire est de connaître. Connaître ?. Et qu'est-ce que connaître ? — C'est assurément n'être point ce que l'on est », proclame Eryximaque dans l'Ame et la danse, découvrant avec Socrate « l'ennui de vivre » et « la lucidité meurtrière » qui sont les présents de la science à l'humanité. Et dans le Dialogue de l'arbre, Tityre découvre l'inadéquation de la vérité et de la réalité, et ce qu'on pourrait appeler l'au-delà de la vérité.

> « Oui, ne penses-tu pas, ô Sage que tu es, que notre connaissance de quelque chose que ce soit est imparfaite si elle se réduit à la notion exacte de cette chose, si elle se borne à la vérité, et étant parvenue à changer la vue naïve en idée nette et en pur résultat d'examens, d'expériences, et de toutes les observances de forme qui illuminent l'erreur ou l'illusion, elle s'en tient à cette perfection ?
>
> Lucrèce — Que te faut-il de plus que ce qui est ? Et le vrai n'est-il pas la frontière naturelle de l'intelligence ?
>
> Tityre — Je crois bien, quant à moi, que la réalité, toujours infiniment plus riche que le vrai, comprend sur tout sujet et en toute matière, la quantité de méprises, de mythes, de contes et de croyances puérils que produit nécessairement l'esprit des hommes ».

Admirable résumé poétique des problèmes éternels de la pensée humaine dans son effort pour connaître le monde ! Le criticisme kantien a détruit depuis longtemps la belle assurance platonicienne d'un monde des Idées confondu avec le monde des réalités véritables, aussi bien que la confiance cartésienne en une raison bénéficiant de la garantie divine. Depuis, le développement de la science n'a fait qu'accroître le fossé qui sépare la pensée du monde réel. Le réel semble comme interdit à la pensée. « Il est certain (et il est étrange en effet) que le vrai ne puisse nous être connu que par l'emploi de beaucoup d'artifices. Rien de moins naturel ! », constate Lucrèce. La science a accru considérablement nos pouvoirs d'action sur le monde, mais en diminuant d'autant notre aptitude à le comprendre. Les innombrables notes que Valéry consacre à la science dans ses Cahiers, réflexions dont on retrouve l'écho dans son œuvre, montrent l'immense intérêt qu'il portait à l'aventure de la connaissance scientifique, mais aussi l'extrême lucidité avec laquelle il jugeait de ses limites et de ses dangers.

« Il est curieux que pour suivre exactement la nature, l'artificiel soit indispensable. Et qu'il faille suivre le raisonnement jusque dans le paradoxe pour triompher de la raison, devant la raison même ». (Cahier 5, p. 290).

« En vérité, les développements inouïs de la physique ne nous apprennent rien de positif, puisqu'ils n'ajoutent pas de sens à nos sens. Mais ils accroissent énormément nos pouvoirs d'action. » (Cahier II, p. 483).

« L'exemple de la physique qui ayant brisé la molécule en atomes, attaque et brise l'atome, espère briser l'électron, montre bien que la science en tant que connaissance pure, c'est-à-dire image et expression,

1°) est subordonnée aux moyens,

2°) est illusoire, puisque le plaisir de contempler est corrompu par la crainte du lendemain qui dissipera, rejettera l'image. La seule puissance et prévision sont donc le vrai objet solide de la science et non la connaissance, l'Idée du monde ». (Cahier II, p. 721).

« Science : ensemble des recettes, procédés qui réussissent toujours objectivement ». (Cahier 12, p. 772).

« Hommes, sauront tout faire et ne pourront plus rien comprendre, car ils ne pourront plus croire comprendre ». (Cahier 15, p. 254).

« Science, devenue comparable à un groupe d'énormes industries. Production de faits et de recettes d'action. Ce n'est plus une marche vers la connaissance, puisque la connaissance n'est plus un but concevable ». (Cahier 26, p. 717).

« La Science accomplissant le sacrifice de la Connaissance — tel est le sujet de la grande fresque de l'époque ». (Cahier 26, p. 552).

Ces quelques citations qu'on pourrait aisément multiplier ou compléter par des renvois à l'œuvre publiée (par exemple Pléiade I, p. 877 et Pléiade I, p. 1253) montrent bien que l'admiration de Valéry pour l'œuvre scientifique ne lui ôte rien de sa lucidité : il sait les limites de la science et reconnaît la nécessité pour l'homme d'essayer d'autres voies de connaissance. Car notre poète n'attendra pas d'arriver aux champs élyséens, comme le Socrate d'Eupalinos, pour regretter amèrement l'artiste et le constructeur qu'il eût pu être et qu'il a laissé périr au profit d'un sage discoureur. Si le remords de Socrate traduit certainement un remords du poète, celui-ci n'en est pas moins déjà revenu à la poésie par un « retour invincible » à sa vraie nature. Il a reconnu à temps le danger et même la vacuité où conduit un usage trop sec de l'intellect. « Rien ne mène à la parfaite barbarie plus sûrement qu'un attachement exclusif à l'esprit pur », écrit-il en 1923. (Pléiade II, p. 1251). Sa passion d'absolu insatisfaite, et déçu son désir d'accès à l'être et à la réalité pure, c'est vers la poésie qu'il a tourné sa quête ontologique, sans renier pour autant les enseignements qu'il a recueillis de vingt-cinq ans d'études sur les mécanismes de l'esprit et de la pensée. Mais c'est au-delà de la vérité qu'il veut maintenant explo-

rer, sachant que « la réalité (est) toujours infiniment plus riche
que le vrai » et que « notre connaissance... est imparfaite... si
elle se borne à la vérité ». Or, seules la mystique et la poésie lui
semblent pouvoir jeter un pont sur le fossé qui sépare l'être du
connaître.

> « Poésie et choses de ce genre, correspondance entre l'être et
> le connaître, mais correspondance simulée. Le connaître employé à
> faire pressentir l'être ». (Cahier 4, p. 811).

> « La mystique, seule chance illusoire de contact entre l'être
> et le connaître ». (Cahier 9, p. 485).

> « Mysticisme est simplement cette alchimie qui poursuit la
> transmutation de l'être dans le connaître, au moyen du connaître
> perçu dans sa modification physique qui le supporte ». (Cahier 8,
> p. 344).

Valéry entrevoit d'ailleurs « d'étroits rapports », quoique difficilement exprimables, entre l'univers mystique et l'univers poétique.
Aussi est-ce surtout à « la valeur de mysticité de la poésie » qu'il
s'intéresse, ou à son aspect absolu et à son essence pure. Et il est
évident que cet absolu poétique doit avoir pour principal pouvoir de
transporter le poète dans le monde de la réalité pure et de l'être en
soi.

> « Ce n'est point la peine d'écrire si ce n'est pour atteindre le
> sommet de l'être, et non plus de l'art ; mais c'est aussi le sommet
> de l'art ». (Cahier 8, p. 578).

Cette dernière réflexion est particulièrement révélatrice de la
volonté essentiellement ontologique de toutes les recherches de Valéry. Comme nous l'avons vu, c'est partout et toujours un secret
d'être que notre poète-penseur a recherché sa vie durant, un secret d'être qui élève la susbtance de sa vie personnelle à la puissance d'un idéal absolu, capable d'unir en accord parfait le moi à la
réalité pure. C'est pour n'avoir pas trouvé ce secret d'être dans la
poésie qu'il abandonne celle-ci et ses illusions verbales en 1892 et
qu'il se livre à l'étude éperdue des mécanismes de l'esprit et de la
pensée. A nouveau déçu, il retourne vingt-cinq ans plus tard à
la poésie, mais cette fois, mûri dans ses ambitions, dans ses moyens
et dans la connaissance des pouvoirs de l'esprit aussi bien que de
ceux, nouvellement redécouverts, de la sensibilité. Or, voilà qu'à travers l'exercice d'écriture, c'est encore « le sommet de l'être » qu'il
vise, « le sommet de l'art » n'étant qu'une valeur dérivée, seconde,
conséquence de la visée ontologique.

C'est sans doute en cette primauté de la visée de l'être sur la
visée de l'art, que Valéry diffère le plus essentiellement de Mallarmé. Pour ce dernier, la poésie est la visée suprême, et il la sert
comme le mystique sert sa divinité, dans l'ascèse la plus extrême
et la plus exclusive. En elle s'achève l'univers, dont elle exprime et
épuise tout le sens en l'élevant au niveau de la Parole. « Il ne voyait
à l'univers d'autre destinée convenable que d'être finalement expri-

mé. On pourrait dire qu'il plaçait le Verbe, non pas au commencement, mais à la fin dernière de toutes choses ». (Pléiade I, p. 622).

Dans cette transmutation de la réalité brute en mots, qui ne sont pourtant qu'

> Une agitation solennelle par l'air
> De paroles. . . .

l'art du poète apaise l'immense inquiétude universelle :

> Le Maître, par un œil profond, a, sur ses pas,
> Apaisé de l'éden l'inquiète merveille
> Dont le frisson final, dans sa voix seule, éveille
> Pour la Rose et le Lys le mystère d'un nom.

L'art est donc la dernière mystique pour laquelle il faille tout sacrifier ; la poésie est le « devoir Idéal » et sacré qui seul assure notre salut, puisqu'il n'est point d'autre façon de « Survivre pour l'honneur du tranquille désastre », et que le seul avenir du monde est dans l'expresion poétique, « le monde étant fait pour aboutir à un livre ».

Et même si ce Livre suprême se révèle finalement impossible à écrire, le chantre de la Beauté idéale n'en continuera pas moins, malgré le déchirement de l'impuissance, à essayer de chanter l'absence et la non-existence d'une poésie qu'il rêve, mais qui reste au-delà de toute atteinte. Car, autant que le poète de l'idéale Beauté, « solitaire ébloui de sa foi » et martyr de l'idéal inaccessible, Mallarmé est le poète de l'Absence, de l'impuissance et du Néant. Nulle survie, nulle immortalité n'attend « le vierge héros de l'attente posthume ».

> Est-il de ce destin rien qui demeure, non ?
> O vous tous, oubliez une croyance sombre.
> Le splendide génie éternel n'a pas d'ombre.

Toute la gloire du poète se résume à être « musicienne du silence », et l'art lui-même n'est qu'un rêve tendu au-dessus du Néant.

> Vaste gouffre apporté dans l'amas de la brume
> Par l'irrascible vent des mots qu'il n'a pas dits,
> Le Néant à cet Homme aboli de jadis :
> « Souvenirs d'horizons, qu'est-ce, ô toi, que la terre ?
> Hurle ce songe ; et, voix dont la clarté s'altère,
> L'espace a pour jouet le cri : « Je ne sais pas ! ».

Ainsi, au-delà de tout poème, au-delà de la poésie à laquelle Mallarmé se donne du don total d'un ascète et d'un saint, il n'est que le silence, non le silence plein qui est source de toutes les paroles, mais le silence vide, celui des ténèbres absolues et du néant.

Or, il est frappant de constater que, lorsque Valéry nous parle de Mallarmé, en ces neuf textes si denses et si lucides qu'il lui a consacrés entre 1920 et 1944, il passe totalement sous silence cette mystique de l'Absence et du Néant, pourtant si essentielle à son Maître, et n'en retient que le culte mystique et la religion de la Beauté. Cet oubli est bien significatif et nous enseigne combien Valéry est réfractaire et hostile à toute cette métaphysique morbide du néant. Le contraste entre les deux poètes ne peut être plus grand. Pour Mallarmé, tout l'enchantement poétique se réduit à n'être que « le pur vase d'aucun breuvage », un « aboli bibelot d'inanité sonore », « au creux néant musicien » ; le poème n'a point de répondant en dehors de lui-même, et nul ne parle dans le langage, sinon le langage lui-même, qui n'est d'ailleurs que transposition d'un « fait de nature en sa presque disparition vibratoire ». Pour Valéry, au contraire, l'enchantement poétique s'ouvre sur la réalité d'un univers poétique, sur la plénitude d'une existence transparente aux pures dimensions de l'Etre ; une présence habite le langage, une voix s'y révèle, la Voix de l'Etre vivant et pensant. Le langage n'est donc point un système autonome. Un Etre, qui est au-delà du langage, le parle et l'anime.

« Mais, au fait, qui parle dans un poème ? Mallarmé voulait que se fût le langage lui-même. Pour moi, ce serait l'Etre vivant et pensant... et poussant la conscience de soi à la capture de sa sensibilité... En somme, le Langage issu de la voix, plutôt que la voix du Langage ». (Cahiers 22, p. 346).

C'est donc l'Etre, l'Etre pur qui hante Valéry, la réalité essentielle et absolue, qui se présente d'ailleurs plus comme acte que comme substance, et à laquelle l'acte du Moi pur, dépouillé du masque de la personnalité, aspire à se joindre. L'acte pur du poète, en cette poésie qui est exercice et manœuvre des forces vives de l'esprit, répond à l'acte suprême qui soutient et donne l'être à l'univers.

> « C'est dans les actes, et dans la combinaison des actes, que nous devons trouver le sentiment le plus immédiat de la présence du divin.... Si donc l'univers est l'effet de quelque acte ; cet acte lui-même, d'un Etre ; et d'un besoin, d'une pensée, d'une science et d'une puissance qui appartient à cet Etre, c'est par un acte seulement que tu peux rejoindre le grand dessein, et proposer l'imitation de ce qui a fait toutes choses. C'est là se mettre de la façon la plus naturelle à la place même du Dieu. » (Eupalinos, Pléiade II, p. 143).

Et Socrate de revenir sur le même thème dans l'Ame et la danse :

> « Tu ne vois donc pas, Eryximaque, que parmi toutes les ivresses, la plus noble, et la plus ennemie du grand ennui, est l'ivresse due à des actes ? Nos actes, et singulièrement ceux de nos actes qui mettent notre corps en branle, peuvent nous faire entrer dans un état étrange et admirable ». (Pléiade II, p. 169).

Ainsi les actes, ceux de la danse, de cette « femme qui danse et qui cesserait divinement d'être femme, si le bond qu'elle a fait, elle y pouvait obéir jusqu'aux nues », (Pléiade II, p. 151), et plus encore ceux de l'artiste constructeur, architecte, musicien ou poète, et de tous ceux en « qui les idées et les actes s'interrogent et se répondent nettement », (Pléiade II, p. 133), tous ces actes créateurs « substituant à l'espace l'ordre et au temps une éternité », (Cahier 24, p. I), sont chargés d'une puissance de pénétration ontologique capable de saisir la réalité de l'Etre pur au-delà des limites imparties à la connaissance quand elle se borne à la vérité.

Ainsi, alors que Mallarmé confrontait la Poésie à la vacuité du Néant, faisant de l'Absence sa vraie patrie, c'est à l'Etre, « Etre ! universelle oreille ! » que Valéry subordonne l'activité poétique. « Ce n'est point la peine d'écrire si ce n'est pour atteindre le sommet de l'être ». Cette différence majeure entre les deux poètes, l'un poète de l'Absence et du Néant, l'autre poète de la présence, de la proximité et de l'Etre, nous explique pourquoi, pour Mallarmé, la poésie représentait la fin suprême et le culte unique, le génie poétique assurant seul un fragile salut au-dessus du néant, alors que pour Valéry la poésie n'a que la valeur d'un moyen subordonné à l'entreprise de réforme et de reconstruction du moi, en vue de se joindre à l'Etre pur. La fin est purement littéraire pour Mallarmé, mais idéalement et saintement littéraire, puisque l'œuvre à produire, le Livre unique, dont tous les autres ne sont que des précurseurs, est la seule justification à l'univers avant que celui-ci ne retourne au Néant. L'écriture de ce Livre exige une consécration totale, puisqu'il a la valeur d'un Livre saint ; mais loin que celui-ci nous confère la vie et nous ressource dans l'Etre, c'est au contraire la disparition et l'absence de toute réalité qu'il consacre, notre pure sublimation dans le Néant, car il n'est pas le Livre d'un commencement, il est le Livre d'une fin, seul « honneur du tranquille désastre ».

Pour Valéry, au contraire, la fin n'est pas littéraire, et ce n'est pas tant le livre ou le poème qui l'intéressent, que l'activité créatrice et « poïétique », et les pouvoirs révélés à travers les actes de la pensée et de la sensibilité. Non pas être poète, mais pouvoir l'être et jouir du savoir qui est lié à ce pouvoir. « Pour moi, pour mon désir, être poète, écrivain ne m'a jamais absorbé. C'est un dessein que je n'ai jamais eu. Mais pouvoir être ». (Cahier 5, p. 93). Car le grand dessein valéryen est toujours l'Etre, dont tous les pouvoirs et tous les savoirs ne sont que des propédeutiques d'initiation.

> « Savoir, ce n'est jamais qu'un degré pour être ». (Cahier 5, p. 89).
> « Il n'est pas permis, car il n'est pas possible, de s'attacher à étudier la pensée sans s'attacher à décrire quelque chose de plus, l'être tout entier. » (Cahier 4, p. 816).

Le retour même de Valéry à la poésie obéit encore à cette volonté de pénétration ontologique, après qu'il eût découvert les limites de la connaissance par l'intellect seul, et la possibilité pour l'activité artistique et constructive de saisir la réalité de l'Etre, au-delà même des bornes de la connaissance. Si l'artiste et le poète ont absorbé le philosophe, c'est après qu'il se fut assuré que seule la pratique de l'art est capable d'instaurer une communion dynamique et salvatrice avec l'œuvre divine, avec « l'Etre même que nous cache la présence de toutes choses ». (Pléiade I, p. 177). La poésie se substitue ainsi à la philosophie, parce qu'elle est plus apte à nous assurer le but même que cette dernière s'était prétentieusement assigné.

Remarquons que la poésie ne remplira cette visée ontologique qu'à la stricte condition de rester d'une fidélité absolue à sa pure essence. Valéry condamne sévèrement toute poésie à prétentions philosophiques.

> « La poésie n'a pas à exposer des idées. Les idées (au sens ordinaire du mot) sont des expressions ou formules. La poésie n'est pas à ce moment. Elle est au point antérieur où les choses mêmes sont connues grosses d'idées. Elle doit donc former ou communiquer l'état sub-intellectuel ou pré-idéal et le reconstituer comme fonction spontanée, avec tous les artifices nécessaires ». (Cahier 7, p. 97).

On pourrait dire que l'expression des idées entraîne inévitablement une déperdition de l'étincelle créatrice dans les pièges et les sables d'un langage aliénant et vain, une dévaluation d'être, une perte de substance. La poésie, quant à elle, doit et peut éviter ces pièges du langage et de la pensée.

> « La poésie a l'ambition d'exprimer par les moyens du langage précisément ce que le langage est impuissant à exprimer. Propriétés poétiques. Celles qui ne se conservent pas par la réflexion ». (Cahier 25, p. 840).

Car le but de la poésie est de transmettre un état et non pas une idée.

> « Il est vrai que là est le vice de la poésie. Elle veut communiquer ou instituer un état, au moyen de moyens qui dérivent du besoin de communiquer des idées. Or on ne peut communiquer ou instituer un état que par voie « harmonique ». (Cahier 26, p. 46).

Avant de pénétrer plus avant dans l'essence de la poésie valéryenne, nous voulons encore ajouter une remarque : si cette poésie est ainsi traversée par un dessein de pénétration ontologique qui la secondarise par rapport à la visée essentielle de l'Etre, il n'en résulte aucunement que Valéry n'ait été poète que secondairement et comme « malgré lui ». Disons simplement que, poète et très essentiellement poète, puisque l'ensemble de son activité pensante dérive très directement des problèmes que lui posait son activité poétique, il aimait la poésie non pas tant pour son résultat ou son produit qui est un poème achevé, un écrit qui demeure hors du poète, que pour son exercice, son acte constructeur, et pour l'état dans lequel cette activité plonge la sensibilité totale du poète. Cette poésie en acte est plus vraie et plus révélatrice de l'Etre que toute philosophie. Elle est en un sens grosse du pressentiment d'une philosophie, mais évite le piège de vouloir l'exprimer en idées.

« La poésie la plus précieuse est (pour moi) celle qui est ou fixe le pressentiment d'une philosophie. Etat plus riche et beaucoup plus vague que l'état philosophique qui pourrait suivre. Etat de généralité, de non-soi doué de toute la sensibilité de soi. Plus vrai en un sens que le philosophe ». (Cahier 5, p. 637).

On pourrait ajouter que Valéry a voulu démystifier la poésie pour mieux en rehausser les pouvoirs qui sont ceux d'une activité créatrice essentielle.

« La poésie n'est que la littérature réduite à l'essentiel de son principe actif. On l'a purgée des idoles de toute espèce et des illusions réalistes ; de l'équivoque possible entre le langage de la « vérité » et le langage de la « création », etc. ». (Pléiade II, p. 548).

« Je regarde la poésie comme le genre le moins idolâtre. Elle est le sport des hommes insensibles aux valeurs fiduciaires du langage commun, et qui ne spéculent pas sur cette falsification qu'on appelle vérité ou nature ». (Pléiade II, p. 1530).

Mais cette démystification ne l'empêche pas, bien au contraire, d'accorder à la poésie la valeur d'une activité essentielle à la condition ontologique de l'homme.

« Les uns, même poètes, et bons poètes, voient dans la poésie une occupation de luxe arbitraire, une industrie spéciale qui peut être ou ne pas être, florir ou périr. On pourrait supprimer les parfumeurs, les liquoristes, etc...

Les autres y voient le phénomène d'une propriété ou d'une activité très essentielle, profondément liée à la situation de l'être intime entre la connaissance, la durée, les troubles et apports cachés, la mémoire, le rêve, etc. ». (Pléiade II, p. 548).

Parmi ces « autres », Mallarmé et Valéry. Mais Valéry va plus loin encore que Mallarmé dans le rejet de toute mythologie, car ce n'est pas sans une certaine « mystagogie » que le poète de « Un coup de dé » voit dans la poésie la fin suprême et l'illusoire salut qui retient le génie au-dessus du Néant. Pour Valéry, la poésie n'est qu'une voie qui conduit à l'Etre, voie royale et privilégiée certes, mais la fin est dans l'Etre, et la poésie n'est que la voie idéale qui conduit à cette assumation et à cette reconnaissance de l'Etre. Poète « non simulateur », il voit dans l'activité poétique l'activité la plus complète qui se puisse être, en ce qu'elle met en jeu toutes les forces de l'esprit, toutes les puissances de la sensibilité, toutes les ressources de la conscience, et que cette activation totale de l'individu à travers le « mystère du langage » est la plus à même de lui faire pénétrer le mystère de l'Etre, ou de lui « représenter le mystère de toute chose ».

La démystification à laquelle procède Valéry, et cela dans tous les domaines de la pensée, du langage, de l'art ou de la poésie, est ainsi toujours traversée d'une volonté de clarification ontologique. Au-delà de toutes les illusions et de tous les artifices de la pensée et du langage, c'est la réalité de l'être qu'il s'agit de découvrir, l'être qui en nous nous anime et nous structure, aussi bien que l'être qui hors de nous constitue la réalité essentielle de toute chose. Car il y a une liaison évidente et essentielle entre les trois niveaux auxquels la volonté de démystification et de purification procède :

1º. — au niveau de l'organisation interne du moi, ou de ce que Valéry appellera, après Poe, la Self-consciousness, ou activité structurale du moi ;

2º. — au niveau du langage ;

3º. — au niveau du dévoilement de l'être même des choses ou de l'univers.

La liaison entre ces trois niveaux de purification est absolument organique : le moi, le langage et l'être du monde, solidairement purifiés et quintessenciés, sublimés et élevés au niveau :

1º. — du Moi absolu et pur ;

2º. — du « Saint-Langage » ou langage créateur, celui d'Orphée redonnant l'être à toute chose, et

3º. — de l'Etre en soi qui se révèle au-delà de la présence de toutes choses.

Ces trois niveaux constituent comme une tryade, celle du Moi, du Verbe et de l'Etre, dont l'indissolubilité fonde toute l'originalité de la mystique valéryenne, comme peut-être de toute mystique. La note suivante des Cahiers est bien révélatrice de cette mystique poétique et ontologique qui unit étroitement la sublimation du moi, du langage et de l'être :

« Je ne trouve que S.M. et moi (très diversement) qui aient isolé, dénudé, sacré, gardé et adoré dans le secret l'Idole abstraite du moi parfait, c'est-à-dire de la Self-consciousness héritage de Poe.... C'est l'idole qui ruine toutes les autres.... Mais cette sorte de lumière me vint surtout de 4 lignes de Poe, par ci par là. Et je me fortifiai rapidement dans cette foi en mon absolu, pur et implacable, au point de me sentir bientôt bien plus brutal encore que Mallarmé (qui, lui, conservait la Poésie au moins) dans l'application rigoureuse du principe de négation et de l'exercice du pouvoir qui en résulte.

Et je commençai à ne voir qu'idolâtres et idolâtries autour de moi, 1892. (M. Teste dit : que peut un homme ?). Tout ce que l'esprit peut résoudre en esprit et faire participer du mépris en lequel il doit tenir ses propres productions et fluctuations en général, et par conséquence tout ce qui est langage et n'est que langage, fut frappé. Il fallut donc chercher ce qui peut sauver le langage, et ce n'est que : 1º) la vérification extérieure des résultats de ses opérations (donc une partie des emplois de la « logique » : petite partie). 2º) la vérification esthétique ou excitante des combinaisons verbales.

J'observai que : de même que des opérations purement abstraites, algébriques, aboutissent, dans beaucoup de cas, à de bons résultats de physique, la pensée « physique » n'ayant joué aucun rôle pendant l'intermède analytique, ainsi des combinaisons verbales essayées et effectuées, sans grand égard à une idée initiale à exprimer, mais avec souci de leur efficacité propre, et, au besoin, avec toute liberté de changer l'idée-mère, permettaient de former les objets poétiques les plus « parfaits ».

Cet état de moi a fait que je n'aie subi aucune influence des philosophes ou autres en dehors de celles des auteurs que j'ai nommés ». (Cahier 29, p. 537).

On pourrait dire, à condition de ne pas trop durcir cette schématisation, qu'en un premier temps, Valéry s'est préoccupé de sauver son esprit : « Je prenais très au sérieux les affaires de mon esprit, et... je me préoccupais de mon salut comme d'autres font celui de leur âme » ; et qu'en un deuxième temps, il s'est préoccupé de « sauver le langage ». Mais ces deux activités de purification sont orientés et dynamisées comme les seuls moyens de saisir l'Etre, ou peut-être même, en une certaine mesure, de le reconstruire, si, comme c'est le cas de la science physique, la conquête de la réalité ne se fait qu'à travers sa reconstruction dans notre esprit. Remarquons qu'au moins à partir du retour de Valéry à la poésie, et surtout après l'assumation totale de ce retour à partir de 1920, avec son expression dans les poèmes de Charmes et dans les aveux voilés d'Eupalinos, ces deux activités de sauvetage se conjuguent et se complètent. La mystique de la réforme de l'esprit et de la préférence donnée au moi pur, s'élargit et s'accomplit dans la mystique du langage.

Valéry, qui ne reconnaissait guère l'influence de Mallarmé « sur (sa) vue des choses ou pensée », proclamait au contraire sa dette en ce qui concerne son attitude à l'égard du langage, (voir Cahier 27, p. 859). Et bien des aspects si particuliers sous lesquels il nous décrit la relation de Mallarmé au langage se reconnaissent évidemment dans sa propre relation au langage; et tout particulièrement dans cette sublimation mystique du langage qu'il nous présente d'ailleurs en la dépouillant étonnamment de toute la négativité dont elle était assortie chez son Maître, de la même manière d'ailleurs qu'il idéalise singulièrement cette mystique esthétique, cette religion de l'émotion poétique qu'il se plaît à décrire chez les jeunes gens de sa génération et qui, sur le fond du sentiment de faillite de la science et de la philosophie, érigeait le culte de la beauté et de l'art en substance d'une vie intérieure et d'une éthique quasi mystiques. On ne peut s'empêcher de penser que cette idéalisation qui fait appel au vocabulaire le plus religieux, tant pour décrire la foi dans l'expression esthétique pure chez les jeunes poètes des années 90, que pour décrire cette « mystique singulière » du « témoin ou martyr de l'idée du parfait », témoigne singulièrement sinon de la mystique poétique propre à Valéry lui-même, du moins de sa réceptivité ou de sa tendance à une telle mystique. Et puisqu'on ne peut tout citer de ces admirables pages, nous prendrons quelques extraits du dernier texte qu'il ait consacré à son Maître, en 1944.

« A partir de 1865, il n'est pas un ligne de lui qui ne fasse sentir que celui qui l'a écrite a repensé, comme s'il en revivait, à soi seul, l'innombrable invention, le Langage ; et, se plaçant dès lors à une altitude de vue où personne avant lui n'avait même songé à s'établir, il s'est maintenu jusqu'à son dernier jour en intime contemplation d'une vérité dont il ne voulait communiquer que de prodigieuses applications pour preuves.

Cette vérité révélée devait, je pense, instituer une connaissance inouïe de la poésie, qui conférât à cette production de l'être et à cet art de l'esprit une valeur tout autre que celle qu'une tradition naïve, bien accueilie par la paresse générale des intellects, lui accordait. Il ne s'agissait plus d'un divertissement, même sublime. Mais, au-dessus de ce que l'on nomme Littérature, Métaphysique, Religions, le nouveau devoir lui était apparu d'exercer et d'exalter la plus sprituelle de toutes les fonctions de la Parole, celle qui ne démontre, ni ne décrit, ni ne représente quoi que ce soit : qui donc n'exige, ni même ne supporte, aucune confusion entre le réel et le pouvoir verbal de combiner, pour quelque fin suprême, les idées qui naissent des mots.

.... Cette mystique singulière et dévorante dut se préciser dans une conception du Langage, — pour un peu, je dirais : du Verbe. Du reste, à l'appui de cette sublimation du langage, se peuvent invoquer tous les usages de la parole qui ne satisfont point à des besoins de l'ordre pratique et qui n'ont de sens que par référence à un univers tout spirituel, de même nature profonde que l'Univers poétique : la prière, l'invocation, l'incantation, sont créatrices des êtres auxquels elles s'adressent. Le langage devient ainsi un agent de « spiritualité », c'est-à-dire de transmutations directes de désirs et d'émotions en présences et puissances comme « réelles », sans intervention de moyens d'action physiquement adéquats ». (Pléiade I, p. 707 et 708).

Il n'était sans doute que Valéry à pouvoir traduire la quête d'absolu de son Maître à travers la sublimation du Langage dans un vocabulaire si délibérément mystique. Et cela, parce qu'une mystique semblable, bien qu'infiniment plus lucide et moins mystagogique, l'habite lui-même. Mysticité et lucidité vont en effet toujours de pair en Valéry, comme l'intériorité et l'extériorité ou la diastole et la systole d'une même volonté de connaissance. Ainsi en est-il dans son attitude envers le langage, depuis l'article qu'il a consacré au livre de Michel Bréal sur « La sémantique » en 1898. Toute sa critique est en effet traversée par une volonté que nous pouvons appeler ontologique, en ce qu'il recherche toujours ce qu'il peut y avoir de réel et d'absolu dans, ou au-delà du langage. Le problème capital auquel il se heurte est celuici : en tant que le langage est un intermédiaire, qu'est-ce qu'il y a de réel en lui ? ou encore, qu'est-ce que le langage communique ou traduit de la réalité ? Car, loin de nous offrir une connaissance fidèle du monde, loin de nous faire pénétrer l'essence intime de la réalité, le langage établit au contraire un écran entre nous et la réalité ; il nous enferme dans l'arbitraire d'une construction verbale constituée au hasard des besoins de désignation souvent les plus primitifs de l'humanité, sans souci de connaissance véritable, et consacre donc l'emprise de la fiducia sociale, de la mythologie collective qui nous empêche de connaître l'être en soi dans sa pure réalité. Le langage est ainsi l'instrument le plus grave du divorce entre l'être et le connaître, dès l'instant qu'il n'est point de correspondance univoque et nécessaire entre les mots et les choses qu'ils prétendent désigner. Les premières victimes de cette impureté du langage sont les philosophes, et Valéry substituerait volontiers « une recherche sur le langage... à toute la philosophie ». (Cahier 26, p. 627).

> « J'avais observé depuis longtemps que les philosophes n'ont guère remué en réalité que des significations de mots. De sorte qu'ils ne nous apprennent rien de net sur l'esprit, mais seulement sur les relations intérieures du langage, ce langage ne reposant sur rien », écrit-il à Gide en 1901, et son opinion ne changera pas sur la philosophie qui ne donne que « solutions verbales à des problèmes verbaux » (Cahier 13, p. 551). La suite de la même lettre à Gide nous indique l'orientation qu'il donne à ses recherches sur le langage.

> « Ainsi tu chercherais en vain chez eux (les philosophes) la solution de ce problème général que je trouve capital : « Qu'est-ce que le langage conserve ? » Je m'explique. Une carte géographique, suivant le système de projection adopté, conserve, par exemple, la proportionnalité des lignes du terrain entre elles, ou les angles de deux lignes du terrain, etc. Tu vois qu'on n'a pas de telles règles pour le langage ordinaire. Le langage algébrique conserve ad libitum la personnalité des quantités et les opérations, etc. ». (Correspondance avec Gide, p. 386, 387).

Le problème est clair : « qu'est-ce que le langage conserve ? » ou si l'on veut, le langage devant être considéré comme une traduction, qu'est-ce qui est conservé ou transmis de l'original ? Mais le problème se complique si l'on remarque que l'original est ici la pensée, et que la pensée utilise aussi sa propre langue. A travers ces traductions successives, est-il possible de connaître les choses réelles de l'esprit ?

> « De quoi se compose le langage réel ? Cela a l'air connu et ne l'est point. Et l'on touche le point de l'intraductible.... Ce qu'on appelle pensée n'est encore qu'une langue. A vrai dire très particulière et dont les axiomes diffèrent beaucoup des axiomes du langage ordinaire. Mais où commence la traduction et quoi est traduit ? ». (Cahier 12).

Retrouver ce qui est traduit et qui est antérieur au langage, voilà donc l'ambition de Valéry. A travers ce qu'il appelle souvent « le nettoyage de la situation verbale », il faut redécouvrir le réel pur. Car, « le langage n'est qu'un intermédiaire et(...) le mot doit finalement disparaître pour être remplacé par quelque chose qui n'est plus langage ». (Cahier 26, p. 112). Cette volonté d'une connaissance qui soit pure de toutes les approximations, infidélités, impuretés ou illusions charriées par le langage, entraîne à revenir, pour chaque problème, aux données immédiates de l'expérience concrète, antérieure à toute formulation. Toute analyse doit remonter au-delà des mots, dans une volonté de saisie des données réelles qui fasse table rase de toutes les fausses connaissances, de façon plus radicale encore que Descartes qui s'était « arrêté avant les mots ».

> « Il s'agirait de refaire à partir des besoins réels et des observa-tions un vocubulaire des « choses » non extérieures en faisant table aussi rase que possible des termes ou notions existants.... Des-cartes s'est arrêté avant les mots. Il a gardé le vocabulaire.... Pen-ser, être, monde, etc. ». (Cahier 26, p. 645).

Or, cette observation des « besoins réels », ce n'est que sur nous-mêmes que nous pouvons l'entreprendre. Il faut « commencer par le commencement », et celui-ci ne peut être autre que notre propre « commencement individuel ». « Je me tournerai vers moi-même. J'y chercherai mes véritables difficultés et mes observations réelles de mes véritables états ; j'y trouverai mon rationnel et mon irra-tionnel », écrit-il dans « Poésie et pensée abstraite » qu'il faut lire et relire, car cette conférence, faite à l'Université d'Oxford, en 1939, résume à merveille toute la pensée de Valéry.

> « Je dis que je regarde en moi ce qui se passe quand j'essaie de remplacer les formules verbales par des valeurs et des signifi-cations non verbales, qui soient indépendantes du langage adopté. J'y trouve des impulsions et des images naïves, des produits bruts de mes besoins et de mes expériences personnelles. C'est ma vie même qui s'étonne, et c'est elle qui me doit fournir, si elle le peut, mes réponses, car ce n'est que dans les réactions de notre vie que peut résider toute la force, et comme la nécessité, de notre vérité ». (Pléiade I, pp. 1318, 1319).

Ce retour à soi qui creuse au-delà des superficialités de la vie psychologique jusqu'au dynamisme pur de la « vie même qui s'éton-ne », constitue ce que nous pourrions appeler la règle d'or de la méthode valéryenne. Seul ce désencrassage de notre sensibilité, restituée dans toute sa fraîche et innocente réceptivité, peut nous assurer le merveilleux dévoilement d'une réalité saisie en son au-thentique surgissement. Cette règle d'or doit être d'ailleurs com-plétée par ce qu'il appelle lui-même « la règle de fer ».

> « Mais la règle de fer est : Tout ce qui, donné en langage, ne peut finalement se résoudre en choses visibles ou en actes imitables EST NUL. Cela peut être utile, comme moyen de transitivité et instrument d'échange. Mais on ne vit pas de monnaie. Mais en der-nier ressort, il n'y a que : 1°) les sensations essentielles, la Toute-Puissance Douleur-Plaisir, la Dyade divine. 2°) la perception complète limite (où ? quand ?). On pourrait baptiser Réalité l'ensemble de ces deux modifications possibles ». (Cahier 28, p. 111).

La démarche fondamentale de Valéry est donc un retour au vécu concret, au donné existentiel retrouvé sur soi-même, à l'expé-rience immédiate antérieure au savoir plus ou moins artificiel apporté par le langage. Le langage n'a qu'une valeur fiduciaire, bon-ne pour les besoins d'échange avec la société. Il nous permet de

nous insérer dans les rouages de la machine sociale et de participer à sa mythologie culturelle. Mais, par là même, il est l'instrument de notre aliénation intellectuelle, car « dès que le langage in-
tervient, la Société s'interpose entre nous-mêmes et nous ». (Cahier
28, p. 103). Valéry veut briser cette carapace de mythes, de préjugés,
de lieux communs, d'opinions toutes faites, et remonter aux sources. Il est significatif de sa démarche que cette source, il ne la trouve que dans le vécu existentiel individuel. Mais il y faut bien prendre garde : Valéry ne s'enferme pas dans sa subjectivité, sa démarche n'est pas subjectiviste, mais phénoménologique, car ce retour
au sujet n'est jamais accompagné d'une coupure de l'objet. Sujet
et objet sont toujours saisis dans leur corrélation. Telle est sa
théorie du C.E.M., de la corrélation du Corps, de l'Esprit et du
Monde sur laquelle il s'attarde tellement dans les Cahiers et qui
transparaît dans « Poésie et pensée abstraite » :

> « Notez que tout ce que j'ai dit ou cru dire se passe entre ce
> que nous appelons le Monde extérieur, ce que nous appelons Notre
> Corps, et ce que nous appelons Notre Esprit — et demande une
> certaine collaboration confuse de ces trois grandes puissances ».
> (Pléiade I, p. 1323).

La démarche valéryenne est donc loin d'être une évasion. Elle
n'est en rien la démarche solipsiste d'isolement dans une tour
d'ivoire. Elle correspond à la volonté de repenser tous les problèmes en les dépouillant de leur gangue verbale, en se méfiant
de la tradition de culture qui est étroitement liée au langage et dans
laquelle toutes les opinions ont cela de commun qu'elles acceptent
le langage comme base de leur réflexion. Valéry remonte au-delà
du langage jusqu'à la vie même de sa connaissance personnelle.
Mais cette subjectivité phénoménologique évite l'écueil d'une subjectivité individuelle, justement en cela qu'elle est consciente de cette
subjectivité et de ce retour au vécu consciencielle, ce qui lui permet
de rejeter tout ce qu'il y a d'individuel dans la subjectivité personnelle, pour n'être attentif qu'à la subjectivité structurale et constitutive, universelle dans la mesure où elle est le fonds commun de
toute subjectivité. Valéry déclare d'ailleurs souvent que le Moi
est unique. L'épuration phénoménologique nécessite ainsi un effort
constant de dépouillement et d'approfondissement pour éviter les
écueils du moi psychologique et remonter jusqu'au Moi ontologique, corrélatif de la Réalité pure.

Mais, pourrait-on se dire, si cette démarche phénoménologique
est une excellente voie d'approche pour la connaissance, en quoi
peut-elle servir le poète ? De plus n'est-ce pas une étrange entreprise
pour un poète que de commencer par mettre en doute la valeur
du langage et de ne reconnaître l'authenticité de celui-ci que dans la
mesure où il peut « être remplacé par quelque chose qui n'est plus
langage » ?, Valéry le reconnaît lui-même : « Drôle de recherche
pour un poète que de tenter de réduire le langage à sa fonction transitive ! ». (Cahier 23, p. 254).

C'est pourtant bien dans cette union étroite de la « Poésie et (de la) pensée abstraite », du poète et du penseur, de la démarche de poésie et de la démarche de connaissance que résident la grandeur de Valéry, et l'originalité de cette poésie pure qu'il a désignée comme la limite idéale de tous ses efforts. « J'ajoute (mais pour certains seulement) que la volonté de ne pas se laisser manœuvrer par des mots n'est pas sans quelque rapport avec ce que j'ai nommé ou cru nommer : Poésie pure », écrit-il dans les notes marginales de « Léonard et les philosophes ». (Pléiade I, p. 1246). Et ailleurs : « Le poète doit être le dernier des hommes à se payer de mots » (Pléiade I, p. 714).

Valéry sait certes mieux qu'un autre que « la poésie est un art du langage », que « ce n'est point avec des idées..., que l'on fait des vers, (mais) avec des mots », selon la remarque que fit Mallarmé au peintre Degas et qu'il se plait à rapporter. Mais l'union étroite et presque indissoluble en lui du poète et du penseur l'ont conduit à une réflexion, étonnamment lucide et délicate, non seulement sur la phénoménologie de la création poétique chez le poète, mais aussi sur la phénoménologie de l'audition poétique chez le lecteur. Car nul ne s'est autant que Valéry préoccupé du lecteur, mais lecteur rare et choisi, bien distinct de la foule anonyme.

> « Un poète.... n'a pas pour fonction de ressentir l'état poéti-
> que : ceci est une affaire privée. Il a pour fonction de le créer chez
> les autres. On reconnaît le poète — ou du moins chacun reconnaît
> le sien — à ce simple fait qu'il change le lecteur en « inspiré ».
> (Pléiade I, p. 1321).

Or, ceci suppose d'une part l'existence d'un état poétique, qui peut être celui du poète ou celui du lecteur, et d'autre part l'existence d'un art poétique du langage capable de recréer cet état poétique chez le lecteur.

C'est dans l'analyse de ces deux moments du phénomène poétique, celui de l'état ou de l'émotion poétique, et celui de « la synthèse artificielle de cet état par quelque œuvre », ainsi que dans l'analyse de la relation et de la liaison de ces deux moments, que Valéry manifeste toute son originalité. Nous y retrouvons en effet cette étonnante mysticité, qui lui est propre, à la fois lucide et pure, toujours instruite par une connaissance claire du rationnel comme de l'irrationnel qui est en nous, ouverte sur le mystère des choses et de notre existence, et traversée par une volonté de purification et de sublimation capable d'associer « une idée de quelque moi merveilleusement supérieur à Moi », à la « Voix pure, idéale » qui, plus que celle du langage transfiguré, est peut-être celle de l'Etre en son authenticité.

La phénoménologie de l'état poétique est en elle-même tout à fait remarquable. Etat de la sensibilité pure, tout chargé d'une énergie rare, en lui se résume l'origine, comme la fin et les moyens de l'activité créatrice.

> « Gl. L'artiste est composé d'une passion de faire en liaison
> avec une soif de sentir, dont l'expression naïve serait : besoin de
> faire, par le sentir, et à partir du sentir, en vue du sentir. Le sentir
> entre en 3 moments de cette formule. Il est impulsion, et fin de
> l'acte, et moyen continu, ou guide de l'acte ». (Cahier 17, p. 456).

Remarquons que si la sensibilité est ainsi la source, le moteur
et le critère de toute valeur poétique, elle n'en demande pas moins
la collaboration de l'intelligence, non seulement au niveau du choix
des moyens destinés à recréer artificiellement ces états de la sensibilité par une œuvre, mais encore au niveau premier de l'état émotif
que l'intelligence contribue à épurer.

> « Cet art de sensibilité totale exige (pour les œuvres de quelque
> étendue) le maximum d'emploi de « l'intelligence ». En effet, il ne
> peut se produire que moyennant un effort de « pureté », de fraction-
> nement volontaire qui en écarte à chaque instant les éléments imi-
> tatifs ou trop « humains ».... Or, ce travail qui vise à donner à la
> sensibilité une valeur et une intelligibilité propres et non transitives
> et significatives, et à conserver les moyens de retrouver ces effets
> (ou œuvres), demande toutes ressources de l'intellect ». (Cahier 19,
> p. 521).

On reconnaît dans cet effort de purification que l'intelligence
est appelée à opérer sur les états de la sensibilité afin de les délier
de leurs circonstances accidentelles dans la vie pratique et de leur
restituer une résonance universelle, cette tendance à la sublimation, ou plutôt cette volonté de dévoilement du Moi idéal dans sa
pure corrélation à l'Etre, si caractéristique de Valéry.

Mais c'est surtout dans sa définition de l'état poétique comme
une « sensation d'univers » ou un « infini esthésique » que se manifeste l'originalité de notre poète. C'est en effet la sensation d'univers qui serait caractéristique de la poésie et qui distinguerait l'émotion poétique de l'émotion ordinaire.

> « J'ai dit : sensation d'univers. J'ai voulu dire que l'état ou
> émotion poétique me semble consister dans une perception nais-
> sante, dans une tendance à percevoir un monde, ou système complet
> de rapports, dans lequel les êtres, les choses, les événements et les
> actes, s'ils ressemblent, chacun à chacun, à ceux qui peuplent et
> composent le monde sensible, le monde immédiat duquel ils sont
> empruntés, sont d'autre part, dans une relation indéfinissable, mais
> merveilleusement juste, avec les modes et les lois de notre sensi-
> bilité générale. Alors, ces objets et ces êtres connus changent en
> quelque sorte de valeur. Ils s'appellent les uns et les autres, ils
> s'associent tout autrement que dans les conditions ordinaires. Ils
> se trouvent, — permettez-moi cette expression —, musicalisés, deve-
> nus commensurables, résonnants l'un par l'autre. L'univers poétique
> ainsi défini présente de grandes analogies avec l'univers du rêve ».
> (Pléiade I, p. 1363).

Si cette analogie entre l'univers poétique et l'univers du rêve
nous permet de comprendre que notre conscience puisse être envahie et saturée par la production d'une existence « où toutes

choses paraissent et se modifient par les seules variations de notre sensibilité profonde » et se chargent de significations symboliques, c'est plus encore certainement avec l'univers mystique qu'il faudrait poursuivre l'analogie. Valéry d'ailleurs le reconnaît : « Il y a un monde ou univers poétique, et un monde ou univers mystique, qui ont entre eux d'étroits rapports. Mais on ne sait pas les exprimer ». (Cahier 13, p. 807). Il nous semble en effet que cette transfiguration du monde épuré de sa lourde matérialité et rendu transparent à une transcendance devenue sensible dans le langage de chaque chose, transfiguration qui intègre harmonieusement le Moi dans le monde du Sens et de la Présence, est bien le propre de l'univers mystique.

Valéry revient encore explicitement sur ce rapprochement avec la mystique, mais cette fois en qualifiant ces « sensations d'univers » d'« infinis esthésiques », pour mieux souligner leur relation à la sensibilité.

> « Mystique ». J'appellerais de ce nom usé, les « infinis esthésiques », c'est-à-dire les sensations de tous genres qui ne peuvent se satisfaire ou s'apaiser par aucune modification de satisfaction, acte ou circonstance, ou moyen directement appliqué, et qui ne sont ni fonctions de leurs causes visibles, car elles passent toute puissance de ces causes, ni en relation d'importance avec l'économie de l'être ». (Cahier 24, p. 349).

Ailleurs, il souligne le caractère de source quasi transcendante qu'ont ces infinis esthésiques :

> « Ces infinis de sensibilité sont les modifications esthétiques insolubles dans la pensée. Sans issue. Ils ne se rangent ni dans C, ni dans M, ni dans E, et ils ne se traversent pas comme simples éléments de transition. S'opposent donc au maximum de transitivité qui est l'abstrait. L'erreur sur l'abstrait est due à l'emploi de signes, noms, etc. qui le rangent parmi les choses. C'est prendre un conducteur pour une source ». (Cahier 24, p. 346).

Ces infinis de sensibilité ne se réduisent donc à aucune transitivité, à aucune fonction instrumentale ou fiduciaire ; ils ont une valeur essentielle, valeur or, ils sont source transcendante et créatrice de sens. Et c'est pourquoi ils transforment le poète qui les éprouve en « sauveur des phénomènes ».

> « Sauveur de phénomènes.
> Pascal c/ Goethe.
> Vanité, dit-il.
> Mais Goethe : « Arrête-toi, moment ».
> Et l'artiste essaie de fixer ce beau moment. Mais en essayant, il s'apprend à voir et finalement à trouver dans tous les moments quelque chose qui vaut d'être fixée. Mais plus. Il parvient à sentir que c'est l'acte de fixer (ou le désir) qui est l'important, le non-vain, ce qui sauve la pauvreté des objets et peut faire de l'homme un sauveur des phénomènes.
> Mais encore. L'excitation que nous donnent certains objets, paysage, beauté corporelle, etc., l'espèce d'infini que j'ai appelé esthétique, et qui consiste dans la reprise (du désir) résultant de

la possession .... nous fait désirer, en outre, de l'engendrer et provoquer ad libitum. Et c'est ici un infini de second degré ». (Cahier 17,
p. 457).

L'artiste n'est donc pas seulement un « sauveur des phénomènes » grâce à son aptitude à fixer dans une expression l'infinité précieuse que lui offre sa sensibilité subitement rendue résonnante
à un monde transfiguré ; il est également capable d'être lui-même
créateur de ces moments infinis, de les induire artificiellement, de
les « engendrer et provoquer ad libitum ». Remarquons que même
dans cette puissance de l'art à éveiller des « infinis de second degré », c'est encore à « donner l'idée d'un monde » que Valéry s'attache, et c'est bien là son originalité.

> « Tandis que tels poètes (Rimbaud, etc.) ont plutôt visé à donner
> l'impression d'un état extraordinaire (vision, résonnance réciproque
> des choses, exploration désespérée des sens et de l'expression),
> d'autres, et moi, avons cherché à donner l'idée d'un « monde », ou
> système de choses, bien plus séparé du monde commun, mais fait
> de ses éléments ». (Cahier 15, p. 247).

Mais si Valéry attribue au poète ce don prodigieux qui en fait
le « sauveur des phénomènes » ou qui le rend apte à produire l'enchantement éveilleur de « l'idée d'un monde », il sait aussi que ce
n'est point avec des idées que l'on fait de la poésie, mais avec des
mots. Or, nous avons vu combien sa démarche ontologique de retour au vécu essentiel, au réel pur, l'entraîne à se méfier du langage,
à le déprécier comme vulgaire instrument de notre aliénation culturelle, à le réduire à une simple fonction transitive dont le rôle est
de nous conduire au-delà du langage, dans le non-langage des actes
ou des choses concrètes. Le vrai poète, aime-t-il à dire, doit être le dernier des hommes à se payer de mots ! Voilà une étrange situation
pour un artiste dont tout l'art repose pourtant sur le langage ! Or,
tout de même qu'il s'est voulu sauveur de l'esprit (« je prenais très
au sérieux les affaires de mon esprit, et... je me préoccupais de son
salut comme d'autres font celui de leur âme »), et qu'il s'est voulu
aussi, à l'égal de Goethe, « un sauveur des phénomènes », Valéry
s'est encore voulu un sauveur du langage. « Il fallut donc chercher
ce qui peut sauver le langage ». (Cahier 29, p. 537).

> O Langage !
> Personne encore n'a fait pour Toi
> Ce que je vois devant être fait
> En Toi
> Et nécessairement par Toi.
> (aussitôt, je pèse ce mot : fait....
> et répète ce mot : Je....)
> (Cahier 26, p. 334).

C'est qu'en effet, outre la fonction transitive et utilitaire du
langage, en tant qu'instrument des besoins et des mythes d'une
société culturelle, Valéry a découvert aussi dans le langage un pou-

voir réel, une réalité efficiente, une force propre agissant avec l'efficacité des charmes incantatoires.

> « Quelqu'un résoudra sans doute les problèmes que je me suis posés, ou plutôt, ceux qui se sont posés à moi, sur moi, en moi, une fois que j'ai exterminé la mythique du langage pour en venir à son pouvoir réel, que cette mythique (des philosophes et des savants, sans parler des artistes et gens de plume) méconnaît, exagérant sans limites la puissance apparente et excitante, et diminuant sa sa vraie valeur, ses harmoniques ». (Cahier 26, p. 297).

C'est sans doute en songeant à cette « mythique du langage » qui a étouffé les pouvoirs réels de la parole sous les illusions et les vanités de l'inflation verbale des sociétés, que Valéry écrit un jour : « La « Science » a tué la Parole ». (Cahier 22, p. 693). A moins qu'il ne songe à l'esprit pragmatique des recettes techniques auquel il réduit la science moderne, qui, devenue science » à relais, ne s'avance pas vers « la connaissance », au contraire ! ». (Voir note Cahier 23, p. 3). Quoi qu'il en soit, le poète a reconnu dans la parole une valeur essentielle liée à sa réalité physique et qui n'est pas simple fonction de relai.

> « Tous les poètes, si différents soient-ils, sont d'accord sur la valeur essentielle de la forme, c'est-à-dire sur le réel du langage rapporté à ses moyens organiques d'efficace et d'action ». (Cahier 26, p. 298).

Valéry distingue donc deux niveaux du langage, ou plutôt deux aspects, car ceux-ci ne sont pas totalement séparables et sont plutôt imbriqués l'un dans l'autre : le langage utilisé dans ses emplois pratiques ou abstraits d'une part, et d'autre part, le langage poétique qui est « un langage dans le langage », (Pléiade I, p. 611 et p. 1324).

> Pour le premier, « la forme, c'est-à-dire le physique, le sensible, et l'acte même du discours ne se conserve pas ; elle ne survit pas à la compréhension ; elle se dissout dans la clarté ; elle a agi ; elle fait son office ; elle a fait comprendre : elle a vécu ». (Pléiade I, p. 1326).

Pour la deuxième au contraire cette forme sensible est la clé de l'univers poétique.

> « Aussitôt que cette forme sensible prend par son propre effet une importance telle qu'elle s'impose, et se fasse, en quelque sorte, respecter ; et non seulement remarquer et respecter, mais désirer, et donc reprendre ⊢ alors quelque chose de nouveau se déclare : nous sommes insensiblement transformés, et disposés à vivre, à respirer, à penser selon un régime et sous des lois qui ne sont plus de l'ordre pratique — c'est-à-dire que rien de ce qui se passera dans cet état ne sera résolu, achevé, aboli par un acte bien déterminé. Nous entrons dans l'univers poétique ». (id.)

Mais pour le malheur du poète, ces deux langages ne sont pas entièrement dissociables.

« Le devoir, le travail, la fonction du poète sont de mettre en évidence et en action ces puissances de mouvement et d'enchantement, ces excitants de la vie affective et de la sensibilité intellectuelle, qui sont confondus dans le langage usuel avec les signes et les moyens de communication de la vie ordinaire et superficielle ». (Pléiade I, p. 611).

« De la Poésie. Si nous n'étions pas accoutumés à ce point aux effets du langage qu'il se confond à la vie même de l'esprit, nous trouverions que même dans ses emplois les plus simples et dans ses formes les plus négligées, il possède toutes les puissances et propriétés essentielles de ce que nous concevons ou éprouvons de la poésie. Il suffirait d'énnoncer ces propriétés étonnantes pour définir celle-ci ». (Cahier 26, p. 438).

Remarquons que si le poète est particulièrement sensible à la forme physique du langage, à toutes ses propriétés chantantes, il n'en est pas moins attentif au sens, au fond, ou à la pensée qu'il véhicule. Le mot ne peut être réduit à un assemblage de syllabes, à une association chantante de sonorités, il est également expression d'un sens et d'une pensée. Aussi est-ce dans l'indissolubilité du son et du sens que Valéry fait résider la valeur d'un poème. Certes,

« il n'y a aucun rapport entre le son et le sens d'un mot.... Et cependant c'est l'affaire du poète de nous donner la sensation de l'union intime entre la parole et l'esprit.

« Sur la propriété spécifique de la poésie. Je crois que ce principe est à rechercher dans la Voix et dans l'union singulière, exceptionnelle, difficile à prolonger de la voix avec la pensée même ». (Cahier 7, p. 71).

« La poésie est l'utilisation de certaine propriété singulière du langage, celle qui consiste dans la régénération du sens par le signe, et du signe par le sens. Mais cette propriété réciproque est exceptionnelle ». (Cahier 8, p. 681).

Cette union intime du son et du sens, du physique de la parole et de la profondeur de l'esprit, de la forme sensible de la voix et de l'abstraction de la pensée, est certes exceptionnelle dans toute l'étendue d'un poème. Elle est pourtant la limite idéale, presque transcendante, qui, si elle y parvenait, définirait la poésie pure, « une limite située à l'infini, un idéal de la puissance de beauté du langage » (Pléiade I, p. 676).

Si donc Valéry parle parfois de son « matérialisme verbal » et déclare que « le réel d'un discours, ce sont les mots seulement et les formes », se moquant des « romanciers, philosophes, et (de) tous ceux qui sont assujettis à la parole par la crédulité », (Cahier 8, p. 368), ce n'est que pour mieux isoler les propriétés réelles du langage et le sauver de cette « mythique » qu'il veut exterminer ; mais ce faisant, il espère également sauver la pensée elle-même, car en retrouvant les pouvoirs réels du langage, c'est aussi le réel de la pensée qui serait retrouvé.

« La pensée doit être cachée dans les vers comme la vertu nutritive dans un fruit. Un fruit est nourriture, mais il ne paraît que
délice. On ne perçoit que du plaisir, mais on reçoit une substance.
L'enchantement voile cette nourriture insensible qu'il conduit ».
(Cahier 8, p. 309 ; Pléiade II, p. 547).

Si donc, à partir de la Jeune Parque, ce que notre poète recher-
cha de plus en plus consciemment dans la poésie, « ce fut l'enchantement » (Cahier 21, p. 478), c'est en tant que cet enchantement
associe indissolublement la pensée profonde et le délice verbal,
la substance du fond et le plaisir de la forme.

Or, il est à remarquer combien Valéry ne peut songer à cette
union intime et enchanteresse du son et du sens, de la Voix et de
la Pensée, de la parole et de l'esprit, du fond et de la forme, sans
lui accorder une résonance mystique, comme si le « mystère du
langage » rejoignait tout à coup « le mystère de toute chose ». Ce
n'est plus une simple mystique du « langage » que nous décou-
vrons en lui, comme celle qu'il décrit en Mallarmé, s'élevant « du
désir de l'inspiration qui dicte un moment de poème, à celui de
l'illumination qui révèle l'essence de la poésie elle-même ». (Pléiade
I, p. 707), car chez Valéry, la mystique du langage est étroitement
associée à une mystique de l'être, et le langage, rendu à ses pouvoirs réels qui ont l'efficace des charmes, devient un langage créateur, donateur de la réalité pure des choses, éveilleur de l'être
intime de l'univers. Pour lui, « les poètes dignes de ce grand nom
réincarnent ici Amphion et Orphée ». (Pléiade I, p. 651). Cette association du père des poètes avec le père des architectes est d'ailleurs
caractéristique de la puissance constructive et créatrice que notre
poète accorde à la poésie. « Car je vous invente, Moi, l'inventeur
de ce qui est, Orphée ! (Cahier 8, p. 362).

On sait la puissance d'inspiration que Valéry puisa dès sa jeu-
nsse dans la figure d'Orphée. « Car nous sommes orphiques, constructeurs au son de la Lyre de Temples bénis », écrit-il à Vielé-
Griffin, en 1891, pour le remercier d'avoir qualifié son sonnet d'Orphée, « comme l'idéal du poète contemporain ». (Lettres à quelques uns p. 44. Pléiade I, p. 1540). Plus même, il a voulu être Orphée.

« Je me suis souvenu de l'Orphée que j'avais moi-même chanté
jadis, et voulant l'être ». (Lettre à Jeannie, 1901).

« Orphée : O divinité familière ! A chaque ennui je me tourne
vers toi. Sans retard. Songe que dans cet esprit si libre tu tiens
la place d'une idole ». (Cahier 7, p. 668). « Commencement d'Orphée.
Je suis né sans le savoir, sans le vouloir, vers ce temps qui est devenu
fabuleux, et qui est si vieux qu'il passe pour n'avoir pas été. C'est
là la façon dont le temps vieillit : non seulement il n'est plus, mai
il n'est plus concevable et il semble impossible qu'il ait été. Mais
dans ce temps là cependant, les pierres n'étaient pas encore insensibles aux paroles, ni les tigres aux chants. La mortelle elle-même
se laissait prendre ou reprendre sa proie et l'on arrivait à la réduire ».
(Cahier 8, p. 371).

Si par la suite Valéry adopta aussi la figure d'Amphion, ce n'est que pour souligner la parenté qu'il voit entre l'architecture et la poésie, parenté due à leur commun pouvoir constructeur et créateur. Car Orphée n'était pas seulement poète, puisque son art suscitait l'érection de temples :

> Il chante, assis au bord du ciel splendide, Orphée !
> Le roc marche, et trébuche ; et chaque pierre fée
> Se sent un poids nouveau qui vers l'azur délire !
>
> D'un Temple à demi nu le soir baigne l'essor,
> Et soi-même il s'assemble et s'ordonne dans l'or
> A l'âme immense du grand hymne sur la lyre !
>
> (Péiade I, p. 77).

Et parallèlement, l'architecte Amphion n'a d'autre instrument que la lyre du poète :

> Arme-toi de la Lyre ! Excite la nature !
> Que ma Lyre enfante mon Temple,
> Et que le roc s'ébranle au nom du Nom Divin !
>
> (Pléiade I, p. 173).

Ainsi, la parole poétique n'aurait pas seulement la valeur d'un charme, elle en aurait aussi l'efficacité, en ce sens que, homogène à l'être, imprégnée des puissances de l'être, elle serait capable de le susciter et de nous l'offrir dans sa glorieuse présence. Retirée et sauvée de son exil qui la coupait de la réalité essentielle du monde, elle aurait prise sur le monde, parce que liée à lui d'un lien organique et substantiel. Restituée dans sa plénitude ontologique, la parole poétique devient créatrice ; c'est l'idée d'un monde qu'elle nous donne, c'est un univers, poétique qu'elle suscite.

Tel est du moins l'idéal de Valéry qui voudrait voir dans l'art poétique un art de transmutation du monde par la puissance du charme des mots. Cette poésie, reposant tout entière « sur la vertu enchanteresse du langage », serait capable de faire exploser la rigidité de l'ordre pratique du monde, et de créer un autre monde, une nature « asservie comme par enchantement aux caprices, aux prestiges, aux puissances du langage », un monde où tous les objets « sont devenus résonnants, l'un par l'autre, et comme accordés avec notre propre sensibilité ».

L'idéal d'un tel art accordant à la parole un pouvoir créateur fut déjà sans doute entrevu par les Grecs, lorsqu'ils désignaient du même mot de logos, à la fois le langage, la raison souveraine et le calcul. C'est ce que Socrate imagine lorsqu'il attribue à l'architecte Eupalinos « la puissance d'Orphée » :

> « Nous bâtissons, pareils à Orphée, au moyen de la parole, des temples de sagesse et de science qui peuvent suffire à tous les êtres raisonnables. Ce grand art exige de nous un langage admirablement exact. Le nom même qui le désigne est aussi le nom, parmi nous, de la raison et du calcul ; un seul mot dit ces trois choses ». (Pléiade II, p. 113).

C'est aussi à la magie antique que Valéry songe, comparant l'efficacité du charme poétique au pouvoir de la parole magique.

« Il ne faut pas oublier que la forme poétique a été pendant des siècles affectée au service des enchantements. Ceux qui se livraient à ces étranges opérations devaient nécessairement croire au pouvoir de la parole, et bien plus à l'efficacité du son de cette parole qu'à sa signification ». (Pléiade I, p. 1333).

« C'est que la poésie se rapporte sans aucun doute à quelque état des hommes antérieur à l'écriture et à la critique. Je trouve donc un homme très ancien en tout poète véritable : il boit encore aux sources du langage ; il invente des « vers », — à peu près comme les primitifs les mieux doués devaient créer des « mots », ou des ancêtres de mots ». (Pléiade I, p. 651).

Mais dans cet effort pour remonter aux sources du langage et retrouver ses puissances et propriétés essentielles, son « pouvoir réel », ce qu'il appelle « le réel du langage rapporté à ses moyens organiques d'efficace et d'action », Valéry songe surtout à ce pré-langage que sont les larmes, le sourire, le baiser, etc., toutes ces expressions spontanées du corps et de la voix où le geste sensible unit si intimement le signe et sa signification qu'il en acquiert une puissance d'action quasi magique sur autrui.

« Du langage des dieux.

C'est faute de le savoir que l'homme, ou que l'être de l'homme a créé ces approximations : les larmes, le sourire, le soupir, l'expression du regard, le baiser, l'embrassement, l'illumination du visage, le chant spontané, la danse, l'acte même de l'amour (lequel est inexplicable en intensité et en complication par la reproduction toute seule).... La poésie la plus élevée essaye de balbutier ces choses, et de substituer à ces effusions des expressions ». (Cahier 8, p. 842).

« Ce qui se chante ou s'articule aux instants les plus solennels ou les plus critiques de la vie ; ce qui sonne dans les liturgies ; ce qui se murmure ou se gémit dans les extrêmes de la passion ; ce qui calme un enfant ou un misérable ; ce qui atteste la vérité dans un serment, ce sont paroles qui ne se peuvent résoudre en idées claires, ni séparer, sans les rendre absurdes ou vaines, d'un certain ton et d'un certain mode. Dans toutes ces occasions, l'accent et l'allure de la voix l'emportent sur ce qu'elle éveille d'intelligible ; ils s'adressent à notre vie plus qu'à notre esprit. — Je veux dire que ces paroles nous intiment de devenir bien plus qu'elles ne nous excitent à comprendre ». (Pléiade I, p. 649, 650).

« La poésie est l'essai de représenter par les moyens du langage articulé, ces choses ou cette chose, que tendent obscurément d'exprimer les cris, les larmes, les caresses, les baisers, les soupirs, etc., et que semblent vouloir exprimer les objets dans ce qu'ils ont d'apparence de vie, ou de dessein supposé. Cette chose n'est pas définissable autrement. Elle est de la nature de l'énergie, de l'excitation, c'est-à-dire de la dépense ». (Cahier 8, p. 846).

« Beauté signifie inexprimabilité.... Inexprimable signifie non qu'il n'y ait pas des expressions, mais que toutes les expressions sont incapables de restituer ce qui les excite, et que nous avons le sentiment de cette incapacité ou irrationnalité comme de véritables propriétés de la chose-cause.... De l'ineffabilité. « Les mots manquent ». La littérature essaye par des mots de créer l'état du manque de mots ». (Cahier 18, p. 350).

« La poésie a l'ambition d'exprimer par les moyens du langage, précisément ce que le langage est impuissant à exprimer ». (Cahier 25, p. 840).

Ainsi, c'est l'impuissance du langage commun qui est à l'origine de la poésie. Tout ce qui est directement exprimable par le langage, tout ce que le langage est apte à traduire, n'appartient pas à la poésie ; sa dicibilité même l'exclut du domaine poétique. Le besoin de poésie ne naît véritablement qu'à partir du sentiment étreignant d'une impuissance à exprimer par des mots la plénitude d'une expérience existentielle qui « est de la nature de l'énergie, de l'excitation », plus que de la compréhension. Et plus qu'une expression de cette expérience, c'est « l'état du manque de mots » suscité par cette expérience que la poésie cherche à créer, le lecteur lui-même devant être saisi par l'énergie de cet état transcendant.

Il faut souligner l'ambition existentielle et ontologique d'une telle conception de la poésie, dans son désir de capter des expériences proprement inexprimables, dans sa volonté de saisir l'irrationnalité d'états transcendants, où le mystère de l'être nu semble se révéler au-delà des limites habituelles de l'intellect et du langage. Car les limites du langage sont corollaires de celles de l'intellect. Et, tout de même que Valéry a découvert les limites de l'intellect et l'importance de la sensibilité dans l'équilibre total de la vie de l'esprit, il a découvert aussi l'impuissance du langage devant toute expérience existentielle pure, source d'une énergie qui concerne notre devenir plus que notre faculté de compréhension. Conjointement à la découverte des limites de l'intellect et du langage, tous deux responsables du divorce tragique qui sépare l'être et le connaître, c'est ainsi une reconnaissance toujours plus approfondie du mystère ontologique de l'existence qui le rattache à la poésie. Car s'il est attentif à toutes « ces choses ou cette chose, que tentent obscurément d'exprimer les cris, les larmes, les caresses, les baisers, les soupirs », c'est pour la charge d'être et pour le contenu ontologique que ces manifestations spontanées semblent révéler. Plus que l'homme, c'est « l'être de l'homme (qui) a créé ces approximations » ; celles-ci « s'adressent à notre vie plus qu'à notre esprit », et elles « nous intiment de devenir », de nous insérer dans une participation plus authentique au mystère de l'être. Ce dévoilement ontologique n'apparaît d'ailleurs pas seulement dans ces réactions naturelles de « l'être de l'homme », mais aussi dans « les objets, dans ce qu'ils ont d'apparence de vie, ou de dessein supposé ». C'est ainsi que l'être de l'homme et l'être du monde semblent participer d'une même source d'énergie dont les dévoilements, aussi fragmentaires soient-ils, ne peuvent pas ne pas nous donner le sentiment d'une irrationnalité transcendante à toutes les expressions du langage commun. Ce n'est d'ailleurs pas seulement dans les manifestations infra-intellectuelles de l'homme que Valéry découvre des parcelles du dévoilement de l'être authentique, mais aussi dans ses manifestations les plus sublimes, comme dans « ce qui sonne dans les liturgies ». Car si les larmes et les sourires semblent des souvenirs lointains et inconscients et de pâles reflets du « langage des dieux », la liturgie est peut-être l'effort le plus direct et le plus conscient pour le retrouver.

Aussi est-il significatif que dans son effort de pénétration ontologique au-delà de la vérité et au-delà du langage, c'est, d'une part, vers un effort de sublimation et de sauvetage du langage, réinséré dans l'énergie de l'être par le moyen de la poésie pure, que Valéry se tourne, mais aussi vers une conception liturgique du théâtre. Ces deux tentatives parallèles témoignent d'une même volonté de restauration ontologique du langage, auquel doit être restitué l'efficace d'un charme agissant, de manière à le rendre homogène au mystère de l'être. Le langage, redevenu acte et chargé d'un pouvoir, est alors capable de nous faire communier avec l'énergie infuse dans l'univers. Car « si l'univers est l'effet de quelque acte, cet acte lui-même, d'un Etre, et d'un besoin, d'une pensée d'une science et d'une puissance qui appartiennent à cet Etre, c'est par un acte seulement que tu peux rejoindre le grand dessein ». (Eupalinos, Pléiade II, p. 143). L'originalité de Valéry est d'avoir découvert que la parole peut avoir l'efficacité d'un acte ; certes, non pas toute parole, mais la parole sauvée de son exil dans le désert des significations banales, dévalorisées et coupées des énergies de l'Etre. La parole, une fois épurée et libérée, restituée dans ses pouvoirs réels, devient un acte chargé de puissance ontologique, un acte homogène à l'acte qui fonde l'univers. Le mystère de la parole correspond ainsi directement au mystère de l'univers ; plus, la parole est homogène à l'univers, parce que tous deux participent au même mystère de l'être. Le langage, ainsi rendu à sa vertu enchanteresse, peut alors recevoir la mission de « représenter le mystère de toute chose par le mystère du langage ».

Cette conception du « langage dans un langage » qu'est la poésie pure, extraite comme par distillation du langage commun, correspond ainsi à une volonté d'épuration radicale du langage dans le but de lui restituer sa transcendance ontologique et comme originelle. Jouant sur la propriété exceptionnelle de l'union intime du son et du sens, du chant et de la pensée, le poète cherche à étendre cet « état chantant de la fonction qui parle » à la composition de tout un poème. La poésie pure serait celle où ne figureraient que des éléments poétiques, exclusivement, encore qu'un assemblage de beaux détails ne suffise pas à former un poème.

> « Ce mot admirable de Voltaire que « la poésie n'est faite que de beaux détails », je l'entends pleinement. Je dis qu'une poésie est faite de « beaux bétails » comme une musique n'est faite que

de sons (par opposition aux bruits). Les sons ni les beaux détails
ne suffisent pas. Ils sont simplement nécessaires et le sont conti-
nuement ». (Cahier 6, p. 687).

C'est la continuité du délice mélodique tout au long du poème,
réussite la plus rare, qui exige le plus d'efforts et de travail et
donne une importance majeure à la recherche de composition.
Valéry insistera donc sur la primauté des problèmes de forme et
de composition, mais ce ne sera jamais au détriment du fond ou
des significations, car une forme qui ne serait pas chargée d'une
plénitude de sens ne serait pas une forme. Ce qui la distingue de
toute expression non stylisée, c'est justement l'inépuisable richesse
sémantique qu'elle est capable d'évoquer. La forme réalise ce mystère d'« êtres à demi concrets à demi abstraits », situés à la frontière de l'univers physique et de l'univers spirituel, « véritables
créatures de l'homme, qui participent de la vue et du toucher
— ou bien de l'ouïe, — mais aussi de la raison, du nombre et de la
parole ». (Eupalinos, Pl. II, p. 106, 107). Seule cette participation
merveilleuse à la spiritualité du sens distingue donc la forme
artistique de la simple figure. Alors que la forme se transfigure
d'elle-même dans la spiritualité du sens, sans laisser de reste non-
signifiant, le tracé vulgaire demeure prisonnier de sa matérialité
pesante. Aussi pour le pur artiste, c'est la forme et la forme
seule qui doit paraître engendrer l'univers de significations.

> « La poésie cherche dans le langage et contre lui, contre sa
> fonction ordinaire et sa volonté pratique, les tendances réelles,
> non conventionnelles, les pouvoirs excitants physiques, les simi-
> litudes, les accords. Mais elle ne peut exclure le significatif ».
> (Cahier 12, p. 151).

C'est ainsi une union étroite et indissoluble qui doit s'instituer
entre la forme et le significatif. La réussite du poème est à la mesure de cette indissolubilité.

> « Son du sens et sens du son. Pour le poète, le son des phonèmes
> a un sens, n'est pas sans exciter des effets autres qu'auditifs ; et
> le sens des mots ou les idées ont un son, ne sont pas sans exciter
> des effets autres que transitifs ». (Cahier 17, p. 229).
> « Gl. On ne comprend ce qu'est la forme en matière d'art que
> lorsqu'on a compris quelle donne (ou doit donner) autant de pensées
> que le fond ; que sa considération est aussi féconde en idées que
> celle de l'idée-mère ». (Cahier 17, p. 611).

C'est en fait cette union intime du fond et de la forme qui assure le miracle poétique par excellence, à savoir la fusion entre l'être
et le connaître, ce qui est le suprême but de l'existence. Car si le
fond se rattache à la connaissance, la forme, de son côté, se rattache
à l'Etre.

> « Le langage s'identifie avec la connaissance. Mais la forme
> du langage, cette forme qui permet de concevoir des combinaisons
> du langage, le montre comme fonction et tenant à l'Etre ». (Cahier 6,
> p. 193).

On conçoit ainsi que ce « Paradis du Langage » que devrait être la Poésie (Pléiade I, p. 457) n'a pas seulement le pouvoir de sublimer le langage en lui rendant ses vertus ontologiques transcendantes ; il a également le pouvoir d'entraîner le poète, et le lecteur à sa suite, dans une fusion de leurs devenirs personnels avec le devenir de l'univers. Car pour Valéry, « ce n'est pas la poésie qui importe, tant que l'état poète ». (Cahier 6, p. 705).

A travers l'activité poïétique, créatrice de la poésie, c'est l'unité et l'harmonie de la personne vivante qui se réalise, en réconciliant l'émotion et la raison, la sensibilité et l'intellect, le corps et l'esprit, et en réunissant la personne, ainsi réunifée et réharmonisée en elle-même, avec l'unité et l'harmonie de l'univers. L'homme pourrait enfin connaître sans cesser d'être, réconcilié qu'il serait dans son être avec l'être de l'univers.

Si la poésie pure semble ainsi avoir seule le pouvoir de résoudre la dramatique tension de l'être et du connaître, et d'assurer leur fragile et miraculeuse fusion dans l'espace chantant d'un poème élargi aux dimensions d'un univers poétique, c'est qu'en fait le langage, une fois restitué par la distillation poïétique dans sa vigueur et sa transcendance ontologiques, n'est plus tant le langage de l'homme, ou celui du poète, qu'un « Saint Langage », celui de l'Etre en sa pure transcendance.

> Honneur des Hommes, Saint LANGAGE,
> Discours prophétique et paré,
> Belles chaînes en qui s'engage
> Le dieu dans la chair égaré,
> Illumination, largesse !
> Voici parler une Sagesse
> Et sonner cette auguste Voix
> Qui se connaît quand elle sonne
> N'être plus la voix de personne
> Tant que des ondes et des bois !
> (La Pythie, Pléiade I, p. 136).

On conçoit alors que ce pur langage tout gonflé d'une sagesse divine puisse éveiller l'idée d'une cérémonie religieuse pour le chanter ou le louer. Et ce n'est pas la moindre originalité de Valéry d'avoir élaboré une « conception liturgique des spectacles ».

On sait, par ses lettres à Gide surtout, combien il fut impressionné dans sa jeunesse par la liturgie de la messe qu'il suivait, son « petit rituel à la main », dans la cathédrale de Montpellier. La sublimité de la cérémonie le confondait « par la pensée que tout Drame est impossible après la Messe... le drame liturgique est la Perfection — dans la Perfection ». Et de conclure avec enthousiasme :

> « Hein ! quel Poe a trouvé cet effet ? Est-ce ou non la merveille suprême de l'Art, la pyramide posée sur sa pointe, le néant dispersé par tant de néants ? ». (Lettre à Gide du 5 Décembre 1891 — Correspondance p. 143).

On ne peut manquer d'être frappé par cet enthousiasme juvénile du poète voyant dans la messe « le chef-d'œuvre de tous les arts ». Certes, son émotion apparaît plus esthétique que théologique ; il est certain cependant qu'elle n'est pas simple divertissement, elle a les dimensions mystiques d'une participation à l'Etre. Mais il faudra encore presque quarante ans d'ascèse et de maturation intellectuelle, à travers la mystique de l'esprit pur, puis à travers la mystique de la poésie absolue, avant que le poète ne fasse représenter le mélodrame liturgique d'Amphion sur la musique d'Arthur Honneger. Le résultat ne fut sans doute pas à la hauteur de ce qu'il en attendait.

> « Je n'ai pu malheureusement imposer mes vues, qui étaient les plus simples du monde, et j'ai eu l'ennui d'assister à un ballet russe quand j'avais conçu une sorte de cérémonie religieuse ». (Lettres à quelques-uns, p. 209-210.

Ses intentions étaient pourtant claires. La scène des Muses devait être « très religieuse, très sainte, très liturgique ».

> « Il me semblait digne d'être tenté de confronter, ou d'opposer, à l'espace de « vie » et de désordre qui fait la puissance de l'écran, un spectacle fortement conventionnel et destiné à produire une émotion quasi-religieuse. Qu'entendre par là ? Un spectacle qui excite une participation profonde du spectateur au lieu de le tirer et de l'entraîner hors de soi ». (id.)

Le poète lui-même a résumé le thème de son œuvre. « Le sujet se réduit à ceci : Amphion, homme, reçoit d'Apollon la lyre. La musique naît sous ses doigts. Aux sons de la musique naissante, les pierres se meuvent, s'unissent : l'architecture est créée ». (Histoire d'Amphion, Pléiade II, p. 1282). On reconnaît le thème d'Orphée. Mais c'est la fin du spectacle qui a surtout intrigué la critique. Alors qu'une montée au Temple, construit aux sons de la lyre, devait couronner l'apothéose d'Amphion, voilà que soudain une forme mystérieuse de femme voilée lui barre la route, « lui prend doucement la Lyre » qu'elle jette dans la fontaine, et l'entraîne on ne sait où. Cette figure-est-elle « l'Amour ou la Mort » ? Valéry a voulu l'ambiguïté.

Il nous semble cependant que cette fin inattendue, mais qui n'est pas tragique, puisque « l'orchestre se réduit à un chant très suave, sombre et comme intime », reflète très exactement l'ambiguïté même de la mystique valéryenne. Le poète s'en explique quelque peu dans les Cahiers : « Cet épisode final suggéré par le ne vouloir pas terminer l'ouvrage au plus haut ». (Cahier 13, p. 87). Amphion a réalisé parfaitement la tâche que lui avait confiée le dieu. Chantre-prophète, il a mené à bien la reconstruction harmonieuse du monde. Poète triomphant, il reçoit l'hommage de la foule. Mais que peut-il attendre encore d'une apothéose qui le ferait trôner dans le Temple qu'il a construit ? Cette glorification par la foule ne pourrait que donner naissance à un nouveau culte retombant en superstition et ignorant l'aventure intime de la mystique. Or, nous l'avons vu, le poète du divin n'est rien moins qu'assuré sur l'existence du dieu. Plus même, il croit que « ce qu'il y a de divin en nous est au fond contre Dieu ». Il ne peut donc que se défendre contre toute affirmation qui consacrerait l'apothéose d'une mystique. La fin ne peut pas ne pas être ambiguë. On ne pourrait sans mensonge « terminer l'ouvrage au plus haut ». Bien que la forme voilée qui cache soigneusement son mystère, accueille Amphion « avec tendresse », l'ambiguïté doit demeurer. Il ne nous est pas possible de décider si elle est l'Amour ou la Mort. Pareille ambiguïté partageait également la soif d'absolu de la Jeune Parque :

> Oh ! parmi mes cheveux pèse un poids d'abeille,
> Plongeant toujours plus ivre au baiser plus aigu,
> Le point délicieux de mon jour ambigu....
> Lumière !... Ou toi, la Mort ! Mais le plus prompt me prenne !...

Mais tandis qu'une atmosphère de drame imprégnait le poème du retour à la poésie, la fin d'Amphion demeure toute apollinienne ; bien qu'il ne puisse y avoir de consécration supprimant le risque de l'aventure spirituelle, le poète demeure avec l'espoir d'avoir

> Emu la substance des cieux,
> Et touché l'Etre même que nous cache
> La présence de toutes choses.

(Amphion, Pléiade I, p. 177)

Ainsi, à travers l'idéal de la poésie pure, comme à travers la conception liturgique du spectacle, une même ambition anime Valéry : épurer notre insertion à l'Etre intime de toute réalité. Nul poète n'a sans doute poursuivi avec autant de persévérance et de profondeur cette quête ontologique qui creuse toute chose jusqu'à la substance intime de l'Etre.

> « Tu te fais tout esprit, et clos à la lumière, tes yeux cherchent en toi l'être de ce qui est. Ce qui paraît au jour n'est rien pour ta raison, et ce qu'au vent léger notre arbre balbutie, le doux frémissement de la cime effleurée, l'ample hésitation de toute la ramure, et tout son peuple ailé pépiant sans souci, que t'importe ? Tu veux la nature des choses ». (Dialogue de l'arbre, Pléiade II, p. 173).

Remarquons qu'une telle ambition ontologique poursuivie à travers le mystère du langage, dans l'intention d'y découvrir le mystère des choses et le mystère de l'Etre, exige du lecteur une participation quasi mystique à l'effort de recherche. Tout comme la cérémonie liturgique demande « une participation profonde du spectateur au lieu de le tirer et de l'entraîner hors de soi », l'idéal de la poésie pure ou absolue est lié au « dessein d'exalter et d'exprimer (la) personne en ce qu'elle a de plus pur et de singulier ». (Pléiade I, p. 1366).

Ce n'est ainsi pas une des moindres caractéristiques de la poïétique valéryenne culminant en la recherche d'un Paradis du langage, que sa liaison intrinsèque avec une sorte d'éthique ou de direction de vie qui implique l'épuration et la reconstruction intime du moi. L'œuvre poétique elle-même semble n'être que le moyen, mais moyen suprême et privilégié, de l'œuvre du moi se réalisant soi-même pour « changer (son désordre en ordre et (sa) chance en pouvoir ». Nul poète n'a comme Valéry aussi étroitement associé la discipline de réalisation du moi pur avec son idéal poétique. L'esthétique de la poésie pure est intrinsèquement liée à l'éthique exigeante de la sublimation du moi. L'Orphée, que voudrait être Valéry, a assumé en lui, mais en les assouplissant et les enrichissant considérablement, **toutes les exigences de Teste.** Une même préférence du moi pur anime l'idéal de poésie absolue, mais un moi pur qui a su intégrer les surprises de la sensibilité, les dons de la grâce, les élans de l'extase avec le goût de l'analyse. L'intellect n'impose plus la sécheresse de son ordre, et la pensée abstraite dont est capable le poète, ne s'exerce plus tant pour elle-même qu'intégrée à l'acte total du poète. L'activité poétique, en ses suprêmes exigences de pureté, serait d'ailleurs impossible, vue le nombre des difficultés qu'elle s'impose, sans la grâce d'une inspiration qui dynamise les mécanismes mentaux et les relie à leur plus haute source. « Par bonheur, je ne sais quelle vertu réside dans certains moments de certains êtres qui simplifie les choses et réduit les difficultés insurmontables dont je parlais à la mesure des forces humaines ». (Pléiade I, p. 1338). Aussi l'idéal de Valéry n'est aucunement Teste, monstre intellectuel replié et refermé sur lui-même, mutilé par l'anathème jeté par l'intellect sur la sensibilité, mais, Orphée, visité par le dieu « Maître de la lumière », qui l'a choisi « entre mille, entre tous » pour lui remettre « l'arme prodigieuse, la Lyre ».   ,

Consacré ainsi « à définir et construire un langage dans le langage », « un Paradis du langage », un « Saint-Langage », le poète « tend à constituer le discours d'un être plus pur, plus puissant et plus profond dans ses pensées, plus intense dans sa vie, plus élégant et plus heureux dans sa parole que n'importe quelle personne réelle ». (Pléiade I, p. 611). « Il a cherché, il a trouvé des moyens de fixer et de ressusciter à son gré les plus beaux ou les plus purs états de soi-même, de reproduire, de transmettre, de garder pendant des siècles les formules de son enthousiasme, de son extase, de sa vibration personnelle ». (Pléiade I, p. 1364).

La conclusion des conférences « Poésie et pensée abstraite » (1939) et « Propos sur la poésie » (1927) est étonnamment similaire, et significatitive de la polarisation de toutes les recherches de Valéry sur une idée sublimante du Moi. L'univers poétique n'est pas seulement le monde cristallin des résonnances pures obtenues par le travail de distillation du poète qui cherche à épurer de leur gangue grossière « les choses précieuses qui se trouvent dans la terre ». (Pléiade I, p. 1334). Car la pierre de touche de cette purification du monde est la sensibilité même du poète. L'univers poétique correspond chez le poète à « une phase spéciale de son domaine d'existence psychique ». Il n'y a donc pas d'objet poétique, indépendamment d'un sujet poétique ; seul l'état poétique de la sensibilité permet l'œuvre de poétisation et de musicalisation du monde. Le poète, dans son état de sensibilité poétique, dispose d'un pouvoir merveileux d'enchantement qui agira comme un charme pour transformer le monde en un univers de résonances cristallines. Ou plutôt, ce n'est pas la sensibilité même du poète qui dispose de ce pouvoir, mais c'est elle qui, agissant comme un catalyseur, entraîne la cristallisation de l'univers, comme si le monde des objets attendait cette disponibilité spéciale de la sensibilité poétique aux effets de résonance, pour multiplier ces effets harmoniques à l'infini. L'émotion poétique est en effet la résultante d'une correspondance merveilleuse entre les objets du monde et les modes de notre sensibilité générale.

On voit que le mystère de la poétisation de l'univers réside autant dans le pouvoir d'enchantement que l'association de certains mots exerce sur notre sensibilité, que dans l'aptitude même de notre sensibilité à ressentir ces charmes infinis. Si donc nous voulons essayer de saisir l'essence du charme poétique, c'est vers nous-mêmes qu'il faudra nous tourner, pour tenter d'analyser ce qui se passe en nous. Ici, nous retrouvons ce qui a été faussement appelé le « narcissisme » de Valéry, qui n'est que le retour à l'expérience concrètement vécue, ainsi que le veut tout le mouvement phénoménologique du 20e siècle, pour lequel le sujet doit se retrouver comme source absolue dans la double présence réciproque de soi au monde et du monde à soi.

Cette attention à soi comme source absolue pour y découvrir notre vérité (voir Pléiade I, p. 1318, 1319), n'a rien de commun avec le solipsisme romantique attentif à toutes les nuances variables et passagères du cœur. Car ce n'est pas le moi psychologique, immédiatement perceptible au regard superficiel, qui intéresse la descente aux sources du moi ; c'est le moi profond, structural, constitutif, originel, unique, qu'il faut découvrir.

Cependant, dans cette recherche du moi pur, Valéry ajoute sa note personnelle. Ce moi, source absolue, n'est pas seulement un moi transcendantal, ontologique, pure essence au-delà des fluctuations de l'existence. Ce Moi pur se charge de valeur mystique. Il est peut-être la valeur suprême au sommet de l'échelle des valeurs. Il exerce un pouvoir d'attraction irrésistible sur le moi commun du poète. La « Voix pure, idéale », que le travail purificateur du poète extrait du langage commun, souillé dans les usages vulgaires, n'est peut-être autre que la voix même de ce moi pur, puisque cette « Voix pure » de la poésie a pour tâche de communiquer « une idée de quelque moi merveilleuscment supérieur à Moi ».

On voit combien profonde et constitutive est pour Valéry l'aspiration de ses vingt ans pour un art suprême dont il ne voyait d'exemple que dans « le drame liturgique » :

> « En somme, je puis dire que tout Art est la mise en forme de cette fameuse parole : Et eritis sicut dei ». (Correspondance avec Gide, p. 143).

CHAPITRE IX

" CET HOMME-DIEU *"*

« Un homme qui n'a jamais tenté de se faire semblable aux dieux, c'est moins qu'un homme », nous dit Valéry dans « Choses tues » (Pléiade II, p. 486) en une pensée qui résume au mieux l'essentiel de sa tension constante vers un dépassement de l'humain. Car, depuis la « séduction d'Aristie » qui fascina ses années de jeunesse, jusqu'à Faust, « cet Homme-Dieu » héros de sa suprême maturité, en passant par ses recherches sur ce que peut un homme, sur la conscience et le Moi pur, ou sur le paradis du langage, toujours une même volonté de sublimation et de purification anima celui qui avouait avoir été « possédé » par « l'idée de perfection ». Lorsqu'il pense, sous le sigle de Gladiator, à résumer ses traits les plus originaux, c'est un « Traité de la pureté » qu'il songe à écrire, tout de même que Faust possède, parmi les manuscrits de ses « Mémoires ou Traité », un « Traité de l'Aristie. L'Aristie est l'art de la supériorité ».

Cet art, Valéry l'a cultivé avec méthode et obstination, répondant à une exigence de sa nature profonde. Car ce n'est pas une vaine supériorité qu'il recherchait, lui qui ne voulait rien devoir au jugement des hommes, et qui se moquait de la gloire, même après qu'elle lui fut venue. Et s'il y avait de l'orgueil dans cette volonté tendue de perfection, ce n'était que l'orgueil qui s'attache au sentiment irréfragable de cette dignité secrète qu'il est du devoir de tout homme de dégager et de développer. En ce sens cet orgueil essentiel ou « véritable » n'est pas incompatible avec la modestie. Car, si modeste soit l'homme, il est de son devoir le plus élémentaire de s'obstiner dans la défense de sa source d'être la plus intime et la plus idéale. Aussi pourrait-on dire que Valéry a réhabilité l'orgueil comme une vertu majeure du vouloir être de l'homme, comme un appel aux puissances les plus secrètes du moi. N'est-ce pas l'orgueil qui « fait les Saints, les Purs, les Héros, les Martyrs, qui sont des gens terribles » ?. (Pléiade II, p. 363).

« Le véritable orgueil est le culte rendu à ce que l'on voudrait faire, le mépris de ce que l'on peut, la préférence lucide, sauvage, implacable de son « idéal ». Mon Dieu est plus fort que le tien ». (Choses tues. Pléiade II, p. 487).

« L'amour, la haine, l'envie sont des lumières de l'esprit ; mais l'orgueil en est la plus pure. Il a illuminé aux hommes tout ce qu'ils avaient à faire de plus difficile et de plus beau. Il consume les petitesses et simplifie la personne même. Il la détache des vanités, car l'orgueil est aux vanités ce que la foi est aux superstitions. Plus l'orgueil est pur, plus il est fort et seul dans l'âme, et plus les œuvres sont méditées, sont refusées et remises sans cesse dans le feu d'un désir qui ne meurt point ». (Pléiade I, p. 621).

Mais nous savons que, pour Valéry, ce ne sont pas seulement les œuvres littéraires qui sont indéfiniment remises sur le chantier et soumises aux exigences d'un désir de perfection impossible à satisfaire, c'est aussi et surtout l'œuvre primordiale, l'œuvre par excellence, l'homme lui-même, appelé à réaliser son être, à devenir ce qu'il est secrètement dans son implexe potentialité. « Un homme qui se mesure à soi-même et se ferait selon ses clartés me semble une œuvre supérieure qui me touche plus que toute autre », disait-il à propos de Mallarmé. Et lui-même, pendant vingt-cinq ans, avait héroïquement préféré la refonte de son esprit et de ses pouvoirs, et sacrifié une carrière littéraire pour « se refaire entièrement le cerveau ».

Mais il y a plus encore qu'une volonté de parfaire à l'extrême les puissances idéales du moi, et de reculer ainsi les limites de l'esprit ; car c'est au-delà même des limites de l'humain que cet « orgueil véritable », qui n'est peut-être que le sentiment confus de la dignité originelle ou métaphysique de l'homme, pousse le moi le plus secret. Cet orgueil n'est-il pas en effet le pressentiment que « ce qu'il y a de plus noble en nous » échappe à la vile humanité et participe en quelque manière de la divinité ?

« L'orgueil n'est-il pas ce qu'il a détaché de plus lumineux de sa propre essence pour le communiquer à des esprits ? Se faire semblable à Lui, n'est-ce point le plus grand hommage, cependant que de repousser ou dédaigner cette volonté de ressemblance serait l'injure la plus grave ? ». (Cahier 26, p. 622).

Telle est la question que nous trouvons dans un « Sermon du Diable », prétendant que « les rebelles seuls valent la peine d'être sauvés ». Car cette volonté de dépassement de l'humain n'est pas chez Valéry la marque d'une ambition démesurée ; elle est plutôt corollaire d'une aspiration ontologique ou de l'intuition secrète de notre enracinement dans une source d'Etre transcendante au simple jeu existentiel. Ce n'est pas qu'il ait ignoré les déviations possibles de cet orgueil ontologique, lorsque cédant à des affabulations monstrueuses, l'orgueil mêle le pur et l'impur en une confusion barbare et dangereuse. Sémiramis est l'exemple de cet orgueil fou, fait de plus de mépris arbitraire et d'ambitions vulgaires que d'authentique volonté ontologique. La reine babylonienne reste en effet toute barbare dans sa volonté de domination universelle. Ce n'est pas l'amour, mais la haine qui anime sa soif sauvage de conquête du pouvoir ; et sa volonté de « Puiser au sein des dieux la force d'être unique » est si mêlée d'appétits grossiers de gloire et de jouissance charnelle, que sa folie des grandeurs écrase son génie. Ses extravagances, mêlées à une sexualité primitive qui la fait s'exposer nue sur l'autel de son holocauste, la situent largement aux antipodes de la pureté altière et virginale de la Jeune Parque, ainsi que de la noblesse de « ce grand seigneur de l'esprit » qu'est Faust. Car ce n'est pas dans la démesure, la déraison ou le délire d'ambitions arbitraires que Valéry place sa volonté ontologique d'exalter le Moi au-delà des limites de l'humain, mais au contraire dans la rigueur d'un esprit toujours plus lucide et plus maître de lui-même. Il n'est point en lui de romantisme de la grandeur, ni d'exaltation arbitraire de la volonté, ni de vague nostalgie de puissance, mais prise de conscience lucide des pouvoirs de l'esprit, clairvoyance imperturbable d'une intelligence, qui dans le jeu même de son activité se découvre échapper à la relativité de toute vie humaine. La conscience se sent universelle en son fond secret. « Elle se juge plus profonde que l'abîme même de la vie et de la mort ». (Pléiade I, p. 1222, dans Note et disgression, où il faut relire les admirables pages consacrées à l'intelligence et à la conscience). Aussi est-il naturel et conforme au sentiment de son identité ontologique, que l'homme veuille se réaliser en dépassant l'homme. Car dans son ontologie secrète, l'homme est plus que l'homme.

> « L'humain n'est humain que par ce qu'il suggère de surhumain, et celui-là n'est vraiment homme qui ne se transforme d'homme en plus qu'homme ». (Cahier 24, p. 240).

Teste, Léonard de Vinci, Orphée, la Jeune Parque, Amphion, Sémiramis, Faust sont les figures témoins des étapes de cette aventure spirituelle toute tendue dans l'ascension vers une surhumanité en laquelle seule l'homme réaliserait sa véritable vocation. Et il est hautement significatif de la continuité de sa tension de dépasement de l'humain vers un Moi absolu, que Valéry ait couronné son œuvre par sa propre version de Mon Faust. Car le thème principal de ce Faust, sur lequel se greffent presque tous les thèmes de préoccupation propres à Valéry, ainsi que peut-être les découvertes et les inquiétudes propres à sa maturité, reste l'exaltation, la volonté d'affirmation du Moi au-delà des limites de l'humain. Faust représente la suprême ambition de Valéry, son dernier idéal, ce que le Disciple confronté à Méphistophélès, ne fait qu'exprimer avec la brutalité naïve convenant à un jeune.

> Méphistophélès..... Que souhaitez-vous enfin ?
> Le Disciple. Je voudrais être grand.
> Méphis. En quoi ? Et comme qui ? Il y a mainte grandeur.
> Le Dis. Comme..... Faust.

Méphis. Comme Faust ?.... Mais ne voyez-vous pas comme il est triste et détaché ?

Le Dis. Il le serait bien plus s'il avait quelque raison de l'être .... Oui. Comme Faust. Dominer l'esprit par l'esprit.... Par mon esprit ». (Pléiade II, p. 363).

Voilà bien le thème valéryen par excellence. Car le Disciple comme Faust, comme Lust, ne sont, comme toujours dans toute son œuvre, que différentes faces du même personnage, Valéry, du moins le Valéry intérieur, héros d'une aventure intellectuelle qui lui est propre. Il n'était donc pas nécessaire qu'il nous en avertisse dans ses Cahiers, nous l'aurions suffisamment reconnu. « Je suis mon seul modèle. Car Lust et Faust sont moi, et rien que moi » (Cahier 29, p. 804).

Si Faust représente l'idéal du Moi déjà parvenu à se réaliser dans l'autonomie et la maîtrise d'un esprit dominant ses propres sources de pensée, et, remarquons-le, pas seulement instruit des diverses sciences et de tout le savoir humain, mais capable d'être soi dans le mépris de toutes les vanités et de tous les désirs hétérogènes, Lust et le Disciple, par contre, tout en tendant vers ce même idéal, doivent encore affronter les tentations qui leur permettront, quand ils les surmonteront, de le réaliser. C'est ainsi que Faust est déjà « l'Homme-Dieu » capable de se moquer des mesquines tentations du pauvre Diable traditionnel, qui ne paraît pas bien malin au jeune disciple lui-même. « Quand je songe aux tentations ridicules que tu as osé proposer à cet Homme-Dieu ! Toute ta faiblesse d'esprit se manifesta ce jour-là », (Pléiade II, 1. 1412) déclare le Solitaire à Méphisto dans les feuillets additionnels du IIIᵉ Faust. Car « cet Homme-Dieu » n'est pas ici celui que les Evangiles présentent tenté par le Démon sur le mont des Tentations. Il est essentiellement Faust lui-même, parvenu au sommet de cette aventure spirituelle qui tend à le « faire semblable aux dieux », tout comme « cet arbre infini » dont le berger Tityre nous raconte l'aventure fabuleuse, et qui, animé « de la force la plus tendue que la vie eût jamais produite », était enfin devenu » l'Arbre-Dieu ». (Pléiade II, p. 191). S'il en fallait une preuve, on pourrait la trouver dans cette note des Cahiers déjà citée :

« θ. Faust III. Le problème réel de l'existence de Dieu consiste dans la recherche d'une certaine transformation de soi = celle dont le résultat ne pourrait s'exprimer que par Dieu. Toutefois la question du nom lui-même doit être réservée ». (Cahier 25, p. 266).

Nous avons déjà indiqué, dans le 7ᵉ chapitre, combien cet effort qui tend l'individu dans une volonté de divinisation de l'homme, et dans un désir ontologique de proximité divine où la part divine de l'homme retrouverait son vrai terrain, nous apparaît comme d'essence et de direction toutes contraires à l'humanisation du Dieu en quoi prétendent se résumer les Evangiles. La voie faustienne est en effet celle d'un humanisme exaltant les pouvoirs de l'homme et qui pourrait s'ouvrir sur une transcendance ; tandis que la voie chrétienne est celle d'une théologie mythique rabaissant l'homme, asservissant son esprit, mutilant son orgueil et sa confiance en soi, pour mieux se donner l'illusion de le sauver.

Mais si Faust est déjà bien au-dessus des traditionnelles et surannées tentations de la gloire, de la puissance et du sexe, Lust et le Disciple doivent encore faire leurs preuves. L'un et l'autre suivront d'ailleurs les traces de leur Maître et échapperont avec dédain aux pièges du Démon, confirmant la conviction de Valéry, à savoir que le Diable ne peut rien sur la liberté vraie de l'homme.

> « Mais quoi que je puisse faire, je ne puis pas entreprendre sur sa liberté.... SUR SA LIBERTE !.... Il est libre ! Je vous dis qu'il est libre, LIBRE ! Et moi, je suis dans les fers, je ne puis qu'essayer, éprouver.... tenter, comme vous dites... Mais jusqu'au point final, le choix vous appartient », (Pléiade II, p. 348),

déclare Méphistophélès. Aussi, Lust comme le Disciple lui jetteront leur mépris au nez.

> « Après tout, vous n'êtes que le Diable. Un déchu, un vaincu.... Un plus faible en somme ! Un raté, un déchet, jeté dans les égouts de la création ». « Fous le camp, sale diable !.... Va à toi-même ! Emporte-toi toi-même !.... ».

Tant est invincible la liberté qui a choisi de s'exercer tout entièrement dans la réalisation, la sublimation et l'exaltation du Moi, et qui, tendue vers le divin, ne peut que mépriser les vulgarités ou les bassesses trop humaines ! « Il y a quelque chose en moi qui m'est obscur, et que rien, rien d'humain ne pourrait satisfaire », déclare Lust. Quant au Disciple, c'est la maîtrise de l'esprit qui doit lui ouvrir le chemin de la grandeur, jusque dans l'amour. « Tous ces petits moyens communs et connus ne font pas l'amour qu'il me faut... Je veux du grand amour, moi, de celui qui vous porte le sentiment de vivre à la puissance d'un chant, d'un hymne sur la cime ». (Pléiade II, p. 361). Aspiration trop sublime pour le Diable, qui n'y comprend goutte. D'ailleurs, « aux choses de l'amour, le Diable n'entend rien, Il n'y voit que du feu ».

« Mon Faust », pourrait donc être le chant de gloire du Moi délivré de ses faiblesses et parvenu à la maîtrise de son esprit, si une immense inquiétude ne traversait en fait l'ensemble de l'œuvre, sinon même une profonde angoisse ; inquiétude et angoisse suscitées d'une part par la situation morale actuelle de l'humanité, et d'autre part par les incertitudes de la recherche métaphysique propre à Valéry.

On sait que « Mon Faust », auquel les notes des Cahiers nous montrent que Valéry songeait déjà au moins depuis 1924, fut écrit en quelques semaines, à partir de juillet 1940, « sous le poids de la défaite honteuse et au milieu de la troupe ennemie ». (Cahier 23). Quelques jours plus tôt, il avait écrit dans ses Cahiers :

« En quelques jours, devenus un peuple de pauvres et d'esclaves.
J'entends les Allemands qui chantent dans l'Hôtel Royal, en chœur,
ils ont de l'ensemble.... Tout ce qui arrive à la France nous fait
Hébreux, et tout ce que nous avons à dire et à demander est dans
les Psaumes et les Prophètes ! » (Cahier 23, p. 381).

« Je voudrais n'avoir pas vécu jusqu'à ce jour ». (Cahier 23,
p. 365).

On peut se demander pourquoi le choc douloureusement ressenti du désastre national opéra comme un catalyseur provoquant
la réalisation d'un projet littéraire déjà ancien. Vingt-cinq ans
plus tôt, le « régime d'angoisse quotidienne » installé par la première guerre mondiale l'avait entraîné à s'astreindre au jeu difficile de la Jeune Parque, pour « lutter contre l'imagination des événements et l'activité consumante de l'impuissance ». « Je me flat-
tais parfois en essayant de me faire croire qu'il fallait au moins
travailler pour notre langage, à défaut de combattre pour notre
terre ». (Lettres à quelques uns, p. 123). Ce rapprochement nous
donne à imaginer que Valéry réagissait une fois encore à sa manière
à l'angoisse qui l'envahissait, mais cette fois pour jeter une sorte
de cri d'alarme et peut-être aussi pour secouer les consciences et
les inviter à tenter le sauvetage de l'homme et le salut du Moi. Car
le désastre de la France ne faisait que raviver ses inquiétudes sur
le devenir de l'humanité, travaillée par les changements rapides
d'une civilisation de plus en plus envahie par la technique, et dessé-
chée par une objectivation inhumaine, dépourvue de fins idéales.

Une cinquantaine d'années plus tôt, Nietzsche avait dramatiquement sonné l'alarme en stigmatisant la sottise et la bassesse
d'une génération qui avait sacrifié toute espérance et toute foi en
sacrifiant Dieu au Néant. Cependant cette mort de Dieu ne signi-
fiait sans doute que l'agonie des idoles et la fin des mythes. Il
n'est de mort que pour les créatures terrestres et mortelles. Valéry,
quant à lui, jette un cri beaucoup plus dramatique ; car si le divin
véritable est à l'abri de la bêtise de l'homme, l'homme, lui, peut
être réelle victime de l'homme, non pas seulement dans son corps,
mais aussi dans son âme.

« Sais-tu que c'est peut-être la fin de l'âme ? Cette âme qui
s'imposait à chacun comme le sentiment tout puissant d'une valeur
incomparable et indestructible, désir inépuisable et pouvoir de jouir,
de souffrir, d'être soi, que rien ne pouvait altérer, elle est une valeur
dépréciée. L'individu se meurt. Il se noie dans le nombre. Les différences s'évanouissent devant l'accumulation des êtres. Le vice
et la vertu ne sont plus que des distinctions imperceptibles, qui se
fondent dans la masse de ce qu'ils appellent « le matériel humain ».
La mort n'est plus qu'une des propriétés statistiques de cette af-
freuse matière vivante. Elle y perd sa dignité et sa signification....
classique. Mais l'immortalité des âmes suit nécessairement le sort
même de la mort, qui la définissait et lui donnait son sens et son
prix infini.... ».

mort perd dignité → âme aussi

Cette dévalorisation de l'âme noyée dans l'anonymat des foules n'est pas sans effrayer le diable lui-même ; « Tu dis des horreurs ! ».

Quoi de plus horrible en effet que cette dépréciation de l'individu se vidant lui-même de toute vie intérieure originale, rendu indifférent à toute vocation personnelle, et se laissant absorber par la vie organique et aveugle des masses. Quand l'individu est assez aliéné pour devenir insensible à la valeur de son aventure spirituelle propre, quand il ne donne plus un sens infini au noyau existentiel qui le fait être dans sa particularité spirituelle incomparable, et qu'il devient au contraire indifférent à la transcendance de son destin d'homme, le Bien et le Mal, la Vie et la Mort, la liberté et l'esclavage s'échangent en une totale indifférence, dans un univers sans couleur et sans goût, ayant perdu toute référence susceptible de lui donner un sens. La perte de la foi dans la valeur incomparable de l'âme est ainsi infiniment plus dangereuse que la perte de la foi en Dieu, car si cette dernière vient seulement brouiller le sens ultime de l'aventure humaine, et peut souvent ne traduire que la fin du règne des idoles, avant que le vrai Dieu ne se fût révélé, la première peut supprimer le moteur même de l'aventure humaine, briser son élan à sa source même. Valéry est très conscient du danger d'une civilisation où la technique règnerait en maîtresse, réduisant les individus à n'être qu'éléments de statistiques. Paradoxalement, Faust fait appel au Diable pour le sortir de sa torpeur et insuffler au tentateur une nouvelle jeunesse. Si la problématique du bien et du mal s'est en effet dépréciée dans l'indifférence de valeurs éteintes, c'est en la ravivant, en rehaussant l'intérêt au drame qui s'y joue et en réexaltant la grandeur de l'enjeu, qu'on peut espérer réveiller l'homme de son apathie et lui redonner le goût de l'aventure spirituelle. Le Diable n'est d'ailleurs qu'un instrument servant les desseins de cet Homme-Dieu qu'est Faust, tout comme le Mal n'est en son fond que l'instrument du Bien. « Que serait le mérite sans moi ? Je suis tout le péril qu'il faut pour faire un Juste », reconnaît Méphistophélès. Aussi, plus grand est le péril, plus grand est le mérite qui le surmonte, et plus grandiose et exaltant le Bien qui récompense la victoire.

Car le dessein secret de Faust est en fait le salut de l'homme. Il faut sauver l'homme de ses aliénations, le libérer de ses craintes mythiques, le réveiller de son indifférence, lui redonner la volonté de la vraie grandeur, lui réapprendre le sens de sa dignité, et celle-ci n'est ni dans le vulgaire pouvoir, ni dans l'argent qui « vous supprime », ni dans ce que les hommes appellent l'amour, mais dans le travail de soi sur soi pour se réaliser dans sa secrète nature qui est divine. En un mot, il faut tenter d'être divin, ou tenter d'être « semblable aux dieux », non pas par orgueil ou désir fou des grandeurs, mais simplement parce qu'« un homme qui n'a jamais tenté de se faire semblable aux dieux, c'est moins qu'un homme ». L'homme n'est véritablement homme que par ce désir de divinité ou de proximité divine qui l'emplit.

Cet orgueil d'être unique, cette volonté d'être soi, qui tirent l'homme au plus haut de lui-même et qui font « les Saints, les Purs, les Héros, les Martyrs », ne sont pas sans trouver un écho passionné chez le Diable, et lui rappellent son propre orgueil originel, « ce poison sans égal qui enivre les forts », avant qu'il ne fut précipité dans l'Abîme. Un instant, une sorte de regret amer semble effleurer cet « ange blessé », regret d'avoir perdu, râté une aventure qui n'était pas nécessairement condamnée à la perdition. Car le Diable n'est pas tant, chez Valéry, le symbole du Mal, que celui de l'esprit pur voué à l'aventure de la connaissance. Et quel est le but de la connaissance, sinon la saisie du Réel, ou « la partie jouée avec l'Un ».

> « Le diable est un ange blessé ». (Cahier 8, p. 397).
>
> « Or qu'est-ce que le diable, sinon un ange qui a compris ? Et c'est donc le plus rusé de tous les animaux, et c'est celui qui veut que l'on sache ». (Cahier 8, p. 643).
>
> « Esquisse de Faust : Dieu et le diable.
> Le Diable : intelligence, logique, etc.
> Dieu : ce qui est : le Réel ». (Cahier 10, p. 137). (1924).
>
> « IIIe Faust. Le diable dit : On prétend que je chasse à l'Ame ! Ils sont fous ! Je me fous des âmes ! Je me fous du vent qui sort d'un ballon crevé ! Non.... ce qui m'intéresse, c'est la partie jouée avec l'Un. Je dis l'Un, puisque je suis l'Autre ». (Cahier 21, p. 635), (note écrite en octobre 1939).

L'enjeu de la partie, celle qu'a jouée cet « ange blessé » et déchu qu'est le Diable, « un vaincu, un plus faible en somme », et celle que continue à jouer l'homme poursuivant l'aventure de la connaissance, ne peut être situé plus haut ; il n'est point de fin plus sublime et plus extrême, puisque le but suprême de la connaissance est la saisie du Réel, non dans son détail parcellaire, mais dans sa totalité et son absolue unité, le Réel n'étant autre que le message ou le dévoilement du Dieu. Il n'est donc d'autre « partie » que celle que joue l'Autre avec l'Un. L'Autre, c'est-à-dire l'interlocuteur de l'Un, son face à face, placé en position d'altérité et de secondarité par rapport à l'Un ; l'Autre qui assume la dualité dans une partie où l'Un est le tout et se cache derrière le tout, derrière la totalité du Réel ; cet Autre ne peut avoir d'autre motivation d'existence que l'effort pour surmonter la dualité et retrouver sa place dans l'harmonie de l'Un, du Réel Un. Drame de la connaissance, drame de l'amour, drame de la distance et de la proximité, de la rupture et de l'unité, telle est la thématique que Valéry fait jouer au Diable et qu'il a déjà poétiquement abordée avec l'« Ebauche d'un serpent ». Car le serpent, comme le Diable, dans l'œuvre de Valéry, est le symbole de l'intelligence lucide, de l'esprit pur avide de la conaissance totale, aux prises avec l'Absolu, avec l'Un caché dans le Réel. Et il n'est point d'autre problème véritable que cette « partie jouée avec l'Un », puisque, selon « Faust III ou Rachel, Dieu est partout, et le Diable, de toutes parts. On ne sait où se mettre ». (Cahier 28, p. 23).

Aussi est-ce à cette partie avec l'Un, à cette suprême « recherche du dieu », que l'homme est appelé, travaillé qu'il est par cette immense aventure d'un devenir cherchant à se fonder dans l'Etre, d'un devenir devant reconquérir son être, alors qu'il lui a été donné et qu'il lui échappe. Car l'homme véritable ne peut se satisfaire des limites imposées à sa mesquine existence, et, tourmenté par « la rage d'être quelqu'un », « être me perce » dit Rachel, c'est avec l'Etre, l'Unique, le Réel qu'il mène sa « guerre pour être, guerre bête, implacable, guerre étrange, sainte. Contre tout, menée par l'Etre ».

> « Ah ! mon Père, je ne sais qu'une chose : il est le plus fort. Dieu pour moi, c'est cela ; il est ce qui est toujours finalement le plus fort.... Et, — excusez-moi, pardonnez-moi, il n'est que cela. Si je comprends bien les dogmes, nous sommes, et il faut que nous soyons, en lutte perpétuelle contre Lui. Nous l'emportons parfois pour un instant mais il gagne toujours la belle.
>
> Et le Père me dit : « Non, ma fille, Il ne gagne pas : si vous vous perdez, alors tout le monde perd, et Lui et vous.
>
> — Mon Père, qu'a-t-Il à perdre ? Que peut perdre le Parfait ?
>
> — Il perd l'amour qu'Il avait pour vous. Sa mise sur votre âme.
>
> — Et c'est là l'Enfer ?
>
> — Oui, ma fille.
>
> — Mais.... c'est quelque chose que de pouvoir faire perdre Dieu ». (Rachel. Pléiade II, p. 435).

C'est sur le fond de cette quête ontologique suprême que se joue le drame de Faust, replacé par Valéry dans le monde actuel, avec toutes les ramifications propres à l'aventure moderne de la connaissance. Car, sensibilisé à l'extrême par les problèmes propres au devenir du Savoir, tel que la science moderne le formule, Valéry voudrait faire de Faust l'incarnation de l'esprit en l'étape actuelle de son devenir.

> « Ma première idée, déjà vieille. Reprendre le thème Faust pour le placer dans le monde (2).
>
> Si on combine (1) (idée d'un Faust victime du Retour éternel, idée que nous aborderons plus tard) et (2), on trouve qu'il faut mettre en évidence l'accélération, caractère fatal du moderne.
>
> Mettre dans le personnage Faust ce qui pourrait être chez un homme très savant de nos jours, qui pense tout en savant. Les événements et les êtres, tout se traduit aussitôt pour lui en phénomènes traités selon la science du jour. Et définis dans le langage des sciences. Pour chaque chose, nos considérations d'échelles différentes. Ceci sans retour autre qu'artificiel à la vue commune des choses. Le Moi lui-même est affecté. L'extrême de l'objectivation.
>
> Quant au Méphisto ? Le Mal ? Le Bien et le Mal ? (Tandis que le Faust est « par-delà »). (Cahier 23, p. 894).

D'autres notes des Cahiers montrent encore que Valéry, qui songeait pour ce troisième Faust à tout un cycle d'ouvrages en dehors de Lust et du Solitaire, voulait y aborder le problème de la crise du savoir moderne.

« Faust III. Drame du savoir. Tout progrès dans la connaissance des lois de la vie nous donne de nous-mêmes une idée toujours plus différente de celle que nous avons naturellement de nous-mêmes. Plus nous en savons sur les conditions de production, de structure et de fonctionnement des êtres vivants, moins nous nous retrouvons. Ceci tend vers une sorte de drame. Deux personnages — ou plutôt une équation entre des membres incomparables. » (Cahier 25, p. 715).

« IIIe Faust — ou l'histoire de l'Europe, figurée dans un personnage. Le fait capital est celui-ci : l'Esprit européen est l'esprit d'aventure, dont l'invention de la science et de ses pouvoirs est la forme la plus active et la plus dangereusement séduisante. Gretchen serait ici peut-être.... la Foi (Moyen âge) ». (Cahier 26, p. 429).

« IIIe Faust. Mon Faust, ou ma tentative de faire du personnage de Faust, introduit par Goethe dans la vie intellectuelle universelle, un être représentatif de l'esprit européen. Le fond du problème serait celui-ci (que j'ai mal indiqué dans les quatre actes déjà écrits) : Que faire de la supériorité déjà acquise ? Que faire de l'Homme ? Peut-on se faire de l'Homme une nouvelle idée ? Peut-on créer un nouveau but, un nouveau désir ? Que vaut ce qui est accompli ? ce qu'ont obtenu les meilleurs esprits ? Que devient l'idée traditionnelle de la « Nature », de sa forme donnée, quand l'idée de Loi naturelle est maintenant si transformée au regard du savant ?.... ». (Cahier 26, p. 440).

Valéry est donc préoccupé de l'incidence du développement de la science sur l'idée que nous devons nous faire de l'homme. En particulier, l'indéterminisme qui semble régner au niveau des particules atomiques élémentaires l'intrigue profondément. Touchonsnous ici à une limite du savoir scientifique ? Ou plus encore, est-ce l'indication que l'essence de la science n'est pas de l'ordre du savoir, mais seulement de l'ordre du pouvoir ? A ces questions que posent « la visite du temps neuf » et l'aventure du nouvel esprit scientifique, Valéry fait allusion dans Lust.

« Faust...., l'esprit de l'homme déniaisé.... a fini par s'attaquer aux dessous de la Création.... Figure-toi qu'ils ont retrouvé dans l'intime des corps, et comme en deçà de leur réalité, le vieux CHAOS.
Méphistophélès — Le CHAOS.... Celui que j'ai connu ? Ce n'est pas possible....
Faust — On pourra te montrer ceci....
Méphistophélès — Le CHAOS....
Faust — Oui. Le Chaos, le vieux Chaos, ce désordre premier dans les contradictions ineffables duquel espace, temps, lumière, possibilités, virtualités étaient à l'état futur....
Méphistophélès — Ils ont retrouvé le CHAOS.... J'étais l'Archange !
Faust — Et ils commencent à toucher même aux principes de la vie. Ecoute : Ils savent désormais ne plus s'égarer dans leurs pensées. Ils ont compris que l'intellect à lui seul ne peut conduire

qu'à l'erreur et qu'il faut donc s'instruire à le soumettre entièrement à l'expérience. Toute leur science se réduit à des pouvoirs d'agir bien démontrés. Le discours n'est plus qu'accessoire.... ». (Pléiade II, p. 300-301).

On voit que les problèmes soulevés par Valéry, « homme toujours debout sur le cap Pensée, à s'écarquiller les yeux sur les limites ou des choses, ou de la vie », ne manquent pas d'ampleur et de gravité. C'est tout le destin de l'Homme et de l'humanité qui l'inquiète, alors que la science prend une tournure de plus en plus déconcertante, de plus en plus étrangère à l'image que l'homme se faisait de lui-même. Il fut un temps où l'homme espérait que la science lui donnerait les clés de son destin, lui expliquerait le sens de son aventure. Pour cette science si prometteuse qui commençait à transformer le style même de la vie sociale et individuelle, modifiant le paysage économique de l'humanité aussi bien que son climat psychologique, l'homme avait abandonné les vieilles philosophies morales et les traditions spirituelles qui avaient nourri l'espérance de ses ancêtres. Or voilà que la science se révélait non seulement incapable de donner une réponse aux questions fondamentales qui inquiètent l'homme, mais encore totalement étrangère à la problématique même de l'homme. Celui-ci avait espéré trouver dans la science le substitut moderne d'une religion vivifiant les raisons de son existence ; il n'y trouvait qu'un jouet plus ou moins magique, développant démesurément ses pouvoirs d'action sur le monde. En sorte que plus l'homme accroissait ses pouvoirs, moins il savait que faire de ses pouvoirs.

« Faust.... » La Science accomplissant le sacrifice de la connaissance », tel est le sujet de la grande fresque de l'époque.... » (Cahier 6, p. 552).

Et ce drame du divorce entre la Science et la Connaissance devenait de plus en plus aigu et angoissant. « Que faire de l'Homme ? Peut-on se faire de l'Homme une nouvelle idée ? Peut-on créer un nouveau but, un nouveau désir ? ». C'est toute cette inquiétude de l'homme moderne sur son destin, cette incertitude de l'humanité sur le sens de son devenir, que Valéry aurait voulu présenter dans le cycle d'œuvres qu'il imaginait pour ce IIIe Faust.

« Faust. Ceremonia Umana, ou Liturgie sur l'humanité. Lamentations super omnes. Repentances. Purification, Ce pourrait être très impressionnant. Les aveux, contrition, confession de l'Homme : représenté par un personnage ». (Cahier 26, p. 502).

Cependant, malgré la lucidité de son intérêt à la comédie universelle de l'intellect, Valéry ne pouvait se contenter d'exprimer son inquiétude devant « l'effrayante nouveauté de cet âge de l'homme ». (Pléiade II, p. 299), comme un simple spectateur. Car, si directement touché qu'il fût par les incertitudes concernant l'avenir de l'aventure du savoir au sein de l'humanité, il était lui-même trop engagé dans sa propre aventure de l'esprit et sa problématique propre, pour que Faust fût seulement le représentant de l'Homme s'interrogeant sur son devenir spirituel et intellectuel. Nous l'avons dit, Faust est en réalité Valéry lui-même. Il est son « seul modèle ». Il n'est donc pas étonnant que nous y retrouvions une problématique plus spécifique à son auteur et qui sera en fait le cœur même du drame.

Ce qui apparaît tout d'abord, c'est l'ambiguïté du personnage, tiraillé dès le début entre la volonté de pureté d'un esprit quasi désincarné, et la puissance sensuelle de la sensation liée à la vie physique. Sa conception du rire comme « convulsion grossière » montre la gène de l'esprit et son incompréhension devant la manifestation du corps. Mais l'impuissance de Lust à dominer son fou rire est signe que la vie se moque des définitions trop sérieuses données aux manifestations spontanées de sa vitalité. Il y a une force vitale qui s'affirme d'elle-même et devant laquelle le sérieux de l'esprit apparaît tout arbitraire. Faust voudrait dominer la vie par la pensée, et le rire lui apparaît comme un refus de penser. Or cette confrontation de l'esprit avec la vie semble frapper de naïveté, non pas la vie, mais l'esprit dont les définitions sont incapables d'enfermer l'élan irrépressible de la vie, quand celle-ci s'affirme en son jaillissement primesautier. On le voit, cette opposition si contrastée entre l'esprit pur que voudrait être Faust, et la sensibilité spontanée et naïve de Lust, est au cœur de la psychologie valéryenne. Cependant, Faust résiste mal à la grâce avec laquelle Lust s'abandonne à son rire. Plus encore, il avoue avoir besoin d'une présence féminine pour soutenir la tension de la réflexion. Et dans l'ouvrage, à la fois « Mémoires et Traité », qu'il dicte à sa secrétaire, il a conscience que « c'est une manière de falsification que de séparer la pensée, même la plus abstraite, de la vie, même la plus... » (points de suspension révélateurs !). Car Valéry n'est pas seulement Faust, l'esprit pur, l'intelligence froide, un monstre de lucidité à l'image de Teste, comme l'a trop souvent représenté une critique abusive ; Valéry est également et tout autant Lust, une sensibilité fraîche, exquise, tendre, ouverte au charme des sensations. « Lust et Faust sont moi, et rien que moi ». Cependant le problème propre à Valéry semble bien être l'établissement d'un lien organique, et non pas seulement de juxtaposition, entre l'intelligence et la sensation, entre la pensée et la vie, entre l'esprit et le corps. En ce sens, Faust et Lust sont les deux moitiés de Valéry qu'il faut réunir. Car la pensée et la vie semblent deux puissances contradictoires, tirant l'homme dans des directions opposées. N'était-ce pas déjà le problème de la Jeune Parque, vierge « poreuse à l'éternel », « l'égale et l'épouse du jour », découvrant subitement en elle la « secrète sœur » du moi sensuel ?

> « Dieux ! Dans ma lourde plaie une secrète sœur
> Brûle, qui se préfère à l'extrême attentive ».

Mais l'expérience d'une longue existence semble conduire Faust-Valéry à entrevoir la possibilité d'unir ces deux moitiés de l'être. Certes, cette union n'est pas encore réalisée et vécue, et c'est encore séparément que l'esprit et la vie se manifestent à lui : il écrit d'une part « un Traité de l'Aristie » ou « l'art de la supériorité » ; et il s'intéresse d'autre part à l'« Eros énergumène » comme « source d'extrême énergie ». Ambiguïté caractéristique, maintenue comiquement tout au long de la dictée « d'une découverte métaphysique » dans la compagnie d'une « jeune, triste et ardente veuve ». « Ambigu... Tout doit l'être chez moi », s'était écrié Faust.

Si le problème du Faust valéryen semble donc être la possibilité du mariage de l'esprit et de la vie, la solution n'apparaîtra d'abord concevable qu'à la condition que la vie, représentée par Lust, devienne aussi transparente que possible à la pénétration de l'esprit. Lust sera donc « la demoiselle de cristal », une présence féminine toute « transparente » apportant l'« aimable dévouement » et la « tendresse » dont a besoin la pensée. La solution est évidemment bien théorique, ce que Méphistophélès ne manque pas de souligner, plaisantant cette « tendresse tout court » qui serait peut-être aussi « toute nue ».

Mais nous n'étions jusque là que dans la présentation de la problématique spirituelle à laquelle Faust-Valéry cherche une solution. Nous pourrions la résumer ainsi : comment réaliser l'unité de l'être ? Car l'être de l'homme connaît de multiples divisions et de multiples dissensions qui font de la vie une guerre constante. L'homme est un foyer de possibilités multiples, le tirant en des directions diverses, et qui ne peuvent se réaliser toutes à la fois. Et choisir, parmi les nombreuses virtualités de l'implexe, celles qui seront appelées à se développer, n'est-ce pas mutiler l'identité totale de l'individu, en le limitant à tel ou tel personnage plus ou moins figé, et repoussant d'autres images qu'il eût pu donner de lui-même ?. Teste était Valéry lorsque, se dressant contre sa sensibilité, il avait cru devoir s'identifier avec le seul pouvoir d'un intellect exaspéré dans l'idolâtrie de soi-même. Mais la sensibilité qu'il avait rejetée, n'en était-elle pas moins Valéry encore ? Nombreux sont les visages possibles d'un homme. La Jeune Parque, Narcisse, Socrate, l'Anti-Socrate, Phèdre, Tityre et Lucrèce sont tous des aspects divers de Valéry à la recherche de son identité propre. Aussi le dialogue répond à une nécessité interne de cette recherche d'identité, car il correspond à une dualité dialogale dans l'être même de Valéry. Mais comment retrouver l'unité de ces divers possibles, quand à la dualité primordiale de l'intellect et de la sensibilité, s'ajoute une dualité plus intime et plus secrète, celle du moi particulier avec le Moi universel, de la personne avec le Moi pur ?. L'unité du moi est-elle possible ? « Peut-on se faire de l'Homme une nouvelle idée ? ». Telle est bien la question essentielle devant laquelle Valéry voudrait avec « Mon Faust », sinon donner une réponse, du moins indiquer l'état dernier de sa recherche. « Mon Faust » serait « mon idée de l'homme ». En cette période de désastre et de désarroi, celui qui s'est voué plus que d'autres à l'exploration de « certains extrêmes de l'humain et de l'inhumain », cherche à faire le point.

Comme toujours, certaines notes des Cahiers nous permettent de mieux comprendre le champ de préoccupations auquel répondait l'œuvre livrée au public.

> « Ceci établi par la simple observation, que deviennent les « sentiments », les « harmoniques », et les antiques instincts dans un être excessivement conscient ?. (Les instincts seront figurés par le Méphistophélès, et toute leur diabolique ingéniosité, leurs séductions, tentations, leurs faux « infinis » et tout l'art de se tromper soi-même qui se développe dans les « péchés » les plus importants (orgueil), c'est-à-dire dans la confusion de la personne avec le Moi. Le Moi étant une propriété de tout système vivant conscient, mais n'étant pas quelqu'un. Au contraire, cette propriété s'oppose en chacun à sa vie personnelle, et réduit cette vie, ses caractéristiques, sa singularité, à un cas particulier. Il y a en chacun, un refus possible de ce qu'il est, en tant qu'être défini et définissable. Nous pouvons oublier notre nom, notre histoire ; nos goûts peuvent changer ; nos forces, notre savoir, etc. etc. Nous ne retrouvons plus en nous l'enfant que nous avons été. Notre Moi (pur) est donc devenu le Moi de tout un autre système d'implexes, de souvenirs et de réactions. Méphistophélès, dans ce Faust III, est dominé, surmonté par la pure et simple « conscience de soi » qui est au maximum dans « Mon Faust ». Quant aux « harmoniques » (que je représente par le Solitaire, et par les Fées) ce sont ces valeurs supérieures de la sensibilité, qui s'ordonnent en groupes (au sens quasi mathématique du mot) et qui sont la structure abstraite de nos modifications les plus concrètes, les sensations en soi, au-dessus de toute signification, et au-dessus de toute condition accidentelle de leur production fragmentaire. C'est l'Art qui a pour fonction de révéler ces groupes. Le groupe des couleurs, des sons, des figures, etc. ». (Cahier 26, p. 440 à 441).

Remarquons la composition quasi structurale que cette note attribue aux rôles des divers personnages de « Mon Faust » : ceux-ci ne sont que la projection extérieure et symbolique des fonctions psychologiques principales formant ensemble l'homme. Faust serait la superconscience du Moi ; Méphistophélès, la simple conscience de soi liée aux instincts ; le Solitaire et les Fées, des « harmoniques » liées aux valeurs supérieures de la sensibilité. Le problème proprement valéryen sera alors de chercher quelle relation dynamique unit ces différents niveaux du moi, et surtout de savoir quelle relation il y a entre ces aspects si contraires du moi que sont la personne avec ses singularités psychologiques individuelles, et le Moi pur, source transcendante qui ne peut s'identifier à personne. Si ce Moi pur n'est pas quelqu'un, s'il n'a pas d'identité individuelle, s'il n'est que le terme limite « de l'opération fondamentale et constante de la connaissance, qui est de rejeter indéfiniment toute chose » (Pléiade I, p. 1217), quel est-il ? Une sorte d'intuition méta-physique irrépressible pousse l'homme à refuser de se reconnaî-tre dans les limitations particulières de son moi individuel, et à ne rechercher son identité qu'au plus haut. Mais comment conce-voir l'entreprise qui éclairerait ce Moi absolu, le ferait sortir de l'indétermination d'une simple abstraction, et le découvrirait comme source vivante de notre identité métaphysique ?

> « IIIe Faust, ou θ, ou Teste.
>
> Monologue. « Maintenant que j'ai détruit tout ce qui trompe, et dissipé les forces de ce qui est et que j'ai consumé textes et prétextes de la pensée, il arrive que je ne me trouve plus moi-même, et que ce moi si pur ne peut ni concevoir sa destruction (car il n'en peut puiser l'idée que dans des images et connaissances qu'il a réduites à leur nature fantastique, et qu'il méprise toutes ensemble), ni, (par les mêmes raisons, ou plutôt, par les mêmes puissances acquises) consentir à quelque entreprise nouvelle. Il n'est rien pour lui qui ne soit désormais frappé, noté du signe de cas particulier, d'inégalité devant être résolue ou résorbée.
>
> Il a réduit tout ce qui est à l'état de l'un des possibles ; et son moi s'est dégagé comme l'acte identique et monotone de s'opposer successivement à chacun et de les refuser successivement tous ». (Cahier 22, p. 629).

Nous voilà bien devant la problématique cruciale qui n'aura cessé de tourmenter Valéry jusqu'en la chair même de son esprit. Souvenons-nous du Cahier B, 1910 :

> « Mon idée la plus intime est de ne pouvoir être celui que je suis. Je ne puis pas me reconnaître dans une figure finie. Et MOI s'enfuit toujours de ma personne ». (Pléiade II, p. 572).

Celui qui a connu une fois la brûlure de l'absolu ne pourra plus jamais s'en défaire. Les plus belles réussites dans la vie personnelle, et toutes les promesses de la gloire et du pouvoir, seront toujours marquées de la vanité s'attachant à des événements qui jamais n'épuisent le champ du possible. Notre moi idéal et notre identité transcendante sont toujours au-delà de la relativité en laquelle se limite nécessairement notre vie personnelle. Où trouver le point d'ancrage qui nous arracherait une fois pour toutes au flot inces-sant des illusions, et nous attacherait à l'absolu dont les fibres secrètes de notre âme ont été tissées ?

> Où te poser bourdon de l'absolu
> Instant toujours détaché de toi-même ?
> Tout ce qu'il touche est sûrement élu
> Indivisible angoisse du poème.
>   (Abeille spirituelle. Pléiade I, p. 1694).

Ainsi, la négation incessante de tous les états provisoires du moi, frappés de relativité par l'intuition secrète de l'absolu et par sa volonté de situer la source transcendante du moi bien au-delà des visages particuliers qui le cachent beaucoup plus qu'ils ne le révèlent, n'a pas son origine dans un scepticisme négateur, mais au contraire dans une exigence impérieuse d'affirmation absolue.

Faust sera la dernière tentative de Valéry pour trouver l'absolu qui permette à l'aventure du moi d'échapper à la relativité, en lui assurant un ancrage dans l'être et son éternelle absoluité.

> « Faust — Une fois pour toutes. Final de Solitaire, en refrain, tutti. Ce terrible thème sonne en moi et éveille l'énergie de vouloir épuiser le possible le plus central — opposer un Moi de plus en plus pur ou nul au plus grand nombre de combinaisons ». (Cahier 27, p. 73).

Nous touchons ici au cœur de la psychologie valéryenne, qui n'est peut-être autre que celle de l'homme lucide, assez conscient pour découvrir dans le fonctionnement même de sa conscience et de son intelligence l'origine d'un dédoublement distinguant la conscience regard et la conscience regardée. L'homme qui s'observe et se pense lui-même ne peut manquer de se découvrir double : il est tout à la fois cet être particulier dont il connaît mieux que tout autre, les singularités psychologiques et tout le complexe individuel des instincts, des passions, des aspirations qui forment l'identité humaine qu'autrui peut aussi connaître à sa façon ; mais il est aussi le regard qui observe ce moi individuel, qui le juge, le condamne, le méprise, s'en dégage, et qui est source d'un moi secret, intime, distinct du moi psychologique. Entre ces deux moi, le moi qui joue la vie humaine, et le moi qui semble transcender cette vie humaine, une tension plus ou moins vive s'installe, qui peut aller de l'assoupissement quasi définitif du moi transcendant, jusqu'à son exaspération et à son éveil le plus lucide. Ce n'est qu'avec l'éveil de ce moi transcendant que commence véritablement l'aventure ontologique ou métaphysique de l'homme. Celui-ci ne peut plus dès lors s'identifier avec l'individu singulier que la vie a fait de lui-même. Plus encore, la personne particulière peut apparaître étrange, sinon étrangère au Moi transcendant qui ne se reconnaît pas dans son moi humain et refuse de s'y laisser engluer.

Telle est l'expérience cruciale que Valéry a vécue tout au long de son existence. Nous l'avons suffisamment étudiée en notre 6e chapitre, pour que nous puissions nous dispenser d'y revenir. Nous ajouterons seulement une nouvelle citation des Cahiers.

> « Personne n'a exprimé ni ne peut exprimer cette étrangeté : exister.... Parfois je ressens infiniment que je n'ai rien de commun avec — quoi que ce soit — dont moi-même. C'est un effet bizarre — dont j'ai parlé dans Note et Digression.
>
> Pourquoi ainsi et non autrement ? La question est absurde, mais te poser la question témoigne de quelque chose.
>
> Exister ? — Mais c'est passer de n'importe quoi à n'importe quoi, et comme une bille qui ayant reçu impulsion va de choc en choc sur les bandes.

C'est un sacré taedium. Et ce qui est grave, c'est que même ce que je pourrais faire m'ennuie.

Grave ? — Non-sense.

Mais comment bien représenter cette étrangeté ? qui est de Moi (en tant que fréquemment ressentie) que d'autres ne ressentent que dans des circonstances rares — qui est comme un écart (au sens équitation). » (Cahier 16, p. 541).

Au sentiment de l'étrangeté de cette vie humaine particulière, dont rien ne semble justifier la singularité, s'ajoute un sentiment corollaire : celui que la vie n'est que répétition monotone d'événements indifférents. Le moi psychologique semble en effet inséré dans le déroulement quotidien d'une histoire qui pourrait être autre sans que rien ne soit véritablement changé, tant chaque événement est frappé de la même relativité. La vie humaine s'inscrit ainsi sous le signe de la répétition, monotone jusqu'à la nausée.

« Je suis né à vingt ans, exaspéré par la répétition, c'est-à-dire contre la vie. Se lever, se rhabiller, manger, éliminer, se coucher, et toujours ces saisons, ces astres. Et l'histoire ! tout ceci su par cœur — jusqu'à la folie.... Je ne pouvais que mon esprit ne voulût toujours « passer à la limite » — brûler tout ce qu'il reconnaissait — à peine reconnu. L'amour me paraissait redites. Tout le « sentiment », enregistré depuis des siècles ». (Cahier 22, p. 589).

« Parfois les choses, le soleil, mes papiers, semblent me dire : c'est encore Toi ! Qu'est-ce que tu fais ici ? Ne nous as-tu pas assez vus ? Vas-tu encore fumer cette cigarette ? Mais tu l'as déjà fumée trois cent soixante-dix mille fois. Vas-tu encore saisir cette idée qui perce ?... Mais tu l'as sentie venir $10n$ fois au moins. Et je m'assieds et me saisis le même menton dans la même main ». (Cahier 22, p. 622).

Mais si la vie psychologique ne semble faite que de répétitions et de redites, le moi psychologique n'est-il pas lui-même tout entier une redite que rien ne distinguerait véritablement des autres ?

« J'ai cherché à être le plus différent des autres — car autres, ce sont des types d'êtres supposés connus, bien déterminés et donc finis, et donc qu'il ne faut répéter. Il faut s'en distinguer à tout prix pour ne pas se sentir soi-même une redite inutile, un simple Un-de-plus, par l'existence duquel rien n'est acquis, rien n'est accru qu'un nombre — C'est là l'horreur d'être un homme. Comment faire quand cette répugnance parle et qu'on ne peut la supporter ? ». (Cahier 24, p. 374).

« Une fois pour toutes », ne faut-il pas « passer à la limite » pour en finir avec le cycle exaspérant de la redite et de la répétition ? Car si le moi psychologique est seul prisonnier de la ronde monotone des choses trop humaines, le Moi transcendant et pur, spectateur méprisant des banalités et des vanités dans lesquelles se cantonne son compagnon étrange et malheureux, ne pourrait-il s'imposer en un coup de force brutal qui romprait enfin définitivement la fatalité du cycle ? Telle est en fait la tentative ultime que Valéry incarne dans Faust, sans que nous puissions savoir si son héros aura véritablement réussi à briser le miroir où se reflète la répétition monotone des choses de la vie, et à accéder ainsi à la contemplation de l'Absolu dont son âme était si assoiffée.

> « Si je faisais ce Faust III réellement, et non réduit à ces amusements Lust et le Solitaire, esquisses, il faudrait dessiner le Faust et le Méphisto. Je ferais un Faust en victime du Retour éternel ; châtié d'avoir voulu recommencer ». (Cahier 23, p. 894).

Car le seul salut possible est dans la volonté de ne pas « recommencer», dans le refus d'être la « victime du Retour éternel » des choses de la vie. Il faut, « une fois pour toutes », rompre le cercle magique pour accéder à cet « absolu » qui, depuis ses vingt ans, attire Valéry, « en amitié comme en tout ». (Correspondance avec Gide, p. 110). « L'envie de ne pas recommencer, qui fut si puissante in P.V. 93 » (Cahiers 20, p. 250) fera donc battre le cœur de Faust, comme aussi celui de Lust et du Disciple, tous trois pareillement habités par quelque chose d'obscur « que rien, rien d'humain ne pourrait satisfaire ». Car, bien que la note précédente envisage curieusement un Faust « châtié d'avoir voulu recommencer », c'est bien au contraire un Faust superbement décidé à ne pas remonter sur la scène des hommes qui nous est présenté par la fin du Solitaire.

> Si grand soient les pouvoirs que l'on m'a découverts,
> Ils ne me rendent pas le goût de l'Univers.
> Le souci ne m'est point de quelque autre aventure,
> Moi qui sus l'ange vaincre et le démon trahir,
> J'en sais trop pour aimer, j'en sais trop pour haïr,
> Et je suis excédé d'être une créature ».
> (Pléiade II, p. 402).

Car accepter de recommencer, ce serait accepter le caractère provisoire et partiel de chaque existence ; ce serait consentir à ce que notre vie ne soit qu'une combinaison particulière parmi l'infinité des combinaisons possibles, « un simple un-de-plus » qui n'ajoute rien d'essentiel, seulement un nombre dans l'étendue indifférente de toutes les possibilités. Si l'on peut recommencer, c'est dire que rien d'important n'a été acquis dans la vie. Car ce qui est important, ce qui est absolu jamais ne se répète. L'absolu est unique, incomparable, sans égal, il est en soi et n'est pas donné à la répétition. Si la vie pouvait se recommencer, cela signifierait qu'elle ne déboucherait sur rien d'absolu, rien de définitif, et que chaque vie n'aurait rien qui la différencierait essentiellement d'une autre vie. Une vie de fourmi n'est pas dissemblable de la vie d'une autre fourmi. Elle est de l'ordre des choses qui se répètent. Mais le moi en son originalité interne, peut-être pas le moi psychologique, du moins le moi pur qui en est la source, lui se sent unique, irréductible à toute répétition. S'il a été l'agent réducteur réduisant toute chose de la vie événementielle à la relativité des choses qui se répètent comme de simples possibles, ce faisant il s'est lui-même abstrait de cette réduction et posé comme acte unique. Le moi pur et absolu auquel veut accéder le moi valéryen n'est donc pas donné à la répétition. C'est ce qu'exprime Rachel, si souvent porte-parole de Valéry ;

> « Je n'ai jamais pu supporter l'impression de répéter un refrain que tous ont fredonné. C'est pourquoi je hais la vie, la nature, la mémoire.... Que sais-je ? C'est une sorte de folie chez moi. Je le sais. J'ai donc toujours essayé de ne pas me sentir redite ». (Pléiade II, p. 433).

Ce refus de la répétition et de la redite est évidemment corollaire d'un désir d'absolu et d'unicité. Si le moi profond, original, veut échapper à la contingence des possibles, s'évader du cycle monotone de l'éternel retour, en finir une fois pour toutes avec la relativité des particularités infinies de la vie, et faire éclater les limites du trop humain, c'est parce qu'en son essence pure il se sent appartenir non au monde qui passe mais au monde qui est, et relié à l'Etre en son absolue unicité.

C'est à cette unicité du Moi pur, unique, incomparable, inqualifiable, que Faust, réalisant l'idéal spirituel que Valéry avait explicité dans Note et digression, veut enfin atteindre.

> « O quel point de transformation de l'orgueil, et comme il est arrivé où il ne savait pas qu'il allait ! Quelle modération le récompense de ses triomphes ! Il fallait bien qu'une vie si fermement dirigée, et qui a traité comme des obstacles, ou que l'on tourne ou que l'on renverse, tous les objets qu'elle pouvait se proposer, ait enfin une conclusion inattaquable, non une conclusion de sa durée, mais une conclusion en elle-même. Son orgueil l'a conduite jusque-là, et là se consume. Cet orgueil conducteur l'abandonne étonnée, nue, infiniment simple sur le pôle de ses trésors ». (Pléiade I, p. 1229, 1230).

Faust serait donc la conclusion d'une vie achevée, parvenue à s'exprimer en elle-même dans son unicité, selon l'idéal de Valéry : « Je voulais vivre une fois pour toutes... Mourir non interrompu, mais achevé ».

Et de fait, le Faust valéryen parvient de deux façons différentes, à des sommets d'existence tels qu'épuisant tout le bonheur dont est capable un homme, et exprimant toute la richesse virtuelle de son âme, ceux-ci ne laissent plus place sinon à un lendemain possible, du moins à une retombée dans la relativité de la vie banalement humaine. Le Moi s'étant une fois trouvé et réalisé dans la vérité de son être, la vie semble désormais épuisée, qui n'avait d'autre but que de permettre l'éclosion de ce Moi.

> « Volonté d'épuiser mon principe de vie, de former, produire, atteindre un moment après lequel tout autre soit incomplet.... Je fus ou suis l'idée de ce moment qui foudroie tous les autres possibles ou connus ». (Cahier 28, p. 822).

C'est à de pareils moments d'intensité existentielle telle qu'ils foudroient toute une existence antérieure, en tant qu'ils l'accomplissent et la concluent en une suprême apothéose, que parvient Faust-Valéry au soir de sa longue aventure spirituelle.

Ces « moments d'éternité » et de suprême apaisement qui illuminent Faust dans la 5e scène du 2e acte, ainsi que dans les fragments de projet pour le 4e acte de Lust, sont donc à comprendre comme la conclusion et le dernier message délivrés par le sage, parvenu enfin « au comble de son art ». Que Valéry leur ait accordé une importance majeure ressort d'ailleurs, aussi bien de la dynamique interne de la pièce, que de l'évolution propre de l'auteur, ainsi que de nombreuses notes des Cahiers.

Nous commencerons par ces dernières parce qu'elles nous montrent, sans discussion possible, que le 4e acte de Lust qui devait avoir pour sujet la tendresse amoureuse de Faust pour Lust, sujet déjà introduit par le 2e acte, constituait véritablement le sommet de la pièce et contenait l'essentiel de sa signification, sinon de son message.

> « Eros. IIIe Faust. Thème capital.
>
> « Je vois en toi l'objet de toute la tendresse que le travail abstrait de toute une vie a séparée en moi. Du chaos naturel de l'esprit, j'ai tiré un être inhumain. Et tout l'humain en a été dégagé. L'un, tout universel. L'autre, plus que personnel. Plus je connais, plus je.... etc. (Entre Méphistophélès) ». (Cahier 15, p. 416, écrit en 1931).

Pour information biographique, puisque la vie profonde d'un esprit n'est pas sans être influencée par sa vie extérieure, nous rappellerons qu'en 1931 Valéry s'était épris de passion pour Renée Vauthier, sculpteur qui faisait son portrait. Il avait alors écrit dans le même Cahier :

> « L'amour pour moi signifie le retour ou le rattachement à ma condition d'être vivant.... le consentement au réel, au trouble, à l'énergie donnée par une source extérieure ». (Cahier 15, p. 628).

Dix ans plus tôt, en 1921, il avait connu pareil amour bouleversant pour Catherine Pozzi, fille du chirurgien Samuel Pozzi. Il écrivait dans les Cahiers de l'époque :

> « Et il n'y aura plus pour nous, ni de joies, ni de nuits, ni de distractions, ni d'occupations ; ni de faits, ni de doctrines, mais seulement le Près et le Loin, la Réunion ou la Séparation, l'Accord et le Désaccord ». (Cahier 8, p. 310).

La liaison avait été rompue quelques mois après. « Maudit 31 octobre 1921 ». (Cahier 8, p. 348). Mais, comme nous l'avons déjà vu, elle n'avait pas été sans entraîner une évolution profonde de Valéry devenu plus attentif aux exigences de la sensibilité, à la richesse des sensations et à l'importance de l'art.

« Eupalinos en 21, La Danse en 22, écrits en état de ravage. Et qui le devinerait ? ». (Cahier 22, p. 590).

L'amour n'est donc pas pour lui un thème littéraire mais une expérience vécue dans les profondeurs mêmes de l'esprit.

« Faust III... Cependant c'est une grande pensée d'avoir voulu inventer un amour de degré supérieur... » (Cahier 24, p. 375).

« Comment écrire Lust IV ? Le sujet est aussi peu théâtre que possible. Il est amour comme je le conçois, et l'ai vu périr deux fois ». (Cahier 29, p. 706).

« .... Atteindre ensemble chacun son point extrême de simplicité dans l'intense, un sommet du haut duquel on ne voit plus rien, limite de la vie, note aiguë, fin de la personne, éblouissement dans toute la masse sensible du corps, avec démission, offrande, abandon à l'absolu de l'instant... ». (Cahier 29, p. 705).

« Lust IV.... Le drame de l'amour.... J'ai dit que Amour (ordinaire), connaissance, etc. sont les vrais personnages.... Lust veut séduire Faust ? du Maître à l'être ? ». (Cahier 29, p. 774).

De la connaissance à l'être par la vertu de l'amour, tel pourrait bien être le sujet résumé de la pièce.

« Lust IV.... L'expérience m'a montré que ce que j'ai le plus désiré ne se trouve pas dans l'autrui, et ne peut trouver l'autre capable de tenter sans réserve l'essai d'aller jusqu'au bout dans la volonté de... porter l'amour où il n'a jamais été. Cet amour : contre lui, la médiocrité humaine. Je m'aperçois ici que je poursuis, ce faisant, mon idée de la « mystique sans dieu », c'est-à-dire sans acceptations de notions transmises. (Cf. Teste). » (Cahier 29, p. 804).

Remarquons le rapprochement entre l'amour-tendresse, « abandon à l'absolu de l'instant », et la « mystique sans dieu » qui décidément semble bien caractériser Valéry tout au long de son aventure spirituelle. Ce même lien entre l'amour et la mystique imprègne d'ailleurs un texte des Cahiers que, pour sa beauté, nous ne pouvons résister à citer tout entier.

« θ. Eros. A peine Elihou avec la fille de Chanaan eurent-ils achevé d'accomplir l'œuvre de chair et comme leurs yeux se rouvraient à la diversité des choses de la lumière, ils furent saisis d'une seule stupeur, car ils virent, au pied de leur couche d'abomination, l'Ange dressé comme une flamme.

Et sa voix de glaive glacé leur dit jusqu'au fond de leurs cœurs, qui battaient la même épouvante :

Qu'avez-vous fait ? Et voici que vous avez mêlé vos corps d'iniquité, et échangé vos âmes et partagé une volupté comme des voleurs se partagent leur butin. Vous avez dérobé au Seigneur ce qu'il y avait en vous de puissance de feu, et l'avez sacrifié à cette œuvre de fornication agissant l'un avec l'autre, chacun selon sa nature. Etc.

Mais Elihu, prenant la parole, lui répondit. Il est vrai, Monseigneur. Mais puis-je te dire pourquoi nous le fîmes et quel est le sens de ce qui te paraît un sacrifice de péché ? Nous savons que tu ne peux le comprendre et qu'il ne te fait pas besoin, car tu es ce que tu es et tu es le familier du feu de l'éternel. Tu participes de lui par ton essence, et tu brûles devant le Très Haut comme la roche de marbre au soleil devient splendide en elle-même et se pénètre de sa force et la reflète de toutes parts, etc. Mais nous, formés de boue et si loin de la Lumière, en vérité, nous l'ignorons comme des bêtes et nous n'avons rien que ce que nous sommes pour nous faire le moindrement capables de Lui. Et donc, nous avons choisi le meilleur de nos instants de vie, et le plus doux et à la fois le plus ardent de nos actes, celui que nous désirons entre tous et qui a le privilège de créer. Par là nous nous détachons de toutes choses et nous connaissons qu'il existe un mode extrême d'être où nous ne pouvons, sans doute, que vivre un instant presque indivisible, si c'est vivre, et cela est tout autre chose ; un instant où ni la pensée, ni les objets, ni même notre connaissance de nous-mêmes ne nous suivent. Que peut être ce fragment détaché de je ne sais quelle éternité d'éclair et qui ne ressemble à rien, pas plus que la lueur de l'éclair ne ressemble à la couleur des choses, mais aveugle le regard ? N'est-ce pas là le seuil de l'éternel, et quel autre moyen avons-nous de nous tirer de ce qui nous entoure et nous borne et de la terre et de la vie qu'on y mène, assujettie ?

Des êtres qui jamais n'eussent entendu parler du Tout Puissant, et auxquels Il ne se fût point révélé par la Parole, comment et par quelle voie leur viendrait le soupçon et le besoin de son existence ? Sans doute, le spectacle des cieux et de leur ordre, et celui des vivants et de leur merveilleuse conversation les feraient penser et chercher. Et peut-être auraient-ils l'idée d'une suprême volonté. Mais ils adoreraient le soleil et les étoiles et s'arrêteraient à la superstition. Ils se feraient des idoles, car comment pourraient-ils se donner pour maître et créateur ce qui ne ressemble à rien ? l'Incomparable. Car le vrai Dieu doit l'être, si nous ne nous trompons pas. C'est pourquoi, cherchant dans notre expérience ce qui puisse conduire à la vérité, nous avons trouvé dans cette extrême sensation, si séparée de toutes les autres (si ce n'est de la douleur aiguë), si irréductible à la pensée et aux objets de l'univers, un signe fulgurant qui est appelé un Plaisir, mais qui n'est pas du tout semblable à un plaisir etc...

L'Ange se dissipa, ces choses dites, comme se dissipe une conscience devant l'incompréhensible ». (Cahier 24, p. 21 à 23).

Cette conception mystique de l'amour, « mode extrême d'être », « fragment détaché de je ne sais quelle éternité d'éclair », « seuil de l'éternel », « signe fulgurant » d'une transcendance, se retrouve dans de nombreuses notes des Cahiers. On sait que Valéry comptait parmi ses projets littéraires un traité « Béatrice ou l'amour ». D'une manière générale, les notes de Valéry sur l'amour manifestent une évolution radicale qu'on pourrait partager en trois périodes. Durant sa jeunesse, fasciné par un désir de pureté, il éprouve un véritable dégoût envers la femme et la sexualité. L'amour charnel est conçu comme un viol accompli par la violence féminine sur la pureté du jeune homme, (poème Viol). Par la suite, jusque vers 1920, il est envahi du regret de ne pas avoir trouvé l'amour véritable.

> « Amour et moi. J'aurais pu apporter à l'amour, si le destin l'eût voulu, une contribution : une cruauté envers moi-même, et une conscience rigoureuse qui, jointes à mon sens naturel de la physique humaine et à ce mysticisme sans objet qui est en moi, eussent pu être si quelque femme s'était rencontrée ayant.... un pressentiment de la volupté comme moyen.... ». (Cahier 5, p. 806).

Après 1920 ou 1921, la conception mystique l'emporte, encore que, çà et là, des traces des attitudes précédentes réapparaissent. L'amour s'est sublimé comme

> « moyen d'arracher à l'être jusqu'au secret de lui-même, le seul qui importe, car le reste est à tous et connu de chacun ». (Cahier 21, p. 312).

> « Qui sait si des phénomènes comme la tendresse ne seront pas utilisés par une science toute nouvelle ? », avait-il écrit en 1921. (Cahier 8, p. 43).

N'est-ce pas cette « science » cherchant à trouver dans la tendresse une clarté mystique nouvelle que Valéry veut tenter d'exposer dans sa pièce de Lust ? Les notes suivantes nous le donnent bien à penser.

> « Il suffit pour me comprendre, de joindre à un jugement et sentiment de dépréciation de la vie (qui est à la base de toutes les mystiques) un jugement non moins dépréciateur des définitions, propositions, affirmations, démonstrations et traditions que donnent les religions et qui sont de faibles produits de l'esprit....
>
> Dans ce.... système.... la jouissance elle-même est un symbole, un sacrement, une figure. Peut-être a-t-elle cette signification pour certains esprits, ceux capables de la lui donner : d'être au sommet de la tendresse et de son effort la démission, la reddition, l'abandon, l'aveu, l'impuissance de la sensibilité à franchir autre chose qu'un seuil.... ». (Cahier 29, p. 805).

Retenons d'une part que s'il y a en Valéry un « sentiment de dépréciation de la vie », il n'est que l'envers d'une tendance mystique vers un absolu, et que d'autre part le « sommet de la tendresse », et la jouissance qui s'y lie, sont considérés comme « symbole », « sacrement », « figure ».

Quant à la note suivante, elle nous montrera l'erreur des critiques superficiels qui réduisent Valéry à n'être que lucidité sceptique et négative, sans voir que celle-ci n'est que l'envers de son aspiration ontologique à saisir l'être, et comme le reflux de sa passion d'absolu.

> « EGO. Faust III. Cette puissance extrême de négation qui m'est parfois donnée, par ci, par là, et qui n'est que ce qui m'impose une observation des choses et de moi, m'a conduit en quelques occasions à un effort pour la surmonter en l'appliquant à elle-même, quand j'ai cru trouver ce qui fût plus fort qu'elle, une valeur positive à connaître. Ceci est le secret de mes deux ou trois grands désastres ». (Cahier 29, p. 833).

Après ces « désastres » de 1921 et 1931, Lust est bien à considérer comme l'effort suprême de Valéry tentant de surmonter la lucidité réductrice de l'esprit et d'ancrer son « mysticisme sans objet » dans une « valeur positive », la tendresse, qui assurerait enfin le mariage de la connaissance et de l'être, et réaliserait la promesse « vous serez comme des dieux ».

C'est en effet l'accession à la divine réalité de l'être, dans l'accomplissement total du Moi, qui caractérise aussi bien l'extase de Faust dans la pure sensation de vivre, au 2e acte, que ce « moment d'éternité », « faiblesse de nature divine », « perte de connaissance dans la douceur », auquel la tendresse le transporte au 4e acte.

Cette mystique de la sensation par laquelle Faust atteint à son « chef-d'œuvre », « état suprême où tout se résume en vivre », comble d'un art grâce auquel ce qu'il fut a fini par construire ce qu'il est, n'est pas nouvelle chez Valéry. Le récit « London-Bridge » de 1930, nous décrivait pareille extase dans la sensation de voir. « Un monde presque entièrement fait de signes » s'était brusquement changé en « un autre monde presque entièrement formé de significations ». « Le savoir se dissipe comme un songe, et nous voici comme dans un pays tout inconnu au sein même du réel pur ». (Pléiade II, p. 514).

Remarquons que pour parvenir à cette extase de la pure sensation de vivre dans un monde devenu transparent aux significations du Réel absolu, il faut auparavant s'être avancé aux limites des connaissances et s'être confronté avec le néant ; il faut avoir eu le sentiment de la mort et du vide, et vivre « dans l'intimité à la fois du néant et du total des choses ». (Pléiade II, p. 374). Alors seulement il est possible de s'extasier, car « se soutenir au-dessus de la mort comme une pierre se soutiendrait dans l'espace, cela est incroyable ». De cette simplicité admirable dans la sensation de vivre, qui est « toute une science », on peut dire ce que Valéry écrit sur Corot :

> « La simplicité n'est pas le moins du monde une méthode. Elle est, au contraire, un but, une limite idéale.... Chacun a son point de simplicité, situé assez tard dans sa carrière.... Le spontané est le fruit d'une conquête.... d'une science qui a coûté toute une vie ». (Pléiade II, p. 1310 et 1315).

Cette vie mystique des sens a d'ailleurs la même profondeur que toute mystique.

> « Je tiens qu'il existe une sorte de mystique des sensations, c'est-à-dire une « Vie Extérieure » d'intensité et de profondeur au moins égales à celles que nous prêtons aux ténèbres intimes et aux secrètes illuminations des ascètes, des soufis, des personnes concentrées en Dieu, de toutes celles qui connaissent et pratiquent une politique de l'écart en soi-même, et se font toute une vie seconde.... ». (Pléiade II, p. 1319).

Cette « vie extérieure », qui découvre une illumination mystique dans la sensation, fait participer l'homme à la vie de l'univers. Car, à travers la conscience et l'esprit de l'homme, c'est l'univers tout entier qui cherche à se donner la conscience de l'être.
« L'homme pense, donc je suis, dit l'univers ». Par le moyen de
l'homme, l'univers cherche à s'ancrer, à se fonder dans l'être.

Mais c'est en s'ouvrant sur la tendresse, « qui est l'amour
toujours à l'état naissant et renaissant », que cette mystique acquiert sa dimension la plus originale. Le dernier acte, Lust IV,
dont les feuillets laissés par Valéry indiquent assez le contenu, nous
présente la sublimation de la proximité idéale de deux esprits que la
tendresse rend comme transparents l'un à l'autre.

> « Tendresse, moment où le Moi dépouille de tout ce qui le
> revêtait, le déguisait, le distinguait du tout petit enfant qui est en
> chacun de nous, essentiel et caché, le germe ou le sentiment tout
> pur de vivre ». (Pléiade II, p. 1412).

Cette présence mutuelle au niveau de l'esprit et du cœur, « ces
deux répondants de la vie même », lorsqu'un homme et une femme se découvrent liés par le plus simple et le plus secret de leur
être, restitués l'un et l'autre, et l'un grâce à l'autre, à leur vérité
essentielle, sans artifices et sans mensonges, dans la communion
authentique qui découvre les êtres en leur indicible complémentarité, cette tendresse-là est « ce qu'il y a de plus précieux dans la
vie ». Car ce triomphe de la pure présence de deux êtres complémentaires ne se limite pas à la découverte mutuelle de leurs identités secrètes, grâce à la reconnaissance du Même dans l'Autre.
La proximité une fois retrouvée dans la relation du Soi à Soi, tout
autant que dans la relation du Soi à Autrui, ne peut que s'étendre à toutes les dimensions de l'être, dans ce complexe indissoluble des quatre dimensions de la proximité, telles que nous les
avons reconnues dans notre analyse de Narcisse. L'être authentique
et pur une fois reconnu au niveau des personnes ne peut manquer
de se découvrir dans sa dimension d'univers et dans sa dimension
transcendante. La présence et la communion des personnes s'épa-
nouissent alors dans la lumière d'une Présence indicible transfigurant le monde des choses muettes en un univers de paroles et
de sens.

Ces fragments du 4e acte de Lust sont donc d'une importance
capitale pour comprendre la signification de « Mon Faust », et pénétrer plus profondément dans la connaissance de Valéry que l'âge
amène à sa maturation dernière. Car, de même qu'une pièce de
théâtre doit être comprise sous l'éclairage que lui donne son dénoue-
ment, puisque seule la fin du drame éclaire les intentions de son
commencement, de même un auteur comme Valéry, dont le travail
de toute une vie fut « effort pour se faire » et mettre à jour les
possibilités cachées de son implexe, doit être redécouvert à partir
des œuvres qu'il a le plus longtemps portées, et qui expriment sa

plus grande maturation. De Teste, poème de l'intellect, à la Jeune Parque, « poème de la sensibilité », puis à Narcisse, « poème de la proximité », jusqu'à Lust, « Drame de l'amour » et de la tendresse, c'est la ligne d'évolution et de formation de l'être Valéry qui s'élabore, presque aussi organiquement qu'un coquillage. Couche après couche, il s'est enfin construit dans sa vérité. Et le voilà « non interrompu, mais achevé ».

C'est ainsi que les ébauches du 4e acte de Lust nous permettent de comprendre les lignes de force déjà visibles dans les 3 premiers actes de la pièce, mais reconnaissables dans leur pleine significa- tion seulement par l'éclairage nouveau et central qu'elles reçoivent de cette fin. Le thème de la tendresse apparaissait déjà en filigrane dans la symphonie des thèmes animant le début de la pièce. La scè- ne du fruit, rappelant l'acte d'Eve au Jardin d'Eden, se trouve aussi bien dans le 2e acte que dans le 4e. Mais, lorsque ce thème de la tendresse devient le thème unique du 4e acte, non pas en repoussant les autres thèmes, mais en les absorbant et les coordonnant à lui- même, il est ainsi porté à un sommet de signification métaphysique exceptionnellement éclairé. C'est cette coordination des thèmes que nous voudrions maintenant essayer de montrer.

Pour cela, il nous faut d'abord expliciter le fond de métaphysi- que morale sur lequel se joue ce « drame du savoir ». Les dimen- sions métaphysiques du personnage valéryen sont en effet beaucoup plus amples que celles, encore assez étroites, où l'avait maintenu son créateur allemand.

Le Faust de Goethe restait dépendant d'une conception morale conformiste qui conservait la croyance à une sorte de dualisme transcendant des forces du bien et du mal : autant que le bien, le mal constituerait une puissance surhumaine, extérieure à l'homme et le dominant. Valéry, lui, projette son héros dans la modernité d'un drame métaphysique tout nouveau. Il a rejeté la croyance naïve et déprimante à un dualisme des puissances du bien et du mal, qui se disputeraient le cœur de l'homme. Il ne croit pas à l'existence d'une fatalité des forces démoniaques. Le mal ne peut avoir une dimension métaphysique supérieure à celle de l'homme. Bien au contraire, la racine métaphysique où se fonde la vraie liberté de l'homme est inaccessible aux atteintes du mal. Celui-ci n'a que le pouvoir que l'homme, dans sa lâcheté, veut bien lui donner. Puissance intérieure à l'homme, le mal n'est qu'en l'homme. Aussi l'homme peut-il trouver en lui-même le pouvoir de le maî- triser et de s'en libérer. Faust, ainsi que Lust et le Disciple, domi- nent le Diable et le ridiculisent. Celui-ci ne peut rien contre la liber- té de l'homme, une fois retrouvée en sa pureté. Il n'est plus ques- tion pour Faust de signer un pacte de soumission aux puissances démoniaques. Il n'a plus besoin d'être rajeuni pour suborner la- mentablement une innocente paysanne. « Il ne s'agit pas du tout d'effeuiller une nouvelle Marguerite ». Par un renversement total des situations du drame goethéen, c'est le diable qui est amené à signer sa soumission à Faust, Car c'est le diable, bien trop « démodé » avec ses « méthodes surannées » et sa « physique ridicule », qui a besoin d'être rajeuni pour répondre aux visées grandioses de Faust. Celui-ci a bien d'autres soucis que les plaisirs grossiers de la sensualité. C'est le devenir de l'homme qui l'inquiète, face à « l'effrayante nouveauté » d'une civilisation déshumanisante. « Il parle pour l'humanité ». Son ambition est de « faire une grande œuvre, un livre », qui serait peut-être ce « livre de vie intérieure » dont l'humanité a besoin, selon Valéry, livre qui apporterait un tel accomplissement à la connaissance de l'homme, que « celui qui l'aura lu n'en pourra plus lire d'autre ». Valéry libère ainsi l'homme de la peur de puissances occultes. Aucune malédiction ne pèse sur l'homme qui le secondariserait par rapport à des forces surhumaines.

C'est toute la conception chrétienne du mal que Valéry rejette ainsi. Le mal n'est pas une malédiction insurmontable et il n'est nul besoin d'une mythique intervention rédemptrice. L'homme a le pouvoir de se dégager des forces mauvaises. De même qu'il a en lui-même le moyen de se perdre, et qu'il ne doit accuser de sa chute ni le destin, ni quelque malédiction ancienne, ni quelque puissance satanique, de même l'homme possède tous les moyens de son redressement, de sa purification et de son salut. Il est capable de retrouver sa pureté et d'atteindre les sommets de l'esprit. Son destin est entre ses mains. En tant qu'il est lui-même responsable de ses propres aliénations, il est aussi capable de s'en libérer. Faust sonne ainsi l'appel au réveil des énergies, au sursaut du courage, à la foi en l'homme capable de se régénérer et de se sauver, d'accéder à la proximité divine et de se « faire semblable aux dieux ».

Certaines tentations du mal sont d'ailleurs, dans le fond, très ridicules. Les déviations de l'amour charnel sont parmi ces jouets grossiers pour lesquels les hommes abdiquent naïvement leur dignité. Pourtant, nulle fatalité ne nous impose nos démissions comme inévitables. Il n'est d'autre cause à ces défaillances que notre lâcheté. Faust, « ce grand seigneur de l'esprit », nous montre le chemin de la dignité par la résistance aux tentations grossières du sexe, de la gloire, du pouvoir ou de l'argent. « Car gloire, pouvoir et les trésors mènent toujours leurs possesseurs et leurs esclaves à la minute où le plus simple de l'être se dégage, les domine, se connaît enfin enfermé dans sa gloire, enchaîné par son pouvoir, minéralisé par son or ». Mais ces tentations ne sont faites que de nos faiblesses. L'homme qui en a la volonté, a aussi le pouvoir de s'en libérer et de se dresser dans la suprême liberté d'un esprit rendu à lui-même par le refus de toute aliénation.

Sur ce chemin de la grandeur et de la dignité de l'homme, ainsi libéré de toute fatalité et de toute malédiction, et capable de se purifier de toute tare, sur ce chemin que la volonté épurée peut

suivre jusqu'aux plus hauts sommets de l'esprit, il est significatif
de la lucidité de Valéry d'avoir compris que le principal obstacle
à la purification et à la grandeur de l'homme, comme à sa sanctification, réside dans la façon dont il assume la relation de l'homme
à la femme.

> « L'affaire AMOUR s'est présentée à mon esprit sous une forme
> assez étrange. Quand j'ai eu à peu près compris de quoi il s'agissait,
> tout ce que j'en savais s'est comme simplifié, cristallisé en deux
> questions, qui n'en font peut-être qu'une ? . . . .
> Que peut-on faire d'un AUTRE ?
> Que peut-on faire avec un AUTRE ?
> La fameuse affaire AMOUR a donc pris en moi la physionomie
> d'une affaire AUTRUI — un aspect particulièrement important de
> l'affaire AUTRUI ». (Pléiade II, p. 434).

La femme est en effet le premier autrui pour l'homme, mais
un autrui privilégié par l'intimité du couple et la complémentarité
des sexes.

« L'étrange aventure en profondeur, guidé rien que par l'instinct de trouver le Même dans l'Autre » est dans l'amour de l'homme et de la femme mis à la plus haute épreuve de l'authenticité
et de la vérité. « Au-delà des caresses et des luxes nerveux ou des
prestiges de l'esprit qui ne sont que des moyens », l'intimité écarte
toute possibilité de tricherie ou de mensonge, et ôte des visages
de chacun tous les masques des personnalités d'emprunt. Ici règne la vérité nue de deux êtres livrés à eux-mêmes, loin de toute
comédie. Aussi n'est-il point de meilleur test du genre de relation
dont l'homme est capable avec autrui, que la relation du couple.
Celle-ci pourrait servir à mesurer aussi bien la valeur morale et
humaine des hommes, que celle des sociétés. La description des sociétés à travers l'image du couple qu'elles se font, et à travers le
type de relations qui se vivent au foyer entre l'homme et la femme, nous donnerait sans doute la meilleure indication qui soit sur
la place qu'elles occupent dans l'échelle de l'homme.

Lorsque, au 2e acte, Faust jette comme négligemment son conseil
sibyllin « Prenez garde à l'Amour », le Disciple, décontenancé, est
prêt à croire que le grand Maître se moque de lui. Ce « petit présent de quatre mots » n'a pourtant pas été donné à la légère à un
disciple importun. Il est en réalité l'injonction majeure destinée à
nous mettre en garde contre l'erreur pernicieuse responsable de
nos chutes. Les hommes ont sali, dégradé, perverti l'amour, n'y
voyant guère que le jeu bestial de la chair. « L'amour demeure pour
eux une chose qu'un acte épuise, qu'enferme un lit ». Or, dans cette
perversion de l'amour, rabaissé à l'œuvre de la chair, réside le
principe de toutes nos dégradations et de toutes nos perversions.
L'amour dont le sens eût pu être de « parfaire les amants », « l'a-
mour, pouvoir de présence, l'être-clef, l'unique objet qui fasse
rendre à soi-même la plus grande sensation d'exister,..., la clef
qui ouvre pour moi le moi » (Cahier 10, p. 336), cet amour une fois

avili et souillé dans les mensonges de la débauche, devient l'obstacle principal à toute saisie authentique de l'être. De moyen de
découverte nous permettant d'accéder à la connaissance d'autrui
et de soi, puisqu'il n'est point de je sans tu, et au-delà encore, à la
connaissance du divin, il a été transformé en force d'aliénation,
nous aliénant aussi bien d'autrui que de nous-mêmes. Car quelque
soit le niveau moral où se situe l'abandon à la force instinctive du
sexe, cette démission devant l'impulsion bestiale qui est en nous,
instaure une dissociation, une opposition entre la part spirituelle
de l'homme et sa part charnelle. L'homme devient un être double,
divisé, sa part spirituelle se refusant tout droit de regard dans les
actes de la part charnelle. Il subit les désirs physiques de son
corps, et la jouissance sexuelle s'impose en rupture plus ou moins
totale avec la vie de l'esprit.

Outre cette dichotomie entre le corps et l'esprit, cette réduction de l'amour à la jouissance arbitraire des corps réduit encore la
relation entre les partenaires du jeu charnel à l'exploitation égoïste
où chacun se sert de l'autre comme instrument de sa satisfaction
individuelle. L'Autre est réduit à un objet d'assouvissement, et la
relation sexuelle reste étrangère à toute volonté de communion
entre deux êtres qui se reconnaîtraient dans leur dignité mutuelle.

Valéry n'a que mépris pour ces jeux de la chair, lorsqu'ils sont
détachés de l'expérience exaltante d'une communion des esprits. Ce
qu'il a désiré toute sa vie, c'est une union des esprits engagés dans
une compréhension et une pénétration mutuelles aussi totales que
l'est au niveau des corps l'union sexuelle. « Comme les amants
s'entrejoignent et se nouent amenant les contacts de leurs corps...
ainsi leurs esprits pourraient se tâter et se composer en s'opposant et se trouver des ajustements ». (Cahier 10, p. 725). « Et nos esprits feraient l'amour l'un avec l'autre comme des corps peuvent
le faire », déclare Faust à Lust, après qu'ils eurent mangé le fruit
de l'arbre. (Pléiade II, p. 1414). Mais la restitution de l'union sexuelle dans l'économie totale de la communion spirituelle lui donne une
valeur entièrement nouvelle. L'accord physique, en résonance avec
l'accord des esprits, ne fait que sceller la profondeur particulière de
cette relation de l'Autre et du Même dans l'unité transcendante
du couple. Il fait partie intégrante de l'aventure spirituelle qu'est la
communion de deux êtres assez différents pour se compléter, assez
semblables pour se comprendre. L'amour devient alors tendresse
dans la transparence d'une communion qui n'exclut pas la puissance d'une passion, mais la sublime dans l'apaisement de la chair
devenue servante fidèle de l'esprit.

Le choix de ce terme, tendresse, pour désigner cet idéal d'une
communion amoureuse devenue transparente à l'échange de deux
esprits, est révélateur de la volonté sublimante et purificatrice de
Valéry. La tendresse, en son sens commun, est en effet exempte de
toute arrière-pensée, de tout égoïsme, de toute impureté. Elle

a l'innocence et la pureté de l'enfance ignorant encore les complications des adultes. Expression spontanée du cœur s'ouvrant avec émerveillement dans la découverte de l'autre, la tendresse instaure une relation de transparence communicative entre deux êtres qui s'éveillent aux charmes de la communion. Mais à cette tendresse, Valéry accorde la puissance, l'exclusivité et la totalité de l'amour. La tendresse qui unit Faust et Lust n'est pas un simple sentiment délicat qui n'unirait qu'une part de leur être. C'est la totalité de leur être moral et spirituel qu'elle enlace dans une mutuelle et totale aventure de dons réciproques et d'union spirituelle. Tel est l'aveu de Faust :

> « Mais pour toi j'ai le sentiment total, tu m'entends, total ; je suis ton père et ton époux. Je me sens parfois ton enfant. Je suis ton maître, Lust, et c'est toi qui m'enseignes la seule chose que ni le savoir, ni le crime, ni la magie ne m'ont apprise ».

Ayant mené l'amour sublimé par la tendresse à un tel niveau de plénitude et d'illumination, il n'est dès lors plus étonnant que Valéry semble se proposer un véritable redressement de la faute d'Adam et d'Eve. La scène où Lust cueille une pêche, y mord et tend le fruit mordu à Faust, est en effet « une reprise », mais cette fois-ci le Diable n'a « pas soufflé mot » et n'a point de part à l'action. Ce geste paraît ainsi être la réparation de la faute d'Eve qui, succombant à la tentation, avait provoqué l'expulsion de l'homme hors du paradis et son exil loin de la connaissance. Le geste de Lust est en effet accompli dans la transparence de la connaissance. Il est le signe d'une communion et d'une connaissance suprême acquises par l'homme au comble de sa félicité. « Nous serions comme des Dieux, des harmoniques, intelligents, dans une correspondance immédiate de nos vies sensitives... Cet accord harmonique serait plus qu'un accord de pensée ; n'est-ce pas là du reste l'accomplissement de la promesse... ? ». (Pl. II, p. 1414). Faust et Lust seraient-ils enfin sur le chemin du retour au Paradis ? La note suivante, écrite vers 1927 dans les Cahiers, semble une confirmation.

> « Faust III.... Je suis sur le chemin qui jadis menait au paradis, mais il faut à présent que je cherche la force de regarder le jamais plus en face.... Car le système profond de l'être est fait pour rendre le passé vivant et renaissant. Le Jamais plus lui brise le cœur. Etait-ce donc si doux ? Etait-ce non payé ? Même le mal d'alors se fait séducteur et se met à se faire redemander ». (Cahier 12, p. 783).

Le passé en ce qu'il contenait d'absolu ne peut être rejeté dans l'irréversibilité du temps qui n'est plus. Ce qui fut, dans la mesure où il était réellement enraciné dans l'être, ne peut manquer de devoir être encore. L'être vrai ne passe pas, mais seulement s'obscurcit ou se voile. Mais pour accéder à cette assomption de la vie dans l'absolu de l'Etre « sur le chemin qui jadis menait au paradis », il faut peut-être savoir renoncer à la tentation de vouloir revivre tous les menus plaisirs de l'existence. Il faut avoir le courage d'échapper au cycle de la simple répétition.

Quoi qu'il en soit, le jeu des symboles qui s'enlacent ici est d'une extrême richesse. L'esprit, Faust, vient de pactiser avec la sensibilité, Lust. L'intellect ne se sent plus isolé dans sa puissance d'abstraction, autrefois volontairement coupée du corps, au temps de M. Teste. Un tissu de relations fructueuses réunifie l'intelligence et la sensibilité, le cœur et la pensée abstraite, le passé et l'avenir dans la joie d'un moment présent suprême, illuminé par une « découverte métaphysique ». Le comique tendu du récit de cette découverte ne réduit en rien sa portée euristique de communion avec l'univers et avec toutes ces choses rendues présentes grâce à la présence aimée.

> « L'idée me vint.... qu'il y avait.... entre toutes ces choses présentes...., ce feu...., ce froid...., cette couleur du jour...., cette.... tendre.... forme d'équilibre dans.... l'abandon.... le plus aimable...., les sentiments.... vagues qui vivaient doucement dans l'ombre...., de mon esprit...., et.... d'autre part...., mon abstraite pensée...., une relation profonde.... et certaine.... ». (Pléiade II, p. 329).

Le geste de Lust, quelque peu jalouse de la jeune veuve, occasion de cette découverte, ne fera que confirmer la restitution à l'homme de la connaissance que le geste d'Eve lui avait fait perdre. La transparence des esprits sera retrouvée, ainsi que leur communion idéale.

> « Tendresse est une faiblesse de nature divine, une perte de connaissance dans la douceur... échange inouï, muet, de ce que je ne sais pas en moi, ni de moi, contre ce que je ne sais pas en toi, ni de toi... Oui, l'idée à l'état naissant, et la tendresse qui est l'amour toujours à l'état naissant et renaissant, leur alliance me rend fou d'y penser...» (Pléiade II, p. 1412, 1413).

Notons, certes bien au-delà de ce que Valéry pouvait savoir, (mais l'intuition d'un poète n'est-elle pas parfois troublante ?) que pour la tradition juive l'interdiction du fruit de l'arbre de la connaissance du bien et du mal n'est pas éternelle. Si Adam ne s'était pas précipité, s'il avait attendu jusqu'au premier shabat et l'avait convenablement sanctifié, il eût alors pu goûter du fruit de l'arbre de la connaissance. Car celui-ci était inclus dans l'ensemble des arbres dont il pouvait manger : « de tous les arbres du jardin tu mangeras ». L'interdiction ne portait que sur la séparation de l'arbre de la connaissance du restant des autres arbres, dont l'arbre de vie. La vraie connaissance n'est en effet possible que dans l'unité de l'être et dans la plénitude d'une vie intégralement consacrée. Mais la faute d'Eve, touchant à l'arbre de la connaissance avant d'avoir goûté à l'arbre de vie, introduisait la division dans l'être de l'homme, ainsi qu'une distance aliénante entre l'intériorité du monde et son extériorité. Le goût du fruit n'était plus ressenti dans son identité au goût de l'arbre. La connaissance, séparée de la vie, n'était plus homogène à l'être. Le thème est riche d'implications profondes qui ne peuvent être développées ici. Mais sur cette toile de fond, on ne peut s'empêcher d'imaginer que le moment d'intense sublimation qui vient d'unir Faust et Lust, est comme une faible image de ce que pourrait être la réparation de la faute d'Adam et Eve. Le geste de Lust, offrant à Faust le fruit qu'elle a mordu, consacre la réunification de l'être enfin restitué dans la plénitude de son unité par la réconciliation de l'esprit et de la sensibilité, incarnés par Faust et Lust.

Car, cette fois, le Diable n'a point de part à l'affaire. Il est d'ailleurs le grand vaincu de la pièce, le grand méprisé ; « un plus faible en somme ! ». Le Grand Bouc a manqué Faust. Il a trouvé plus grand que lui. Mais en accusant ainsi le simplisme et le primitivisme du Diable, c'est toute la médiocrité de la problématique morale introduite par le christianisme que Faust-Valéry met en jugement. Car le bien et le mal n'y sont plus, depuis longtemps, les grands pôles positif et négatif qui doivent aimanter la totalité du champ d'activité de l'homme dans son aventure spirituelle entre l'être et le non-être ; ils ne sont plus que des étiquettes décolorées délimitant un secteur restreint de l'activité de l'homme, alors que celle-ci s'exerce pour l'essentiel en dehors du champ clos et étroit de la morale. Aussi Faust peut-il traiter de haut l'ignorance et la médiocrité du Diable, symbole de cette problématique morale réduite à des dimensions mesquines. « Tu ne te doutes même pas qu'il y a bien autre chose dans le monde que du Bien et du Mal. Je ne te l'explique pas. Tu serais incapable de me comprendre ». (Pléiade II, p. 296).

La problématique chrétienne du bien et du mal, dont le Diable n'est que le serviteur, est en effet incapable d'enclore la totalité du champ d'activité de l'aventure humaine et laisse hors de ses pouvoirs la meilleure part de la Réalité spirituelle du monde. C'est l'immensité du Réel et de l'Etre qu'elle ignore, en se restreignant dans la petitesse de ses concepts arbitraires. Car, ôtant à l'homme le pouvoir de réaliser son être par son propre mérite, le christianisme a dégradé le problème moral et l'a vidé de sa grande signification d'aventure ontologique. Les mythes du péché originel irrémédiable, de la malédiction et du salut par la foi à un mystère de rédemption, outre la vision mythique, aliénante, irrationnelle et arbitraire, dont ils recouvrent la réalité essentielle du monde, ont rompu l'unité organique et harmonieuse qui doit joindre la vie morale et la foi authentique, lorsque celle-ci s'élargit en une vision du monde saisi dans toute son intériorité. En mettant l'accent sur une foi mythique au détriment de l'intériorité morale, ces mythes ont plus ou moins restreint la vie morale au problème mesquin d'un comptabilité des fautes ; ils l'ont ainsi dépouillée de ses incidences et de sa liaison dans l'ordre de l'être, et dépourvu de son efficacité immédiatement ontologique.

La leçon qui se dégage de « Mon Faust » est en somme que nous pouvons vaincre le Diable, nous libérer des conceptions mythiques

qui restreignent la vision de l'être, briser toutes nos aliénations, surmonter grâce à la vigilance de l'esprit toutes les tentations mesquines des jouissances terrestres. Le Diable ne peut rien entreprendre sur la liberté essentielle de l'homme.

Mais, restituer l'homme dans son autonomie, n'est pas le
rendre à une liberté anarchique et vide de sens. C'est au contraire lui
redonner le goût de la lutte et les moyens de conquérir l'être. Assuré qu'il peut vaincre tous les obstacles, l'homme peut alors entreprendre la difficile ascension qui conduit à l'Etre. Car l'Etre se
gagne et se mérite. La vie est une discipline ascensionnelle constante. L'homme n'avance pas dans le vide, mais gravit les degrés
successifs de la Réalité et de l'Etre. L'être actuel de l'homme n'est
qu'une sorte d'avance ou de crédit accordé à l'homme pour lui
donner les moyens de conquérir ou d'acquérir son être véritable.
Entre l'être donné et l'être conquis et mérité, il y a toute la distance qui distingue l'enfant de l'homme, le projet de sa réalisation,
la promesse de son accomplissement. Beaucoup cependant ne restent que des enfants au regard de l'Etre véritable, se fussent-ils
assurés les faveurs illusoires de la gloire, du pouvoir ou de la jouissance. Car l'être, en son authenticité, dépase infiniment les valeurs
orphelines d'un monde coupé de ses sources et aliéné dans ses
mythes.

Valéry croyait dépasser la problématique du Bien et du Mal.
Nous croyons plutôt qu'il cherchait à lui restituer ses dimensions
ontologiques et son efficacité dans l'ordre de l'être. Le problème
moral doit redevenir un problème ontologique. La vraie morale
n'est pas une affaire de peines et de récompenses, c'est une affaire
d'être. Le mal et le bien ne sont pas seulement des codes imposés
de l'extérieur à la réalité, en sorte que la réalité, restant ce qu'elle
est, serait seulement jugée plus ou moins bonne ou mauvaise selon
des critères extérieurs à elle-même. Le bien et le mal sont différents
chemins d'être dans l'ordre de la réalité. Le mal est un moins être,
un manque d'être; à la limite, il est une absence, une perdition de
l'être, donc un non-être. Le bien est au contraire un plus être, un
enrichissement d'existence, un élargissement de la participation à
l'être ; à la limite, il est l'Etre, la Présence, l'Etre absolu et infini.
Faire le mal, c'est choisir de ne pas être, c'est saccager, anéantir
son être, car le crédit qui nous a été donné peut se perdre. Choisir
le bien, c'est choisir la vie, l'accroissement de l'être, la participation
à la vie de l'Etre infini.

Mais Valéry ne pouvait mener sa recherche ontologique, cette
« guerre pour être... guerre étrange, sainte, contre tout, menée
par l'Etre », jusqu'à une claire vision de l'insertion de l'homme
dans l'Etre, jusqu'à une compréhension satisfaisante de la géo-
graphie de l'Etre et des chemins qui y conduisent. La féérie dra-

matique du Solitaire témoigne à la fois de la grandeur à laquelle il est parvenu, mais aussi des incertitudes qu'il ne peut dépasser.

Si, d'une manière générale, Faust parvient à surmonter la tentation du Néant qu'incarne le Solitaire, ce n'est pas sans avoir dû engager un dur combat dont il ressort blessé, tout comme Jacob avait été blessé à la hanche en combattant l'ange d'Esaü. Le Diable n'a pu suivre Faust « sur ce toit du monde » auquel il est maintenant parvenu. « On est à peu près au ciel ». La problématique des choses morales ou humaines est dépassée. Il ne reste plus que la confrontation toute dépouillée avec le fond de l'Etre ou avec le Néant. Faust garde tout son sang-froid et sa lucidité. « Le vertige m'est inconnu ». Il éprouve cependant « une ombre de malaise », non à cause de « la profondeur abrupte », mais à cause de « la solitude essentielle, l'extrême de la raréfaction des êtres ». Pourquoi est-il monté jusqu'à ce point critique ? pour « mettre tout juste le bout du nez hors de ce qui existe ». C'est alors que Faust affronte la véritable tentation, celle dont le Diable, trop faible d'esprit, n'avait pu le tenter, la tentation du vide, de la solitude essentielle, du Néant. Elle lui apparaît sous la forme d'un monstre, ni animal, ni esprit, le Solitaire, véritable caricature d'un esprit négateur réduit à ses seuls rouages, abstrait hors de toute réalité, incapable de toute communication. Est-il « un M. TESTE impénitent, un M. Teste poussé à l'extrême, à la caricature », selon les termes de Jacques Duchesne-Guillemin (p. 197), ou l'incarnation de Mallarmé, selon Claude Vigée (les Artistes de la faim, p. 31) ? Quoi qu'il en soit, l'expresion caricaturale montre bien que Valéry dépasse ici le défit du nihilisme, le défi que lui avait posé Mallarmé affirmant le Néant comme source et fin de l'Univers. Il sait maintenant que la fin nécessaire de l'idôlâtrie de l'esprit ne peut être que le mépris de l'esprit et le suicide spirituel. Lorsque l'esprit se conquiert par une série d'exhaustions et de négations qui le retirent hors de toutes les occasions ou causes de son activité, et qu'il se réduit à son seul mécanisme, à son seul pouvoir de transformation, il est inévitable que, poursuivant son mouvement de négation et après avoir nié tout ce qui lui avait été donné comme matière à penser, il finisse par se nier lui-même. C'est cette tentation de l'esprit négateur que Valéry surmonte dans cette confrontation avec le monstre solitaire. Faust ne se laisse pas convaincre par son discours exagérément sceptique et négateur. « Ce sermon est trop dur... Il est rigoureusement fou ». Face au Solitaire qui se veut non-existant, Faust s'affirme assuré de son existence, sûr de son être ; et face au mépris de l'esprit enseigné par le Solitaire qui ne voit dans le langage qu'« un proxénète », Faust oppose « la création par le verbe, les chants très purs, les vérités de diamant, les architectures de la déduction, les lumières de la parole ». Il saura donc repousser la tentation de la solitude. Si cependant il ne sera pas totalement vainqueur du Solitaire, comme il le fut du Diable, c'est que cette figure du Néant « est vraiment pire que le diable ». Ce fou est beaucoup plus avancé « au-delà de la démence ».

La tentation du Néant n'est d'ailleurs pas surmontée par une véritable conviction capable de s'insérer dans la réalité positive de l'Etre, mais seulement par la foi au « charme poétique », les Fées n'étant ici que les porte-parole de l'imagination poétique.

> Faust qui devais périr, il n'est rien de fatal
> Qui ne le cède à quelque charme....

Ce n'est donc pas un hasard si la fin du Solitaire est écrite en vers. La poésie est bien le véritable refuge de Valéry, plus encore, la seule activité salvatrice qui lui permette de dépasser l'impossibilité de la connaissance et de surmonter l'antinomie de l'être et du non-être. Valéry s'est refusé au Néant, mais rien ne peut véritablement l'assurer de la substance positive de l'Etre. Il n'est décidément que l'acte poétique qui, par sa puissance d'enchantement et de charme, lui permette de répondre par un acte à l'acte caché qui supporte la création.

La pièce semble pourtant s'achever sur une négation, plus précisément, sur le refus de Faust d'accepter les dons offerts par les Fées. Mais d'une part, ce refus n'est pas certain et laisse assez d'indécision pour ne pas fermer toutes les portes. Ce n'est pas Faust, en effet, qui rappelle ce « Non », qui serait son premier mot et qui serait le dernier ; ce sont les Fées qui en décrètent ainsi, et le rideau tombe sans que nous connaissions la réaction de Faust. Or, les Fées n'ont pas une connaissance de Faust suffisante pour décider de la signification ultime enfouie dans le secret de son âme. Faust en fait lui-même la remarque :

> « Si tu sais tout de moi, tu ne sais qu'une fable.
> Le véritable vrai n'est jamais qu'ineffable :
> .... Le joueur garde au cœur le secret de son jeu ».

Il se pourrait donc que cette puissance de négation qui est attribuée à Faust fasse aussi partie de la « fable ». D'autre part, il faut replacer cet épisode final dans le mouvement d'ensemble de cet intermède féérique. Or, celui-ci nous retrace le retour à la vie et comme la renaissance de Faust. Mais pourquoi renaître ? est-ce pour « recommencer » ? Faut-il accepter une nouvelle réincarnation qui, tout en reprenant et poursuivant la courbe ascensionnelle et l'aventure de Faust, le laisserait pourtant toujours aussi distant de l'assomption dans l'absolu qui seule dévoilerait sa véritable identité ? C'est l'absolu qu'il faut à Faust, et non le piétinement dans une vie dont les réussites les plus brillantes ne peuvent cacher la relativité. Vivre, passe encore, si l'expérience de la vie permet à l'homme de découvrir sa véritable condition et son identité secrète que rien d'humain ne peut satisfaire. Mais revivre, est-il possible ? quand ce ne serait que lâchement accepter l'échec de la tentative par laquelle l'homme avait cherché à se faire semblable aux dieux ?

« J'en sais trop pour aimer, j'en sais trop pour haïr,
Et je suis excédé d'être une créature ».

Tel est le véritable refus de cet « Homme-Dieu », si avancé sur la route de l'Absolu qu'il est incapable de se reconnaître avec le visage d'un homme. Faust rejoint ainsi le grand thème valéryen que le poète ne devait révéler que peu de temps avant sa mort en terminant le poème de l'Ange, commencé vingt ans plus tôt. Une note des Cahiers confirme d'ailleurs cette identification de Faust et de l'Ange.

> « Conte ou Faust. Le miracle d'Hermine ou Herminne. Ou autre nom. Hermine courtisée. Les galants divers, etc. Mais si intéressante que le Ciel la veut sauver. Son extrême innocence l'expose plus que tout. Beauté si attirante, etc. Tropisme. Elle va se donner quand paraît, dans la sphère de sa vie, un nouveau personnage d'un charme extrême. Il efface tous les autres. Singularité — Et il ruine toutes les idées d'Hermine sur le « Bonheur ». — Déjoue en se jouant les ruses des rivaux, la retient sur le bord, etc., etc. Et quand elle ne peut plus voir ni aimer que lui, se révèle un ange. Sa rigueur — Dans la main du Seigneur, je ne suis qu'une épée. (De la nature de la lumière). Détails. Ne doit rien faire que ce que peut un ange. Provoqué, ne peut se battre.... ». (Cahier 24, p. 64).

Pris entre les Fées et son ange secret, Faust ne pouvait que refuser les faveurs trop illusoires qui l'auraient encore attaché à ce monde et au retour éternel des vaines redites humaines. Au moins à ce niveau de la pièce, inachevée, il ne sera pas « châtié d'avoir voulu recommencer «. Car celui qui avait voulu échapper au cycle oppressant de la relativité des choses humaines en tentant « de se faire semblable aux dieux », croyait enfin trouver sa véritable identité dans la figure de l'Ange.

CHAPITRE X

L'ANGE, OU "L'IMPOSSIBLE PUR"

Tout comme le sculpteur attaque avec méthode les résistances de la pierre informe et parvient enfin à mettre à jour la forme idéale, terme final d'une lutte passionnée de l'idée avec la matière, mais germe initial caché en puissance dans les secrets de l'âme créatrice, ainsi Valéry, au terme d'une existence consacrée à composer ses puissances pour en dégager son essence la plus secrète, nous livre la figure qu'il portait en lui depuis l'aube de sa vie intellectuelle. Seul le travail de toute une vie pouvait ainsi mettre à jour le fond de l'être le plus authentique, et révéler dans le dernier acte l'identité véritable qui n'était qu'en puissance jusque-là. Car la figure de l'Ange, dernier poème en prose, achevé en mai 1945, quelques semaines avant sa mort, et dont l'ébauche se trouve dès 1921 dans le Cahier 8, p. 370, représente l'identité secrète de Valéry, beaucoup plus que Teste et les autres figures de sa création. Ces dernières n'étaient que les ébauches et les essais successifs d'une recherche d'identité qui ne devait aboutir qu'avec son dernier acte, ou plutôt, que le dernier acte devait laisser en son état de plus grand éclaircissement. Remarquons d'ailleurs l'aspect surhumain de toutes les créations valéryennes : Teste, cet « aigle intellectuel », « dur comme un ange », et qu'une « effrayante pureté » semble tendre « hors du monde ». « Trouvera-t-il la vie ou la mort, à l'extrémité de ses volontés attentives ? ». (Lettre de Madame Emilie Teste). Léonard, symbole du « pouvoir de l'esprit », « maître et centre de soi », extrait de tout en son universelle simplicité. Enfin, Faust ce « prince de l'esprit » excédé d'être une créature. Les lignes de force de la création valéryenne mènent décidément toutes vers le dépouillement de la dernière figure, l'Ange.

Mais ce dévoilement d'identité, loin d'apaiser l'angoisse qui avait aiguillonné toute la recherche, n'a fait au contraire que l'aviver en la surhaussant à sa véritable dimension métaphysique. Car l'Ange n'est pas seul, et l'identité découverte est en réalité celle d'une dualité ontologiquement incompréhensible et insoluble.

« Une manière d'ange était assis sur le bord d'une fontaine. Il s'y mirait, et se voyait Homme, et en larmes, et il s'étonnait à l'extrême de s'apparaître dans l'onde nue cette proie d'une tristesse infinie ».

Nous avons déjà noté la symétrie qui unit les deux poèmes de Narcisse et de l'Ange. Alors qu'en se penchant sur le miroir de la fontaine, aussi profond et aussi transparent que celui de la conscience, Narcisse y cherchait son double céleste, le « fiancé nu » et « captif que les feuilles enlacent », « éphémère immortel », « O semblable !... Et pourtant plus parfait que moi-même », recherche inquiète de l'homme en quête de son identité transcendante et pure, voilà que le regard s'est comme inversé dans le poème de l'Ange. Ce n'est plus l'homme qui se penche sur la fontaine, mais l'Ange. L'identité idéale du moi pur semble avoir été non seulement découverte, mais conquise, assimilée, assumée. Ce n'est plus l'homme qui s'interroge, mais l'Ange, et son interrogation est bien plus dramatique, car la dualité non seulement demeure, mais apparaît maintenant sans remède. L'Ange regarde avec stupéfaction vers cet homme en larmes, son double incompréhensible : « L'immortel y voit son mortel ». (Mélange. Pléiade I, p. 332).   « Tristesse en forme d'Homme qui ne se trouvait pas sa cause dans le ciel clair ».

> « La figure qui était sienne, la douleur qui s'y peignait, lui semblaient tout étrangères. Une apparence si misérable intéressait, exerçait, interrogeait en vain sa substance spirituelle merveilleusement pure.
>
> « O mon Mal, disait-il, que m'êtes-vous ? »
>
> « .... Ce que je suis de pur, disait-il, Intelligence qui consume sans effort tout chose créée, sans qu'aucune en retour ne l'affecte ni ne l'altère, ne peut point se reconnaître dans ce visage porteur de pleurs, dans ces yeux dont la lumière qui les compose est comme attendrie par l'humide imminence de leurs larmes ».

Et pourtant si l'Ange ne peut se reconnaître dans la figure humaine et misérable, celle-ci n'en demeure pas moins sienne. « Ce visage est bien mon visage ; ces pleurs, mes pleurs ».

Que ce drame de la dualité et de la double identité, drame vécu maintenant non plus à partir du pôle d'identité humaine aspirant à découvrir son double idéal, mais à partir de l'être idéal et pur, bizarrement associé à son double humain, soit bien le drame même de Valéry, de nombreuses notes des Cahiers nous en fournissent la preuve.

> « L'Ange.... m'appelait Degas. Il avait plus raison qu'il ne le pouvait croire. Ange = Etrange, estrange = étranger... bizarrement à ce qui est et à ce qu'il est ». (Cahier 15, p. 812).
>
> « Des anges. Pierre Louys n'aimait pas ce nom. Ridicule 1830 pour lui. Moi en 91 leur donnait un autre son. C'étaient des « esprits » implacables, intelligences sans défaut, porteurs de la fatalité de la Lumière mentale. Je voyais toute une mythologie de l'esprit, la

conscience opérante, qui transforme et consume tout ce qu'elle attaque. Une sorte d'idéal de ma volonté et de ma réaction 92 contre sensibilité exagérée, qui m'a fait tant souffrir. Ceci s'est modifié vers 1920. La rigueur pénétrante du rayon. Cf final de Sémiramis. Réaction. D'où d'étranges combinaisons avec les sources de tendresse et de chant secret. Et toute une vie dans le rêve d'une intimité dans l'extrême du sentir-créateur.

L'iconoclaste 1893. Avoir pour idole l'absence d'idoles. Aller au bout des puissances du seul — à deux. Reconstituer l'amour dans l'au-delà des états connus et prévus. Et vivre une fois pour toutes. Ceci mène à tenter de découvrir, dégager, éliminer tout ce qui se répète ou répète. D'où bien des recherches. Et c'est tout Moi. Et c'était vouloir se réduire à un Ange + Bête = non Homme, cette chose impure ». (Cahier 25, p. 802).

« Ange — Etrangeté des choses (du soleil, de la figure des hommes, etc.). Et c'est en quoi je suis « ange ». A quoi rime tout ceci ? et quand ce sentiment me vient, je me reconnais et je tombe en extase, mais comme si je m'éveillais de l'habitude.... Mon incrédulité est faite de ceci et du sentiment des combinaisons possibles, de l'indécence d'une vie et de choses déterminées, du ridicule d'être engagé. Je regarde mon visage et mes propriétés et tout, comme une vache fait un train ». (Cahier 8, p. 880).

« Un ange fut jeté par quelque faute de.... dans le corps d'un homme. La mémoire de sa condition première lui fut ôtée. Qu'est-ce qu'une âme qui a perdu la mémoire ? Il ne gardait de l'ange que le sentiment de n'être pas ce qu'il était, car le sentiment angélique de l'ubiquité ne s'était pas aboli, étant ineffaçable.

Etre en quelque lieu, en quelque temps, condition humaine, il le subissait, mais ne pouvait s'y accoutumer, et il était toujours malheureux, car il ne pouvait connaître comme nous qu'une chose à la fois, quand sa nature essentielle était de tout saisir par un mode non temporel, par les principes. Il ne comprenait rien selon ce qu'il était, mais tout selon ce qu'il avait été et qu'il ignorait ». (Cahier 10, p. 721).

« Ego. Monologue de l'« ange ». Pourquoi suis-je un être si bizarrement placé dans le jeu du monde que les événements énormes et épouvantables qui éclatent sur nous, en cette terrible époque, me semblent du temps perdu, comme celui des rêves (lequel ne vaut que dans le souvenir utilisable), d'affreuses niaiseries, des désordres de délire, une dissipation brutale d'énergies par de féroces enfants dont les jouets sont des armes formidables etc. Toutes les valeurs inférieures déchaînées, etc. ». (Cahier 23, p. 464).

Valéry songeait même à rassembler tous les textes où il est question des anges, depuis Babylone, etc., et à en faire un recueil. « J'entends, tous les textes sérieusement écrits, par des gens qui croyaient ce qu'ils disaient ». (Cahier 25, p. 802).

La sincérité et l'authenticité qui imprègnent ces notes, spontanément écrites comme des aveux du moi le plus intérieur, nous montrent combien l'imagination poétique est, chez Valéry, une expression épurée et transposée sans doute, mais toujours fidèle à une expérience et à une observation profondément vécues dans les sources mêmes de son être. Le sentiment de l'étrangeté de la vie est chez lui comme une donnée constitutive de son être.

> « .... la vie. Je l'ai toujours ressentie comme.... distincte de Moi. Une sorte d'épouse, assez rarement maîtresse aimée, aimante, faisant ménage, cuisine — assignée à Moi, liée à lui par je ne sais quelle Loi. Au fond, une étrangère dont j'ignore tout et elle de moi ». (Cahier 24, p. 814).

La vie n'avait pourtant pas défavorisé notre poète, qui fut heureux, autant qu'homme peut l'être, sur tous les plans de la vie familiale, sociale, culturelle. C'est dans son essence même que la vie « avec ses bizarreries, sa puissance aveugle, sa faiblesse et ses étroites conditions physiques », (Cahier 22, p. 650), lui apparaît étrangère, incompréhensible, inassimilable à sa véritable identité spirituelle. Bien que « la mémoire de sa condition première lui fût ôtée », l'Ange sait d'une connaissance certaine qu'il n'est pas de ce monde. Tout dans la condition humaine lui apparaît impur, entâché de cette impureté inévitable qui s'attache à tout ce qui est déterminé, particulier, limité dans l'étroitesse de son individualisation. Car l'Ange, qui est l'esprit en sa pure et universelle puissance, ne connaît ni les limites du temps, ni celles de l'espace et de la matière. Aussi quelle chute, quand il doit vivre dans ces limitations !

> « Un esprit allait voir cesser son état ; il devait tomber de l'éternité dans le Temps, s'incarner : « Tu vas vivre ! ».
> C'était mourir pour lui. Quel effroi ! Descendre dans le Temps ! ».
> (Pléiade I, p. 229).

Pour Valéry, ce drame n'est pas la création d'une imagination poétique ; il est intrinsèquement lié à la prise de conscience de sa situation existentielle. « L'Ange... jeté par quelque faute... dans le corps d'un homme », c'est lui-même, ou plutôt son moi pur, en sa plus lucide conscience. Et l'ange ne veut pas être un homme. Voilà l'expression raccourcie d'une expérience métaphysique indéniable.

> « Il y a dans l'homme une puissance singulière, latente, et toute extrême, qui refuse, repousse, lui rend insupportable, ce qu'il est. Il y a un réflexe intense de vomissement de sa condition d'homme ».
> (Cahier 18, p. 91).

Entre la « nature angélique », par laquelle il entend « ce qui est pur en soi » (Cahier 21, p. 596), et l'homme, « cette chose impure », il n'est point de relation possible, sinon la nostalgie du retour à « l'ère de pureté ». Tel est le sujet d'un des poèmes les plus clairs de Valéry, « Paraboles ». (Pléiade I, p. 197 à 201).

> « Quand il n'y avait encore que l'Ange et l'Animal dans ce Jardin, et DIEU partout sensible ;
> Dans l'air tout ce qui vole ;
> Sur la terre tout ce qui marche,
> Et dans l'abîme en silence tout ce qui fuit et frémit ;
> Et quand Dieu, et les Choses, et les Anges et les Animaux

> Et la lumière qui est Archange
> Etaient tout ce qui était,
> CE FUT L'ERE DE PURETE.
> ......
> ET MOI, je connaissais tout ceci.... »

Car MOI, le Moi pur, porteur de l'identité transcendante, la seule véritable, le moi secret, étranger à l'individuation psychologique, est un moi de connaissance qui sait les choses en leur pureté essentielle. Ce moi pur, antérieur à l'apparition de l'homme, tout comme l'âme platonicienne, a contemplé le monde des idées et des essences pures, où chaque chose est ce qu'elle est, sans mélange, « fruit d'une Pensée de vie exactement changée en (elle) ». La connaissance est limpide et transparente « comme le miroir d'une eau calme ». Mais le miroir va se rider et se ternir, quand surviendra une «Figure», responsable de l'individuation de l'homme. L'événement humain s'accompagne en effet de souffrance, « une souffrance sans pareille... et sans place dans le corps ». L'ère de pureté n'est plus qu'un lointain souvenir. L'impureté est apparue avec cet être nouveau, l'homme, indéfinissable, composé étrange, qui n'est ni ange, ni bête, mêlant en lui tous les niveaux de la réalité, depuis la pensée la plus sublime de l'esprit jusqu'à la vie animale d'un corps soumis aux fonctions physiologiques du manger et du dormir. Tout être dans la création est pur à son niveau, étant essence simple : l'Ange, dans « sa substance spirituelle merveilleusement pure », « intelligence qui consume sans effort toute chose créée, sans qu'aucune en retour ne l'affecte ni ne l'altère » ; et, de même l'Animal, « bonheur sans ombre » dans son ignorance que ne troublent « ni regrets, ni remords, ni soupçons, ni souci » et pour qui « ce qui n'est point n'est pas ».

Mais l'homme mêle en lui tous les degrés de la création. Dès lors, où situer son identité, alors qu'il participe de tous les niveaux à la fois, aussi bien de l'ange que de l'animal ? Un étrange dialogue l'habite, qui se tisse entre les divers pôles de son existence multiple, l'Ange, le Moi, l'Homme, l'Animal.

JE SAVAIS comme en LUI qu'il n'était ANGE ni BETE.

Les majuscules du texte éclairent les quatre niveaux d'être entre lesquels se tisse l'identité humaine, sans que celle-ci puisse s'arrêter à aucun d'eux : le JE, ou MOI pur du savoir et de la connaissance ; LUI, à savoir l'homme ; enfin, aux deux extrémités de l'échelle, l'Ange et la Bête. Si le niveau essentiel d'identité semble se situer au niveau du Moi pur, puisque seul il dit je à la première personne, et qu'il parle de l'homme à la troisième personne, cependant c'est à l'intérieur de lui-même que le Je du Moi pur entend la voix de l'homme :

ANGE, disait en moi Celui dont je possédais si bien la présence.

Si donc l'homme est un étranger pour le Moi, et plus encore l'Animal et toute sa configuration physique étrange, le Moi n'en ressent pas moins leur présence comme intérieure. Mystérieuse présence d'ailleurs, qui ne peut être ni rejetée, ni assumée. L'homme est irrémédiablement lié à la vie intérieure du Moi, comme l'animal l'est aussi à l'homme. S'il suffit sans doute à l'homme de tourner son regard vers le bas, vers la présence animale qui l'habite, pour être immédiatement renvoyé vers les niveaux supérieurs de l'esprit, tant la vie en sa pesante contingence semble étrangère à la pensée,

> O VIE,
> plus je pense à toi, VIE
> Moins tu te rends à la pensée,

il ne suffit pourtant pas à l'homme d'invoquer le Moi pur de la pensée et du savoir sous l'appellation d'Ange, pour que le Moi puisse s'identifier à l'Ange. Car, si proche de l'Ange que soit le Moi pur, ce dernier ne peut s'y assimiler entièrement. Du fait de ses attaches avec l'homme et avec l'animal, il n'est pas totalement réductible à une essence pure. Ce n'est ainsi qu'une « manière d'ange » qui, sur le miroir de la fontaine contemple dans l'étonnement le visage de l'homme. Une certaine fêlure semble l'habiter, qui est le germe de la douloureuse dualité de l'être et du connaître, ce drame de la connaissance qui non seulement ne parvient pas à s'insérer dans la réalité de l'être, mais dont la lucidité grandissante ne fait qu'éloigner davantage l'espoir d'une communion à l'être.

> ET MOI, je connaissais tout ceci
> Avec une netteté extrême et extraordinaire ;
> Et cependant comme à l'écart, et séparé
> De ma parole intérieure.

La connaissance, toute pure et lucide qu'elle soit, est séparée, divisée de la parole intérieure. L'être du moi ne s'identifie pas à sa connaissance. Celle-ci n'est d'ailleurs qu'une « admirable distraction », une entité toute abstraite et conceptuelle, qui, malgré le sérieux de sa passion, ne dépasse guère l'ordre du divertissement, n'intéressant qu'« une tierce part de soi-même », et donc incapable d'apaiser la soif ontologique qui avait jeté le moi sur les chemins de la connaissance. Comment d'ailleurs éviter le divorce radical de la connaissance et de la réalité profonde du moi, quand « cette puissance de transparence » et de transformation qu'est l'intelligence a atteint un tel degré de développement, que, « dans l'univers de sa substance spirituelle merveilleusement pure, (... toutes les idées vivaient également distantes entre elles et de lui-même, et dans une telle perfection de leur harmonie... qu'on eût dit qu'il eût pu s'évanouir, et le système, étincelant comme un diadème... subsister par soi seul dans sa sublime plénitude ? » La connaissance, du moins celle de l'intelligence conceptuelle, impassible et impersonnelle comme une machine qui « consume sans effort toute chose créée, sans qu'aucune en retour ne l'affecte ni ne l'altère », ignore totalement le moi et semble pouvoir subsister sans

lui. Est-il drame plus aigu que cette mise à l'écart par la connaissance du moi qui l'a pourtant engendrée ? Le moi n'avait-il pas investi tous ses talents créateurs dans la connaissance afin de trouver par elle une réponse à sa quête ontologique, dans l'espoir de
dévoiler la source de son existence et de percer le mystère de son
identité ? Or, voilà que le « miracle de la clarté » a beau « incessamment s'accomplir », et « toutes les Idées » étinceler comme les
joyaux d'une couronne, nulle réponse n'est apportée aux questions
les plus angoissantes du moi. Plus encore, la connaissance ne fait
qu'augmenter l'incompréhension, comme si connaissance et compréhension ne fussent pas du même ordre !

    « Et pendant une éternité, il ne cessa de connaître et de ne pas
comprendre ».

    Ainsi, la découverte de son identité secrète dans cette « manière
d'ange » qu'au plus profond de lui-même il se sent être, loin d'apporter à Valéry l'apaisement d'une réponse, ravive au contraire, en
l'épurant, l'angoissante question de la quête ontologique. Bien qu'il
n'y eût pas « un grain d'espérance dans toute la substance de M.
Teste », celui-ci pouvait ignorer l'angoisse, fièrement assuré qu'il
était de la puissance organisatrice des pouvoirs de son esprit. « Je
n'ai jamais observé une telle absence de troubles et de toutes dans
une intelligence très porfondément travaillée. Il est terriblement
tranquille ! » (Pléiade II, p. 33) déclare Madame Emilie Teste. Pour
« l'inquiet Narcisse », l'espérance n'est pas close de connaître les
délices de « celui qui s'approche de soi ». Faust, quant à lui, connaît des « moments d'éternité », des états suprêmes de communion
avec le réel, de « connaissance pleine et pure ». Mais pour l'Ange
parvenu à la connaissance la plus lucide de sa véritable identité, le
drame de l'incompréhension est devenu un drame éternel. Ce n'est
pas lui qui a voulu « tomber de l'éternité dans le temps ». S'il
fut jeté dans le corps d'un homme, c'est par la faute de quelque accident ontologique inexplicable. « L'ère de pureté » n'est
qu'un souvenir lancinant que nul effort ne semble jamais pouvoir
récupérer. Un doute affreux s'est de plus emparé de celui qui avait
vocation de pureté et de lumière, et pour qui tout devrait être
lumière. « O mon étonnement, disait-il, Tête charmante, et triste, il
y a donc autre chose que la lumière ». Pour l'apollinien que fut
Valéry, l'obscurité, le mal sont le scandale inassimilable au rêve de
pureté. La réalité du monde semble brisée en deux moitiés inconju-
gables. Entre la lumière et l'obscurité, entre la pureté et l'impureté,
il n'est point de relation imaginable, point d'unification possible.
« Et pendant une éternité, il ne cessa de connaître et de ne pas
comprendre ». Est-il plus bouleversant et plus tragique aveu, quelques semaines seulement avant sa mort ?

    Car la découverte ontologique de la brisure de l'être installait
aussi la brisure dans la structure même du moiroir de la conscience. Une infidélité structurale, constitutive, se révélait dans son

fonctionnement ultime. Le miroir apparaît doué d'un étrange pouvoir de déformation. L'Ange qui s'y mirait, se voyait Homme. « Il essayait de se sourire ; il se pleurait ». La brisure de l'être est bien aussi la brisure de la conscience.

Remarquons que ce drame ontologique, répercuté en drame existentiel, atteint Valéry dans les fibres les plus intimes de sa vocation essentielle. Car sa quête ontologique est inséparable de sa quête poétique, L'une comme l'autre sont montées vers la lumière, recherche de cette pureté essentielle, de cette transparence cristalline que, de tout, il lui faut extraire, aussi bien de son esprit que de son moi, aussi bien du langage que des sensations ou du monde. « J'ai cherché sur toute chose pureté et précision », avoue-t-il dans les Cahiers (16, p. 31) ; et c'est là tout Valéry, en son feu intérieur le plus central, le plus essentiel. L'homme, comme le poète et le penseur, si tant est qu'on puisse les distinguer en Valéry, sont brûlés au feu pur de cette passion d'absolu, possédés de la volonté ardente d'extraire de chaque chose le cristal pur où le moi et le monde et l'art se répondraient dans une parfaite transparence. L'homme tente d'extraire des singularités et des accidents du moi psychologique, le moi pur, universel, transpersonnel, porté à la puissance d'un « moi inqualifiable, qui n'a pas de nom, qui n'a pas d'histoire » et qui est en relation de proximité la plus directe avec « l'être sans visage, sans origine, auquel incombe et se rapporte toute la tentative du cosmos ».

Le poète extrait du langage, en sa fonction transitive et utilitaire, un « Paradis du langage » doué de pouvoirs créateurs, et restitue à la poésie l'efficacité d'un charme incantatoire, capable d'évoquer tout un univers de correspondances et d'harmonie. Le penseur, quant à lui, épure les mécanismes de la pensée portée aux limites de son pouvoir, dans l'espoir d'en extraire une mathématique universelle des opérations mentales. Toujours le même désir de pureté, la même passion d'atteindre en tout la quintessence essentielle et parfaite, un sommet de l'être, anime l'homme en toutes ses activités, comme si la pureté était la patrie originelle de cet « Ange ». Le mépris pour tout ce qui n'est pas conforme à cette pureté ontologique, ou « disons à la Nature angélique », est chez lui instinctif et comme héréditaire.

« Qu'entend-il par ces mots (la Nature angélique) ? Ce qui est pur en soi ». (Cahier 21, p. 596). Car Valéry a le sentiment d'avoir donné au mot Pur... le mot aimé de moi entre tous... un sens nouveau ». (Cahier 9, p. 356).

Remarquons en effet que cette pureté n'est pas d'ordre moral ; elle est plutôt d'ordre ontologique, ou, pourrait-on dire, chimique. De toutes choses, il faut extraire, par décantation et sublimation, la substance pure, le produit net, réduit à ses éléments essentiels et originellement constitutifs. La vérité du monde serait de l'ordre du cristal, dont elle aurait la dureté, la transparence et la lumino-

sité. Il n'est point de page plus significative de la tentative valéryenne, que la première page, déjà citée, du Cahier 24 :

> « J'aurais voulu te vouer à former le cristal de chaque chose,
> ma Tête, et que tu divises le désordre que présente l'espace et
> développe le temps, pour en tirer les puretés qui te fassent ton
> monde propre, de manière que ta lumière dans cette structure
> réfringente revienne et se ferme sur elle-même dans l'instant, subs-
> tituant à l'espace l'ordre et au temps une éternité ».

Tel est du moins le « but impossible » que s'est donné Valéry
dès 1891, « au-delà des conceptions spirituelles, et qui nous brûle de
loin sans que nous osions l'apercevoir ». (Correspondance avec
Gide, p. 87). Mais l'idéal qui le brûlait, « brûler, méditez sur ce
mot-là dans l'ordre mystique, c'est effrayant » (id.), n'était sans doute
pas susceptible d'une totale exécution, et c'est au conditionnel que
le poète exprime, cinquante ans plus tard, l'essence de son ambition.

Celui qui avait voulu porter « Au désir sans défaut — Nos
grâces studieuses », et exalter le moi et son univers jusqu'à la
lumière quasi incréée des pures origines, découvrait tristement
qu'il y avait peut-être « autre chose que la lumière », et que le processus de décantation et de distillation, par lequel il avait voulu extraire de chaque chose son essence cristalline, accumulait, du même
coup, la lie d'une réalité irréductible et de plus en plus pesante.

L'espace n'est pas entièrement réductible à l'ordre, ni le temps
à l'éternité, ni le moi à l'Ange. Celui qui veut ignorer l'obscurité
et ne sait point la transformer en lumière, qui bute contre l'impureté et ignore les chemins de sa purification, ne peut finalement
manquer de se heurter à l'obscurité et à l'impureté comme à un
écran opaque bloquant la tentative d'ascension vers l'idéal de pureté.
Ce dernier apparaît alors d'autant plus éloigné et impossible à
atteindre que son absoluité intransigeante, loin de pouvoir unifier le monde, le scinde au contraire en deux parts irréconciliables.
L'Ange ne peut comprendre le monde des hommes, et il ne reste
plus au poète qu'à rêver de l'œuvre qu'il n'a pu faire et dont l'essence même était cette impossibilité de la faire.

Car si Valéry n'eût été qu'un philosophe, il eût pu écrire le
système idéologique ou philosophique de cette impuissance de
l'homme à réaliser l'idéal de pureté qu'il porte en lui. Cette impuissance ontologique n'aurait pas empêché le philosophe de bâtir le système parfait de cette impuissance, et d'organiser en long
chapitres l'œuvre théorique décrivant l'absurdité ou la contradiction
essentielle qu'il y aurait dans l'être de l'homme. Car l'impossibilité
d'être homme n'a jamais constitué pour le philosophe une impossibilité d'être philosophe. Bien au contraire, le philosophe sera d'autant plus loquace qu'il se heurtera davantage au néant comme seul
fondement de l'être, et qu'il butera à la tentation d'exister comme
au mal par excellence. Mais Valéry ne supporte point les jeux de

mots et les fantaisies verbales auxquels se réduisent trop de constructions philosophiques.

Et sa qualité de poète, loin d'émousser la fine pointe de sa lucidité, et d'amoindrir l'authentique exigence de sa quête ontologique, les renforce au contraire dans leur intégralité sans compromis. Le poète, en lui, refuse à l'homme les fausses consolations, car « le poète doit être le dernier des hommes à se payer de mots ».

Par l'acte du faire poétique, épuré jusqu'à retrouver dans le langage sa vertu créatrice primitive, Valéry avait pensé rejoindre le grand dessein de l'univers, lui-même effet de quelque acte suprême. Mais ce faire poétique, pour atteindre sa valeur ontologique, eût dû être capable d'une pureté telle que tout rebut et toute lie en fussent totalement exclus. Or, de même que l'homme ne peut se réduire à l'Ange, et que la réalité humaine implique une complexité et une variété de composantes et de dimensions que l'ange en sa simplicité immatérielle ignore entièrement, de même le langage comporte une matérialité, une pesanteur et une obscurité qui demeurent incompatibles avec le rêve de transparence, de limpidité et d'harmonie d'une langue parfaitement musicale.

L'Ange était frappé par le scandale incompréhensible de son incarnation dans une forme humaine. Le poète, qui était en lui, ne pouvait manquer de rêver à l'œuvre idéale qu'il n'avait pu faire, et qui, seule, eût pu être son œuvre véritable. « Mes œuvres réelles sont celles qui ne se feront jamais. Par exemple le Traité de la pureté », écrit Valéry dans ses Cahiers (25, p. 886).

Ainsi, parvenu au sommet de son existence, l'homme, qui avait découvert au fond de son identité la plus secrète· « une manière d'ange », découvrait aussi que l'œuvre qu'il n'avait pu faire et qui pourtant tenait dans sa vie une place infiniment plus importante que l'œuvre faite, n'était autre que le « chef-d'œuvre insupportable et le triomphe de l'impossible pur ».

Les deux θ qui précèdent la note suivante et qui sont le sigle du « Dialogue des choses divines », montrent clairement que le poète était conscient que l'impossibilité de réaliser l'œuvre poétique qu'il avait entrevue, relevait directement d'une difficulté essentielle à sa propre quête ontologique.

> « θ θ. Sation sur la terrasse.
>
> Je suis monté sur la terrasse, au plus haut de la demeure de mon esprit. Là conduisent l'âge, les réflexions, les prévisions — les justifiées, les démenties, les coups excellents, les échecs, l'oubli des personnes, des noms propres, des articles de critique, etc... Et scintillent dans le ciel de nuit poétique les constellations, soumises aux lois de l'Univers du langage, qui se lèvent, se couchent, reparaîtront. Là, Hérodiade, l'Après-midi d'un Faune, le Tombeau de Gautier, etc., mais il n'y a plus de noms d'auteurs. Les personnes n'importent plus. Et comme j'étais à considérer ces « signes », la question ci-dessus dite se posa.... Se posa comme un temps d'arrêt

et de muette puissance, comme un grand oiseau tout à coup tombé sur mes épaules et changé tout à coup en un poids — Mais ce poids d'un grand oiseau se faisait sentir capable de m'enlever — Et il me ravit, moi et mes 70 ans, moi et mes souvenirs, mes observations, mes préférences — et mon injustice essentielle. Et surtout je connus toute la valeur et la beauté, toute l'excellente de tout ce que je n'ai pas fait....

Voilà ton œuvre, me dit une voix.

Et je vis tout ce que je n'avais pas fait.

Et je connus de mieux en mieux que je n'étais pas celui qui avait fait ce que j'ai fait, et que j'étais celui qui n'avait pas fait ce que je n'avais pas fait. Ce que je n'avais pas fait était donc parfaitement beau, parfaitement conforme à l'impossibilité de le faire, et cela (ce que ne savent les autres), je le voyais, je le concevais, et dirais même que je le tenais et touchais — avec une extraordinaire et extrême Précision.

Si tu veux, ma Raison, je dirai (tu me laisseras dire) que mon Ame qui est la tienne aussi, se sentait comme la forme creuse d'un écrin, ou le creux d'un moule et ce vide s'éprouvait attendre un objet admirable — une sorte d'épouse matérielle qui ne pouvait pas exister — car cette forme divine, cette absence complète, cet Etre qui n'était que Non-Etre, et comme l'Etre et ce qui ne peut Etre, exigeait justement une matière impossible, et le creux vivant de cette forme savait que cette substance manquait et manquerait à jamais au monde des corps — et des actes....

Ainsi doit le mortel convaincu de son Dieu dont il conçoit les attributs qu'il forme par négations successives des défauts et des maux qu'il trouve dans le monde, ressentir la présence et l'absence essentielles de Celui qui lui est aussi nécessaire que le centre l'est à une sphère impénétrable que l'on finit par reconnaître sphère à force d'en explorer les surfaces et de raisonner sur les liaisons de ses points....

Mon œuvre était cela.

Labeur, souffrance, événements, douceurs ou glaives d'une vie, espoirs surtout, mais désespoirs aussi ; nuits sans sommeil, amis charmants, femmes réelles, heures, jours, — siècles soudains, sottises faites, mauvais moments.... etc., tout cela, et tant d'années — il fallait, il fallut tout cela, et le dégoût ou le dédain ou le regret ou le remords, et le mélange et le refus de tout cela pour que se creuse dans la masse d'existence et d'expériences confondues et fondues : ce noyau, merveille, à coups de négations finalement chef-d'œuvre insupportable et le triomphe de l'impossible pur !....» (Cahier 25, p. 618, 619).

Emouvante vision du poète, constatant à la fin de sa vie à la fois la justesse de l'idéal poétique pour lequel il a tout sacrifié, et l'impossibilité inhérente à cet idéal d'être réalisé ! Car l'impossibilité ne tient pas à l'impuissance du poète qui toute sa vie a servi cet idéal avec un courage sans défaillance ; elle est inhérente à la nature même de l'idéal. Son excellence même et sa perfection, que le poète conçoit avec la plus extrême précision, comme s'il en voyait et touchait la beauté, révèlent l'impossibilité de toute incarnation de cet idéal comme une évidence de son essence même.

Une fois de plus nous apparaît l'étroite solidarité et l'inter-pénétration qui fusionnent chez Valéry sa quête poétique et sa quête ontologique. On pourrait dire que sa quête poétique est profondément et naturellement ontologique, comme sa quête onto-logique est profondément et naturellement poétique. Disons plu-tôt que le « secret d'être », qu'il a cherché toute sa vie est de nature tout à la fois poétique et ontologique.

Il faut remarquer également le climat mystique original qui imprègne cette quête poético-ontologique. Valéry fait lui-même le rapprochement entre l'expérience existentielle de sa quête et celle du « mortel convaincu de son Dieu ». Le caractère commun est la présence-absence de l'Etre-Non Etre qui habite le creux de l'âme du poète comme du croyant. Car l'âme du poète ressent l'œuvre très pure qui n'a pu être faite, non pas seulement comme une « forme divine » particulière parmi d'autres formes possibles, mais comme l'expression de l'Etre par excellence en son universelle nécessité. Que cet Etre soit également Non-Etre et ce qui ne peut Etre, n'im-plique aucunement son inexistence ou son assimilation au Néant ; cette négativité qui l'entoure signifie seulement l'impossibilité pour l'âme d'en définir positivement aucune qualité, toute affirmation de notre part ne pouvant qu'annuler sa transcendance et le réduire à une idole toute dépendante de son adorateur. Certes, la trans-cendance même de cet Etre idéal et son infinie pureté le rendent à jamais inaccessible à tout effort d'incarnation dans le « monde des corps et des actes ». Mais cette impossibilité ne désespère ni le poète ni le croyant, qui demeurent émerveillés par le « triomphe de l'impossible pur ». Sans doute fallait-il toute une vie d'efforts, d'expériences et de recherches pour mettre à jour, « à coups de négations », le noyau merveilleux de ce « chef-d'œuvre insuppor-table ». Mais la vision de l'excellence de ce pourquoi l'on a lutté, n'est-elle pas la justification suffisante d'une telle vie ?

Il reste également que notre poète voudrait se définir non point par l'œuvre qu'il a faite, mais par celle qu'il n'a pas faite. « Je connus de mieux en mieux que je n'étais pas celui qui avait fait ce que j'ai fait, et que j'étais celui qui n'avait pas fait ce que je n'avais pas fait ». Le poète, comme d'ailleurs tout homme authentique-ment investi dans la recherche du secret de son être, se révèle sans doute beaucoup plus par parce qu'il a cherché que par ce qu'il a trouvé. Ce qu'il a déjà trouvé, ce qu'il a fait, constituent certes les étapes et les repères de son itinéraire spirituel. Mais seul ce qu'il a cherché et qui eût pu constituer le complément conforme à « la forme creuse » de son âme, pourrait lui éclairer le sens intime et la dynamique de son aventure fondamentale. Seule la fin, le but ultime, « le but impossible », qui a toujours été poursuivi sans pouvoir être réalisé, pourrait fournir au critique les critères et les coordonnées par rapport auxquelles ordonner la courbe générale de l'évolution d'une vie. Ceci est encore plus vrai pour Valéry qui n'a cessé de dire de lui-même : « je ne suis que recherche ». Or, au lieu de s'efforcer de retrouver le but secret d'une aventure intellectuelle, la critique se perd habituellement dans l'analyse des détails d'une œuvre observée comme l'anatomie d'une chose figée, sans référence au dessein intérieur et à la dynamique intentionnelle qui animait l'auteur.

> « Le critique vous bâtit d'après ce qu'il sait, d'après l'œuvre faite. Et il ne devinera pas que l'œuvre qui n'a pas été faite a tenu dans votre vie ϕ une place infiniment plus importante que l'œuvre faite (et c'est pourquoi ne fut pas faite). Il est vrai que bien des écrivains ne sont que ce qu'ils sont (et non des moindres) ». (Cahier 23, p. 149).

Mais de quels moyens dispose le critique pour juger du poète d'après l'œuvre qui n'a pas été faite ? La note suivante nous montre qu'en ce qui concerne Valéry, cette tâche du critique n'est peut-être pas entièrement impossible.

> « Ego. « Mon œuvre », c'est-à-dire ce que j'ai écrit et publié, n'est pas du tout ce que je ressens mon œuvre, toute mienne. Celle-ci n'est que ce qui n'a dépendu que de moi, et qui fut le moins du monde inspiré ou influencé par des circonstances étrangères à mon désir. Or cette œuvre toute mienne se réduit à des poèmes, à des fragments, et puis, mais surtout, à mes idées plus ou moins notées, aux observations, aux vues, au système de vues, et à la volonté et à la sensibilité que ces produits supposent. Il y a là aussi beaucoup de velléités, de conceptions qui n'ont pas abouti à des constructions, mais j'ai cru et crois encore à leur valeur implicite ». (Cahier 26, p. 500).

Parmi tout ce que l'écrivain a publié, il existe donc tout de même une œuvre que le poète ou l'homme reconnaît pour sienne, même si elle est dispersée à travers quelques poèmes et les 29.000 pages des Cahiers. Ainsi ne serait-il pas totalement impossible de retrouver « la volonté et la sensibilité que ces produits supposent ». Sans doute, y trouverons-nous plus d'essais épars que de constructions achevées. Mais si le poète a voulu « cacher son dieu », ce n'est pourtant qu'en nous efforçant de dévoiler « ce dieu » que nous aurons quelque chance d'atteindre l'homme en son propre secret d'être, dans la tension qui le fit être entre ce qu'il a voulu et ce qu'il a fait, entre l'œuvre rêvée et potentielle et l'œuvre qu'il reconnaît pour sienne parmi celle qui ne serait que circonstantielle.

CHAPITRE XI

UN POÈTE DE LA CONNAISSANCE

C'est dans l'univers à trois dimensions constituées d'une part par le « dieu » caché, qui, selon la « prière réelle » de Rachel, n'est que dans la mesure où il n'est pas ce que les croyants en disent (Cahier 22, p. 709), d'autre part par l'Ange secret qui serait porteur de la véritable identité ontologique, et enfin par l'homme, dont le véritable métier serait peut-être l'angoisse (Cahier B. 1910), qu'il faut chercher les coordonnées entre lesquelles s'est tissé ce projet d'identité qui a nom Valéry. C'est dire qu'une grande part de cette identité est potentielle, ainsi qu'il en est pour l'œuvre. Certes nous n'avons que l'œuvre, ensemble d'essais, « l'étrange amas d'écueils de mes divers écrits, tombés de je ne sais quelle aventure vaste », pour juger du projet de l'œuvre comme du projet d'identité qui s'y est investi. Mais les arêtes d'une pyramide tronquée suffisent souvent, prolongées en pointillés, pour découvrir le sommet invisible qui seul les justifie. L'invisible soutient et explique le visible, et le futur explique le passé, puisque ce futur cache seul la clé de voûte à venir vers laquelle convergent tous les efforts d'une aventure, tout comme l'arbre est la justification de la graine. C'est de même dans la part intentionnelle et potentielle de l'œuvre valéryenne qu'il faut en chercher les clés.

S'il était besoin d'un nouvel exemple pour faire sentir l'aspect intentionnel et potentiel de cette œuvre, c'est dans le Psaume suivant que nous le trouverions. Valéry, écrivain de « Psaumes » et de « Prières », c'est bien une des surprises que nous réservent les Cahiers.

« Psaume :
Et l'Eternel lui dit :
Tu n'écriras pas pour les hommes !
Bêtes sont-ils ! Bêtes les hommes,
Cette race qui ne vaut rien !
Je les ai faits avec de la terre.
Avec un souffle les ai doués d'un semblant d'indépendance,

Et ils se crurent quelque valeur.
— Un peu de souffle, un peu de terre,
Cela ne coûte vraiment rien.

Mais Toi, puisque tu m'interroges
Puisque tes yeux se tendent vers le vide
Et lui demandent Mon avis :
Ecoute, écoute....
Que si tu crois à l'écriture,
Ecris pour ce que tu serais
Et pour les êtres qui seraient
Si.... j'étais un tout autre dieu
Que vous n'avez pas encore rêvé ! »
(Cahier 22, p. 561-62).

Engendrer un autre homme qui ne soit plus de la vile race que nous sommes, dévoiler un tout autre dieu que la vaine idole qu'adorent les faux croyants, telle pourrait bien avoir été l'intention ultime du poète « angélique » tendant l'oreille vers l'inconnu. Mais notre poète ne s'est pas contenté de rêver sur le possible de l'homme ou sur le possible du dieu. Une volonté constructrice traverse l'ensemble de son œuvre, même lorsqu'il a l'impression de travailler et d'assembler des matériaux « pour quelqu'un qui viendra après ». (Cahier I, p. 201). S'il n'éprouvait en effet que répulsion devant la mesquine finitude de toutes choses humaines et l'arbitraire de leurs particularités, ce n'en est pas moins pour l'avenir de l'homme qu'il pensait œuvrer. Car l'homme est une réalité potentielle dont nous n'avons pas encore su dévoiler les possibilités, ni découvrir et réaliser la véritable nature. C'est ainsi une sorte de mutation spirituelle de l'homme que Valéry envisage.

« Gl. Je m'aperçois que je ne m'intéresse pas à ce qui ne me paraît pas avoir d'avenir. Non pas d'avenir parmi les hommes, mais d'avenir pour l'Homme, c'est-à-dire non pour la modification immédiate et momentanée des gens, mais pour la modification du type ». (Cahier 15, p. 406).

L'Homme n'est pas une donnée brute, réalisée, achevée. L'homme est à faire, il est en puissance d'une identité future. Et peut-être que l'histoire de l'humanité entière n'a d'autre sens que cet engendrement de l'Homme dans la plénitude de sa vérité.

« L'homme est quelque substance qui doit être façonnée, forgée, trempée, sculptée, ou par des circonstances qui éveillent en lui incessamment une posture et une stature, ou par le vouloir, ou par une autorité ». (Cahier 4, p. 359).

Mais remarquons que la philosophie du « que peut un homme ? » adoptée depuis M. Teste, loin d'entraîner Valéry à des rêves de puissance oubliant la réalité pour l'imagination, le pousse au contraire à l'étude précise, méthodique, scrupuleuse de ce microcosme complexe qu'est l'homme. C'est ainsi qu'il reproche à Nietzsche son « inflation insupportable ». (Cahier 25, p. 767). « Nietzsche n'est pas une nourriture, c'est un excitant ». (Cahier 2, p. 702). « Pas la volonté de puissance, non, seulement la velléité ». (Cahier 3, p. 499). Quant à lui, c'est avec la volonté constructrice du pionnier qu'il s'attaque à l'étude de l'homme. Contentons-nous de quelques citations des Cahiers.

> « Je me suis quelquefois essayé, dans des travaux destinés au plus parfait secret, à définir correctement l'homme ; correctement, suffisamment de sorte désirée à le pouvoir représenter par une figure commode quoique complexe à volonté. Cette définition était recherchée par moi dans le domaine psychologique ». (Cahier I, p. 655).

> « J'ai visité avec soin le domaine de ma pensée : repris tous les éléments oubliés à force d'être connus : tâché de définir tout ce qui pourrait être défini dans ce domaine ». (Cahier I, p. 659).

> « Mon devoir n'est pas facile. Il s'agit de ressaisir tout ce qui représente l'homme, de redescendre aux vrais phénomènes, si cachés sous les mots, sous les habitudes, sous la logique même, d'apercevoir ce qui est devenu invisible par trop d'évidence, de réunir ce que sépare l'usage immémorial, de me méfier de tout, de décrire exactement les faits les plus instables, de construire de toutes pièces des notions nouvelles, à la même place où l'humanité successive en a établi de grossières ». (Cahier 2, p. 839).

Valéry ne se contente donc pas d'exalter les vertus d'un surhomme utopique. C'est dans l'étude rigoureuse et délicate des puissances dont l'organisation et la collaboration forment ce monde complexe qu'est l'homme, qu'il veut fonder le devenir de l'homme et le dévoilement de sa nature essentielle. Sa préoccupation est celle d'un humaniste pour lequel « l'homme est la grande explication à tout ». (Cahier I, p. 218). Mais son humanisme sera de plus en plus accueillant ou sensible aux dimensions transcendantes sur lesquelles s'ouvre la sensibilité. C'est cet humanisme, prudent mais ouvert, qui le rend hostile aussi bien au spiritualisme chrétien, tout orienté sur un au-delà de la vie, qu'au matérialisme athée, réduisant l'homme au néant d'une matière aveugle. L'un comme l'autre ôtent toute justification à l'effort de l'homme.

> « Les deux doctrines symétriques, celle qui parle d'une vie éternelle et celle qui nous abolit une fois pour toutes, s'accordent dans une même conséquence : l'une et l'autre retirent toute importance aux inventions et aux constructions humaines. L'une confronte à l'infini ces œuvres finies et les annule par ce rapport. L'autre nous fait tendre vers zéro, et tout avec nous. Si tous fussent vrais chrétiens et si tous fussent vrais païens, ils seraient tous morts, et ils seraient morts sans avoir rien fait ». (Cahier 4, p. 480).

Or, ce qui est à faire, c'est l'Homme, enfin dégagé dans sa vérité essentielle par l'observation de son fonctionnement mental restitué dans toutes ses dimensions, y compris une possible dimension transcendante.

Remarquons en effet que ce n'est pas l'ouverture à la transcendance qui, chez Pascal par exemple, choque et blesse Valéry, lui qui était si amoureux des « Cantiques spirituels » du Père Cyprien. En ce dernier il découvrait « les témoignages d'une conscience de soi et d'une puissance de description des choses non sensibles, dont la littérature, même la plus spécialement vouée à la psychologie, offre peu d'exemples », (Pléiade I, p. 447). Mais dans l'auteur des « Pensées » au contraire, il ne voyait que la rhétorique et la fausseté d'un anti-humanisme ennemi de l'homme.

> « Pascal, ennemi du genre humain. Tout Pascal est contre l'homme. L'homme a le droit de se défendre ». (Cahier 10, p. 206).

L'antipathie quasi instinctive et viscérale qu'il éprouve à l'égard de Pascal est d'ailleurs très significative de son humanisme constructif, confiant et ouvert. Tout le hérisse en celui auquel il reproche d'avoir « cousu des papiers dans ses poches au lieu d'avoir donné à la France la gloire du calcul de l'infini ». Il ne voit qu'inauthenticité et impureté dans ce « héros de la dépréciation totale et amère ». Son art d'écrivain et même sa rhétorique nous entraînent à « penser qu'il y a du système et du travail dans cette attitude parfaitement triste et dans cet absolu de dégoût ». (Pléiade I, p. 463). Réfléchissant sur la fameuse phrase : « le Silence éternel de ces espaces infinis m'effraye », parole qui est « un Poème et point du tout une Pensée », il nous le montre « en flagrant délit de littérature » (Cahier 16, p. 592) et de fausseté, péchant par là aussi bien contre la pureté de l'art, que contre la sincérité de la pensée et la vérité de l'homme. Pascal serait ainsi l'antithèse même de Valéry.

Quoi de plus opposé en effet à celui qui a « cherché sur toute chose pureté et précision » que ce comble d'impureté qu'il découvre en Pascal ?

> « Ce que je déteste dans Pascal, c'est l'impureté (chez un homme dont la valeur maxima eût dû être : pureté). C'est pourquoi les romantiques l'ont adopté ». (Cahier 16, p. 109).

Or, cette impureté s'aggrave encore du fait qu'elle s'attaque à l'idée que nous devrions nous faire de l'homme, car par son parti pris pessimiste de rabaisser l'homme, Pascal s'est fait un véritable « ennemi du genre humain ».

> « Qu'est-ce que nous apprenons aux autres hommes en leur répétant qu'ils ne sont rien, que la vie est vaine, la nature ennemie, la connaissance illusoire ? A quoi sert d'assommer ce néant qu'ils sont, ou de leur redire ce qu'ils savent ? ». (Pléiade I, p. 463).

> « Peu de pensées dans les Pensées qui puissent servir à transformer l'homme en plus qu'homme ; mais quantité qui l'aplatissent. En somme, ennemi du genre humain ». (Cahier 16, p. 206).

Avec le pessimisme pascalien, nous sommes donc bien à l'opposé de la volonté constructive qui anime Valéry, volonté de « transformer l'homme en plus qu'homme », telle qu'elle se manifeste en Teste, en Léonard et en Faust, aussi bien que dans l'essence de sa poésie. Nous savons également combien sa recherche du dieu s'est efforcée de « faire un dieu plus pur » qui échappe totalement à l'idée de la mort. Le divin n'est pas à chercher en dehors de la vie, au-delà de l'exitence terrestre, mais comme production quasi organique de la vie. Le divin serait l'œuvre de la vie, comme la fleur est l'œuvre de la plante.

> « Choses divines sont bien toutes celles dans la vie et de la vie, qui s'opposent à la mort, qui la cachent, qui la trompent, et qui augmentent, conservent, répandent la vie et même font entrer la mort dans l'économie de la vie ». (Cahier 9, p. 319).

Or, c'est bien à l'opposé de cette volonté de joindre le divin à la vie que se situe Pascal, auquel Valéry reproche de faire de la mort la demeure unique de son dieu.

> « Pascal, après bien d'autres, sensibilise les autres à l'idée de la mort.... Il abîme tout ce qu'il peut des choses qui distraient de cette idée. Peinture, science, etc... Empoisonne les sources où s'abreuvent également la vie légère et la vie constructive. Organise le désespoir en vue de « sauver » son âme et les nôtres.... » (Cahier 16, p. 485).

> « C'est une vilaine chose, c'est augmenter le mal dans le monde que d'accroître les terreurs de la mort, car c'est empoisonner le certain par la considération de l'incertain ». (Cahier 16, p. 497).

> « Les méditations sur la mort (genre Pascal) sont le fait d'hommes qui n'ont pas à lutter pour la vie, à gagner leur pain, à soutenir des enfants ». (id. p. 534).

Et voici peut-être la conclusion de tous les griefs de Valéry : « Pascal n'est chrétien que de peur, la confiance lui manque ». (id. p. 556). Reproche bien grave, surtout si l'on remarque que confiance et foi sont non seulement de la même racine étymologique, mais aussi de la même source spirituelle !

Ainsi tout oppose l'humanisme constructeur de Valéry au pessimisme destructeur de Pascal. Contre ce dernier et sa complaisance morbide à dépeindre la misère et la corruption de l'homme, Valéry défend le droit et le devoir de l'homme de tendre à la perfection. De cette idée de perfection, nous savons qu'il fut saisi dès ses années de jeunesse, après la lecture de Poe, et qu'elle le fascina et le dirigea toute sa vie. A près de 70 ans, il se plaît à rappeler plusieurs fois dans ses Cahiers l'une des phrases de la fantaisie d'Arnheim, disant que « l'homme est fort loin d'avoir atteint ce qu'il pourrait être ». (Cahier 23, p. 188). (voir aussi Cahier 22, p. 489 et Cahier 25, p. 625).

C'est ainsi que de Monsieur Teste jusqu'à Mon Faust, Valéry n'a cessé de tendre à cette perfection inscrite dans la vocation de l'homme, et, par une extension lucide des pouvoirs de la conscience en action, de travailler à se modifier soi-même, « à se refaire entièrement le cerveau », cherchant ce « que peut un homme » et ce que peut l'esprit tendu aux limites de son pouvoir, tendant peut-être, autant qu'homme le peut, « de se faire semblable aux dieux ».

Découvrant au fond de son identité secrète « une manière d'ange », c'est avec toutes les forces de son intelligence, de sa volonté et, pourrait-on dire, de sa foi, qu'il travaille au dévoilement de cette nature angélique qui serait cachée dans le secret de son identité humaine. Car il n'est peut-être point d'autre justification à l'existence de l'homme que cette vocation à la perfection. C'est parce que l'homme est appelé à se dépasser, à se transformer en plus qu'homme, en se dépouillant des vêtements étroits et souillés dont sa lâcheté et sa bêtise l'ont vêtu, que la vie lui fut donnée, toute sa tâche consistant à retrouver et à reconquérir la dignité de sa vraie nature. En reprenant une image de Valéry, on pourrait dire que de même que la plante porte la fleur comme « son œuvre très belle qui meurt, mais qui se reproduit», et qui donc la fait être et la justifie, de même l'homme porte en lui un ange secret qu'il a pour vocation de dévoiler dans son identité véritable, s'assurant ainsi le seul droit qu'il ait à l'existence.

A l'encontre de cette vocation à la perfection et à la pureté que l'homme est appelé à réaliser dans sa vie terrestre et non dans un au-delà de la mort, c'est une véritable contre-vérité métaphysique que Pascal a répandue dans le monde chrétien, lorsqu'il a affirmé : « le malheur veut que qui veut faire l'ange fait la bête ». C'est sans doute pour avoir dénié à l'homme la possibilité d'aspirer et et de tendre à la perfection que la civilisation occidentale a vu tant de fois l'homme se muer en bête. Car l'homme n'est pas une donnée stable de la nature. L'homme n'est pas homme comme le loup est loup, et la colombe colombe. L'homme est une promesse, il est un devenir, porteur, comme la semence, d'une potentialité qu'il peut, selon ses efforts et ses mérites, faire échouer ou faire réussir. Il peut grandir immensément et devenir le compagnon des anges, sinon même leur maître, comme il peut aussi se dégrader au point de devenir plus monstrueux que la bête. La vérité est donc tout à l'inverse du mensonge pascalien. L'homme ne devient une bête que dans la mesure où il démissionne de sa vocation à devenir aussi parfait et aussi pur que l'ange. Car si l'homme a reçu la vie, c'est pour l'unique raison qu'il a la possibilité de devenir un ange et même d'être plus grand que l'ange.

Un enseignement de la tradition juive sur un verset assez étrange du Deutéronome illustre parfaitement le lien intrinsèque qui unit l'existence de l'homme à la possibilité de son devenir en perfection. Le récit biblique semble assez cruel. Lorsqu'un garçon, en sa treizième année, s'adonne à la gloutonnerie et à l'ivrognerie, malgré les avertissements et les corrections de ses parents, ces derniers ont le devoir de livrer leur fils au tribunal, afin qu'il soit lapidé ! (Deutéronome 21, 18, à 21). Le Talmud nous rassure heureusement en nous affirmant qu'un tel fils rebelle n'a jamais existé. La tradition nous enseigne cependant que si un tel fils existait, il vaudrait mieux pour lui, dès l'instant qu'il a perdu toute vocation à la perfection, d'être mis à mort avant qu'il ne devienne criminel et ne se dégrade au niveau de la bête. Tant il est clair pour la tradition juive que l'aptitude de l'homme à la perfection et sa vocation à s'élever indéfiniment dans la proximité divine fondent et justifient seules l'existence de l'homme ! C'est la grandeur de Valéry d'avoir compris cette véritable vocation de l'homme, lorsqu'il écrit : « un homme qui n'a jamais tenté de se faire semblable aux dieux, c'est moins qu'un homme ».

Mais cette perfectibilité qui ouvre devant l'homme l'aventureuse ascension vers les sommets de l'être, et l'engage dans la difficile conquête de son identité transcendante, exige, au-delà de la tension de la volonté, une connaissance capable d'assurer et de diriger le devenir de l'homme. Cette connaissance, Valéry l'a recherchée, avec la passion acharnée d'une réflexion journalière notée dans les 29 000 pages de ses Cahiers, dans l'étude méthodique de ce microcosme complexe qu'est l'homme, où tout « se passe entre ce que nous appelons le Monde extérieur, ce que nous appelons Notre Corps, et ce que nous appelons Notre Esprit, et demande une certaine collaboration confuse de ces trois grandes puissances ». (Pléiade I, p. 1323). Sans doute la considération de l'ensemble de ces notes matinales permettrait de reconstruire « une manière ou une apparence de « philosophie ». C'est ainsi qu'il écrit au R.P. Rideau :

> « On trouverait facilement dans ces papiers, les identifiant à moi-même, des fréquences, des retours et reprises, une conduite générale des idées, qui dessineraient quelque tendance, une « nature », un tempérament, les contours d'une personne, et, finalement, de quoi construire un auteur sous mon nom, et supposer son Traité de l'Homme et du Monde, et même sa Métaphysique, sinon son Ethique ». (Lettres à quelques-uns, p. 245).

Une telle tentative ne manquerait pourtant pas d'être bien délicate. Outre qu'elle risquerait fort de n'aboutir qu'à « construire un auteur » sous le nom de Valéry, elle courrait également le risque de transformer l'« aphilosophie » valéryenne, (Lettre à Maurice Bémol. Pléiade II, p. 1502), en une simple philosophie, ce qui serait sans doute le péché le plus grave qui puisse être commis contre son esprit. Il faut en effet relire « Léonard et les philosophes » pour se convaincre que si Valéry demande aux philosophes d'adopter le peintre dans leur compagnie, ce n'est pas au nom de la quantité de notes et de réflexions que celui-ci a laissées, mais au nom de sa seule peinture, dans laquelle l'artiste a investi toutes ses connaissances et toute sa philosophie. L'avenir de la philosophie ne sera assuré d'ailleurs, selon Valéry, que par la démystification de son langage, telle que la démystification de « ce verbe nul et mystérieux, ce verbe ETRE qui a fait un si grande carrière dans le vide », et grâce à la reconnaissance par les philosophes du caractère esthétique de leur œuvre qui n'est qu'un « genre littéraire particulier ».

> « La philosophie est un art. Ou plutôt, elle est devenue un art. Elle ne peut plus être qu'un art ne pouvant plus prétendre à l'empire ». (Cahier 17, p. 262).

Ce serait donc faire injure au peintre que de subordonner sa peinture à une philosophie, quand le contraire doit être le vrai. Ce serait à plus forte raison faire injure à Valéry que de privilégier une « philosophie » plus ou moins adroitement tirée de ses Cahiers, et de l'ériger comme œuvre indépendante et séparée de sa poésie. Car s'il est nécessaire de connaître les Cahiers et d'en étudier leur « aphilosophie », ce ne doit être que pour mieux goûter et comprendre l'infinie profondeur de la poésie valéryenne. Les « Cahiers » ne sont après tout que des essais, des exercices, destinés à forger les instruments de connaissance dont le poète avait besoin. Leur étude ne pourrait aboutir qu'à des constructions arbitraires si elle devait avoir pour conséquence de séparer le penseur et le poète, alors que le penseur n'a certainement pas trouvé de meilleure application de sa pensée que dans sa poésie.

Il serait par exemple possible de reconstruire un « néo-rationalisme » valéryen. Mais écoutons Valéry :

> « Le néo-rationalisme », celui que je crée, s'il n'existe pas, ne consiste pas dans une croyance à explication par notions et concepts. Mais plutôt au rejet de tout dessein d'explication universelle, et il se borne à chercher une expression aussi pure que possible ». (Cahier 13, p. 619).

Où pouvons nous trouver cette expression pure, ultime justification de toutes ses recherches, sinon dans son œuvre poétique ? Gardons-nous donc d'aller à contre-courant de sa tendance propre qui est de vouloir « substituer à la Philosophie une organisation personnelle et une expression « esthétique » de toute l'expérience en tous genres d'un quelqu'un ». (Cahier 22, p. 635). S'il est vrai, pour Valéry, que « ce n'est pas tant la métaphysique qui est un art, que l'art qui est métaphysique « (Cahier II, p. 37), c'est dans l'art et dans la poésie valéryenne que nous devons nous efforcer de retrouver sa métaphysique personnelle et l'expression pure de son « aphilosophie ».

Depuis que Platon chassait le poète hors de la cité, les habitudes culturelles du monde de l'esprit ont, pendant des siècles, distingué sinon opposé la poésie et la connaissance comme deux étrangères n'ayant point ou bien peu de relations entre elles. « On dit « Poésie et Pensée abstraite » comme on dit le Bien et le Mal, le Vice et la Vertu, le Chaud et le Froid ». (Pléiade I, p. 1514). Les rares tentatives de quelques poètes qui ont cherché à prêter leur langage à l'expression d'idées abstraites n'ont fait que confirmer le divorce entre poésie et philosophie. « Philosopher en vers, ce fut et c'est encore vouloir jouer au loto selon les règles du jeu des échecs ». (Cahier 5, p. 151). « Poètes-philosophes. Vigny, etc. C'est confondre un peintre de marines avec un capitaine de vaisseau ».

(Cahier 5, p. 150). Mais c'était sans doute mal avoir posé le problème, faute d'avoir pu approfondir ni ce que pouvait être l'essence de la poésie, ni ce que pouvait être l'essence de la connaissance. Valéry, quant à lui, était animé d'un penchant pour la poésie non moins profond et non moins exigeant que son besoin de connaissance. Celui-ci le portait heureusement bien moins vers l'étude des systèmes philosophiques, qui ne lui donnaient que de l'ennui et qu'il ne lut guère que pour se moquer le leur néant verbal, « combinant de cent façons une dizaine de mots », que vers l'observation lucide et fidèle de la réalité même des activités de la conscience. La note suivante, bien qu'elle concerne Bergson, pour lequel il eut pourtant plus de sympathie que pour aucun autre philosophe, si ce n'est pour Descartes en lequel il voit d'ailleurs plus l'individu que le philosophe, est assez révélatrice de l'opposition qu'il découvre entre lui-même penseur et les philosophes.

> « Il me semble que chez Bergson (dont je connais les idées que par ouï-dire, par l'impossibilité de lire les philosophes), les observations qu'il fait sont des accessoires, des arguments ou des excitants, dont se sert son système, qui est le principal et le but. Cependant que chez P.V. (non philosophe), la volonté constante est de tout faire observation ; et s'il y avait système, ce système lui-même se donnerait, non pour principal et pour résultat final et dominant des observations, mais pour une observation d'entre les autres ». (Cahier 27, p. 458).

Les reproches que Valéry adresse à la philosophie sont essentiellement de deux sortes : d'une part, insuffisance des observations sur la réalité structurale du monde intérieur à la conscience, d'autre part, « une méconnaissance de la fonction du langage ou de sa nature ». (Cahier 25, p. 842).

> « Je dis que la philosophie est forcément fondée sur l'observation et l'expérience intérieure, et je dis que cette observation a été généralement insuffisante, et que les moyens de fixer ces observations ont été généralement grossiers ». (Cahier 2, p. 418).

> « Quant à la philosophie...., elle s'est accoutumée à considérer les mots comme problèmes, non de linguistique, mais d'essence et de choses en soi. L'observation servant à illustrer, soutenir, mais non à engendrer les connaissances et leur représentation par le langage. Je crois au contraire que l'essentiel est dans le faire et son acquisition. Ils auraient dû, à mon avis, ne pas considérer dans le langage donné, autre chose qu'un instrument de pratique et de fortune, sur lequel il est vain de s'attarder ». (Cahier 23, p. 691). « Ils ne peuvent ni ne veulent tenir le langage pour ce qu'il est, c'est-à-dire un fonctionnement transitif, dirigé vers l'acte à déterminer, et qui, séparé de toute action qui en résulte, n'a qu'une valeur subjective, affective ». (Cahier 25, p. 842).

Combinant ce manque d'observation et son erreur sur la vraie nature du langage, la philosophie se réduit souvent à n'être, comme chez Spinoza, « que transformation de langage en langage, ce qui veut dire que tout cela n'a aucun sens ». (Cahier 27, p. 506).

Prenant le contre-pied de ces erreurs, la « non-philosophy » de Valéry s'appuie essentiellement, d'une part sur une observation directe des choses mentales, et, d'autre part, sur la recherche d'une forme, elle-même découlant d'une recherche sur le langage. Nous résumerions volontiers la méthode de notre penseur-poète en la faisant dériver de sa « volonté de ne pas se laisser manœuvrer par des mots ». (Pléiade I, p. 1246). D'être le dernier des hommes à se payer de mots n'est pas en effet seulement l'originalité de son attitude de poète, c'est aussi son exigence de penseur. C'est elle qui le pousse à l'observation la plus directe, la plus phénoménologiquement pure du fonctionnement de son esprit, ayant « comme méthode » de ne se fier « qu'à (sa) manière de voir les choses mentales, ayant une sorte de répulsion pour les documents ». (Cahier 10,   ). Mais, puisque « l'instinct de comprendre est le même que l'instinct d'exprimer le plus complètement » (Cahier 23, p. 485), cette même volonté l'entraîne à référer toujours le langage au non-langage, car

> « un langage a pour sens du non-langage. Non-langage sont les sensations, les choses, les images et les actions. Rien de plus, rien de moins. Tout le reste est pur-transitif ». (Cahier 27, p. 109).

Une telle exigence de pureté aussi bien dans l'expérience directe de la vie mentale que dans l'expression de cette expérience, entraîne que la philosophie ne puisse plus être qu'une affaire de forme.

> « Philosophie = recherche d'une forme, affaire de forme, forme qui satisfasse pour un homme donné à l'expression de toute son expérience ». (Cahier 8, p. 359).

Cette forme n'est pas une structure vide ; elle est au contraire l'expression d'une organisation personnelle et esthétique de la quintessence existentielle d'un homme. A la limite, cette forme serait la traduction la plus fidèle des actes purs de la conscience, par-delà toute recherche du vrai et du faux.

> « Par delà le vrai et le faux. My non philosophy. Forme, forme ! Une philosophie, c'est-à-dire un centre de conscience, n'a point le vrai ni le faux comme objet ». (Cahier 8, p. 393).
>
> « Je crois la pensée et la conscience inséparables d'une forme d'acte ». (Cahier 10, p. 67).

Cette forme est d'autre part nécessairement personnelle, malgré l'effort du penseur et du poète pour se dépouiller de toutes les particularités d'une conscience personnelle et pour atteindre l'universalité d'un Moi pur. L'explication que Valéry donne du personnalisme de cette forme en quoi s'exprime un Moi pur tendant pourtant à l'universel, ne manque pas d'avoir une résonnance quelque peu mystique.

> « La philosophie est forme personnelle. Personnelle, pourquoi, et non la science ? c'est qu'elle prétend au Tout, et qu'à ce Tout on ne peut faire correspondre que l'Un. Tout n'a de sens que pour Un

— (s'il a un sens même pour Un) — Le problème qui existe pour A, n'existe pas pour B ». (Cahier 8, p. 290).

Il n'est pas possible, dans les limites de ce travail, de poursuivre dans le détail cette identité réciproque qu'établit Valéry entre sa philosophie, ou son « aphilosophie », et la recherche d'une forme, identité rendue possible par sa volonté d'épurer son langage en le référant, autant que faire se peut, aux actes purs de la conscience. Nous touchons pourtant là au cœur de l'expérience valéryenne lui permettant d'unifier le monde original de sa pensée avec l'essence de sa poésie.

Cette unité ne fut certes pas immédiate. Il était inévitable que ces deux penchants, apparemment contradictoires, l'un pour la poésie, et l'autre l'entraînant à « satisfaire à l'ensemble des exigences de (son) esprit » (Pléiade I, p. 643), forment d'abord conflit, conflit qui durera tout le temps qui sépare la composition de Monsieur Teste, de celle de la Jeune Parque. Ce fut le mérite et la grandeur de Valéry de dominer ce conflit et de trouver une voie d'unité entre la poésie et la connaissance. Cette unité n'était possible qu'au-delà des expressions traditionnelles de la poésie, comme de celles de la connaissance, par l'éclatement des formes figées dont la vie culturelle avait revêtu l'une et l'autre. C'est en remontant à l'essence même de la poésie, comme à l'essence de la connaissance, que Valéry réussit à trouver leur unité, sans faux compromis et sans sacrilèges commis envers l'une ou envers l'autre. Retrouvant au-delà des mots la nature sensible des actes de la pensée, lui qui disait « aimer la pensée véritable comme d'autres aiment le nu qu'ils dessineraient toute leur vie » (Cahier 4, p. 881), il sut ôter à l'abstraction sa pesanteur incolore et la transfigurer dans la transparente et divine substance de la poésie. « Une abstraction s'exprimant en termes concrets, c'est la poésie ». (Cahier 6, p. 209). Le poème devenait ainsi « une fête de l'intellect » (Cahier 6, p. 246), et parvenait à traduire « tout l'épique et le pathétique de l'intellect » (Pléiade I, p. 856, tout en demeurant une « fête des sens ».

On a cependant fait grand tort à Valéry en le qualifiant de poète de l'intelligence. Nous avons en effet déjà montré que la conscience réflexive dont il cherche à percer le mystère avec tout son talent de penseur lucide, de dramaturge intime, ou de poète magicien, est bien une conscience pluri-dimensionnelle, dont les forces multiples s'enlacent, se répondent ou s'opposent, se complètent ou se dépassent dans un champ varié de possibles où la sensibilité, l'intelligence, le cœur et le supra-rationnel de l'âme jouent leur dramatique partie, dans la discorde ou dans l'harmonie. Poète et penseur du moi complexe et multiple, étagé sur divers niveaux d'existence, lié à toutes les ressources d'un inépuisable implexe, et dégageant son insaisissable unité d'une variété innombrable de possibles, tel nous apparaît Valéry. C'est donc plutôt la qualification de poète de la connaisance qu'il faut lui attribuer, non de la connaissance produit achevé de l'esprit, mais de la connaissance en acte, celle de l'esprit réfléchissant à ses moyens de connaître dans toute l'étendue de ses pouvoirs.

Car il est devenu clair pour Valéry que la connaissance n'est pas le fait de la seule intelligence, et qu'elle est plutôt l'acte d'une conscience dont l'intelligence n'assure que l'une des fonctions, n'est que l'un des rouages. La sensibilité et ses résonnances variées et surprenantes, les mouvements divers du cœur, qui aime ou qui hait, qui espère ou se désespère, qui s'élance ou se retient et en qui Valéry reconnaîtra, dans ses dernières notes, un « créateur de valeurs », l'esprit et ses vocations diverses, l'âme et ses racines multiples et cachées, les hasards de l'inspiration qui semblent transcender les pouvoirs mêmes de l'âme, autant de niveaux divers de notre être que la conscience traverse, et sur « l'échelle dorée » desquels elle monte et descend, se dilate ou se concentre, cherchant dans cette multiplicité l'unité cachée de son moi. Valéry n'est pas simplificateur. C'est un vrai microcosme qu'il découvre dans la conscience, monde plus complexe et plus riche, plus infiniment vaste que l'univers physique. Car l'auteur de la Jeune Parque n'est pas Monsieur Teste. Nous n'avons cessé de le dire. Teste n'est qu'un « monstre intellectuel » fruit d'une imagination surréaliste. Et Valéry est vite revenu de cette illusion mortelle de réduire le monde infini de la conscience à la seule intelligence.

La Jeune Parque, comme Eupalinos, sont les témoins de ce drame de la connaissance où le poète s'est repenti du crime qu'il avait commis contre la conscience en la réduisant à l'intelligence. Alors que celle-ci enferme l'homme dans une abstraction vide de toute réalité, la sensibilité, certes ordonnée et épurée par l'intelligence, nous rend disponibles et réceptifs à toute la féérie du réel. C'est dans cette perspective de repentir envers le péché d'idolâtrie de l'intelligence, et de disponibilité à l'égard des multiples facultés de la conscience, qu'il faut lire l'ensemble des poèmes de « Charmes ».

C'est ainsi que le poème « Aurore », loin de peindre l'éveil de l'intelligence, comme il a souvent été dit, décrit plutôt l'éveil de la conscience se libérant des liens trop étroits de l'intelligence et découvrant l'infinie étendue de ses pouvoirs, allant de la « forêt sensuelle » jusqu'à « l'extrême du désir » où « toute âme s'appareille ». La conscience rejette la profusion des « Idées », ces « Maîtresses de l'âme », « Courtisanes par ennui ». Dès l'éveil du poète, elles sont revenues proposer leur service, car elles sont toujours proches et disponibles, « secrètes araignées. Dans les ténèbres de toi ». Le poète sait qu'il les trouvera toujours par multitudes, prêtes à offrir leurs « similitudes amies ».

> « Au vacarne des abeilles
> Je vous aurai par corbeilles....

Mais la profusion servile des idées peut-elle répondre à l'attente du poète ? De simples jeux du langage, fragiles et arbitraires, comme tout ce qui ne remonte pas « avant les mots »,

« Similitudes amies
Qui brillez parmi les mots,

peuvent-ils satisfaire un poète qui doit être, selon Valéry « le dernier des hommes à se payer de mots ? » Leur multitude même,

Cent mille soleils de soie
Sur tes énigmes tissus

est signe de leur faiblesse et de leur artifice. Toute leur construction a la fragilité d'une toile d'araignée tendue sur le vide :

Nous avons sur tes abîmes
Tendu nos fils primitifs,
Et pris la nature nue
Dans une trame ténue
De tremblants préparatifs.

Ce n'est pas pour être prisonnier de cette artificielle production de l'intelligence que le poète, s'éveillant de « la confusion morose » du sommeil, s'était fièrement avancé dans l'étendue immense de son âme. C'est dans l'attitude de l'oraison qu'il partait à la découverte du monde infini de la conscience.

Dans mon âme je m'avance,
Tout ailé de confiance :
C'est la première oraison !

Cette soif authentique et neuve d'une réalité infinie ne peut que juger méprisable les fragiles passerelles de fils ténus tendus par les idées sur les abîmes de la raison.

Dans un sursaut de lucidité, le poète les brise donc, faisant appel aux sources cachées de sa sensibilité pour y trouver « les oracles de son chant ».

De la 6e à la dernière strophe, le poète, libéré de l'emprise étroite de l'intelligence, va nous conter sa quête spirituelle à travers la « forêt sensuelle », à la recherche de l'être, ou plutôt à l'écoute de l'Etre.

« Etre ! Universelle oreille !

Cette quête ontologique dépasse de loin les sentiers sûrs et rectilignes de la simple intelligence.

Ces idéales rapines
Ne veulent pas qu'on soit sûr !

Et l'Etre, aperçu et salué plus que trouvé, est celui de l'âme qui, dans sa profondeur, parfois semble se découvrir.

Toute l'âme s'appareille
A l'extrême du désir...
Elle s'écoute qui tremble

Et parfois ma lèvre semble
Son frémissement saisir.

Alors, dans l'émerveillement de découvertes que le hasard de
l'inspiration multiplie, toute chose est saisie par l'âme dans l'authenticité de son essence secrète. Le monde éclate comme un fruit,
laissant goûter à l'âme étonnée la saveur secrète de sa sève originelle.

Toute feuille me présente
Une source complaisante
Où je bois ce frêle bruit....
Tout m'est pulpe, tout amande,
Tout calice me demande
Que j'attende pour son fruit.

Dans cette épiphanie de l'Etre, réfracté comme dans un cristal
par les multiples facettes de chaque objet, l'âme s'avance encore
plus avant en elle-même et dans l'être du monde. L'opacité des
choses disparaît et laisse place à la pure transparence où l'âme
baigne, ressuscitée en sa quintessence qui est toute Espérance.

« J'approche la transparence
De l'invisible bassin
Où nage mon Espérance.... »

Cette courte analyse du premier poème de Charmes suffit à
nous montrer que si Valéry est bien le poète de la connaissance,
c'est à travers la complexité de toutes les facultés multiples et
opposées de la conscience qu'il cherche à en suivre le cheminement
secret, se refusant à en faire le fruit abstrait de la seule intelligence.
C'est d'ailleurs cette complexité du drame de la connaissance poursuivie à travers les diverses dimensions de la conscience, qui permet
à Valéry d'aborder en poète un sujet qui pourrait paraître bien trop
abstrait pour la poésie. Ce drame de la connaissance, c'est en effet
en poète qu'il le traite, selon l'exigence propre au regard que la
poésie porte sur toute chose.

Nous savons que notre poète hait l'abstraction philosophique.
Ce n'est donc pas un problème philosophique qu'il va porter à la
poésie. Il ne cherchera pas à exprimer poétiquement une pensée
abstraite. Il ne tentera pas non plus de découvrir une poésie de
l'abstrait, car il sait trop que l'abstrait n'est pas poétique. Et de
fait, quand il se tourne vers la conscience, ce n'est pas une abstraction qu'il découvre, mais une réalité sensible et vivante, au moins
aussi sensible que le rose velouté de la fleur que je vois et que je
sens. Si la conscience se saisit dans ses actes et dans sa manœuvre, ces actes de la pensée, observés non dans l'abstraction d'un vocabulaire arbitraire, mais dans leur naissance et leur évolution, antérieurement aux mots, demeurent une réalité aussi sensible que la
réalité extérieure la plus concrète. Il ne reste plus au poète qu'à
habiller sa pensée dans le charme magique des vers où elle demeu-

rera cachée « comme la vertu nutritive dans un fruit ». Et les idées abstraites deviennent jeunes filles s'éveillant et babillant.

> « Déjà s'étirent par groupes
> Telles qui semblaient dormir :
> L'une brille, l'autre bâille;
> Et sur un peigne d'écaille.…

Devant une telle réussite, on est tenté d'approuver Valéry déclarant :

> « L'artiste est beaucoup plus avancé que le philosophe dans la vraie connaissance qui est possession (et sa réciproque) des transformations d'un état en chose capable de produire un état ». (Cahier 13, p. 697).

Alors que le philosophe est presque toujours victime d'une volonté prématurée d'explication et recouvre le réel d'un masque d'abstractions, le poète, choisissant ses mots, non pour leur valeur explicative, mais pour leur pouvoir de suggestion et d'évocation, parvient à restituer la complexité du réel et à nous rendre présente et sensible la réalité de l'invisible.

Alors que le poème « Aurore » évoque l'éveil de la conscience et sa progressive découverte du délicat équilibre qui doit unir ses diverses puissances, c'est à une étape bien plus avancée du drame de la connaissance que nous conduit « l'Ebauche d'un serpent ». Car si la connaissance, c'est d'abord le complexe d'aptitudes et de dons qui composent notre faculté de connaître, elle est bien aussi et surtout la conscience de notre insertion dans la réalité du monde. La connaissance ne serait qu'un instrument bien vain si elle ne nous offrait la présence de l'Univers en sa totalité. Et si Valéry a passé tant de temps à se forger ses propres instruments de connaissance, c'est bien évidemment pour mieux connaître le sens de la Réalité dans laquelle l'homme est plongé.

> « Ego. Ipsissimus. En vérité, les « idées » seules m'amusent.… Mais qu'est-ce que ces idées ? Ce sont des manières de « lire » ou de décrire les choses qui sont ; toutes manières vérifiables par n'importe qui. En somme du possible, qui ne demande qu'une attention pour devenir observation ». (Cahier 25, p. 727).

> Car « la vie n'est pas un songe, puisqu'un songe est défini par un réveil (s'il n'est créé par lui) et que toutes les tentatives que l'on a faites jusqu'ici pour se réveiller de la vie semblent avoir échoué ». (Cahier 22, p. 609).

Valéry se méfie même du dangereux pouvoir de déréalisation que contient l'esprit. La réalité est toujours au-delà et en dehors de l'esprit, présence qui transcende notre intellection.

> « θ. — O Basil, les choses et la vie, en tant que réelles, n'ont ni origine, ni but, ni signification, ni fin, ni cause, car tout ceci est questions et réponses de l'esprit. Il convient de les ramener par l'esprit hors de l'esprit, et de les voir comme taches informes, non reconnues. C'est en quoi elles sont réelles. C'est un mauvais signe

de réalité (pour les choses) que d'être intelligibles. Car d'être intelligibles, c'est être susceptibles d'être entièrement annulées par l'acte
d'intellection. Ce que j'ai compris disparaît de la scène. Tout ce qui
peut être dit Réel, doit pouvoir être regardé comme arbitraire. Car
on les nettoie par là des tentations et tentatives de l'esprit, et on
se borne à mettre en regard leur présence et la non présence du
reste.... qui est Moi ». (Cahier 26, p. 452).

Valéry a échappé à la tentation de l'esprit qui, dans l'élan de
sa tentative pour assimiler le réel, finit par ne retrouver que soi
et par douter de la Réalité. Il croit à la Réalité et se moque de la
« comédie philosophique » de ceux qui ont prétendu en douter.
« Je suis un imbécile, j'ai pris le réel au sérieux ». (Cahier 3, p. 623).
Pourtant, malgré la proximité immédiate du Réel, la faculté de connaissance de l'homme a besoin d'une telle maturation, que ce n'est
qu'au bout d'une longue et délicate aventure que le Réel se découvre véritablement à l'homme.

> « Un homme imaginait des fééries, et quantité de merveilles qui
> s'offraient à leur propre dissipation successive, car la création de
> l'esprit est en vérité une destruction indéfinie du beau par le plus
> beau, du laid par le hideux, du mal par le pire, et du vrai par le
> faux, juste autant que du faux par le vrai. Sans qoi, serait-ce l'esprit ?
> Mais de scène en scène, et d'aventure en aventure, de périls en
> plaisirs, de fureurs en tendresses, et de choses en d'autres, il en
> vint à un décor, à un lieu, à des objets qui l'étonnèrent au point
> qu'il les reconnut comme ceux-là mêmes qui l'entouraient, et il avait
> retrouvé sa chambre, ses murs, ses mains, tout son réel, comme le
> dernier terme de toutes ces transmutations. Mais après tout, le réel
> n'est qu'un cas particulier ». (Cahier 25, p. 625).

C'est donc bien le Réel que le penseur espère découvrir, mais
il ne le retrouvera qu'au terme d'une longue aventure de connaissance. Car le Réel est bien au-delà des apparences, et celles-ci le
voilent peut-être beaucoup plus qu'elles ne le dévoilent. Le monde
est comparable à un visage, qui tout en nous signifiant la présence
d'autrui, nous la cache tout autant qu'il nous la révèle. Tout pareillement, le monde est l'espace où s'est cachée la Présence dont tout
être humain a soif. Le mot qui signifie monde, en hébreu, signifie
aussi caché. Car le Créateur s'est caché au-delà de la création qui est
pourtant destinée aussi à le révéler. Sans cette occultation, l'existence du monde eût-elle d'ailleurs été possible ?

Or, de même que la connaissance d'autrui n'est possible que
si à l'effort de compréhension se joint un don de sympathie amoureuse, de même l'aventure de la connaissance du Réel ne peut
manquer d'être intimement liée à une aventure de l'amour. Valéry
le sait, qui écrit à la dernière page de ses Cahiers :

> « Toutes les chances d'erreurs, pire encore, toutes les chances
> de mauvais goût, de facilité vulgaire, sont avec celui qui hait ».
> (Cahier 29, p. 909).

Mais c'était déjà tout le pathétique d'une quête ontologique dans laquelle le drame de la connaissance est aussi un drame de l'amour, qu'il avait transposé, grâce au miracle poétique, dans le plus métaphysique de ses poèmes, l'Ebauche d'un serpent.

Le préjugé théologique nous paraît bien avoir aveuglé Jacques de Bourbon Busset, lorsqu'il accuse Valéry, précisément à propos de notre poème, de s'être adonné « au péché suprême : la connaissance sans amour, la pure curiosité qui étudie les êtres comme des insectes ». (Paul Valéry ou le mystique sans Dieu, p. 43). Certes, un tel reproche pourrait être adressé à Monsieur Teste, et tel est en effet le diagnostic spirituel de l'abbé Masson, selon la lettre de Madame Emilie Teste.

> « Il est terriblement tranquille — On ne peut lui attribuer aucun malaise de l'âme, aucunes ombres intérieures — et rien, d'ailleurs, qui dérive des instincts de crainte ou de convoitise.... Mais rien qui s'oriente vers la Charité. C'est une île déserte que son cœur ». (Pléiade II, p. 33).

Mais il ne faut pas oublier que c'est Valéry lui-même qui porte ce jugement sur son héros romanesque, et que, dans une note préliminaire qui accompagnait la première édition de cette « Lettre », il soupçonnait ironiquement M. Teste d'en être l'auteur. (Pléiade II, p. 1393). Valéry veut donc faire exprimer ce jugement critique par M. Teste lui-même, manifestant ainsi non seulement sa propre lucidité à l'égard de son personnage, mais encore la lucidité qu'il voudrait lui attribuer. Celui-ci dépasserait ses défauts et ses limites par le fait même qu'il sait les connaître mieux qu'aucun autre, et prouverait par là qu'on ne peut le réduire à sa première apparence d'intellect froid, rigoureux et inhumain. Mais Valéry n'est pas M. Teste ; celui-ci n'est qu'un monstre irréel lui servant à éprouver sa propre prise de conscience. C'est donc une grave erreur d'interpréter l'Ebauche d'un serpent sous le seul éclairage monochromatique de M. Teste. Vingt-cinq ans séparent ces deux œuvres. Une longue maturation a transformé et enrichi le poète de la Jeune Parque, et surtout, une révolution profonde, opposée au coup d'état de 1892, et située par le poète en 1920, lui a fait découvrir l'importance fondamentale de la sensibilité. Avec les poèmes de Charmes, Valéry a dépassé la fausse opposition de l'intellect et de la sensibilité, et a pris conscience de leur nécessaire concours dans l'effort de connaissance. C'est enfin lui qui écrit en 1921 : « Qui sait si des phénomènes comme la tendresse ne seront pas utilisés par une science toute nouvelle ?». (Cahier 8, p. 43).

Le Démon qui a pris la forme d'un serpent n'est pas un esprit froid, incapable d'amour, et dont la soif de connaissance n'intéresserait que l'intellect sans toucher le cœur. En réalité, le drame de la connaissance métaphysique dont il est le symbole, est aussi, et en même temps, le drame de l'amour. Intelligence lucide, avide de la

Connaissance, colleté avec l'Absolu, avec l'Un caché dans le Réel, cet esprit pur est également un amant éperdu du Dieu suprême.

> Vous que j'aimais éperdument
> Vous qui dûtes de la géhenne
> Donner l'empire à cet amant....

Sa haine actuelle n'est que le revers secondarisé du plus grand amour. Ecoutons-le dans ce « Sermon du Diable » que Valéry insère dans ses Cahiers :

> « En quoi Dieu est incompréhensible. Il déçoit. Il serait si beau de l'aimer parce qu'il est lui, et non parce que nous sommes nous, de l'aimer et adorer sans participation de notre faculté de craindre, de pâtir, de croire par diminution de ce qu'il y a de plus noble en nous !.... Se faire semblable à Lui, n'est-ce point le plus grand hommage, cependant que de repousser ou dédaigner cette volonté de ressemblance serait l'injure la plus grave ? ». (Cahier 26, p. 621, 622).

Ce rebelle n'est bien qu'un amant déçu. C'est d'un amour authentique et non contraint qu'il eût voulu aimer le Créateur. Sa noblesse et sa dignité, son « orgueil » pur « détaché du plus lumineux de (la) propre essence » divine, sont seuls causes de sa chute. Car c'est dans la proximité même du Dieu et dans la volonté brûlante d'une connaissance totale du Tout, alors « qu'à ce Tout on ne peut faire correspondre que l'Un », que la dualité de la création insère le plus dramatiquement sa possibilité de déchirure au cœur même de l'Unité. C'est parce qu'il était l'ange le plus proche du Dieu et la créature la plus lucide dans la connaissance de l'Un, que ce seul partenaire véritable du Dieu a vu sa vocation d'amour se transformer en drame de la haine :

> Objet radieux de ma haine,
> Vous que j'aimais éperdument....

Car, dans cette « partie jouée avec l'Un », où l'objet de l'amour, comme de la connaissance, est la recherche de l'Un au-delà de toute dualité, le contemplateur, au sommet de son extase, reste encore l'Autre. « Je dis l'Un, puisque je suis l'Autre ». (Cahier 21, p. 639). Cette dualité non résolue, alors que toute l'aspiration de la connaissance et de l'amour est volonté de fusion et réalisation d'Unité, est capable, dans la déception de cet inachèvement, de renverser l'amour en haine. Car rien n'est plus proche de l'amour que la haine. Cette possibilité d'un brusque passage de l'un à l'autre, comme si les extrêmes étaient d'autant plus proches qu'ils sont aussi plus éloignés, est quelque fois le drame des amants assoiffés de pur amour et de fusion totale. Le diable, tel que l'a voulu Valéry, est victime de cet amour trop absolu de la plus haute connaissance de l'Un. « Or, qu'est-ce que le diable, sinon un ange qui a compris ? Et c'est donc le plus rusé de tous les animaux, et c'est celui qui veut que l'on sache ». (Cahier 8, p. 643). Le venin qu'injecte cet amant malheureux du trop pur absolu, est le plus dangereux de tous les poisons. C'est la connaissance qui fouille jusqu'aux racines mêmes de l'être, et qui, dans l'échec d'une intime fusion, saisie de vertige et d'épouvante, croit découvrir que l'Etre et le Non-Etre sont identiques et

> Que l'univers n'est qu'un défaut
> Dans la pureté du Non-être !

Pour celui qui est assoiffé de la connaisance dernière, et qui, au-delà du jeu flatteur des apparences et du spectacle captivant des choses, veut connaître la cause de toutes les causes et l'Etre de tous les êtres, l'univers et toute sa gloire innombrable n'est plus qu'un mensonge

> Trompeusement peint de campagnes,
> Fauteur des fantômes joyeux
> Qui rendent sujette des yeux
> La présence obscure de l'âme,

et ce mensonge est jeté comme épais nuage sur l'absolu. Cette « Innombrable Intelligence » qui a fait sa demeure de l'Arbre de la Connaissance,

> Grand Etre agité de savoir,
> Qui toujours, comme pour mieux voir,
> Grandis à l'appel de ta cime,

est tenté de ne plus voir dans l'ensemble de la création que le résultat d'une somptueuse erreur du Dieu, dissipant sa pure Unité. L'altérité même qu'entraînait l'acte créateur, introduirait une imperfection insurmontable dans l'essence même de l'Univers. Ce monde est en effet nécessairement imparfait, puisque distinct de sa Source ; il dissimule celle-ci plus qu'il ne la manifeste. Plus gravement encore, « tant de prodiges imparfaits » semblent introduire une faille dans l'Etre même de l'Absolu divin, puisque l'imperfection de l'œuvre divine n'est pas tant à imputer à une impuissance du Créateur ou à un défaut dans l'acte de création, qu'à l'inévitable dispersion dans la multiplicité de ce qui était l'Unité infinie et indivisible.

> Comme las de son pur spectacle,
> Dieu lui-même a rompu l'obstacle
> De sa parfaite éternité ;
> Il se fit Celui qui dissipe
> En conséquences, son Principe,
> En étoiles, son Unité.

Car un seul est le Bien suprême, la pureté de l'Un jouissant du « pur spectacle » de sa divine unité. L'apparent besoin de l'Autre chez Celui qui est l'Un sans défaut est un mystère qui défie toute connaissance. Comment expliquer que l'Etre absolu auquel ne manquait aucune perfection ait pu porter atteinte à sa propre unité et commettre cette tragique erreur d'un acte créateur ?

> Cieux son erreur ! Temps sa ruine !

Il semble que, pour Valéry, le mal inhérent à la conscience ne ronge pas seulement la connaissance du moi humain qui pense et qui, dans la conscience qu'il prend de lui-même, se dédouble et se divise en une perte irréparable de son unité. Ce dédoublement de l'être et du connaître, introduit par la connaissance, semble être le mal dont ait souffert le Moi divin lui-même.

> Mais, le premier mot de son Verbe,
> MOI !.... Des astres le plus, superbe
> Qu'ait parlés le fou créateur,
> Je suis !... Je serai !... J'illumine
> La diminution divine
> De tous les feux du Séducteur !

Ce drame de la conscience connaissante qui se divise et se déchire par l'acte même du savoir opposant le connu au connaissant, et le connaissant au connaître, a préoccupé Valéry au point de n'apparaître pas seulement dans les méditations de ses Cahiers, mais encore dans sa poésie même, tant il est vrai que le penseur et le poète ne font qu'un.

Dans « le Cimetière marin », la contemplation extatique de l'Etre parfait semble parvenir à identifier la vision sublimée du poète à la vision divine elle-même.

> O récompense après une pensée
> Qu'un long regard sur le calme des dieux !
> ....
> Ouvrages purs d'une éternelle cause,
> Le Temps scintille et le Songe est savoir.

Pourtant, cette intrusion dans le domaine réservé au Dieu s'avérait finalement n'être qu'une illusion, puisqu'il n'est point de miroir si parfait qu'il ne comporte une face d'ombre :

> L'âme exposée aux torches du solstice,
> Je te soutiens, admirable justice
> ....
> Regarde-toi !... Mais rendre la lumière
> Suppose d'ombre une morne moitié.

Cette zone obscure n'est pas seulement la part de subsonscient restée rebelle à l'éclairage de la conscience claire ; elle est surtout l'inévitable conséquence de l'attitude même de face à face dressant l'âme devant l'absolu divin, en un vain effort de fusion qui ne peut supprimer l'altéralité du contemplateur. Cette altérité ténébreuse reste pourtant, dans le Cimetière marin, le lot de l'homme seul, incapable de se fondre dans l'éternelle présence de l'Absolu divin. Quant à celui-ci, il reste étranger à cette dualité obscure découverte par la créature, et semble devoir continuer à jouir éternellement de la contemplation de sa propre essence, immuable et parfaite.

> Midi là-haut, Midi sans mouvement
> En soi se pense et convient à soi-même.

Or, voici que cette faille de l'altérité et du dédoublement atteint, avec « l'Ebauche d'un serpent », l'Absolu divin lui-même. Précédant l'acte même de la création, ou l'introduisant, le premier mot du Verbe créateur, « Moi », insère, au cœur même de l'Etre suprême, « la diminution divine », la faille par laquelle s'écoulera la substance même de l'Etre. Le Moi divin, prenant conscience de soi, et s'éveillant de l'inconscience de l'En-Soi pour se connaître comme Pour-Soi, ne semble pouvoir le faire que dans le Miroir de l'Autre. Mais, que peut être l'Autre pour celui qui était Tout, sinon une altérité introduite au sein même de son Unité, ainsi brisée ?

> Regardez-vous dans ma ténèbre !
> Devant votre image funèbre,
> Orgueil de mon sombre miroir,
> Si profond fut votre malaise
> Que votre souffle sur la glaise
> Fut un soupir de désespoir !

Le mal dont souffre l'être créé, par la division que la connaissance instaure entre l'être et le connaître, est donc peut-être identique au mal qui altère l'être divin lui-même. Cette division, cette non-coïncidence de l'être et du connaître, c'est cela même le diable. Et elle apparaît au premier éveil de la connaissance, fût-ce même dans la complaisance de soi à soi :

> Qui que tu sois, ne suis-je point
> Cette complaisance qui poind
> Dans ton âme, lorsqu'elle s'aime ?
> Je suis au fond de sa faveur
> Cette inimitable saveur
> Que tu ne trouves qu'à toi-même !

Contre un mal si insidieux qui commence avec le premier éveil du moi, comment l'innocente Eve eût-elle pu se prémunir .? La séduction de la première femme a-t-elle d'ailleurs d'autre signification que de représenter typiquement la séduction de toute conscience qui, s'éveillant tout innocemment à l'aventure de la connaissance, s'éprend peu à peu d'elle-même et de ses premières démarches dans le savoir, et oublie que la vraie connaissance, comme la vie, est un don qui n'a pas son origine en elle-même ? Quoi qu'il en soit de la signification du mystère biblique, celui-ci permet à Valéry de transposer une abstraction théologique dans la concrète et sensuelle description d'une trop charmante jeune fille,

> Son flanc vaste et d'or parcouru
> Ne craignant le soleil ni l'homme,
> Toute offerte aux regards de l'air,

et qui lentement cèdera aux séductions du pur esprit. Mais au-delà de l'Eve biblique de jadis, c'est toute la dramatique histoire de la connaissance que le poète habille du charme poétique. Dans l'hésitation si gracieuse des premiers pas de la jeune femme « vers la neuve Science », c'est la longue et difficile aventure de la connaissance qui amorce sa complexe histoire. Et plus que l'arbre dont le fruit prometteur de science tente la première femme, ce « Grand Etre agité de savoir » incarne bien la vaste épopée humaine vers la connaissance.

> Déjà délivrant son essence
> De sagesse et d'illusions,
> Tout l'arbre de la Connaissance
> Echevelé de visions,
> Agitait son grand corps qui plonge
> Au soleil, et suce le songe !

Et la science grandira de toute la soif illimitée de la connaissance, pareille à un arbre qui plonge ses racines dans les labyrinthes obscurs de la terre pour y puiser une nouvelle sève lui permettant de pousser ses branches toujours plus haut vers le ciel, objet de sa nostalgie.

Mais cette aventure de la science, commencée dans le drame d'un défaut ontologique de coïncidence de l'Etre avec lui-même, dans l'apparente impuissance de l'Absolu à se contempler lui-même sans faire apparaître la dualité de l'Autre et donc du Non-Etre, côtoyera constamment l'abîme du Néant dans une lutte acharné contre les germes de désespoir et de mort portés par la connaissance. L'aventure du savoir ne progressera pas sur un chemin idyllique. L'arbre de la Connaissance, s'il est l'« Ombre des cieux », est également « l'Arbre du Trépas ».

> Il en cherra des fruits de mort,
> De désespoir et de désordre !

Le drame de la connaissance que nous fait vivre Valéry à travers les quatre personnages de son poème, Dieu et le Diable, Eve et l'Arbre, a donc une dimension cosmologique et ontologique. Le contraire n'eût pas été possible pour le penseur-poète qu'il est. Ce drame n'est pas seulement l'épopée de l'homme à la recherche du paradis perdu, resté intact dans son absolue pureté, hors d'atteinte du misérable combat de la création. C'est l'Etre tout entier qui est ontologiquement saisi dans le drame de la connaissance. Remarquons aussi que celui-ci n'est pas réduit aux dimensions morales d'une désobéissance. La tentation du séducteur n'est pas entre le bien et le mal, mais entre l'être et le non-être. Et ce n'est pas l'homme seulement, mais l'Univers tout entier, l'Etre à son plus haut niveau ontologique, qui est secoué dans cette lutte désespérée de reconquête de l'Etre, alors qu'il est constamment absorbé, néantisé par le Non-être. Cet abîme du Non-être, c'est l'éveil de la connaissance qui l'a creusé dans les mystères mêmes de l'Etre. Car la connaissance est par elle-même perte de substance, décrochage hors de l'unité, défaut d'identification dans l'Etre, puisque pour connaître ou se connaître, il faut introduire la dualité de l'être et du connaître, l'altérité du connaissant et du connu.

« Nous ne pouvons parler des choses ou les penser que par
ignorance, c'est-à-dire qu'en les rendant bien distinctes de nous,
bien étrangères à nous. En prendre connaissance, c'est s'en séparer.
Les voir nettement, c'est les prévoir, c'est ne pas y être ». (Cahier 6,
p. 898).

Dès lors toute l'aventure de la connaissance sera une lutte sans
merci pour reconquérir l'Etre par-dessus l'abîme du Non-Etre, pour
recoïncider avec la Source vive par-delà la déchirure du doute et
du désespoir ouverte sur le Néant.

Il semble que les derniers vers du Poème ne ferment pas l'espoir d'une possible reconquête de l'Etre par le Connaître, et même
d'une possible transfiguration du Néant en Etre. Tant il est vrai
que la « recherche du dieu » chez Valéry reste toujours animée
d'une tension, d'une aspiration et même d'une espérance cherchant à vaincre tout scepticisme.

> Cette soif qui te fit géant,
> Jusqu'à l'Etre exalte l'étrange
> Toute-Puissance du Néant !

Il nous paraît nécessaire d'attribuer ces trois derniers vers du
poème au serpent lui-même, et non pas au poète, comme le font
bien des commentateurs. Et cela non pas seulement à cause de la
rupture d'équilibre qu'introduirait dans le poème la brusque intervention inattendue du poète. Mais pour des raisons plus profondes tenant à la signification de cet esprit pur qu'est le serpent.
Celui-ci n'est pas en effet l'esprit mauvais, vulgaire, persifleur,
que veulent certains, ni même l'esprit du mal comme le veut naïvement la tradition chrétienne. Cet ange déçu, beaucoup plus que
déchu, garde en fait sa dignité et sa noblesse de premier partenaire
de Dieu. « Esprit pur, l'esprit dans sa solitude absolue, radicale,
invincible... », il est aussi « le point d'opposition maxime de l'Etre
et du connaître ». (Cahier 8, p. 72).   ,

Le drame de l'amour et de la connaissance qui le traverse, est
corrolaire de la difficile dialectique qui se joue entre l'Un et l'Autre, afin de surmonter la faille de non-être que la dualité a introduite. Le Serpent souffre de ce drame et c'est à Dieu que « cet
amant » offre « le triomphe de (sa) tristesse ». Les trois derniers
vers semblent montrer que même pour le Serpent l'espoir d'une
saisie de l'Etre n'est pas perdu, et que le connaître pourra un jour
enfin s'identifier à l'être.

Car bien que Valéry ait souvent insisté dans les Cahiers sur
ce divorce tragique de l'être et du connaître, de la pensée et de
l'existence, au point de renverser le cogito cartésien, « Je pense,
donc je ne suis pas » (Cahier 9, p. 433), et de considérer « la connaissance comme un nuage sur l'Etre » (Cahier 5, p. 91 — Pléiade II,
p. 38), il faut estimer l'ensemble de ses travaux et de ses recherches comme un effort méthodique et lucide pour briser ce divorce
ou, par le moins, jeter un pont par-dessus l'abîme. C'est ainsi qu'il

lui arrive d'envisager l'histoire entière de l'humanité comme une immense « migration de l'être vers le connaître ».

> « Quand ils se seront rejoints, la science possible sera achevée, il n'y aura plus de chimère possible, plus d'espoir, plus d'erreurs, plus de théories. On verra alors, à la fin, que ce grand mouvement, cette migration de l'être vers le connaître, quand le connaître sera sur le point de se résoudre dans l'être, n'aura été que l'appel d'un certain écart qui s'est produit il y a x siècles entre une excitation et une réponse et qu'il aura fallu l'histoire entière de l'humanité, en tant qu'espèce, pour combler ». (Cahier 6, p. 914).

Ce divorce s'est d'ailleurs en grande partie pacifié pour Valéry, à partir du moment où, s'éloignant du froid intellectualisme de Teste, il a su reconnaître dans sa sensibilité une puissance essentielle à l'effort de connaissance. Cet « écart instantané entre l'être et le connaître » est alors devenu « variable ».

> « Etre, c'est la notion qui résulte de la sensation, quand nous la percevons en elle-même et non comme signe. Le connaître, c'est la transmutation de cette sensation en signe et le passage aux choses ». (Cahier 8, p. 449).

Sans doute cette transmutation et ce passage de la sensation au signe peuvent être défectueux, précipités, arbitraires. Mais si au point de départ de la naissance du signe ou de l'idée demeure l'enracinement nourricier de la sensibilité dans le pur réel, il n'est point à désespérer de réussir la délicate distillation du signe, à condition de veiller toujours à lui conserver sa valeur or, son pouvoir réel, son échange immédiat dans la réalité. Nous retrouvons ici la critique du langage si chère à Valéry, et ce qu'il appelait le « nettoyage de la situation verbale », dans la volonté de revenir, pour chaque problème, aux données immédiates de l'expérience concrète, antérieure au langage. Le réel pur et sa symbolisation dans le signe semblent d'ailleurs, par essence, voués l'un à l'autre, un peu comme le fond et la forme, autre problème bien valéryen. La vraie connaissance pourrait être en effet envisagée comme une formulation, et donc comme le don d'une forme à une réalité informe.

> « La connaissance a pour objet, pour domaine, les formes. L'être est pour elle l'informe. Le réel est informe, donc inconnaissable ». (Cahier 9, p. 807).

Mais n'accède-t-il pas asymptotiquement à la connaissance, lorsque l'artiste a su conserver au signe et à la forme tout leur pesant d'or ?

Nous avons vu comment Faust a cru au moins en de rares expériences, sublimes « moments d'éternité », réussir le mariage de l'être et du connaître, soit dans la voie d'une mystique de la sensation, pleinement épanouie dans le prodige de voir le réel pur, soit dans une mystique de la tendresse dépouillant le Moi de tout ce qui le déguisait, et lui permettant de « trouver le Même

dans l'Autre ». En dehors de ces rares sommets d'existence, fruits
de la plus grande simplicité qui est le comble du plus grand art,
Valéry voit dans la mystique, la musique, la poésie, autant de
voies pouvant aussi nous conduire à cette fin idéale qu'est la jonction de l'être et du connaître.

> « La mystique seule chance illusoire de contact entre l'être et
> le connaître ». (Cahier 9, p. 485).

> « Bach. Triomphe de la musique intrinsèque. Rien d'étranger.
> Tout est sur table. Pas d'ombres. Pas de sentiment, pas de mystère
> autre que celui (qui est le suprême) de l'existence par soi ». (Cahier
> 14, p. 751).

> « Poésie, et choses de ce genre, correspondance entre l'être et
> le connaître, mais correspondance simulée. Le connaître employé à
> faire pressentir l'être ». (Cahier 4, p. 811).

Ce don qu'a la poésie de nous « faire pressentir l'être », elle
le doit à plusieurs de ses qualités originales, élevées à leur quintessence par la poétique valéryenne. Sa première caractéristique est
d'abord de reposer sur une émotion poétique, un « état émotif
essentiel », un « état de l'être... tout à fait irréductible en soi »,
et qui est aussi bien à l'origine de l'expression poétique qu'à sa
fin, puisque l'œuvre n'a d'autre but que de reconstituer chez le lecteur « un état analogue... à l'état initial du producteur ». (Pléiade I, p. 1357). Cet état se combine, d'autre part, avec une « sensation d'univers », c'est-à-dire avec « une tendance à percevoir un
monde », où tous les êtres et les objets connus sont transfigurés
par une musicalisation qui les rend non seulement merveilleusement résonnants les uns aux autres, mais encore harmonieusement synchronisés avec les lois de notre sensibilité propre. (Pléiade I, p. 1363). Mais la poésie est expression. Va-t-elle perdre dans le
langage cette ouverture de la sensibilité à l'être du monde et des
choses ? Non, si l'expression poétique se refuse au langage prosaïque, si elle ne consent « aucun crédit au langage et ne lui prête
aucune valeur sans contre-partie en non-langage » (Cahier 5, p. 7),
si elle « extermine la mythique du langage pour en venir à son
pouvoir réel », et si elle définit « un langage dans le langage », un
« paradis du langage ». Le charme poétique retrouvera alors toute
l'efficacité d'une incantation et réactualisera les pouvoirs d'Amphion et d'Orphée, capables tous deux de charmer et d'émouvoir
« le Corps secret du monde », et d'atteindre « l'Etre même que nous
cache la présence de toutes choses ». Tant il est vrai que la plus
haute ambition de l'art est d'ordre ontologique, et que seul l'art
est peut-être capable de prétendre à cette jonction de l'être et du
connaître, par laquelle la parole pénètre l'intériorité même du monde. Alors, « les pierres » ne sont plus « insensibles aux paroles,
ni les tigres aux chants ; la mort elle-même se laisse prendre ou
reprendre sa proie ». (Cahier 8, p. 371). Et le plus pur produit de
l'imagination créatrice n'est rien d'autre que la réalité elle-même,
saisie par-delà les apparences, en sa secrète essence. « Car je vous

invente, Moi, l'inventeur de ce qui est, Orphée ! ». (Cahier 8, p. 362).

Or, ces deux chantres de la lyre prodigieuse, capables d'attaquer « le désordre des roches » pour en édifier le Temple universel, sont tous deux des inspirés, choisis par le Dieu et lui obéissant. Car Valéry ne compte pas seulement sur les bonheurs de la sensibilité, en tant que donatrice de la réalité même du monde, pour jeter un pont réunificateur entre le complexe d'aptitude et de dons qui composent notre faculté de connaître, et l'Etre, le Réel en son essence secrète, auquel l'esprit pur, dans sa radicale solitude, se heurte en une dramatique opposition de l'être et du connaître. Quoi qu'on ait pu dire sur les méfiances de notre poète envers l'inspiration, celle-ci demeure pour lui non seulement comme une « énergie supérieure », « une sorte d'énergie individuelle propre au poète » et transcendant toutes ses autres aptitudes, mais encore comme la garantie d'une fusion possible de la connaissance avec l'être, et comme la réalisation de la promesse divine : « et eritis sicut dei ». (Correspondance avec Gide, p. 143). Car, si Valéry repousse l'idée que l'inspiration puisse être le principe moteur unique de l'art poétique, c'est pourtant bien une recherche du dieu qui, selon lui, doit animer le poète, puisque celui-ci doit « faire ce qu'il faut pour qu'on ne puisse attribuer qu'aux dieux un ouvrage trop parfait, ou trop émouvant pour sortir des mains incertaines d'un homme ». (Pléiade I, p. 1378). Sans doute a-t-il tendance à privilégier l'état d'inspiré que le poème idéal doit communiquer au lecteur, sur l'inspiration créatrice ayant animé le poète. Ce souci du lecteur, nul ne l'a plus eu que Valéry, encore qu'il ne se soit toujours référé qu'à un lecteur idéal et rare. « L'inspiration, mais c'est au lecteur qu'elle appartient et qu'elle est destinée ». (id). Seule, en effet, l'inspiration communiquée au lecteur peut servir de critère, non seulement à la réussite du poème, mais encore à l'authenticité et à la valeur de l'inspiration du poète. Certes, « ces instants qui donnent une sorte de dignité universelle aux relations et aux institutions qu'ils engendrent » sont pour le poète « d'un prix infini ». Pourtant, « ce qui vaut pour nous seuls ne vaut rien ; c'est la loi de la Littérature ». Et le poète doit savoir que si ces sublimes « absences » de l'inspiration contiennent des « merveilles naturelles qui ne se trouvent que là », celles-ci sont « mêlées de choses viles ou vaines ». « Dans l'éclat de l'exaltation, tout ce qui brille n'est pas or ». (Pléiade I, p. 1377).

Malgré ces restrictions, l'inspiration reste pour Valéry la véritable respiration de l'œuvre d'art authentique, sa sublime et divine atmosphère. Ce qu'il repousse, ce n'est que l'idée naïve d'une inspiration qui aliènerait la personne du poète et n'en ferait que l'instrument servile d'un dieu étranger, son réceptacle passif. « Table ou cuvette, en somme, mais point un dieu, le contraire d'un dieu, le contraire d'un Moi ». (Pléiade I, p. 1376). C'est par égard à la valeur sublime et irremplaçable de l'inspiration qu'il lui ad-

joint le labeur infini d'une intelligence critique, afin que cette volonté d'analyse lucide purifie l'or authentique qui est le don des
dieux, de la gangue vile et trop humaine qui le ternit. Entre l'inspiration transcendante et le travail difficile que supposent la science
et l'expérience de l'art poétique, se constitue toute une collaboration par laquelle le poète élabore laborieusement des instruments
d'expression qui soient dignes de l'inspiration qu'ils doivent contenir et transmettre. Le porteur du message des dieux ne peut pas ne
pas vouloir mériter par son propre travail de se faire lui-même
semblable aux dieux. Le travail du poète est donc nécessaire.

> « On y trouve des tourments infinis, des disputes qui ne peuvent
> avoir de fin, des épreuves, des énigmes, des soucis et même des
> désespoirs qui font le métier de poète un des plus incertains et des
> plus fatigants qui soient ». (Pléiade I, p. 1375).

Mais ce travail n'est pas suffisant, car il reste tout entier un
servant subordonné à l'idéal divin que fixe seule l'inspiration.

On pourrait dire que Valéry a voulu ôter à l'inspiration son caractère mythique de puissance surnaturelle qui n'agirait que dans
l'arbitraire de sa transcendance. Il a tenté de réajuster le poète à
la mesure de son inspiration. Loin d'en être l'instrument vil et
servile, le poète doit en être l'organe digne et méritant, et chercher
à s'élever tout entier au niveau de ce don divin. Conception juive,
pourrait-on dire, de l'inspiration, associant l'œuvre préparatrice à
la grâce divine, de la même manière que la prophétie pénètrera seulement celui qui par sa science a su s'y préparer et la mériter.
Il y aurait donc peut-être une science de l'inspiration, tout comme
pour la sagesse juive il y a une science de la prophétie. Valéry envisage en tout cas la possibilité d'une étude phénoménologique
de ce que l'on nomme l'inspiration, afin de mieux connaître l'esprit et toutes ses ressources.

> « Problème moderne en matière de refonte de l'esprit même, et
> même dans l'ordre artistique et poétique. Si donc on examine la
> « création » artistique et que l'on reconnaisse un élément essentiel
> dans ce qu'on nommait jadis inspiration, cet élément doit être
> « isolé » aussi purement que possible et ne pas être considéré comme
> un fait magique. C'est un état précieux, incertain, dont les produits
> sont plus ou moins heureux, selon les cas et le traitement. Les pro-
> blèmes seront alors : peut-on les provoquer ? peuvent-ils devenir
> habituels ? leur fréquence peut-elle être augmentée ? (Cahier 15,
> p. 79).

Valéry conserve donc à l'inspiration sa place de choix dans la
création artistique ; il en fait même le « sésame » du monde poétique.

> « Sésame. Le commencement vrai d'un poème (qui n'est pas du
> tout nécessairement le premier vers) doit venir à l'auteur comme
> une formule magique dont il ignore encore tout ce qu'elle lui ouvrira.
> Car elle ouvre en effet une demeure, une cave et un labyrinthe qui
> lui était intime et inconnu ». (Cahier 15, p. 301).

Mais l'inspiration n'est pas seulement à l'origine de sa création poétique, elle est également le fondement de tout son monde intellectuel. La note suivante des Cahiers nous montre combien son prétendu « intellectualisme » restait ouvert et accueillant à toutes les surprises du génie.

> « Pour me plaire, c'est-à-dire pour qu'elle me réexcite, il faut que l'idée, la pensée, l'expression, le motif qui me vient, me surprenne, ne me paraisse pas une simple redite de ce que j'attends, ni une simple exécution d'acte prévu. Je goûte mon idée en tant qu'elle est nouvelle, inattendue ; plus heureuse ; plus profonde, plus fine, plus musicale que je ne saurais jamais l'être au moyen de mes intentions claires et de mes manœuvres directes. Je suis charmé, épouvanté de porter en moi de quoi me surprendre et m'émerveiller ; je ne songe pas que ce corps est plein de telles surprises.... Le génie serait-il la possibilité de se surprendre ? ». (Cahier 6, p. 179).

L'inspiration ainsi conçue comme la respiration alimentant d'air frais et pur l'ensemble de la vie intellectuelle, n'est dès lors plus ressentie « comme une humiliation de l'intelligence ». (Pléiade I, p. 707). Elle en devient au contraire la lumière et le foyer incandescent. On pourrait dire d'ailleurs de Valéry ce qu'il disait de Mallarmé. N'acceptant « de l'inspiration que ce qu'elle offre de plus rare..., (il) s'éleva du désir de l'inspiration qui dicte un moment du poème, à celui de l'illumination qui révèle l'essence de la poésie elle-même ». (id). Et cette illumination, loin de partager et de diviser le poète entre ses puissances et ses dons, doit « communiquer l'impression d'un état idéal, dans lequel l'homme qui l'obtiendrait serait capable de produire spontanément, sans effort, sans faiblesse, une expression magnifique et merveilleusement ordonnée de sa nature et de ses destins ». (Pléiade I, p. 1378). Un tel état reste cependant théorique, ou plutôt il est l'état limite d'une nature poétique qui se serait sublimée à un tel point qu'elle découvrirait l'essence pure et divine de la poésie. Celle-ci n'est dès lors plus conçue comme le divertissement lyrique d'un poète chantant son expérience particulière, mais comme la Parole quasi divine en laquelle se résume et se musicalise toute la réalité du monde et de l'homme, dans la parfaite unité de l'Etre et du Verbe. Il est inutile de souligner le caractère mystique d'une telle conception poétique.

Mais de même que le mystique connaît les affres et les tourments, les angoisses et les désespoirs dont une condition humaine trop pesante parsème les chemins de son illumination, de même le poète connaît le difficile combat de ses impuissances et de son idéal, et les tourments infinis d'une recherche « qui font le métier de poète un des plus incertains et des plus fatiguants qui soient ».

C'est cette lutte désespérée du poète en proie aux cruelles exigences de la « Puissance créatrice », que Valéry a symboliquement décrit dans « la Pythie ». Loin d'être « une caricature de l'inspiration tumultueuse des romantiques», ou d'être la description de « deux aspects successifs de la poésie, d'abord à l'état sauvage... puis ré-

glée par l'intelligence... » (Robert Monestier — Charmes, p. 71).
ce poème traduit en effet l'expérience proprement valéryenne de
la création poétique, où l'inspiration, loin de transformer le poète
en médium passif, suscite au contraire le long et pénible travail
d'un enfantement qui soit digne de l'idéal. Car Valéry ne repousse
pas l'inspiration comme on le croit trop souvent, bien naïvement,
Ce qu'il repousse, c'est la facilité et la passivité du poète inspiré
qui n'aurait qu'à écouter la voix de la Muse et à la transcrire sans la
comprendre. La facilité ne peut guère engendrer que la médiocrité ;
et la passivité n'apporte rien au poète, sinon le don d'un ouvrage
qui lui reste extérieur et ne l'enrichit pas lui-même. « La Muse et la
chance ne nous font que prendre et quitter ». Par contre « l'art et la
peine nous augmentent ». (Pléiade I, p. 641). Mais Valéry ne cherche pas par là à opposer la volonté lucide et le travail de recherche consciente du poète à l'inspiration irrationnelle ou transcendante. Il croit plutôt à la nécessité d'une étroite collaboration entre
le travail lucide et l'inspiration. Le poète n'a en fait que l'inspiration
que sa volonté et sa recherche lui font mériter, l'inspiration étant
au niveau de la réceptivité qu'il s'est acquise par un long travail
de préparation. L'inspiration reste donc toujours primordiale et prédominante ; c'est elle qui donne le ton au poème en faisant entrevoir au poète quelque chose du langage des dieux auquel il doit
tendre. Mais si elle est une condition nécessaire, elle n'est pas suffisante. Elle exige tout un travail du poète sur lui-même et sur ses
instruments de pensée et d'expression, afin de donner à cette inspiration le corps et l'habillement verbal dont elle a besoin pour s'incarner dans la matière des mots, sans se déprécier. Si l'inspiration est
comme l'esprit et le « dieu » vivifiant l'intériorité poétique, elle
n'en a pas moins besoin des « belles chaînes » du langage, ciselées
par la patience laborieuse du poète, afin de s'engager dans la chair
qui la captive. Ainsi, loin que « par orgueil et haine de l'irrationnel,
le poète refuse d'accueillir des richesses qui lui viendraient d'un
monde où sa pensée claire et souveraine n'exerce pas son empire »,
ainsi que Marcel Raymond l'en accuse, (De Baudelaire au surréalisme, p. 158), c'est au contraire un respect profondément mystique
de l'inspiration qui entraîne Valéry à travailler et à épurer toute
son organisation mentale pour la rendre digne d'accueillir le don
divin. C'est parce qu'il se fit une trop haute idée de l'inspiration
qu'il ne peut accepter qu'il suffise au poète de la capter passivement comme une voix étrangère lui dictant le chant dont il serait
le simple médium momentané. Valéry se fait seulement une conception moins naïve et plus existentielle de l'inspiration et de la
création poétique, en la réinsérant dans l'unité complexe de l'esprit humain.

L'inspiration n'est d'ailleurs pas nécessairement une voix transcendante étrangère à la psychologie du poète. Car elle n'est peut-être
que la pointe extrême de l'âme du poète par laquelle celui-ci communique aux sources les plus intimes et les plus hautes de la vie.

Pointe extrême de l'âme, elle n'en appartient pas moins à l'âme du poète, à sa personnalité propre, et il appartient au poète de travailler toute son organisation psychologique et créatrice pour que cet état de grâce ne soit pas vain. C'est au fond à une phénoménologie plus authentique de la création poétique, phénoménologie moins illusoire que la naïve conception commune, que l'auteur de la Pythie nous convie. Cette phénoménologie, c'est à travers tous les niveaux d'un esprit et d'une conscience, ouverts aux plus hautes surprises de l'extase comme aux souffrances de la chair, qu'il veut nous la présenter. Le poète nous avoue d'ailleurs lui-même son ambition.

« Dans la Parque et la Pythie, seul poète qui, je crois, l'ait tenté, j'ai essayé de me tenir dans le souci de suivre le sentiment physiologique de la conscience ; le fonctionement du corps, en tant qu'il est perçu par le Moi, servant de base continue aux incidents ou idées. Car une idée n'est qu'un incident ». Sous le symbole de la prêtresse d'Apollon tourmentée dans sa chair et dans son âme par une force céleste toute puissante qui ne lui laissera aucun repos avant de l'avoir rendue apte à porter la parole divine, le poème veut donc nous faire deviner les luttes, les tourments, les travaux qui mettent à mal tout l'organisme du poète avant que celui-ci n'ait réussi à discipliner l'inspiration dans les lois précieuses du rythme, de la musique et de l'enchantement poétique. Une même conception poétique traverse donc l'ensemble du poème. Si la dernière strophe résume tout l'art poétique de Valéry et chante la transmutation du langage, fruit d'une inspiration disciplinée par le travail, le reste du poème nous dit les longs efforts du poète qui cherche à réussir ce miracle de l'union des contraires.

Car, conformément à l'idéal esthétique d'Eupalinos, le but reste toujours « d'enchaîner, comme il le faudrait, une analyse à une extase ». L'originalité de Valéry est d'avoir montré qu'« analyse» et « extase », travail lucide et inspiration, loin de s'opposer contradictoirement, doivent et peuvent au contraire s'unir et coopérer. Cette coopération est seule apte à assurer l'unité de la personne en l'élevant, dans le concours de toutes ses aptitudes, jusqu'à l'extrême pointe de son être. La poésie souffre-t-elle de cette ambition du poète à poursuivre, au-delà de la perfection de son œuvre, l'accomplissement et l'édification de son Moi essentiel ? La réussite parfaite de la poésie valéryenne nous montre que cette double ambition d'édifier le moi, tout en édifiant l'œuvre, peuvent merveilleusement se conjuguer. N'est-ce pas d'aileurs son retour à la poésie qui a permis à Valéry de surmonter la mutilation qu'avait provoquée en lui l'idolâtrie de M. Teste envers l'intellect, et de récupérer le champ illimité des puissances de la sensibilité ? Ce dernier, tout lié au mystère de notre insertion dans le monde, est encore traversé de lueurs transcendantes qui nous rattachent à une réalité autre que celle de notre nature simplement humaine. Et c'est ainsi que la Pythie découvre ses deux natures, d'abord opposées dans la pénible lutte d'une mutuelle découverte, jusqu'à ce qu'enfin s'opère la merveille de leur union.

« Mes deux natures vont s'unir ! »

L'élément divin et l'élément humain de la personne du poète ne doivent pas être opposés mais unis. Les dons gratuits de la « Puissance Créatrice », ces éclairs venus de « je ne sais qu'elle extase » ouverte à la transcendance céleste, et la lucide formation par l'intelligence de ses instruments de connaissance sont appelés à collaborer. Cette union du divin et de l'humain n'est certes ni facile, ni immédiate. Elle suppose une longue préparation, un dur combat sur moi-même, une extrême tension, en même temps qu'une délicate attention. C'est toute cette lutte quasi désespérée de l'attente créatrice que Valéry nous décrit dans les fureur de la Pythie, jusqu'à ce qu'elle ait enfin conscience que cette attente n'est pas vaine.

> Une attente sainte la penche
> Car une voix nouvelle et blanche
> Echappe de ce corps impur.

Ce thème de l'attente est d'ailleurs un thème proprement valéryen. Non pas l'attente passive et futile, soumise aux caprices du hasard ; mais l'attente active et lucide, où l'être, tout entier ramassé et organisé sur lui-même, se recueille et se prépare à quelque divine révélation. Attente qui n'est pas seulement tension de la personne qui se veut attentive aux plus hauts secrets de son moi, mais encore l'attente qui est volonté d'accueil et de réceptivité aux mystères les plus transcendants de l'Etre. Tant il est vrai que les pouvoirs d'analyse de l'intelligence valéryenne restent toujours, surtout après la Jeune Parque, attentifs aux « faveurs surabondantes et mystérieuses » de l'« extase ».

Voici Tityre, berger-poète qui se veut « instrument de la faveur générale des choses », et dont l'« âme aujourd'hui se fait arbre », alors qu'hier elle se fit « source »,

> « Je vis. J'attends.... J'attends mon âme. Attendre est d'un grand prix, Lucrèce. Je sentirai venir l'acte pur de mes lèvres et tout ce que j'ignore encore de moi-même, épris du Hêtre, va frémir. O Lucrèce, est-ce point un miracle, qu'un pâtre, un homme oubliant un troupeau, puisse verser aux cieux la forme fugitive et comme l'idée nue de l'Arbre et de l'instant ?. (Pléiade I, p. 177).

Les admirateurs d'Athikté ne sont pas moins attentifs à suivre les métamorphoses de l'âme et de la danse, saisis par l'imminence de quelque événement surnaturel :

> Eryximaque — Attendez-vous à.... Silence, silence !
> Phèdre   — Délicieux instant.... Ce silence est contradiction .... Comment faire pour ne pas crier : Silence !

Socrate   — Instant absolument vierge. Et puis, instant où
               quelque chose doit se rompre dans l'âme, dans
               l'attente, dans l'assemblée.... Quelque chose se
               rompre.... Et cependant, c'est aussi comme une
               soudure.

Eryximaque — O athikté ! Que tu es excellente dans l'imminence !
                                        (Pléiade I, p. 158).

Mais c'est surtout chez Eupalinos que nous trouvons étroitement solidaires et enlacés, à la fois un art poétique et un art de
l'édification du moi qui, tout maître de ses puissances, se veut encore lucide dans l'accueil des grâces divines.

> « Je sens mon besoin de beauté, égal à mes ressources inconnues,
> engendrer à soi seul des figures qui le contentent. Je désire de tout
> mon être.... Les puissances accourent. Tu sais bien que les puis-
> sances de l'âme procèdent étrangement de la nuit.... Elles s'avan-
> cent, par illusion, jusqu'au réel. Je les appelle, je les adjure par mon
> silence. Les voici, toutes chargées de clarté et d'erreur. Le vrai,
> le faux, brillent également dans leurs yeux, sur leurs diadèmes.
> Elles m'écrasent de leurs dons, elles m'assiègent de leurs ailes....
> Phèdre, c'est ici le péril ! C'est la plus difficile chose du monde !....
> O moment le plus important, et déchirement capital ! ... Ces faveurs
> surabondantes et mystérieuses, loin de les accueillir telles quelles,
> uniquement déduites du grand désir, naïvement formées de l'extrême
> attente de mon âme, il faut que je les arrête, ô Phèdre, et qu'elles
> attendent mon signal. Et les ayant obtenues par une sorte d'inter-
> ruption de ma vie (adorable suspens de l'ordinaire durée), je veux
> encore que je divise l'indivisible, et que je tempère et que j'inter-
> rompe la naissance même des Idées.... ». (Pléiade I, p. 96, 97).

Admirable sagesse de l'homme qui n'abandonne pas les pouvoirs de son intelligence en recueillant les clartés surnaturelles,
et qui ne méprise pas les clartés surnaturelles pour s'enfermer dans
son intelligence ! Sagesse plus grande encore de celui qui a fait
de cette union de l'intelligence et de l'inspiration non seulement
un art de vivre et un art de penser, mais encore un art poétique !
L'âme, à l'extrême pointe de ses puissances et de son attente, ne
cède pas passivement à l'irruption des grâces illuminatrices ; elle
se veut encore assez forte pour imposer à ces faveurs célestes
d'attendre le signal de l'accueil, « car rien ne passe en délire la promesse ». (Pléiade II, p. 319). Ce n'est que lorsque cette double attente
a su ne pas céder à la précipitation qu'enfin la vérité miraculeuse
se déclare et que l'union de l'humain et du divin s'opère.

Ce thème de l'attente, outre sa présence diffuse chez cet être
plein de désir et tout d'essence féminine qu'est la Jeune Parque,
« Tout peut naître ici-bas d'une attente infinie », se retrouve en
clair dans maints poèmes de Charmes.

> « Tout m'est pulpe, tout amande,
> Tout calice me demande
> Que j'attende pour son fruit ». (Aurore)

« Ne hâte pas cet acte tendre,
Douceur d'être et de n'être pas,
Car j'ai vécu de vous attendre,
Et mon cœur n'était que vos pas ». (Les Pas)

« Je veux faire attendre
Le mot le plus tendre ». (L'Insinuant)

« O pour moi seul, à moi seul, en moi-même,
Auprès d'un cœur, aux sources du poème,
Entre le vide et l'événement pur,
J'attends l'écho de ma grandeur interne,
Amère, sombre et sonore citerne,
Sonnant dans l'âme un creux toujours futur ! ».
                    (Le cimetière marin)

« Patience, patience,
Patience dans l'azur !
Chaque atome de silence
Est le charme d'un fruit mur ! ». (Palme)

L'attente est heureusement récompensée.

Mais enfin le ciel se déclare !

Et sous la forme d'un oracle, qui peut tout aussi bien exprimer la voix même du dieu, qu'être mis dans la bouche du poète ou du « pontife hilare », son représentant symbolique, tant l'humain et le divin se sont harmonieusement conjugués dans cet enfantement créateur, se révèle enfin la suprême Sagesse qui est aussi la suprême connaissance.

« Honneur des Hommes, Saint LANGAGE,
Discours prophétique et paré,
Belles chaînes en qui s'engage
Le dieu dans la chair égaré,
Illumination, largesse !
Voici parler une Sagesse
Et sonner cette auguste Voix
Qui se connaît quand elle sonne
N'être plus la voix de personne
Tant que des ondes et des bois ! ».

Il est évident que cet hymne au « Saint Langage », où la paix d'une large illumination succède aux râles et aux rugissements de la prophétesse souffrante, exprime plus que l'art poétique de Valéry. Il contient encore une philosophie du poème, et même la mystique poétique propre à notre poète. L'inspiration, le travail et la Sagesse se sont ici rejoints en une sorte d'épiphanie du langage, où la parole semble avoir retrouvé sa vertu créatrice et ontologique.

Avant d'en arriver à cette apothéose du calme dévoilement des choses dans la transparence du langage, il a fallu au poète « gravir le dur sentier de l'inspiration », car celle-ci, loin d'être une école de facilité, met au contraire le poète dans le pénible devoir d'adapter et de purifier tout son système de pensée et d'expression au niveau sublime de la divine lueur qui l'a visité. Le poète s'est ainsi élevé, grâce au déploiement lucide de toutes ses puissances, « du désir de l'inspiration qui dicte un moment du poème, à celui de l'illumination qui révèle l'essence de la poésie elle-même ». C'est l'inspiration qui avait dicté le premier vers, devenu ici le cinquième de la première strophe,

> Pâle, profondément mordue.

Mais « la Pythie ne saurait dicter un poème, (tout au plus) un vers, c'est-à-dire une unité, et puis un autre. Cette déesse du Continuum est incapable de continuer. C'est le Discontinuum qui bouche les trous ». (Pléiade II, p. 628).

« L'esprit nous souffle sans vergogne un million de sottises pour une belle idée qu'il nous abondonne ; et cette chance même ne vaudra finalement quelque chose que par le traitement qui l'accomode à notre fin. C'est ainsi que les minerais, inappréciables dans leurs gîtes et dans leurs filons, prennent leur importance au soleil, et par les travaux de la surface ». (Pléiade I, p. 1208).

Certes, ce labeur intelligent de la conscience lucide est tout entier subordonné à la mise en valeur de ce qui a été donné par une grâce surnaturelle ; ces « opérations volontaires ou régulières ne sont utiles qu'après coup », (id. p. 1207) et aucune contrainte intellectuelle ne suppléra jamais à l'absence d'inspiration. Mais, si promordiale et divine que soit celle-ci, elle n'en demande pas moins, pour celui qui est fasciné par les idées de pureté et de perfection, « la collaboration de tout l'homme ». Le poème sera certes un « discours prophétique », mais pour demeurer au niveau de sa divine essence, il lui a fallu être « paré » de toutes les attentions savantes du poète. Car celui-ci ne se contente pas de « subir » ses « plus heureuses intuitions » ; il lui faut mettre son « mérite personnel », dans la fabrication des instruments de choix et de mise en œuvre qui lui permettent de « saisir » et de « discuter » les dons de son génie, si bien que « notre riposte à notre génie vaut mieux parfois que son attaque ».

Une telle poésie ne se contente plus d'exprimer le lyrisme personnel d'un poète chantant les accidents de son aventure individuelle. Ayant suivi la sublimation du moi particulier qui s'est effacé dans la découverte d'un Moi primordial et pur, cette poésie s'est aussi élevée au niveau d'une Sagesse universelle, dont le lyrisme jaillit tout entier de la transparence du pur langage à la réalité ontologique des choses et de l'univers. Dans ce contact retrouvé entre la connaissance et l'être, c'est en effet le langage, sublimé en un « Saint Langage, Honneur des Hommes », qui assure seul le dévoilement épiphanique de l'Etre.

Valéry aurait-il réussi à « sauver le langage », non pas tant par « la vérification extérieure des résultats de ses opérations », que par « la vérification esthétique ou excitante de ses combinaisons verbales », ainsi qu'il s'en fit le programme ? Les poèmes de Charmes sont en tout cas la merveilleuse réussite d'un poète

qui a voulu identifier l'enchantement sonore et imagé des mots
avec le dévoilement de la quintesence ontologique des choses.

Deux démarches opposées semblent, en effet, pouvoir caractériser l'aventure spécifique du langage, en laquelle s'incarne peut-
être toute l'aventure de la connaissance. Né des choses et du contact
direct avec une réalité englobante, le langage s'est peu à peu constitué en un système indépendant, de plus en plus facilement ma-
niable. Ayant acquis sa vie propre, il fut d'abord traducteur et
montreur de la réalité du monde. Puis, de plus en plus autonome
et artificiel, il est devenu l'organe d'une pensée conceptuelle per-
dant, dans les méandres de ses abstractions, le contact avec le
monde réel. Cette inflation aberrante d'un langage où les mots
n'ont plus qu'une relation lointaine, conventionnelle, extérieure avec
la réalité des choses qu'ils prétendent désigner, aboutit à une crise
dramatique de la connaissance, lorsque celle-ci prend conscience
que le monde des vérités que cherche à définir le langage, n'est
peu-être pas le monde de la Réalité. Combien de philosophes, pri-
sonniers de leur langage, ont-ils ainsi douté de la réalité du monde ! Même lorsque la vérité trouve dans sa formulation scientifique un maximum d'efficacité, elle reste encore incapable de
nous faire connaître la réalité du monde dont l'expérience semble
pourtant l'avoir abstraite. Il n'est pas que la scholastique moyen-
âgeuse à être responsable de la substitution du monde illusoire
des mots à la réalité saisissante de la vie. Bien des problèmes philosophiques ou théologiques ne sont encore aujourd'hui guère plus
que querelles de mots, alors qu'une longue habitude mentale a fini
par accrocher aux mots quelque factice réalité. L'illusion verbale est
d'ailleurs souvent pire chez ceux qui, animés d'un naïf réalisme, ne
prétendent se référer qu'à une matière expérimentale dépouillée de
mystère et d'intériorité. Valéry renvoie souvent « spiritualistes » et
« matérialistes » dos à dos, lorsqu'il accuse les philosophes de
n'apporter que « solutions verbales à des problèmes verbaux ».

> « Toute philosophie est finalement « spiritualiste », et c'est la
> « matérialiste » qui l'est au plus haut point, puisqu'elle arrive à
> faire penser la matière ! ». (Cahier 23, p. 233).

Il serait d'ailleurs bien illusoire de croire que l'attitude scientifique puisse nous réveiller de ce rêve des mots et nous restituer
le contact avec la réalité. Si la précision et l'efficacité du langage
scientifique nous assure que ce langage artificiel conserve bien
quelque relation avec le réel, il n'est plus de savant pour croire
que ses théories nous offrent vraiment l'image des choses. Simples
hypothèses, « ensemble des recettes et procédés qui réussissent
toujours », la Science a gagné en pouvoir ce qu'elle a perdu en savoir. Dans les autres domaines de la vie sociale et culturelle, l'inflation du langage a perdu jusqu'au critère de l'efficacité vérifiable,
et certaines expériences d'endoctrinement collectif des peuples, grâce
aux nouvelles armes psychologiques de la propagande, nous montrent

que des collectivités entières peuvent lentement sombrer dans un monde d'illusions, de conventions factices, de conformismes, de mythologies, d'idolâtries ou de rêves éveillés, de plus en plus éloignés du contact vivifiant avec le Réel.

Aussi la critique du langage, telle que l'a opérée Valéry à partir de la révolution de 1892, allant jusqu'à reprocher à Descartes, dans sa volonté de table rase, de s'être « arrêté avant les mots », contient-elle plus qu'une leçon de courage intellectuel. Elle dresse devant nous l'entreprise d'une « aphilosophie » capable de renouveler radicalement le problème de la connaissance.

> « Je substituerais à toute « philosophie » une recherche sur le langage. Qu'est-ce qu'une théorie de la connaissance, quand on est bien embarrassé de s'expliquer sur ce mot, connaissance ? ». (Cahier 26, p. 627).

> « Le devoir d'un homme digne de ce nom, et dans les états où il est homme, est de n'attacher à toute parole que des valeurs toutes provisoires et précaires, c'est-à-dire de se rappeler aussi promptement que possible la nature de la parole, et de garder sa liberté de manœuvre et de combinaisons à cet égard. Et ceci, tant à ce qu'on lui dit, que quant à ce qui se dit en lui-même. Il importe de répondre à toute parole par cette parole : tu es parole. Mais est-ce possible ? Ne jamais passer au réel imaginaire et en subir les puissances à partir du discours, sans quelque reprise. Malheureusement, il n'est pas toujours facile ou possible de reprendre l'effet dans sa cause, et d'essayer si cet effet n'est pas ruiné par l'examen, la reconstitution de sa cause ? ». (Cahier 22, p. 639).

Remarquons que cette attitude critique à l'égard du langage, loin d'entraîner Valéry au scepticisme, est au contraire le fruit de sa volonté de parvenir à une connaissance non illusoire, et de son désir de trouver un « secret d'être et de créer » qui, au-delà du langage, l'ancre dans le réel des choses, celui-ci étant non-langage. Il s'agit pour lui, devant chaque problème, de procéder à un « nettoyage de la situation verbale », afin de revenir aux données immédiates de l'expérience concrète, antérieure au langage. Il faut pour cela « commencer par le commencement », c'est-à-dire par (notre) commencement individuel », (Pléiade I, p. 1316),

> « car ce n'est que dans les réactions de notre vie que peut résider toute la force, et comme la nécessité, de notre vérité. La pensée qui émane de cette vie ne se sert jamais avec elle-même de certains mots, qui ne lui paraissent bons que pour l'usage extérieur : ni de certains autres, dont elle ne voit pas le fond, et qui ne peuvent que la tromper sur sa puissance et sa valeur réelles ». (id. p. 1319).

Faudrait-il donc inventer un nouveau langage ? A l'exemple de Leibnitz, il lui est arrivé de songer à une « arithmética universalis » qui aurait toute l'absolue précision des mathématiques. Mais ce serait sans doute oublier que la grande confusion ne vient peut-être pas tant du langage, que de notre attitude vis-à-vis du langage. Valéry ne s'est pas laissé enfermer dans les illusions du positi-

visme logique et des philosophies analytiques contemporaines, rêvant d'une langue idéale parfaitement logique. Ne pourrait-on pas
rétorquer, en effet, que l'imprécision et le vague qui entourent certains mots n'ont pas seulement des conséquences négatives, puisqu'il nous évite aussi l'illusion d'avoir compris, et nous confrontent
avec les profondeurs et le mystère qu'ils recouvrent ? Valéry l'avait
d'ailleurs lui-même compris.

> « Nos enthousiasmes, nos antagonismes, dépendent directement
> des vices de notre langage ; ses incertitudes favorisent les diver-
> gences, les distinctions, les objections, et tous ces tâtonnements de
> lutteurs intellectuels. Elles empêchent heureusement les esprits d'ar-
> river jamais au repos ». (Pléiade I, p. 1042).

Une langue qui, par sa clarté et sa précision, écarterait tout
mystère, serait sans doute une catastrophe pour l'humanité. Bien
mortelle en effet serait l'illusion qui nous ferait croire que la réalité du monde ne contient rien de plus que les définitions qu'en
donnent les mots. Valéry était trop poète, trop attentif à la complexe
réalité des choses et à leur surabondante richesse, pour s'arrêter
à une telle naïveté. Certes, continue-t-il, dans sa volonté de penser
la réalité des choses, à éviter certains mots vagues qui ne lui semblent pas avoir de contrepartie en valeur or dans la réalité.

> « Je n'emploie jamais les mots de Bergson et des philosophes,
> du moins in petto. Je ne pourrais jamais les penser. Je voudrais
> n'employer que des mots vrais ». (Cahier 20, p. 202).

Et c'est ainsi que tout son effort de connaissance est accompagné sinon dominé par une longue réflexion sur le langage ; mais
sa réflexion est toujours confrontée avec l'observation directe sur
les choses mêmes que le langage prétend traduire. Valéry n'oubliera
jamais, en effet, de distinguer entre langage et réalité, tout en réfléchissant sur le genre de relation qui les relie. Rien ne lui sera
donc plus étranger que le nominalisme mystique ou magique des
surréalistes qui voient dans les mots la totalité du réel et cherchent
à libérer de tout contrôle la spontanéité du langage. Loin que les
mots puissent manifester la réalité dans l'automatisme de leur
émission, ce n'est au contraire qu'en leur imposant la double
contrainte de la pensée et de la forme, qu'ils seront rendus aptes à
l'évocation du réel qui est non-langage. Car il y a entre le langage
et le réel une discontinuité qu'aucun art ne pourra totalement
réduire. Valéry est trop penseur pour ne pas se rendre compte
que la relation qui unit la pensée au langage ne peut être celle
d'une identité. Quoi qu'en disent certains phénoménologues, la simple expérience de chercher ses mots pour exprimer une pensée
personnelle et la sensation que les mots nous manquent, montrent
bien que notre pensée profonde transcende notre langage et que
notre plus grande intériorité est antérieure à la naissance des mots.
Notre pensée se satisfait rarement de ses expressions verbales, et
le poète lutte assidûment avec la matière des mots dans son effort

pour y insérer la perfection de son idéal. Il faut donc reconnaître dans notre pensée une puissance créatrice qui n'utilise le langage que comme un pis-aller. On ne peut confondre l'or de la pensée avec le moule qui lui donne forme, ni la liqueur avec le verre qui la contient. La source du langage ne peut-être dans le langage même. Celui-ci ne reçoit vie et contenu que de la pensée, dont la complexe intériorité se développe avant même qu'elle n'ait plié le langage à ses exigences. « Notre attention le distingue de nous. Notre rigueur comme notre ferveur nous opposent à lui ». (Pléiade I, p. 1264).

Mais le langage n'est pas un. A côté du langage commun satisfaisant nos besoins élémentaires et quotidiens, toute une série de « systèmes de notations plus purs », spécialisés dans des usages particuliers, ont été créés par les diverses sciences. Les mathématiques ont servi d'exemple à l'élaboration de ces divers langages, qui, par les graphiques, les diagrammes, l'enregistrement direct des courbes, ou tout autre utilisation de symboles et de signes bien définis, permettent l'exploration de différents secteurs de la réalité. Or, la multiplication de ces langages spécialisés a entraîné une conséquence inattendue. L'accroissement de précision et d'efficacité qu'ils permettent semble, en effet, réduire de jour en jour l'importance de la parole.

> « C'est elle, sans doute, qui (leur) commande d'exister, qui (leur) donne un sens, qui (les) interprète ; mais ce n'est plus par elle que l'acte de possession mentale est consommé ». (Pléiade I, p. 1266).

Cette dévaluation de la parole est pareillement entraînée par une réflexion sur le pouvoir expressif des arts en leurs diverses formes. C'est ainsi que les ressources de la musique sont telles que, plus que la description de nos états subjectifs, c'est la présence même de notre vie affective profonde, avec toute la richesse infinie de ses nuances, qu'elle nous impose.

> « Parfois, le dessin et la modulation sont si conformes aux lois intimes de nos changements d'état qu'ils font songer d'en être des formules auditives exactes, et qui pourraient servir de modèles pour une étude objective des phénomènes subjectifs les plus subtils. Aucune description verbale ne peut approcher dans ce genre de recherches des images produites à l'ouïe ». (Pléiade I, p. 1267).

Le langage traditionnel a donc non seulement perdu son apparent monopole, aussi bien d'ailleurs dans l'expression de la réalité objective que dans celle de la réalité subjective, mais encore est-il dépassé en puissance de précision par les systèmes scientifiques de notations conventionnelles, et en puissance de suggestion par les différentes expressions artistiques, que ce soit la musique, l'architecture, la peinture ou la danse. C'est au nom de cette constatation d'impuissance du langage traditionnel, et tout particulièrement du langage philosophique, que Valéry demandait l'adoption de Léonard parmi les philosophes. Ces derniers, cédant à des tendances caractérielles profondes, ne se partagent-ils pas en « philosophes musiciens » et en « philosophes architectes », suivant l'attention qu'il apporte soit à la spontanéité fluctuante des intuitions immédiates, soit à la structure des constructions intelligibles ? Or, pour Léonard, n'est-ce pas la peinture qui lui tient lieu de langage et de philosophie ?

Mais parmi tous les moyens d'expression, la poésie tient une place bien à part. Bien qu'elle utilise les mots du langage commun, la transmutation qu'elle leur fait subir les arache entièrement au monde banal des échanges utilitaires ou conventionnels, et les projette dans un univers radicalement autre, l'univers poétique, où les mots sont non seulement réinvestis d'une valeur or, réelle et non conventionnelle, mais encore semblent acquérir une extraordinaire puissance créatrice. La poésie semble ainsi être restée, depuis l'origine des temps, comme une garantie lumineuse que le langage des hommes ne pourrait continuer à se déprécier indéfiniment en une simple monnaie d'échange fiduciaire et ne pourrait parvenir à rompre totalement tous ses liens avec le langage originel et mythique où le mot n'était pas seulement désignation conventionnelle et artificielle de la chose, mais évocation et présentation de la chose, plus encore l'être même de la chose. En chaque poète est toujours demeuré le souvenir de l'ambition du père des poètes et des musiciens. Au son de sa lyre, Orphée dit les mots qui commandent aux choses, qui les organisent et les reconstruisent en un univers harmonieux, tout transparent à la connaissance des hommes, Le langage du poète conserverait ainsi, peut-être une part de l'efficience du langage par lequel Dieu créa le monde. Certes, Valéry est trop lucide pour se laisser aller à confondre le langage poétique et le langage divin, ainsi que Claudel semble parfois le faire, imaginant, avec une certaine naïveté de croyant satisfait de lui-même, que Dieu puisse parler avec les paroles mêmes que le poète lui adresse. « Mon Dieu, qui nous parlez avec les paroles mêmes que nous vous adressons ». (Magnificat). Pourtant c'est bien un pouvoir réel, et comme une vertu créatrice, que l'auteur de Charmes découvre dans ce « Paradis du langage », « langage dans un langage », qu'est la poésie. Le langage poétique serait littéralement créateur, et c'est cette puissance créatrice qui est attribuée à Orphée. « Car je vous invente. Moi, l'inventeur de ce qui est, Orphée ! ». (Cahier 8, p. 362).

Valéry ne cède certes pas à l'imagination mythologique. Mais, en explorant l'immense domaine des effets surprenants qui résultent du rapprochement des mots et de la conjugaison de leurs valeurs sonores aussi bien que significatives, il ne peut pas ne pas observer la puissance créatrice que ces mots, devenus poétiques, exercent sur la sensibilité. La poésie ne rassemble-t-elle pas en elle les pouvoirs de tous les arts expressifs à la fois ? De la musique, n'a-t-elle pas recueilli le chant des paroles ; de la peinture, le jeu des couleurs dans les voyelles et les consonnes ; de l'architecture, le goût de la construction et des équilibres de masses ; de la danse, le mouvement et le rythme; de la gravure, l'art de la ciselure précieuse ? Il n'est pas jusqu'à la philosophie dont la poésie n'ait réussi à ravir la rare quintessence, le désir de connaissance en sa suprême ambition de participation et de communion dans l'être des choses et du monde. Tous ces pouvoirs réunis donnent à la poésie l'efficace magique des charmes, l'ascendant incantatoire d'un enchantement, métamorphosant le monde en un univers merveilleusement accordé à notre sensibilité et à notre intelligence.

> « Si l'on admet l'existence du « charme », si l'on observe que des œuvres le possèdent, qui nonobstant tous défauts, toutes difformités et défectuosités visibles, s'imposent, se font retenir, relire, et d'autant plus que l'on sait moins pourquoi, alors la critique est désarmée ; il lui faudrait démontrer l'inexistence d'un fait observable, ce qui est malaisé ». (Cahier 6, p. 530).

> « Charmes. Infinis esthétiques. Un parfum qui plaît est la chose la plus inexplicable du monde. Il n'est pas d'équation de cet effet. Il est ce qu'il est.... C'est un de ces produits infinis que peut former la sensibilité, et le meilleur exemple que l'on peut donner ou méditer de ce qui s'entend par « charme ». Si l'on veut décrire ou suggérer un « charme », on peut s'y essayer en écrivant ou imitant les modifications motrices ou autres réflexes qui résultent de la sensation charmante, ici, narine ; ou bien par des notations d'une certaine incohérence. Ces infinis de sensibilité sont des modifications esthésiques insolubles dans la pensée. Sans issue ». (Cahier 24, p. 346).

Tout insolubles que ces « infinis de sensibilité » soient dans la pensée, Valéry ne s'y abandonne pourtant pas sans essayer d'organiser leur pouvoir pour y trouver une source de connaissance. Car le charme poétique n'est rien moins pour notre poète qu'un simple moyen de distraction ou d'évasion. La poésie doit être une voie de connaissance, peut-être même la voie privilégiée, la voie royale de la suprême réconciliation de l'être et du connaître. Telle était son ambition lorsqu'il écrivait en sa jeunesse à Mallarmé :

> « La poésie m'apparaît comme une explication du Monde délicate et belle, contenue dans une musique singulière et continuelle. Tandis que l'Art métaphysique voit l'Univers construit d'idées pures et absolues, la peinture, de couleurs, l'art poétique sera de le considérer vêtu de syllabes, organisé en phrases. Considéré en sa splendeur nue et magique, le mot s'élève à la puissance élémentaire d'une note, d'une couleur, d'un claveau de voûte ». (Lettres à quelques-uns, p. 46).

Lorsque, trente ans plus tard, il chante son hymne à l'essence même de la poésie, « Honneur des Hommes, Saint LANGAGE », il a certes considérablement accru les puissances de son génie et réuni en un rare mariage les exigences de sa lucidité et les finesses de sa sensibilité ; mais c'est toujours la même ambition qui l'anime, « sauver la métaphysique en la subordonnant à la poésie ».

(Cahier 12, p. 358). Rarement, en effet, une poésie aura réussi à se gonfler de tant de connaissance et de saveur ontologique, tout en demeurant aussi légère et gracieuse que la palme, précieux symbole de la création valéryenne. Comme la palme, cette poésie, ne s'est-elle pas accomplie en une merveilleuse figure d'équilibre, départageant autant que réunissant les entrailles laborieuses de la terre aux sommets lumineux du firmament ?

> Pour autant qu'elle se plie
> A l'abondance des biens,
> Sa figure est accomplie,
> Ses fruits lourds sont ses liens.
> Admire comme elle vibre,
> Et comme une lente fibre
> Qui divise le moment,
> Départage sans mystère
> L'attirance de la terre
> Et le poids du firmament !

Miracle de la poésie ! La palme est devenue poésie, la poésie est devenue palme, et dans la grâce de la figure et du chant s'achèvent et se concilient l'espace et le temps d'un univers offert à notre plus spirituelle jouissance ! C'est toute une sagesse et toute une connaissance que la palme poétique offre à notre méditation. Longuement préparée par une patiente maturation intérieure, cette sagesse n'est pas seulement le fruit des pénibles travaux de la connaissance qui, semblable à l'obscure activité des racines,

> Ne peut s'arrêter jamais,
> Jusqu'aux entrailles du monde,
> De poursuivre l'eau profonde
> Que demandent les sommets.

Cette sagesse est aussi toute pénétrée de la plénitude religieuse d'un don divin.

> Qu'elle est noble, qu'elle est tendre !
> Qu'elle est digne de s'attendre
> A la seule main des dieux !

Et si la patience est nécessaire pour surmonter les tentations du désespoir que peuvent entraîner les longues années d'études et de méditation, c'est aussi parce qu'elle seule peut nous rendre disponibles aux chances de la grâce, aux hasards de l'inspiration, aux dons précieux des dieux.

> Parfois si l'on désespère,
> Si l'adorable rigueur
> Malgré tes larmes n'opère
> Que sous ombre de langueur,
> N'accuse pas d'être avare
> Une Sage qui prépare
> Tant d'or et d'autorité :
> Par la sève solennelle
> Une espérance éternelle
> Monte à la maturité !.

Merveilleuse maturité d'un poète qui est un sage, et qui nous laisse tout éblouis par « les fruits du firmament » que la magie de son art a su nous dispenser !

Mais on n'en finirait pas de s'étonner sur l'extrême richesse des poèmes de Charmes. D'autres commentateurs ont longuement et brillamment étudié la savante composition des poèmes de ce recueil, où « tout l'épique et le pathétique de l'intellect », et toute la délicate composition des puissances d'un esprit aussi sensible que lucide et qui ne fut « curieux que de (sa) seule essence », accède, pour la première fois dans la langue française, au plus pur lyrisme de la poésie. Nous nous contenterons donc d'admirer encore la sagesse de ce poète qui, capable de nous abandonner les dons d'un art si pur, considérait cependant les manœuvres et la maturation de son propre moi plus importantes que ses exercices poétiques, bien que ceux-ci aient largement servi son épanouissement personnel.

> Tu n'as pas perdu ces heures
> Si légère tu demeures
> Après ces beaux abandons ;
> Pareille à celui qui pense
> et dont l'âme se dépense
> A s'accroître de ses dons !

CHAPITRE XII

AUX FRONTIÈRES DE L'HUMAIN ET DU DIVIN

L'attention complaisante et passionnée que Valéry a portée à l'analyse de « l'action qui fait » du faire poïétique, au détriment peut-être de la « chose faite », du poème lui-même, est pour nous d'un intérêt majeur. Non seulement sa curiosité nous a enrichis de lueurs vives jetées sur la phénoménologie de la création poétique, en démystifiant l'acte créateur sans pourtant lui ôter son mystère ; mais encore cette recherche aux sources de la sensibilité et de l'intelligence poétiques nous a introduits nous-mêmes dans les états précurseurs de la naissance de toute pensée, dans ce creuset mystérieux où se forme notre être le plus intime, à la jonction secrète des modes originels de notre sensibilité avec les pouvoirs d'abstraction de l'intellect dans leur effort commun pour capter le réel. Là est peut-être la part inaliénable, l'apport majeur de Valéry, qui ne nous enrichit pas seulement de trésors poétiques nouveaux, mais encore de dimensions nouvelles dans l'être, en ce que sa recherche nous permet une meilleure connaissance de nous-mêmes et de la trame intime et délicate de notre présence au monde. Sa plus grande originalité, en effet, n'est pas tant d'avoir voulu saisir la poésie en son essence pure, que d'avoir intrinsèquement lié cette recherche de la pure essence poétique à celle de l'essence pure du moi.

Cette essence du moi n'est d'ailleurs pas isolée en elle-même et séparée du monde, car le Monde extérieur, notre Esprit et notre Corps forment une constellation de puissances dont aucune n'est séparable de l'autre. Cette constellation est néanmoins orientée et vivifiée par le moi qui constitue l'origine des axes de notre connaissance. C'est ainsi que le paysage n'est pas absent de la source où Narcisse est venu mirer son âme inquiète, mais il est comme intégré à l'espace intérieur de la conscience. Le feuillage, le vent, la lune côtoient les secrets de « celui qui s'approche de soi ». L'objet est devenu un élément de la vie intérieure du sujet. Il ne se situe pas dans un espace extérieur dont le poète ne se ferait que le reflet descriptif. Là est la faute du réalisme que Valéry accuse d'être « incapable de suppléer à la maîtrise personnelle ». Le véritable espace de l'objet est un espace intérieur. La vie de la conscience et de l'esprit constituent les véritables dimensions du monde. Intéressantes sont les notes de Valéry sur son ode « Pour votre Hêtre suprême » dédiée à la femme de Gide. L'arbre doit trouver une nouvelle existence transfigurée dans le paysage intérieur de l'âme du poète.

> « Je me borne donc au pied du Hêtre à le regarder, à le palper de l'esprit sans essayer de le faire parler. Il parlera tout seul, loin d'ici un jour, quand il aura bien trouvé dans ma substance un territoire, un air, un soleil non présents, moins présents, et plus actuels ».

Le spectacle de la mer, dans le Cimetière marin, est pareillement un « édifice dans l'âme ». Le monde est bien réel, mais la vision que nous en avons, et sa signification font partie intégrante de la vie de notre conscience.

Tout entier tourné vers le sujet, cet « amateur de la vie propre de l'esprit », y trouvera donc tout un univers, mais c'est à l'alchimie de la connaissance qui s'opère dans notre conscience qu'il s'intéresse.

> « Et il lui arrive alors de prétendre qu'il n'y a pas de matière poétique au monde qui soit plus riche que celle-ci ; que la vie de l'intelligence constitue un univers lyrique incomparable, un drame complet ». (Pléiade I, p. 796).

Et toute sa vie, il songera comment traduire cette « poésie des merveilles et des émotions de l'intellect ». (Pléiade I, p. 886).

C'est cette lucide jouissance devant les combinaisons et fluctuations de l'intellect qui l'entraîne à s'intéresser non pas tant à l'œuvre d'art elle-même qu'à la réalisation et à la fabrication de cette œuvre d'art. « J'ai toujours fait mes vers en me regardant les faire, en quoi je n'ai jamais été proprement poète ». (Cahier 4, p. 901). Plus encore, cette attention au délicat engendrement créateur est elle-même subordonnée à une volonté étrangère à l'œuvre poétique, la recherche d'un accroissement de la conscience de soi, « tellement qu'une œuvre toujours ressaisie et refondue prenne peu à peu l'importance secrète d'une entreprise de réforme de soi-même ». (Pléiade, p. 1496).

> « Pourquoi on écrit ? Pour se fabriquer, s'approfondir, transformer son territoire en carte topographique, pour être autre, être plus.... ». (Cahier 4, p. 784).

Il n'est pas possible d'oublier cette visée essentielle qu'on peut qualifier d'éthique, avec toute la résonance mystique qu'elle peut aussi avoir, quand on étudie Valéry. Et c'est pourquoi celui-ci ne peut être jugé avec les critères qui servent à apprécier poètes et écrivains.

« L'erreur inévitable de la critique à mon égard fut de me tenir pour poète ou écrivain, au sens ordinaire de ces termes. Mais je ne puis, moi qui me connais, prétendre à ces noms, car je sais bien quelle petit part de mon temps de pensée y fut donnée ». (Cahier 20, p. 668).

« Contre, contre les poètes, je suis. Car ma passion fut la passion de je ne sais quelle Réforme.... Refaire son esprit, ce n'est point une tâche pour les poètes. Contre les philosophes, je suis. Car ma nature ne déguste point les puissances. Je ne crois pas à l'univers. Je n'enfle pas les signes et je sais où ils s'adressent. Contre moi, je suis. Car mon moi désire mon « moi » et je méprise mes opinions ». (Cahier II, p. 528).

« Gladiator parle. Mon sentiment fut de n'être pas semblable. N'être pas poète, écrivain, philosophe selon ces notions ; mais si je les devais être, plutôt contre elles ». (Cahier 13, p. 30).,

« Ego. Ma « mission », mon « œuvre », mots ambitieux qui donnent valeur à ce composé de hasards qu'est une « personne », je ne vois qu'une chose, la poursuite d'une « conscience de soi », c'est-à-dire la recherche de formules que l'on doit trouver à l'extrême de toute pensée ou observation, nec plus ultra, là où Moi pur approche de lui-même. Ce Moi pur, c'est l'indépendance ». (Cahier 27, p. 483).

Nul poète n'a aussi obstinément poussé sa recherche, aussi volontairement poursuivi son but, sa « mission », cette quête ardente du Moi en son fond le plus absolu, au point même de lui sacrifier longtemps la poésie, cette recherche n'étant pas en elle-même proprement poétique. Nous avons suffisamment montré, du moins nous l'espérons, que Valéry n'a cependant pas commis de péché contre la poésie, pas plus qu'il n'aurait commis le « péché suprême, la connaissance sans amour ». Mais les légendes ont la vie dure. Un jugement s'est ainsi fait, décrivant Valéry comme une intelligence vive et lucide que l'excès de lucidité aurait enfermée dans un scepticisme négateur. C'est ainsi que T.S. Eliot, reprenant à son compte cette légende, et remarquant que l'impression prédominante que l'on recevait de Valéry, était celle d'intelligence, écrit : « Intelligence au suprême degré, et type d'intelligence qui exclut la possibilité de la foi. Implique une profonde mélancolie... Son esprit était, je crois profondément destructeur et même nihiliste... ». Qui plus est, Valéry, qui n'aurait pas eu foi en la valeur de l'activité créatrice, n'aurait été capable de soutenir la création poétique qu'au prix d'un « héroïsme désespéré » !

A l'autre extrémité de l'éventail littéraire, et pour des motifs inverses, Maurice Blanchot soumet Valéry à une critique au fond semblable. Dans un souci de réduire l'expérience littéraire à une œuvre d'écriture mettant à jour une négativité obscure qui n'aurait ni en deçà, ni au-delà, Blanchot soumet Valéry au même traitement de grisaille décolorée qu'il applique aussi aux autres poètes. Il lui suffit pour cela d'aller au-delà des jugements nombreux qui exagéraient le côté intellectuel de la poésie valéryenne et en ignoraient le fond irrationnel et transcendant, et de la réduire purement et simplement à une construction volontairement conventionnelle, à l'image des architectures mathématiques.

> « Dans son souci presque naïf de protéger la poésie des problèmes insolubles, Valéry a cherché à faire d'elle une activité d'autant plus exigeante qu'elle avait moins de secrets et pouvait moins se réfugier dans le vague de sa profondeur.... Il semble alors que l'art, cette activité étrange qui doit tout créer, besoin, but, moyens, se crée surtout ce qui la gêne, ce qui la rend souverainement difficile, mais aussi, inutile à tout vivant et d'abord à ce vivant qu'est l'artiste ». (L'espace littéraire, p. 102).

On ne peut, nous semble-t-il, être plus incompréhensif devant la « mission » valéryenne et la signification de sa tentative.

Car, ce qu'on appelle l'intellectualisme de Valéry n'est pas le goût des idées, mais le goût pour la lucide analyse de la conscience dans l'ensemble de son fonctionnement. Or, ce fonctionnement ne concerne pas seulement l'esprit dans son pouvoir de fabrication des idées, mais aussi la sensibilité dans la faculté d'accueil aux sensations et dans son ouverture au monde, comme aussi la disponibilité à la transcendance de surprenantes intuitions. Ce qui caractérise Valéry, c'est son attention à la naissance de la pensée à partir de ce contact avec le monde que nous assure la sensibilité. Car il est trop poète pour ne pas sentir que le contact avec le réel est la condition d'authenticité de toute pensée. Ce contact avec le réel, c'est à tous les niveaux de l'être qu'il le recherche, à l'échelon de la sensation, comme à celui des mécanismes de l'esprit. Seule cette attention au réel nous assure contre toute aliénation dans les abstractions verbales ou dans les illusions des sens. Car le moi a mille et une façons de se perdre, lorsqu'au lieu d'imposer sa direction à l'ensemble complexe de la conscience, il se laisse hypnotiser à quelque niveau partiel de son fonctionnement. Le moi peut s'aliéner lorsqu'il s'abandonne aux mythes de la fiduciaire sociale et que les mots pensent pour lui ; mais il se perd aussi lorsqu'il se laisse engluer dans l'épaisseur des sensations et s'endort dans les prétendus mouvements de la nature. Valéry ne rejette donc rien des deux pôles assurant le fonctionnement complet de notre conscience, la sensibilité et l'intellect. Sans doute n'a-t-il pas trouvé facilement l'équilibre entre ces deux puissances si souvent opposées. C'est pourtant cet équilibre qu'il cherchait et qu'il trouvait particulièrement dans l'exercice poétique. La poésie de Charmes assure merveilleusement cette union parfaite de la sensibilité et de l'intelligence dans la volonté lucide du moi d'être attentif à tout le réel pour en découvrir la quintessence cachée. Cette union n'est en effet possible qu'au plus haut niveau. La sensibilité, seule, dépayse l'intelligence par ses données immédiates, brutes, au contact direct de la réalité. L'intelligence, quant à elle, heurte la sensibilité par la rigueur froide de ses exigences abstraites. Leur union n'est possible qu'en les intégrant et les dépassant dans la recherche du moi pur qui est leur commune source. D'où cette tension constante chez Valéry vers les sources du moi caché, dans la quête corollaire de la quintessence du réel. Ce n'est qu'à cette pointe extrême du moi que la sensibilité et l'intelligence, conciliées, peuvent s'unir dans la découverte éblouissante de la surréalité du monde. Il faut pour cela briser la sécheresse artificielle des idées, briser aussi la gangue trop charnelle de la sensation. L'intelligence est alors disponible pour goûter l'amande secrète que les profondeurs de la réalité sensible réservent à la joie de l'âme, rendue à sa virginalité.

Cette poétique a été très finement analysée par Jean Pommier comme procédant d'une double démarche caractérisant le génie valéryen, une « intellectualisation du senti », accompagnée d'une « désintellectualisation du perçu ». Ce double mouvement contraire et complémentaire est en effet caractéristique de la théorie poétique et esthétique que le jeune Valéry de l'Introduction à la méthode de Léonard de Vinci dresse contre tous ceux qui, aveuglés par une conceptualisation rassurante et bêtement utilitaire, ne savent pas voir », parce qu'ils ne font ni défont rien dans leurs sensations ». Ainsi « ils méconnaissent que la mer est debout au fond de la vue ». (Pléiade I, p. 1166). Il nous semble cependant que le poète de la Jeune Parque et de Charmes, tout en restant fidèle aux principes de base énoncés vingt ans ou trente ans plus tôt, leur a adjoint une orientation et une dynamisation qui seules leur donnent tout leur sens. La tension constante vers les extrêmes de l'être, cette quête vers la quintessence du moi pur, seul apte à saisir la quintessence du réel, ajoute en effet à la méthode valéryenne une dimension ontologique où la quête de l'être vibre de chaleur mystique.

> Etre ! Universelle oreille !
> Toute l'âme s'appareille
> A l'extrême du désir.

Cette ardente concentration de l'esprit en son sommet le plus pur, en ce « pur de l'âme » qui en est sa pointe extrême, sonne de la même vibration délicate que celle de l'âme en prière.

> Dans mon âme je m'avance,
> Tout ailé de confiance :
> C'est la première oraison !

Seul cet état d'oraison qui fait taire les désordres du moi psychologique et les criailleries de toutes les fausses sciences, permet à l'âme d'écouter la musique silencieuse de l'Etre.

> Un grand calme m'écoute, où j'écoute l'espoir.

C'est dans cet état mystique de « recherche du dieu »,

> Nous allons sans les dieux
> A la divinité !

qu'il faut trouver le principe moteur qui anime la méthode poétique de Valéry. Car la « désintellectualisation du perçu » découle directement de l'attitude orante, et celle-ci n'est possible que dans le silence de tous les savoirs étrangers à l'âme, dans la mise entre parenthèses de l'épuration phénoménologique restituant l'âme à elle-même, après avoir fait table rase de tous les faux sens qui l'étouffent. Et « l'intellectualisation du senti » est cet effort de reconquête du sens renaissant au contact virginal de l'âme avec le monde. Par-delà tous les acquis d'un savoir intellectuel plus ou moins pesant et aliénant, le moi retrouve alors la note fondamentale de son identité pure, et libère le chant secret qui ne s'élève que dans le plus intime du silence orant de l'âme.

Il est à remarquer que la recherche du noyau central de l'âme dans sa candide nudité a toujours, chez Valéry, le sens d'une remontée, d'une ascension vers le plus haut sommet de l'être.

> « Je remonte à la source où cesse même un nom ».
>> (Le Semeur)

> « Par la sève solennelle
> Une espérance éternelle
> Monte à la maturité ! »
>> (Palme)

> « A ce point pur je monte et m'accoutume ».
>> (Cimetière marin)

> « Grand Etre agité de savoir,
> Qui toujours, comme pour mieux voir,
> Grandis à l'appel de ta cime ».
>> (Ebauche d'un serpent)

> « Que portez-vous si haut,
> Egales radieuses ?
> Au désir sans défaut
> Nos grâces studieuses ! ».
>> (Cantique des colonnes)

> « Ce front n'aura d'accès qu'aux degrés lumineux
> Où la sève l'exalte ».
>> (Au platane)

Cette montée vers la lumière, cette orientation spontanée vers les hauteurs lucides où la transparance de l'âme appelle la divine transparence de l'univers, dans l'exaltation du moi ayant retrouvé son innocence première,

> « Cette innocente Moi que fait frémir son ombre
> Cependant que l'Amour ébranle ses genoux »,

tout ce mouvement d'ascension et de sublimation nous paraît en opposition avec la tendance de la plupart des poètes modernes qui cherchent leur inspiration dans une descente vers les profondeurs obscures de l'âme, et cèdent à l'attraction des troubles voluptés qu'accordent les puissances irrationnelles, lorsque le moi s'abandonne à sa nature sauvage. Valéry ne nie pas ces puissances sauvages, mais il refuse de s'y abandonner.

Le moi est en effet ouvert à ses deux extrémités, vers le bas et les sombres cavernes de la « forêt sensuelle » que tressent nos liens charnels avec l'univers, et vers le haut, dans la sublimation des désirs tendus vers la lumineuse clarté d'un moi épuré contemplant la figure essentielle de l'univers. Cet appel vers le haut et cette ascension n'aliènent pas le moi des forces souterraines et obscures. La conscience claire ne rejette pas les zones troubles du moi subconscient. Il n'y a pas de rupture dans l'unité du moi. La stature totale de la personne s'unifie dans le rassemblement de ses virtualités, comparable à un arbre dont les racines plongent dans les entrailles ténébreuses du sous-sol, pour y choisir les substances vitales que la sève élèvera jusqu'aux plus hautes branches. Car la fonction, l'essence de l'arbre, n'est pas de se complaire dans le développement immesuré de ses racines souterraines, mais de déveloper ses racines dans la mesure où elles sont nécessaires à la fabrication de la sève qu'un irrésistible appel élève vers la plus haute ramure. Il n'est donc point de complaisance malsaine aux forces qui n'agissent que dans l'ombre. Tout le dynamisme secret qui traverse l'arbre, de ses racines à son sommet, est celui d'une ascension et d'une aspiration vers la lumière. Cet élan vers le haut ne cède pourtant pas à un angélisme facile, à l'illumination naïve d'une mystique de la lumière. Une sage intelligence préside à l'élaboration secrète de la sève, une raison sensible, et capable de saluer les joyaux de la sensibilité, contrôle la délicate élection de la substance nourricière. Tout le travail caché et difficile d'une Sagesse est donc nécessaire à cette lente montée des ténèbres vers la lumière. Seule la lucidité de cette sagesse permet de ne point céder ni au trouble envoûtement d'une nature sauvage et obscure, ni à la folle précipitation vers une lumière aveuglante qui troublerait la raison.

Cette sagesse de l'arbre, dont Valéry a fait son symbole préféré et auquel Faust va rendre ses dévotions matinales (Pléiade II, p. 308 ; voir aussi Pléiade I, p. 1690, Correspondance avec Gide, p. 451), est encore toute soulevée d'une espérance amoureuse du divin. Car la note dominante qui s'élève de cette musique de chambre que sont les poèmes de Charmes, n'est pas celle de la résignation, d'une acceptation contrainte de la vie limitée dans sa présence poreuse, précaire et fuyante, comme pourrait nous le faire croire l'accent apparemment désabusé de certains vers terminant la Jeune Parque aussi bien que le Cimetière marin,

> — Le vent se lève !.... Il faut tenter de vivre !
> — Alors, malgré moi-même, il le faut, ô Soleil,
> Que j'adore mon cœur où tu te viens connaître.

Cette note de résignation est en fait noyée dans ces deux poèmes dans un chant d'acceptation et de reconnaissance.

> — Feu vers qui se soulève une vierge de sang
> Sous les espèces d'or d'un sein reconnaissant !

— Envolez-vous, pages tout éblouies !
Rompez, vagues ! Rompez d'eaux réjouies
Ce toit tranquille où picoraient des focs !

Mais surtout, le ton général du recueil est dominé par la présence constante d'un élan d'espérance entrelacée à une poussée d'amour toujours disponibles vers le divin qui enveloppe la vie de son mystère.

J'approche la transparence
De l'invisible bassin
Où nage mon espérance
Que l'eau porte par le sein.
                    (Aurore)

Et que le pur de l'âme
Fasse frémir d'espoir les feuillages d'un tronc
Qui rêve de la flamme.
                    (Au platane)

Par la sève solennelle
Une espérance éternelle
Monte à la maturité.
                    (Palme)

Tant il est vrai que toute la lucidité de l'intelligence n'étouffe pas en Valéry l'irrésistible élan qui le pousse dans la quête du divin. Cette lucide et ardente « recherche du dieu » reste bien le dynamisme secret, qui traverse et anime, de sa jeunesse à sa mort, toute son existence productive, comme la sève nourricière de l'arbre.

Il ne faut donc pas lire le Cimetière marin comme l'histoire d'une aventure spirituelle se déroulant dans le temps et dont le point d'aboutissement final serait un point de l'esprit très éloigné du point de départ. En fait, il y a une unité organique dans le poème, et les différents thèmes, comme dans une œuvre symphonique, viennent se composer, se juxtaposer, s'entrelacer, dialoguer entre eux, plus qu'ils ne viennent se succéder l'un à l'autre, comme des étapes bien définies.

C'est ainsi que le thème initial d'aspiration à se fondre et à se perdre dans une parfaite communion avec un absolu divin, où le temps s'est résorbé en un présent éternel et où le mouvement s'est arrêté en une connaissance pleine et satisfaite, n'est pas seulement le point de départ d'une aventure spirituelle qui, commencée dans l'absolu, se serait peu à peu laissée ronger par l'amère découverte de la relativité de la vie où tout passe et vient finir dans la mort, avant de retrouver un précaire équilibre dans une résignation plus ou moins stoïque. La signification du poème n'est pas dans cette succession de trois phases distinctes, mais dans la composition musicale de trois thèmes qui demeurent constamment présents dans l'unité organique du poème. L'aspiration à l'absolu reste ainsi le thème de base sur lequel viennent jouer les deux autres thèmes, le thème intermédiaire du ver rongeur, irréfutable, qui épuise toute vie, et le thème troisième, mais non réellement final, de la résignation à « l'ère successive ». Car il est du tempérament de Valéry d'éprouver toujours, comme une immense lame de fond soulevant son âme, une aspiration au divin fondée sur une exigence de pureté et d'absolu.

Cette « sainte impatience » ne diminue en rien son extrême lucidité, attentif qu'il reste à toutes les contradictions de l'existence, et incapable de se laisser prendre à l'illusion de l'illumination religieuse.

> « Chienne splendide, écarte l'idolâtre !
> ... Eloignes-en les prudentes colombes,
> Les songes vains, les anges curieux !

Mais on se méprendrait totalement sur Valéry si on ne comprenait que « la recherche du dieu » reste toujours le point d'ancrage plus ou moins secret de toute son activité créatrice.

Cette quête du divin restera sans doute sans réponse. Notre poète était trop lucide et trop intelligent pour se contenter d'une solution religieuse plus ou moins idolâtre. Dans la lignée de Rimbaud et de Rilke, il sent et comprend que le divin est à réinventer. Il a trop le sens du concret psychologique et spirituel pour restreindre le divin qu'il cherche à une définition anthropomorphique. Mais l'absence de réponse ne signifie pas l'absence du divin. Le divin est, mais dans une présence-absence qui dépasse les catégories contradictoires de l'être et du non-être. Car tout à la fois, simultanément et non contradictoirement, le divin est et le divin n'est pas. Il est présent à la quête ardente qui le cherche, et il est absent de l'effort de saisissement et de définition. Absent et présent, tel est son mode d'être qui suffit pour que le moi de Valéry ne soit pas un moi désespéré. Car le moi est conjugué avec l'Etre, mais un « Etre sans visage » qui ne se prête à aucune définition.

Il y a ainsi un paradoxe à constater que le poète le plus spirituel, le plus mystique, le plus authentiquement pur, dans la littérature française, ne fut pas un poète chrétien ou religieux. Ni Claudel, ni Péguy, ni Hugo, ni Racine, ni Pierre Emmanuel n'ont pu découvrir et chanter la pure spiritualité de l'homme et son vrai mystère face à l'univers. Le préjugé trop sournoisement ancré par vingt siècles de christianisme d'une incapacité congénitale de l'homme à se libérer des tares qui auraient été irrémédiablement inscrites dans l'homme par le péché originel, a empêché tous les poètes chrétiens d'explorer la route ouverte devant l'homme par une postulation des hauteurs fidèlement suivie. Tous, par faiblesse ou par lâcheté, plus que par souci d'authenticité, et craignant de céder à un faux angélisme, ont cru devoir continuer à entrelacer, comme puissances égales, les deux postulations qui poussent l'homme, l'une vers le bas et l'autre vers le haut. Seul Valéry, parce qu'il n'était point embarrassé de préjugés religieux idolâtres, a pu explorer la vérité de l'homme, essayer ce « que peut un homme », et, cédant à l'attraction des sommets, nous approcher de la découverte de la racine pure du moi. Et si, parti à la « recherche du dieu », il ne découvre que la moitié humaine de notre identité, épurée, il est vrai, dans la figure de l'Ange, sans pouvoir accéder à la révélation du dieu, pourtant seule garante de notre identité totale, cela n'est peut-être encore qu'une preuve de son authenticité.

Parvenu aux frontières de l'humain et du divin, et bien qu'ayant reconnu l'existence du divin, il manquait à Valéry d'en reconnaître la source. Lui qui avait été toute sa vie « mordu par (son) existence », (« être me perce », dit Rachel, sa plus intime confidente), et qui avait cherché « une religion qui donne le ciel et (qui) ne le vend pas », (Pléiade II, p. 431 et 434), il avait sans doute réussi à déblayer la route du divin de tous les obstacles accumulés par l'idolâtrie et reconnu que si Dieu est, Il est dans la mesure où il n'est pas ce qu'en disent les croyants. (Prière Réelle de Rachel, Cahier 22, p. 709). Mais, possédé du désir d'une perfection idéale, il ne pouvait en connaître la science. Et il trouvait ses limites dans sa grandeur même.

Toute sa « recherche du dieu », en ses diverses étapes comme en ses diverses formes, que ce soit dans l'idole intellect ou la quête du Moi pur, dans la poésie comme expression d'un « Paradis du langage », ou dans la mystique de la sensation, ou celle de l'art pur, est en effet animée par une volonté de trouver un absolu intemporel, fixe et invariant. Dans sa quête d'un « secret d'être et de créer qui (le) surprenne », c'est toujours un idéal de fixité le libérant de la relativité du temps humain qu'il recherche. « J'ai aimé les extrêmes par l'espoir d'y trouver un fixe. La logique pour le même motif. Tout ce qui semble sûr m'attire, moi l'incertain ». (Cahier 4). C'est donc bien l'idéal valéryen et sa tentation mystique d'absolu qu'expriment les premières strophes du Cimetière marin, toutes tendues dans la contemplation extatique du « calme des dieux ».

> O récompense après une pensée
> Qu'un long regard sur le calme des dieux !
> ... Ouvrages purs d'une éternelle cause,
> Le Temps scintille et le Songe est savoir.

Devant cette assomption de l'espace et du temps, « substituant à l'espace l'ordre et au temps une éternité », il ne reste plus à la conscience éblouie qu'à se vouloir le moiroir fidèle d'une Perfection si lumineuse.

> Je te soutiens admirable justice,
> De la lumière aux armes, sans pitié !
> Je te rends pure à ta place première :
> Regarde-toi ! ....

Pourtant cette extase mystique dans l'absolu du Tout reste bien vulnérable ; elle ne peut longtemps masquer l'échec d'un homme qui se voudrait esprit pur, mais ne peut, quoi qu'il fasse, se réduire au Moi pur et oublier son humanité. D'où la perpétuelle

tension chez Valéry entre son « inhumanité », sa nostalgie intransigeante d'une Perfection idéale, intemporelle et absolue, et d'autre
part son « humanité » enfermée dans les singularités d'une existence temporelle. Entre l'Ange et l'Homme, il n'est point de coha-
bitation paisible, de dialogue fructueux, mais seulement étonnement et incompréhension. L'éternité et le temps sont pareillement
objets d'un problème insoluble ; nulle relation positive ne semble pouvoir les relier. Le Moi pur est saisi hors du temps. L'idéale
beauté est également intemporelle. Si Valéry s'attache si souvent
dans les Cahiers à réfuter les arguments de Zénon qui aboutissent à nier le mouvement et, par suite, la vie et le temps, c'est que
la temporalité reste dans sa pensée une question insoluble. S'il
découvre bien, comme Bergson, que ces sophismes ne reposent que
sur une confusion de l'espace et du temps, et qu'on ne peut diviser un mouvement, comme on divise une ligne (voir Cahier 6, p. 622
et 719 ; Cahier 8, p. 805 et 807 ; Cahier 15, p. 28 et p. 59 ; Cahier
23, p. 797), il n'envisage pourtant la temporalité que dans son vécu
existentiel immédiat et reste incapable de l'étendre à l'échelle
d'une vie ou de l'histoire. « Quand l'esprit est bien éveillé, il n'a
besoin que du présent et de soi-même ». (Pléiade I, p. 1203). L'identité du Moi pur serait donc en dehors du temps « qui nous représente le sort commun de tout ce qui n'est pas nous ». (Pléiade I, p.
1217). Valéry est ainsi incapable de situer l'homme dans une aventure historique, et son attitude critique à l'égard de l'histoire
découle bien de sa propension à ne voir dans la pensée qu'une
activité intemporelle. Pareillement, il ne peut saisir la solidarité
organique qui unifie dynamiquement tous les instants d'une vie
morale, et ne peut ainsi comprendre le pouvoir surprenant de la
faute qui peut « enlever le bénéfice de la pureté antérieure », ni
celui du repentir qui peut « effacer tout un passé détestable »,
(Cahier 4) cette rétroactivité nous montrant que le passé n'est
pas figé et que son sens dépend de nos actes futurs.

Mais cette tension mystique de dépassement vers un absolu intemporel, outre qu'elle se montre incapable d'assumer tous les aspects complexes d'une vie humaine insérée dans l'histoire, ne peut
manquer aussi de se heurter à de graves impasses. Ce n'est en
effet que par une série de réductions successives, écartant comme
gênes toutes les impuretés rencontrées, que l'homme peut ainsi se
frayer une voie vers l'Etre pur. Mais cette méthode de décantation, rejetant comme scories trop de problèmes non résolus, se
fait bien chèrement payer. Car l'Etre pur ainsi découvert risque
de n'avoir guère plus de propriétés positives que le Non-Etre.
Valéry n'a certes pas subi la tentation du Néant, comme bien des
écrivains modernes. C'est bien l'Etre, absolu et éternel, qu'il cherche en cette « guerre pour être » qu'il mène implacablement contre
tout. Mais il ne peut manquer de percevoir le vide que sa méthode
de réductions et d'exhaustions laisse derrière elle. Et c'est ainsi que
« cette conscience accomplie... qui pour s'affirmer doit commen-

cer par nier une infinité de fois, une infinité d'éléments, et par épuiser les objets de son pouvoir sans épuiser ce pouvoir même, est donc différente du néant, d'aussi peu que l'on voudra ». (Pléiade I, p. 1224). N'est-ce pas cette ambiguïté et cette confusion possible entre l'Etre et le Néant, qu'exprime la Jeune Parque en sa volonté d'assomption à tout prix ?

Lumière !... Ou toi, la Mort ! Mais le plus prompt me prenne !....

Pourtant, si la conscience peut « épuiser les objets de son pouvoir », elle ne peut « épuiser ce pouvoir même ». Et c'est en ce sens que la conscience se sent immortelle, incapable de « concevoir une suppresion... qui ne soit accidentelle et qui soit définitive ». (Pléiade I, p. 1218). Aussi, lorsque « forte de cette espèce d'indépendance et d'invariance qu'elle est contrainte de s'accorder elle se pose enfin comme fille directe et ressemblante de l'être sans visage, sans origine, auquel incombe et se rapporte toute la tentative du cosmos », (Pléiade I, p. '222) c'est bien l'ambiguïté de l'Etre et du Néant qui est ainsi résolue, comme si la conscience transmettait de son trop plein d'être sur l'Etre suprême quelque peu indécis et pâle. N'est-ce pas là d'ailleurs l'aventure commune à tous les philosophes, toujours plus ou moins enclins à considérer leur pensée comme le fondement même de la réalité ?

Valéry penseur n'échappe donc pas aux ambiguïtés d'une pensée, très grecque en son essence, qui, partie du « connais-toi toi-même » socratique, cherche à se fonder ensuite en quelque absolu éternel, dans une quête indéfinie du dieu. Disons pour simple référence, sans qu'il nous soit possible de la développer ici, que la pensée juive authentique semble procéder d'une démarche inverse exprimant beaucoup plus le drame, vécu existentiellement, de la recerche de l'homme par Dieu, plutôt que celui de la recherche de Dieu par l'homme.

Mais Valéry poète dépasse les limites du Valéry penseur. Alors même qu'il chante les ambiguïtés de sa « recherche du dieu », la magie poétique retrouve, comme d'instinct, la plénitude du réel, par-delà les indéterminations de la pensée.

« O dieu démon démiurge ou destin
Mon appétit comme une abeille vive
Scintille et sonne environ le festin
Duquel ta grâce a permis que je vive.

Miracle de la poésie ! Alors que dans son usage commun ou même philosophique, le langage n'exprime que la pénible démarche d'une pensée qui s'épuise à vouloir saisir le réel sans jamais y parvenir, voilà que la poésie devient comme malgré elle, véhiculaire de grâce, au sens religieux du terme et pas seulement esthétique. Le « Paradis du langage », que constitue le langage poétique, serait-il donc, en son essence même, un « discours prophétique » ? Et Valéry aurait-il donc plus raison qu'il ne le pensait en le définissant comme

« Honneur des Hommes, Saint LANGAGE ! ».

On ne peut dès lors se retenir d'imaginer que cette « poésie pure » que Valéry définissait comme « une limite située à l'infini, un idéal de la puissance de beauté du langage » (Pléiade I, p. 676), ne serait autre que le noyau divin demeuré en toute langue, après que Dieu, selon le vieux récit biblique, eut dispersé et confondu la langue des hommes qui n'avaient parlé jusqu'à la tour de Babel, qu'un seule langue, non pas un Saint LANGAGE, mais le LANGAGE SAINT. Dans leur longue aventure à travers les civilisations qui meurent et se succèdent, les langues se couvrirent d'alluvions multiples et s'obscurcirent sous de grossiers oripeaux idolâtres. C'est alors que vient le poète. Son exigence de perfection et le culte qu'il porte aux mots se conjuguent avec un enthousiasme dont il ne peut sonder l'origine. Analyse et extase ce concertent et s'unissent pour décanter les mots de leur gangue vulgaire, et voici que le miracle se produit : le langage, bouclant son aventure à travers les âges, a retrouvé sa divine origine.

Ceci est-il un songe, une parabole ou l'écho d'une lointaine sagesse ? Quoi qu'il en soit, le poète nous a rendu l'espérance. L'aventure de la connaissance est loin d'être sans issue. Et nous nous plaisons à écouter le poète :

> « Qui sait même, Phèdre, si l'effort des humains dans la recherche de Dieu ; les pratiques, les prières essayées, la volonté obstinée de trouver les plus efficaces.... Qui sait si les mortels, à la longue, ne trouveront pas une certitude, — ou une incertitude, stable, et conforme exactement à leur nature, — sinon à celle même du Dieu ? ». (Eupalinos, Pléiade II, p. 131).

« Une certitude, — ou une incertitude »... La recherche du dieu, comme toute aventure de connaisance, ne parvient jamais à dissiper intégralement toutes les difficultés et toutes les obscurités que sa progression même ne cesse de soulever. Si nous comparons l'œuvre de Valéry au « but impossible » qu'il s'était fixé dès sa jeunesse, nous devons convenir que cette œuvre ne constitue que les essais épars ou les débris abandonnés derrière elle par une entreprise colossale de réforme des pouvoirs de la connaissance, qui n'a pu ni s'achever, ni même assurer sa démarche. L'auteur des Cahiers en était bien conscient, lui qui écrivait :

> « Ici, je ne tiens à charmer personne ». (Cahier 2, p. 180).

> « Je travaille pour quelqu'un qui viendra après ». (Cahier I, p. 201).

Ou bien encore :

> « Que fais-je que d'offrir au futur scoliaste
> L'étrange amas d'écueils de mes divers écrits
> Tombés de je ne sais quelle aventure vaste ? ».

Et pourtant, de cet « amas informe de fragments aperçus, de douleurs brisées contre le monde, d'années vécues dans une minute, de constructions inachevées et glacées, immenses labeurs pris dans un coup d'œil et morts », Cahier 10, p. 67), ce n'est pas l'impression d'un échec décourageant qui se dégage, mais au contraire une leçon de courage, de volonté et de foi. Toute cette démarche incessamment tendue dans l'exploration des limites des pouvoirs de l'esprit, à l'extrême du possible, dans la volonté d'échapper aux fluctuations « de cette vie humaine particulière » et aux limitations de « quelque personnage que ce soit », avec l'espoir de « trouver un fixe », un « invariant », « un centre universel », est bien à l'opposé d'une démarche sceptique. Une espèce de foi mystique secrète anime toutes les étapes de son évolution, que ce soit dans le « culte de la beauté » qui ravissait sa jeunesse, dans la passion des « pouvoirs » vrais de l'esprit, dans la recherche des « charmes » poétiques, ou dans l'exaltation des « moments » de tendresse. Certes, cette foi secrète perpétuellement en quête de son « dieu », caché et inaccessible, ne pouvait chasser les ombres de l'incertitude. et du doute. Il ne serait pas moins bien imprudent de parler du scepticisme de Valéry, « au moins au regard des imbéciles qui se servent de ce mot » à son égard, (Cahier 28, p. 691).

> « Je ne crois ni à la foi totale, ni au scepticisme essentiel chez ceux qui écrivent. Dieu et le rien ; l'infini comme zéro ne doivent rien laisser qui songe à l'imprimerie ». (Cahier 16, p. 74).

Tant il est vrai qu'il n'est pas de grande entreprise sans une certaine foi. Sans doute peut-il parler de sa « mécréance » à l'égard du christianisme.

> « Jamais je n'ai pu croire, ou plutôt attacher la moindre valeur à ce que me disaient et enseignaient des gens faits comme moi et qui ne savaient pas plus que moi sur les choses qu'ils contaient ». (Cahier 26, p. 796).

Mais comment ne pas apercevoir que cette « mécréance », loin d'être à mettre sur le compte d'un scepticisme, est au contraire la conséquence d'une foi qui sait ce qu'elle rejette, sans savoir encore ce qu'elle doit trouver ? Foi et scepticisme sont d'ailleurs susceptibles d'une même inauthenticité, qui les rapproche tous deux dans une commune illusion.

> « Il y a un scepticisme et il y a une foi qui sont frère et sœur. Ce sont ceux qui a priori rejettent ou absorbent. Ces sceptiques croient douter ; et ces croyants croient croire — Il y a un autre scepticisme et une autre foi, confondus, qui loin de s'interdire de penser et de prendre pour acquis le premier réflexe de dégoût ou de désir, mettent toutes les forces en jeu. Ils ne s'inclinent pas devant ce qu'ils peuvent renverser. Ils ne se détournent pas de ce qui pourrait les renverser ». (Cahier 5, p. 195).

C'est cette «foi » et ce « scepticisme », « confondus » par l'authenticité de leur confrontation au mystère de la réalité, qu'il faut reconnaître dans la «recherche du dieu » valéryenne. Car ce n'est qu'en liaison intime avec son mysticisme original, qu'on peut également trouver en lui, sans le fausser,

« un scepticisme positif qui refuse toute fixation dogmatique, non à cause de l'incapacité de se hausser à se faire une foi, mais au contraire à cause de la richesse des surprises infinies pressenties dans l'expérience et dans l'analyse ». (Cahier 6, p. 15).

Le mysticisme de la contemplation d'une réalité pure et la recherche du dieu caché dans cette réalité ne sont dès lors plus contradictoires avec un « vrai scepticisme, le bon, (celui qui) consiste seulement à rendre ses idées aussi nettes que possible », (Cahier 7, p. 793), et qui n'est peut-être en l'homme que « sa merveilleuse puissance de ne pas comprendre... son pouvoir de ne pas pouvoir ». (Cahier 11, p. 162). Plus intimement unis encore, mysticisme et scepticisme ne sont que la diastole et la systole du battement de cœur de la pensée valéryenne. Il est donc faux de parler du scepticisme de Valéry comme une tendance dominante et première, quand il n'est en réalité que la retombée d'une poussée, le reflux provisoire d'une pulsion, poussée et pulsion qui sont le vrai dynamisme moteur ayant animé le poète dans son aventure de connaissance.

« Homme toujours debout sur le cap Pensée, à s'écarquiller les yeux sur les limites ou des choses ou de la vue », Valéry qui a toujours aimé « tout ce qui approche l'esprit des limites de son pouvoir, mais qui l'en approche en s'organisant et assurant sa marche » (Pléiade II, p. 1518), a sans doute compris qu'« il est impossible de recevoir la vérité de soi-même ». (id. p. 39). Mais parvenu à ces limites des choses et de l'esprit, il ne put faire le pas décisif qui lui aurait permis de découvrir que ces limites du pouvoir de l'esprit sont en réalité une frontière, celle qui sépare, et qui relie aussi, le domaine du moi humain à celui du Moi divin. Dans son aspiration à faire éclater les limites du moi particulier pour y trouver le « fragment pur » d'un Moi universel, il semble bien avoir eu le pressentiment que le moi singulier de l'homme ne peut pas ne pas avoir son fondement et sa source dans quelque Moi absolu qui le transcende. Mais incapable de briser le monologue de l'esprit, il n'a pu voir que ce Moi universel n'est plus le moi de l'homme. Et enfermé dans les seules possibilités de la parole humaine, il n'a pu comprendre que la parole humaine a aussi une limite - frontière, et que celle-ci est constituée par la Parole divine. Alors que le départ d'Abram vers sa future identité d'Abraham avait eu pour origine un dialogue prophétique, foyer et ressort de sa marche vers lui-même et vers son Dieu, Valéry, victime d'une civilisation qui fait taire la Parole dans l'idolâtrie d'une « chair », n'a pu réussir à ouvrir le monologue de son esprit sur le dialogue premier et éternel qui a créé le monde et qui le soutient.

Son œuvre n'en demeure pas moins exemplaire comme une « œuvre de vie » authentiquement humaine, ainsi que Valéry en avait eu l'ambition.

« La grande tentation de ma vie aura été d'épuiser quelque chose, d'atteindre une limite de mes possibilités données de sentir et de penser composées. Non du tout de faire une œuvre au sens ordinaire du terme : ... Mais une œuvre de vie — peut-être de vie avec vie : accord d'êtres avec toutes leurs harmoniques ». (P. Valéry. Cahiers. Bibliothèques de la Pléiade, volume I, p. 1451).

BIBLIOGRAPHIE

I. *L'œuvre de Paul Valéry.*

Les Editions Gallimard ont publié la plupart des ouvrages de Paul Valéry, réédités à la suite des publications originales. Les textes de références sont :

Œuvres (tome I et II), Bibliothèque de la Pléiade, Paris, Gallimard, 1957-1962 ; édition établie et annotée par Jean Hytier, avec une introduction biographique de Mme Agathe Rouart-Valéry.

Lettres à quelques-uns, Paris, Gallimard, 1952. Correspondance 1890-1952. (Paul Valéry-André Gide). Paris, Gallimard, 1955.

Correspondance 1887-1933 (Paul Valéry-Gustave Fourment), Paris, Gallimard, 1957.

Vues (recueil posthume), Paris, La Table ronde, 1948.

Les Cahiers de Paul Valéry, publiés en fac-similé par le C.N.R.S., en 29 volumes, (Paris, Imprimerie Nationale, à partir de 1957).

Quatre Lettres de Valéry au sujet de Nietzsche, *Les Cahiers de la Quinzaine,* 1926.

Paul Valéry, Cahiers, 2 volumes. Bibliothèque de la Pléiade, Paris, Gallimard, 1974.

II. *Choix d'ouvrages généraux.*

ALBÉRÈS, R.M. : *L'Aventure intellectuelle du* xxe *siècle,* 1800-1950, La Nouvelle Edition, 1950.

ALBÉRÈS, R.M. : *Bilan littéraire du* xxe *siècle,* Aubier, 1956.

BLANCHOT, Maurice : *La part du feu,* Gallimard, 1949.

BLANCHOT, Maurice : *L'espace littéraire,* Gallimard, 1953.

BLANCHOT, Maurice : *Le livre à venir,* Gallimard, 1959.

BOSQUET, Alain : *Situation de la poésie,* Hachette, 1951.

BUCHET, Edmond : *Ecrivains intelligents du* xxe *siècle,* Corréa, 1945.

DOUBROVSKY, Serge : *Pourquoi la nouvelle critique ?* Denoël-Gonthier, 1972.

LALOU, René : *Histoire de la littérature française contemporaine* (1870 à nos jours), Presses Universitaires de France, 1941.

Poulet, Georges : *Etudes sur le temps humain,* Plon, 1950.

Poulet, Georges : *Métamorphose du cercle,* Plon.

Raymond, Marcel : *De Baudelaire au surréalisme,* José Corti, 1966.

Simon, P.H. : *Témoins de l'homme, la condition humaine dans la littérature du* xxe *siècle,* Payot, 1967.

Simon, P.H. : *Histoire de la littérature française au* xxe *siècle,* 2 tomes, Armand Colin, 1967.

Vigée, Claude : *Les artistes de la faim,* Calmann-Lévy, 1960.

Vigée, Claude : *Révolte et louanges, essais sur la poésie moderne,* José Corti, 1962.

III. *Choix d'études sur Valéry.*

Il est impossible de citer les innombrables études et commentaires qu'à suscités l'œuvre de Paul Valéry. On retrouvera une bibliographie détaillée, dressée jusqu'en 1960 par Jean Hytier, dans l'édition des Œuvres, Bibliothèque de la Pléiade, Paris, 1962.

Un complément de bibliographie peut être trouvé dans :

Berne-Joffroy, André : *Valéry,* Gallimard, 1960.

Bellemin-Noël, Jean : *Les critiques de notre temps et Valéry,* 1971.

Voici une liste des ouvrages qui nous sont apparus les plus importants :

Aigrisse, Gilberte : *Psychanalyse de Paul Valéry,* Paris, Ed. Universitaires, 1970.

Alain : *Charmes,* commentés par Alain, Paris, N.R.F., 1929.

Alain : *La Jeune Parque,* commentée par Alain, Paris, N.R.F., 1936.

Austin, Lloyd-James : *Etude critique du Cimetière marin,* Grenoble, Roissard, 1954.

Bastet, Ned : *La Symbolique des images dans l'œuvre poétique de Paul Valéry,* Aix-en-Provence, Publication de la Faculté des Lettres, 1962.

Bémol, Maurice : *Paul Valéry,* Paris, Les Belles Lettres, 1949.

Bémol, Maurice : *Variations sur Valéry,* Paris, Nizet, 1959.

Bémol, Maurice : *La Parque et le Serpent,* Paris, Les Belles Lettres, 1955.

Bémol, Maurice : *La méthode critique de Paul Valéry,* Paris, Les Belles Lettres, 1950.

Benoist, Pierre-François : *Les Essais de Paul Valéry,* vers et prose, Ed. de la Pensée moderne, 1964.

Bibliothèque Nationale : Paul Valéry, *catalogue de l'exposition du Centenaire,* Paris, 1971.

Bourbon-Busset, Jacques de : *Paul Valéry ou la mystique sans Dieu,* Paris, Plon, 1964.

Brémond, Henri : *La poésie pure,* Paris, Grasset, 1926.

Brémond, Henri : *Racine et Valéry,* Paris, Bernard Grasset, 1930.

Charpier, Jacques : *Essai sur Paul Valéry,* Paris, Seghers, 1956.

Cohen : *Essai d'explication du Cimetière marin,* Paris, N.R.F., 1946.

Duchesne-Guillemin, Jacques : *Etudes pour un Paul Valéry,* Neuchâtel, A La Baconnière, 1964.

Entretiens sur Paul Valéry (Décades de Cérisy-la-Salle), sous la direction de E. Noulet-Carner, Paris-La Haye, Mouton, 1968.

Entretiens sur Paul Valéry (Actes du colloque de Montpellier des 16 et 17 octobre 1971), Textes recueillis par Daniel Moutote, Presses Universitaires de France, 1972.

FONTAINAS : *De Mallarmé à Valéry*, Paris, Bernard, 1928.

GAÈDE, Edouard : *Nietzsche et Valéry*, Paris, N.R.F., 1962.

GIDE : *Paul Valéry*, Paris, Donat-Montebuestien, 1947.

GILLET, R.P. : *Paul Valéry et la métaphysique*, Paris, La Tour d'Ivoire, 1927.

GOT, Maurice : *Assomption de l'espace* (à propos de l'Ame et la danse), Paris, S.E.D.E.S., 1966.

GUIRAUD, Pierre : *Langage et Versification d'après l'œuvre de Paul Valéry*, Paris, Klincksieck, 1953.

HYTIER, Jean : *La Poétique de Valéry*, Paris, Colin, 1953.

HYTIER, Jean : *Questions de littérature, études valéryennes et autres*, Genève, Droz, 1967.

JULIEN-CAIN, L. : *Trois essais sur Paul Valéry*, N.R.F., 1958.

KÖHLER, Harmut : *Poésie et profondeur sémantique dans la Jeune Parque de Paul Valéry*, Nancy, Idoux, 1965.

LANFRANCHE, Geneviève : *Paul Valéry et l'expérience du moi pur*, Lausanne, Mermod, 1958.

LA ROCHEFOUCAULD, Edmée de : *Paul Valéry*, Paris, Editions Universitaires, 1954.

LA ROCHEFOUCAULD, Edmée de : *En lisant les Cahiers*, 3 vol., Editions Universitaires, 1966.

LATOUR, Jean de : *Examen de Valéry*, Paris, N.R.F., 1935.

LAURENTI, Huguette : *Paul Valéry et le théâtre*, Editions Gallimard, Paris, 1973.

LAURETTE, Pierre : *Le Thème de l'arbre chez Paul Valéry*, Paris, Klincksieck, 1967.

LAWLER, JAMES. R. : *Lecture de Paul Valéry, une étude de Charmes*, Paris, P.U.F., 1963.

LEFÈVRE : *Entretiens avec Paul Valéry*, Paris, Chamontin, 1926.

MAKA-DE-SCHEPPER, Monique : *Le Thème de la Pythie chez Paul Valéry*, Paris, Les Belles Lettres, 1969.

MONDOR, H. : *Les premiers temps d'une amitié : André Gide et Paul Valéry*, Monaco, Edition du Rocher, 1947.

MONDOR : *Propos familiers de Paul Valéry*, Paris, Grasset, 1957.

MONDOR : *Précocité de Valéry*, Paris, Gallimard, 1957.

NADAL, Octave : *La Jeune Parque, édition critique*, Paris, Club du Meilleur Livre, 1957.

NADAL, Octave : *A mesure haute*, Paris, Mercure de France, 1964.

NOULET, Emilie : *Paul Valéry*, Paris, La Renaissance du Livre, 1951.

PARENT, Monique : *Cohérence et résonance dans le style de Charmes de Paul Valéry*, Paris, Klincksieck, 1970.

PARISIER-PLOTTEL, Jeanine : *Les Dialogues de Paul Valéry*, P.U.F., 1960.

PAUL Valéry vivant. Marseille, Cahier du Sud, 1946.

PAUL Valéry contemporain : Colloques organisés en novembre 1971. Paris, Klincksieck, 1974.

PERCHE, Louis : *Valéry, les limites de l'humain,* Paris, Editions du Centurion, 1965.

PIRE, François : *La tentation du sensible chez Valéry,* la Renaissance du Livre, 1964.

POMMIER, Jean : *Paul Valéry et la création littéraire,* Paris, Editions de de l'Encyclopédie Française, 1946.

RAYMOND, Marcel : *Paul Valéry et la tentation de l'esprit,* Editions de la Baconnière, Neuchâtel, 1964.

RICHTOFEN, Erich von : *Commentaire sur « Mon Faust » de Paul Valéry,* Paris, P.U.F., 1961.

RIDEAU, R.P.E. : *Introduction à la pensée de Paul Valéry,* Paris, Desclée de Brouwer, 1944.

ROBINSON, Judith : *L'analyse de l'esprit dans les Cahiers de Valéry,* José Corti, 1963.

ROULIN, Pierre : *Paul Valéry, témoin et juge du monde moderne,* Neuchâtel, A La Baconnière, 1964.

SCHMIDT-RADEFELDT, Jürgen : *Paul Valéry linguiste dans les Cahiers,* Paris, Klincksieck, 1970.

SCHMITZ, Alfred : *Valéry et la tentation de l'absolu,* Gemboux, J. Daculot, 1964.

SOUDAY, Paul : *Paul Valéry,* Paris, Kra, 1927.

SOULAIROL, Jean : *Paul Valéry,* Paris, La Colombe, 1952.

SUTCLIFFE, F.E. : *La pensée de Paul Valéry,* Paris, Nizet, 1955.

THIBAUDET, Albert : *Paul Valéry,* Paris, Grasset, 1923.

WALZER, Pierre-Olivier : *La poésie de Paul Valéry,* Genève, P. Cailler, 1953.

IV. *Revues et journaux.*

Europe, revue littéraire mensuelle : numéro spécial sur le Centenaire de Paul Valéry, juillet 1971.

N.R.F. : Numéro spécial sur le Centenaire de Paul Valéry, août 1971.

Les Nouvelles Littéraires, Spécial Valéry, 29 octobre 1971.

Le Monde : L'itinéraire de Paul Valéry, série d'articles dans le supplément littéraire, 29 octobre 1971.

Bulletin des études valéryennes, Université Paul Valéry, Montpellier. (Publié trimestriellement depuis avril 1974).

La Revue des lettres modernes, Paul Valéry 1, lectures de Charmes, textes réunis par Huguette Laurenti. Lettres modernes, Minard, Paris, 1974.

Cahiers Paul Valéry, I, Poétique et poésie, Gallimard, Paris, 1975.

INDEX DES THEMES

ŒUVRES DE VALERY ETUDIEES DANS L'OUVRAGE

INDEX DES NOMS CITES

TABLE DES MATIERES

BIBLIOTHEQUE FRANÇAISE ET ROMANE

publiée par le

Centre de Philologie et de Littératures romanes
de l'Université des Sciences Humaines de Strasbourg

Directeur : Georges STRAKA

Série C : ETUDES LITTERAIRES

ACHEVÉ D'IMPRIMER
EN   MARS   1978
SUR LES PRESSES
DE L'IMPRIMERIE DU
CHAMP DE MARS
09700 SAVERDUN

———

No d'impression : 8555

Dépôt légal :
1er Trimestre 1978